Marie SUAREZ

# SO EINFACH IST *Sticken!*

ALLE TECHNIKEN
**SCHRITT FÜR SCHRITT** ERKLÄRT

CV

# Inhalt

# Einleitung

Die Stickerei und ich, das ist eine Liebesgeschichte, die begann, als ich noch sehr klein war. Das einfache Nähkästchen meiner Mutter war für mich ein Schatz, den ich immer wieder erkundete. Für mich war er wie ein Spielzeug, das mir unglaubliche Freude bereitete. Im Laufe der Jahre wurde nicht nur ich, sondern auch meine Liebe zu Stoffen, Garnen und Stickereien immer größer und sollte mich nie mehr verlassen. Sticken ist ein fester Bestandteil meines Lebens und eine Leidenschaft, die mich inspiriert und antreibt. Es macht mich glücklich und beruhigt mich. Die geschaffenen Stickarbeiten sind schön und zeugen von der Liebe, die man beim Sticken empfindet. Eine Stickerei ist nicht nur ein Kunstwerk, sondern hat auch eine Geschichte und steckt voller Erinnerungen, zum Beispiel an die Momente, in denen man die Stiche entdeckt, gelernt und ausgeführt hat. Wenn wir von einem Projekt träumen, sind es diese Erinnerungen, die uns dazu ermutigen, es auch in die Tat umzusetzen. Sticken ist ein Vermächtnis unserer Vergangenheit, das wir an unsere Nachkommen weitergeben.

In dieser Auswahl von Stichen stelle ich einige der beliebtesten Techniken und Stiche vor. Diese Anleitung richtet sich an alle, die das Handwerk der Stickerei lernen möchten, aber auch an diejenigen, die bereits über Kenntnisse verfügen und diese erweitern möchten. Anhand der zahlreichen Fotos können die Stiche Schritt für Schritt nachvollzogen werden. Ich habe die leise Hoffnung, dass dieses Buch zu einer Lieblingslektüre von Stickerei-Liebhaber*innen werden könnte.

Lassen Sie sich die Freude am Sticken nicht entgehen und erwecken Sie diese Kunst zum Leben, um sie mit anderen zu teilen. Sie ist ein Teil unserer Kultur, den wir uns bewahren sollten.

*Marie Suarez*

## Gute Anlaufstellen

Die Stickereien und Anleitungen in diesem Buch wurden mit Materialen der folgenden Marken durchgeführt:

**Bohin**
**(Schere, Nadeln, Textilkleber, Marker)**
www.bohin.com/en

**Clover (Bügeleisen)**
www.clover-mfg.com/de

**DMC (Garn)**
www.dmc.com

**Sajou**
**(Garn, Scheren, Schachteln)**
https://sajou.fr/de/

**Zweigart (Stoffe)**
www.zweigart.de

**Marie Suarez (Coton Floche)**
www.mariesuarez.com

# Utensilien

Es ist wichtig, das eigene Stickmaterial sorgfältig auszuwählen. Ein gutes Handwerk geht immer mit gutem Werkzeug einher. So wird die Freude an der Kunst des Stickens noch größer.

## GEWEBE UND STOFFE

Stoffe gibt es in vielen unterschiedlichen Qualitäten, Webarten und Farben. Sie werden je nach Verwendungszweck und angewendeter Sticktechnik ausgewählt.

### Zusammensetzung der Stoffe

Stickstoffe bestehen häufig aus reinem Naturmaterial, etwa 100% Leinen* oder 100% Baumwolle*. Auch Mischgewebe aus zwei oder mehr Materialien sind erhältlich, etwa aus 50% Leinen* und 50% Baumwolle*. Einige für die Stickerei geeignete Stoffe beinhalten auch eine Polyesterbeimischung. Sie sind günstiger und leichter zu pflegen. Außerdem knittern sie weniger und das Zählraster ist stabiler. Sie eigenen sich jedoch nicht für traditionelle Stickerei und sind v. a. für Anfänger weniger zu empfehlen. Da sich der Stickgrund mit steigendem Polyestergehalt dem Stich immer weniger anpasst, ist es umso schwieriger, den Stoff mit einem gleichmäßigen Stichbild zu besticken. Dagegen fällt das Auszählen der Gewebefäden für einige Sticktechniken leichter, je weniger der Stickgrund dabei nachgibt.

***Anm.**: Dasselbe gilt für synthetisches Garn. Es ist schwieriger zu arbeiten als Baumwollgarn.*

Gewebe und Stoffe sind in vielen Farben erhältlich und können Lurex* enthalten.

## VERSCHIEDENE GEWEBE UND STOFFE

***Einfach gewebter Stoff:*** Die Kett- und Schussfäden* werden Faden für Faden gewebt. Im Allgemeinen werden Leinen* und Mischgewebe auf diese Weise gewebt. Das Gewicht des Stoffs hängt von der Fadendichte ab. Je dicker oder fester der Faden verzwirnt ist, desto schwerer der Stoff. Ist der Faden hingegen sehr fein, handelt es sich um einen Baumwoll-, Leinen- oder Linonbatist.

***Engmaschiger Stoff:*** So eng gewebt, dass man die Fäden unmöglich mit bloßem Auge zählen kann.
***Weitmaschiger Stoff:*** Die Kett- und Schussfäden* sind mehr oder weniger weit voneinander entfernt, sodass man die Fäden leicht aus dem Gewebe ziehen kann.
***Regelmäßig gewebter Stoff:*** Verfügt in Bezug auf den Kett- und den Schussfaden* über die gleiche Anzahl von Fäden pro Zentimeter. Etamine* sind per se regelmäßig gewebte Stoffe.

***Empfehlungen für regelmäßig gewebte Stoffe***
*Zweigart:*
– **engmaschige Stoffe aus 100% Leinen:** *Kingston*, *Ballina* (22 Fäden/cm), *Bergen* (18 Fäden/cm), *Dalarna* (15 Fäden/cm)
– **zählbare Stoffe aus 100% Leinen:** *Belfast* (12,6 Fäden/cm), *Edinburgh* (14 Fäden/cm), *Newcastle* (16 Fäden/cm), *Dublin* (10 Fäden/cm), *Cashel* (11,2 Fäden/cm)
– **engmaschiges Mischgewebe:** *Normandie* (Baumwolle/Leinen), *Perlleinen* (Leinen/Polyester), *Mallow* (Leinen/Baumwolle), *Lucan* (Leinen/Baumwolle), *Floba* (von 6,85 bis 14 Fäden/cm)
– **weitmaschiges Mischgewebe:** *Bantry* (Leinen/Baumwolle)
– **Baumwollstoffe:** *Batiste* (Baumwolle), *Modal** (Baumwolle), *Meldal* (feine Baumwolle)
– **einfach gewebte Etamine* aus Mischgewebe aus Baumwolle*/Modal*:** *Bellana* (8 Fäden/cm), *Lugana* (10 und 11 Fäden/cm), *Murano* (12,6 Fäden/cm), *Jazlyn* (11,2 Fäden/cm)
– **einfach gewebte Etamine* aus 100% Baumwolle:** *Davosa* (7,1 Fäden/cm), *Linda Schülertuch* (10,7 Fäden/cm), *Murano Carré* (für Schweizer Stickerei).

***Dreifach gewebte Stoffe:*** Die Kett- und Schussfäden* werden mit drei Fäden gewebt; das Ergebnis ist dem Aidastoff sehr ähnlich und wird ähnlich verwendet. ***Empf.** Zweigart Kolstern (Modal/Baumwolle)*

***Vierfach gewebte Stoffe:*** Die Kett- und Schussfäden* werden mit vier Fäden gewebt. Die Nadel wird zwischen den Gewebefäden durchgezogen. Es ist für Anfänger und Kinder geeignet. ***Empf.*** *Zweigart Domino (2 Stiche/cm – Baumwolle)*

***Aidastoff:*** Die Kett- und Schussfäden* werden mit vier Fäden gewebt. Die Stichfenster erleichtern das Zählen beim Sticken. Manche Stoffe verfügen über eine vorgedruckte Zählhilfe, die beim Waschen verschwindet. ***Empf.*** *Easy Count Grid Aida 3459* und *Aida extra fine 3326*

***Weitere Empfehlungen für Aidastoffe*** *Zweigart:* *Rustico* (Leinen/Baumwolle), *Yorkshire* (Baumwolle/Polyester), *Linen Aida* (Leinen), *Fein-Aida* (Baumwolle/Polyester), *Vintage Fein-Aida* (Baumwolle), *Aida* (Baumwolle), *Turkestan* (dichte Baumwolle).

## STRAMIN

Dabei handelt es sich um stark imprägnierte* Baumwollstoffe für die Gobelinstickerei. Stramine gibt es als einfach oder doppelt gewebte Stoffe; Letztere werden auch Penelope Canvas genannt. Sie sind in vielen Stoffdichten und Farben erhältlich und in Weiß, Naturfarben oder Dunkelbeige verfügbar.

***Empfehlungen für Stramine von Zweigart:***
***Einfach gewebter Stramin:*** *Zweigart-Twist*, *Mono Canvas*, *Rotal Canvas*

***Penelope Canvas:*** Sudanstramin, Feinsmyrna, Stramin

## Andere Stoffe und Stickgründe

Auch Webware, die nicht als Stickgrund ausgezeichnet ist, ist zum Sticken geeignet. Bedruckte Baumwollgewebe, Wollstoffe, Polyestergewebe, Organdy*, Organza* usw. eignen sich für Stickereien. Man kann auch auf Papier, Pappe, Leder oder Filz sticken.

***Berechnung des Zählmusters***
*Die Größe einer Zählstickerei bestimmt man, indem man die Anzahl der Fäden pro cm des verwendeten Stickstoffes zählt. Wird der Stich über zwei Gewebefäden gestickt, teilt man die Anzahl der Fäden durch zwei und erhält die Anzahl an Stichen pro cm. Bei Aidastoffen werden Bündel aus vier Gewebefäden gezählt, die jeweils mit 1 Stich bestickt werden.*

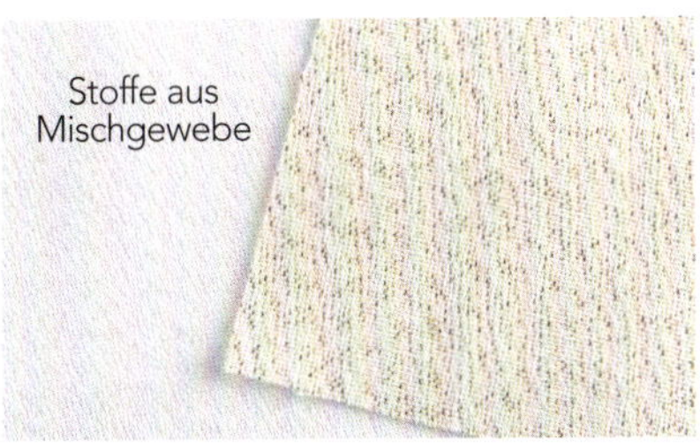


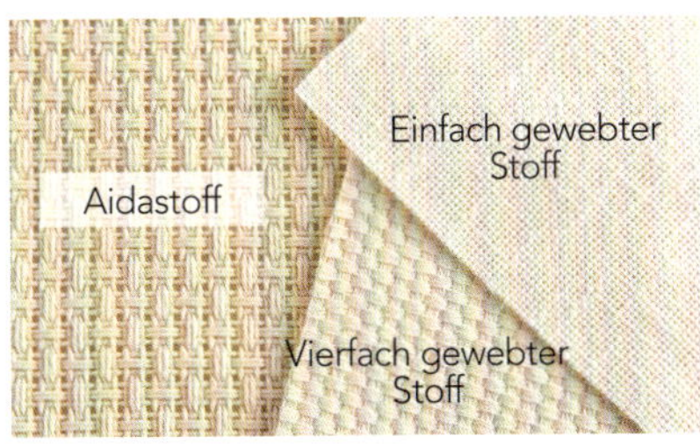


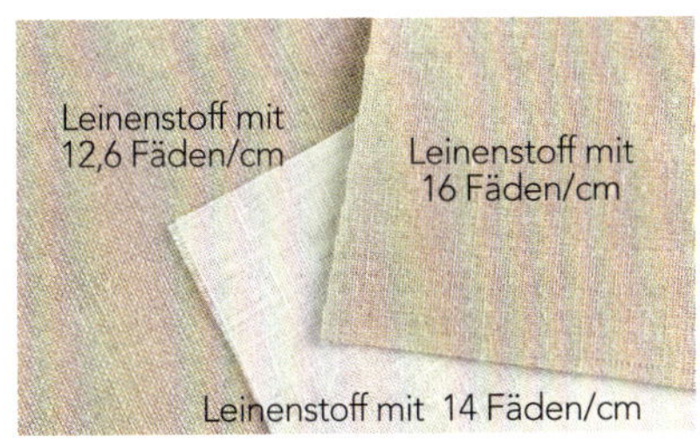


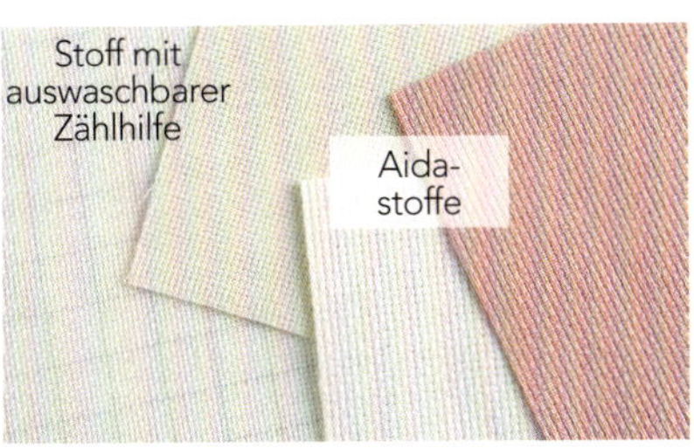


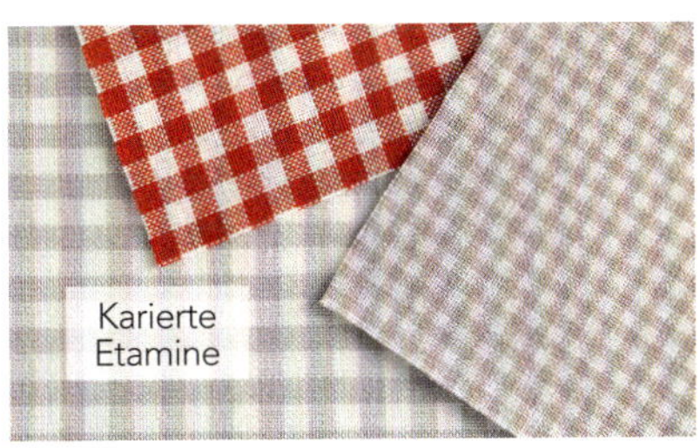


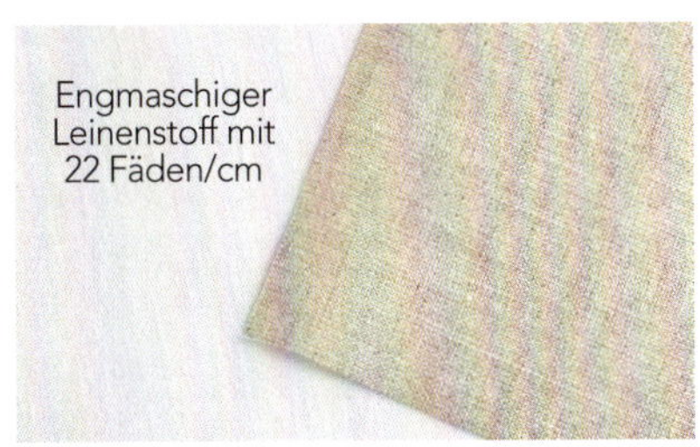


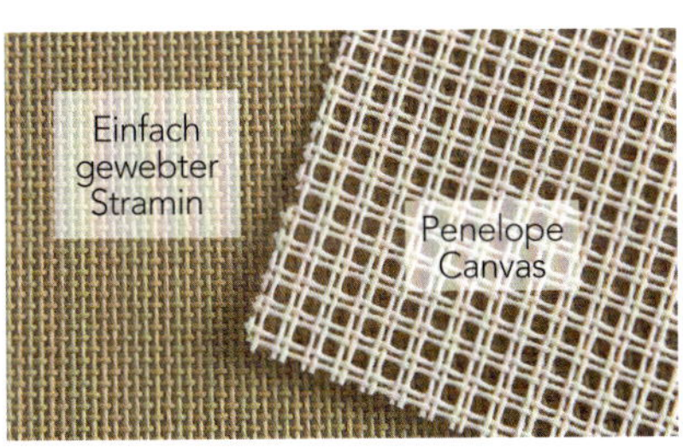


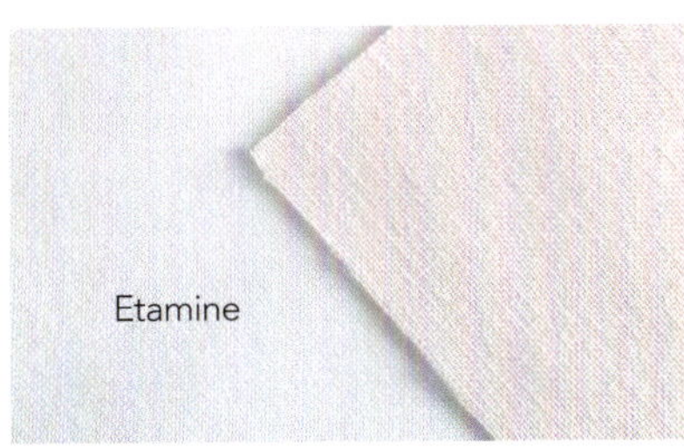


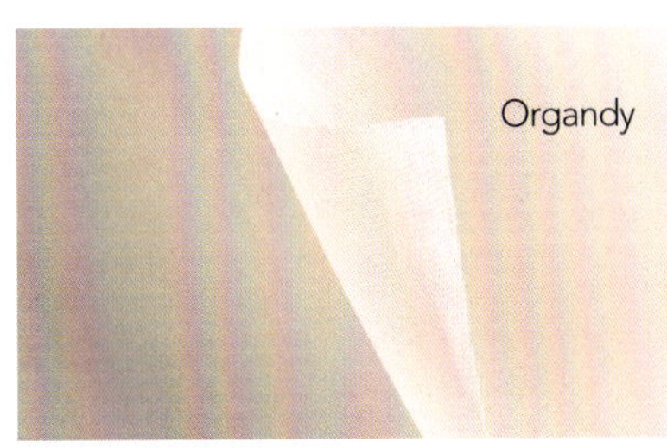

# GARNE

Es gibt viele verschiedene Stickgarne von unterschiedlicher Qualität. Sie werden entsprechend der Technik und des Stoffs der Arbeit ausgewählt.

**Baumwolle Mouliné** *DMC, Art. 117:* Garn aus sechs leicht gedrehten, teilbaren Einzelfäden. Die Anzahl der Einzelfäden kann stets auf den jeweiligen Stoff abgestimmt werden.

**Baumwolle Mouliné Color Variations** *DMC, Art. 417F:* Mouliné-Baumwollgarn in verschiedenen Farben.

**Light Effects Garn** *DCM, Art. 317W:* Dieses Garn hat die gleichen Eigenschaften wie das vorige, besteht jedoch aus 100% Polyester.

**Perlgarn,** *DMC, Art. 115 und 116:* Dieses glänzende, gezwirnte Garn verleiht der Stickerei einen Satin-Look. Von dick bis dünn: Nr. 3, 5, 8 und 12. Auch als dickes Metallic-Gold- und Silberperlgarn erhältlich. *DMC, Art. 315, Nr. 5.* Für Hardanger, Hedebo- und Schwälmer Stickereien geeignet.

**Baumwolle Retors matt** *DMC, Art. 89:* Dickes, regelmäßiges Garn, für Straminstickerei geeignet.

***Baumwolle Broder Spécial*** *DMC, Art. 107:* Glänzendes, sehr starkes Garn aus vier nicht teilbaren Einzelfäden. Von dick bis dünn: Nr. 30, 35, 25, 20 und 16. Geeignet für Englische, Weiß- und Richelieu-Stickerei.

***Ägyptisches* Baumwollgarn** *Sajou:* Sehr starkes Garn, 100% Baumwolle, wird für Spitzen- und Ajourstickereien, Hohlsäume, Abschlüsse und kleine Applikationen verwendet. Es ist in Weiß, Cremeweiß, Naturfarben und Schwarz erhältlich. Von dick bis dünn: Nr. 23, 36, 40, 50, 60, 70, 80, 100 und 120.

**Garn für Spitze** *Coton Calais de Sajou:* Garn aus 100% Baumwolle, besteht aus drei gezwirbelten Einzelfäden, ein- und mehrfarbig. Es eignet sich hervorragend für Ajourstickereien, Hohlsäume und Spitzenstiche.

**Garn Retors du Nord** *Sajou:* Baumwollgarn Mouliné bestehend aus vier Einzelfäden. Es wird mit einem oder mehreren Einzelfäden gestickt, je nach gewünschter Garnstärke. Es eignet sich besonders für zählbare Stoffe.

**Laine Colbert** *DMC, Art. 486–487:* Dickes Garn, 100 % Wolle, für Straminstickereien auf dickem Stramin.

**Laine Saint-Pierre** *Sajou:* Garn aus Wolle und Polyamid*, aus vier teilbaren Einzelfäden. Dieses Garn wurde früher zum Flicken von Wollstoffen verwendet. Das feine Garn ist angenehm zu sticken und eignet sich für Gobelinstiche auf feinem Stramin, den versetzten Plattstich und Zählstickereien.

**Garn Tonkin** *Sajou und Toulemonde:* Dieses Garn sieht dem vorigen sehr ähnlich, besteht aber zu 100% aus Polyester, mit Silberglanzeffekt.

**Coton Floche** *Marie Suarez:* Dieses Garn war einst weit verbreitet. Es besteht aus drei bis vier sehr leicht gezwirbelten Einzelfäden und wird seit 1950 nicht mehr hergestellt. Das Coton Floche *Marie Suarez* gibt es in Mattweiß und in 3 verschiedenen Größen. Von dick bis dünn: Nr. 60, Nr. 80 (entspricht einem Einzelfaden Mouliné-Baumwolle) und 120 (sehr fein). Dieses Garn ist ideal für den gehöhten Plattstich.

**Seidengarn** *Au Ver à Soie:* Starkes, hervorragendes Garn. Seidengarn tierischen Ursprungs gibt es in sehr unterschiedlichen Qualitäten und Farben. Es eignet sich für viele verschiedene Techniken.

**Rayongarn:** Dieses Garn ist glänzender als Seide* und pflanzlichen Ursprungs. Rayon* ist günstiger und liefert ähnliche Ergebnisse. Es ist jedoch weniger hochwertig und widerstandsfähig. Nicht zu verwechseln mit synthetischem Rayon, das sehr ähnlich aussieht, aber für Stickereien nicht geeignet ist, da es beim Bügeln schmilzt.

***Garnkarten und -ordner:*** Es gibt sie in vielen Formen. Zur Aufbewahrung von Baumwollgarn sind Garnkarten sehr praktisch. Für Seiden- oder Rayongarne sind runde Spulen besser geeignet. In Garnordnern können alle Garne einer Stickarbeit aufbewahrt werden.

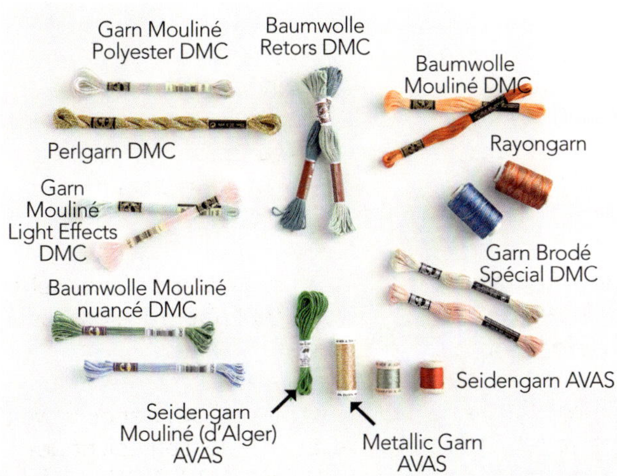
Garn Mouliné
Polyester DMC
Baumwolle
Retors DMC
Baumwolle
Mouliné DMC
Perlgarn DMC
Rayongarn
Garn
Mouliné
Light Effects
DMC
Garn Brodé
Spécial DMC
Baumwolle Mouliné
nuancé DMC
Seidengarn AVAS
Seidengarn
Mouliné (d'Alger)
AVAS
Metallic Garn
AVAS

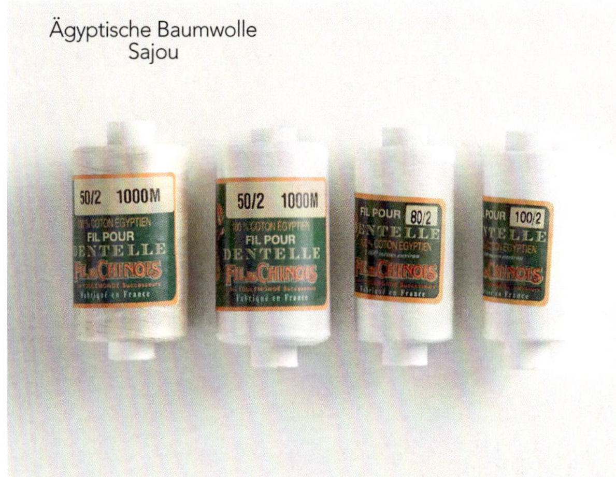
Ägyptische Baumwolle
Sajou

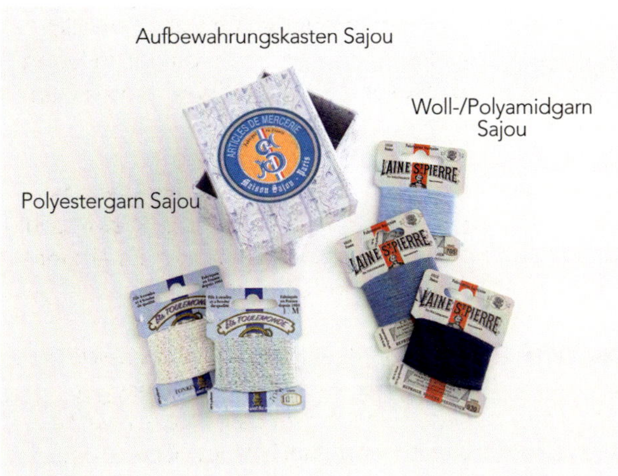
Aufbewahrungskasten Sajou
Woll-/Polyamidgarn
Sajou
Polyestergarn Sajou

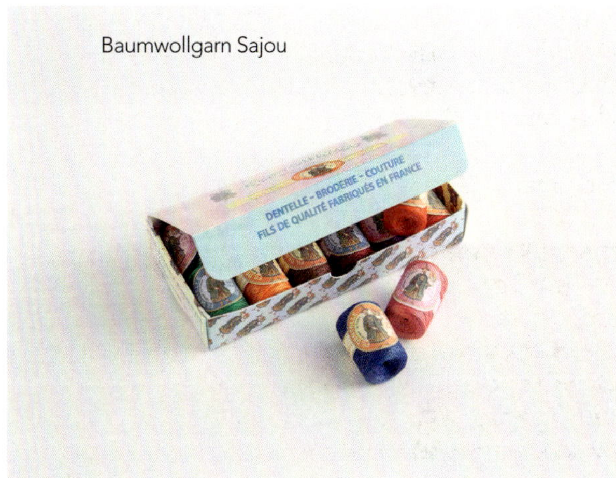
Baumwollgarn Sajou

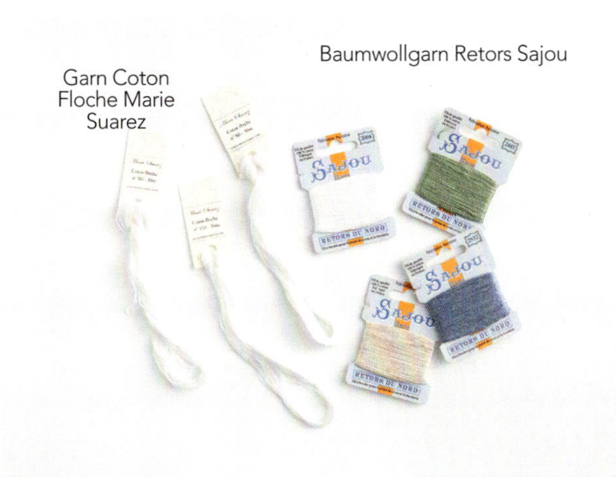
Baumwollgarn Retors Sajou
Garn Coton
Floche Marie
Suarez

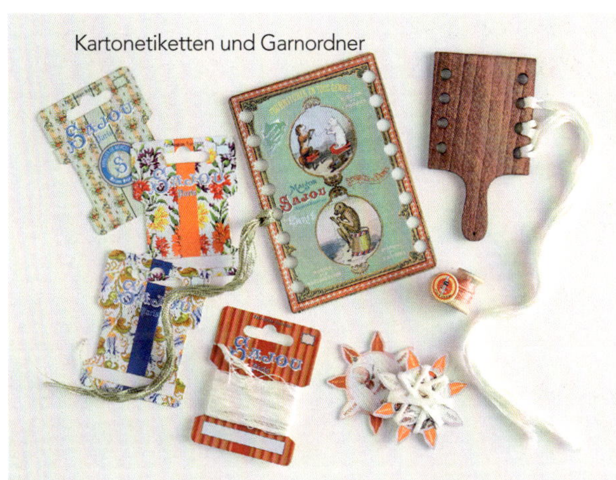
Kartonetiketten und Garnordner

## NADELN

Die Wahl der Nadeln ist sehr wichtig, da von ihnen der Komfort beim Arbeiten und der Erfolg der Arbeit abhängen. Die Wahl der Nadel richtet sich nach der Sticktechnik und der Dicke des verwendeten Garns. Es gibt jede Menge Nadeln. Im Folgenden sind einige der am häufigsten verwendeten aufgeführt.
*Siehe Abbildung mit Zahlen. **Empf.** Bohin*

***1. Chenillenadel:*** Gobelinnadel mit Spitze und einem sehr langen und breiten Öhr. Sie wird zum Einfädeln dicker Fäden oder mehrerer Einzelfäden verwendet. Von dick bis dünn: Nr. 18, 20, 22 und 24.

***2. Gobelinnadel:*** Nadel ohne Spitze, für Stramin- und Zählstickereien. Von dick bis dünn: Nr. 14, 16, 18, 20, 22, 24, 26 und 28.

***3. Nadel für Bandstickereien:*** Sehr ähnlich der Chenillenadel, aber mit einem noch breiteren Öhr. Von dick bis dünn: Nr. 18, 20 und 22.

***4. Lange Nadel:*** Mit rundem Öhr und Spitze. Zum Nähen gedacht, kann aber auch zum Sticken verwendet werden. Von dick bis dünn: Nr. 1 bis 10.

***5. Lange Applikationsnadel:*** Ähnlich der Applikationsnadel, aber länger. Wird für Shashiko verwendet.

***6. Crewelnadel:*** Dünne, lange Nadel mit Spitze und langem, schmalem Öhr. Sie eignet sich für Stickereien auf engmaschigen Stoffen. Von dick bis dünn: Nr. 1, 3, 5, 6, 7, 9, 10, 18, 20, 22 und 24.

***7. Applikationsnadel:*** Sehr feine, kurze Nadel mit Spitze und kleinem rundem Öhr. Sie ist ideal für präzise Stiche und wird in der Weißstickerei verwendet. Von dick bis dünn: Nr. 9 bis 12.

***Nadeletui:*** Zubehör zur Aufbewahrung der Nadeln und zum Schutz der Spitzen. *Sajou*

***Nadeleinfädler:*** Sehr nützlich, in verschiedenen Formen erhältlich. Der einfachste Nadeleinfädler ist aus Aluminium ***Empf.** 81999 Bohin.* Überaus raffiniert und effizient ist auch ein automatischer Nadeleinfädler ***Empf.** 81980 Bohin.*

## STECKNADELN

Sie werden zum Zusammenhalten von Stoffen und zum Einspannen des Stoffs verwendet. Am besten sind sehr dünne oder lange Glaskopfstecknadeln von *Bohin* und *Sajou*.

## FINGERHUT

Unverzichtbares Werkzeug, das Komfort beim Arbeiten, bessere Qualität und eine schnellere Ausführung ermöglicht. Er muss auf den Mittelfinger passen. Fingerhüte zum Sticken oder Nähen haben einen abgerundeten Kopf. Sie sind aus verschiedenen Materialien: Leder, Messing, vernickeltem Messing oder Silber *Bohin* und *Sajou*.

## STICKMATERIAL

***Runder Stickrahmen:*** Besteht aus zwei zusammenpassenden Kreisen, die von einer Schraube zusammengehalten werden, welche die Spannung reguliert. Holzrahmen sind am effizientesten und am einfachsten in der Handhabung. Manche verfügen über einen Ständer. Es gibt sie in verschiedenen Größen, von 10 bis 30 cm Durchmesser *Sajou*.

***Eckiger Stickrahmen:*** Dabei handelt es sich um einen Holzrahmen in unterschiedlichen Größen, auf den die Arbeit gespannt wird.

## SCHEREN

***Stickschere:*** Sie ist klein und hat feine, spitze Klingen. Sie wird nur zum Schneiden des Stickgarns oder von bestimmten Bereichen feiner Stoffen verwendet, die ausgeschnitten werden sollen ***Empf.** 24316 Bohin.*

***Stoffschere:*** Diese größere, stärkere Schere wird zum Schneiden feiner Stoffe verwendet ***Empf.** 23901 Bohin.*

***Lange Stoffschere:*** Mit ihr kann man gut und schnell dickere Stoffe schneiden ***Empf.** 98269 Bohin.*

***Schneiderschere:*** Sie hat dickere Klingen und schneidet dünne oder dicke Stoffe ***Empf.** 98281 Bohin.*

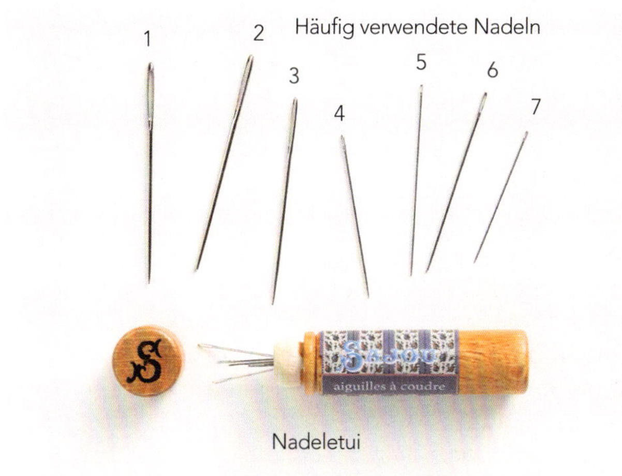

Häufig verwendete Nadeln

Nadeletui

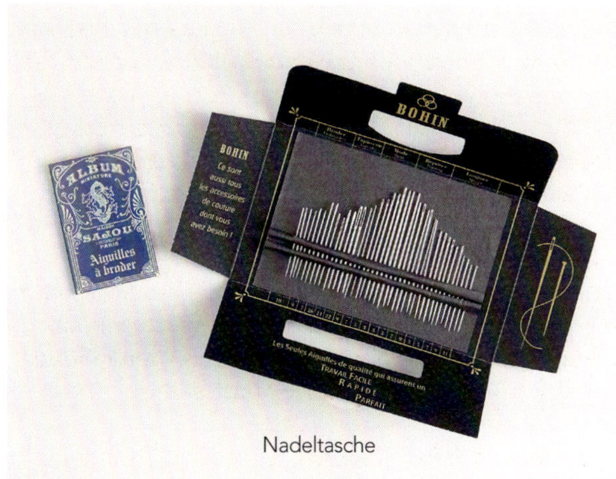

Nadeltasche

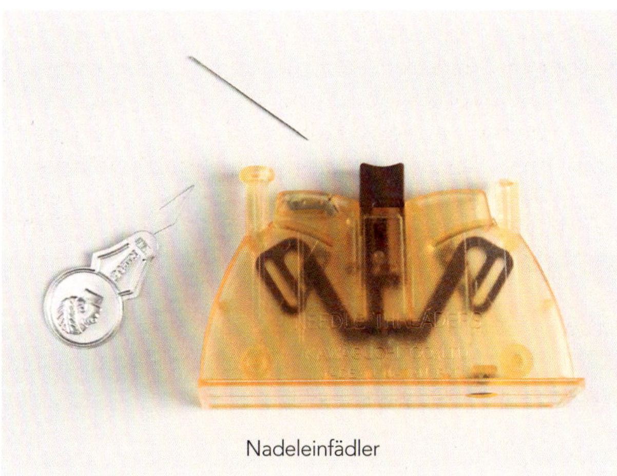
Nadeleinfädler

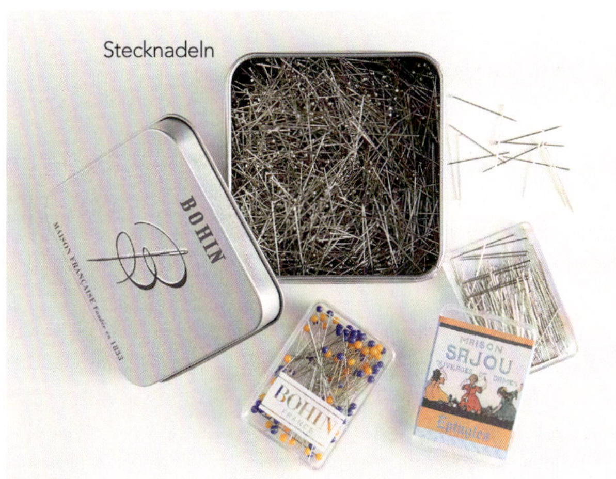

Stecknadeln

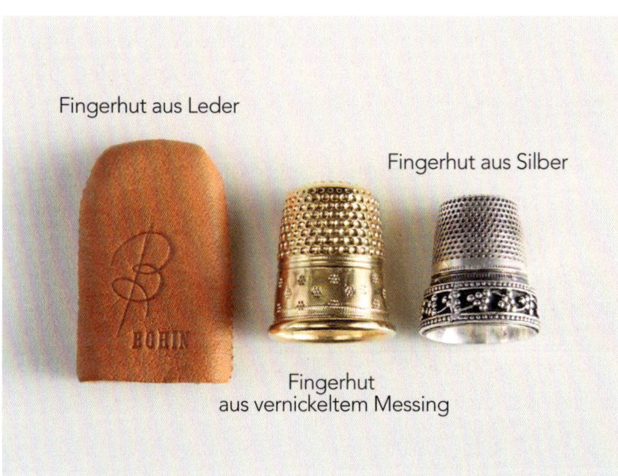

Fingerhut aus Leder

Fingerhut aus Silber

Fingerhut aus vernickeltem Messing

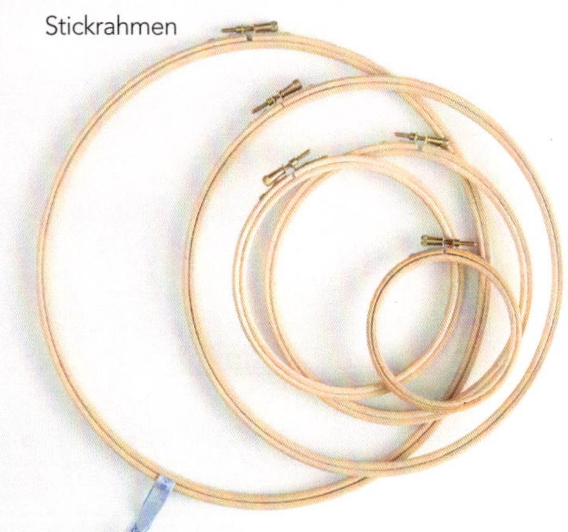
Stickrahmen

***Schere mit Kugelspitze:*** Sie ist klein und das Ende einer Klinge ist rund, sodass die Durchbrüche der Arbeiten (Hardanger, Englische, Richelieu-Stickereien) ausgeschnitten werden können, ohne in den Stoff zu schneiden *Sajou*.

***Pinzettenschere:*** Sie hat sehr kleine, spitze Klingen, die gebogen oder gerade sind, und eignet sich zum Schneiden von sehr kleinen Fäden und den durchbrochenen Bereichen feiner Stickereien ***Empf.*** *98260 Bohin.*

***Reiseschere:*** Schere mit zwei abgerundeten Klingen ***Empf.*** *24314 Bohin und Garnschneider* ***Empf.*** *98307 Bohin.*

***Scherentasche:*** Unentbehrlich zum Schutz der Schere ***Empf.*** *24360 Bohin.*

## SONSTIGE WERKZEUGE

***Ahle:*** Scharfes Metallwerkzeug, um Löcher in Stoffe zu stechen *Bohin* oder *Sajou*.

***Zange für Textilkunst:*** Mit der feinen, spitzen Zange lassen sich einzelne Stofffäden ziehen ***Empf.*** *62616 Bohin.*

***Bügeleisen:*** Unerlässlich zum Bügeln der fertigen Arbeit und zum Einspannen.

***Minibügeleisen:*** Zum Bügeln kleiner Applikationen, Säume, Briefecken ...) *Clover*.

***Selbstklebende Materialien:*** In unterschiedlichen Formen für Applikationen *Bohin*.

***Aufbewahrungsboxen:*** Zum Schutz der Arbeitsmaterialien in verschiedenen Größen, Farben und Formen.

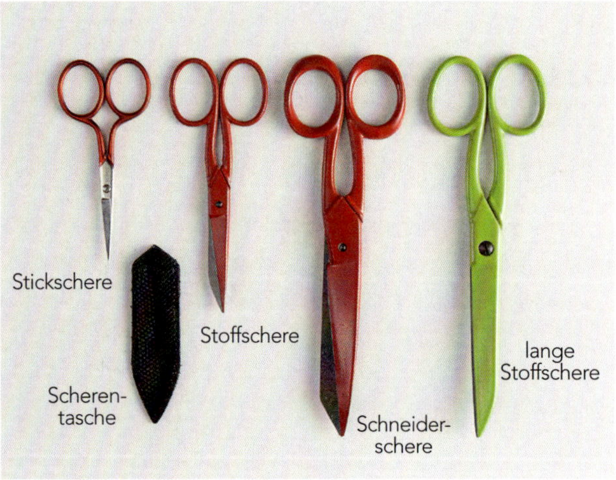


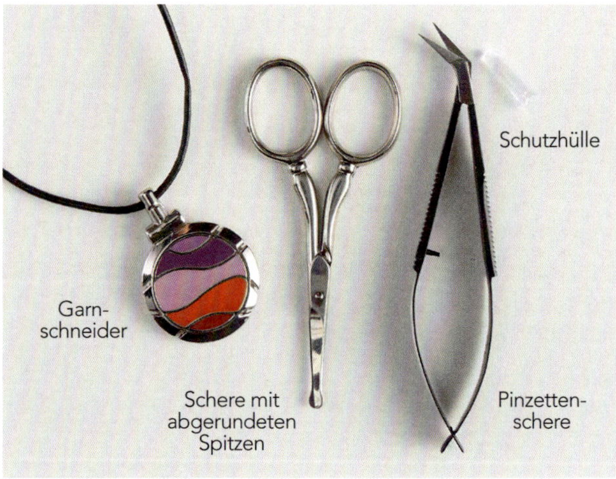


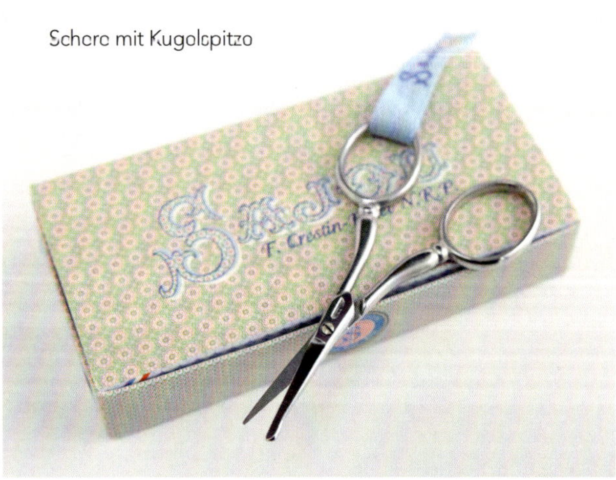


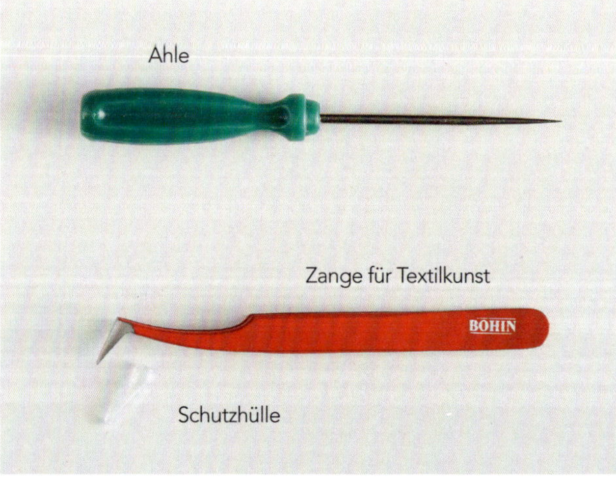

# WERKZEUGE ZUM ZEICHNEN DER MUSTER

***Schwarzer Bleistift:*** Der harte schwarze Bleistift H und der weichere Bleistift HB werden zum Zeichnen auf Stoffe verwendet.

***Bleistiftspitzer:*** Unerlässlich für Bleistifte mit scharfen Spitzen.

***Weißer Radiergummi:*** Zum Ausradieren unnötiger oder ungenauer Linien auf dem Stoff.

***Kreidestift:*** In Schwarz, Blau, Weiß und Rot erhältlich, zum Zeichnen auf Stoff geeignet. Die Linien verschwinden durch Bürsten *Bohin*.

***Textilfilzstift:*** Er kann permanent sein oder mit Wasser, Luft oder Wärme entfernt werden. Manche Filzstifte lassen sich mithilfe eines wiederverwendbaren Vliesstoffs auf den Stoff übertragen *Bohin*.

***Kohlepapier:*** Am effizientesten ist das schwarze, nicht färbende Durchschreibepapier für Schreibmaschinen, mit dem saubere, hellgraue Linien gezeichnet werden.

***Messwerkzeuge:*** Durchsichtiges Lineal, Geodreick, Maßband …

***Lupen:*** Es gibt sie in verschiedenen Formen und Abstufungen, z. B. kleine Lupen, die man an Brillen befestigen kann, sowie runde Lupen, die man sich umhängen oder an einem Tisch oder einer Lampe befestigen kann.

***Lampe:*** Unentbehrliches Werkzeug bei dunklen Lichtverhältnissen. Eine Tageslichtlampe ist empfehlenswert.

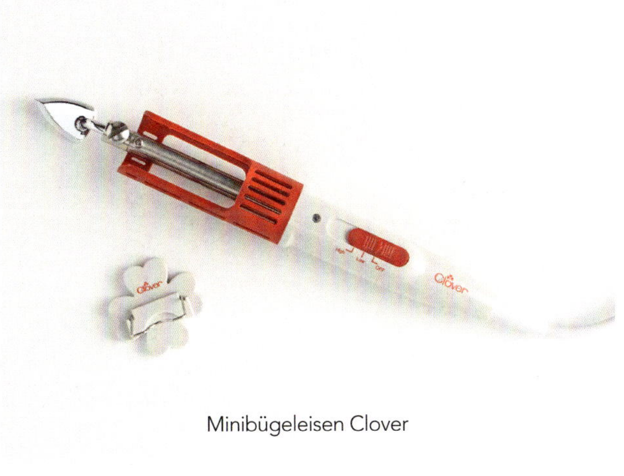

Minibügeleisen Clover

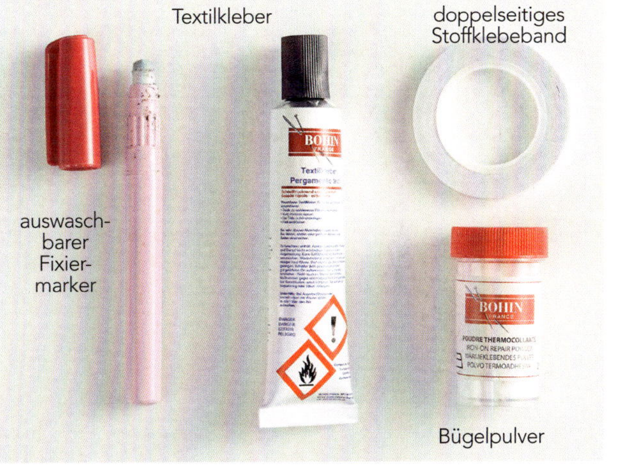

Textilkleber

doppelseitiges Stoffklebeband

auswaschbarer Fixiermarker

Bügelpulver

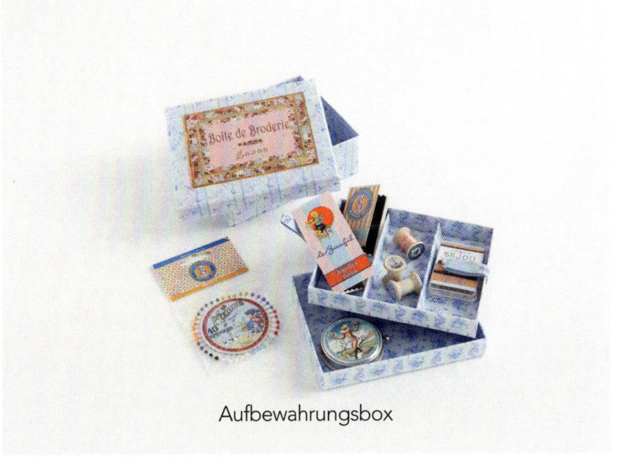

Aufbewahrungsbox

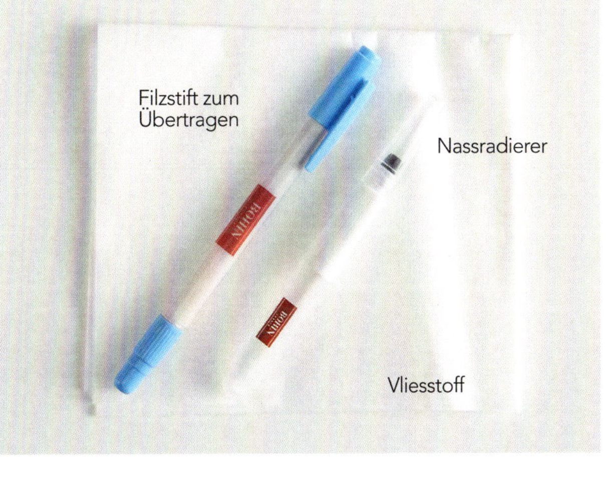

Filzstift zum Übertragen

Nassradierer

Vliesstoff

# Die Vorbereitung der Arbeit

Die Vorbereitungsphase der Arbeit ist sehr wichtig, da von ihr der Erfolg der Stickerei abhängt.

## TIPPS

Arbeiten Sie immer unter einer guten Lichtquelle und auf einer klaren, flachen und sauberen Arbeitsfläche. Lassen Sie keinen Schritt aus und gehen Sie mit großer Sorgfalt vor. Die Vorbereitung der Stickerei macht immer viel Spaß.

### Übertragen des Musters

Das Muster kann auf verschiedene Arten auf den Stoff übertragen werden:
**Freihand:** Mit Filz-, Blei- oder Textilstift.
**Durch Transparenz:** Wenn der Stoff es zulässt, können Sie das Muster mit einem schwarzen Marker auf weißem Papier übertragen. Legen Sie den Stoff links auf rechts auf das Muster und zeichnen Sie die Linien mit einem spitzen, harten Bleistift oder Textilfilzstift nach.
**Mit Kohlepapier:** Wenn der Stoff nicht transparent genug ist.

### Material

- gebügelter Stoff
- Pauspapier
- Kohlepapier
- dünne Stecknadeln
- harter schwarzer Bleistift
- durchsichtiges Lineal

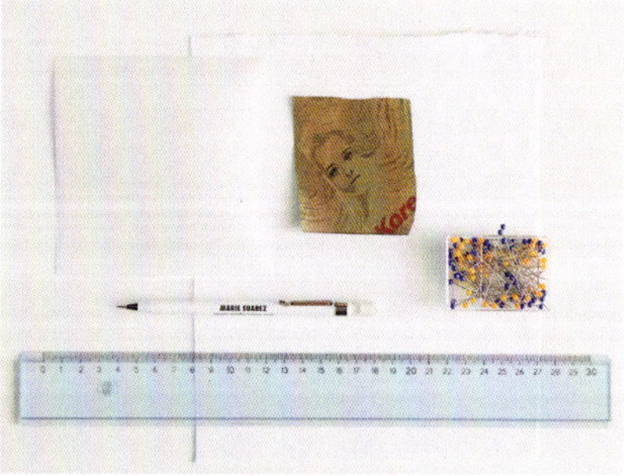

Übertragen Sie das Muster auf das Pauspapier und ziehen Sie einen Rahmen um das Muster, um die Größe abzuschätzen.
Markieren Sie die Mitte der Seiten und die Mitte des Musters mithilfe von Pfeilen.

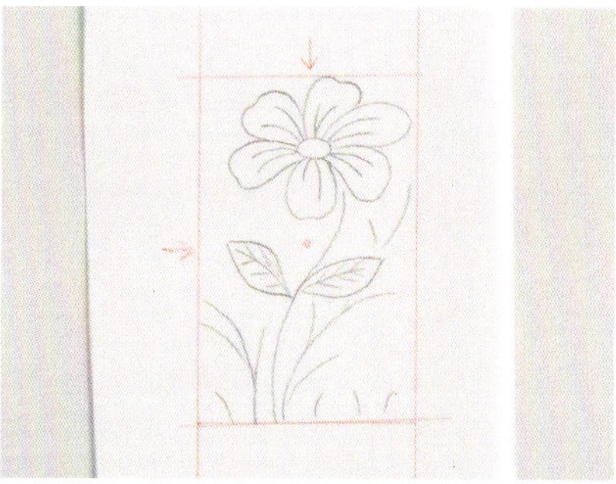

Falten Sie den Stoff in zwei gleich große Teile und üben Sie Druck mit den Fingern aus, um die Falte zu markieren. Falten Sie den Stoff auseinander und in die andere Richtung, um die Falte auf die gleiche Weise zu markieren. Die beiden Falten stellen die Mittellinien dar.
***Anm.**: Markieren Sie die Falten nie mit einem Bügeleisen, da sie sonst nicht mehr entfernen werden können.*

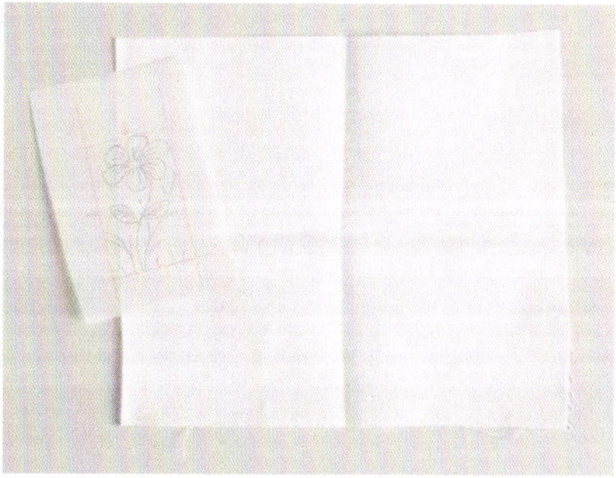

Legen Sie das Muster links auf rechts auf den Stoff, sodass die Mitte und die Mittellinien übereinstimmen. Befestigen Sie nur den oberen Bereich und eine Seite mit Stecknadeln.

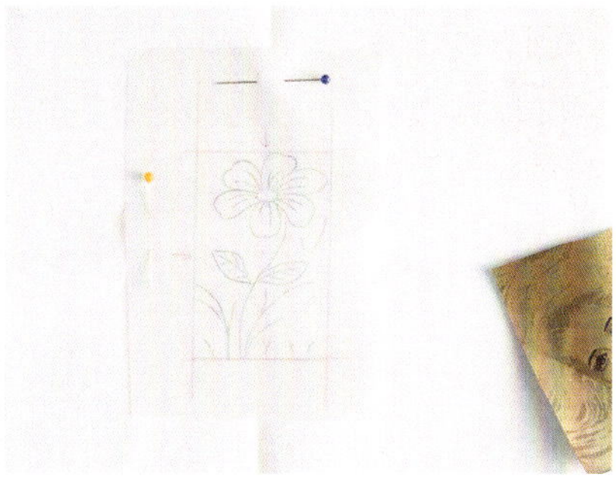

Schieben Sie das Kohlepapier unter das Pauspapier, die Kohleseite in Richtung Stoff, und zeichnen Sie mit gespitztem Bleistift die Linien der Vorlage nach. Zeichnen Sie saubere Linien, ohne zu stark zu drücken. Heben Sie das Kohlepapier vorsichtig an, nachdem Sie ein paar Linien gezogen haben, um das Ergebnis zu überprüfen. Die Linien sollten hellgrau und nicht zu dunkel sein. Üben Sie ggf. weniger Druck mit dem Bleistift aus.

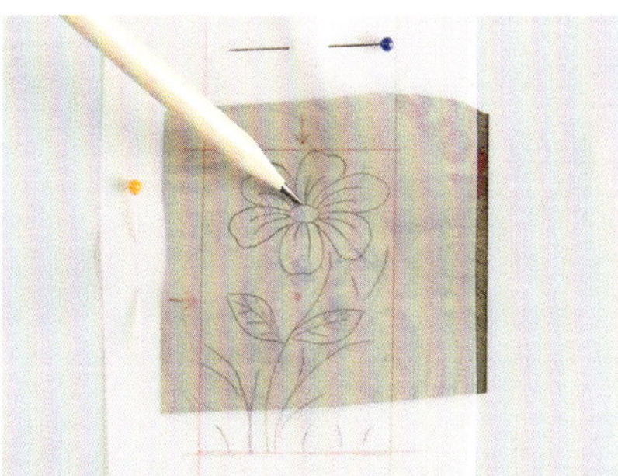

Entfernen Sie das Papier. Wenn das Muster sehr hell ist, zeichnen Sie mit dem Bleistift die Linien nach, ohne zu stark zu drücken.

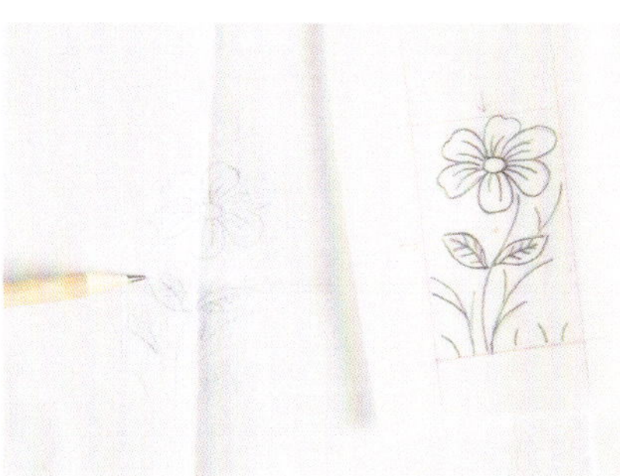

## Stickrahmen umwickeln

Der Stickrahmen sollte mit einem Schrägband umwickelt werden, um das Holz vor Staub und Abnutzung zu schützen, aber auch um eine bessere Spannung der Arbeit zu erzeugen. Durch das Schrägband bleibt der Stoff die ganze Zeit an der richtigen Stelle und verrutscht nicht. Idealerweise sollten beide Kreise des Stickrahmens umwickelt sein.
Befestigen Sie das Ende des Schrägbands auf dem großen Kreis, indem Sie Spannstiche durch die Öffnung der Metallhalterung setzen. Wickeln Sie das Schrägband bis zum anderen Ende um den Kreis. Wickeln Sie das Band nicht mehrfach, um allzu dicke Bereiche zu vermeiden. Befestigen Sie das Schrägband und schneiden Sie den Überschuss ab. Umwickeln Sie den kleinen Kreis genauso, indem Sie die beiden Enden miteinander verbinden.

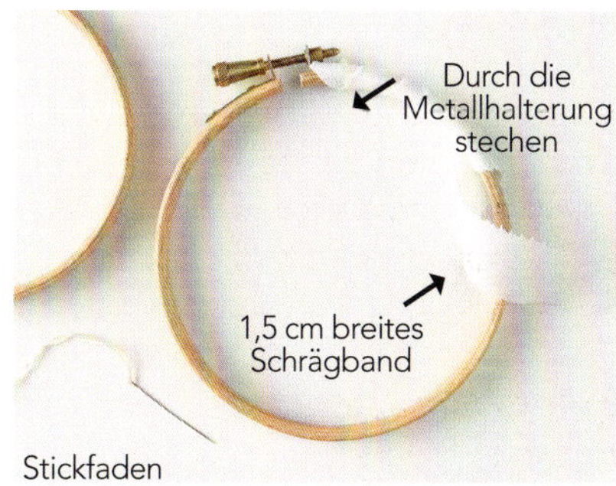


## Die Arbeit in den Rahmen spannen

Halten Sie den Stickrahmen in der linken Hand. Um kleine Motive zu sticken, sollte der Rahmen idealerweise genauso groß wie Ihre Hand, also 10 und 15 cm groß sein. So können Sie die Arbeit gut halten und angenehm arbeiten. Legen Sie das Motiv gerade in die Mitte des Kreises. Halten Sie die Schraube zwischen „9 und 10 Uhr“, sodass Sie sie mit der Hand bedecken. So kann sich das Garn beim Arbeiten nicht mit der Schraube verheddern.

***Anm.**: Auf dem Foto unten ist die Blüte der Blume das Stickmotiv. Sie wird daher in der Mitte des Kreises platziert. Um den Stiel und die Blätter zu sticken, lösen Sie die Arbeit und zentrieren sie erneut.*

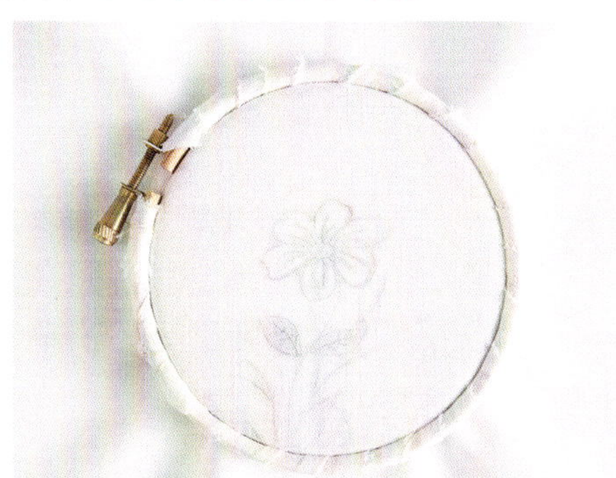

## Den Stoff der Arbeit vergrößern

Die Arbeit muss groß genug sein, um in den Rahmen gespannt zu werden. Andernfalls können Sie den Stoff vergrößern. Schneiden Sie ein Fenster, das größer als das Motiv ist, in die Mitte eines dicken Kalikos, legen Sie es auf den zu bestickenden Stoff und nähen Sie beide Teile im Vorstich zusammen.

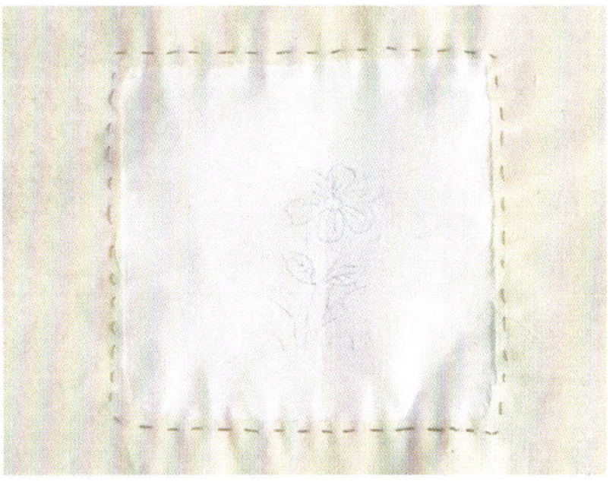

Spannen Sie den zusammengenähten Stoff in den Rahmen. Dieser sollte nicht mit Schrägband umwickelt sein, da der Rahmen im Kontakt mit dem Kaliko eine gute Spannung erzeugt.

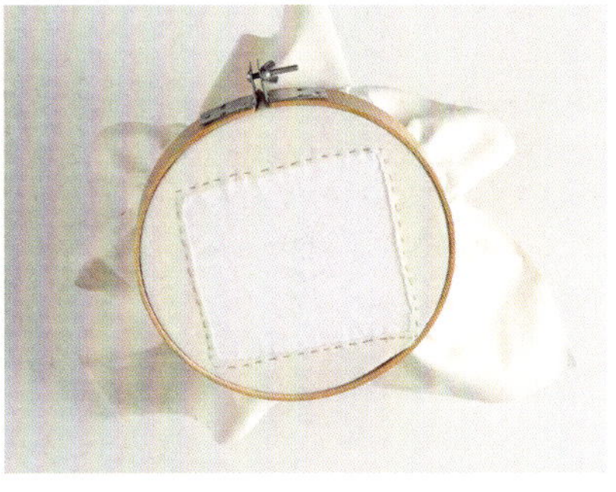

***Anm.**: Diese Methode wird auch beim Sticken auf Seide* angewendet, da die Arbeit so besser geschützt wird.*

*Vor dem Einspannen empfiehlt es sich, die Stoffe und die Arbeit zu bügeln. Achten Sie darauf, die Rückseite zu bügeln. Wenn der Stoff aus Leinen oder Baumwolle besteht, stellen Sie das Bügeleisen so heiß wie möglich ein.*

## Schlaufe um das Nadelöhr

Wenn Sie bestimmte Schlaufen mit sehr feinem Faden sticken möchten oder der Faden zu kurz wird, können Sie ihn mit einer Schlaufe um das Öhr an der Nadel befestigen:

**1.** Wickeln Sie den Faden um die Nadel.

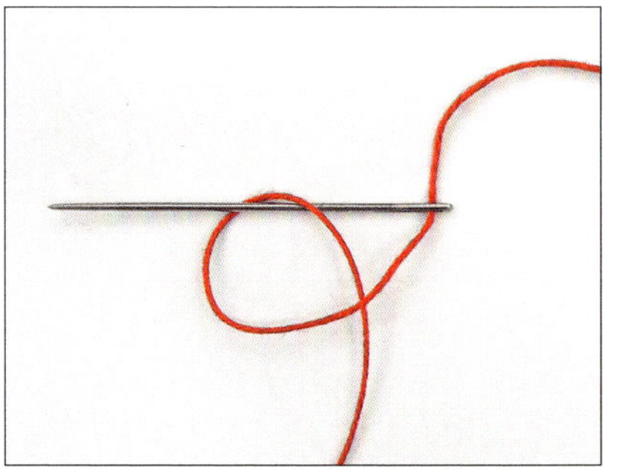

**2.** Führen Sie die Nadel durch die Schlaufe.

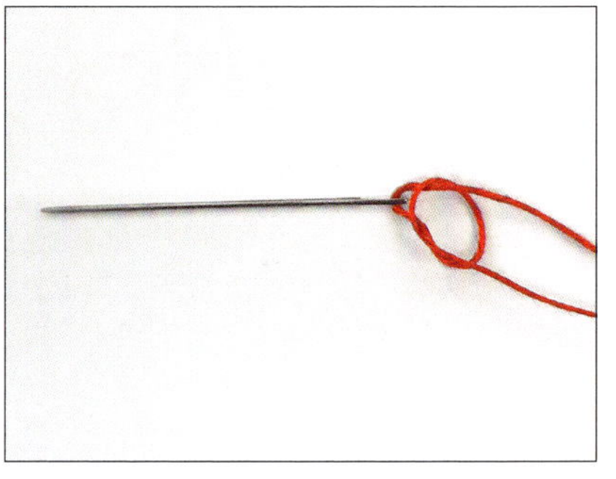

**3.** Ziehen Sie an der Nadel, um die Schlaufe um das Öhr festzuziehen.

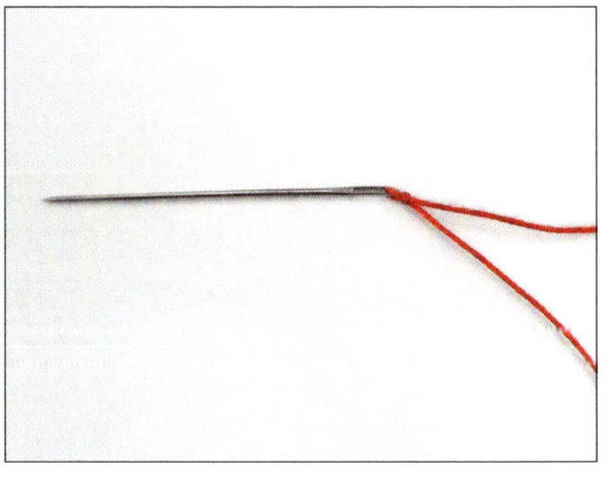

*Manchmal wird die Nadelspitze zerkratzt. Schieben Sie die Spitze vorsichtig zwischen Daumen und Zeigefinger hin und her, um den möglichen Kratzer zu spüren. Ersetzen Sie die Nadel gegebenenfalls, da sie den Stoff beschädigen könnte.*

# Allgemeine Anmerkungen

## VERLORENER KNOTEN

Dieser Knoten wird vorübergehend am Ende des Stickfadens gebunden, bevor der Faden fixiert wird. Sobald der Faden fixiert ist, werden der Knoten und das Fadenende auf der Rückseite der Stickerei abgeschnitten. Mit dem verlorenen Knoten werden oft Füllstiche fixiert.

## DEN ANFANGSFADEN FIXIEREN

Ein neuer Faden kann unter den gestickten Stichen auf der Rückseite vernäht werden, wenn der Stoff bereits bestickt wurde.
Wenn der Stoff noch unbearbeitet ist, kann der Faden auf verschiedene Weisen vernäht werden:
– Zwei Zentimeter neben dem Anfangspunkt der zu stickenden Linie einen sehr dezenten Vorstich setzen, die Nadel am Anfangspunkt ausstechen und über die Fixierstiche auf der Linie sticken (Bsp. Stielstich, siehe S. 145)
– Einen Vorstich, zwei Rückstiche nebeneinander oder einen Kreuzstich auf die zu füllende Fläche sticken. Das Fadenende auf der Rückseite der Arbeit 2 cm überstehen lassen. Nachdem Sie mehrere Stiche gestickt haben, schneiden Sie den überschüssigen Faden ab und sticken weiter (siehe S. 22).
– Einen sehr kleinen Knoten am Ende des Stickfadens binden (Knötchenstiche, Einzelstiche, Schweizer Stickerei ...).
– Um mit doppeltem Faden zu sticken, fädeln Sei beide Fadenenden in das Nadelöhr, stechen auf der Rückseite an der Anfangsstelle ein und ziehen den Faden auf der Vorderseite nur soweit durch, dass auf der Rückseite noch eine 3 cm lange Schlaufe bleibt. Die Nadel auf der Vorderseite ein wenig versetzt wieder einstechen, auf der Rückseite durch die Schlaufe führen und den Faden anziehen (Holbein-, Kreuzstich, ...).

## DEN ENDFADEN FIXIEREN

Wenn der Faden zu kurz wird, kann er auf verschiedene Weise fixiert werden:
– Den Faden auf der Rückseite unter den gestickten Stichen (Hardanger, Nadelmalerei ...) durchziehen.
– Die gestickten Stiche über 1,5 cm auf der Rückseite umwickeln.
– Die Stiche auf der Rückseite dreimal umwickeln. Nach der vierten Wicklung ziehen Sie den Faden nicht vollständig heraus, sodass eine Schlaufe entsteht, in die Sie die Nadel einführen. Ziehen Sie am Faden, um die Schlaufe festzuziehen und einen flachen Knoten zu binden. Schneiden Sie den Faden nahe am Knoten ab (Einzel- und Spitzenstiche).

## STICKFADEN

Der Stickfaden wird in der erforderlichen Fadenlänge in die Nadel gefädelt. Je nach Stickerei variiert die Fadenlänge. Für die meisten Stickarbeiten ist ein Stickfaden von 45 bis 50 cm Länge ausreichend.
***Anm.**: Wenn zwei Fäden in eine Nadel eingefädelt werden, spricht man von einem doppelten Faden.*

## EIN- UND AUSSTICHSTELLE (E UND A)

Sofern nicht anders angegeben, wird auf den Fotos die Vorderseite der Arbeit gezeigt.
**E** (Einstichstelle des Fadens) zeigt an, dass der Faden von vorne nach hinten gestochen wird.
**A** (Ausstichstelle des Fadens) zeigt an, dass der Faden von hinten nach vorne gestochen wird.

## STOFF IN DEN RAHMEN SPANNEN

Vor dem Sticken wird die Arbeit in den Rahmen gespannt und das Stickmotiv in der Mitte positioniert.

# *Die*

# TECHNIKEN

# Kreuzstich

## BESCHREIBUNG UND GESCHICHTE

Der Kreuzstich eignet sich für Zählstickereien und gehört wohl zu den beliebtesten und am weitesten verbreiteten Sticktechniken der Welt. Dieser überaus alte Stich kommt je nach Land in den verschiedensten Stilen und Farben vor. In der Renaissance gehörte dieser Stich zur Grundausbildung junger Mädchen, die die berühmten Mustertücher mit Buchstaben des Alphabets, Lebenssymbolen und religiösen Motiven stickten. Mit dem Aufkommen natürlicher Farbstoffe kam es zur „roten Revolution", und der einfarbige Kreuzstich wurde sehr populär. Aufgrund der Entwicklung der Textilbranche im 19. Jahrhunderts und der bunten Schemazeichnungen aus Berlin erfreute sich dieser sehr leicht und schnell auszuführende Stich einer wachsenden Beliebtheit bei Frauen. Bis heute gehört er zu den beliebtesten Sticktechniken, und die Textilindustrie vertreibt zahlreiche Stickmuster in Form von Sets und Schemazeichnungen.

## MATERIAL

### Stoffe

Die verwendeten Stoffe können aus Leinen, Baumwolle oder Mischgewebe bestehen. Das Gewebe kann einfach* oder vierfach (Aida) gewebt sein. Es können auch einfach gewebter Stramin und Penelope Canvas verwendet werden. Der Stoff muss regelmäßig gewebt* sein, und die Gewebefäden müssen mit bloßem Auge zählbar sein.
Mit der Anzahl der Fäden (einfach gewebte Stoffe) oder Stichfenster (Aidastoff) pro Zentimeter lässt sich die Größe der Stickerei bestimmen. Die Löcher im Gewebe des Aidastoffs* erleichtern das Sticken.
Leinenstoffe *Zweigart Newcastle* (16 Fäden/cm), *Edinburgh* (14 Fäden/cm), *Belfast* (12,6 Fäden/cm), *Bellana*, *Lugana*, *Davosa*, *Murano* und *Aida* (von 3 bis 8 Fäden/cm).

### Garne

Es können alle Garne verwendet werden. Sie sind je nach Stickgrund und dem gewünschten Ergebnis auszuwählen.

### Nadeln

Sticken Sie vorzugsweise mit einer Nadel ohne Spitze. Gobelinnadel *Bohin*, von dick bis dünn: Nr. 14, 16, 18, 20, 22, 24, 26 und 28.

### Schere

Verwenden Sie eine kleine, feine Schere mit spitzen Klingen.
***Empf.*** *24316 oder 24311 Bohin*

### Stickrahmen

Sticken Sie mit einem runden Stickrahmen von 15 cm Durchmesser, der beim Arbeiten versetzt wird.
***Empf.*** *Stickrahmen Sajou*

## TECHNIK

Der Grundstich ist der Kreuzstich, der aus zwei schrägen, gleich großen Spannstichen besteht, die übereinander liegen und sich in der Mitte kreuzen. Die Technik ist jedoch nicht auf diesen Stich beschränkt. Es gibt viele Varianten des Stichs und unterschiedliche Möglichkeiten, ihn zu sticken.

### Material

– naturfarbener Aidastoff, 20 cm x 30 cm, 3,25 Fäden/cm *Zweigart* Hertarette ***Empf.*** *3707/264*
– Gobelinnadel Nr. 26 *Bohin*
– Stickrahmen von 15 cm Durchmesser *Sajou*
– *Baumwolle Broder Spécial DMC* Nr. 25: 321

## EINZELNER KREUZSTICH

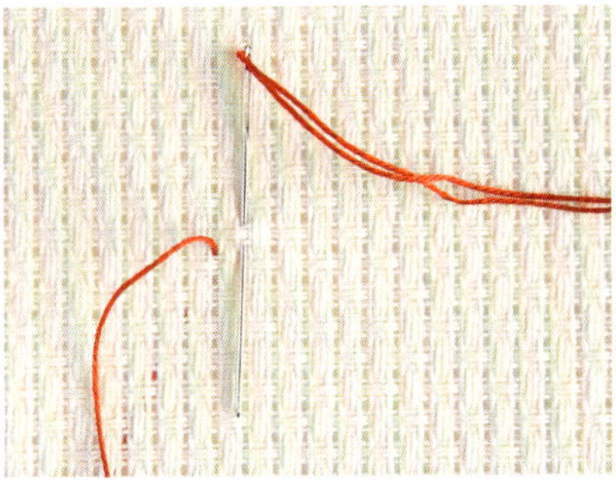

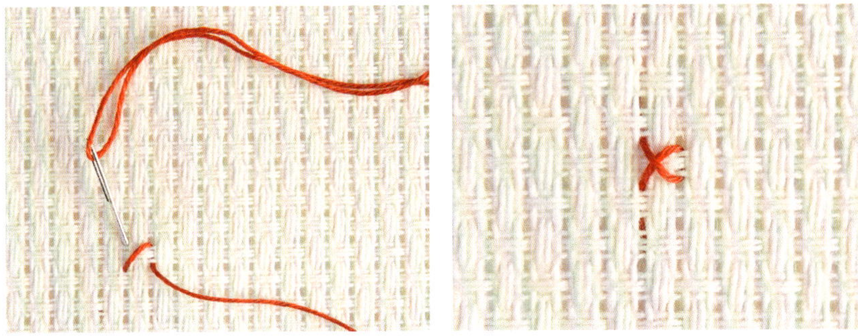

**1.** Die Nadel aus der linken unteren Ecke eines Kästchens des Aidastoffs ausstechen, in die schräg gegenüberliegende obere Ecke einstechen und aus der rechten unteren Ecke ausstechen.

**2.** Die erste Diagonale ist fertig. In die schräg gegenüberliegende Ecke einstechen, um das erste Kreuz zu erhalten.

## KREUZSTICH IN REIHEN

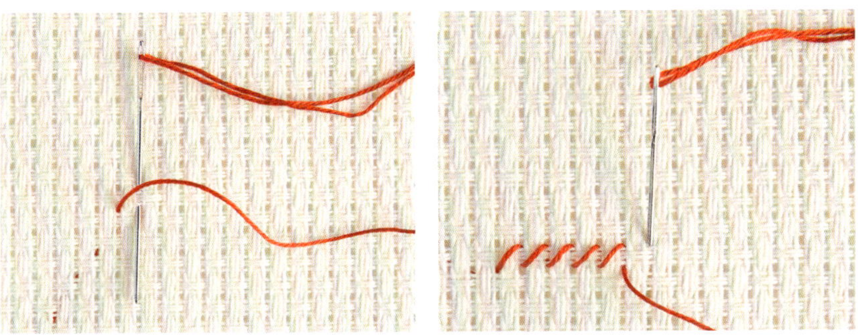

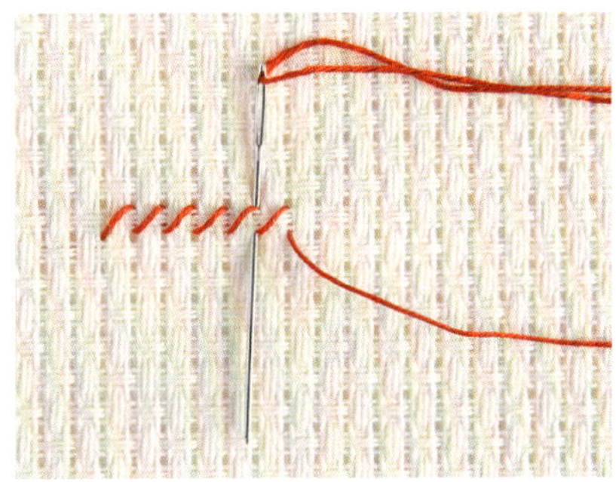

**1.** Um eine Reihe von Kreuzen zu sticken, wird in Hin- und Rückreihen gearbeitet. Diese Methode spart Garn und führt zu einer sauberen Rückseite. Die erste Reihe wird von links nach rechts gestickt. Einen schrägen Spannstich setzen, die Nadel unten ausstechen und den Stich sechsmal wiederholen (oder öfter, je nach Belieben).

**2.** Sticken Sie die Rückreihe, indem Sie schräge Spannstiche über die vorigen Stiche sticken.

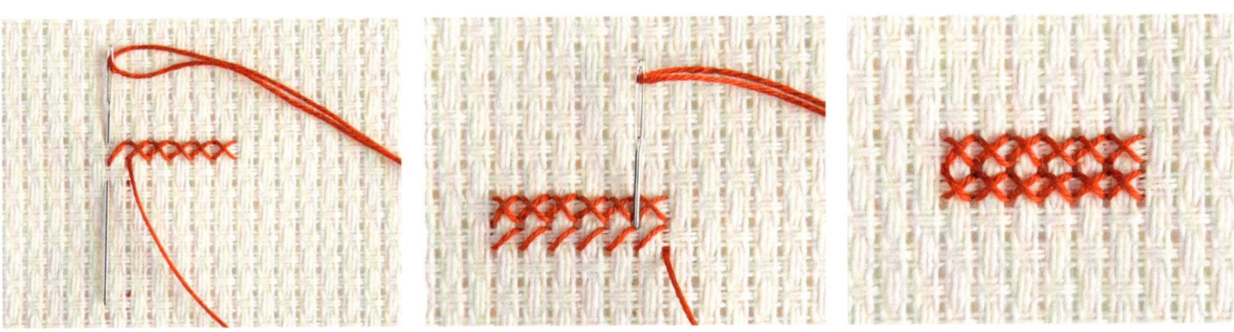

**3.** Um eine Fläche zu füllen, sticken Sie mehrere Reihen nebeneinander.
**Anm.**: *Für eine regelmäßige Arbeit ist darauf zu achten, dass die unteren Spannstiche immer in die gleiche Richtung gestickt werden.*

## FADEN FIXIEREN

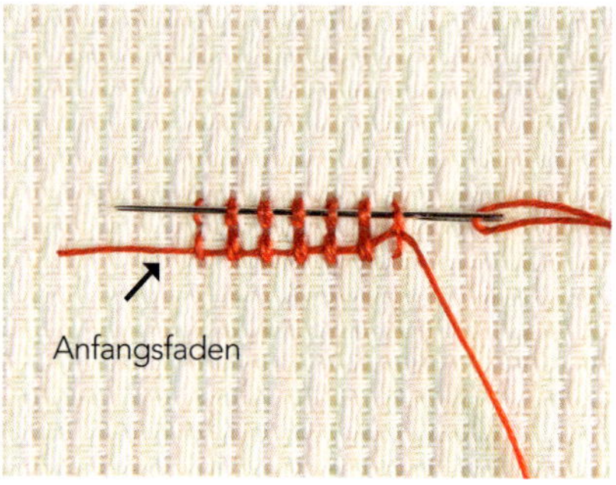


Um den Anfangsfaden zu fixieren, lassen Sie ihn 3 cm auf der Rückseite überstehen, halten ihn zu Beginn der Arbeit fest und sticken die Stiche darüber. Schneiden Sie den überschüssigen Faden ab. Um den Endfaden zu vernähen, ziehen Sie die Nadel auf der Rückseite unter den Stichen hindurch.

> *Schneiden Sie beim Arbeiten die überstehenden Enden der fixierten Fäden ab, sodass auf der Rückseite kein überschüssiges Garn vorhanden ist.*

## VERTIKALER LÄNGLICHER KREUZSTICH

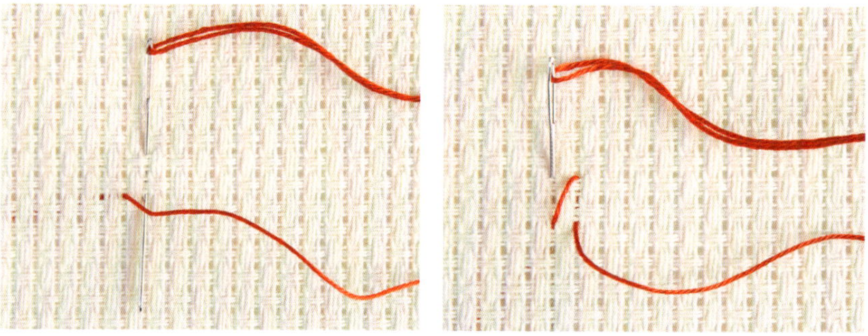

**1.** Dies ist eine der einfachsten Varianten des Kreuzstichs, bei der die Maße verändert, jedoch weiterhin nur zwei Stiche übereinander gestickt werden. Den ersten Spannstich über ein Stichfenster des Stoffs in der Breite und zwei Stichfenster des Stoffs in der Höhe sticken. Die Nadel unten ausstechen und den zweiten Spannstich darüber sticken.

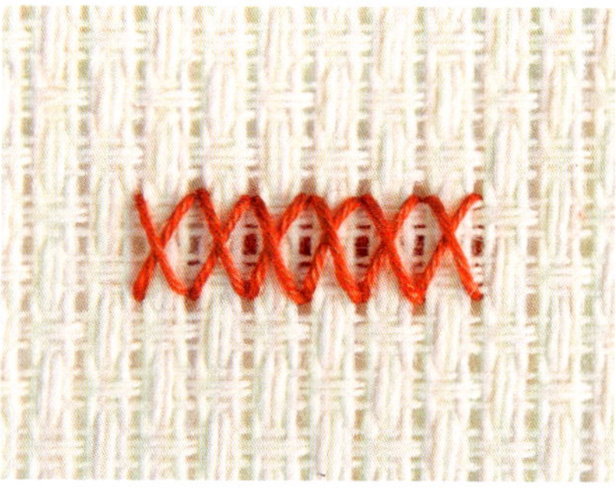

**2.** Weitere identische Stiche nebeneinander sticken.

**Anm.**: *Der längliche Kreuzstich kann auch in Hin- und Rückreihen gestickt werden.*

## HORIZONTALER LÄNGLICHER KREUZSTICH

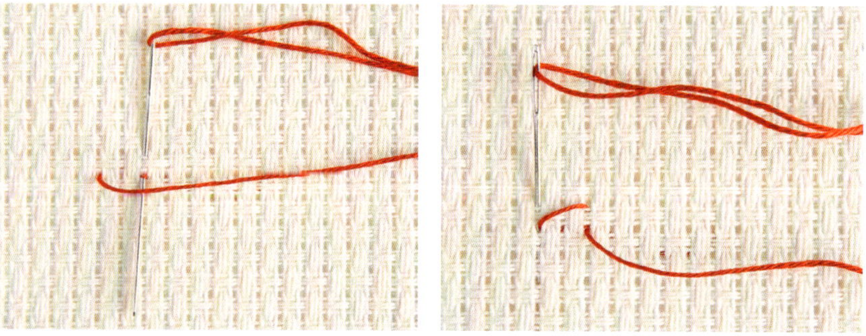

**1.** Dieser Stich ist eine Variante des vorigen Stichs. Die Maße sind die gleichen, nur die Art des Stichs ändert sich. Den ersten Spannstich über zwei Stichfenster des Stoffs in der Breite und ein Stichfenster des Stoffs in der Höhe sticken. Unten ausstechen und den zweiten Spannstich darüber sticken.

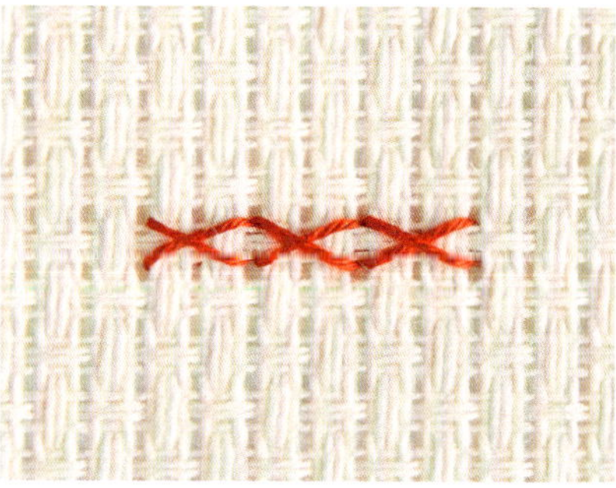

**2.** Weitere identische Stiche nebeneinander sticken.

**Anm.**: *Der längliche Kreuzstich kann auch in Hin- und Rückreihen gestickt werden.*

# GERADER KREUZSTICH

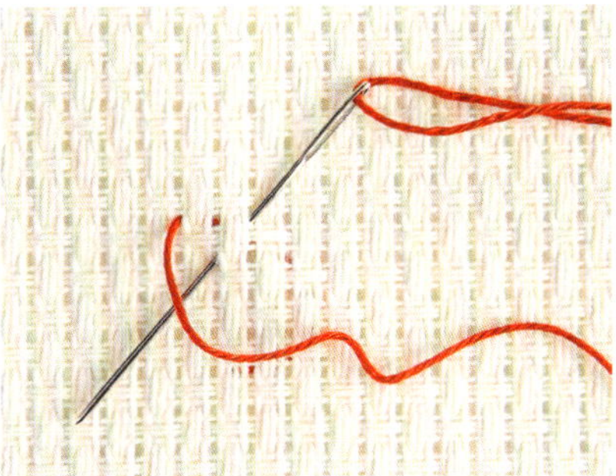

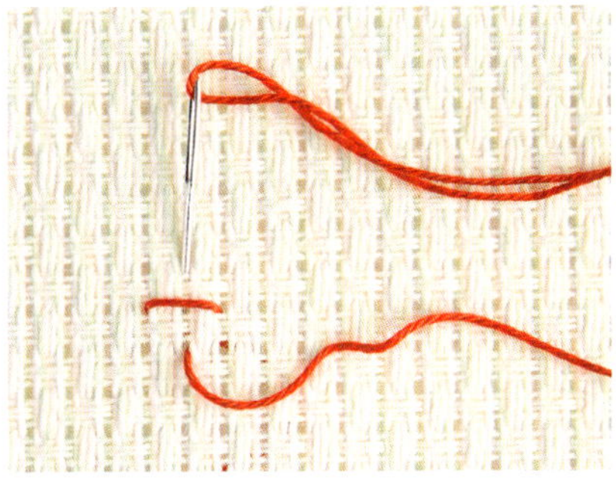

**1.** Dieser Stich besteht aus zwei übereinanderliegenden Spannstichen, die über die Mittellinien gestickt werden. Links ausstechen, zwei Stichfenster weiter einstechen und unten in der Mitte ausstechen.

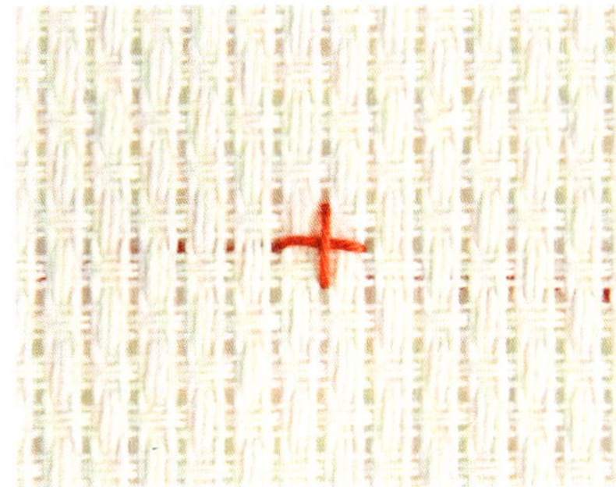

**2.** Von unten nach oben über zwei Stichfenster des Stoffs sticken.

**3.** Den geraden Kreuzstich wie die vorigen Stiche nebeneinander in Reihen oder schräg versetzt sticken.

# SMYRNA- ODER DOPPELTER KREUZSTICH

**1.** Für diesen doppelten, übereinanderliegenden Kreuzstich sticken Sie einen einfachen Kreuzstich über zwei Stichfenster in Höhe und Breite.

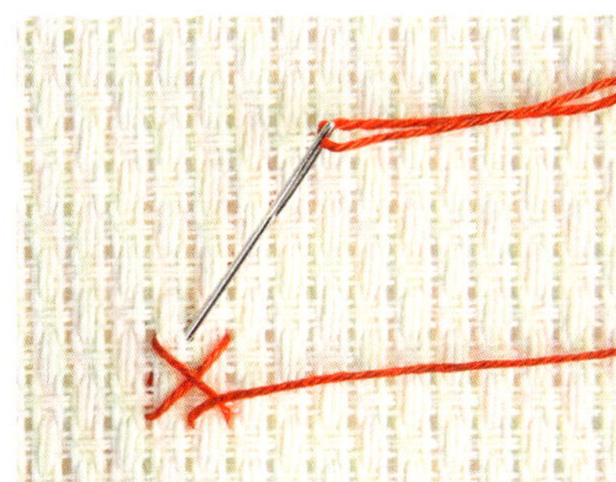

**2.** Einen geraden Kreuzstich darüber sticken: Zuerst den vertikalen ...

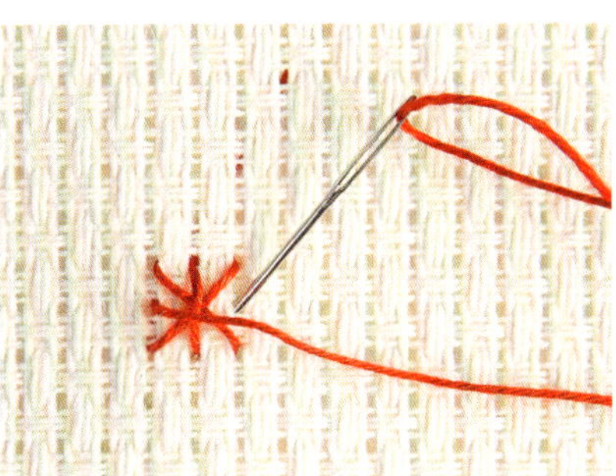

... dann den horizontalen Stich setzen.

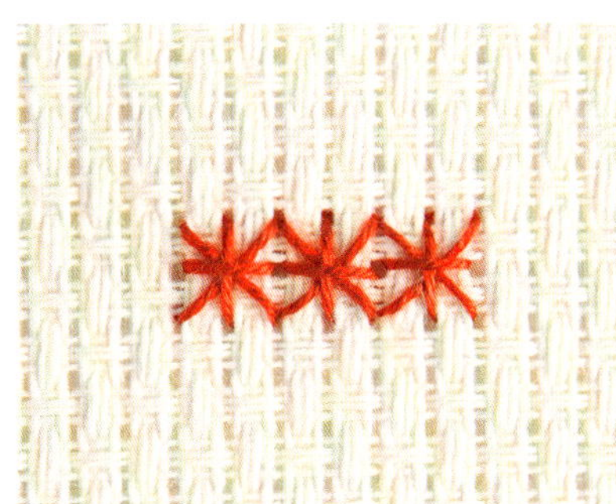

**3.** Weitere identische Stiche nebeneinander sticken, um eine Fläche zu bedecken.

***Anm.**: Der Smyrnastich kann in Hin- und Rückreihen gestickt werden, um Garn zu sparen und eine saubere Rückseite zu erhalten (siehe Technik S. 48 – Schweizer Stickerei).*

## STERNSTICH

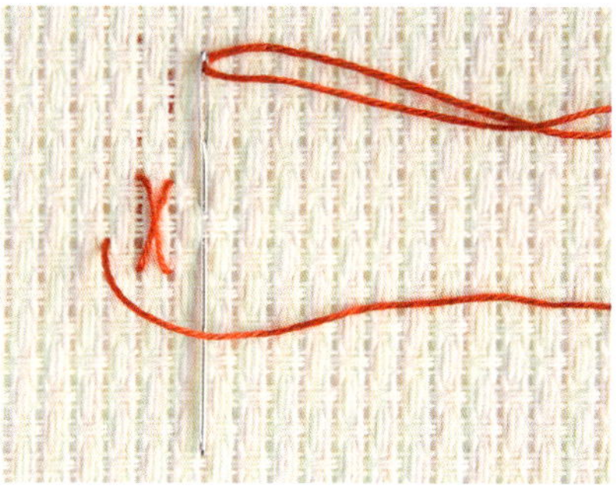

Die Länge und Höhe der Kreuzstiche kann je nach gewählten Utensilien und gewünschtem Ergebnis variieren. Das Resultat ist manchmal überraschend. Üben Sie vorher am besten auf einem Probestoff.

Dieser Stich besteht aus zwei übereinanderliegenden, länglichen Kreuzstichen. Sticken Sie einen vertikalen länglichen Kreuzstich, dann einen horizontalen länglichen Kreuzstich darüber.

## KREUZSTICH ÜBER EINEN FADEN

### Technik

Dieser Kreuzstich wird auf einfach gewebtem Stoff über einen Schussfaden gestickt. In Bezug auf einen über zwei Fäden gestickten Kreuzstich werden die Maße des Motivs durch vier geteilt, damit die Stickerei kleiner wird. Dieser Stich kann auch mit dem klassischen Kreuzstich kombiniert werden, um die kleinen Details der Arbeit zu sticken. Den Stickrahmen wählen Sie nach Belieben. Um die Fäden zu fixieren, gehen Sie wie beim klassischen Kreuzstich vor (siehe S. 22).

### Material

– weißer Leinenstoff, 20 cm x 30 cm, 12,6 Fäden/cm *Zweigart Belfast*, ***Empf.*** *3609/101*
– Gobelinnadel Nr. 26 *Bohin*
– Stickrahmen von 15 cm Durchmesser *Sajou*
– Baumwolle Broder Spécial *DMC* Nr. 25: 321

***Anm.***: *Damit dieser Stich gelingt, sticken Sie das Kreuz am besten in einem Durchgang über einen einzigen Schussfaden und achten darauf, wie dieser gewebt ist.*

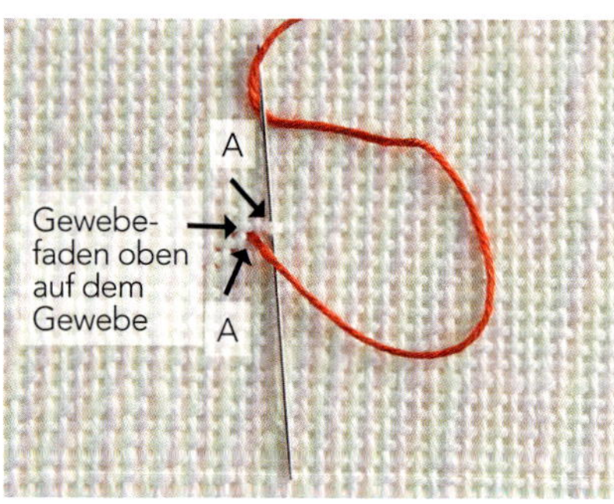


**1.** Der erste Schrägstich des Kreuzes wird über einen **vertikalen** Schussfaden gestickt (der oben auf dem Gewebe liegt). Vor Beginn des zweiten Schrägstichs ziehen Sie den Faden unter dem darunterliegenden **horizontalen** Schussfaden hindurch.

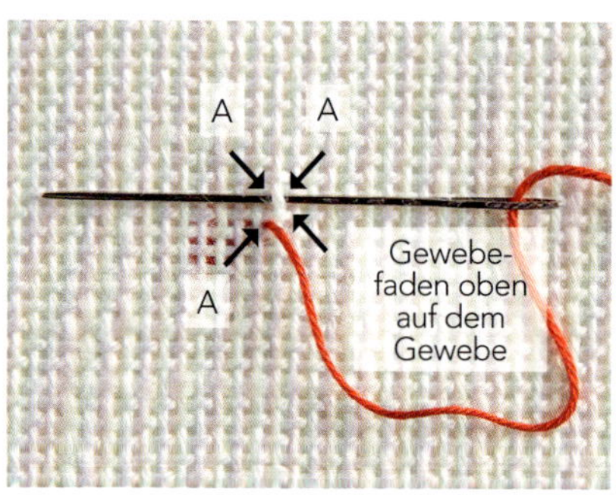


**2.** Der erste Schrägstich des Kreuzes wird über einen **horizontalen** Schussfaden gestickt (der oben auf dem Gewebe liegt). Vor Beginn des zweiten Schrägstichs ziehen Sie den Faden unter dem darunterliegenden **vertikalen** Schussfaden hindurch.

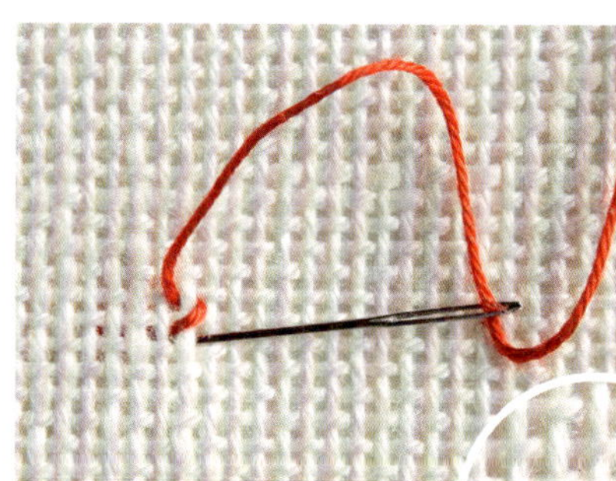

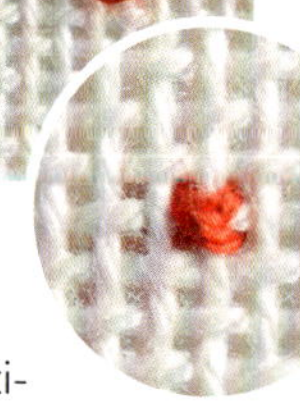

**3.** So wird der Faden im Gewebe festgezogen und rutscht nicht nach unten. Sticken Sie den zweiten Schrägstich darüber. Das Kreuz muss deutlich auf der Oberfläche des Stoffs liegen.

## STICHE NEBEINANDER STICKEN

Dieser Stich wird nie in Hin- und Rückreihen gestickt. Um eine Fläche zu füllen, sticken Sie die Stiche nebeneinander. Achten Sie darauf, die unteren Spannstiche immer in die gleiche Richtung zu sticken.

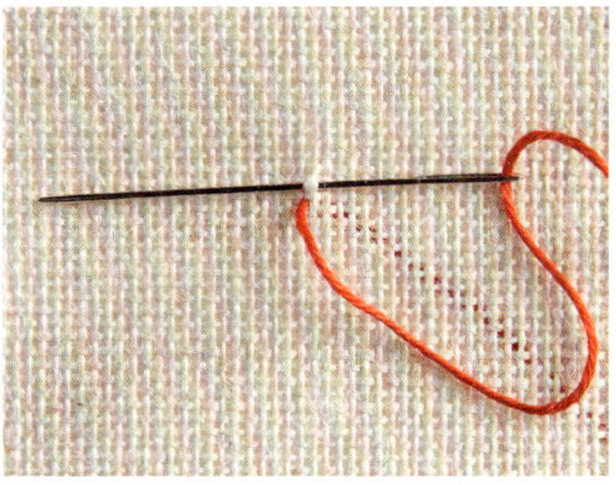

**1.** Einen Schrägstich über einen Gewebefaden sticken (siehe Foto **2**, Seite 24) und links ausstechen.

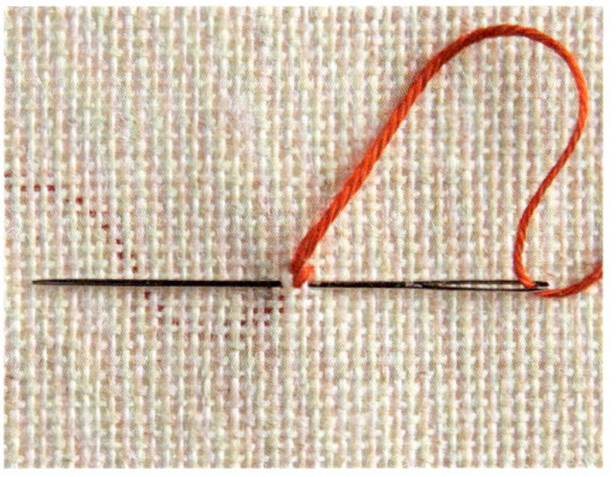

**2.** Den zweiten Schrägstich sticken und einen Faden weiter wieder ausstechen (siehe Foto **3**, Seite 24).

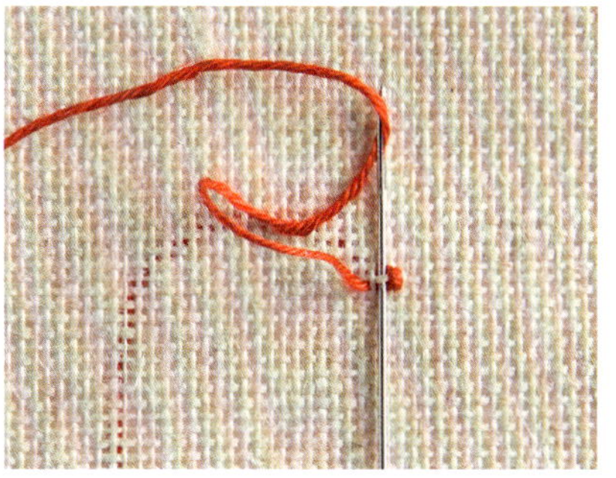

**3.** Den ersten Stich des nächsten Kreuzes sticken (siehe Foto **1**, Seite 24) und unten ausstechen.

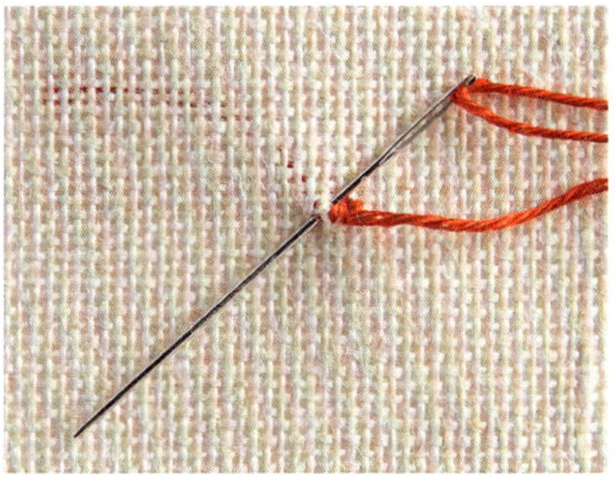

**4.** Die Nadel schräg einstechen und einen Faden weiter links ausstechen.

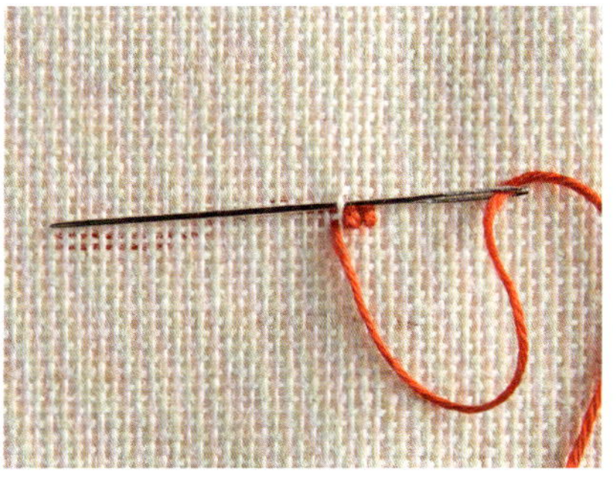

**5.** Den dritten Stich und alle ungeraden Stiche wie den ersten sticken. Den vierten Stich und alle geraden Stiche wie den zweiten sticken.

*Entgegen anderweitiger Meinungen erfordert der Kreuzstich über einen Faden kein besseres Sehvermögen als der Kreuzstich über zwei Fäden. Man sollte die Stofffäden mit bloßem Auge und problemlos zählen können. Zudem ist die Gefahr geringer, Fehler zu begehen, da das Zählen der Schussfäden schneller geht und sehr einfach ist.*

Vorderseite

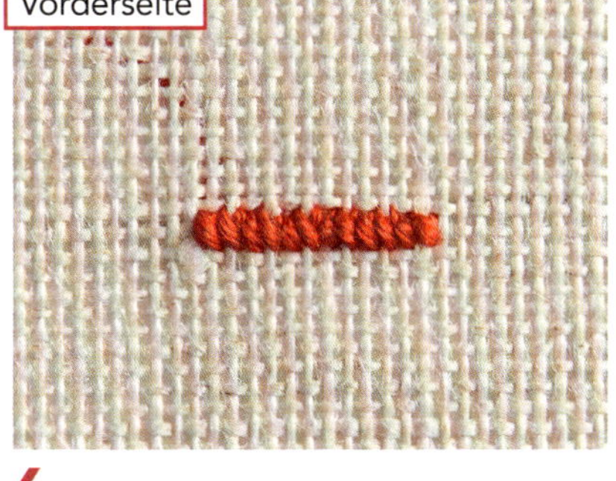

Rückseite

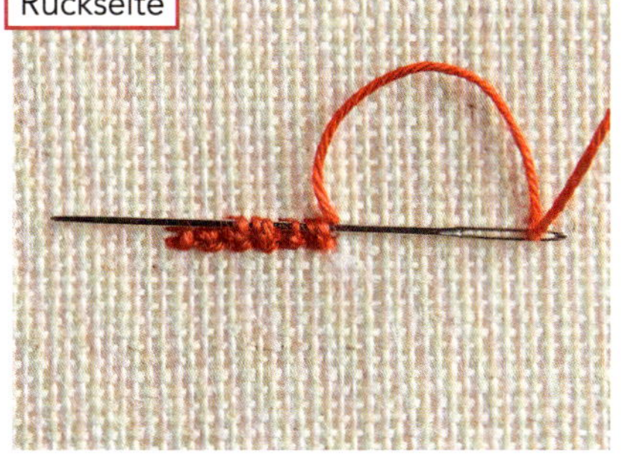

**6.** Vernähen Sie den Faden, indem Sie ihn sehr vorsichtig unter den Stichen auf der Rückseite durchziehen.

# DOPPELSEITIGER KREUZSTICH

## Technik

Durch die Arbeitsweise dieses Stichs ist die Rückseite der Arbeit tadellos sauber und die Fixierstiche des Fadens sind vollkommen verdeckt. Diese überaus sparsame Technik ist auch unterhaltsam, weil die Einstichstellen und Durchgänge der Fäden abzuschätzen sind und eine gewisse Konzentration erforderlich ist. Die Technik wird für Stickereien empfohlen, deren Rückseite sichtbar ist (z. B.: Handtücher, Sets ...). Folgende Regeln sind zu beachten:

– Sticken Sie die meisten Stiche in zwei Schritten (Hin- und Rückreihen).
– Sticken Sie nur dann das ganze Kreuz, wenn es isoliert ist oder sich am Ende einer Schemazeichnung befindet.
– Sticken Sie auf der Rückseite immer vertikale Stiche, die so hoch wie ein Stichfenster der Zählstoffs sind.
– Die Richtung der Schrägstiche in der ersten Reihe ist nicht wichtig. In der Rückreihe sind die halben Kreuzstiche richtig zu platzieren: entweder über oder unter der ersten Diagonale, sodass die Schrägstiche immer in die gleiche Richtung zeigen.

## Material

– naturfarbener Aidastoff, 20 cm x 30 cm, 3,25 Stichen/cm *Zweigart Hertarette* ***Empf.*** *3707/264*
– 1 Gobelinnadel Nr. 26 *Bohin*
– 1 Stickrahmen von 15 cm Durchmesser *Sajou*
– Baumwolle Broder Spécial *DMC* Nr. 25: 321

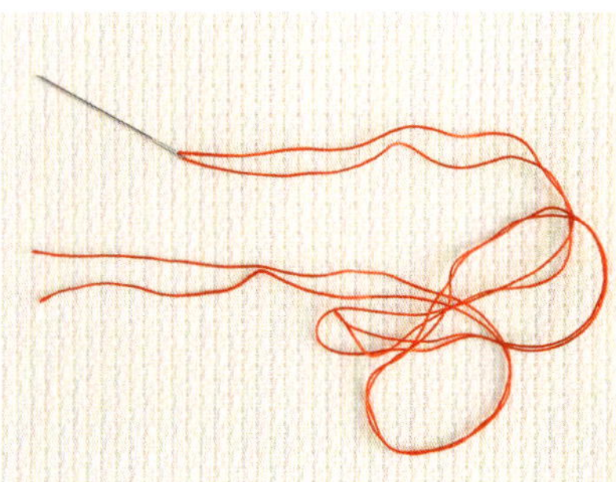

**1.** Der abgeschnittene Faden sollte für diesen Stich etwas länger als üblich (120 cm) sein. Fädeln Sie ihn durch das Nadelöhr; die Enden sollten gleich lang sein. Der Stickfaden ist 60 cm lang.

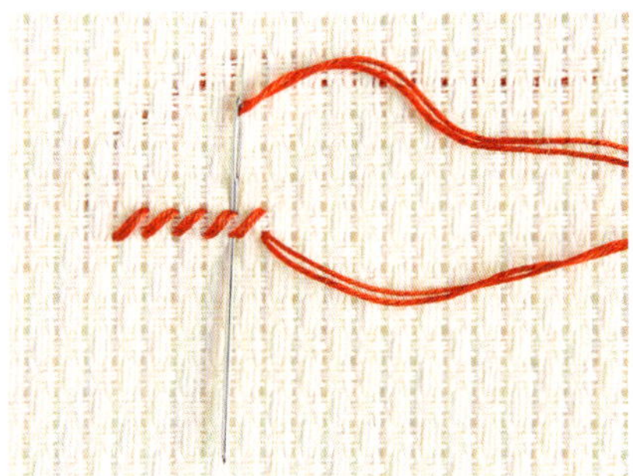

**2.** Auf der Vorderseite ausstechen und die erste Reihe Schrägstiche sticken. Auf der Rückseite 10 cm des Anfangsfadens stehen lassen; er sollte sich nicht zwischen den gestickten Stichen verfangen.

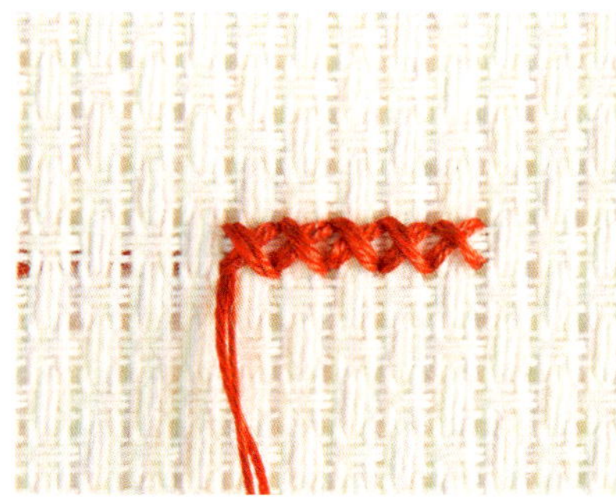

**3.** Von rechts nach links Schrägstiche sticken, um die Kreuze zu fertigzustellen. Aus der linken unteren Ecke des ersten Stichs in der Reihe ausstechen.

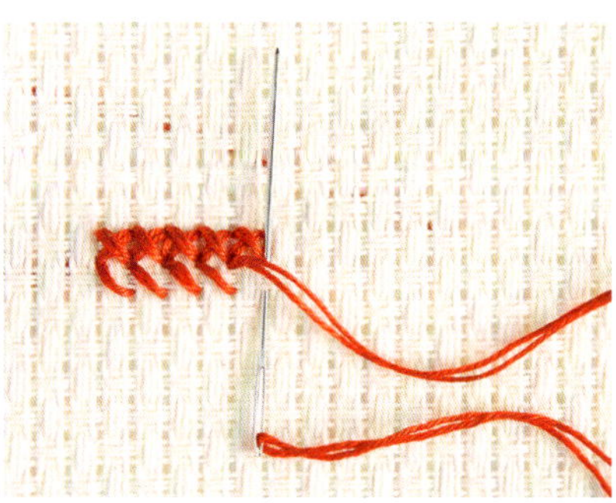

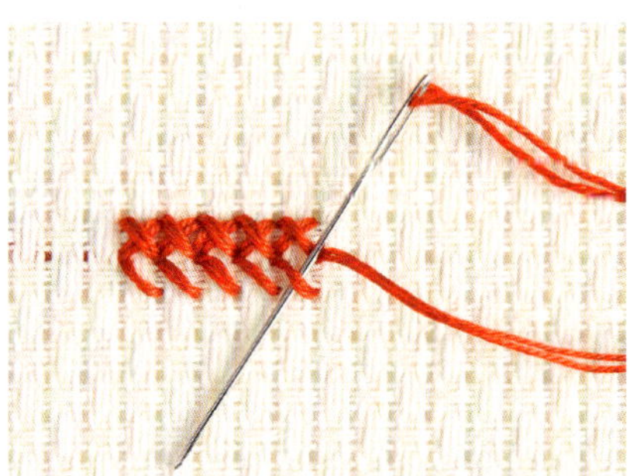

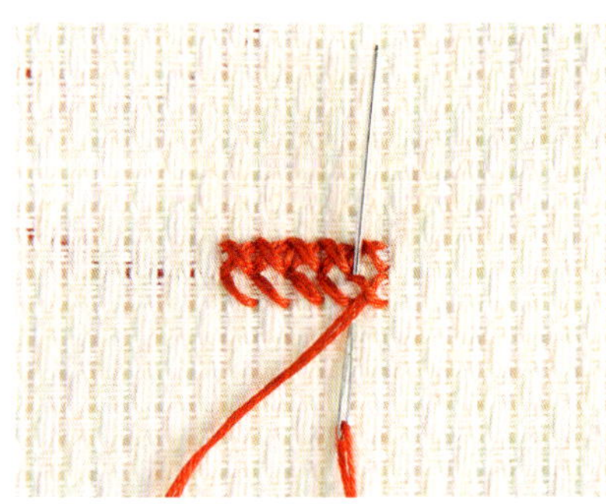

**4.** Von links nach rechts mit der zweiten Kreuzstich beginnen. In der Rückreihe die Nadel unter den vorigen Spannstichen durchziehen, damit die neuen Spannfäden unter den ersten liegen.

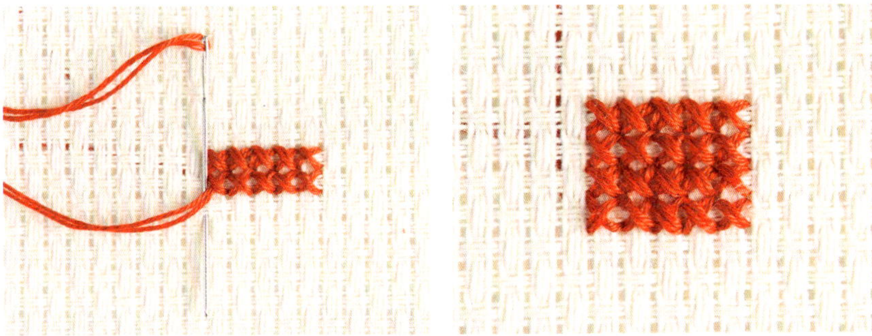

**5.** Den Faden von der linken unteren Ecke in der zweiten Reihe zum ersten Stich in der dritten Reihe führen. Sticken Sie die dritte Reihe und alle ungeraden Reihen wie die erste. Sticken Sie alle geraden Reihen wie die zweite.

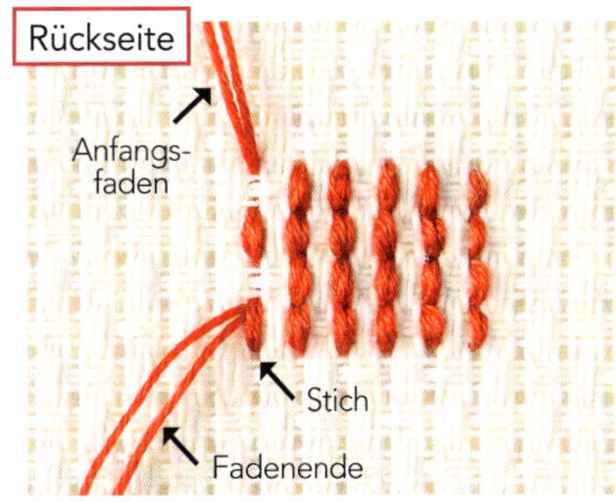


**6.** Auf der Rückseite der Arbeit sind die Stiche klein und senkrecht. Um die Fäden zu vernähen, die Nadel unterhalb des Stichs einstechen und auf der Vorderseite wieder ausstechen. Entfernen Sie die Fäden von der Nadel und fädeln sie einen Einzelfaden ein.

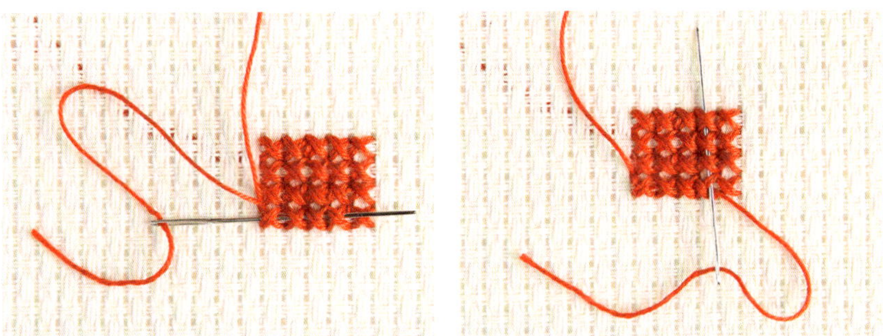

**7.** Ziehen Sie die Nadel in horizontaler und dann in vertikaler Richtung unter mehreren Kreuzstichen hindurch.

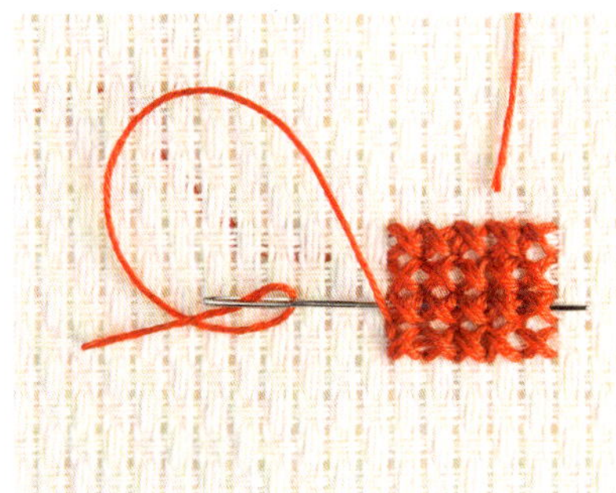

**8.** Die Nadel oben ausstechen und den überschüssigen Faden bündig abschneiden. Ebenso den anderen Faden einfädeln, auf einem anderen Weg unter den Kreuzstichen durchziehen und abschneiden. So auch die Anfangsfäden vernähen. Die Nadel nie zweimal unter denselben Kreuzstichen durchziehen, damit die vernähten Fäden so dezent wie möglich sind.

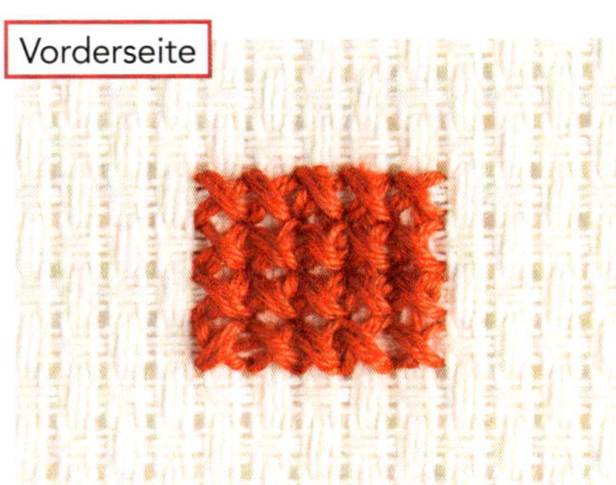


**9.** Von vorne sind die vernähten Fäden praktisch unsichtbar.

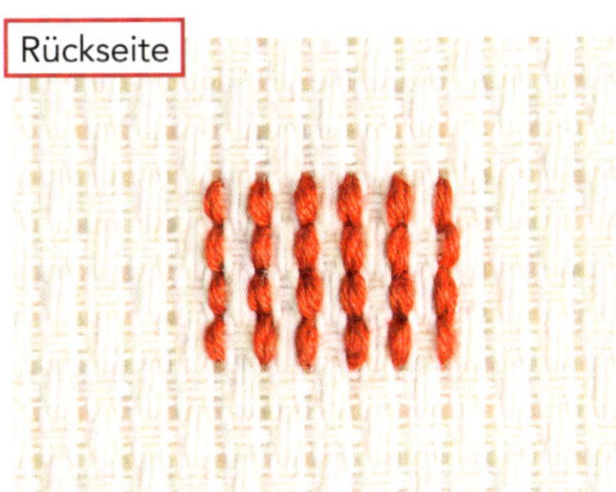


**10.** Von hinten sind die Stiche vollkommen senkrecht.

# ÜBUNGEN

Die folgenden Übungen sind interessant und empfehlenswert, um die eigene Technik zu verbessern.

## Vertikale Reihe im Kreuzstich

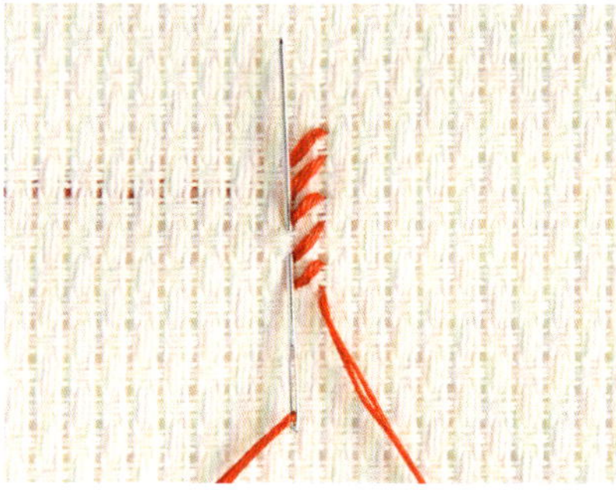

**1.** Sticken Sie eine vertikale Reihe aus halben Kreuzstichen von oben nach unten.

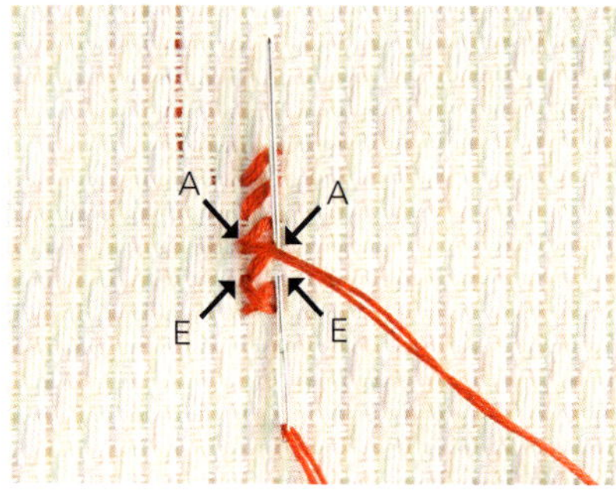


**2.** Kehren Sie nach oben zurück und sticken Sie halbe Kreuzstiche.

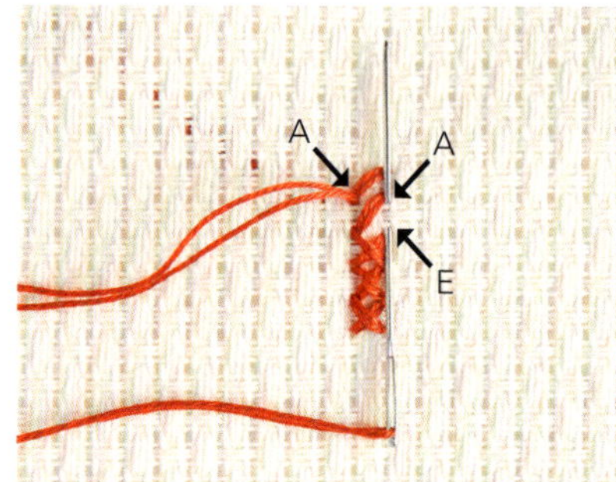


**3.** Sticken Sie alle Stiche außer dem oberen.

***Anm.**: Auf der Rückseite verlaufen die Stiche vertikal und dürfen nicht höher sein als ein Stichfenster des Stoffs (Aidakästchen). Je nach Ausstichstelle der Nadel legen Sie den Faden über oder unter den vorigen Stich, sodass der zweite Stich immer in gleicher Richtung über dem Kreuz liegt.*

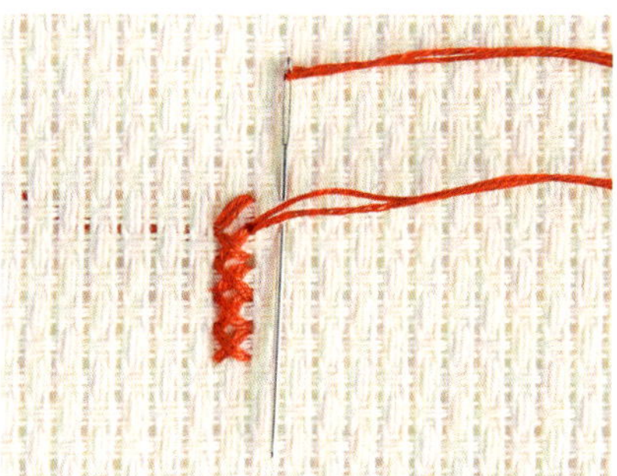

**4.** Sticken Sie den ersten Schrägstich der danebenliegenden Reihe auf der Vorderseite.

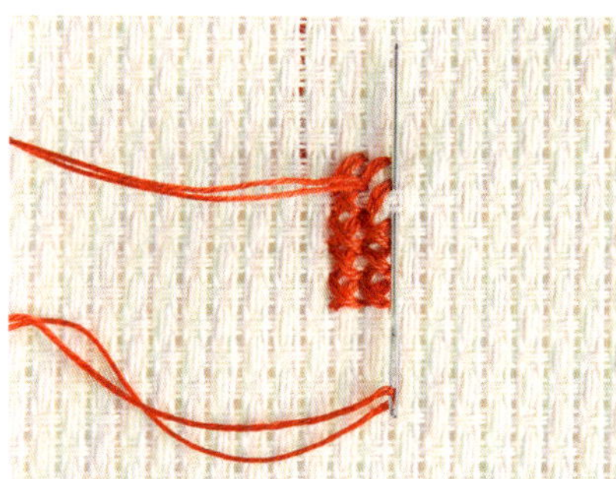

**5.** Bis zum Ende der Reihe sticken und in der Rückreihe halbe Kreuzstiche wie in der vorigen Reihe sticken. Den letzten Stich auslassen.

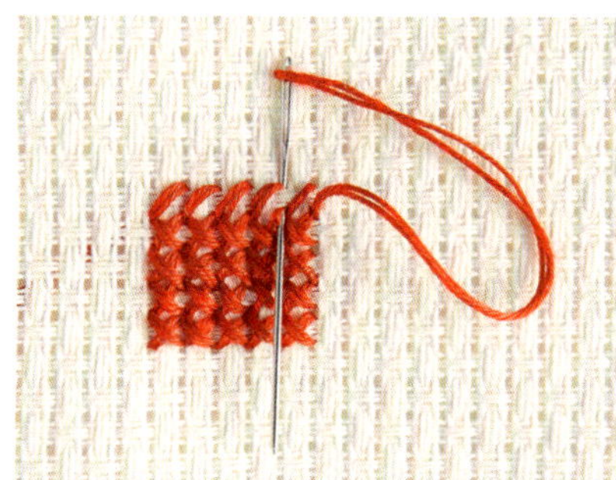

**6.** Drei weitere Reihen auf diese Weise sticken. Sticken Sie am Ende halbe Kreuzstiche in der oberen Reihe …

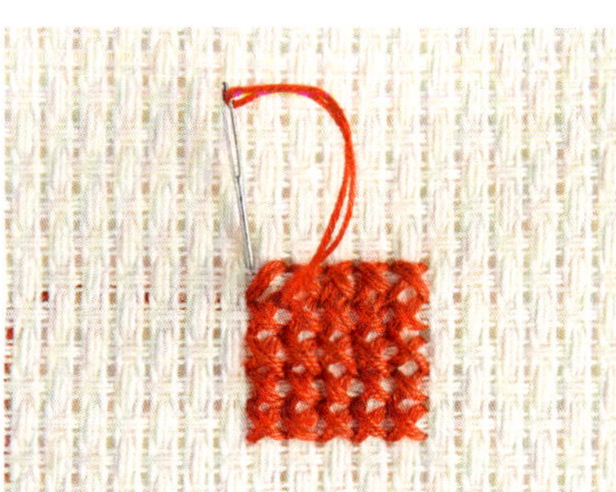

… von rechts nach links, dann den Faden wie gewohnt auf der Rückseite vernähen.

## Schräge Reihe im Kreuzstich

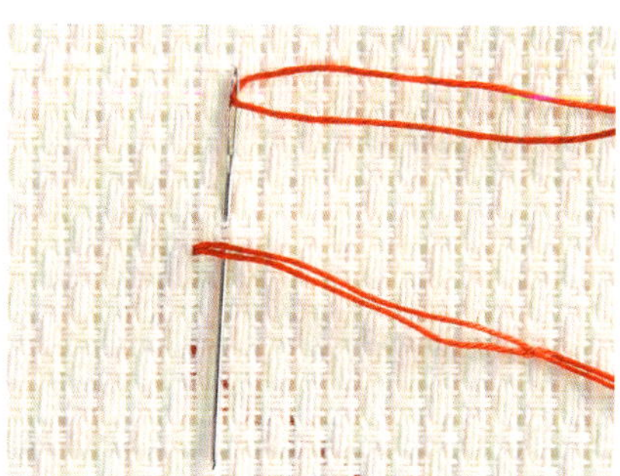

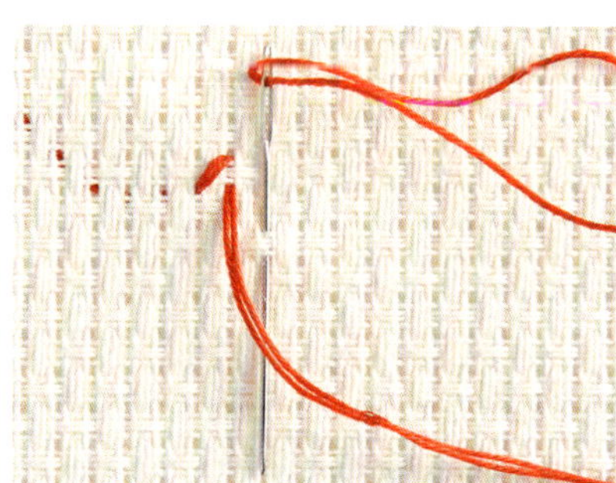

**1.** Halbe Kreuzstiche von oben nach unten in einer schrägen Reihe sticken. Dabei sind die vertikalen Stiche auf der Rückseite so hoch wie ein Stichfenster des Stoffs (Aidakästchen), um die Nadel von einem Stich zum nächsten zu führen.

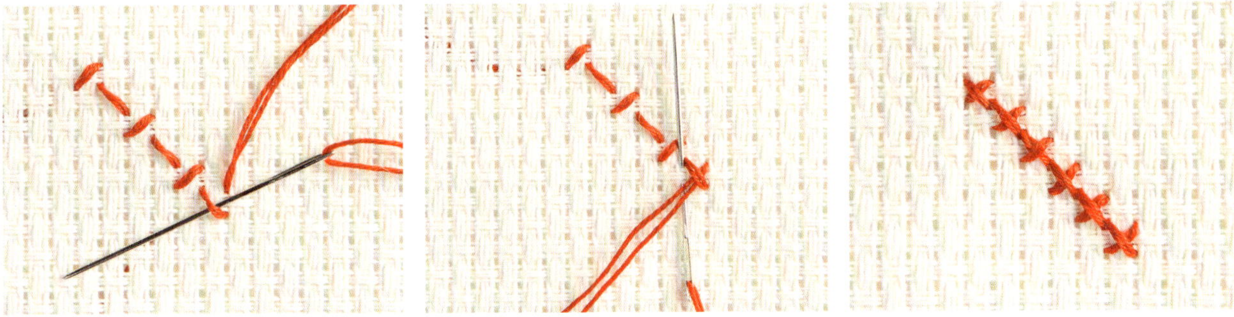

**2.** Von unten nach oben zurückkehren und die anderen halben Kreuzstiche sticken, die über oder unter den vorigen Stichen gestickt werden, sodass der zweite Schrägstich immer oben auf dem Kreuz liegt.

## Zickzackreihe im Kreuzstich

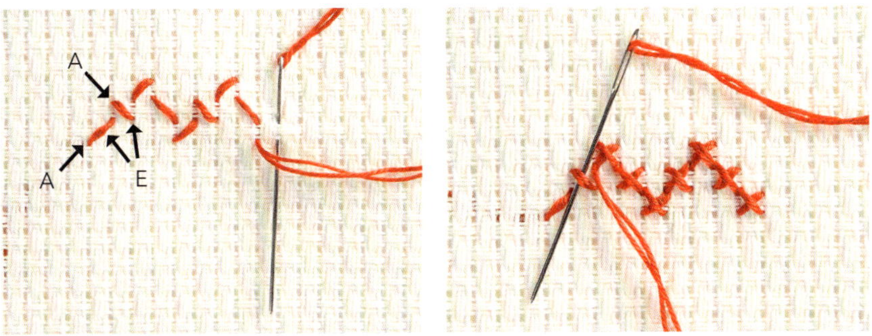


**1.** Links ausstechen und wie zuvor drei halbe Kreuzstiche sticken (siehe S. 28), die Richtung der Reihe ändern und zwei weitere halbe Stiche sticken. Gehen Sie danach genauso vor, um eine gestrichelte Linie mit halben Kreuzstichen zu erhalten.

**2.** Sticken Sie die halben Kreuzstiche in der Rückreihe genauso wie zuvor.

## Bunte Stickerei

Um ein Motiv mit mehreren Garnfarben zu sticken, befolgen Sie die Anweisungen in Bezug auf das Fixieren der Fäden, ohne die Fäden zu vermischen. Sticken Sie nach der folgenden Schemazeichnung.

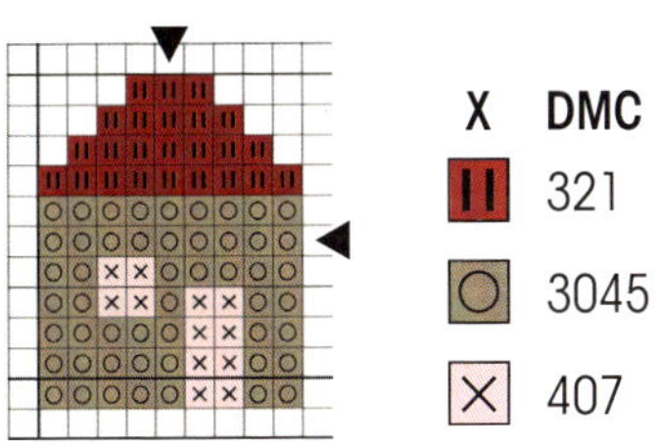


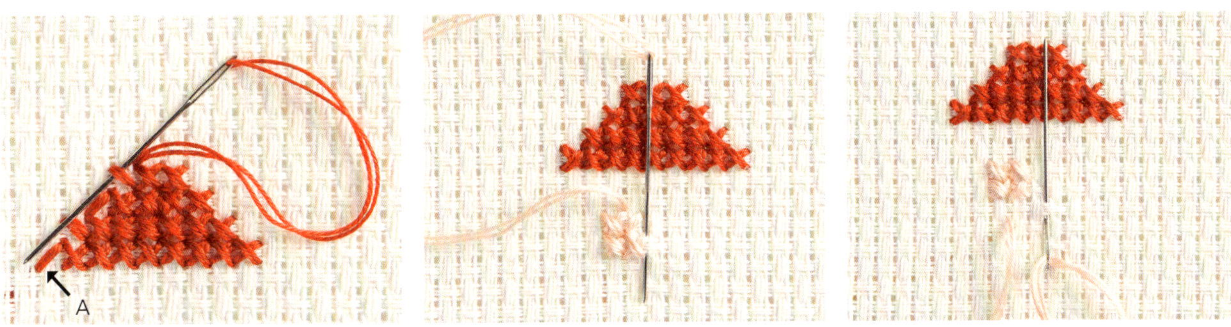


**1.** Beginnen Sie mit dem Dach. Links ausstechen und vier horizontale Hin- und Rückreihen von halben Kreuzstichen sticken, ohne den ersten Stich der Reihe zu vollenden. Kehren Sie in der letzten Reihe nach unten zurück, indem Sie halbe Kreuzstiche über die unvollständigen linken Stiche sticken. Den Faden vernähen.

**2.** Bevor Sie die Fassade sticken, widmen Sie sich der Tür und dem Fenster. Danach ist es einfacher, die Fassade zu füllen, ohne auf die Schemazeichnung zu achten.
Das Fenster sticken, dann unter dem letzten Stich ausstechen und einen horizontalen Stich nach rechts sticken. Oben ausstechen, um den ersten Stich der Tür zu beginnen.

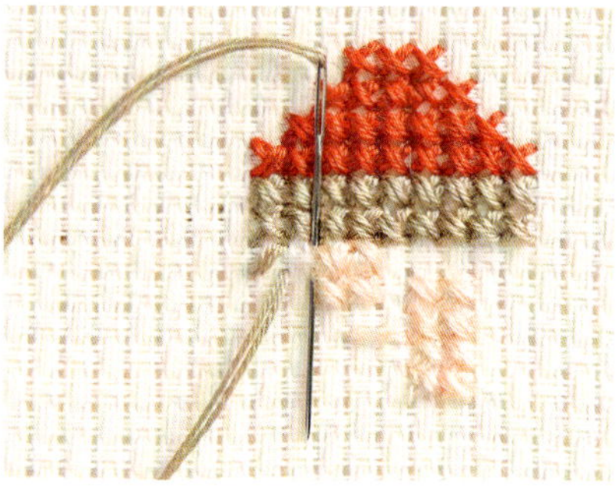

**3.** Nach dem Sticken der Tür und des Fensters vernähen Sie den Faden. Sticken Sie anschließend die Fassade, indem Sie von oben beginnend Hin- und Rückreihen von halben Kreuzstichen sticken.

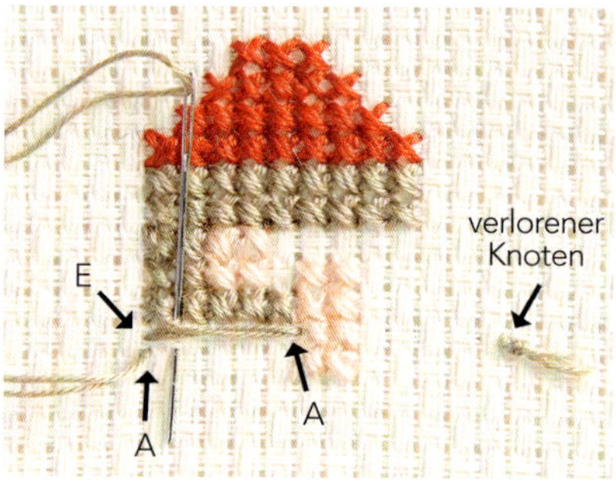


**4.** Den gespannten rosa Anfangsfaden übersticken. Um den Stickfaden zu wechseln, vernähen Sie den Faden wie weiter oben erklärt (siehe S. 27). Mit dem neuen Faden binden Sie einen verlorenen Knoten. Die Nadel auf der Vorderseite der Arbeit ein- und unter der letzten Stichreihe ausstechen, links in der Mitte eines Stichfensters (Aidakästchens) ein- und aus der linken unteren Ecke ausstechen. So weitersticken und den gespannten Faden vernähen.

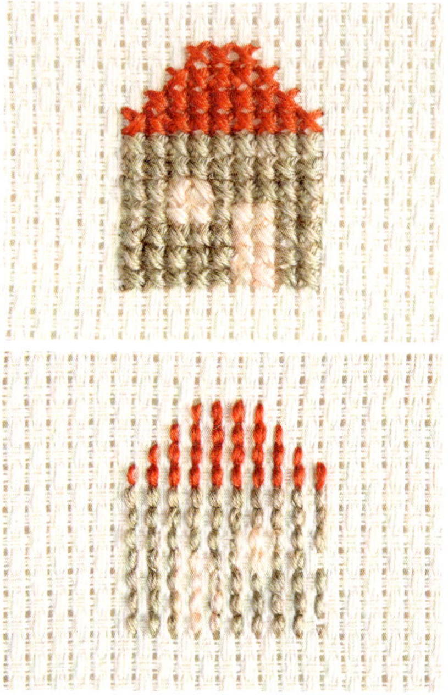

**5.** Auf der Rückseite werden die Farben der Fäden nicht vermischt.

# Assisi-Stickerei

## BESCHREIBUNG UND GESCHICHTE

Bei dieser Technik italienischen Ursprungs bleiben die inneren Bereiche des Musters leer und werden durch die bestickten äußeren Bereiche erkennbar. Die Assisi-Stickerei wird seit dem 16. Jahrhundert praktiziert und wurde früher „Holbeinstickerei" genannt – nach dem Maler Hans Holbein, der auf seinen Gemälden die Kleidung von Adeligen abbildete, die in diesem Stich bestickt war. Die Technik erfreute sich im 20. Jahrhundert in Assisi großer Beliebtheit und ist bis heute nach der Stadt benannt.

## MATERIAL

Die Stoffe, Fäden, Nadeln und anderen Utensilien sind die gleichen wie beim Kreuzstich (siehe S. 20).

## TECHNIK

Die Technik wird in zwei Arbeitsmethoden unterteilt: den Assisi-Stich und die Assisi-Stickerei.

**Material**

– weißes Mischgewebe aus Baumwolle/Modal, 20 cm x 30 cm, 12,6 Fäden/cm *Zweigart Murano* ***Empf.*** *3984/100*
– Gobelinnadel Nr. 26 *Bohin*
– Stickrahmen von 12 cm Durchmesser *Sajou*
– Perlgarn *DMC* Nr. 12: 931 und 932

# ASSISI-STICH

Mit dieser Variante des Kreuzstichs kann man eine wendbare Arbeit anfertigen. Es ist der ursprüngliche Stich, der für die Assisi-Stickerei verwendet wurde. Die Stichreihen werden von unten nach oben gearbeitet. Der Kreuzstich wechselt sich mit einem Spannstich an der unteren und oberen Seite ab. Es wird über eine in Höhe und Breite identische Anzahl von Gewebefäden gearbeitet. Verwenden Sie am besten feineres Garn, um die zahlreichen Stiche, die die Fläche bedecken, richtig zu setzen.

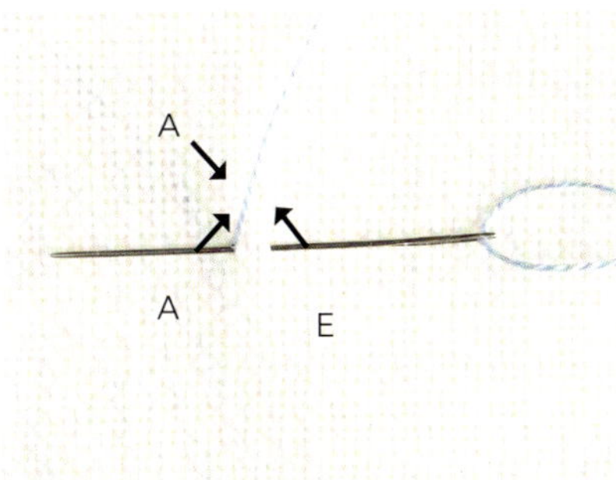


**1.** Links ausstechen, einen Rückstich über 3 Gewebefäden setzen und wieder am Anfangspunkt ausstechen.

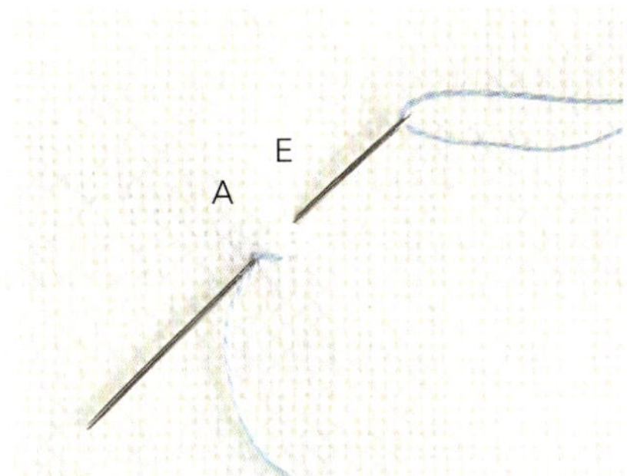


**2.** Einen Schrägstich nach oben setzen und unten wieder ausstechen.

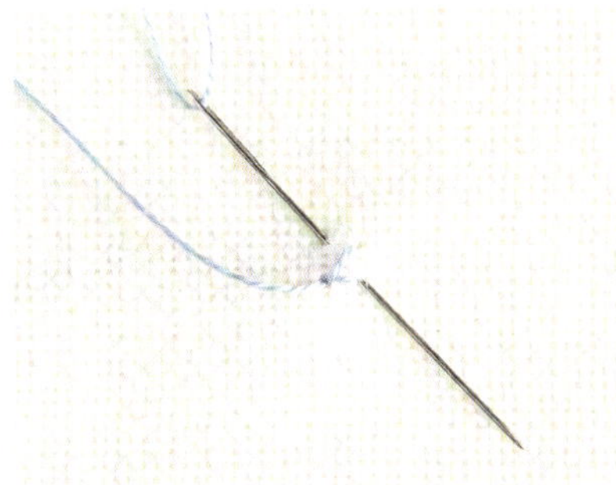

**3.** Die Nadel senkrecht nach oben einstechen und schräg aus dem vorigen Stich ausstechen.

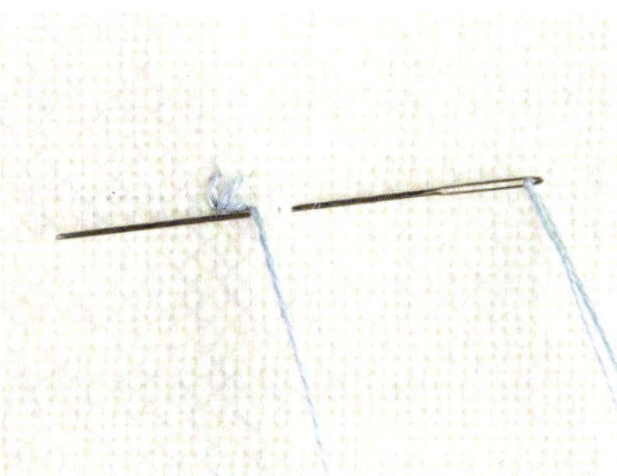

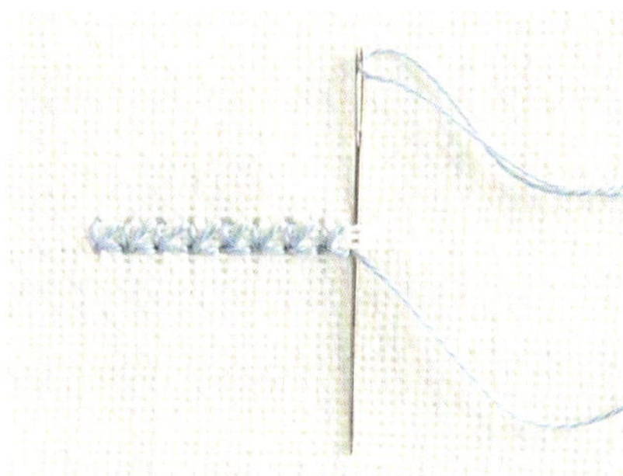

**4.** Einen neuen Stich wie zuvor sticken (Fotos **1** bis **3**). Führen Sie alle folgenden Stiche genauso aus.

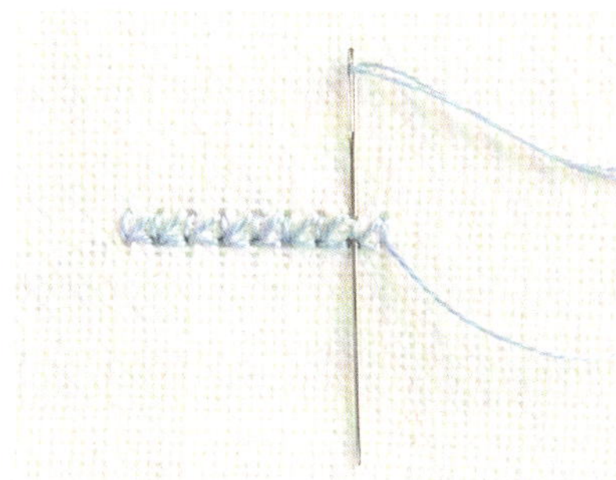

**5.** Wenn die Anzahl der Stiche gestickt ist von rechts nach links die oberen Schrägstiche über die vorigen Stiche sticken.

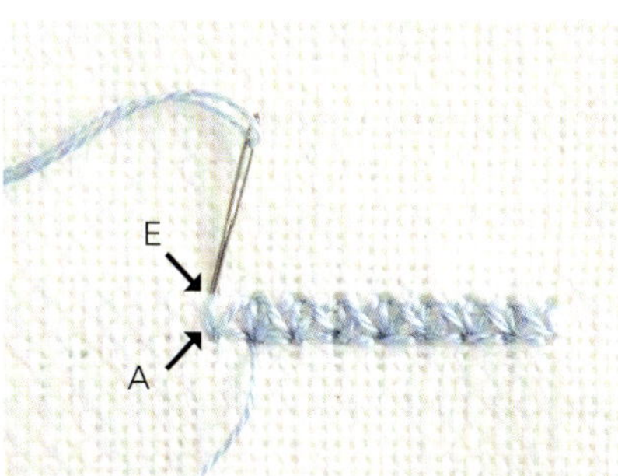


**6.** Den Schrägstich über den letzten Stich setzen und zwei Fäden weiter unten wieder ausstechen.

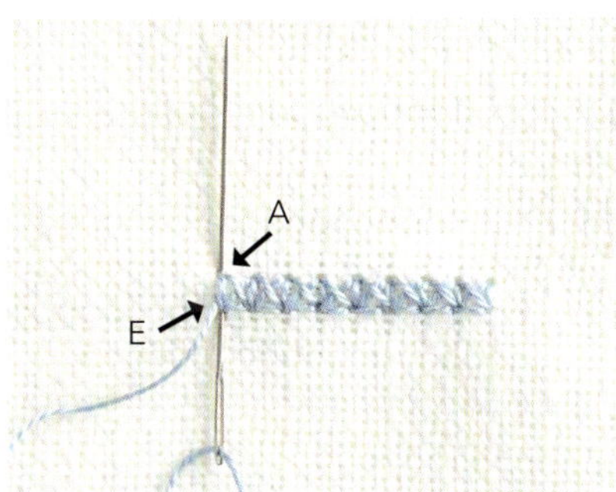


**7.** Einen Faden weiter unten einstechen und drei Fäden weiter oben ausstechen.

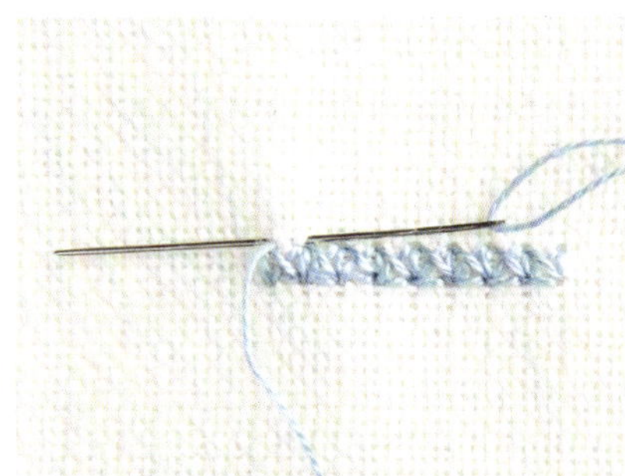

**8.** Einen neuen Stich wie den ersten Stich der vorigen Reihe sticken.

## Assisi-Stich (Fortsetzung)

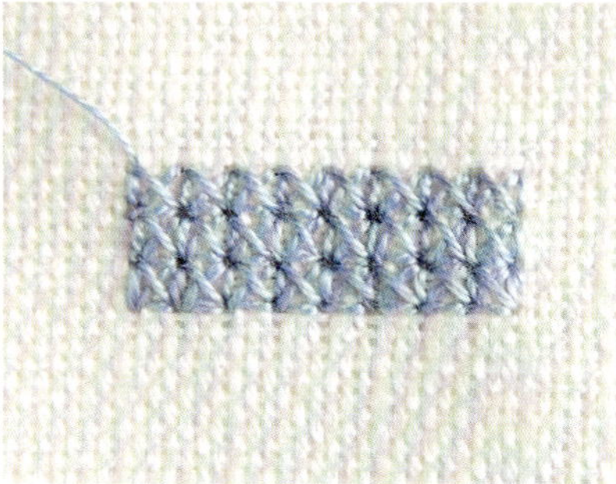

**9.** Die anderen Reihen genauso sticken.

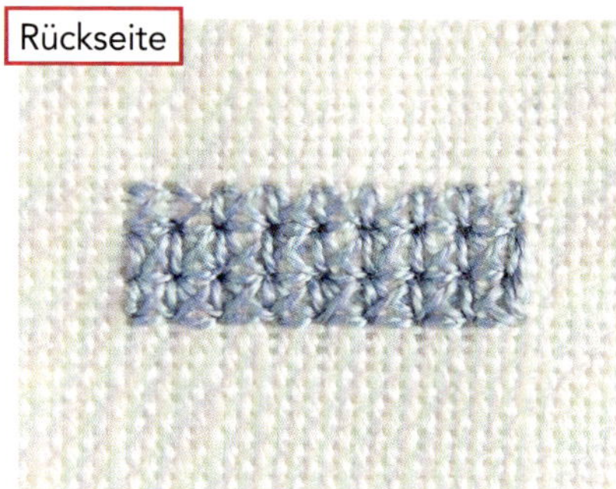


**10.** Das Stickbild sieht auf beiden Seiten fast identisch aus.

> *Dank des Assisi-Stichs erhält man eine wendbare Stickerei, die zwar schwer ist, jedoch in Bezug auf Abnutzung und Pflege sehr widerstandsfähig ist. Dieser Stich sollte auf einen sehr robusten Stoff gestickt werden.*

## DER HOLBEINSTICH

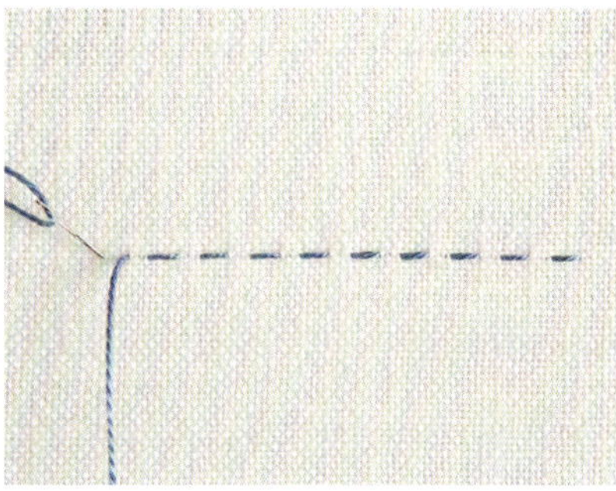

**1.** Den Faden rechts ausstechen und von rechts nach links eine Reihe Vorstiche über jeweils vier Gewebefäden sticken.

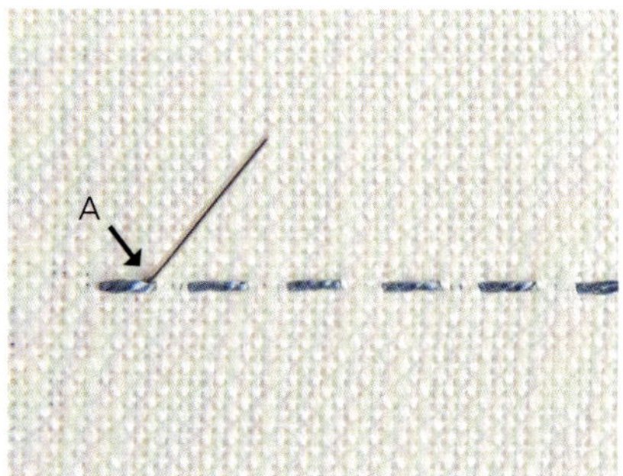


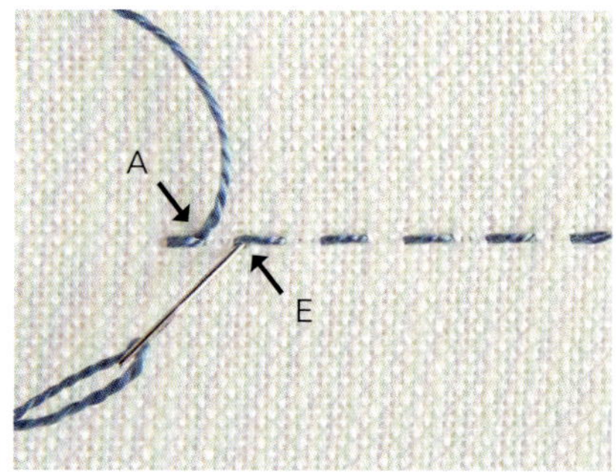


**2.** Im zweiten Arbeitsschritt des Stichs von links nach rechts zurückkehren: Vorstiche über die Zwischenräume der vorigen Reihe sticken. Die Nadel aus dem linken Stich über dem Faden des letzten Stichs ausstechen und rechts unter dem Faden des nächsten Stichs einstechen.

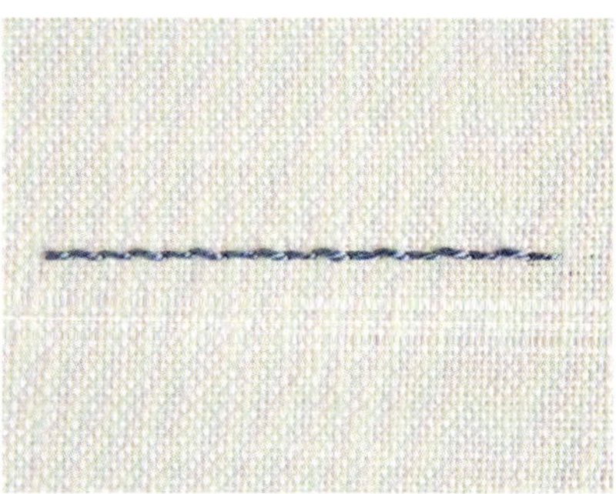

**3.** Sticken Sie alle anderen Stiche genauso, um eine durchgehende und regelmäßige Linie zu erhalten.

> *Der Holbeinstich hat die Form einer leicht gewellten Linie, da bei dieser Technik die Nadel immer an den gleichen Stellen ein- und ausgestochen wird. Es ist wichtig, sich an diese Regeln zu halten, um eine regelmäßige Linie zu bilden.*

## ASSISI-STICKEREI

Diese Stickerei wird in zwei Schritten und in folgender Reihenfolge ausgeführt:

**1.** Die Umrisse des Musters im Holbeinstich sticken (siehe gegenüber).

**2.** Den Stickgrund entweder im Assisi-Stich (siehe S. 31 unten) oder dem doppelseitigen Kreuzstich (siehe S. 26) sticken.

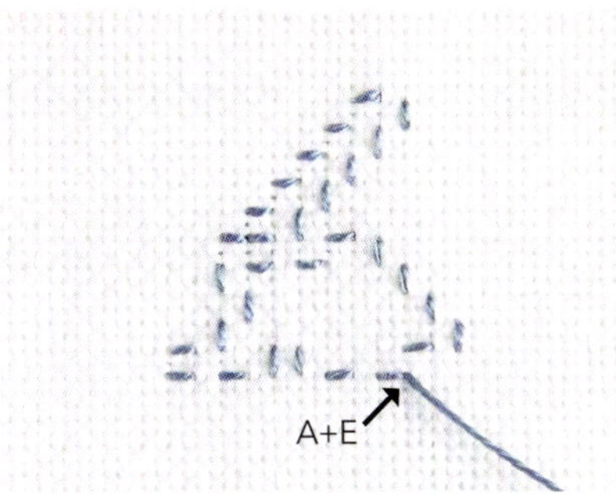


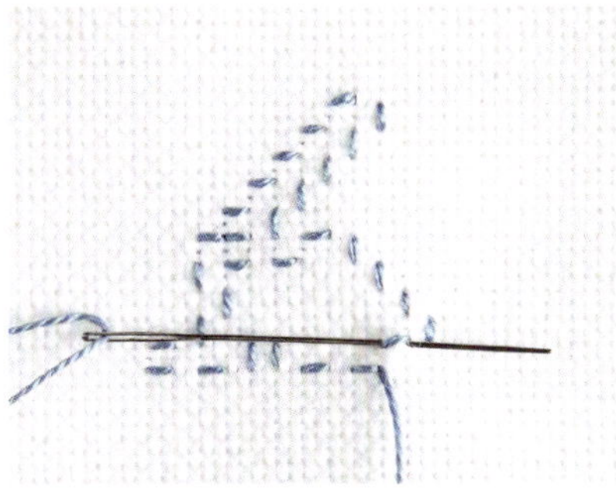

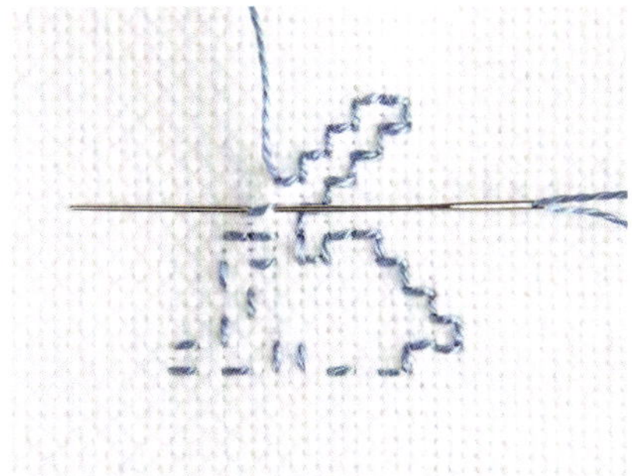

**1.** Um den Umriss einer Form zu sticken, den Faden aus einer Stelle auf dem Umriss (A auf dem Foto oben) ziehen und gemäß der Schemazeichnung (siehe S. 192) im Vorstich von rechts nach links über zwei Gewebefäden sticken. Den Umriss des Motivs sticken und den Faden in die erste Ausstichstelle wieder einstechen.

**2.** Auf dem Rückweg in entgegengesetzter Richtung arbeiten und die zweite Reihe im Vorstich über die Zwischenräume sticken. Der Holbeinstich ist fertig.

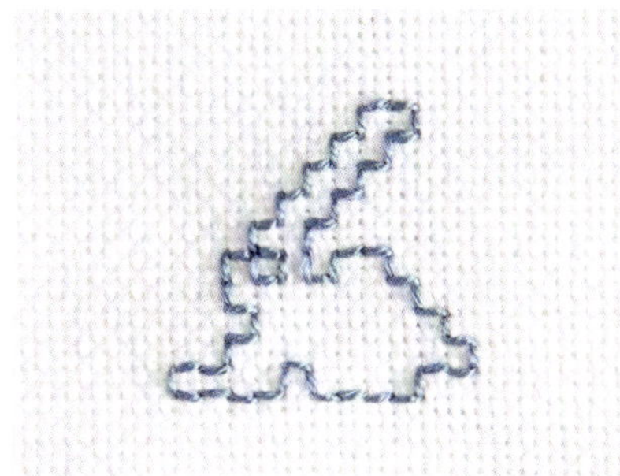

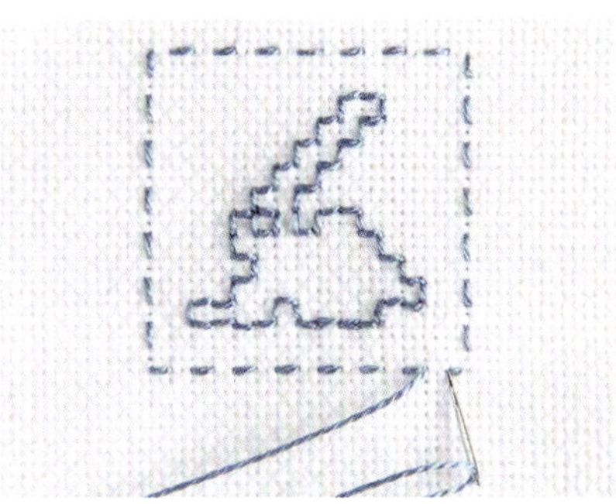

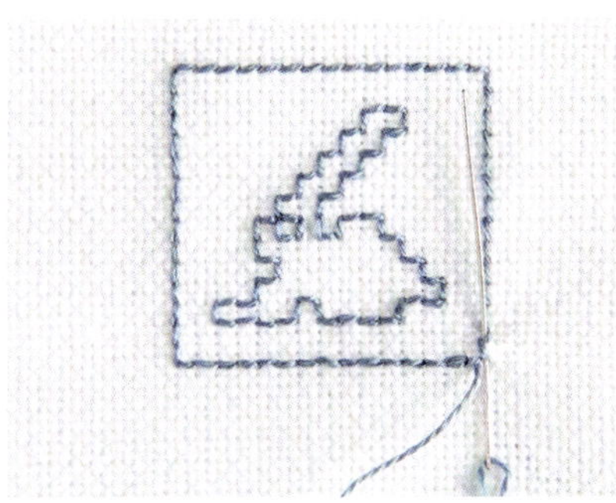

**3.** Den Umriss des Quadrats ebenso im Holbeinstich sticken.

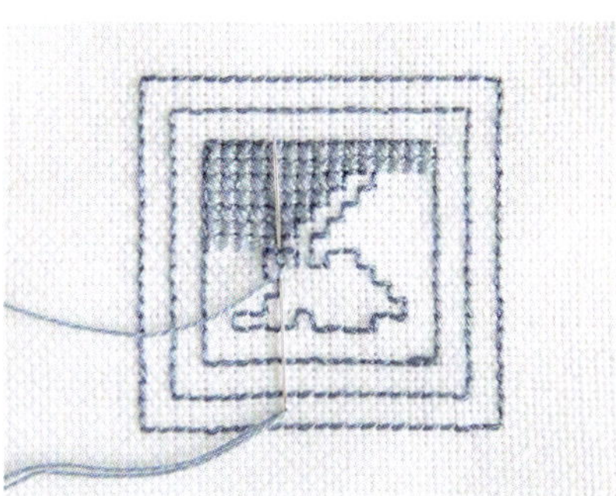

Rückseite

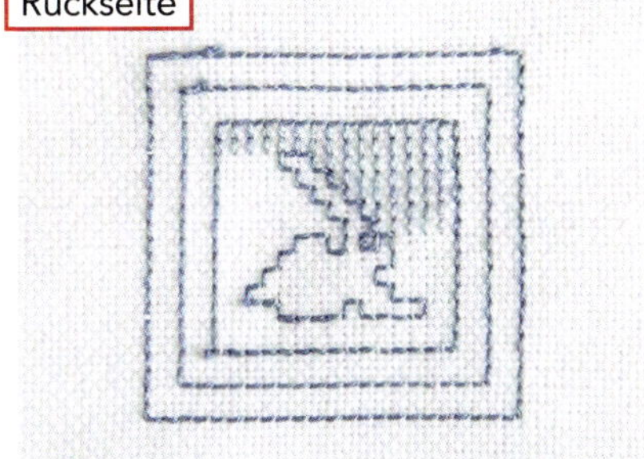

**4.** Die anderen Konturlinien gemäß der Schemazeichnung sticken. Danach den Stickgrund im doppelseitigen Kreuzstich sticken.

> *Der Stickgrund kann auch mit dem Assisi-Stich gefüllt werden. Dann hat die Arbeit keine Rückseite und ist ein kleines Meisterwerk. Für diese Technik ist jedoch mehr Zeit und Garn erforderlich.*

# Stopfstiche

## BESCHREIBUNG UND GESCHICHTE

Die Technik dieser Stiche ähnelt eher dem Handwerk des Flickens von Stoffteilen als der Stickerei, deren Hauptzweck das Verzieren von Stickgründen ist. Aus der Notwendigkeit, Löcher oder Risse zu flicken, sind verschiedene Stopfstiche entstanden. Es ist schwierig, die Entstehungszeit dieser Technik zu bestimmen, da sie wohl schon existiert, seit es Leib- und Haushaltswäsche gibt. Seit dem Ende des 17. Jahrhunderts wurden diese Stiche – meist neben dem Kreuzstich – auf Mustertücher gestickt. Im Handwerk des Stopfens* wurden junge Mädchen ausgebildet, die vorwiegend aus bescheidenen Verhältnissen stammten und Stopfstiche in verschiedenen Mustern und Farben stickten.

## MATERIAL

### Stoffe

Alle Stoffe können geflickt und im Stopfstich gearbeitet werden. Wenn Sie die Stiche auf ein Mustertuch mit verschiedenen Stichen sticken möchten, bietet sich ein einfach gewebter* Leinen- oder Baumwollstoff an, dessen Fäden mit bloßem Auge leichter zu zählen sind. Vermeiden Sie Mischgewebe, da ihre Webart die Ausführung des Stichs erschwert.

### Garne

Zum richtigen Flicken empfiehlt sich ein Garn von der gleichen Beschaffenheit und Dicke des Stoffs. Ziehen Sie am besten Fäden aus dem zu flickenden Gewebe aus und verwenden diese zum Stopfen*. Zum Sticken eines Tuchs sind verschiedene Garne geeignet: Seiden- oder Wollgarn, Baumwolle Broder Spécial, Nähgarn usw. Es ist wichtig, ein Garn auszuwählen, das genauso dick ist wie der Schussfaden des Stoffs.

### Nadeln

Sticken Sie mit einer Nadel ohne Spitze, deren Öhr auf die Fadenstärke abgestimmt ist. Rundkopf-Gobelinnadeln *Bohin*, von dick bis dünn: Nr. 14, 16, 18, 20, 22, 24, 26 und 28.

### Schere

Verwenden Sie eine kleine, feine Schere, um die Fäden zu schneiden. ***Empf.*** *24318 Bohin*

### Stickrahmen

Sticken Sie mit einem runden Stickrahmen von 10 bis 15 cm Durchmesser, der beim Arbeiten versetzt wird. Empf. Stickrahmen *Sajou*

*Der sehr leicht verständliche und auszuführende Stopfstich setzt Geschick und Können voraus, wenn damit gleichzeitig der Stoff geflickt wird. Dieser einst in den Konfektionsbetrieben praktizierte Stich ist leider im Verschwinden begriffen, weil das wertvolle Wissen nicht weitergegeben wurde.*

## TECHNIK

Die Grundstiche sind der Spann- und Vorstich. Es gibt zwei Arten von Stopfstichen:

### Webstich

Er wird in zwei Schritten ausgeführt:

**1.** Reihen im sparsamen Plattstich über die schadhafte Stelle sticken und an den Seiten einstechen.

**2.** Die Plattstiche je nach gewünschtem Ergebnis über einen Faden oder mehrere Fäden verweben.

### Stopfstich

Er wird auf zu verstärkende Stellen gestickt. Sticken Sie nebeneinanderliegende Reihen im Vorstich, die je nach gewünschtem Ergebnis unterschiedlich lang sind.

In beiden Fällen können die Farben variieren, und die Rückseite bildet das „Negativ" des Musters auf der Vorderseite. Es gibt viele Muster mit Vorstichen.

Wenn Sie eine Assisi-Stickerei im Stopfstich sticken, die bestickte äußere und leere innere Bereiche sowie runde Konturen aufweist, empfiehlt es sich, erst im Stopfstich und dann die Konturen im Geradstich (Stiel-, Steppstich ...) zu sticken.

## STOPFSTICH (VORSTICH IN DICHTEN REIHEN)

### Material

Weißes Etamin*, Gobelinnadel Nr. 28, Baumwolle Broder Spécial Nr. 25: 3687 und Blanc.

## GLEICH LANGER STOPFSTICH

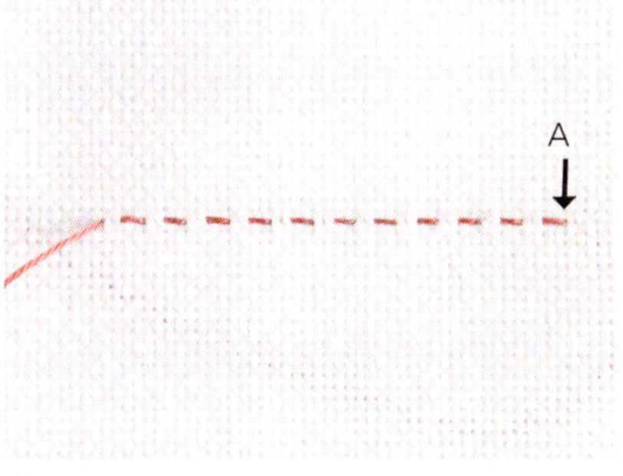


**1.** Dieser Stich wird von rechts nach links gearbeitet, wobei die Schussfäden gezählt werden. Auf der Vorderseite ausstechen, zwei Fäden weiter einstechen und zwei Fäden weiter wieder ausstechen. Auf diese Weise über 4 cm weitersticken.

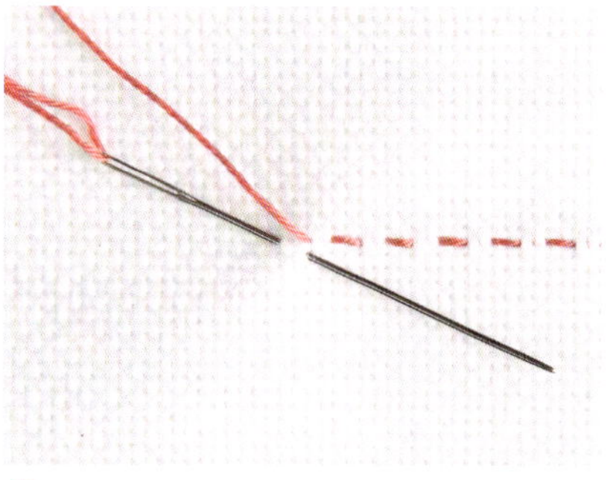

**2.** Am Ende der Reihe den letzten Stich sticken und einen Faden schräg unten ausstechen.

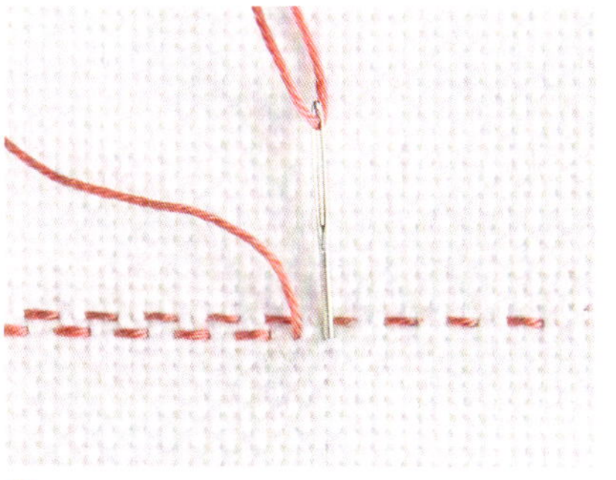

**3.** Eine zweite Reihe im Vorstich sticken, die versetzt zur ersten Reihe liegt

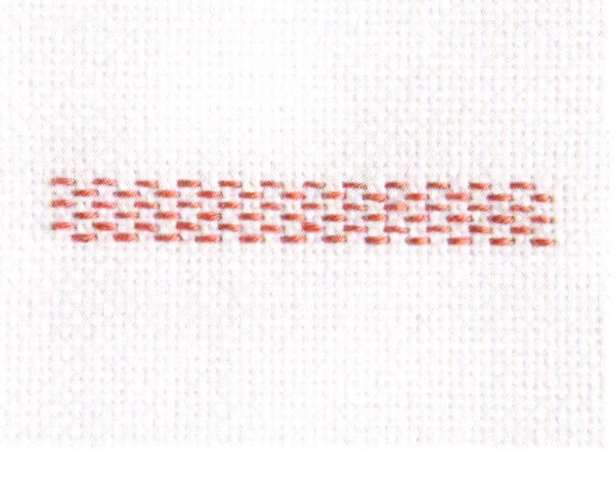

**4.** Am Ende der zweiten Reihe die Nadel einen Faden weiter unten ausstechen und auf dieselbe Weise eine dritte Reihe sticken. Gehen Sie bei den anderen Reihen genauso vor. Die Stickerei auf der Rückseite ist identisch mit der auf der Vorderseite.

***Anm.** Um die zweite Reihe und alle folgenden geraden Reihen zu sticken, können Sie die Arbeit um 180° drehen, sodass Sie immer von rechts nach links sticken.*

## UNTERSCHIEDLICH LANGER STOPFSTICH

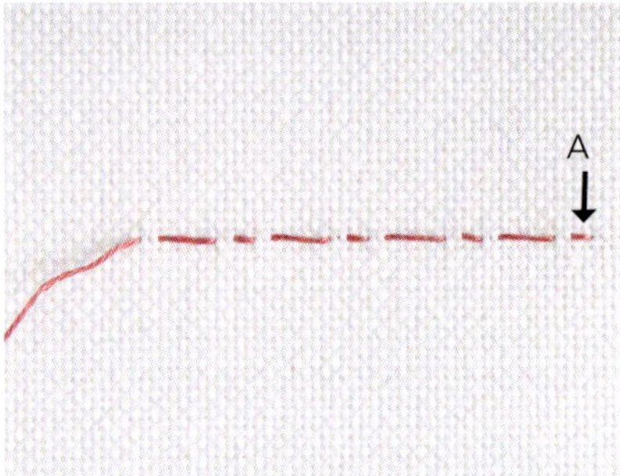


**1.** Über *zwei Gewebefäden im Vorstich sticken, die Nadel zwei Fäden weiter ausstechen und sechs Fäden weiter einstechen. Die Nadel zwei Fäden weiter ausstechen und wie zuvor von * bis * über 5 cm sticken.

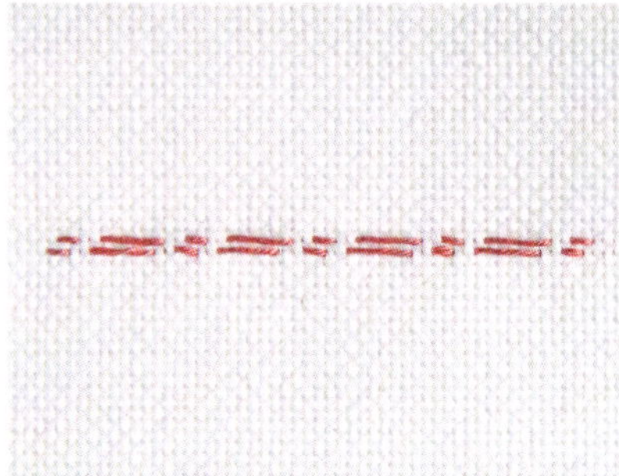

**2.** Einen Faden weiter unten ausstechen. Der Stich sollte im Vergleich zum letzten Stich der vorigen Reihe um einen Faden versetzt sein. Die zweite Reihe von links nach rechts wie die erste sticken.

***Anm.*** *Um die zweite Reihe und alle folgenden geraden Reihen zu sticken, können Sie die Arbeit um 180° drehen, sodass Sie immer von rechts nach links sticken.*

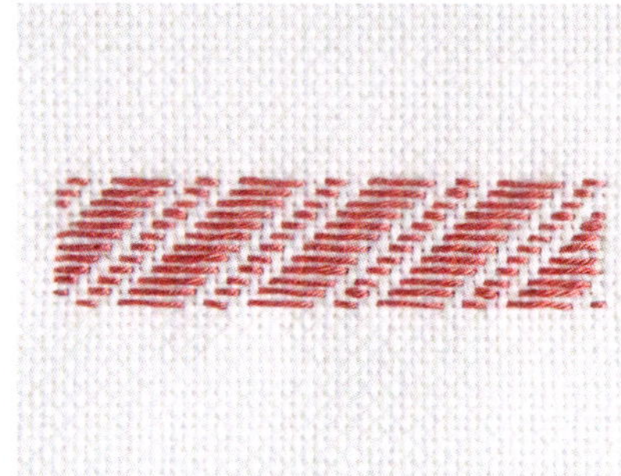

**3.** Sticken Sie mehrere Reihen identischer Stiche, indem Sie jede neue Reihe um einen Faden nach links versetzt sticken.

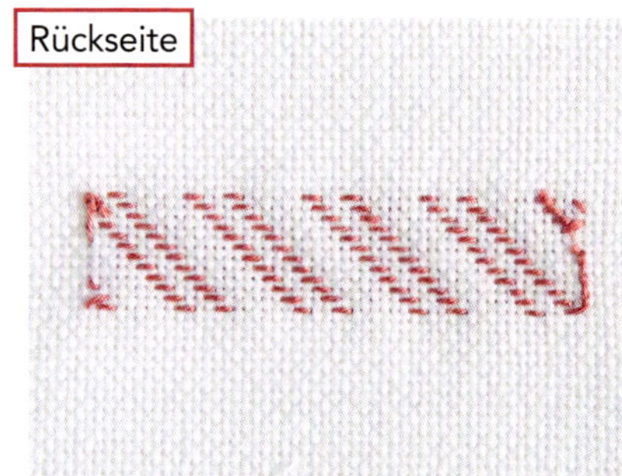


**4.** Die Rückseite der Stickerei bildet das „Negativ" des Musters auf der Vorderseite.

## WEBSTICH ÜBER EINEN FADEN

Dieser Stich kann auch über beschädigte Stoffstellen gestickt werden.
In diesem Fall ist es ratsam, 1 cm entfernt von den Seiten des Lochs einzustechen.

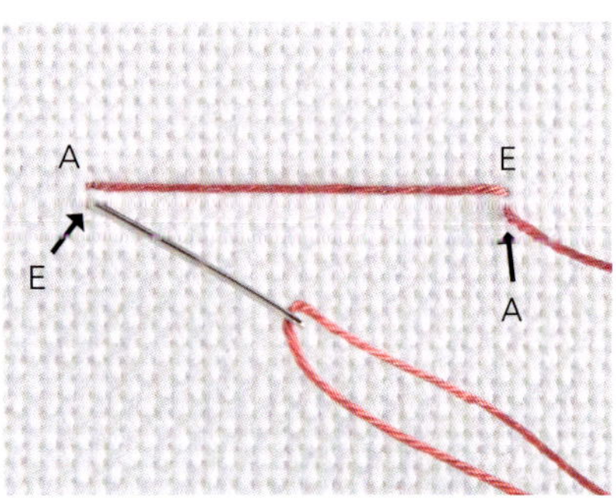


**1.** Im sparsamen Plattstich sticken: Den Faden auf der Rückseite ausstechen und 2 cm weiter rechts einstechen. Einen Faden unter dem vorigen Stich ausstechen und links unter dem ersten Stich einstechen.

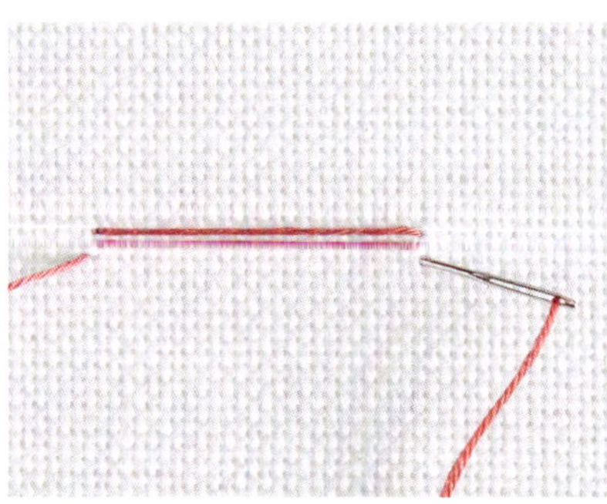

**2.** Einen Faden weiter unten ausstechen und wie zuvor sticken.

*Auf der Rückseite befindet sich nur der Faden, der an den Seiten der Reihen durchgezogen wird. Diese Methode, eine Fläche zu bedecken, spart viel Garn, weshalb dieser Stich auch „sparsamer Plattstich" genannt wird.*

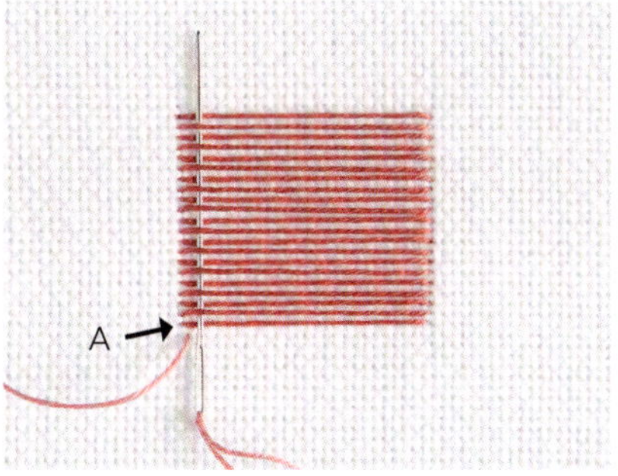


**3.** Sticken Sie 21 identische horizontale Stiche nebeneinander. Den Faden unter dem zuletzt gestickten Stich unter der Arbeit ausstechen und die Nadel von unten nach oben über/unter jedem horizontalen Faden durchziehen, ohne den Stoff zu durchstechen.

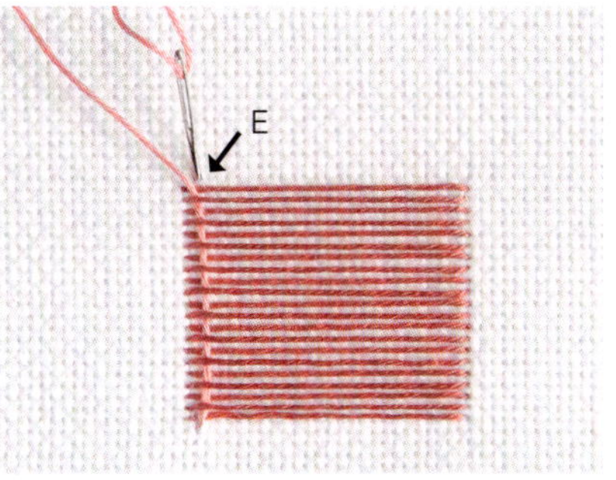


**4.** Oberhalb der Arbeit knapp über dem ersten Spannstich einstechen (E), an der Nadel ziehen und den ersten gewebten Faden festziehen. Die Nadel einen Faden rechts vom vorigen Stich wieder ausstechen.

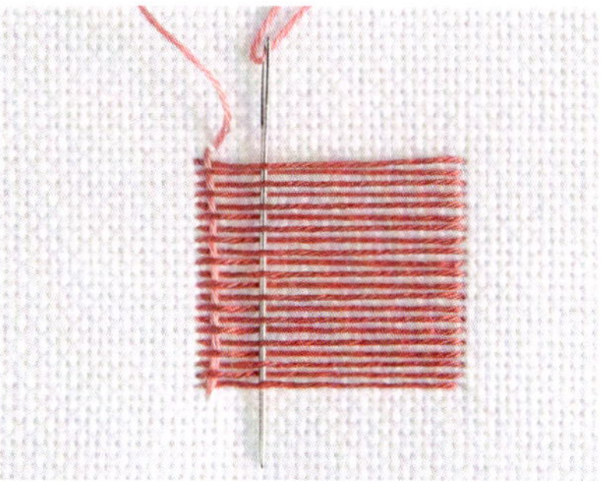

**5.** Die Nadel wieder über/unter jedem Faden durchziehen und den Webstich bis nach unten umgekehrt sticken (führen Sie die Nadel z. B. über einen Faden, wenn Sie sie beim vorigen Stich unter diesem durchgezogen haben und umgekehrt).

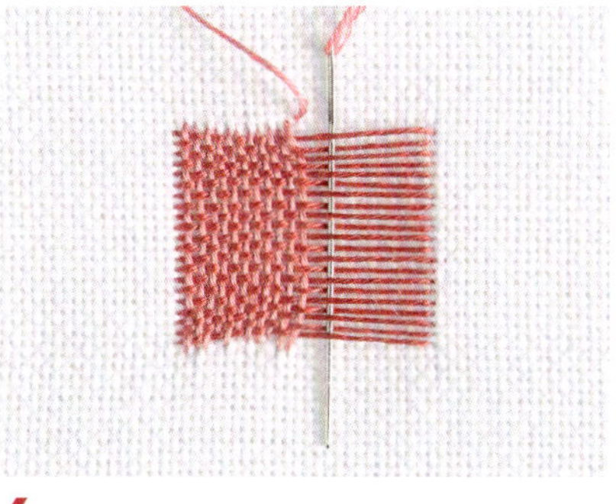

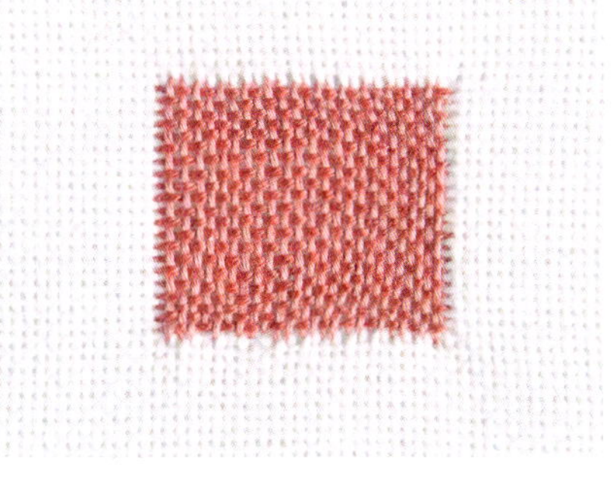

**6.** Unten einen Faden vom vorigen Stich entfernt einstechen und an der Nadel ziehen, um den zweiten Webstich festzuziehen. Die gesamte Fläche auf diese Weise sticken. Manchmal die Webstiche mit dem Nadelkörper verschieben, um die Stiche vor dem Einstechen in den Stoff festzuziehen.

*Es ist wichtig, auf die Spannung der Stiche zu achten, damit sich die bestickte Oberfläche nicht zusammenzieht und ihre Flexibilität behält. Verwenden Sie einen Stickrahmen, wenn Sie auf flachen, perforierten oder nicht perforierten Oberflächen im Webstich sticken. Zum Stopfen* eines runden Stoffs (Socke, Handschuhfinger ...) eignen sich Stopfeier, mit denen die runde Form des Stoffs besser bearbeitet werden kann.*

## WEBSTICH ÜBER MEHRERE FÄDEN

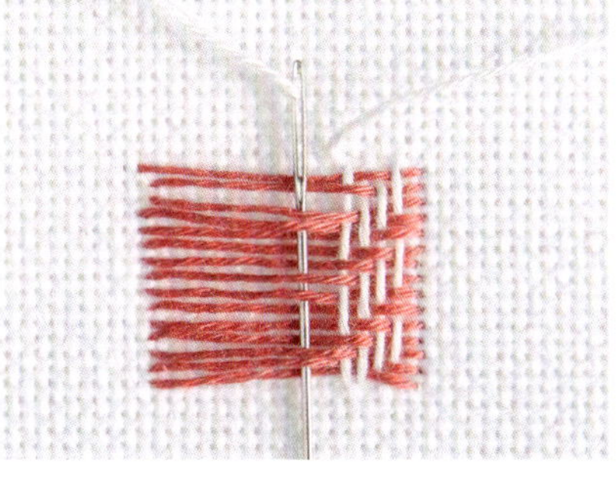

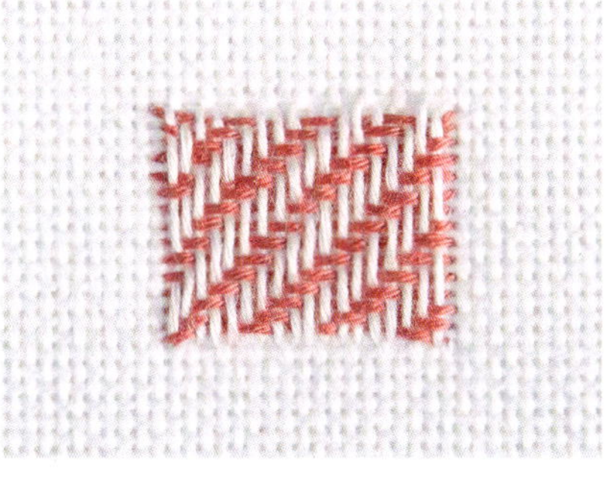

Die horizontalen Spannstiche wie beim vorigen Stich und anschließend im Stopfstich mit weißem Garn sticken, dabei die Nadel abwechselnd über drei Fäden und unter zwei Fäden durchziehen. Den Faden in jeder Reihe oben und unten fixieren. Die Stopfstiche in jeder neuen Reihe um einen Faden nach oben versetzen.

# Schwarzstickerei

## BESCHREIBUNG UND GESCHICHTE

Die Schwarzstickerei ist eine Zählstickerei mit sich wiederholenden, geometrischen Motiven. Wie der Name schon sagt, wird sie seit Langem mit schwarzem Seidenfaden auf mehr oder weniger feinem weißem Leinen gestickt. Die Schwarzstickerei (auch: „Blackwork") ist maurischen Ursprungs und florierte in England zu Beginn des 16. Jahrhunderts, wo sie die Kleidung des Adels schmückte. Die Rückseite dieser Holbeinstich-Technik ist sehr sauber. Ein Jahrhundert später entwickelten sich die englische Technik und der Stil weiter. Mit der Zeit kamen andere Stiche und Materialien hinzu. Heutzutage werden viele verschiedene Motive wie Landschaften, Menschen oder Tiere auf Schwarzstickerei dargestellt. Dank der großen Vielfalt an Stichen und raffinierter Kombinationen ist das Ergebnis oft atemberaubend.

## MATERIAL

### Stoffe

Verwenden Sie mehr oder weniger feine, regelmäßig* gewebte Leinen- oder Baumwollstoffe. Die Schuss- und Kettfäden* müssen mit bloßem Auge zählbar sein. Es werden einfach gewebte* Stoffe oder Aidastoffe* von *Zweigart* empfohlen. Im Allgemeinen wird weißer oder heller Stoff verwendet.

### Garne

Die Garne müssen fest und verzwirnt sein.
Es kommen mehrere Garne in Frage:
Seidengarn *AVAS*, Baumwolle Mouliné *DMC* oder Baumwolle Broder Spécial *DMC* in verschiedenen Stärken. Wenn nur eine Garnstärke verwendet wird, wählen Sie ein Garn von gleicher Stärke wie der Schussfaden des Gewebes. Wenn Sie unterschiedlich starke Fäden verwenden, sollte der dünnste Faden dünner und der dickste Faden dicker als der Schussfaden sein.
Dickes Wollgarn ist für diesen Stich nicht empfehlenswert, da die Stickerei flach bleiben sollte, – es sei denn, das Garn ist sehr fein, wie z. B. die Wolle *Saint-Pierre von Sajou* mit schönem Matt-Look.

### Nadeln

Verwenden Sie eine Nadel ohne Spitze, deren Öhr auf die Garnstärke abgestimmt ist.
Rundkopf-Gobelinnadel *Bohin*, dick bis dünn: Nr. 14, 16, 18, 20, 22, 24, 26 und 28.
Zum Sticken der zusätzlichen Stiche, die den Schussfaden durchstechen, ist eine Nadel mit Spitze zu verwenden: Crewelnadeln *Bohin*, von dick bis dünn: Nr. 1, 3, 5, 6, 7, 9 und 10.
Applikationsnadeln *Bohin*, von dick bis dünn: Nr. 9, 10, 11 und 12.

### Schere

Verwenden Sie eine kleine, feine Schere, um die Fäden zu schneiden.
***Empf.** 24318 Bohin*

### Stickrahmen

Verwenden Sie einen runden Stickrahmen von 10 bis 15 cm Durchmesser, der beim Arbeiten versetzt wird.
***Empf.** Stickrahmen Sajou*

## TECHNIK

Der Grundstich ist der Holbeinstich (siehe S. 32). Dabei handelt es sich um einen doppelten Vorstich, mit dem ein Muster auf der rechten und Rückseite der Arbeit entsteht.

Je nach Stickmotiv kann die Rückseite identisch mit der rechten sein. Wenn das Motiv dies nicht erlaubt, kann die Rückseite ein anderes schönes Muster haben, solange die Technik strikt eingehalten wird. Das Motiv kann auch im Steppstich gestickt werden. Mit diesem Stich können Sie schneller arbeiten, werden jedoch keine identischen Seiten erhalten.

## RAUTENREIHE IM HOLBEINSTICH

### Material

Weißer Leinenstoff in gebrochenem Weiß, 12,6 Fäden/cm, eine Gobelinnadel Nr. 28, *Baumwolle Mouliné DMC* Nr. 535

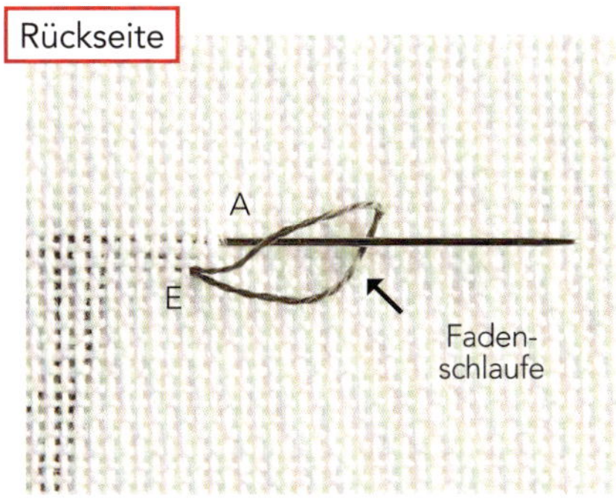


**1.** Die beiden Enden eines 100 cm langen Fadens in die Nadel einfädeln. Von der Rückseite in den Stoff einstechen, um jeweils 2 Gewebefäden versetzt schräg wieder ausstechen und die Nadel durch die Schlaufe des Fadenendes durchziehen. Auf der Rückseite zieht sich die Schlaufe um den ersten Stich fest und der Faden wird fixiert.

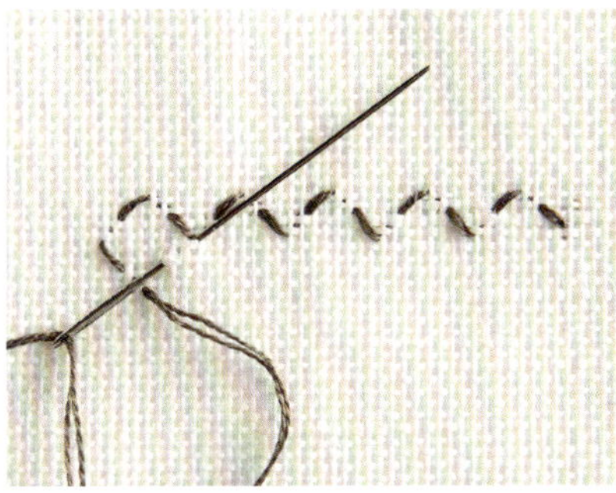

**2.** Eine Zickzackreihe im Vorstich über zwei Gewebefäden und vier Fäden nach oben sticken. Am Ende der Reihe eine zweite Zickzackreihe im Vorstich sticken und zum Anfangspunkt zurückkehren.

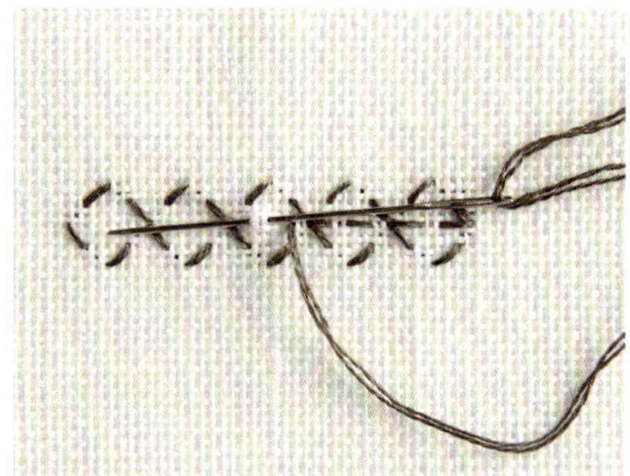

**3.** Zwischen den beiden vorigen Reihen von rechts nach links zurückkehren und im Vorstich über zwei Gewebefäden sticken.

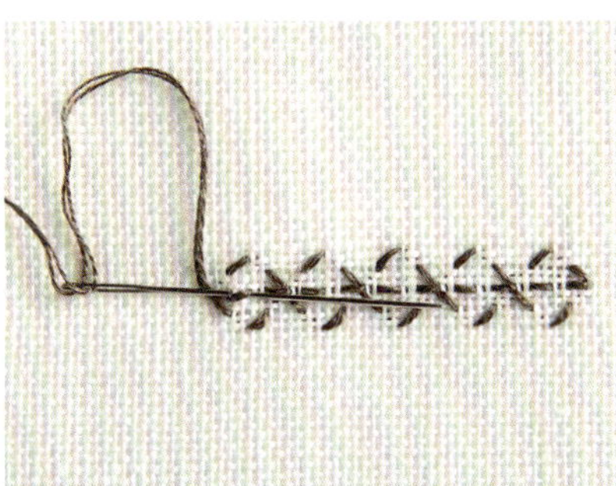

**4.** Von links nach rechts zurückkehren und im Vorstich über die Zwischenräume der vorigen Stiche sticken.

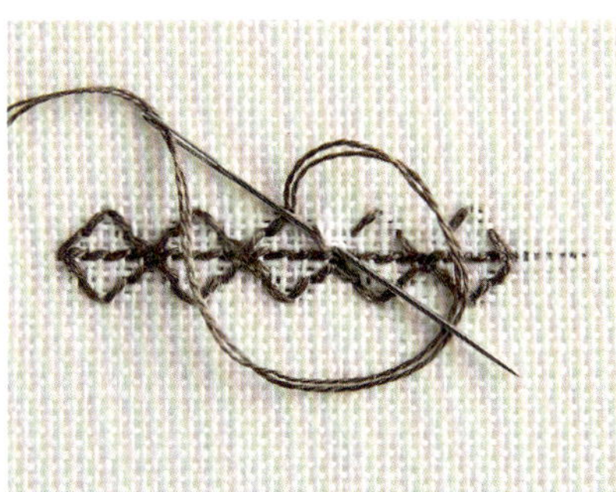

**5.** Ebenso auf der unteren Zickzackreihe bis zum linken Ende im Vorstich sticken, um die Zwischenräume zu füllen. Dann genauso bei der oberen Zickzackreihe vorgehen.

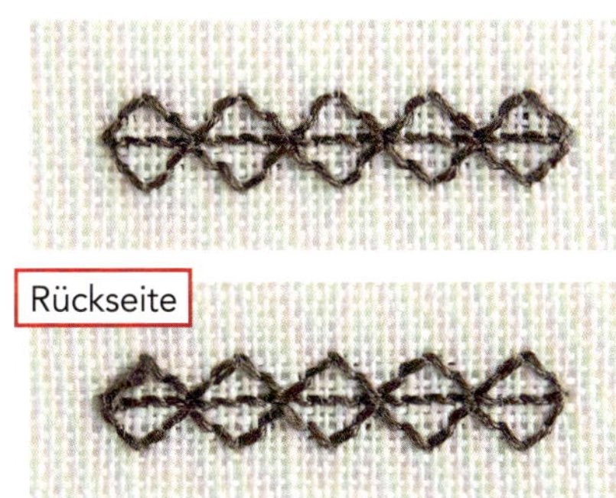


**6.** Den Faden auf der Rückseite vernähen und die Stiche so dezent wie möglich umwickeln. Als Ergebnis erhalten Sie ein identisches Muster auf der rechten und Rückseite. Die Stichlinie ist regelmäßig, aber nicht ganz gerade. Aufgrund der Stichtechnik ist sie leicht gewellt.

## DIE RAUTENREIHE IM HOLBEINSTICH (FORTSETZUNG)

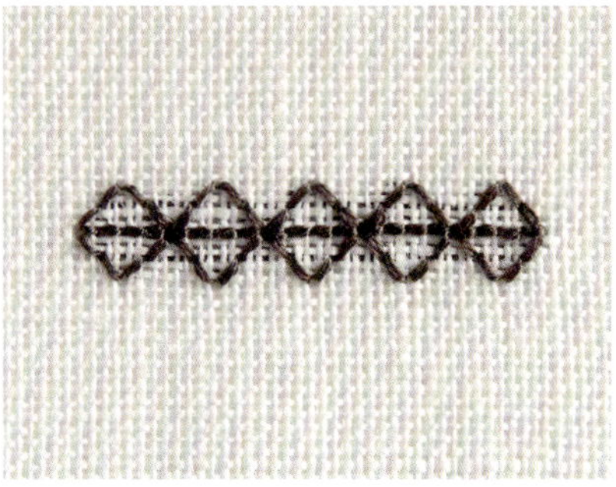

Rückseite

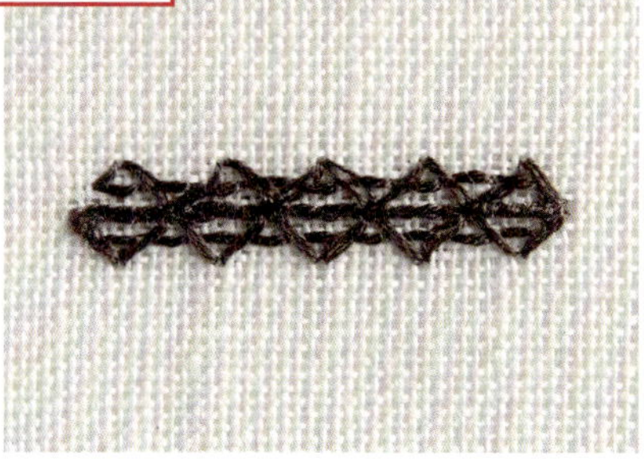

**7.** Nebenstehend sehen Sie das gleiche Muster im Steppstich (siehe S. 148). Die Stichlinie auf der Vorderseite sieht sehr sauber aus. Das Muster auf der Rückseite ist anders und dichter.

## RUNDE FORMEN STICKEN

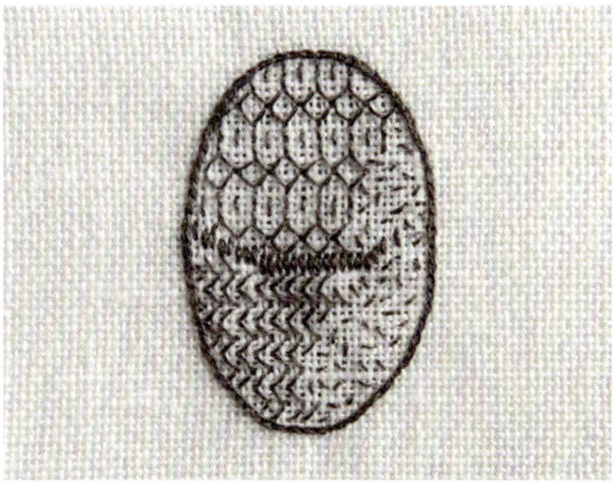

Zeichnen Sie die Umrisse der Form und legen die zu füllenden Bereiche sowie die gewählten Stiche fest. Sticken Sie den inneren Bereich der Form und dann einen Geradstich über die Kontur. Die am häufigsten verwendeten Stiche sind der Stiel-, Ketten- und Steppstich. Für stärkere Schattierungen werden auch der Sand- oder Vorstich verwendet.

Das Ei auf der nebenstehenden Abbildung ist in drei Teile geteilt. Der obere und untere Teil sind in geometrischen Stichen und der rechte Teil ist im Sandstich gestickt. Die Trennung zwischen dem oberen und dem unteren Teil erfolgt durch den Spannstich in kräftigerer Farbnuance.

## DIE FARBNUANCEN DER STICHE

Bei Stickereien mit komplexeren Motiven mit abwechslungsreichen Stichen und Schattierungen ist es schwer, eine schöne Rückseite zu sticken, da das Hauptaugenmerk auf der Stickerei der Vorderseite liegt. In diesem Fall wird der Holbeinstich durch einen Steppstich ersetzt. Um die Farbnuancen und -dichten zu erhalten, können verschiedene Methoden angewandt werden.

**1.** Verwenden Sie beim Sticken unterschiedliche Garnfarben. **Beispiel:** Nutzen Sie graue Farbschattierungen, die von sehr dunklem Grau bis zu Perlgrau reichen, und verteilen Sie die verschiedenen Farbnuancen über die Stickerei, um den gewünschten Effekt zu erzielen.

**2.** Sticken Sie ein identisches Motiv mit einfarbigem Garn, das unterschiedlich dick ist. Verwenden Sie dickeres Garn für die dunkleren Bereiche und lassen Sie das Garn bis zum hellsten Bereich immer dünner werden.
Sticken Sie mit Baumwolle Broder Spécial (von dick bis dünn: Nr. 16, 20, 25 und 30). Falls erforderlich, kombinieren Sie dieses Garn mit einem oder mehreren Einzelfäden Mouliné-Baumwolle derselben Farbe, um die benötigte Fadenstärke zu erhalten. Sie können auch nur mit Mouliné-Baumwolle arbeiten und die Anzahl der Einzelfäden variieren.

**3.** Verändern Sie ein gesticktes Motiv, indem Sie manche Elemente auslassen. Beginnen Sie mit einem kräftigen Motiv, wiederholen Sie es und lassen Sie dabei bestimmte Linien aus, um die Stickerei aufzuhellen.

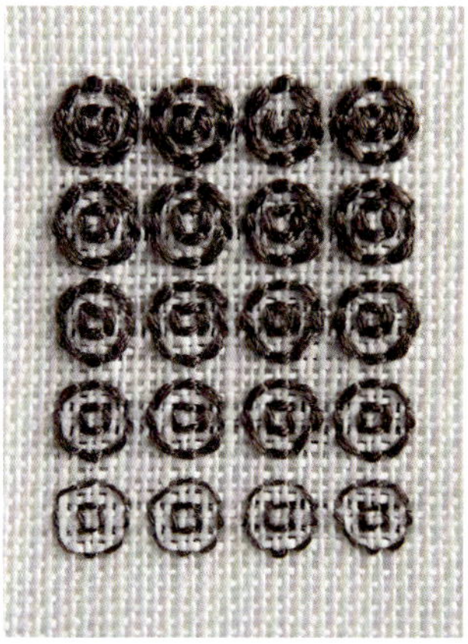

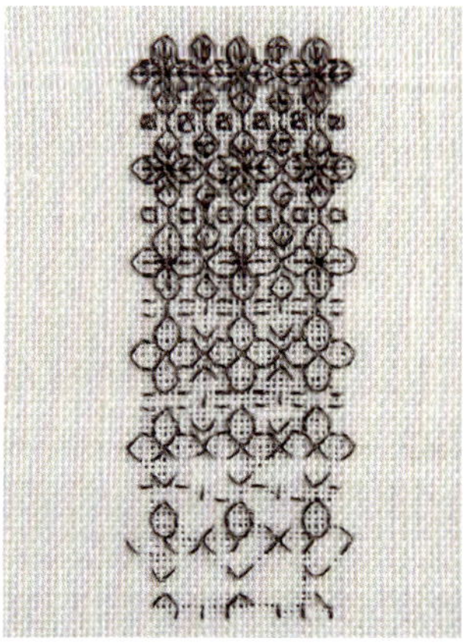

# Gobelinstickerei
## (Straminstickerei)

## BESCHREIBUNG UND GESCHICHTE

Gobelinstiche gibt es in der Stickerei schon so lange, dass es unmöglich ist, zu bestimmen, wann sie erstmals verwendet wurden. Ab Ende des 16. Jahrhunderts kam diese Technik in der Innendekoration auf. Sie wurde häufig von Hausfrauen praktiziert und von spezialisierten Handwerksbetrieben vermarktet. Bis ins 18. Jahrhundert war sie in Mode und geriet dann in Vergessenheit. Dank der berühmten vorgedruckten Zählhilfen, die in Berlin hergestellt und zusammen mit Wolle für Stickarbeiten zu Hause verkauft wurden, erwachte im 19. Jahrhundert wieder das Interesse an der Gobelinstickerei. Sie gehörte genauso wie der Kreuzstich zur Ausbildung junger Mädchen. Ein Jahrhundert später kam die Technik wieder außer Mode, ohne jedoch ganz zu verschwinden. Bemalte Stramine werden weiterhin als Sets in Kurzwarenläden verkauft. Heutzutage wird dieses Handwerk, eine wahre Quelle der Inspiration, von Liebhaber*innen der Stickerei praktiziert.

## MATERIAL

### Stoffe

Die für diese Technik verwendeten Stoffe bestehen aus 100% Baumwolle und sind stark imprägniert. Sie heißen Stramine und sind in Weiß, Dunkelbeige (antik) oder Blassgelb erhältlich. Stramin ist ein dicker, widerstandsfähiger und regelmäßig gewebter Stickgrund. Es werden zwei Arten von Straminen verwendet, die in verschiedenen Dicken erhältlich sind: Einfach und doppelt gewebte* Stramine, Letztere werden auch Penelope Canvas* genannt. *Zweigart* bietet eine große Auswahl dieser Stramine.

### Garne

Sie können verschiedene Stickgarne verwenden, die nach der Anzahl der Stiche/cm auf dem Stramin und ihrer Dicke auszuwählen sind.
– Das deckende Wollgarn *Saint-Pierre von Sajou* besteht aus vier teilbaren Fäden.
– Die matte, dicke und deckende Baumwolle *DMC Retors* eignet sich für Stramine mit großen Gewebelücken.
– Die feinere *Baumwolle Broder Spécial DMC* ist sehr angenehm zu arbeiten.
– Das *Perlgarn DMC* ist in verschiedenen Dicken erhältlich und verleiht der Stickerei einen glänzenderen Look.
– Bei der *Baumwolle Mouliné DMC* können Sie die Anzahl der verwendeten Einzelfäden anpassen.
Andere speziellere Garne wie Lurex* können Sie mit den oben genannten Fäden kombinieren, um der Stickerei mehr Glanz zu verleihen.

### Nadeln

Es empfiehlt sich eine Gobelinnadel ohne Spitze von *Bohin*, von dick bis dünn: Nr. 14, 16, 18, 20, 22, 24 und 26.
Auch spitze Gobelinnadeln von *Bohin* (oder Chenillenadeln) können geeignet sein, da das Öhr groß genug ist, um dickere Fäden einzufädeln. Dafür ist jedoch ein Fingerhut erforderlich, da das Nadelöhr zum Einstechen verwendet wird. Von dick bis dünn: 18, 20, 22 und 24.

### Scheren

Verwenden Sie eine kleine, feine Schere mit scharfen Klingen.
***Empf.** 24316 oder 24311 Bohin*

### Stickrahmen

Verwenden Sie je nach Größe der Arbeit einen runden Stickrahmen mit zwei Holzkreisen von *Sajou* oder einen eckigen Stickrahmen. Da Stramine recht steif sind, ist ein eckiger Stickrahmen oft besser geeignet.

# Gobelinstickerei (Fortsetzung)

## TECHNIK

Diese Stickerei eignet sich für Zählstickereien und besteht aus Gerad-, Spann- und Kreuzstichen, die kombiniert werden können. Es gibt viele verschiedene Stiche mit spezifischen Namen (Petit Point, Gobelin-, Bargello- und Kreuzstich). Die meisten Stiche werden auf einfach gewebtem Stramin und manche auf Penelope Canvas gearbeitet. Bei Letzterem können Sie dank des doppelten Schussfadens verschiedene Stiche kombinieren. Gerad- und Spannstiche sehen flacher aus als Kreuzstiche. Durch die Kombination der beiden Reliefs werden die Arbeiten noch schöner.

### Material

Weißes Etamin*, Wolle *Saint-Pierre von Sajou* Nr. 945, 596 und 586.

***Anm.** Üben Sie die Stiche auf einem regelmäßig gewebten Leinenstoff.*

Sticken Sie alle Stiche mit dem gesamten Wollfaden (vier Fäden). Lassen Sie sich in Bezug auf die Farben von den Fotos inspirieren. Fixieren Sie den Anfangsfaden, lassen Sie 2 bis 3 cm vom Ende auf der Rückseite stehen und halten ihn mit den Fingern der linken Hand fest. Integrieren Sie ihn beim Sticken über 1 bis 1,5 cm in die Stiche, schneiden Sie dann den überschüssigen Faden ab und setzen Sie die Arbeit fort. Ziehen Sie das Fadenende später auf der Rückseite unter den Stichen hindurch.

## PARISER STICH

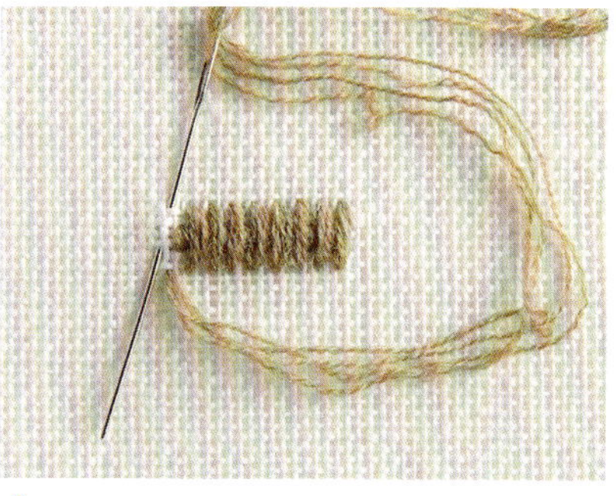

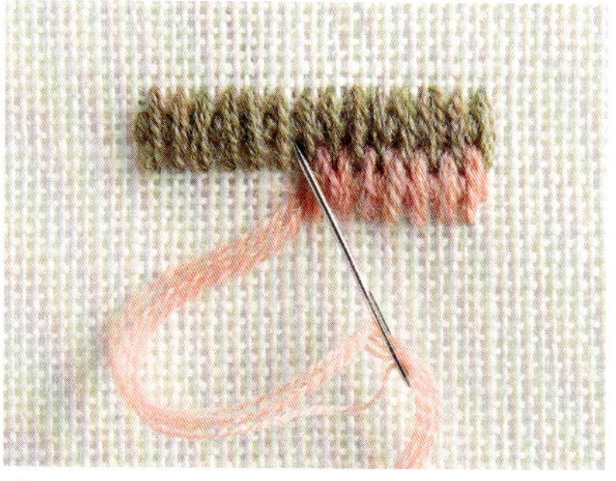

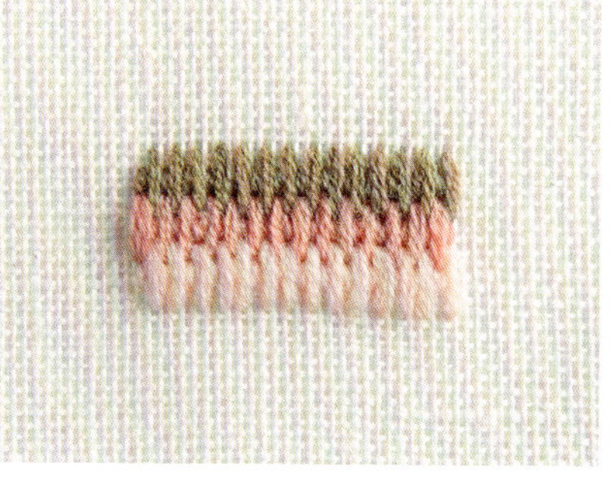

**1.** Den Faden ausstechen, vertikal im Geradstich abwechselnd über sechs und zwei Gewebefäden über eine bestimmte Länge von rechts nach links sticken, dann den Faden vernähen.

**2.** Mit einem anderen Faden eine Reihe identischer Stiche sticken, rechts beginnen und mit der anderen Reihe verzahnen. Den Faden vernähen. Mit einem dritten Faden wiederholen.

***Anm.** Sticken Sie die Hin- und Rückreihen in verzahnten Geradstichen, wenn alle Stiche mit dem gleichen Faden gestickt werden.*

## BARGELLOSTICH

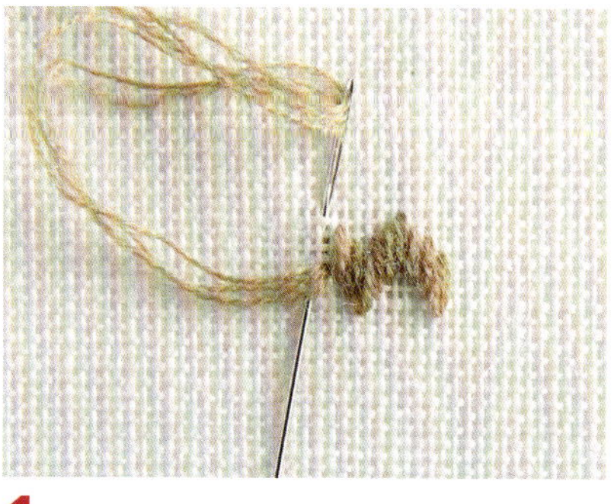

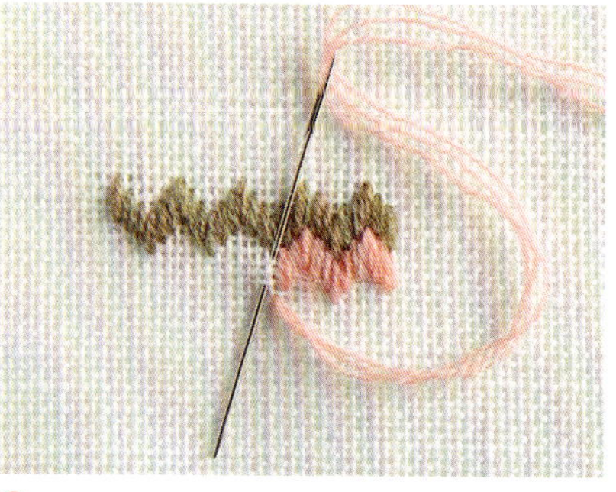

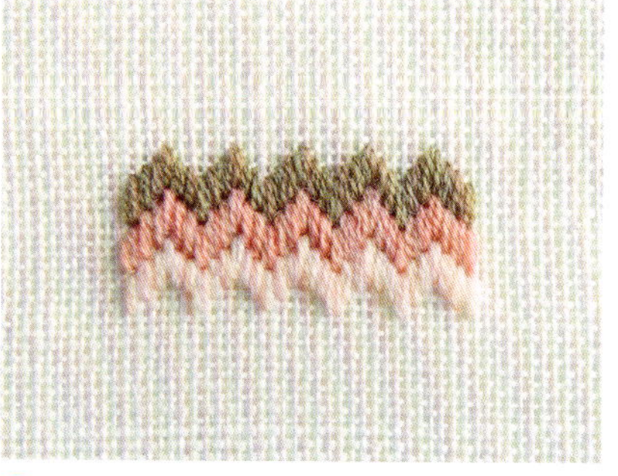

**1.** Im vertikalen Geradstich über vier Gewebefäden sticken und für das Zickzackmuster jeden Stich um einen Faden versetzen.

**2.** Über eine bestimmte Länge sticken und den Faden vernähen. Mit einem andersfarbigem Faden eine zweite identische Reihe sticken, die mit der ersten verzahnt ist, und den Faden vernähen.

**3.** Mit einem Faden von einer dritten Farbe wiederholen.

## UNGARISCHER STICH

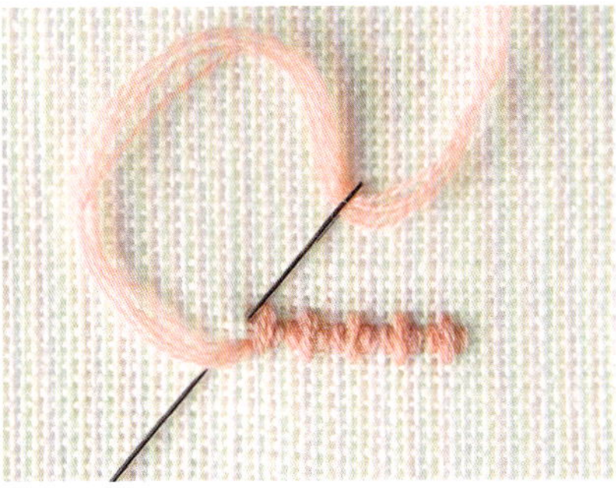

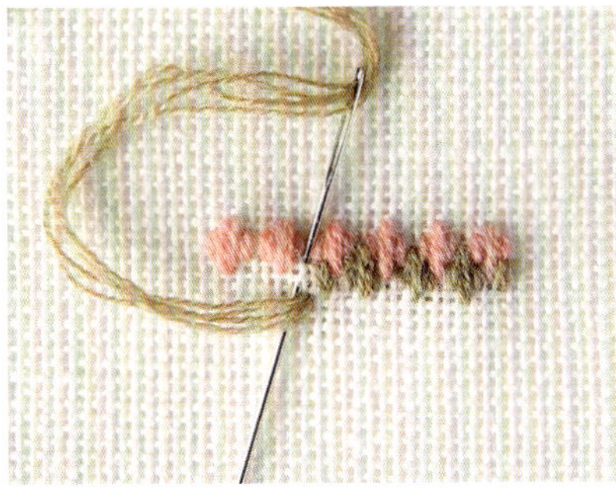

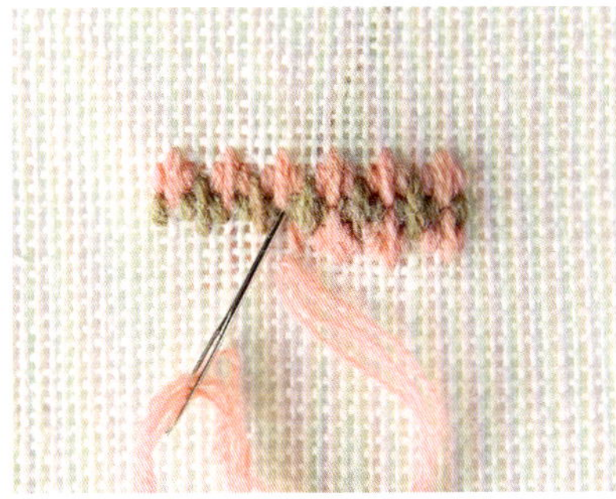

**1.** Von rechts nach links im vertikalen Spannstich zwischen jedem Schussfaden über zwei Fäden in der Höhe, dann über vier Fäden und wieder über 2 Fäden sticken, um ein kleines Rhombus zu bilden. Ein zweites, kleines Rhombus links daneben sticken, über eine bestimmte Länge so fortfahren und den Faden vernähen.

**2.** Mit einem andersfarbigen Faden eine zweite Reihe identischer Stiche sticken und mit der vorigen Reihe verzahnen.

**3.** Die folgenden Stichreihen wie zuvor im Wechsel der Garnfarben sticken.

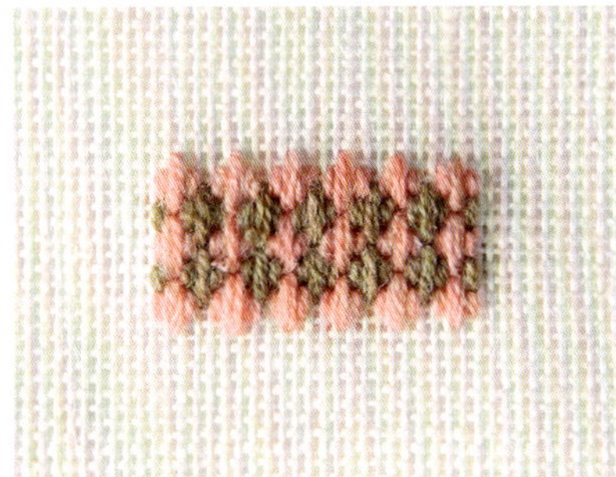

## HALBER RHODES-STICH

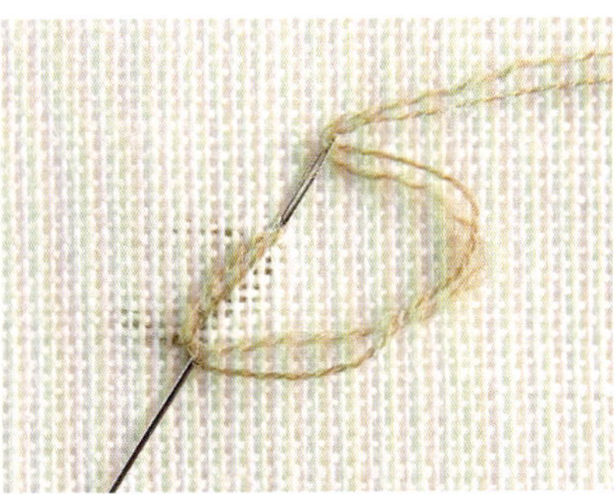

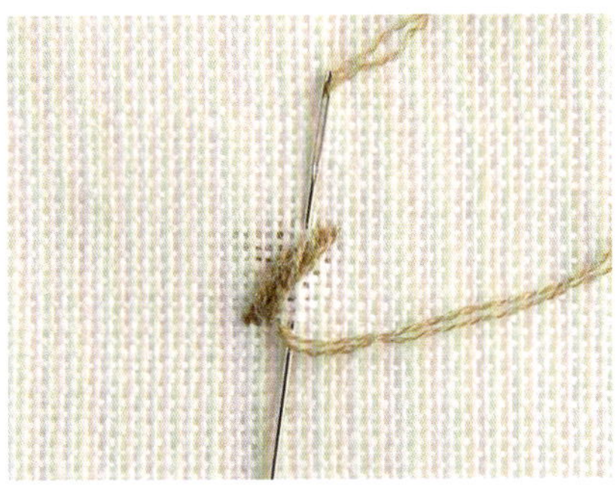

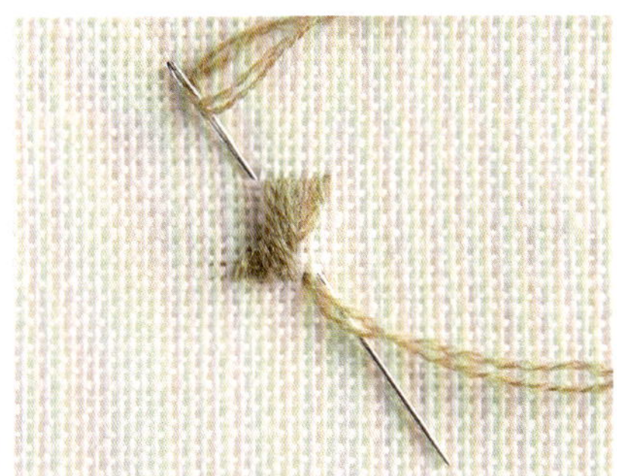

**1.** Dieser Stich wird über eine bestimmte Anzahl von Fäden gearbeitet, die das Dreifache von der Dicke des Stramins beträgt. Dank der übereinanderliegenden Spannstiche entsteht ein recht deutliches Relief.
Der unten abgebildete Stich wird über acht Schussfäden gearbeitet: Aus der linken unteren Ecke den Faden ausstechen und schräg gegenüber in die rechte obere Ecke einstechen. Unten einen Faden rechts neben dem vorigen Stich wieder ausstechen, dann oben einen Faden links neben dem vorigen Stich einstechen. Sechs weitere Stiche nach dem gleichen Prinzip sticken.

**2.** Die halben Rhodes-Stiche können unterschiedlich angeordnet werden.

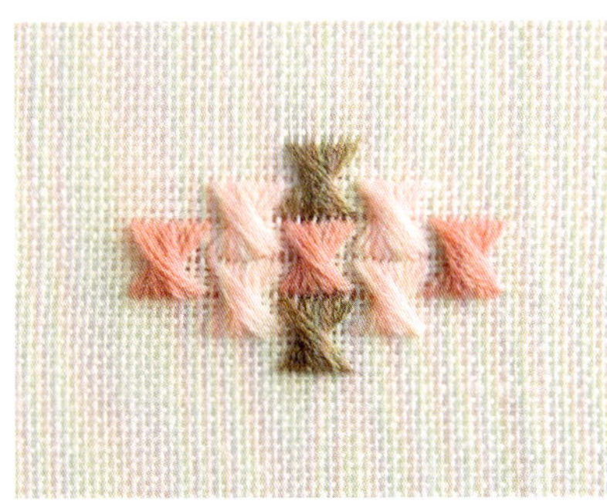

## REISSTICH

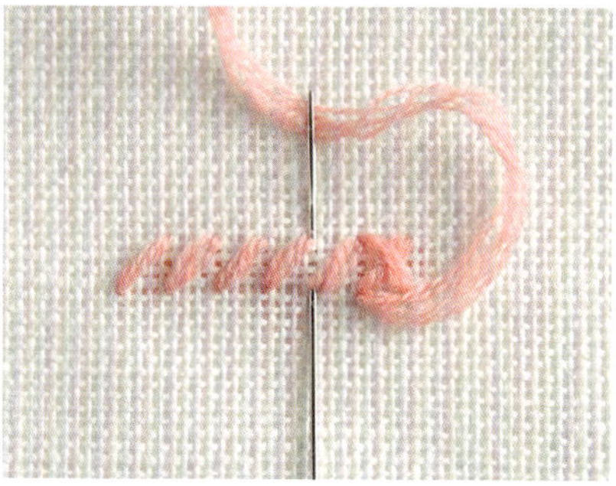

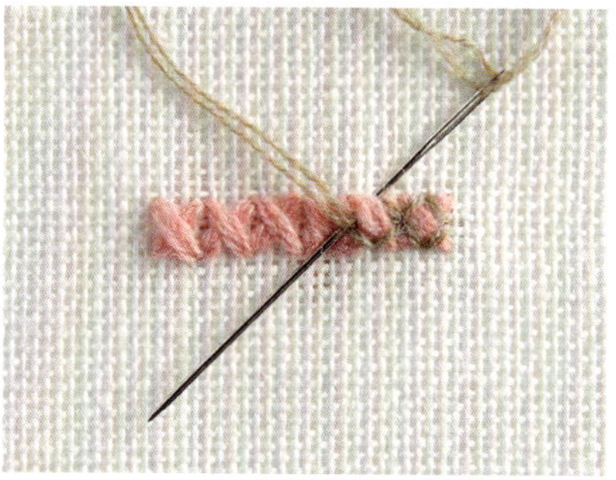

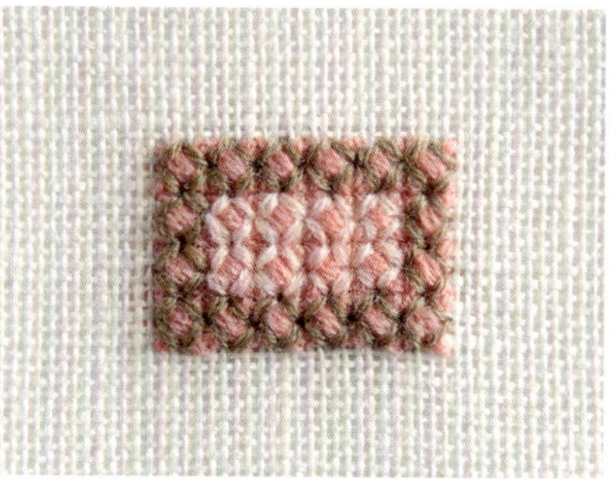

**1.** Den Faden links ausstechen und halbe Kreuzstiche über jeweils vier Gewebefäden sticken. Nach links zurückkehren und Schrägstiche sticken, um den Kreuzstich zu vollenden.

**2.** Mit einem andersfarbigen Faden schräge Spannstiche über die Enden der Diagonalen von den Kreuzstichen sticken. Probieren Sie verschiedene Garnfarben aus, um den gewünschten Effekt zu erzielen.

## DREIFACHER REISSTICH

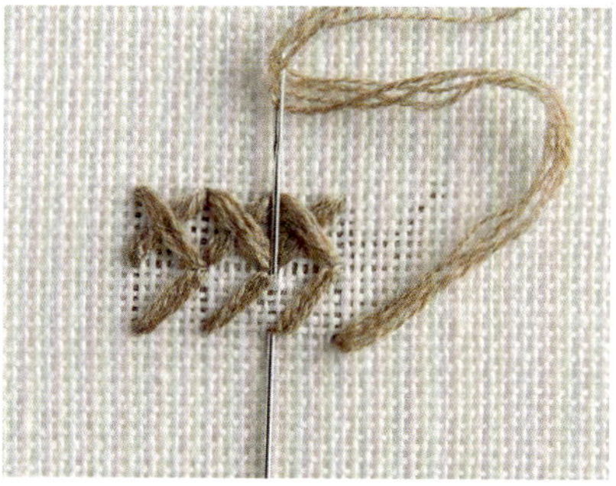

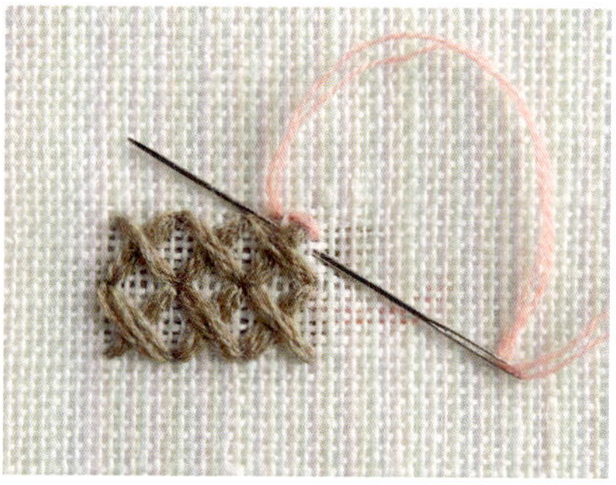

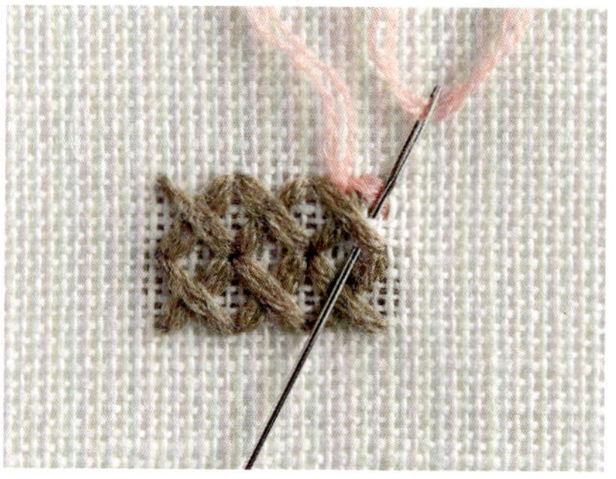

**1.** Dieser Stich ist eine Variante des Reisstichs mit einem etwas deutlicheren Relief. Hin- und Rückreihen im halben Kreuzstich sticken, um sechs Kreuzstiche zu erhalten.

**2.** Mit einem andersfarbigen Faden einen Schrägstich über das Ende einer Diagonalen und über zwei Schussfäden sticken.

**3.** Einen zweiten Schrägstich daneben über drei Schussfäden sticken. Zum Schluss einen dritten Schrägstich daneben setzen, nahe dem Kreuzungspunkt der Diagonalen und über zwei Schussfäden gestickt.
Die Nadel nahe der gegenüberliegenden Ecke ausstechen, um drei weitere Schrägstiche auf diese Weise zu sticken.

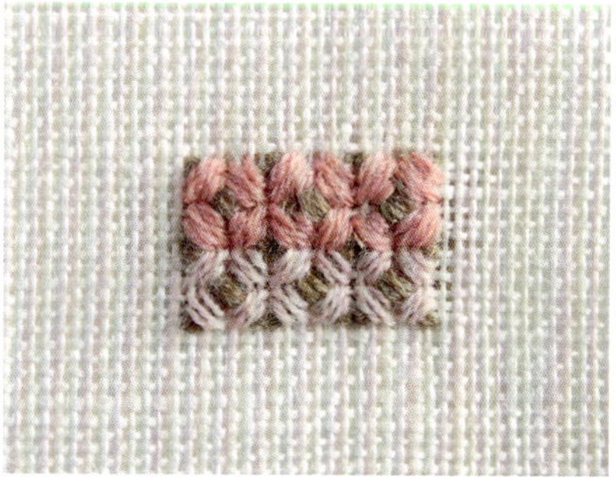

**4.** Wie zuvor über die anderen Diagonalen des Kreuzstichs sticken, bis alle überdeckt sind.

*Je nach Farbwahl der übereinanderliegenden Stiche gibt es viele Kombinationen, die zu sehr schönen Ergebnissen führen. Lassen Sie bei diesen Übungen Ihrer Kreativität freien Lauf.*

## ANANASSTICH

Dieser Stich kombiniert einen Spannstich mit einem Kreuzstich. Er bietet ein schönes Relief in der Mitte.

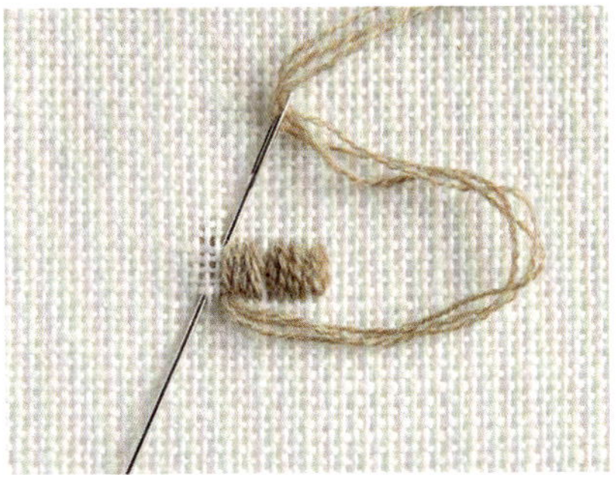

**1.** Vier vertikale Spannstiche über fünf Schussfäden mit einem Abstand von einem Schussfaden sticken. Die Nadel zwei Fäden weiter ausstechen und vier weitere senkrechte Spannstiche auf diese Weise sticken. Dann ein drittes Fadenbündel nach dem gleichen Prinzip sticken.

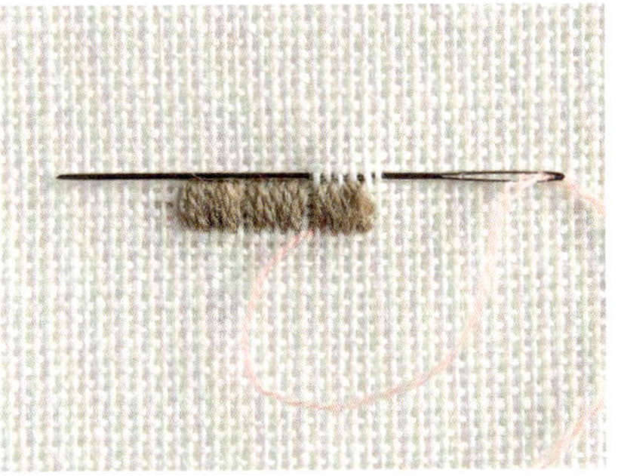

**2.** Mit einem andersfarbigen Faden von hinten nach vorne in den Zwischenraum der beiden Fadenbündel sticken.

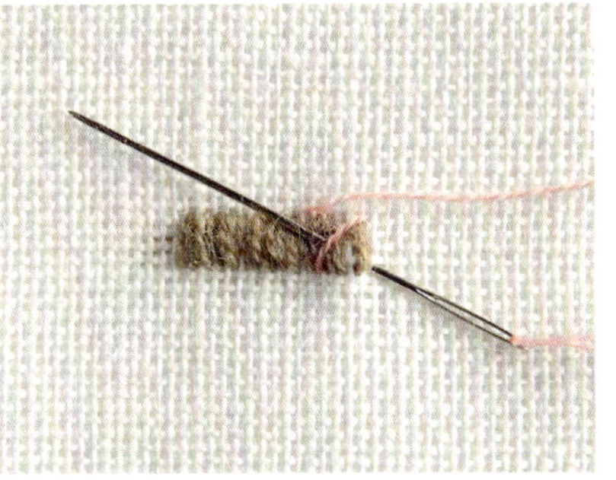

**3.** Einen Kreuzstich über das rechte Bündel sticken und die Nadel aus der Mitte der Stiche ausstechen.

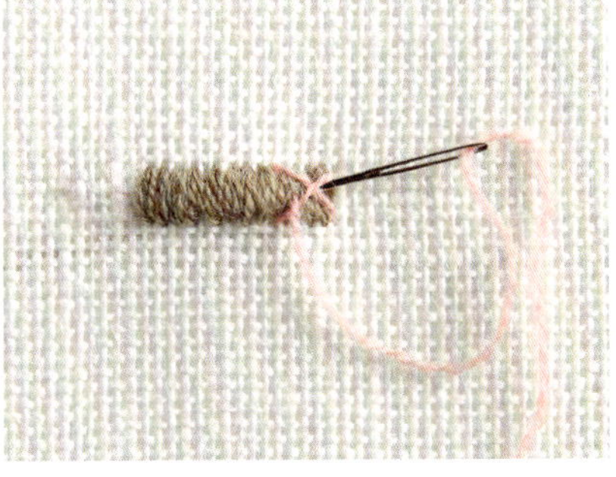

**4.** Einen kleinen Rückstich über das mittlere Kreuz sticken, um es an den Spannstichen zu fixieren. Wieder in das Loch einstechen, aus dem der Faden austritt.

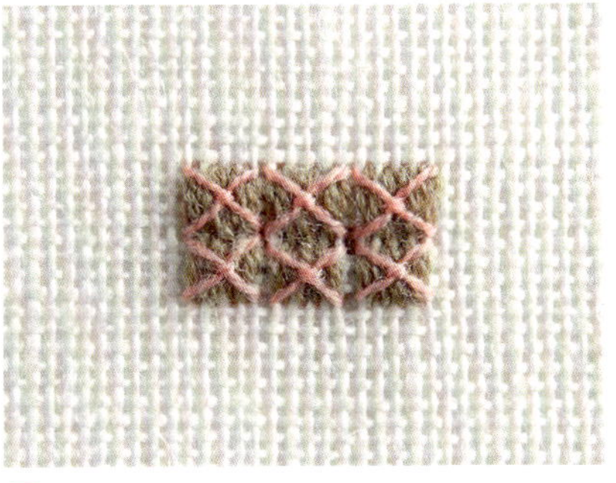

**5.** Zwischen den nächsten beiden Fadenbündeln ausstechen und wie zuvor arbeiten. Nach demselben Prinzip alle anderen Stiche sticken.

*Sie können die verschiedenen mit der Nadel gestickten Gobelinstiche kombinieren, um unterschiedliche Reliefs und originelle Stickflächen zu erhalten. Tipp: Zeichnen Sie das Stickmuster vorher auf kariertes Papier und wählen Sie die Farben der Fäden sorgfältig aus.*

*Wählen Sie die Garnfarben am besten bei Tageslicht und nicht bei künstlichem Licht oder am Abend aus, denn dann ist die Farbwahrnehmung verzerrt.*

# Schweizer Stickerei

## BESCHREIBUNG UND GESCHICHTE

Diese Stickerei besteht aus einfachen und schnellen Stichen und wurde in der Schweiz von Frauen aus bescheidenen Verhältnissen praktiziert. Sie verwendeten günstige Materialien wie Grivat* und Vichy*-Stoffe, benannt nach dem Kurort, zu dem wohlhabende Besucher aus aller Welt mit ihren Bediensteten strömten. Letztere widmeten sich der Stickerei, insbesondere auf karierten Stoffen, deren Farbe durch die Stiche geändert wird. Die Technik verbreitete sich in anderen Ländern und war in der ersten Hälfte des 20. Jahrhunderts insbesondere in Amerika aufgrund der geringen Kosten des Handwerks beliebt. Wie viele andere, von Frauen ausgeübte Kunsthandwerke geriet die Schweizer Stickerei in der zweiten Hälfte des 20. Jahrhunderts in Vergessenheit, kam jedoch zu Beginn des 21. Jahrhunderts wieder in Mode. Heute wird sie hauptsächlich auf karierten Vichy*-Stoffen ausgeführt.

## MATERIAL

### Stoffe

Verwenden Sie Leinen-, Baumwoll- oder Mischgewebe und einfarbige oder karierte zwei- oder dreifarbige Stoffe. Wenn der Stoff einfarbig ist, muss er regelmäßig* gewebt sein, damit die Maße der Fäden übereinstimmen. Darüber hinaus müssen die Schussfäden mit bloßem Auge zählbar sein. Bei karierten Stoffen spielt die Anzahl der Fäden/cm keine Rolle, da die Stiche in die Ecken der Karos gestickt werden, deren Seiten genau gleich lang sein müssen.

### Garne

Verwenden Sie gezwirnte Baumwollgarne wie das Perlgarn *DMC* oder Broder Spécial *DMC*, die dick genug sind, um ein kleines Relief zu erzeugen, und den nötigen Kontrast bilden, um die Farbe der Stoffkaros zu verändern.

### Nadeln

Verwenden Sie für Leinenstoffe mit auszählbaren Schussfäden eine Nadel ohne Spitze von *Bohin* und für sehr engmaschige Stoffe mit gedruckten Karos die Crewelnadel von *Bohin*. Die Größe der Nadel und ihres Öhrs sind an die Dicke des Stickfadens anzupassen.

### Schere

Verwenden Sie zum Schneiden der Fäden eine kleine, scharfe Schere.

### Stickrahmen

Sticken Sie mit einem runden Stickrahmen von ca. 15 bis 18 cm Durchmesser, der beim Arbeiten versetzt wird.
***Empf.** Stickrahmen Sajou*

## TECHNIK

Man unterscheidet drei Arten von Stichen:
**Fixierstiche:** Diese Stiche werden zuerst gestickt und bilden das „Gerüst" für die folgenden Stiche. Sie werden im Vorstich, im einfachen oder doppelten Kreuzstich und im Spannstich gestickt.
**Ziersticke:** Diese Stiche werden als Zweites gestickt und um oder unter die Fixierstiche gesetzt. Sie durchstechen nur selten den Stoff. Je nach gewünschtem Relief können sie einfach (einmal durchgezogener Faden) oder doppelt (zweimal durchgezogener Faden) sein. Sie verändern das Karomuster des Stickgrunds und heben je nach gewählter Garnfarbe eine der Karofarben auf dem Stoff hervor.
**Zusätzliche Stiche:** Alle anderen Stiche des Zählmusters oder der traditionellen Stickerei, die die Arbeit verzieren.
Die Wahl der Garnfarben ist wichtig und entscheidet über das visuelle Ergebnis.

# FIXIER- UND ZIERSTICHE

**Material**

Weiß-grau karierter Mischstoff, Gobelinnadel ohne Spitze Nr. 26 und 24, Baumwolle Spécial Nr. 25: 414, Perlgarn Nr. 5: Blanc.

## FIXIERSTICH

Um Garn zu sparen und eine saubere Rückseite zu erhalten, werden die Fixierstiche in mehreren Schritten gestickt. Jeder dieser Schritte stellt einen Fixierstich dar, den Sie auch einzeln nutzen können.
Wenn Sie Stiche hinzufügen, verändern Sie den Fixierstich und vermehren die Stiche, unter denen die Zierstiche später fixiert werden können.
Bevor Sie mit dem Sticken beginnen, sollten Sie festlegen, welche Karos Sie auf dem Stoff hervorheben möchten. Über diese werden keine Fixierstiche gestickt.
***Anm.*** *Verwenden Sie recht lange Stickfäden, um den Faden nicht allzu häufig vernähen zu müssen. Um den Faden am Anfang der Arbeit zu fixieren, binden Sie einen Knoten am Fadenende.*

## ZICKZACK-VORSTICH

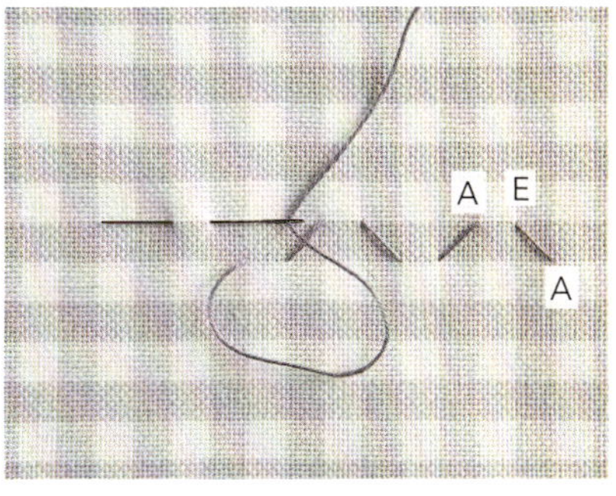


Von rechts nach links arbeiten. Aus der unteren rechten Ecke eines dunklen Karos ausstechen und einen Schrägstich setzen. Aus der rechten oberen Ecke des benachbarten gleichfarbigen Karos ausstechen und einen Schrägstich sticken. Dann aus dem nächsten gleichfarbigen Karo ausstechen und wie zuvor fortfahren. Die Schrägstiche sind durch ein Karo voneinander getrennt und jedes Ende bildet einen Fixierstich.

## EINFACHER KREUZSTICH

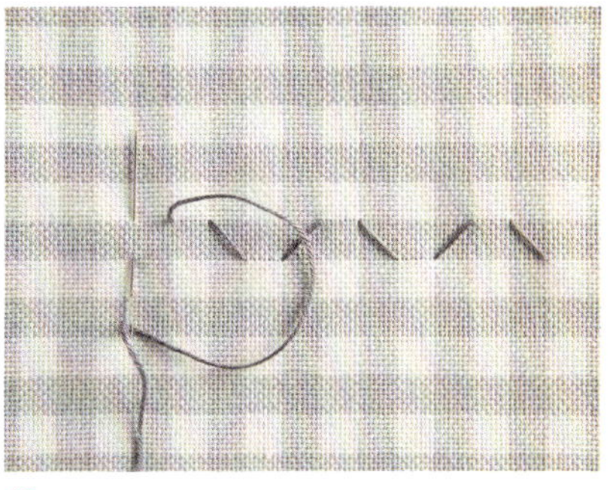

**1.** Eine gerade Anzahl von Schrägstichen sticken. Beim letzten Stich die Nadel aus der linken oberen Ecke ausstechen.

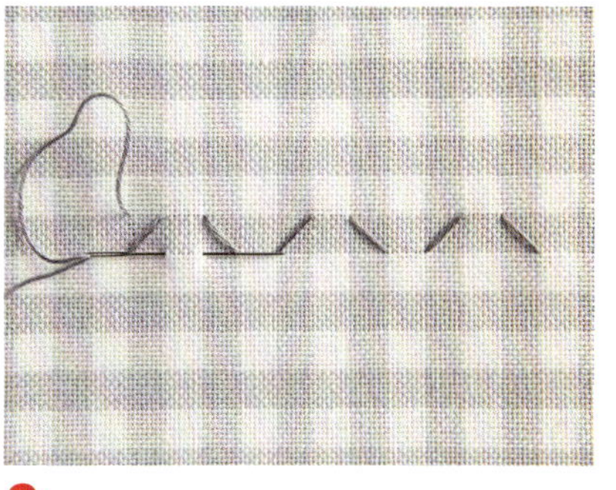

**2.** Einen Schrägstich über den vorigen sticken, um ein Kreuz zu bilden. Aus dem nächsten Karo ausstechen und das Kreuz fertigstellen. Bei allen folgenden Stichen wiederholen.

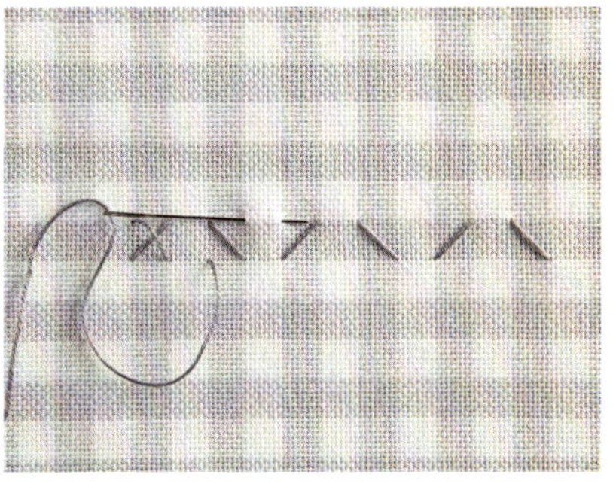

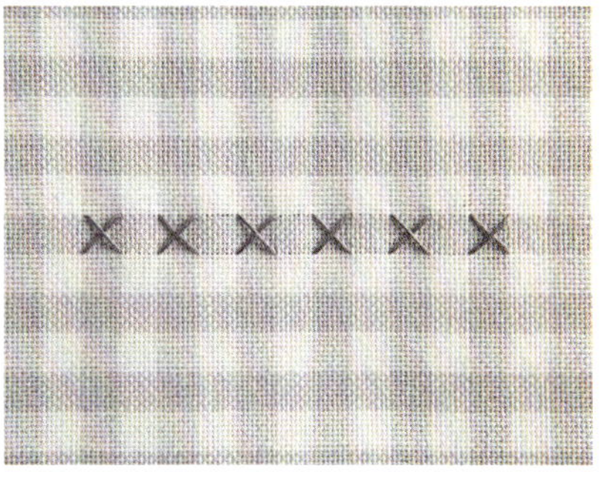

***Anm.*** *Jeder Kreuzstich verfügt über vier Enden, die zum Fixieren der nachfolgenden Stiche dienen können.*

## DOPPELTER KREUZSTICH (ODER SMYRNASTICH)

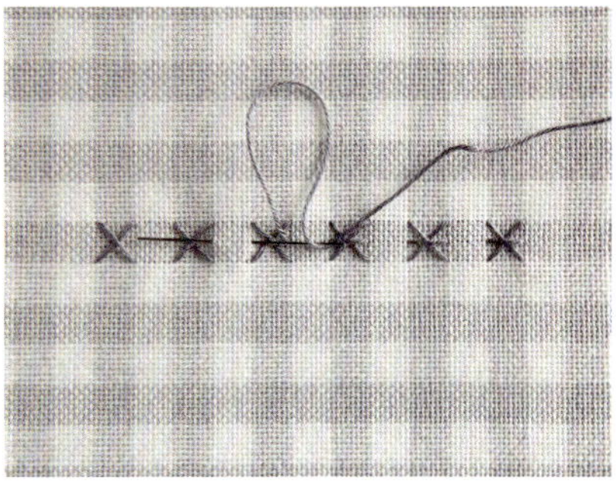

**1.** Die Nadel rechts aus der Mitte des ersten bestickten Karos ausstechen und einen horizontalen Vorstich über den Kreuzstich sticken. Rechts aus der Mitte des nächsten bestickten Karos ausstechen und so fortfahren.

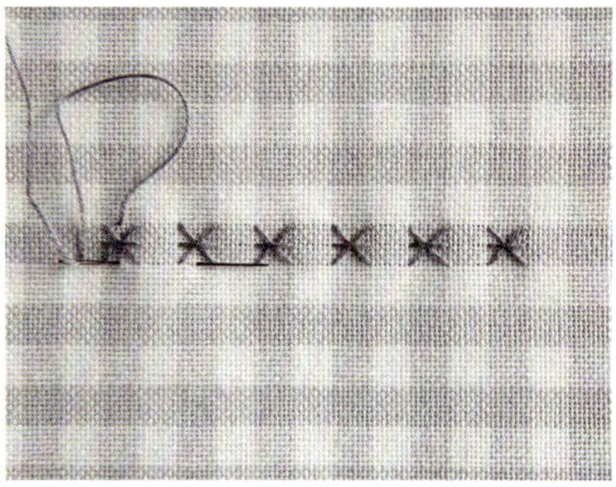

**2.** Die Nadel oben aus der Mitte des letzten gestickten Stichs ausstechen und einen vertikalen Spannstich darüber sticken, um einen doppelten Kreuzstich (oder Smyrnastich) zu erhalten.

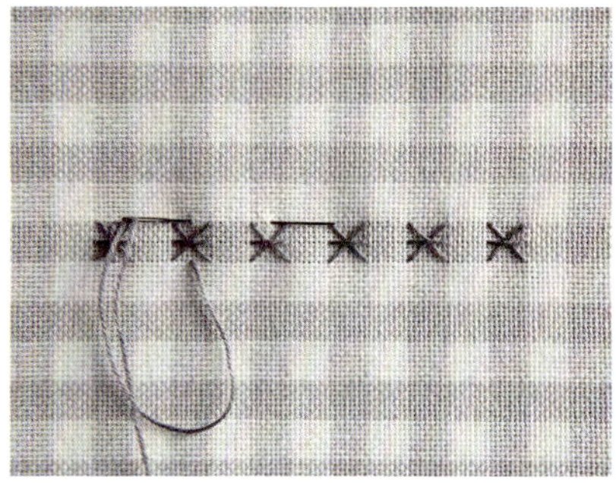

**3.** Die Nadel unten aus der Mitte des nächsten gestickten Stichs ausstechen und einen vertikalen Stich darüber sticken.

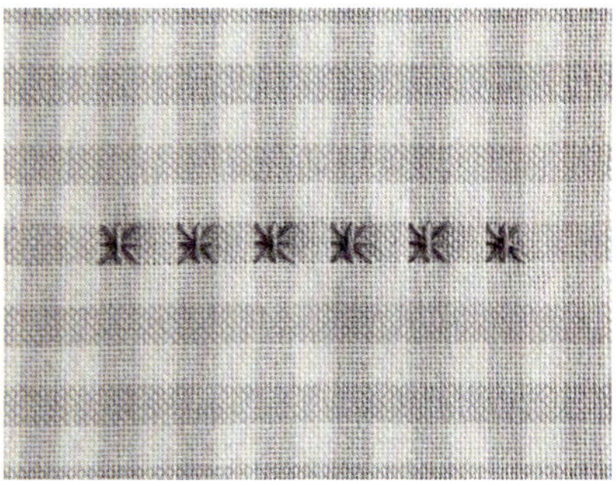

**4.** Sticken Sie weitere vertikale Spannstiche über die folgenden Kreuzstiche. ***Anm.*** *Jeder Stich verfügt über 8 Enden, die als Fixierstiche für die folgenden Stiche dienen können.*

*Wenn Sie diesen Stich in aufeinanderfolgenden Reihen sticken, erhalten Sie eine sehr saubere Rückseite und sparen Garn. Früher war dieser Aspekt den Sticker*innen dieser Technik sehr wichtig.*

## DOPPELREIHE IM ZICKZACK-VORSTICH

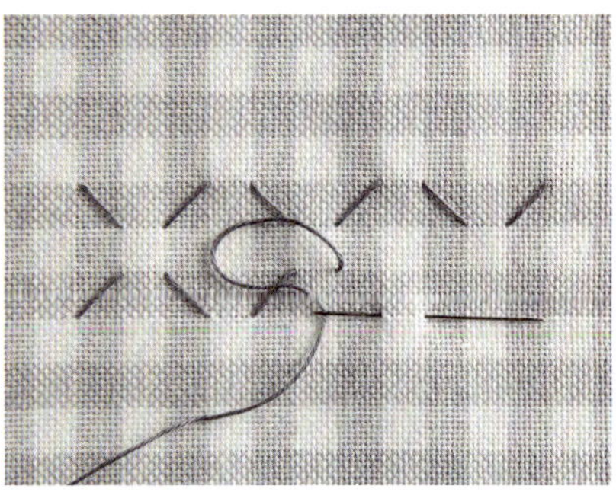

Eine Reihe im Zickzack-Vorstich sticken, die aus einer geraden Anzahl von Stichen besteht. In der Rückreihe eine zweite, gegenüberliegende Reihe desselben Stichs im Abstand von einem Karo sticken.

## KREUZ-FIXIERSTICH

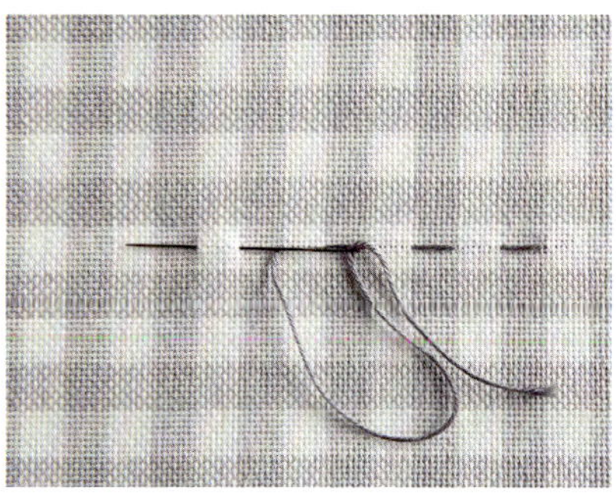

**1.** In der Mitte der Karos eine Reihe horizontaler Vorstiche im Abstand von einem weißen Karo sticken.

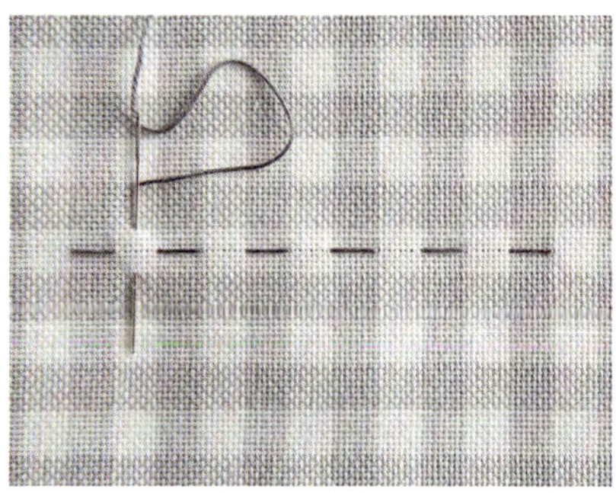

**2.** Am Ende der Reihe oben aus der Mitte des nicht bestickten Karos zwischen den letzten beiden Stichen ausstechen. Unten in die Mitte desselben Karos einstechen, um einen vertikalen Stich zu sticken, und weiter unten aus der oberen Mitte des benachbarten Karos ausstechen.

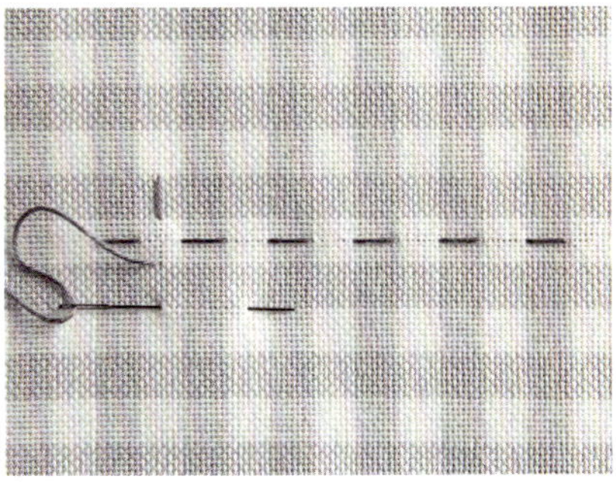

**3.** Unten in die Mitte des letzten Karos einstechen, aus der Mitte des nächsten Karos, unter dem leeren, unbearbeiteten Karo ausstechen und auf diese Weise zwei vertikale Vorstiche sticken.

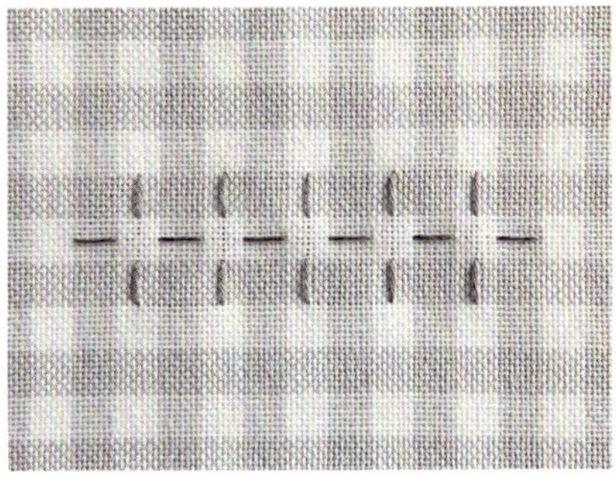

**4.** Die anderen Stiche nach dem gleichen Prinzip sticken.

## EINFACHER KÄSTCHEN-ZIERSTICH

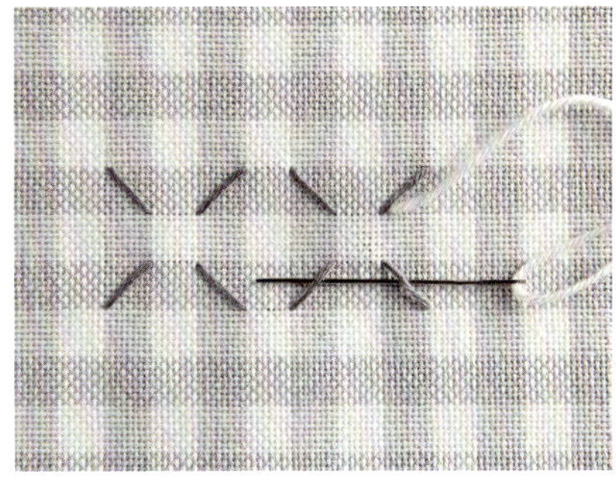

**1.** Die Fixierstiche bestehen aus einer Doppelreihe von Schrägstichen. Den weißen Faden nahe der rechten oberen Ecke des leeren (weißen) Karos ausstechen.

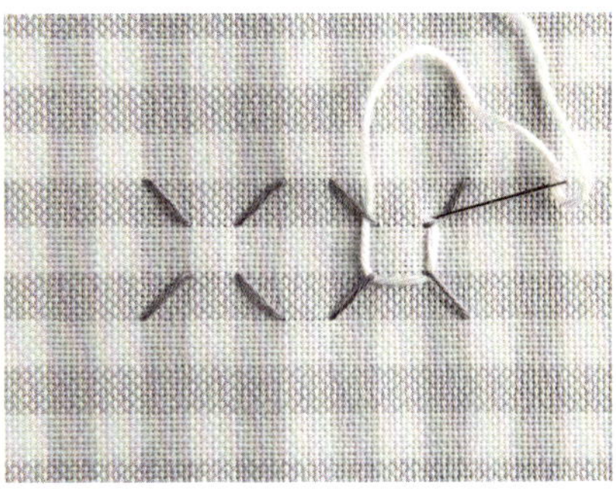

**2.** Ohne den Stoff zu durchstechen, den Faden im Uhrzeigersinn unter den Fixierstichen durchziehen, und in der rechten oberen Ecke nahe dem ersten Stich einstechen.

## DOPPELTER KÄSTCHEN-ZIERSTICH

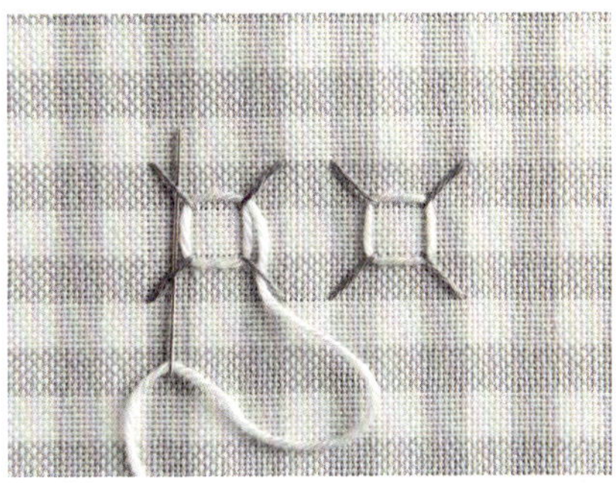

**1.** Für einen stärkeren Kästchen-Zierstich kann der Faden zweimal durchgezogen werden. Einen Kästchen-Zierstich wie oben beschrieben sticken. Nicht in die rechte obere Ecke einstechen, sondern den Faden ein zweites Mal unter den Stichen durchziehen.

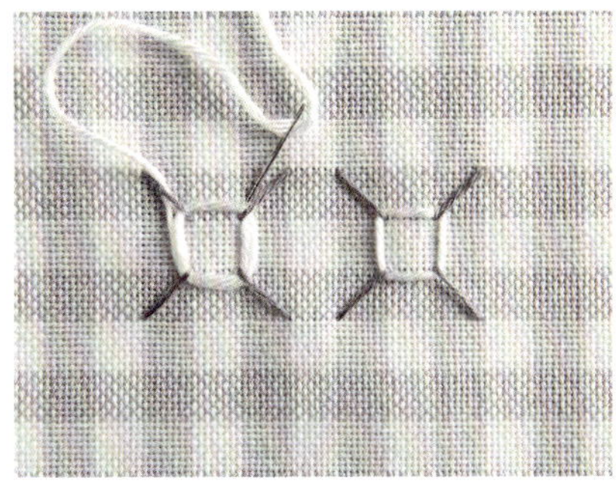

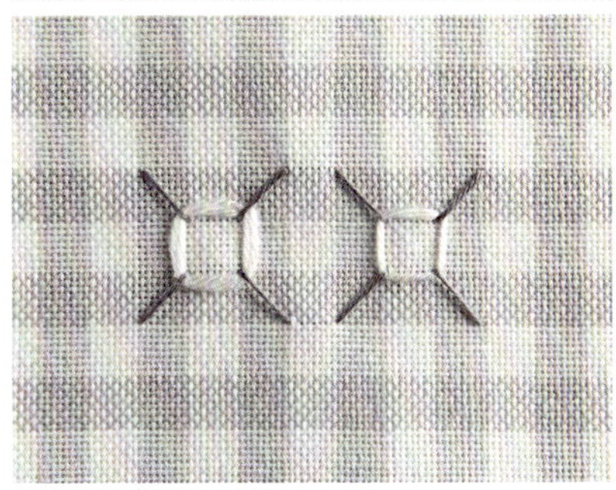

**2.** Nahe dem ersten Stich in die rechte obere Ecke einstechen.

## EINFACHER UND DOPPELTER RUNDER ZIERSTICH

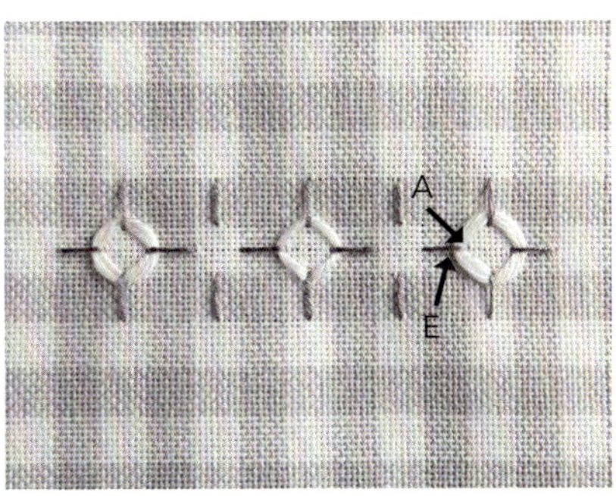


Einen Kreuz-Fixierstich sticken. Dann den weißen Faden nahe dem Fixierstich auf der Vorderseite ausstechen und unter den benachbarten Stichen durchziehen, sodass ein Kreis entsteht. Für einen doppelten Fixierstich den Faden zweimal durchfädeln. Am Ende nahe dem ersten Zierstich einstechen.

## EINFACHER UND DOPPELTER OVALER ZIERSTICH (SCHRÄG GEARBEITET)

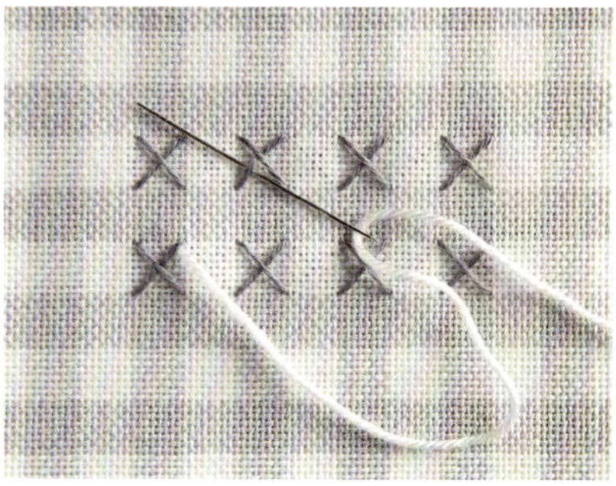

**1.** Die Fixierstiche im Kreuz sticken. Den weißen Stickfaden knapp unter dem Ende von der Diagonalen eines Kreuzes ausstechen und die Nadel diagonal unter dem gegenüberliegenden Kreuz durchziehen.

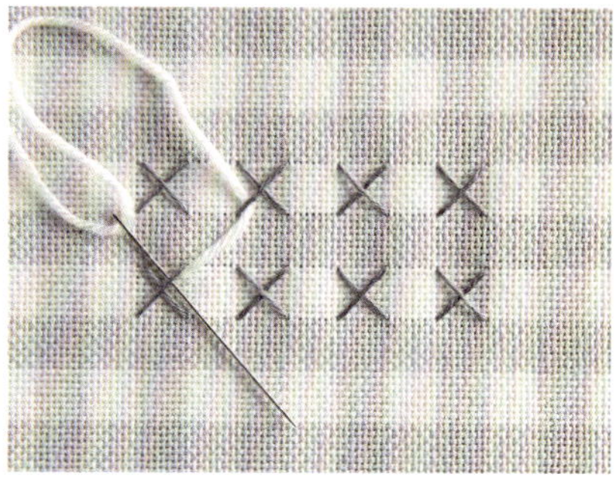

**2.** Zum ersten Fixierstich zurückkehren, um einen einfachen ovalen Zierstich zu sticken, und in die Ecke unter dem ersten Fixierstich einstechen.

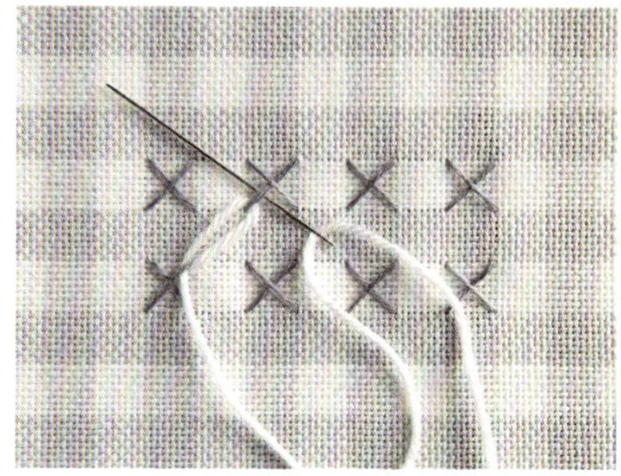

**3.** Einen doppelten ovalen Zierstich setzen.

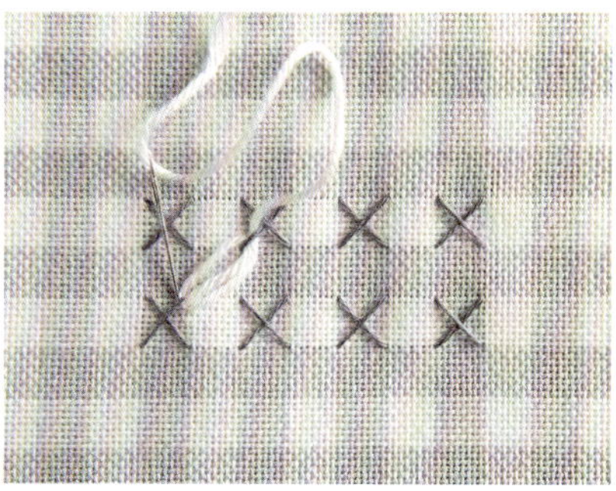

**4.** Den Faden erneut unter den Fixierstichen durchziehen und in die Ecke unter dem ersten Fixierstich einstechen.

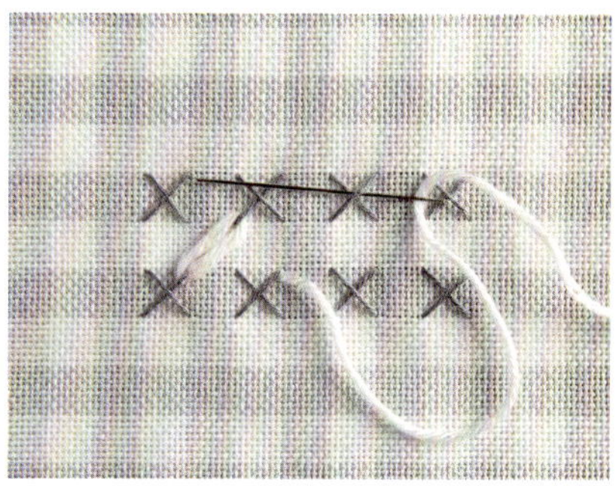

**5.** Die Nadel aus der Ecke des benachbarten Kreuzes ausstechen, um weiterzusticken.

*Es geht schnell, Schweizer Stickereien zu sticken, weshalb der Stickrahmen oft versetzt werden muss. Verwenden Sie daher am besten einen Stickrahmen von großem Durchmesser. Ein anderer Trick besteht darin, den Stoff mit Sprühstärke zu besprühen und die Rückseite des Stoffs mit einem sehr heißen Bügeleisen zu bügeln. So können Sie auf einen Stickrahmen verzichten und verfügen dennoch über festen Stoff.*

## EINFACHER UND DOPPELTER OVALER ZIERSTICH (HORIZONTAL GEARBEITET)

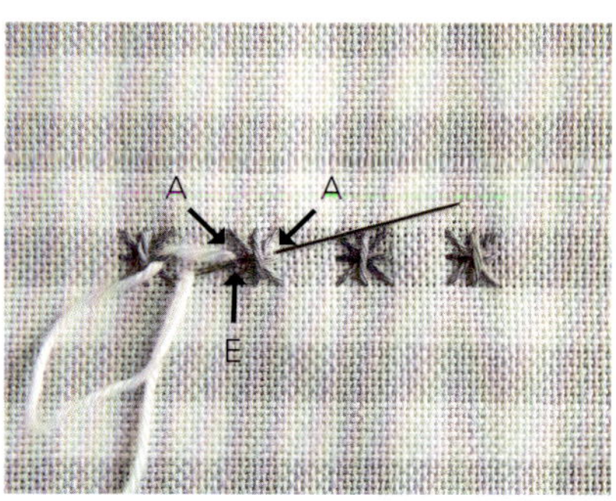


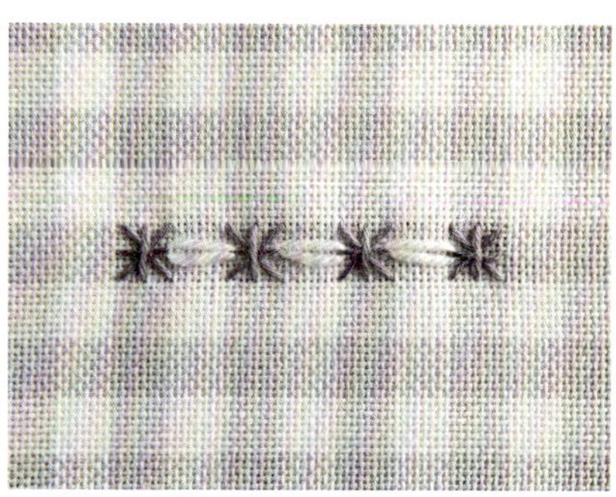

Im Smyrnastich über die dunklen Karos sticken, um die Fixierstiche zu setzen. Den weißen Stickfaden nahe dem linken horizontalen Faden des zweiten Smyrnastichs ausstechen und unter den rechten horizontalen Faden des linken Stichs durchziehen. Nach rechts zurückkehren und in den ersten Stich unter dem Fixierstich einstechen.

Für den folgenden Stich nahe dem rechten horizontalen Faden des Smyrnastichs ausstechen und den Stich wiederholen.

**Anm.** *Für den doppelten ovalen Zierstich den Stickfaden zweimal unter jedem Stich durchziehen.*

# DOPPELTER MARGERITENSTICH

*Die Natur ist seit jeher eine große Inspirationsquelle für die Schweizer Stickerei. Daher sind viele Stiche nach Pflanzen und Blumen benannt und stellen diese dar. Es gibt sie in allen möglichen Varianten und Sie können sie kreativ gestalten und nach Lust und Laune kreieren.*

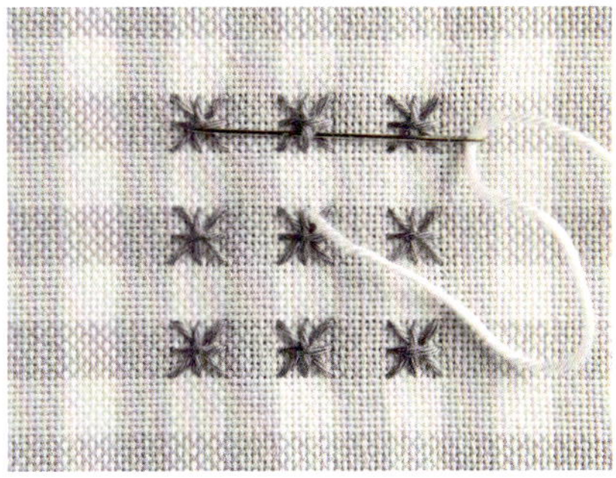

**1.** Neun doppelte Kreuzstiche (Smyrnastiche) als Fixierstiche sticken, dann den weißen Stickfaden am oberen Ende des mittleren Smyrnastichs ausstechen.

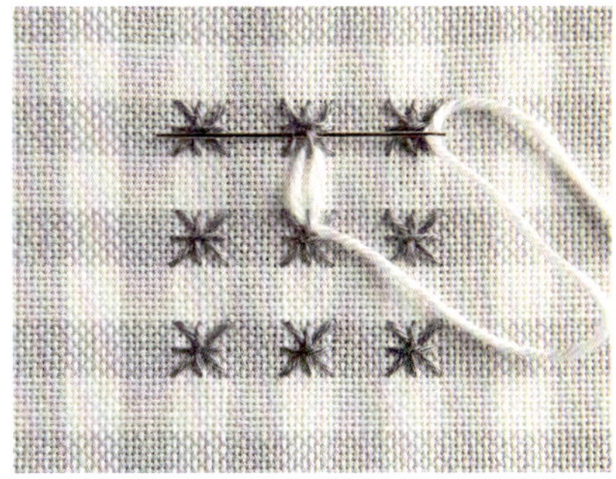

**2.** Unter dem mittleren Faden des gegenüberliegenden Stichs durchziehen und einen ovalen Zierstich setzen.

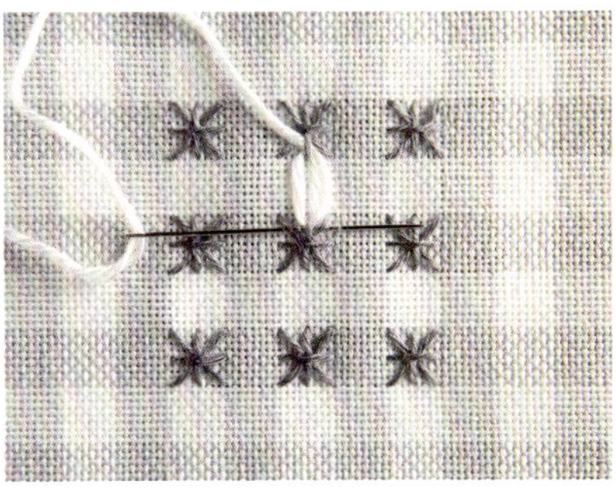

**3.** Ein zweites Mal durchfädeln, um einen doppelten ovalen Zierstich zu erhalten und die Nadel unter dem rechten oberen Faden des mittleren Smyrnastichs durchziehen.

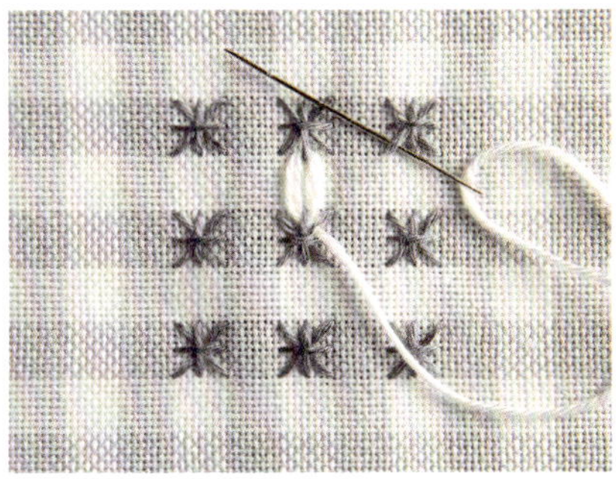

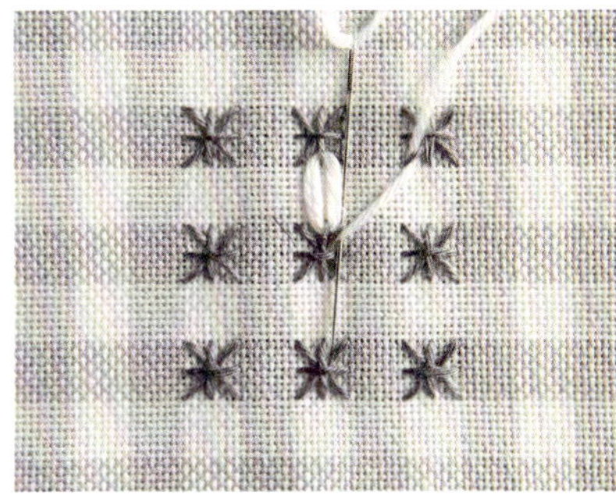

**4.** Die Nadel unter dem Faden des Smyrnastichs in der rechten oberen Ecke, dann unter dem Faden des mittleren Smyrnastichs durchziehen.

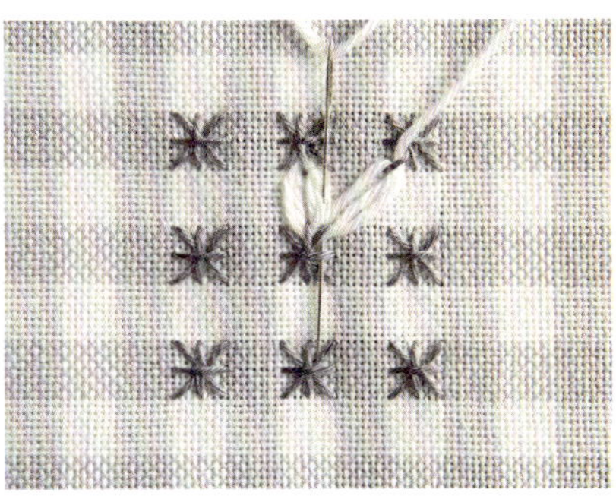

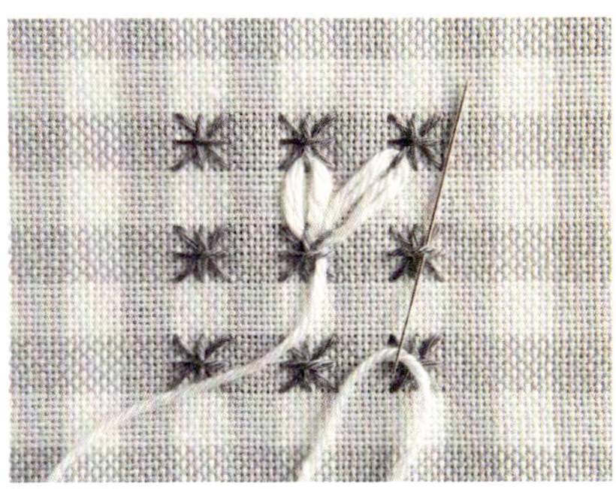

**5.** Ein zweites Mal durchfädeln, um einen doppelten ovalen Zierstich zu erhalten. Unter dem rechten oberen Faden des mittleren Smyrnastichs und dann sofort unter dem benachbarten Faden durchfädeln, der gegenüber dem rechten Smyrnastich liegt.

**Anm.** *Alle Fäden des mittleren Smyrnastichs wurden als Fixierstiche verwendet, um die Zierstiche zu fixieren. Von den äußeren Smyrnastichen wurde jeweils nur ein Faden verwendet, um diese Stiche zu fixieren.*

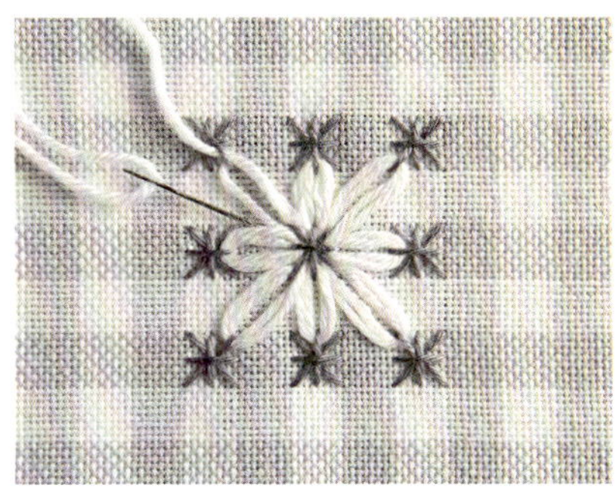

**6.** Auf dieselbe Weise einen doppelten ovalen Zierstich zwischen dem mittleren und dem rechten Smyrnastich sticken, dann in der benachbarten unteren Ecke und so weiter. Am Ende nahe dem linken oberen Faden des mittleren Smyrnastichs einstechen.

# Hohlsaumstickerei

## BESCHREIBUNG UND GESCHICHTE

Bei der Hohlsaumstickerei wird eine bestimmte Anzahl von Fäden ausgezogen und die restlichen Fäden werden gestickt und zusammengebunden. Es ist schwierig, die Entstehungszeit dieser Technik zu bestimmen, die in ganz Europa praktiziert und von Missionaren in Lateinamerika eingeführt wurde. Seit es Schussfäden in Leinen, Baumwolle oder Musselin* gibt, werden v. a. Leibwäsche und Polsterleinen mit Hohlsäumen bestickt. Die Technik ist sehr umfangreich. Im Folgenden sind die am häufigsten verwendeten Hohlsäume aufgeführt, die mit Grundstichen ausgeführt werden.

## MATERIAL

### Stoffe

Für die Hohlsaumstickerei können alle Stoffe verwendet werden, doch am besten eignen sich einfach gewebte, nicht gemischte Stoffe aus 100% Leinen, aus denen die Fäden leichter ausgezogen werden können als aus Baumwollstoffen. Ein lose gewebter Schussfaden erleichtert den Fadenauszug.

### Garne

Sticken Sie mit festem, vorzugsweise gezwirntem Garn, das den gleichen Durchmesser hat wie die ausgezogenen Gewebefäden. Es kommen verschiedene Garne in Frage: Baumwolle Broder Spécial *DMC*, Perlgarn *DMC* oder ägyptische Baumwolle *Sajou*.
Verwenden Sie je nach gewünschtem Ergebnis identisches oder anderes Garn, um die Fadenbündel zu verzieren. Es sollte dicker sein als die ausgezogenen Gewebefäden. Empfehlenswerte Garne sind Coton Floche *Marie Suarez* und Baumwolle Mouliné *DMC*.

### Nadeln

Wählen Sie eine Nadel ohne Spitze, deren Öhr auf die Fadenstärke abgestimmt ist, von dick bis dünn: Nr. 14 bis 28 *Bohin*.
Wenn der Stoff sehr fein ist und es sich um Musselin* oder Leinen* handelt, sticken Sie mit einer feinen, auf den Stoff abgestimmten Nadel. Bei einer Nadel mit Spitze (Applikationsnadeln *Bohin*) können Sie mit dem Nadelöhr arbeiten. In diesem Fall benötigen Sie einen Fingerhut.

### Schere

Um die Fäden zu schneiden, verwenden Sie eine kleine, feine Schere mit scharfen Klingen, ***Empf.** 24316 oder 24311 Bohin*, und eine Pinzettenschere, ***Empf.** 98260 oder 62615 Bohin*.

### Stickrahmen

Für das Zusammenfassen der Fadenbündel ist es nicht immer ratsam, einen Stickrahmen zu verwenden, da dieser den Durchbruch des Stoffs beschädigen kann, der wegen der ausgezogenen Fäden weniger fest ist. Um die Bündel zu verzieren, verwenden Sie einen kleinen Stickrahmen von 12 bis 15 cm Durchmesser, der mit Stoff umspannt ist (siehe S. 15), und versetzen ihn beim Arbeiten.

## TECHNIK

Die Hohlsaumstickerei wird in mehreren Schritten durchgeführt:

**1.** Die Fäden des zu durchbrechenden Bereichs abschneiden und ausziehen. Dieser Schritt ist wichtig.

**2.** Die restlichen Fäden zu Bündeln zusammenfassen. Trotz dieses Vorgehens ist der Stoff wegen der ausgezogenen Fäden weniger fest.

**3.** Zierstiche um die Bündel herum sticken. Durch diesen Schritt wird der Stoff wieder fester.
***Anm.** Die Schritte zwei und drei werden manchmal gleichzeitig durchgeführt.*

**Material**
20 cm breiter Streifen aus beigem Leinen, 12,6 Fäden/cm, Gobelinnadeln ohne Spitze Nr. 26 und Nr. 22, Baumwolle Broder Spécial Nr. 25: 644 und Nr. 16: 3865.

***Anm.** Verwenden Sie für die angegebenen Stiche einen Stickrahmen von 12 cm Durchmesser.*
***Anm.** Arbeiten Sie mit der Gobelinnadel Nr. 26, wenn nicht anders angegeben.*

## FÄDEN SCHNEIDEN UND AUSZIEHEN

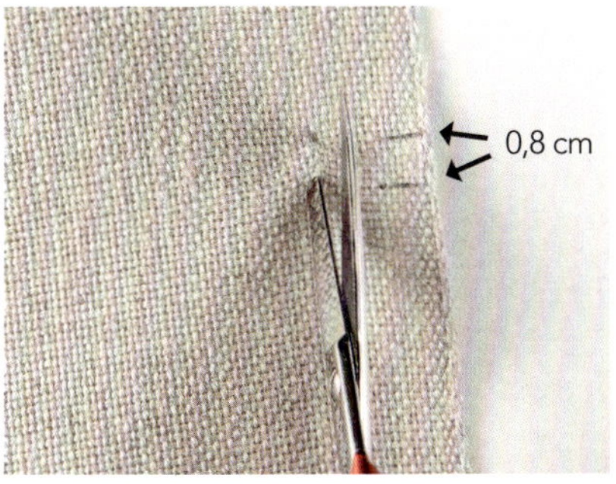


**1.** Zwei Linien auf die Stoffkante zeichnen, um die Höhe und den Bereich des Durchbruchs zu markieren. Die Scherenspitze parallel zur Stoffkante zwischen zwei Gewebefäden einführen.

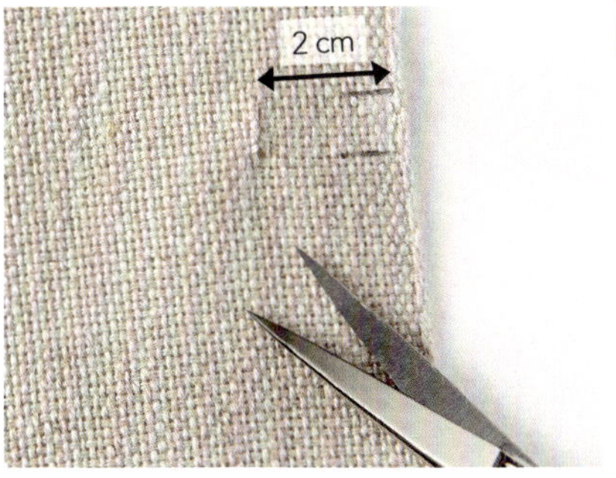


**2.** Vorsicht: Nicht die vertikalen Fäden des Schussfadens aufnehmen. Die Fäden vorsichtig mit der Schere anheben und dann in einem Zug schneiden.
***Anm.** Die Anzahl der zu schneidenden Fäden richtet sich nach der Höhe zwischen den beiden Markierungslinien auf der Stoffkante.*

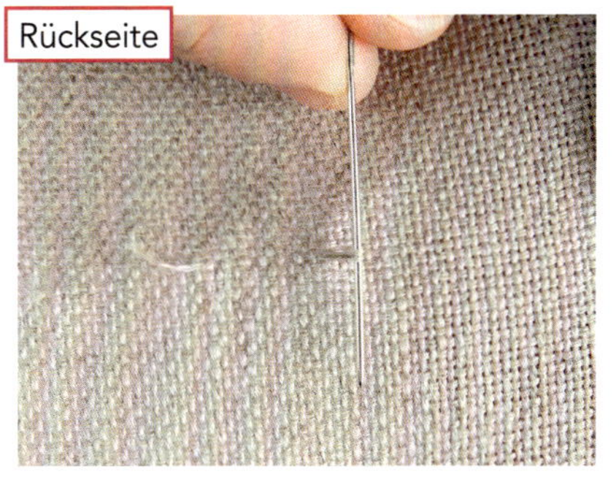


**3.** Die Gobelinnadel Nr. 22 nahe der Stoffkante unter einen abgeschnittenen Faden einführen und diesen bis auf 1 cm vor der gegenüberliegenden Stoffkante ausziehen. Alle anderen abgeschnittenen Fäden nacheinander ausziehen.

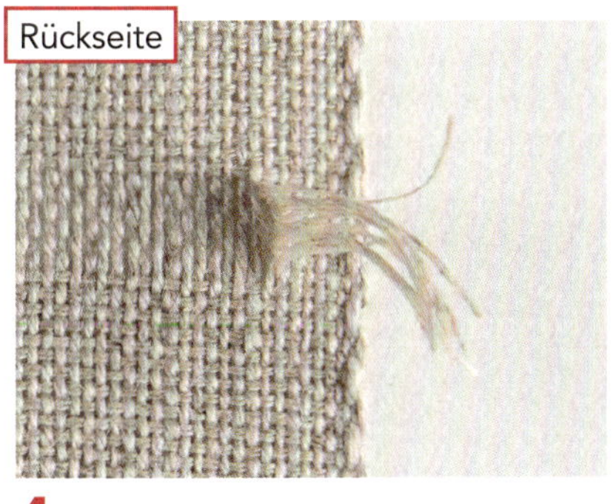


**4.** Den überschüssigen Faden abschneiden und auf jeder Seite 2 cm stehen lassen.

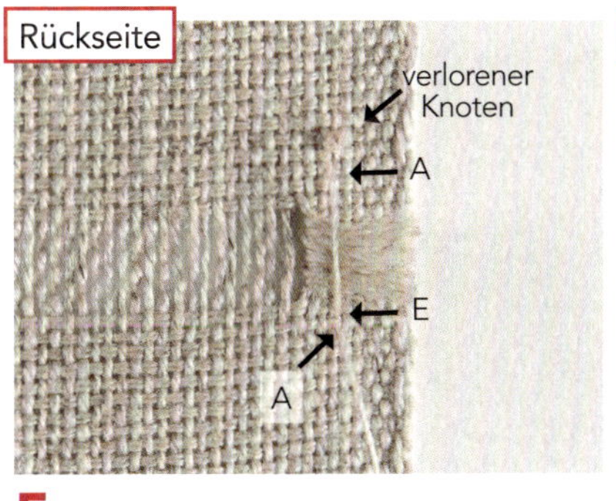


**5.** Die abgeschnittenen Fäden zur Stoffkante hin sorgfältig nebeneinander legen. Einen Spannstich darüber sticken, um sie zu fixieren (Garn BS 25/644).

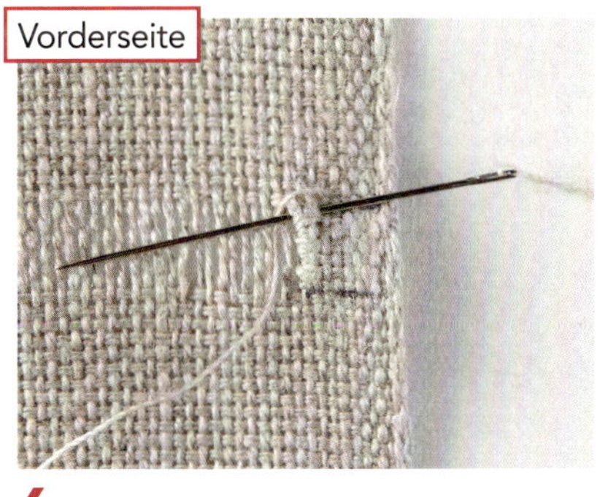


**6.** Drei senkrechte Fäden von unten nach oben im überwendlichen Stich (siehe S. 121) sticken. Auf der Rückseite die abgeschnittenen Fäden mit den Fingern der linken Hand festhalten, um sie in die Stiche zu integrieren und in der Ausgangsposition zu halten.

## Fäden schneiden und ausziehen (Fortsetzung)

Vorderseite

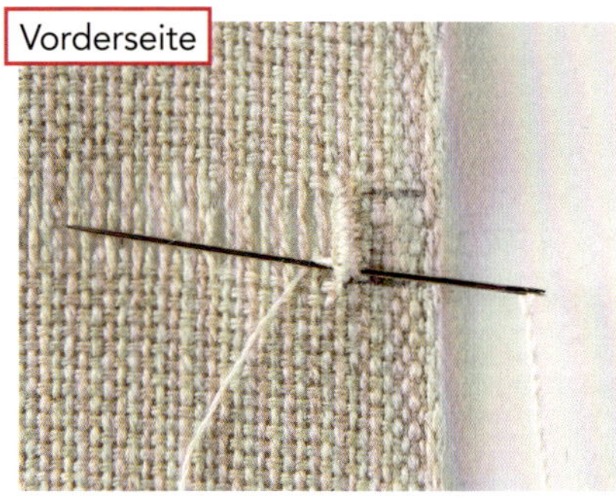

**7.** Von unten nach oben zurückkehren und im dicht gesetzten Langettenstich über den vorigen überwendlichen Stich sticken.

Rückseite

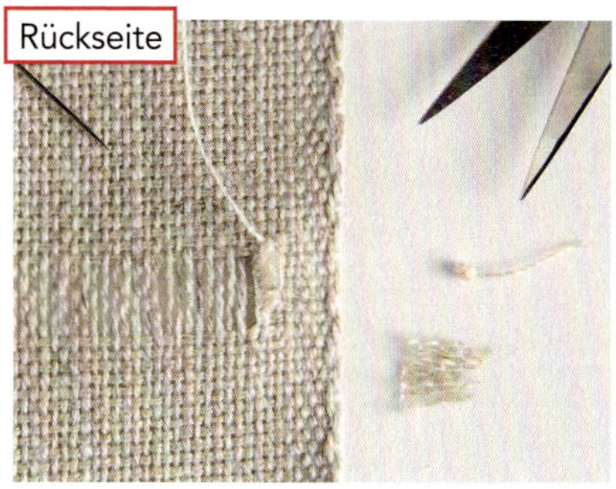

**8.** Den Stickfaden beiseitelegen und die überschüssigen, ausgezogenen Fäden bündig am Stich abschneiden.

*Durch das Ausziehen der Fäden wird der Stoff geschwächt. Durchbrüche sind in Bezug auf Abnutzung und die Reinigung mit Waschmitteln nicht sehr widerstandsfähig. Daran sollten Sie bei der Planung eines Projekts denken. Wenn die Arbeit häufig gewaschen werden soll, achten Sie auf sorgfältige Stiche.*

## EINFACHER HOHLSAUM

Rückseite

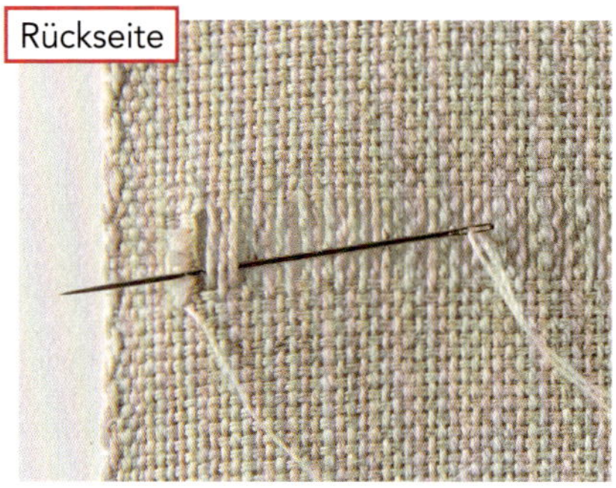

**1.** Auf der Rückseite der Arbeit mit dem beiseitegelegten Stickfaden dreifädige Bündel von links nach rechts arbeiten. Die Nadel von rechts unter den Fäden durchziehen und links ausstechen.

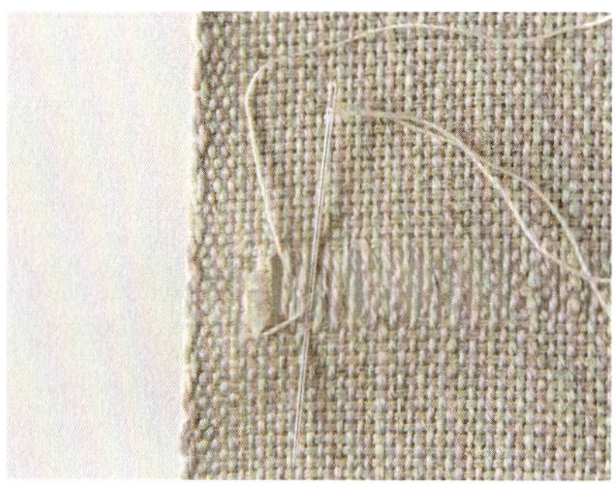

**2.** Den Faden nach oben legen und rechts unter einem Gewebefaden einstechen.

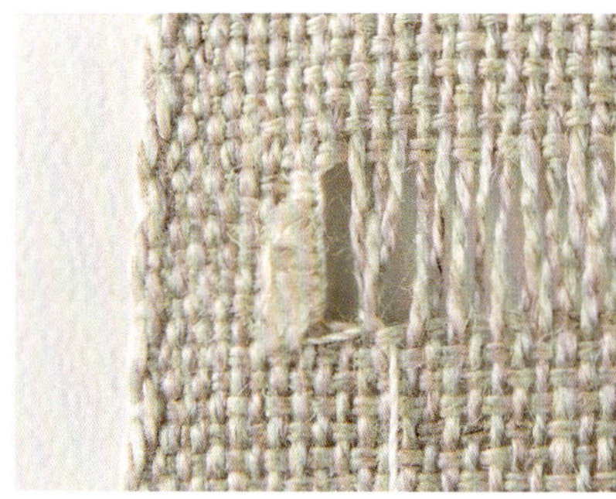

**3.** An der Nadel ziehen, um den Faden um das neue Bündel festzuziehen.

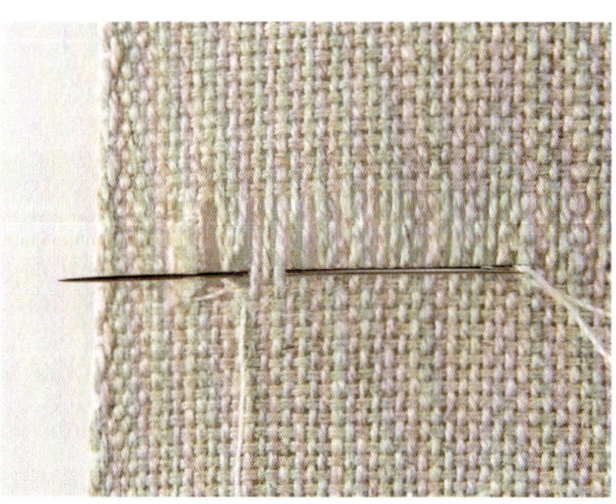

**4.** Den Faden nach unten legen und den gleichen Stich um die nächsten 3 Gewebefäden wiederholen.

***Anm.*** *Wenn Sie die Nadel unten durchziehen, um das Bündel zusammenzufassen, und verhindern möchten, dass sich der Faden in der unteren Fadenrinne „anhebt", führen Sie den Stickfaden am besten im nächsten Bündel abwechselnd unter einem Gewebefaden, dann unter zwei Gewebefäden, dann wieder unter einem Gewebefaden, etc. hindurch.*

## STÄBCHEN-HOHLSAUM

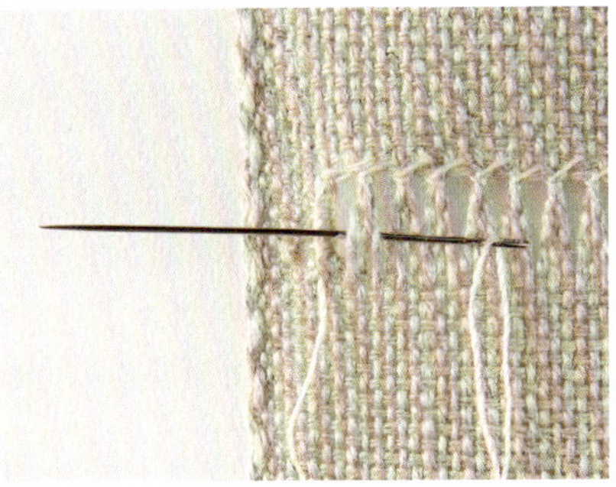

**1.** Dieser Hohlsaum wird wie der vorige gearbeitet, nur dass beide Seiten der Fadenrinne gestickt werden. Zwölf Fäden aus dem Stoff ziehen. Die Bündel auf einer Seite zusammenfassen. Die Nadel durch den Langettenstich an der Stoffkante schieben und am Anfang der gegenüberliegenden Seite ausstechen. Die Arbeit um 180° drehen, um weiterzusticken.

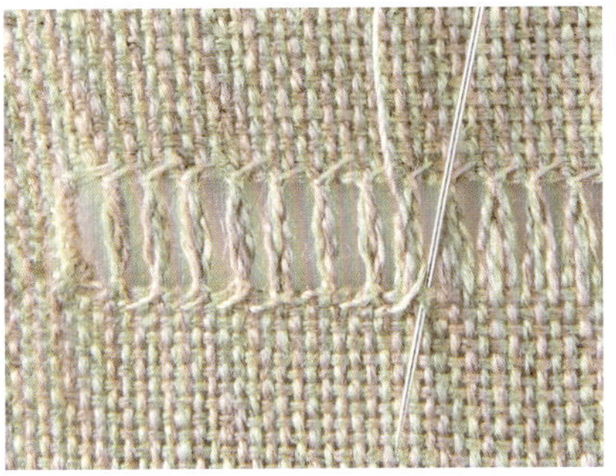

**2.** Die zweite Seite wie zuvor sticken.

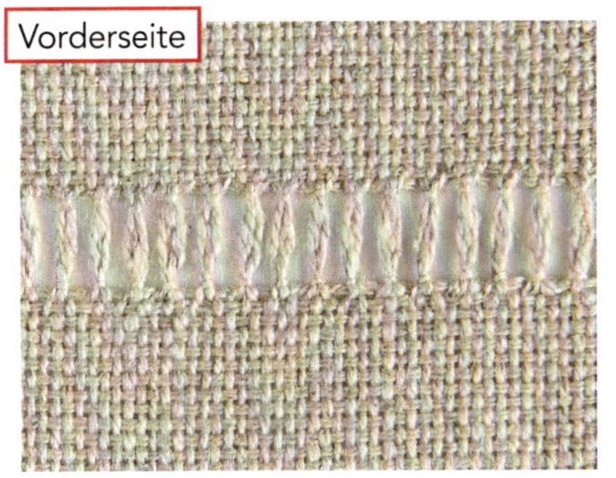


**3.** Auf der Vorderseite der Arbeit sind die Ränder des Hohlsaums sauber und die Stiche an den Rändern nicht sichtbar.

## ENDFADEN VERNÄHEN

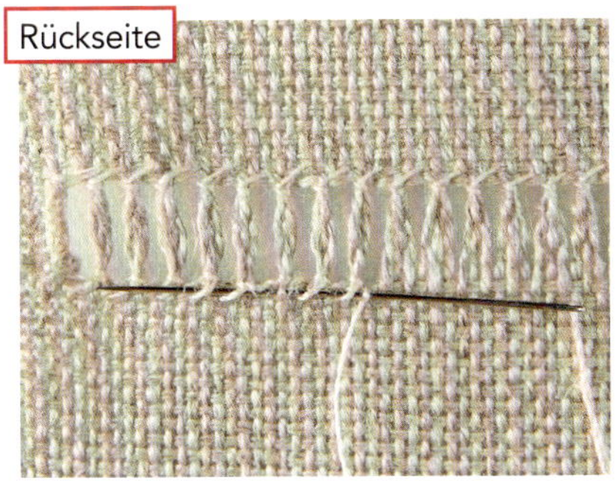


Um den Faden beim Arbeiten zu vernähen, schieben Sie die Nadel über ca. 2 cm unter die vorigen Stiche hindurch, ohne den Stoff zu durchstechen, und schneiden den überschüssigen Faden ab. Um den neuen Stickfaden zu fixieren, ziehen Sie ihn genauso unter den vorigen Stichen hindurch.

*Hohlsäume sind eine überaus klassische und elegante Verzierung. Es ist wichtig, so sauber wie möglich zu sticken. Bügeln Sie mit Hohlsäumen verzierte Stickereien immer von links.*

## ZICKZACK-HOHLSAUM

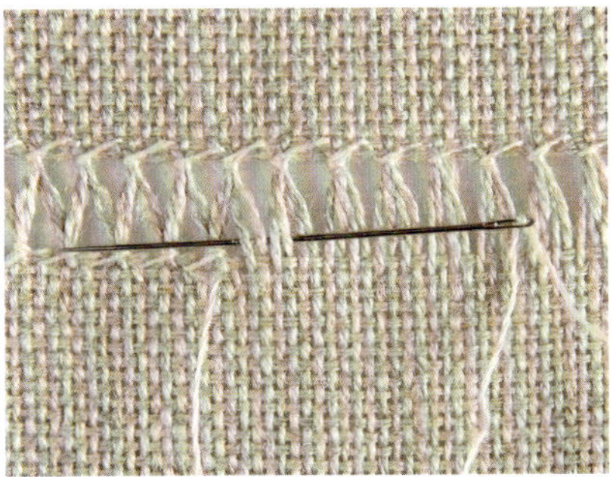

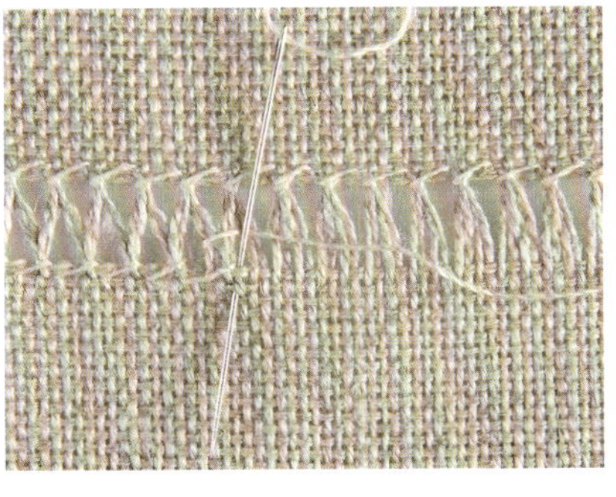

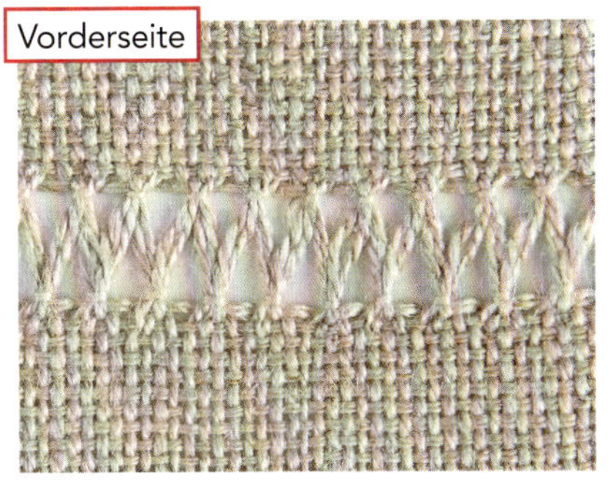


Auf der Rückseite von links nach rechts arbeiten. Für die zweite Seite die Arbeit um 180° drehen und wie beim Stäbchen-Hohlsaum sticken, jedoch die Hälfte von zwei benachbarten Fadenbündeln aufnehmen.

## WICKEL-HOHLSAUM

Dieser Stich festigt den durch die ausgezogenen Fäden geschwächten Stoff erheblich. Arbeiten Sie von links nach rechts auf der Vorderseite der Arbeit. Verwenden Sie Garn, das dicker als der Schussfaden ist. Über die Anzahl von ausgezogenen Fäden bestimmt man die Höhe des Hohlsaums.

***Anm.*** *Um die Anzahl der zu stickenden Fäden pro Bündel abzuschätzen, sticken Sie probeweise drei bis vier Bündel mit einer bestimmten Anzahl von Fäden. Wenn sich an den Rändern des Hohlsaums Falten bilden, reduzieren Sie die Anzahl der Fäden pro Bündel.*

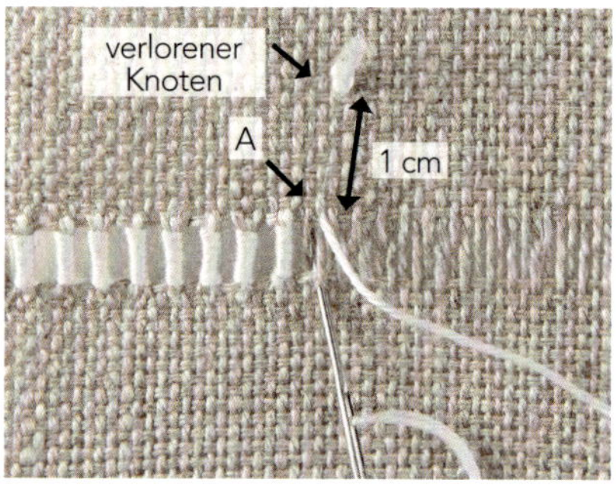


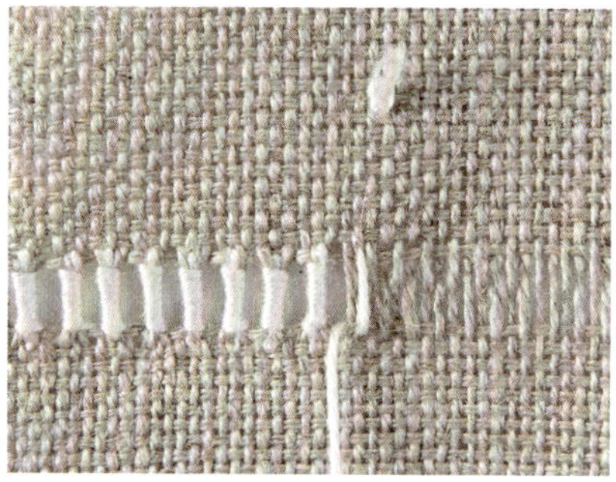

**1.** Zehn Fäden aus dem Stoff ziehen. Das Garn BS 16/3865 verwenden. Die Nadel oben aus der Mitte des Bündels ausstechen, unten ein- und links ausstechen.

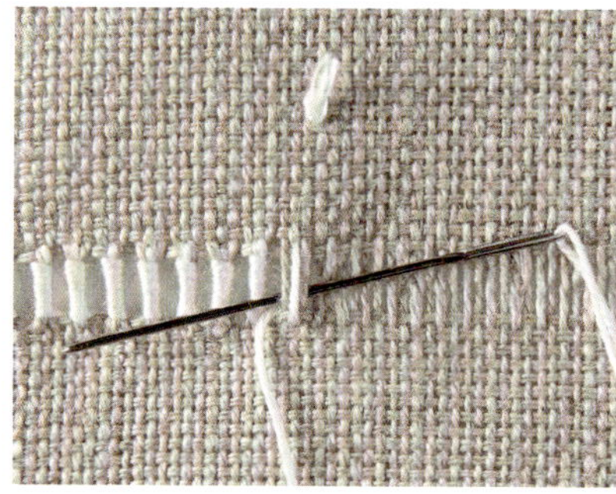

**2.** Das Bündel umwickeln ...

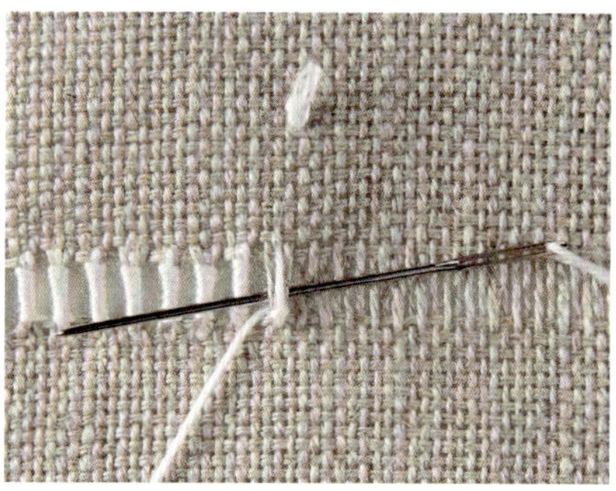

... und die Stiche nebeneinander festziehen.

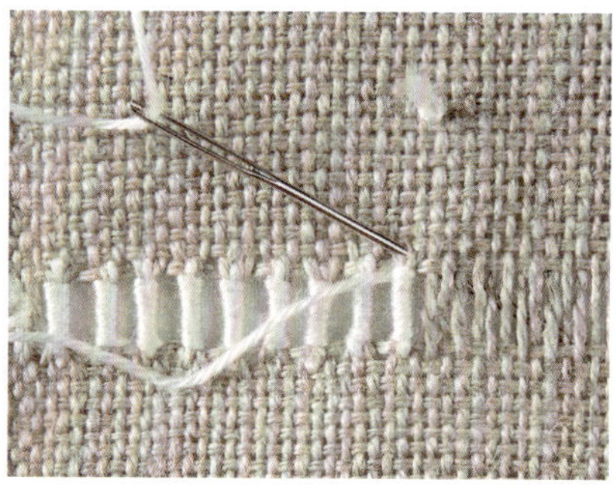

**3.** Bis nach oben sticken und in der Mitte des Bündels in den Stoff einstechen.

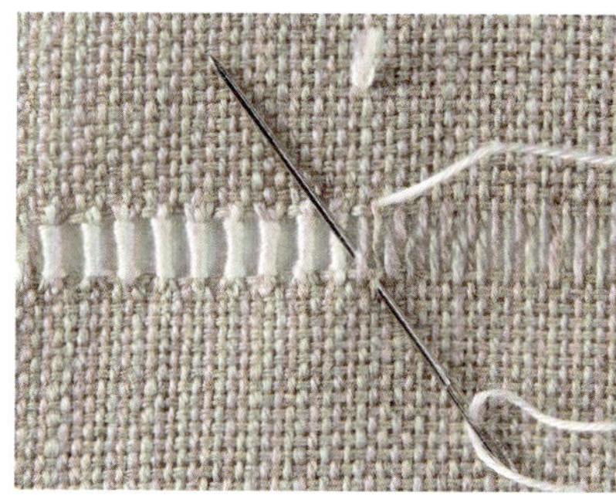

**4.** Aus der Mitte der drei benachbarten Fäden ausstechen und wie zuvor sticken. Alle weiteren Bündel genauso sticken.

## STICKFADEN WECHSELN

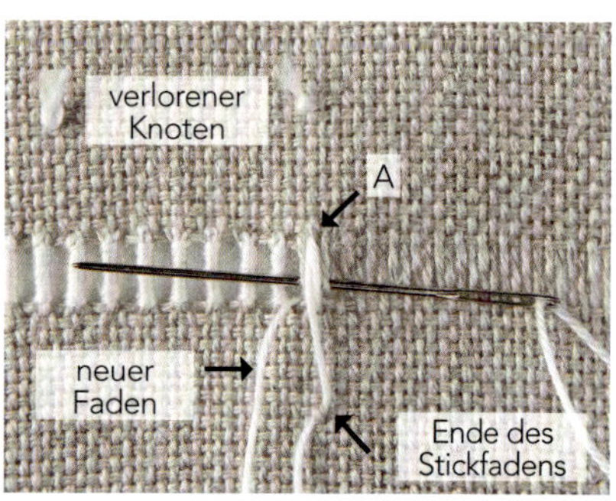


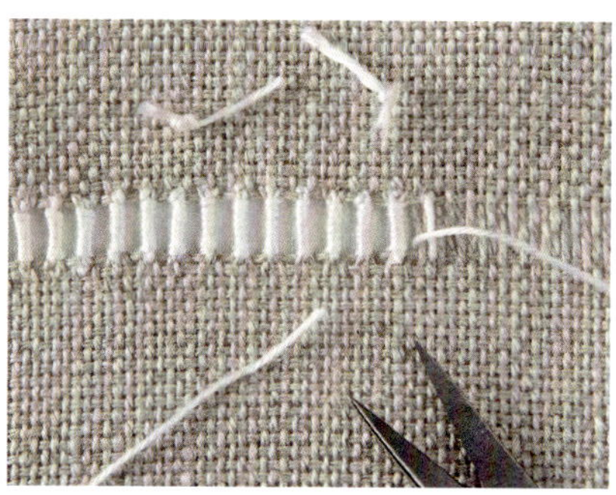

**1.** Um den Stickfaden zu wechseln, den Endfaden oben aus dem Bündel ausstechen und ihn nach unten legen. Den neuen Stickfaden mit einem verlorenen Knoten fixieren und links vom Bündel ausstechen.

**2.** Wie zuvor sticken und dabei die End- und Anfangsfäden integrieren. Dann den überschüssigen Faden abschneiden und weitersticken.

# VERSCHRÄNKTER HOHLSAUM

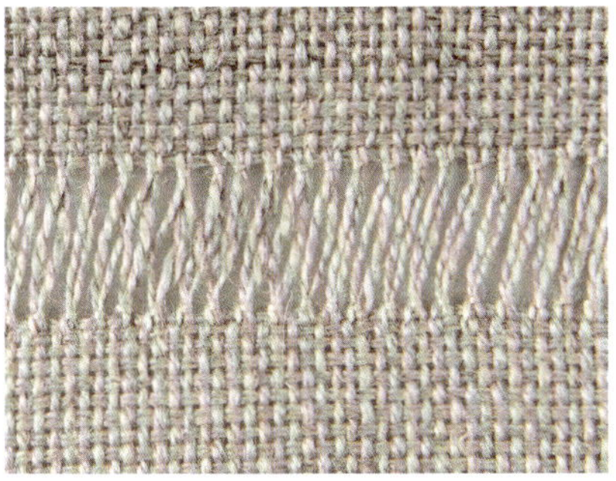

**1.** Ziehen Sie 12 bis 13 Fäden aus dem Stoff und sticken Sie einen Stäbchen-Hohlsaum mit zweifädigen Bündeln (BS 25/644).

**Anm.** *Ziehen Sie am besten zwei bis drei Fäden mehr aus, als für die gewünschte Höhe des Hohlsaums nötig ist. Beim Sticken nimmt die Höhe aufgrund der Fadenspannung ab. Bsp. Für eine Höhe von 1 cm ziehen Sie Fäden über 1,2 cm aus.*

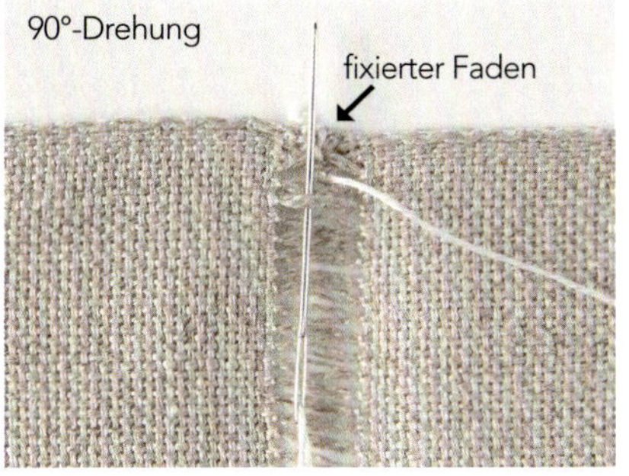


**2.** Der nächste Stich wird auf der rechten oder Rückseite der Arbeit mit einem dickeren Garn (BS 16/3865) von oben nach unten gearbeitet.

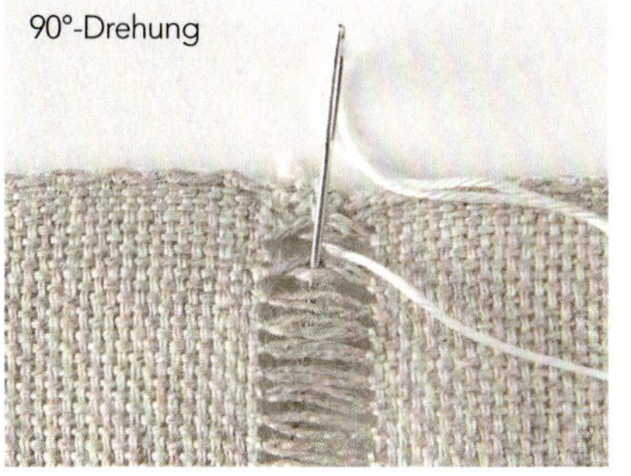


**3.** Die Nadel von oben nach unten über 2 Bündel führen, einstechen, von unten nach oben zwischen beiden ausstechen, oberhalb des oberen Bündels wieder einstechen und dieses nach unten ziehen. Die beiden Bündel überkreuzen sich.

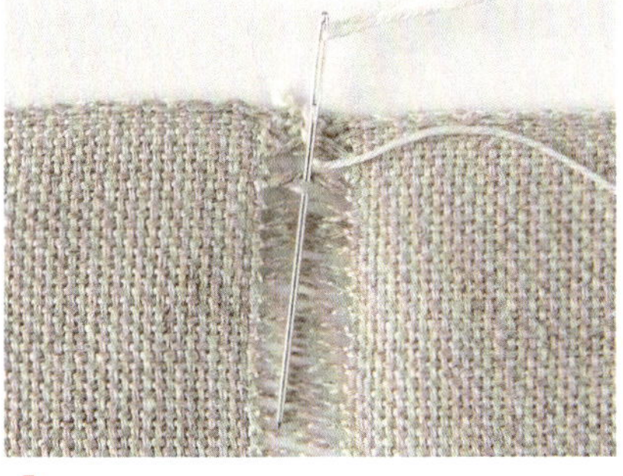

**4.** Diesen Stich mit jeweils 2 aufeinander folgenden Bündeln wiederholen.

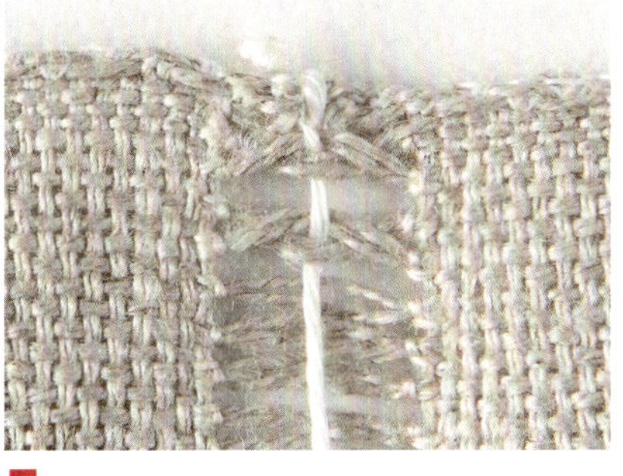

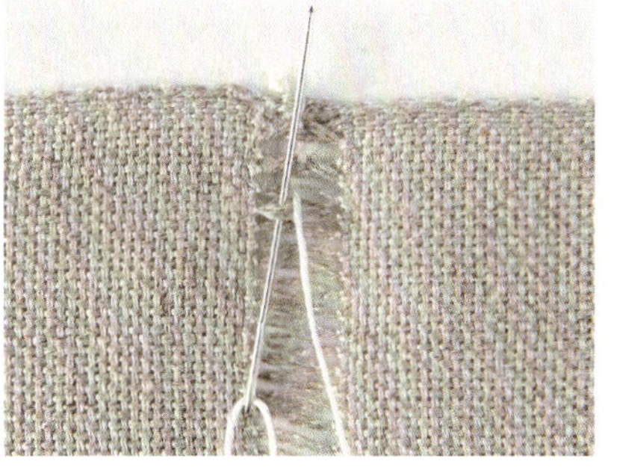

**5.** Ab und zu vorsichtig am Faden ziehen, um ihn festzuziehen und in der Mitte des Hohlsaums zu platzieren.

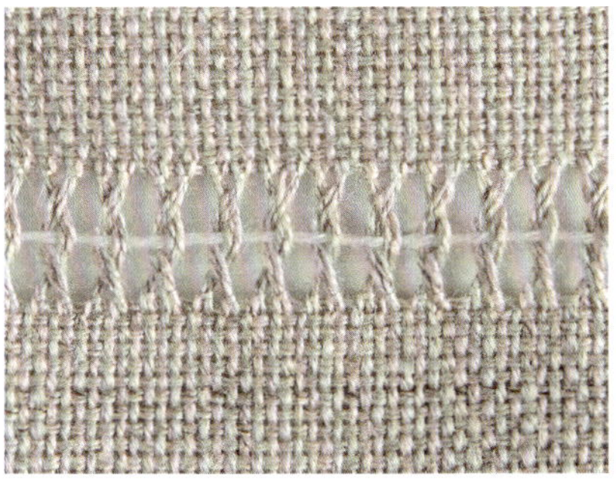

Für die gesamte Reihe so fortfahren.

*Vor dem Beginn eines Projekts ist es immer interessant, die Stiche probeweise auf ein Stück Stoff zu sticken. Damit passt man den Stich optimal auf das Material an und kann gegebenenfalls noch Änderungen bei der Zahl der ausgezogenen Fäden oder der Fäden pro Bündel vornehmen.*

## GEKNOTETER HOHLSAUM

Ziehen Sie zwölf Fäden aus dem Stoff und sticken Sie einen Stäbchen-Hohlsaum (BS 25/644). Arbeiten Sie dann auf der Rückseite der Arbeit mit einem dickeren Faden (BS 16/3865).

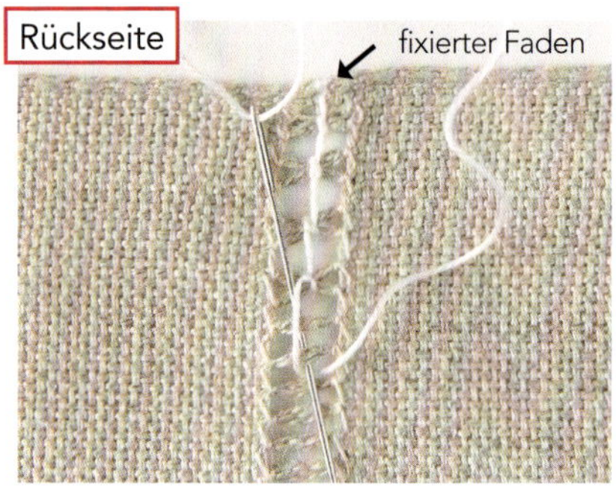


**1.** Von oben einen gedrehten Kettenstich (siehe S. 161) über zwei Bündel sticken.

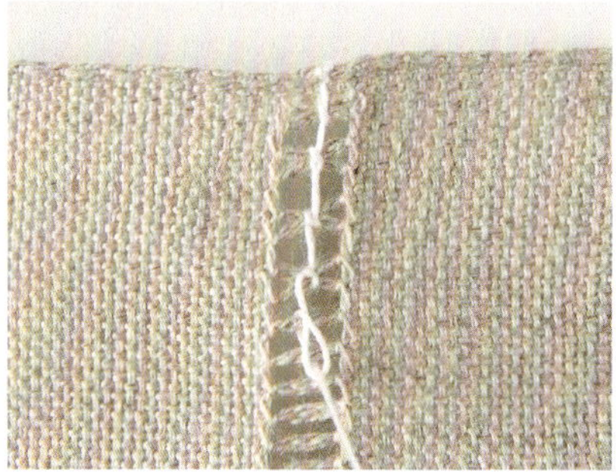

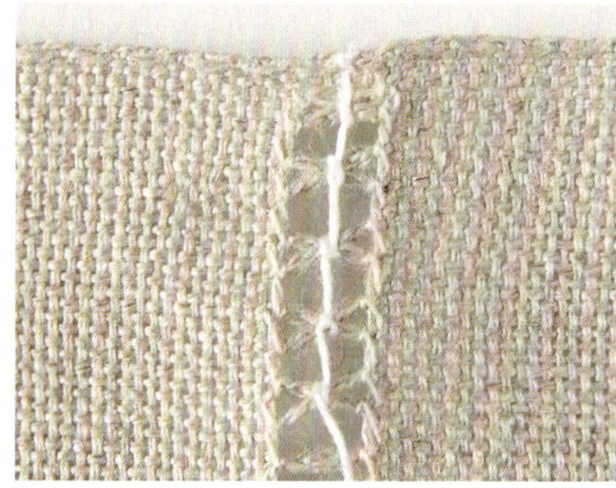

**2.** Den Faden zum Festziehen nach oben ziehen und die Bündel in der Mitte zusammenfassen.

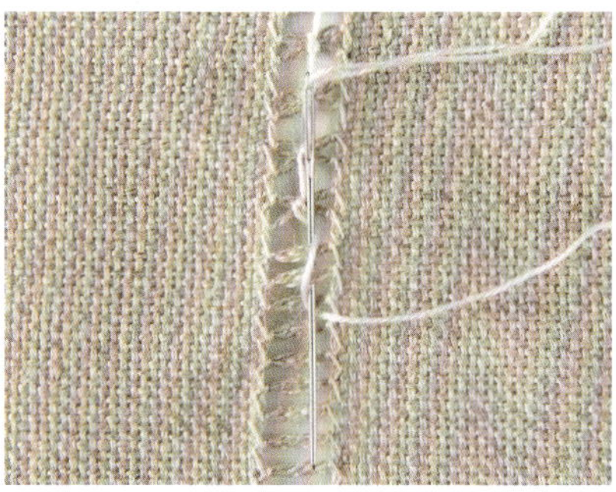

**3.** Die nächsten Bündel genauso zusammenfassen.

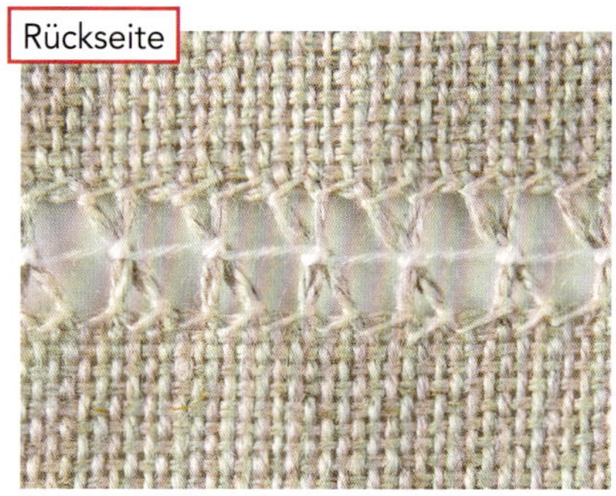


**4.** Auf der Rückseite der Arbeit liegt der von einem Bündel zum nächsten gespannte Faden obenauf.

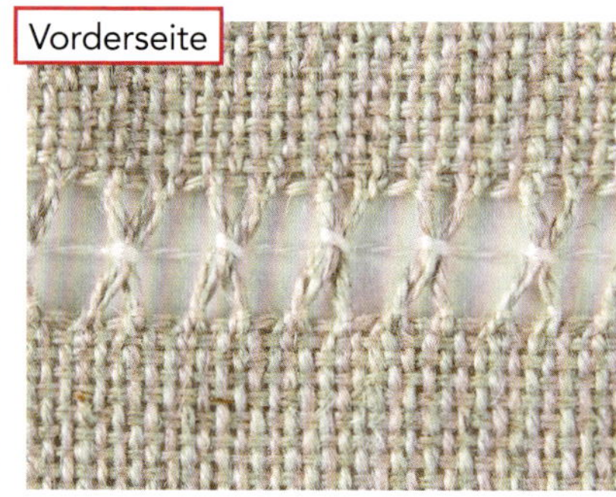


**5.** Auf der Vorderseite verläuft der Spannfaden hinten.

## DOPPELT GEKNOTETER HOHLSAUM

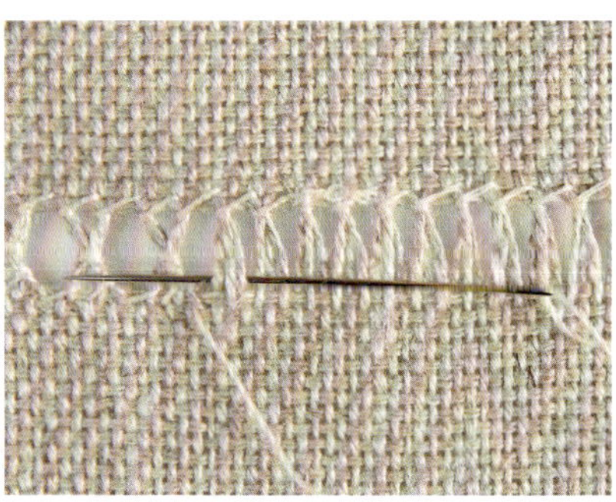

**1.** Acht bis zehn Fäden ausziehen. Auf der Rückseite arbeiten. Eine Seite im einfachen Hohlsaumstich sticken (BS 25/644), dabei drei Fäden pro Bündel aufnehmen.

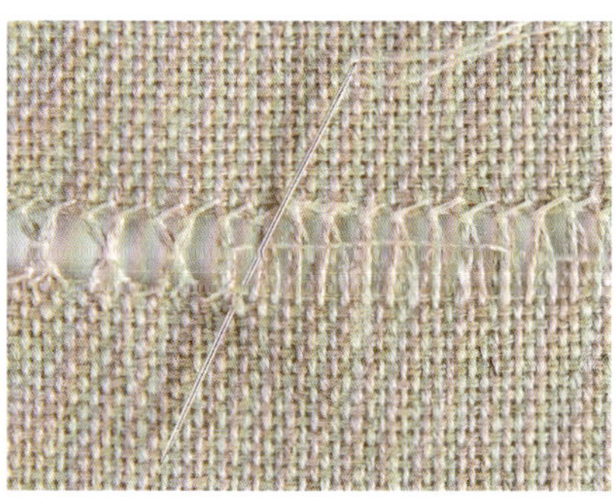

**2.** Die zweite Seite sticken und die Bündel doppelt arbeiten. Das linke Bündel wie einen einfachen Hohlsaum sticken (siehe S. 54).

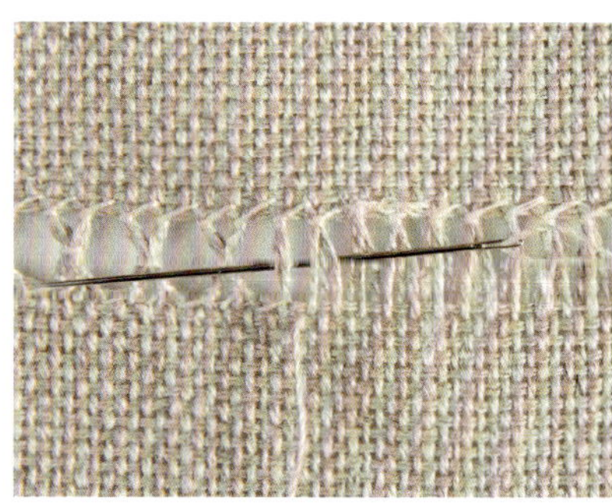

**3.** Dann die Nadel unter den beiden Bündeln durchführen und links ausstechen.

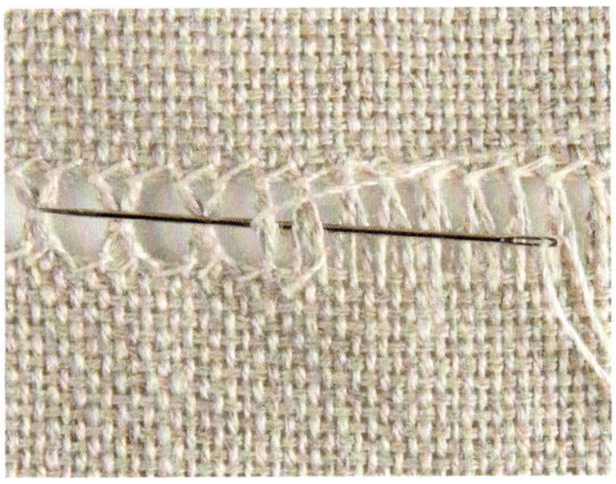

**4.** Unter den Bündeln zurückkehren.

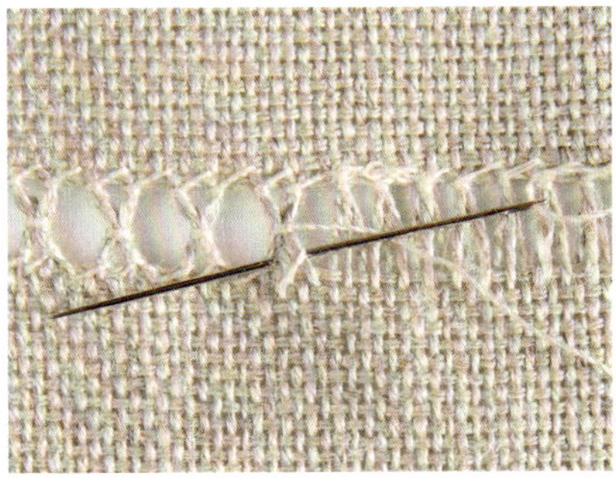

**5.** Den Faden um die beiden Bündel festziehen und die Nadel unten zwischen beiden ausstechen.

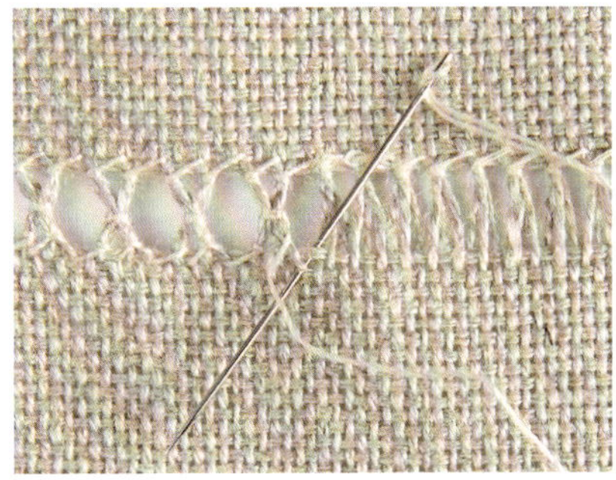

**6.** Rechts einstechen und auf der Vorderseite des Stoffs ausstechen. Wieder festziehen und den Faden am Rand fixieren.

Rückseite

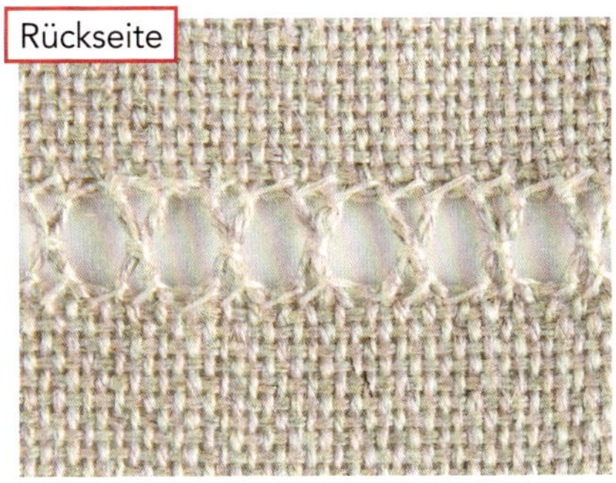

**7.** Auf der Rückseite sind die durchgezogenen Fäden sichtbar.

Vorderseite

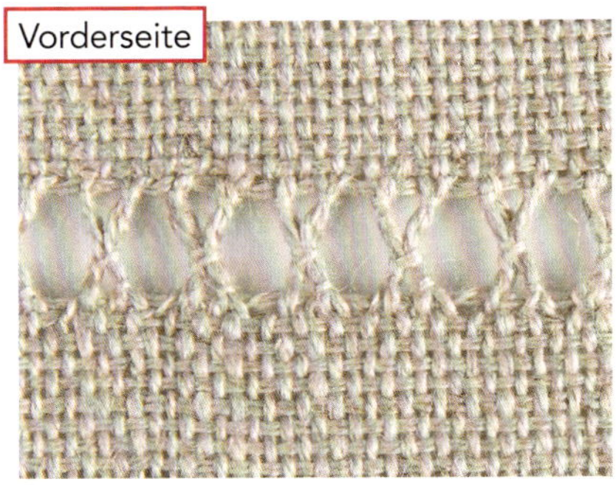

**8.** Auf der Vorderseite sind sie nicht zu sehen.

*Achten Sie immer darauf, dass das verwendete Stickgarn die gleiche Farbe wie der Stoff hat, damit es möglichst dezent ist. Bei pastellfarbenen Stoffen können Sie auch naturfarbenes Baumwollgarn verwenden, das unter den Stichen verschwindet.*

## HEXENSTICH AUF DER RÜCKSEITE

Rückseite

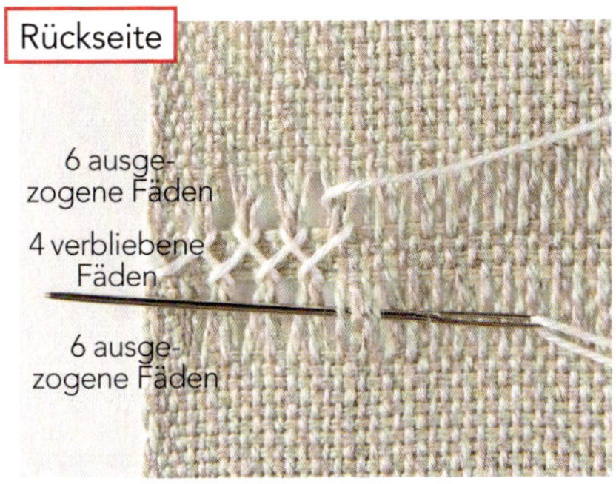


**1.** Mit diesem Stich können Sie zwei Hohlsaumreihen gleichzeitig sticken. Arbeiten Sie auf der Rückseite von links nach rechts. Die Fäden wie auf dem Foto gezeigt ausziehen.

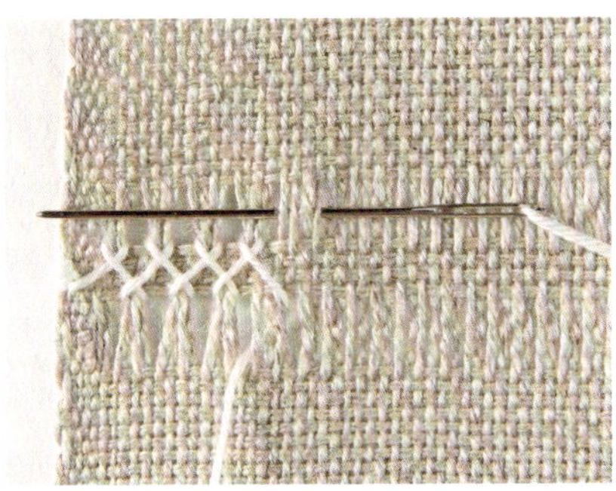

**2.** Im Hexenstich (siehe S. 164) über den nicht durchbrochenen Stoffsteg (BS 16/3865) sticken und jeweils vier Fäden von der oberen und unteren Fadenrinne aufnehmen.

**Anm.** *Jedes Bündel (vier Fäden) besteht aus zwei versetzt und gegenüberliegenden Halbbündeln (2 x 2 Fäden).*

## KOMBINIERTE HOHLSÄUME

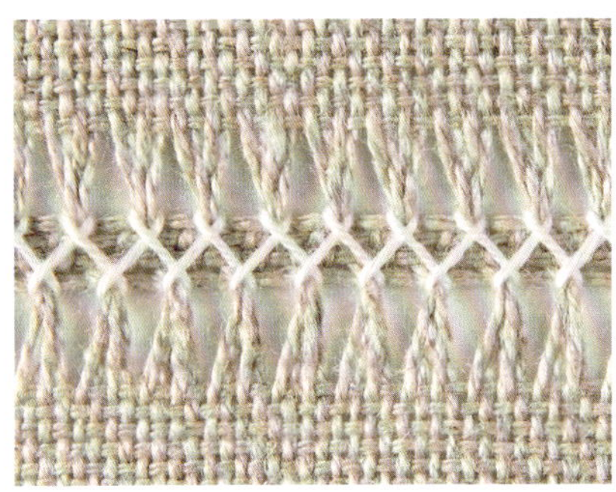

Nach Fertigstellung des Stichs können Sie den oberen und unteren Rand mit anderen Stichen verzieren.

# EINFACHER HOLHLSAUM (ODER EINFACHER HOHLSAUM IM KREUZSTICH UND ZICKZACK-HOHLSAUM)

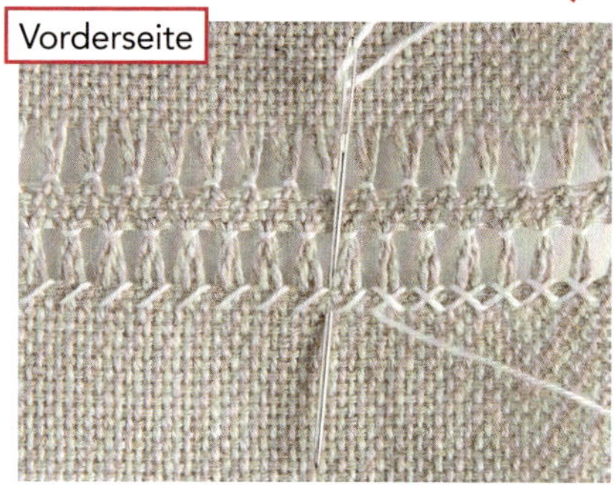


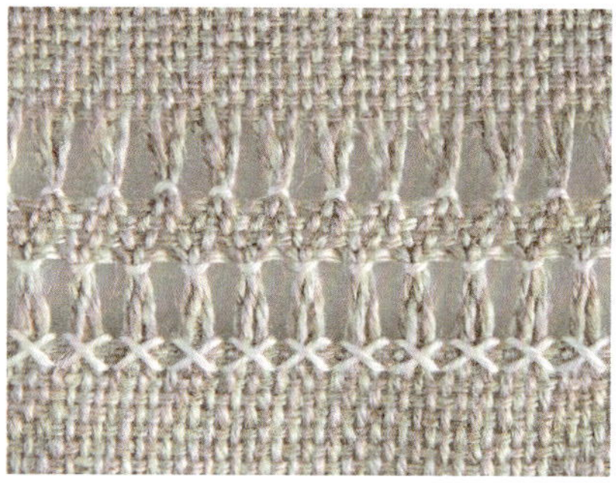

**1.** Auf der Vorderseite die untere Fadenrinne im Kreuzstich sticken, der in der Hin- und Rückreihe jeweils aus halben Kreuzstichen besteht.

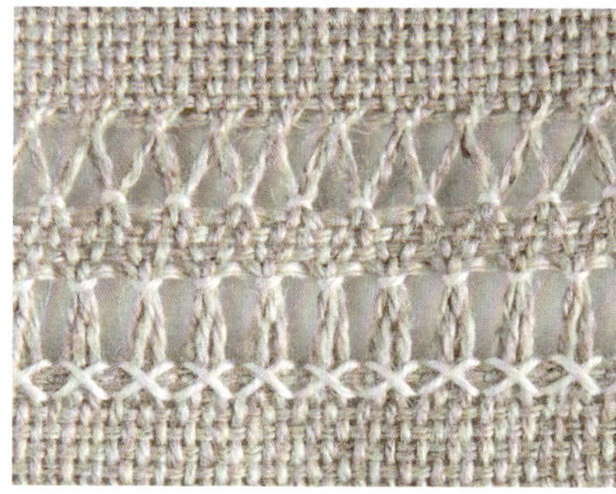

**2.** Die obere Fadenrinne im Zickzack-Hohlsaum (siehe S. 55) sticken (Faden BS 25/644).

## HOHLSAUM MIT SPINNE

Dieser Stich wird auf einen hohen Hohlsaum gearbeitet, um die Bündel mit runden Umwebungen zu verzieren. Er wird von rechts nach links gestickt und kann sowohl auf der Vorder- als auch auf der Rückseite gestickt werden.

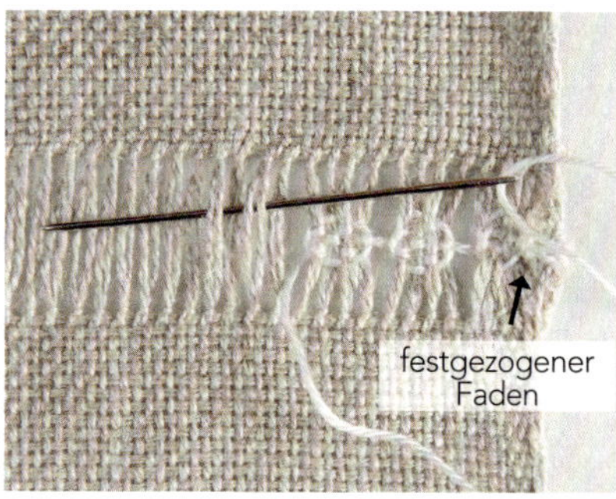


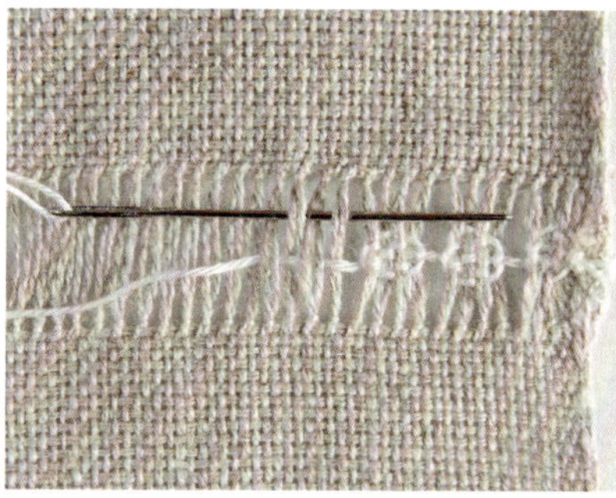

**1.** Ziehen Sie 16 bis 18 Fäden aus dem Stoff und sticken Sie einen Stäbchen-Hohlsaum (Faden BS 25/644) mit zweifädigen Bündeln. Einen dickeren Faden (Garn BS 16/3865) erst von rechts nach links und dann von links nach rechts über/unter vier Bündeln durchziehen.

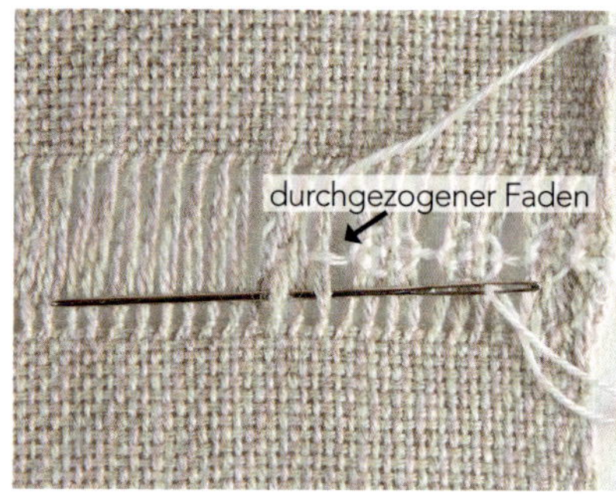


**2.** Eine dritte Reihe im Stopfstich von rechts nach links sticken und den durchgezogenen Faden der vorigen Spinne mit einweben.

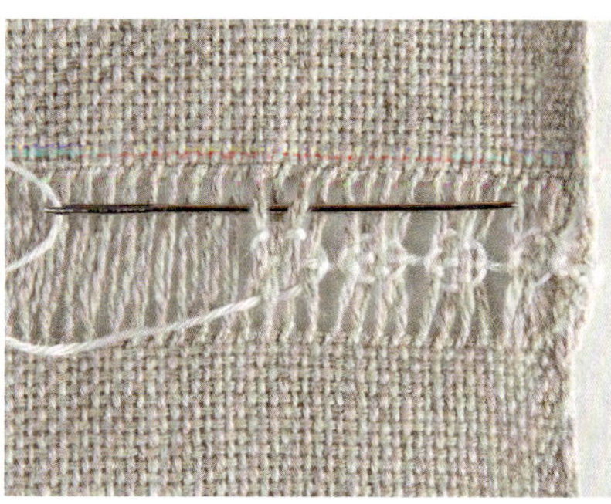

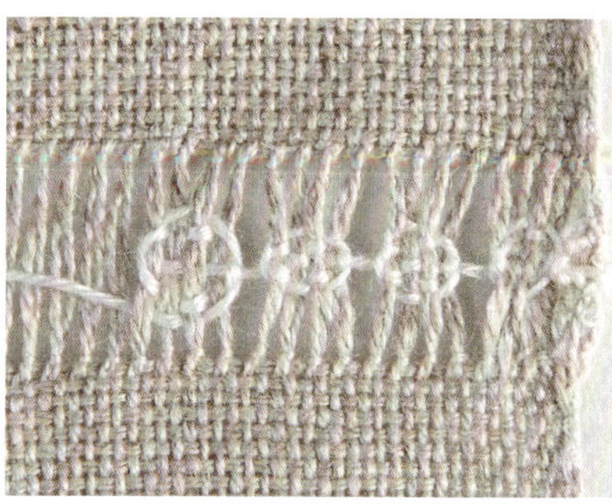

**3.** Eine vierte und fünfte Reihe im Stopfstich sticken. Nicht zu stark am Faden ziehen, damit die Arbeit gut sichtbar bleibt und leichter auszuüben ist.

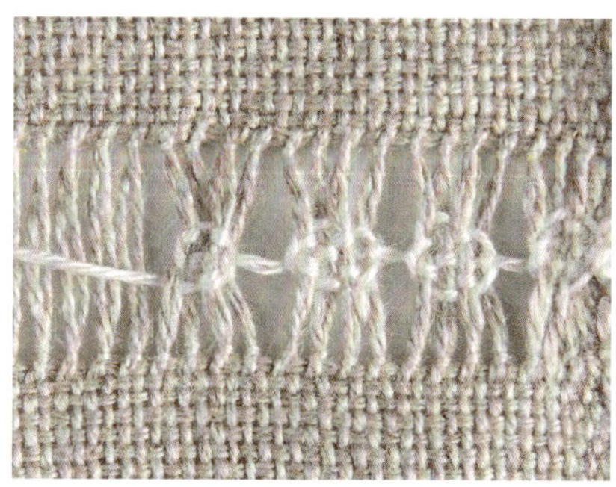

**4.** Nach Fertigstellung jeder Spinne den Faden um die Bündel festziehen.

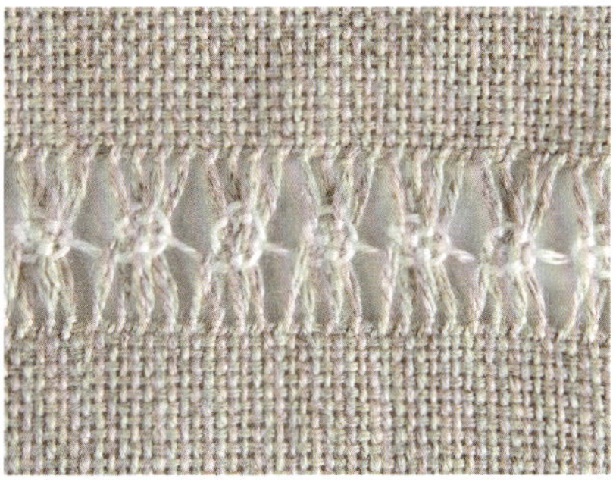

Dieser Stich wird je nach Land unterschiedlich genannt, z. B. „Hohlsaum mit Sonne" oder „Hohlsaum mit Rad".

**5.** Genauso bei je immer vier folgenden Bündeln vorgehen.

## STOPFHOHLSAUM

Dieser Stich stärkt den Stoff, der durch das Ausziehen der Fäden weniger stabil ist, und verleiht ihm mehr Festigkeit. Es gibt viele verschiedene Kombinationsmöglichkeiten, und er kann über unterschiedliche und beträchtliche Höhen gearbeitet werden. Er wird auf der Vorderseite mit Garn gestickt, das etwas dicker als der Schussfaden ist. Die Verwendung eines Stickrahmens wird empfohlen.

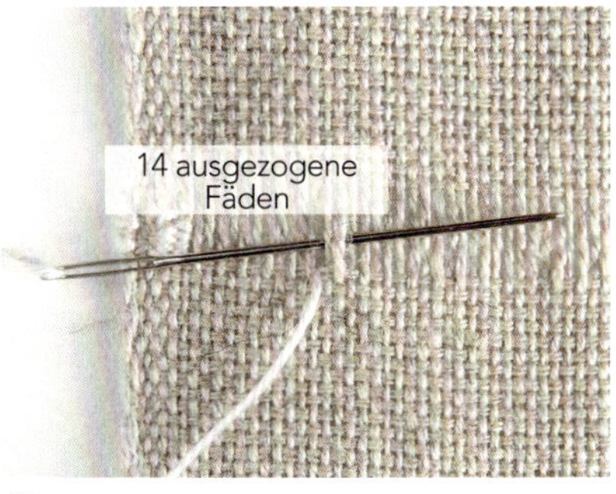


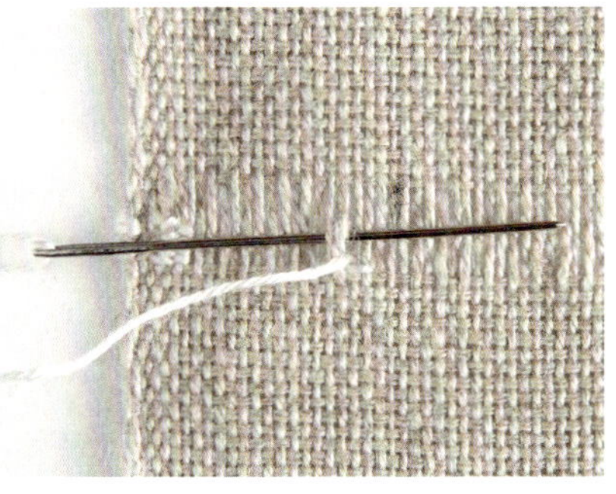

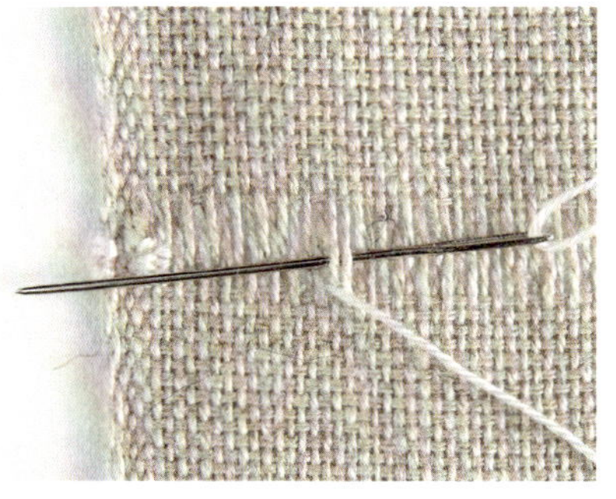

**1.** Den Faden (BS 16/386) unter dem Hohlsaum ausstechen, ihn über/unter jeweils zwei der folgenden vier Fäden durchziehen und diese bis zur mittleren Höhe verweben.

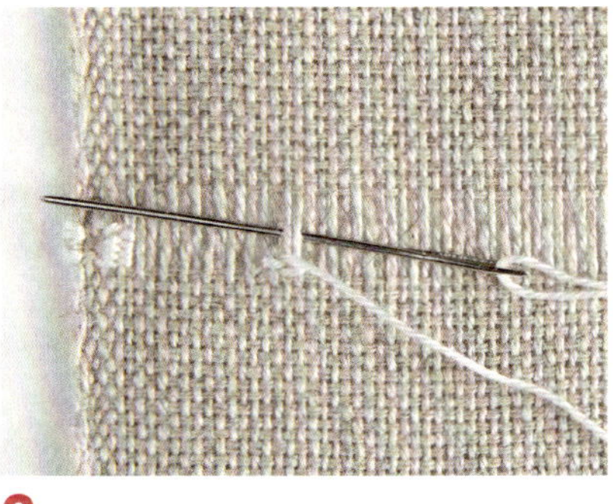

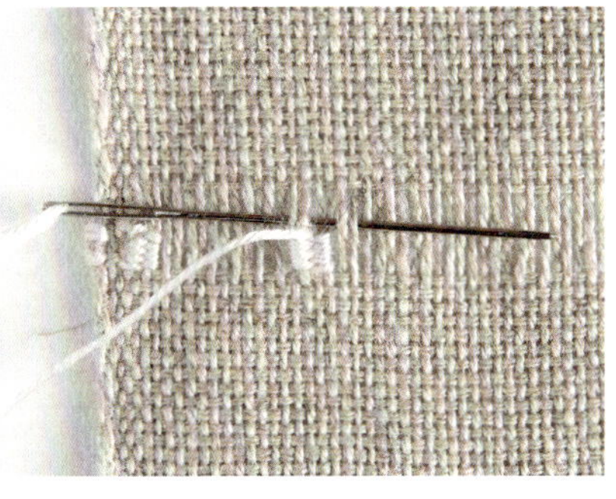

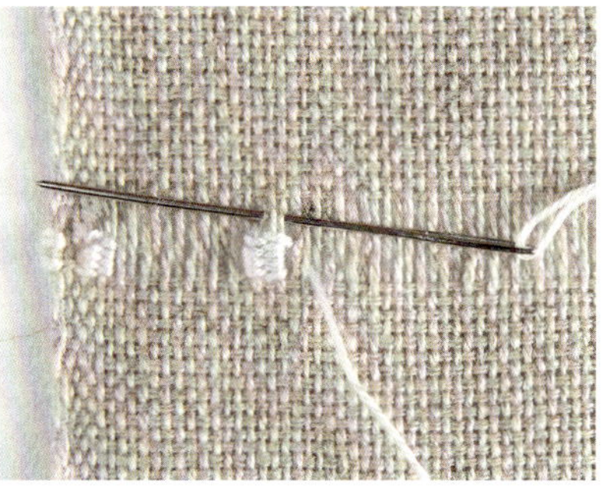

**2.** Rechts unter den beiden benachbarten Fäden durchziehen, um den Stopfstich über die nächsten vier Fäden zu beginnen. Die ersten beiden gestopften Fäden außer Acht lassen.

## Stopfhohlsaum (Fortsetzung)

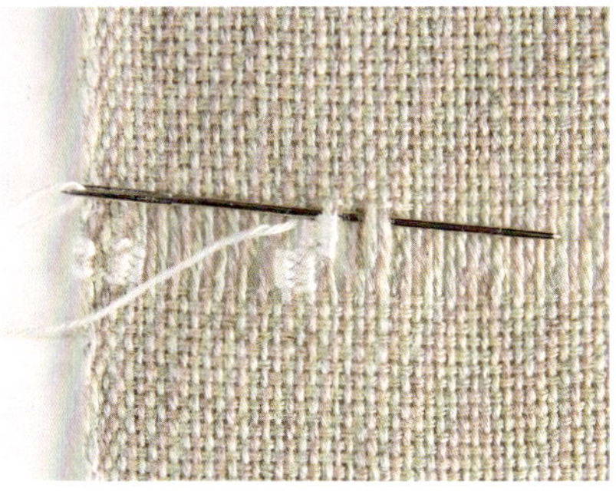

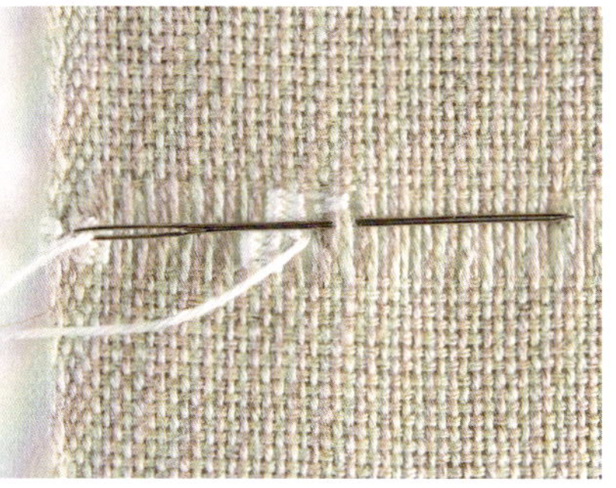

**3.** Im Stopfstich bis zum oberen Rand arbeiten, die Nadel über/unter zwei der vier benachbarten Fäden durchziehen und diese wie zuvor bis zur mittleren Höhe paarweise verweben.

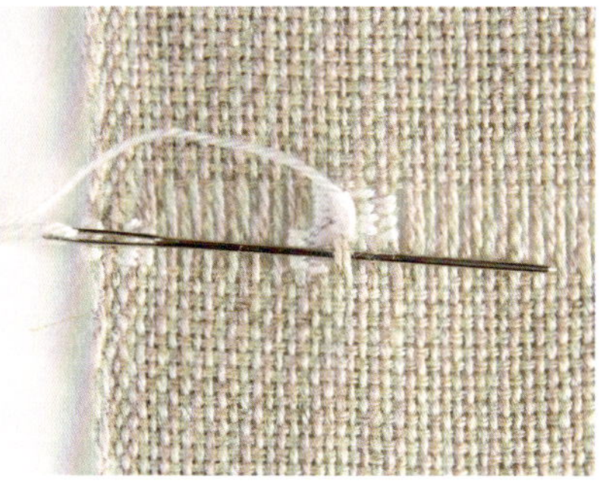

**4.** Im Stopfstich um die vier linken Fäden bis zum unteren Rand sticken und die beiden rechten Fäden außer Acht lassen.

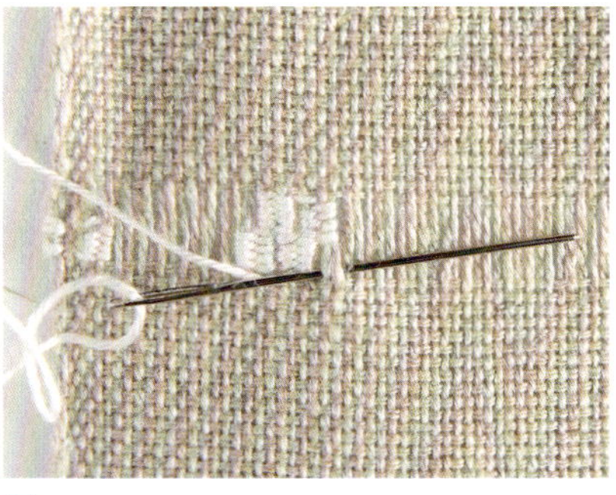

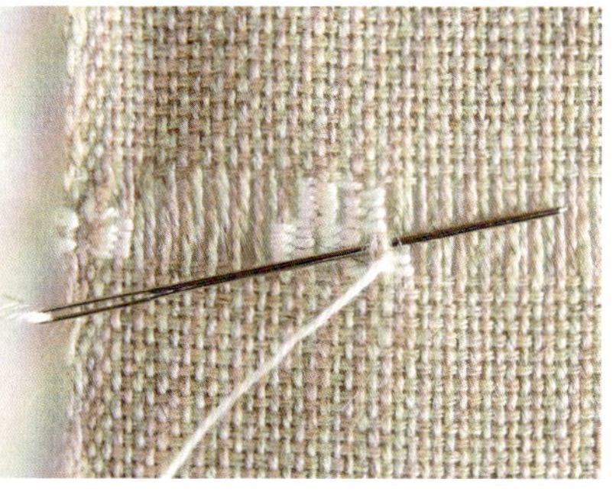

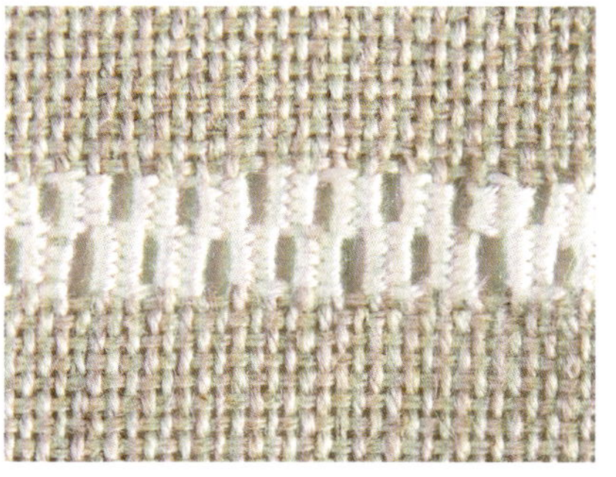

**5.** Weiter nach dem gleichen Prinzip sticken.

## STICKFADEN WECHSELN

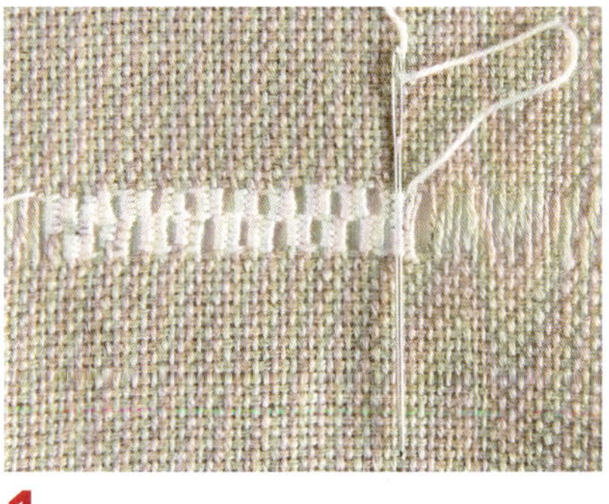

**1.** Um den Endfaden zu vernähen, die Nadel zwischen die zuvor gestopften Bündel schieben und den überschüssigen Faden abschneiden.

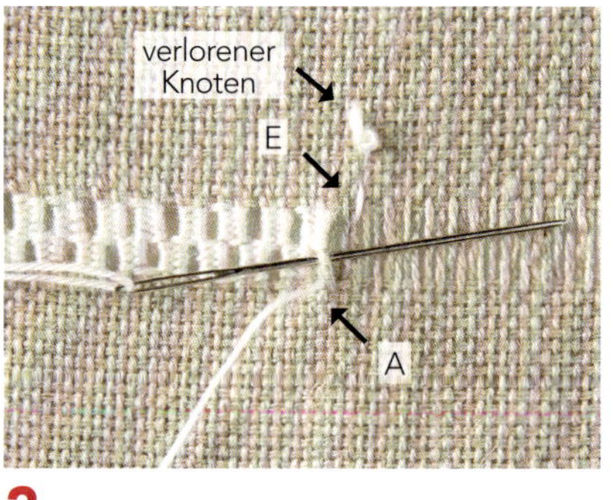


**2.** Um einen neuen Faden zu beginnen, oben in den Stoff einstechen und den Faden mit einem verlorenen Knoten fixieren. Unter dem zu stickenden Bündel ausstechen.

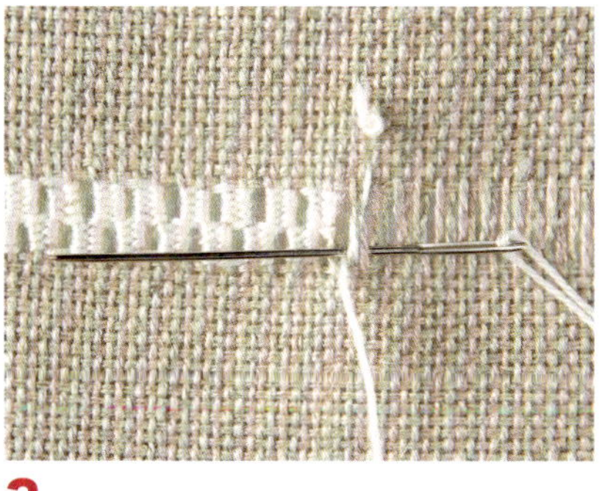

**3.** Die Arbeit fortsetzen und den neuen Faden in den Stopfstich integrieren. Den überschüssigen Faden abschneiden.

# APPLIZIEREN IM BLINDLOCHSTICH

Durch das Ausziehen der Fäden können Sie verschiedene Stoffe zusammennähen und sehr raffinierte Säume nähen, wobei die Stiche unendlich variiert werden können.

Im Folgenden finden Sie zwei Anleitungen zu diesen Techniken, die häufig für den Abschluss von Stickarbeiten verwendet werden.

## Material

Beiges Leinen, weißes Leinen, Gobelinnadel ohne Spitze Nr. 26 und Nr. 22, Baumwolle Broder Spécial Nr. 30: 3865.

*Wenn Sie Stoffe im Blindlochstich applizieren, erhalten Sie überaus raffinierte und elegante Stickarbeiten.*

Vorderseite

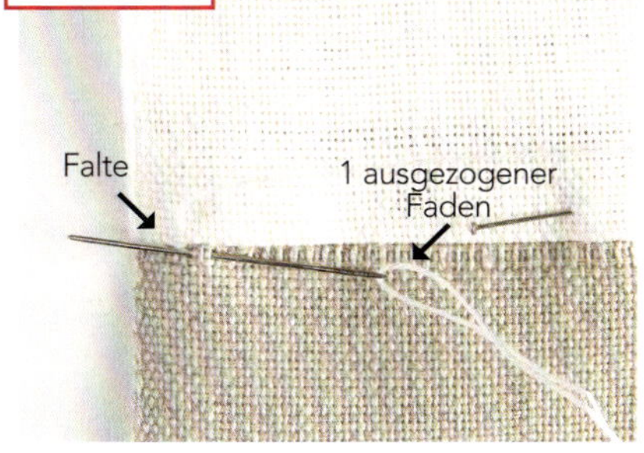


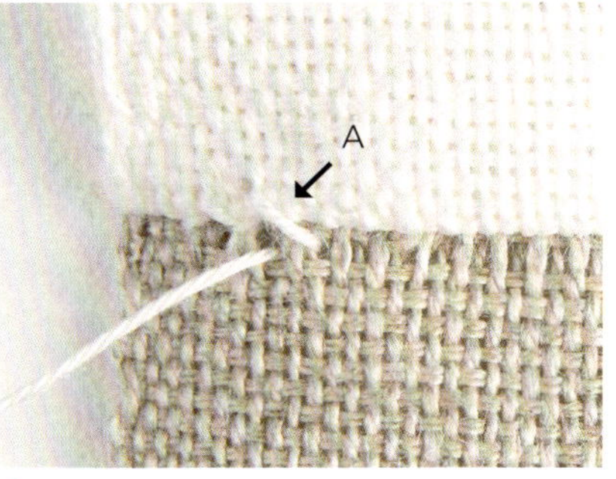


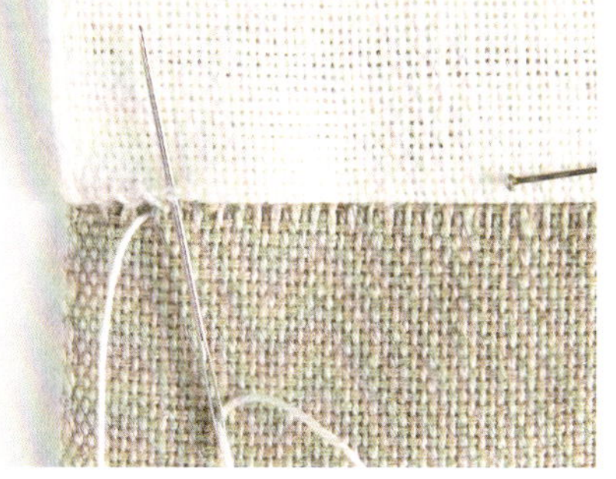

**1.** Einen Faden aus der oberen Stoffkante des beigen Leinens ausziehen. Die untere Stoffkante des weißen Stoffs umschlagen und die Falte an den Hohlsaum des beigen Leinens legen. Den Faden 0,1 cm von der Falte entfernt aus dem weißen Stoff ausstechen und in den Hohlsaum einstechen.

**2.** Drei Fäden aufnehmen, die Nadel unter der Falte des weißen Stoffs durchziehen, ohne das beige Leinen zu durchstechen, ...

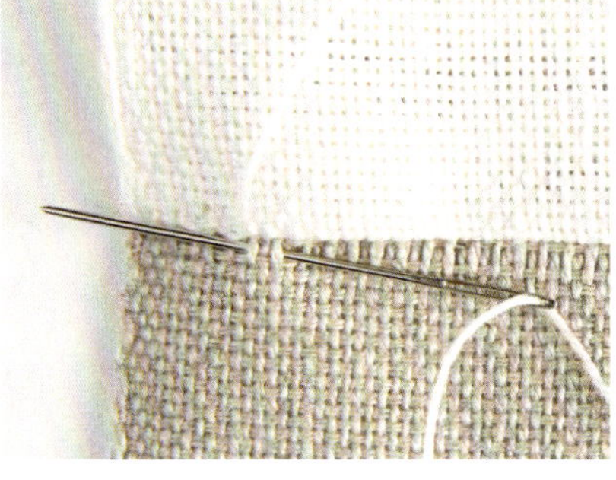

... und an der Nadel ziehen, um den Stich um die drei Fäden festzuziehen.

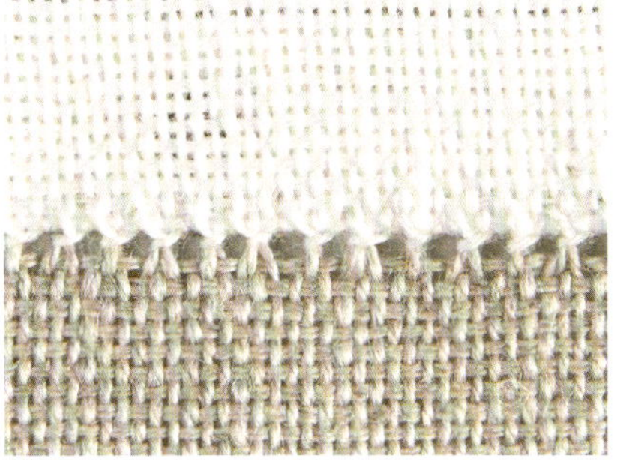

***Anm.*** *Die Farbe des Stickgarns muss mit der Farbe des applizierten Stoffs identisch sein. Im Bild oben sehen Sie das Ergebnis des im Blindlochstich applizierten Stoffs.*

*Um einen größeren Hohlsaum zu erhalten, ziehen Sie einfach zwei oder ggf. mehr Fäden aus, bevor Sie den Stoff im Blindlochstich applizieren.*

# BLIND-HOHLSAUM MIT BRIEFECKE

## Material und Utensilien (für die nächsten beiden Anleitungen)

– naturfarbenes Mischgewebe aus Baumwolle/Modal, 35 cm x 35 cm, 12,6 Fäden/cm, *Zweigart Lugana*, ***Empf.*** *3508/264*
– Gobelinnadel ohne Spitze Nr. 26 und Nr. 22 *Bohin*
– lange Nadel Nr. 9 *Bohin*
– Zange für Textilkunst, ***Empf.*** *62616 Bohin*
– kleine Schere mit feinen Klingen, ***Empf.*** *24316*, und Pinzettenschere, ***Empf.*** *98260 Bohin*
– Stoffschere, ***Empf.*** *98263 Bohin*
– feine Stecknadeln
– flaches Lineal
– wärmeempfindlicher Stift
– Minibügeleisen *Clover*
– naturfarbenes Nähgarn
– Baumwolle Broder Spécial Nr. 16 und 30: Écru

***Anm.*** *Verwenden Sie die Nadel ohne Spitze Nr. 22, um die Fäden vom Stoff anzuheben. Mit der langen Nadel Nr. 9 können Sie die Ecken sowie den Blind- und Stäbchen-Hohlsaum nähen.*

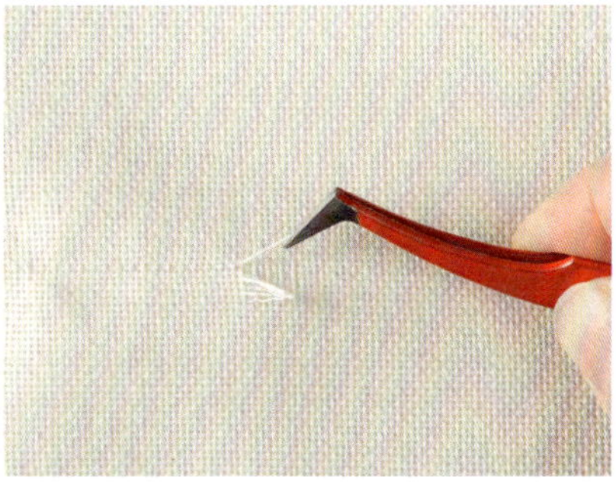

**1.** In der Mitte des Stoffs, 12 cm von einer Stoffseite entfernt, neun Fäden schneiden. Leicht am ersten geschnittenen Faden ziehen, um ihn vom Schussfaden zu lösen.

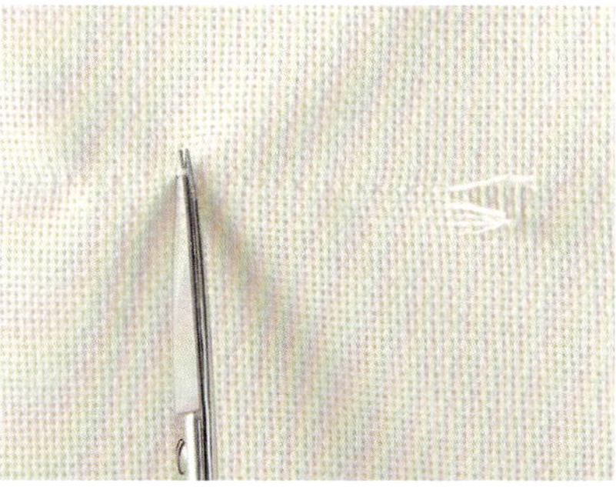

**2.** Weiter links ein Scherenblatt unter den gespannten Faden einführen, diesen schneiden und ausziehen.

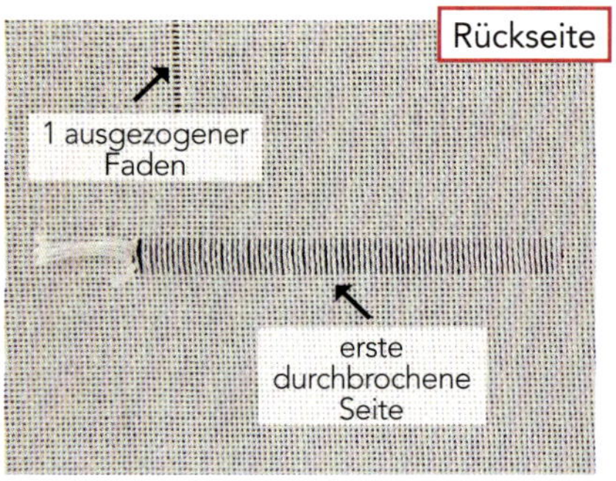


**3.** Nach dem gleichen Prinzip fortfahren, um die anderen Fäden zu schneiden und auszuziehen.

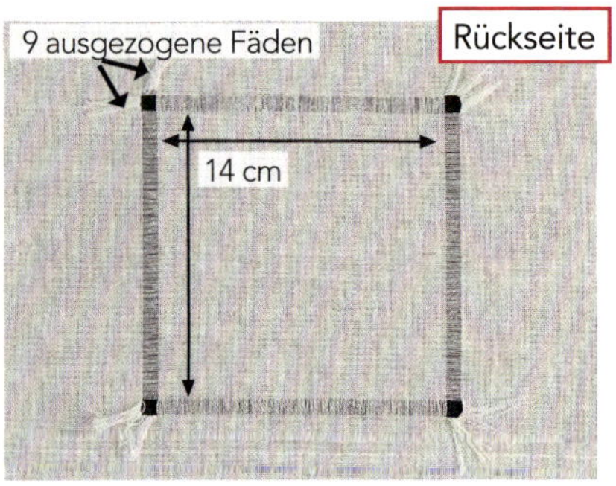


**4.** Genauso bei den anderen drei Seiten vorgehen, sodass ein Quadrat mit durchbrochenen Rändern wie oben auf dem Foto entsteht.

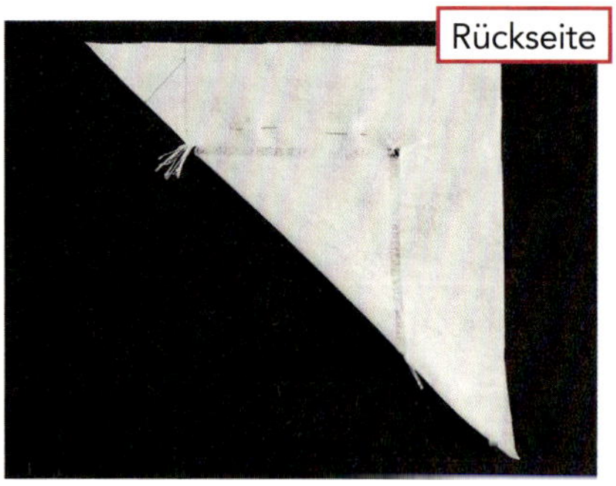


**5.** Die Stoffseiten schneiden und einen 7 cm breiten Rand über den ausgezogenen Fäden stehen lassen. Eine Ecke der Arbeit umschlagen und den Stoff rechts auf rechts legen, sodass die geschnittenen Ränder und die Hohlsäume beider Seiten aufeinanderliegen. Feststecken. Eine 7 cm lange, senkrechte Linie über die Höhe des Rands zeichnen und auf einer Höhe von 4 cm (Falte der Stickarbeit) und 1 cm (Falte des Saums) markieren.

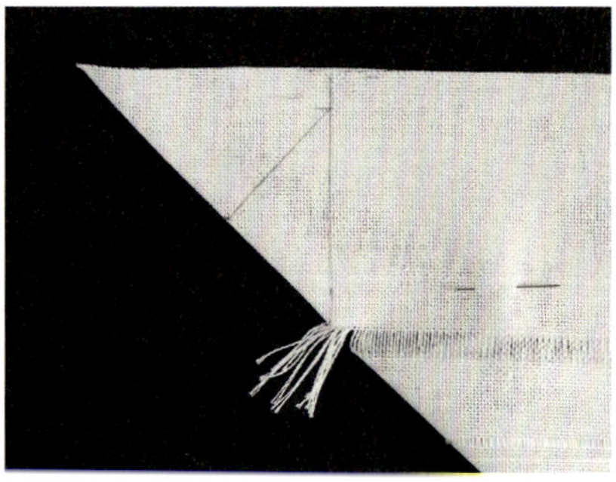

**6.** Einen dritten Punkt auf der diagonalen Falte gegenüber der ersten Linie markieren und eine schräge Linie zwischen diesen beiden Markierungen ziehen.

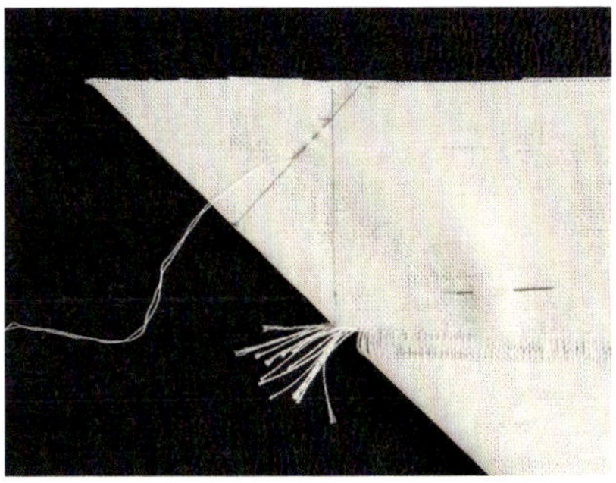

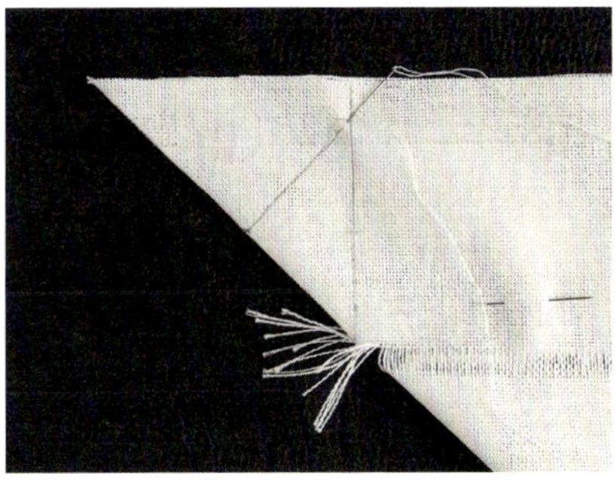

**7.** Im Steppstich über die diagonale Linie nähen (naturfarbenes Nähgarn).

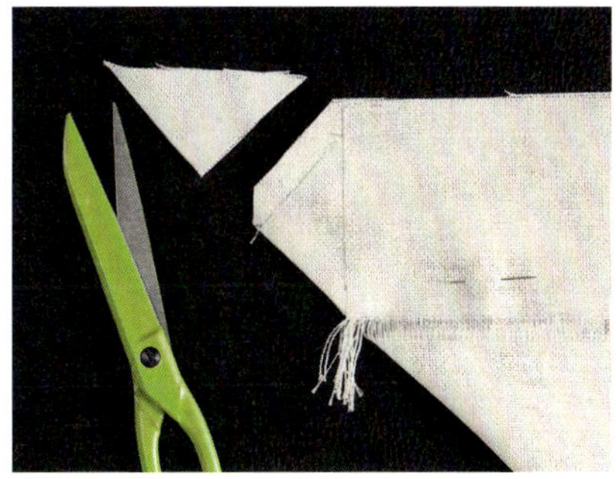

**8.** Den überschüssigen Stoff von der Ecke abschneiden und einen 1 cm breiten Rand stehen lassen. Die kleine Stoffspitze im Abstand von 0,2 cm von der Naht zurückschneiden.

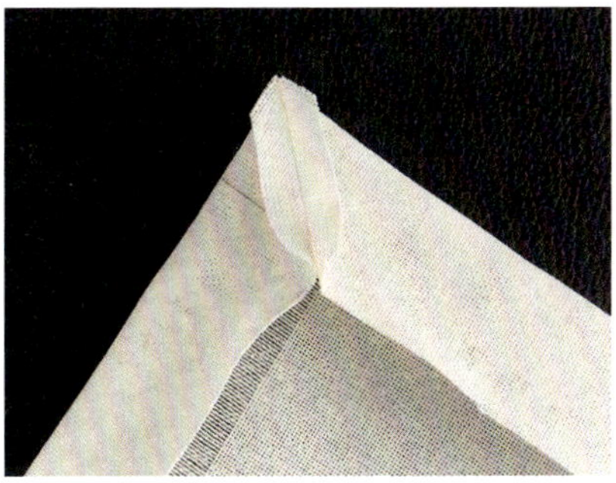

**9.** Die Naht öffnen und bügeln. Genauso bei den anderen drei Ecken vorgehen.

**10.** Auf rechts drehen und darauf achten, dass die Nähte offen und die Ecken sauber sind. Den Seitenrand nach innen umschlagen, um den Saum zu bilden, und die Falte an die Hohlsäume legen, ohne diese zu bedecken. Feststecken.

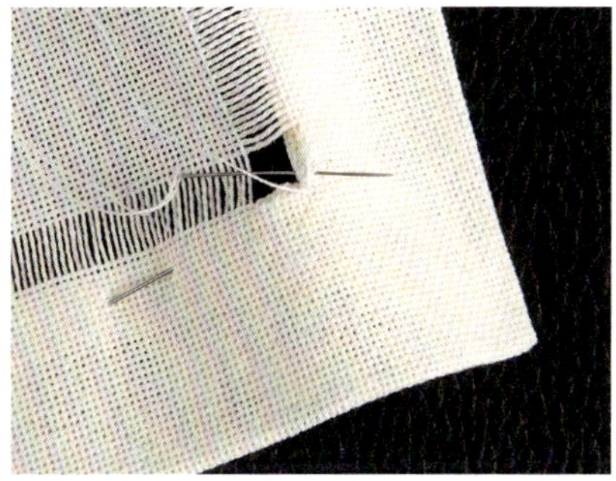

**11.** Die Seiten der durchbrochenen Ecke in sehr kleinen überwendlichen Stichen zusammennähen (naturfarbenes Garn, lange Nadel Nr. 9) ...

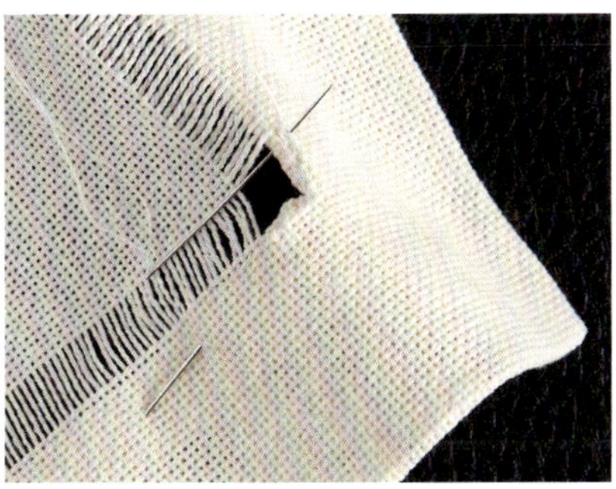

... und bei den anderen drei Ecken genauso vorgehen.

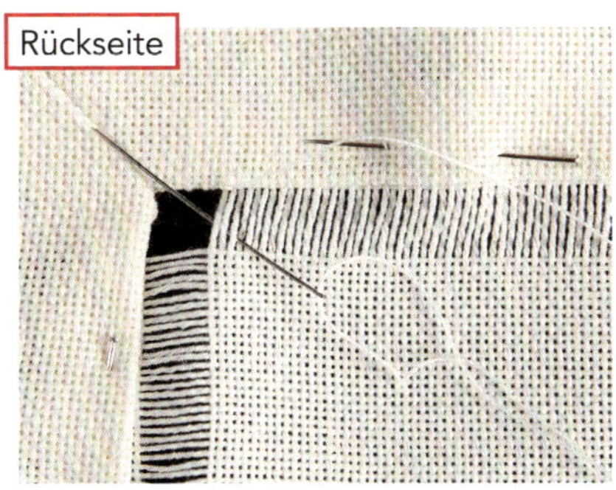


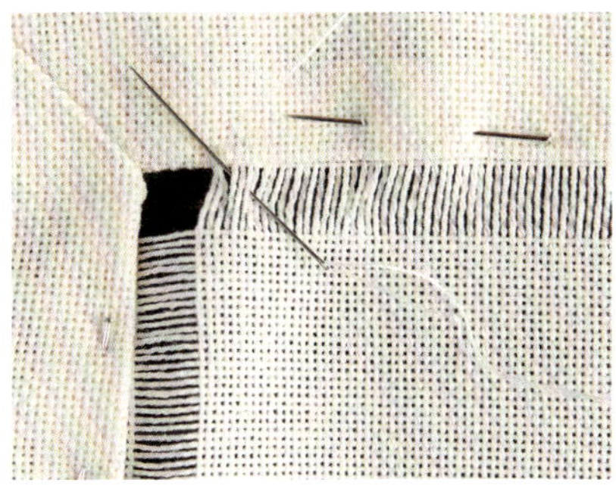

**12.** Die Ränder im Blindlochstich zusammennähen (naturfarbenes Garn, lange Nadel Nr. 9) und drei Fäden pro Bündel zusammenfassen. Genauso wie beim Applizieren (siehe S. 63) vorgehen, ohne den Stoff zu durchstechen.

# Blind-Hohlsaum mit Briefecke (Fortsetzung)

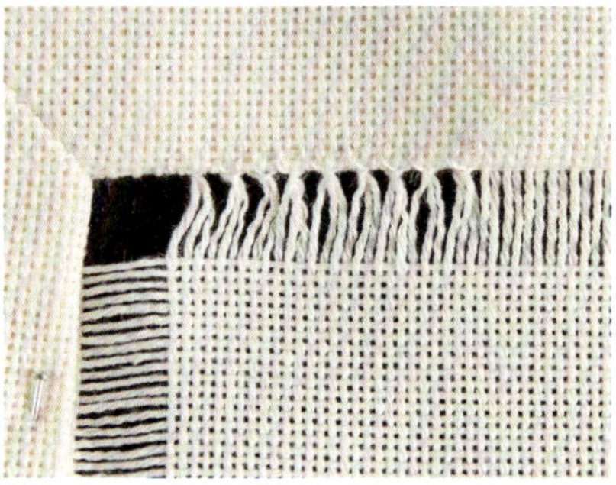

Die Nadel unter die Saumfalte schieben, um den Stich zu fixieren.

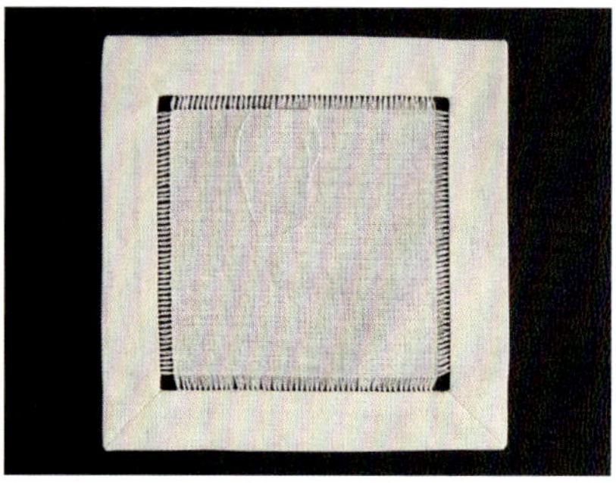

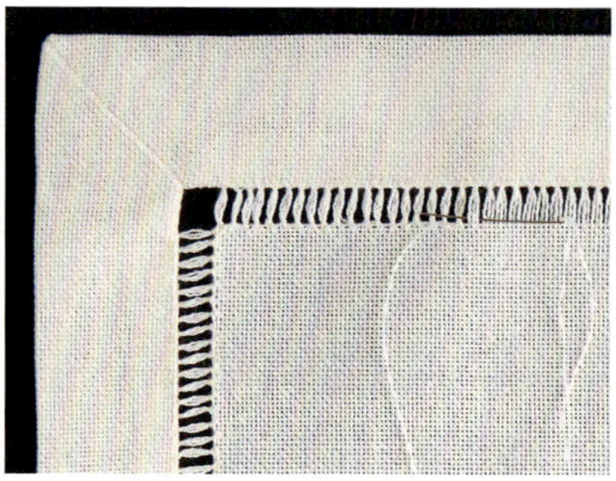

**13.** Auf der Rückseite alle vier Seiten im Stäbchen-Hohlsaumstich sticken.

## ZIERSTICHE IN DEN DURCHBROCHENEN ECKEN

Wenn die Ränder zusammengenäht werden, empfiehlt es sich, die durchbrochenen Ecken mit Zierstichen zu füllen, sodass die Arbeit noch ästhetischer aussieht.

***Anm.*** *Verwenden Sie für Zierstiche in Hohlsäumen und Ecken die Nadel ohne Spitze Nr. 26 und das Garn BS 16/Écru.*

Um die Anfangsfäden zu fixieren, einen Knoten am Ende des Fadens binden, die Nadel zwischen den Stoffschichten durchziehen und an der gewünschten Stelle ausstechen.

## VIERBEINIGE SPINNE

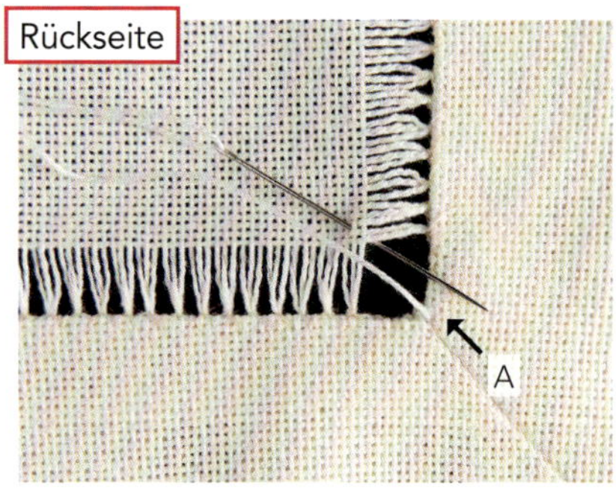


**1.** Zwischen den Stoffschichten des Saums nahe der Ecke ausstechen und in die gegenüberliegende Ecke einstechen.

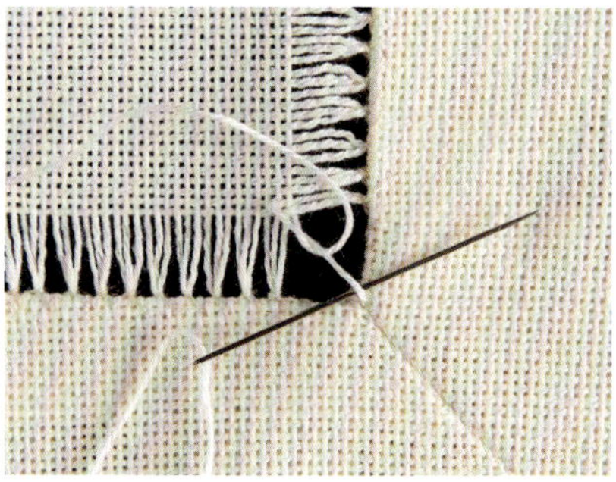

**2.** Vier- bis fünfmal den gespannten Faden umwickeln und in die gegenüberliegende Ecke einstechen, ohne die Vorderseite des Stoffs zu durchstechen.

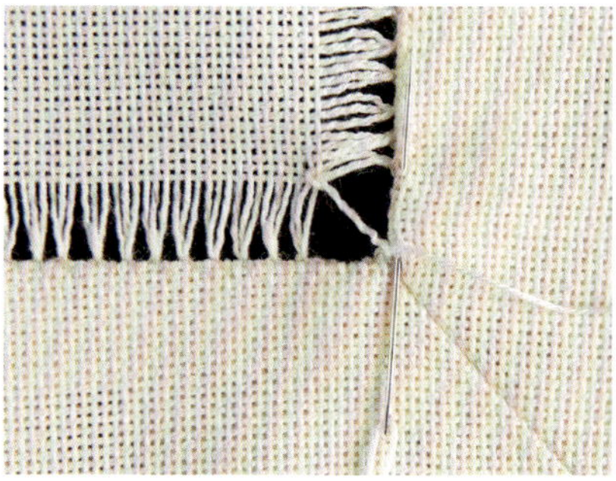

**3.** Vorsichtig am Faden ziehen, um ihn um den Stich festzuziehen.

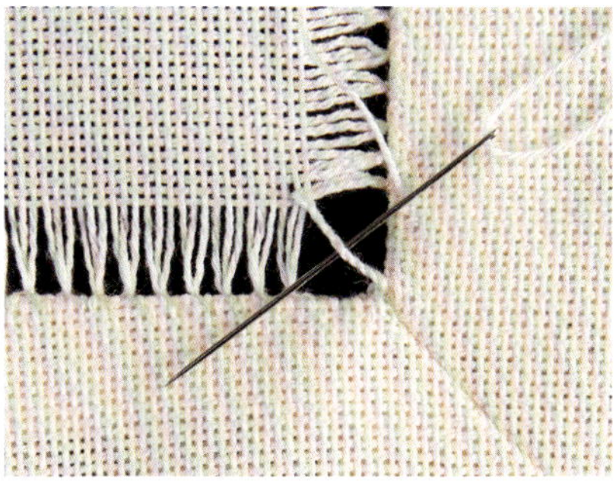

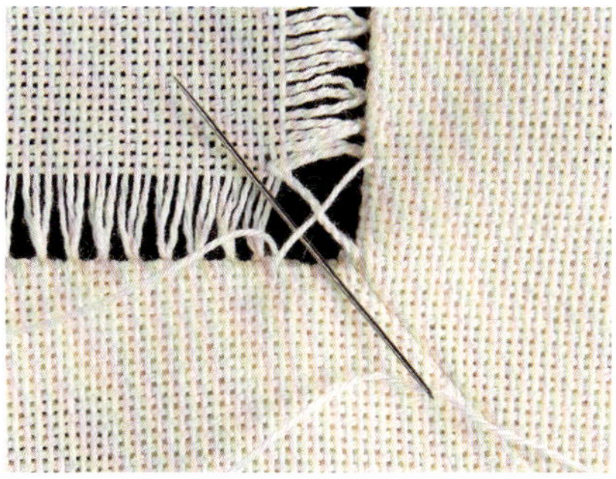

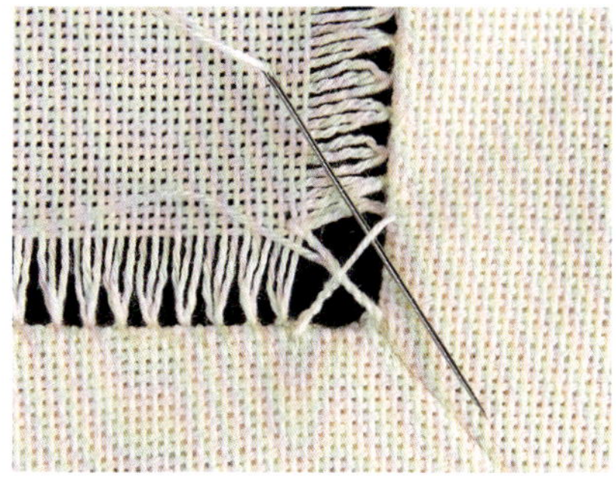

**4.** Die Nadel zwischen die Stoffschichten des Saums einführen und aus der benachbarten Ecke nahe dem Hohlsaum ausstechen. Durch den Steg führen und in der gegenüberliegenden Ecke nahe der Saumfalte einstechen.

**5.** Zurückkehren und den gespannten Faden dreimal bis zum mittleren Kreuzungspunkt umwickeln.

**6.** Den Faden vier- bis fünfmal über/unter den vier Spinnbeinen durchziehen, ohne zu stark am Faden zu ziehen, damit er sich an den zunehmenden Durchmesser der Spinne anpasst.

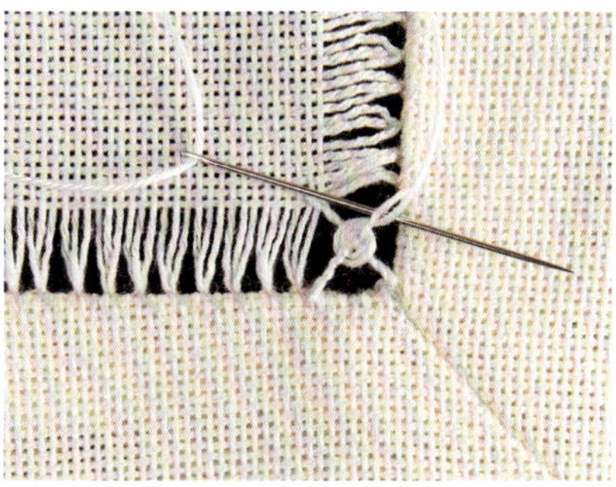

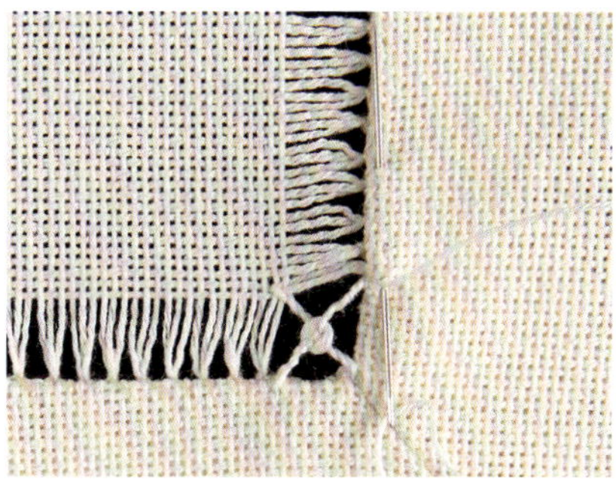

Die Nadel nahe dem gespannten, nicht umwickelten Faden ausstechen und diesen zweimal bis zum Rand umwickeln.

**7.** Um den Faden zu fixieren, nahe der Falte ausstechen und zwei kleine überwendliche Rückstiche über einen Gewebefaden sticken. Den Faden abschneiden.

*Die Ziersticke in den Ecken verleihen der Arbeit eine ästhetische Note und sichern die kleinen Seiten der Ecken.*

## DREI STOPFSTEGE

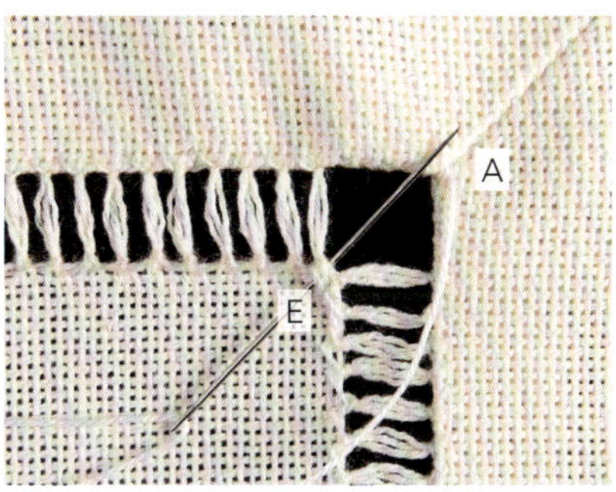


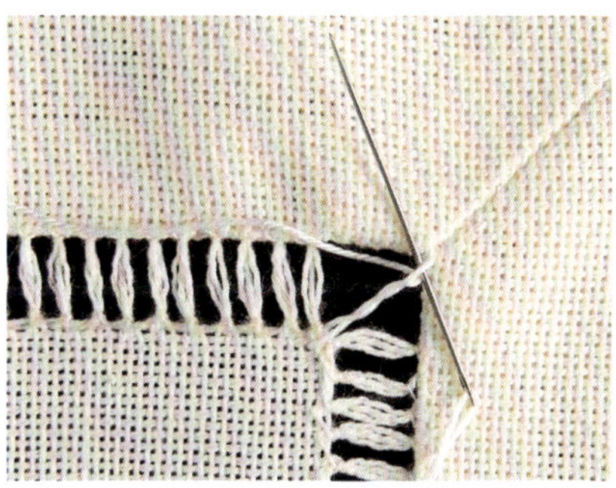

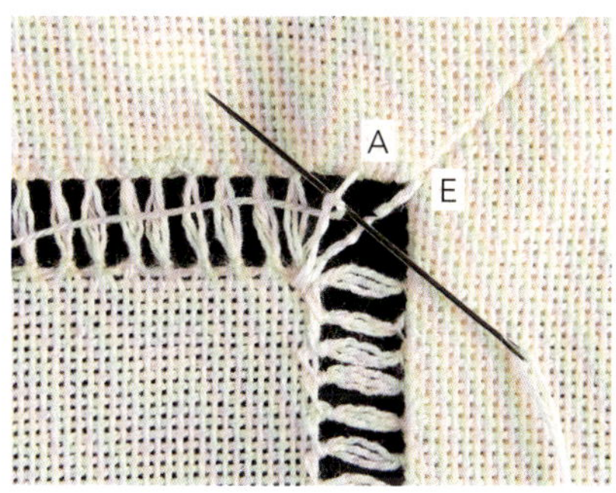


**1.** Den Faden aus der durchbrochenen Ecke ausstechen und in die gegenüberliegende Ecke einstechen.

**2.** Den gespannten Faden fünfmal umwickeln und in die Ecke des Rands einstechen.

**3.** Die Nadel im Inneren des Saums durchführen und 0,4 cm weiter aus der Falte ausstechen. In die gegenüberliegende Ecke einstechen und den gespannten Faden fünfmal bis zum Rand umwickeln.

## Drei Stopfstege (Fortsetzung)

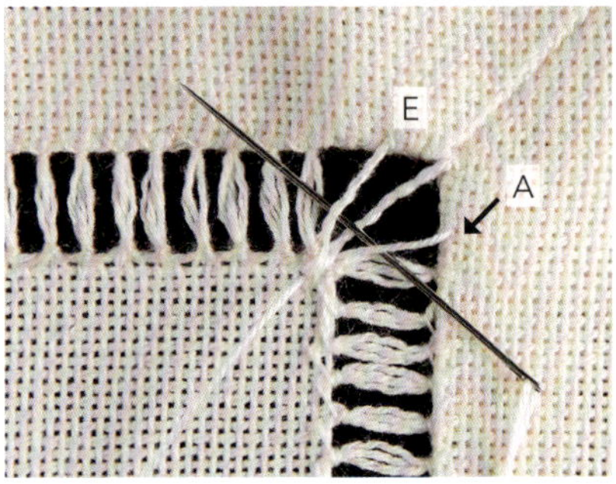


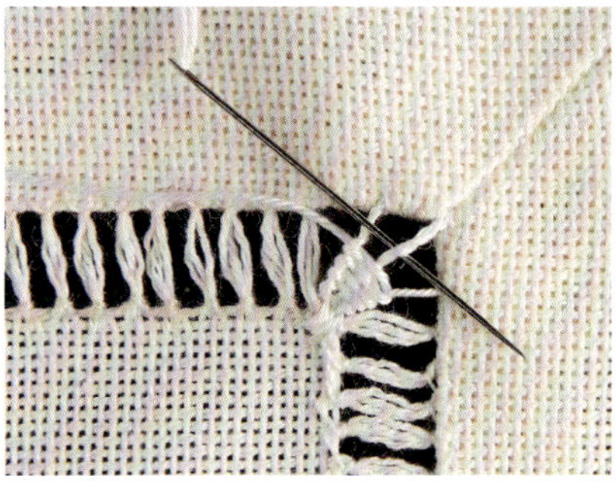

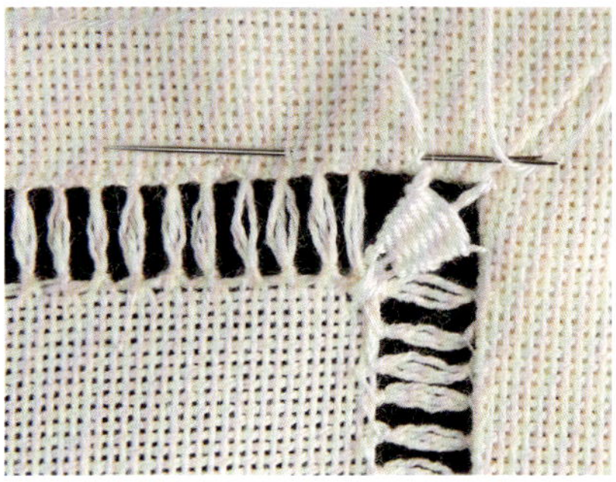

**4.** Die Nadel erneut zwischen den Stoffschichten durchziehen, aus dem benachbarten Rand ausstechen und in die gegenüberliegende Ecke einstechen. Über/unter den beiden Stegen und den gespannten Faden durchziehen.

**5.** Im Stopfstich bis zum Rand sticken, dann den Faden fixieren (siehe S. 56, Stickfaden wechseln).

## GEKNOTETER HOHLSAUM UND ACHTBEINIGE SPINNE

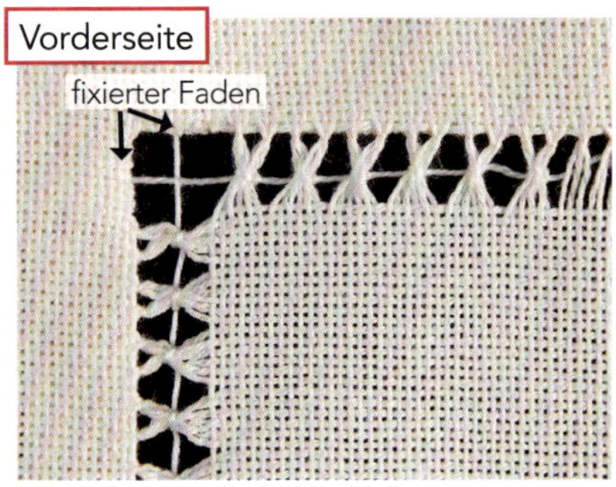


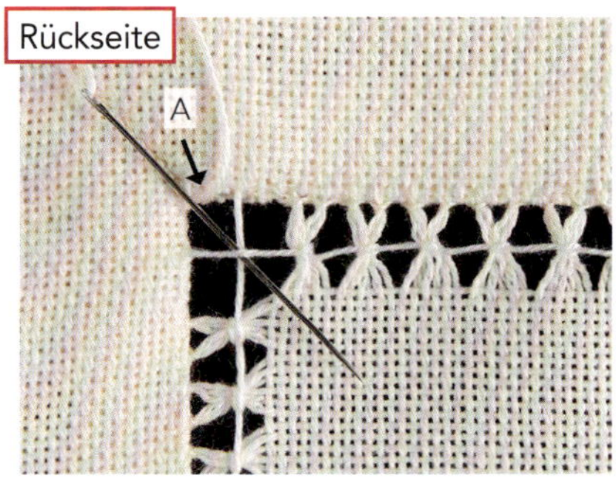


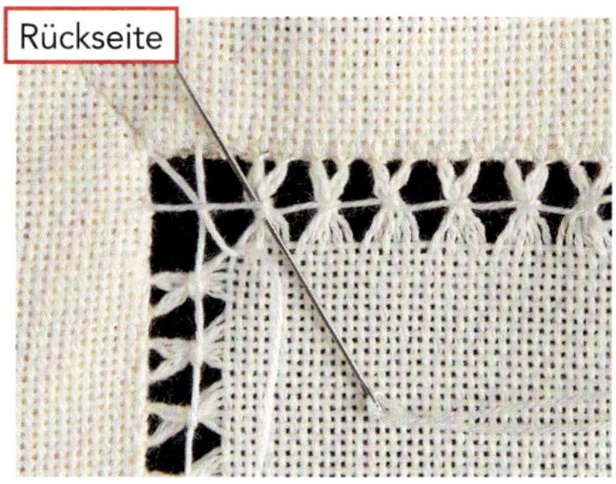


**1.** Die Seiten der Arbeit im geknoteten Hohlsaumstich sticken und die Fäden an den Rändern der Ecke fixieren.

**2.** Die Nadel aus der Ecke ausstechen, durch die Fäden des Kreuzungspunktes führen und in die gegenüberliegende Ecke einstechen, einen Faden weiter an der Basis des nächsten geknoteten Bündels ausstechen und die Nadel unter dem Knoten des Bündels durchziehen.

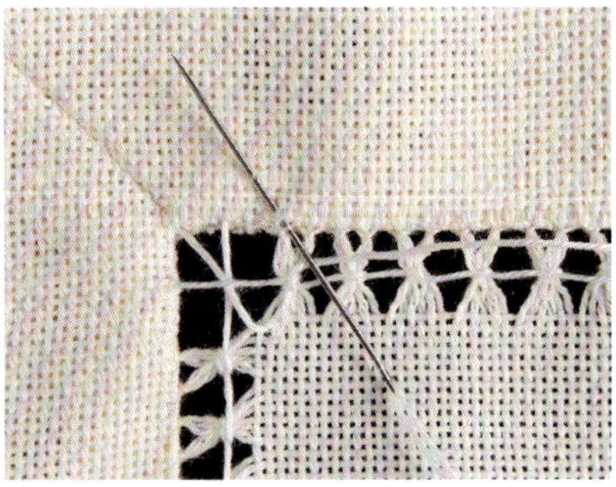

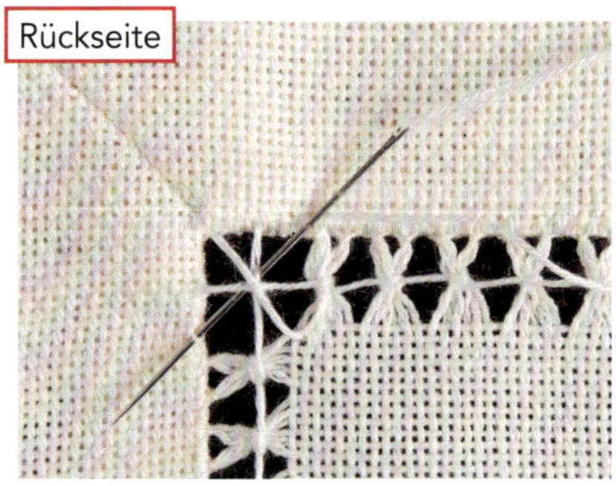


*Die Spinne ist sehr einfach in der Ausführung. Ihren Durchmesser können Sie beliebig variieren, indem Sie die Fäden einfach mehr oder weniger umwickeln.*

**3.** In den Rand einstechen, ohne den Saum zu durchstechen (0,1 cm davon entfernt).

**4.** Die Nadel durch den Kreuzungspunkt führen, schräg gegenüber einstechen und unter einem Gewebefaden durchziehen.

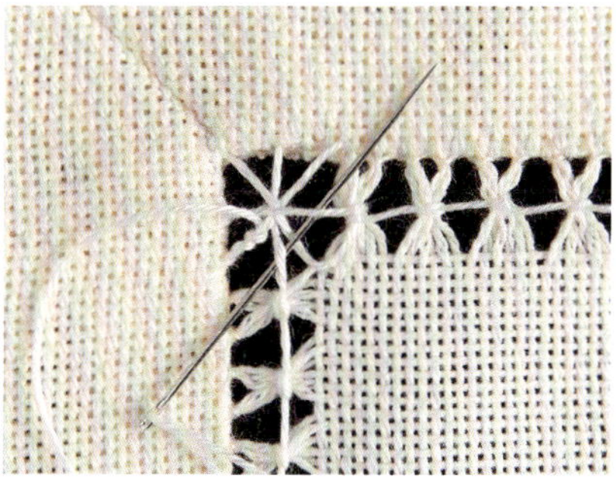

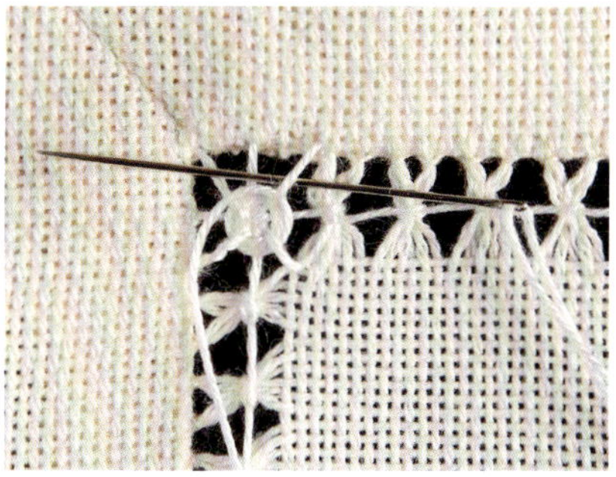

**5.** Zurückkehren, den gespannten Faden dreimal bis zum Kreuzungspunkt umwickeln und im Stopfstich vier bis fünfmal um die acht Spinnbeine sticken.

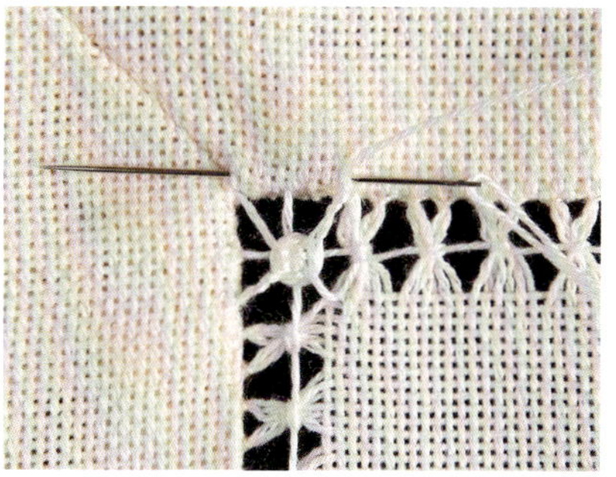

**6.** Nahe dem gespannten, nicht umwickelten Faden ausstechen und ihn dreimal bis zum Rand umwickeln.

## GEKNOTETER HOHLSAUM UND ACHTBEINIGE RÜCKSTICH-SPINNE

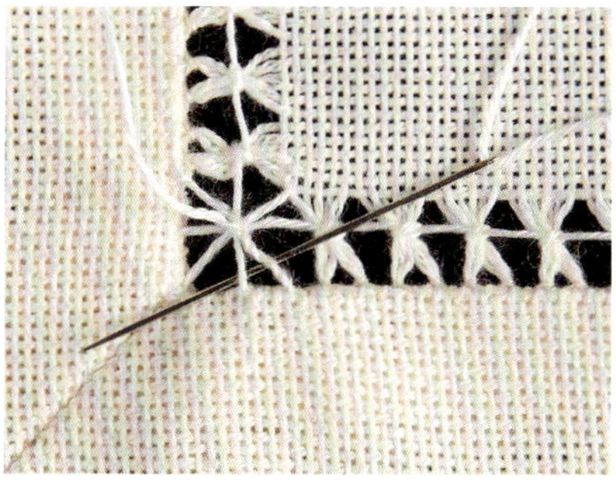

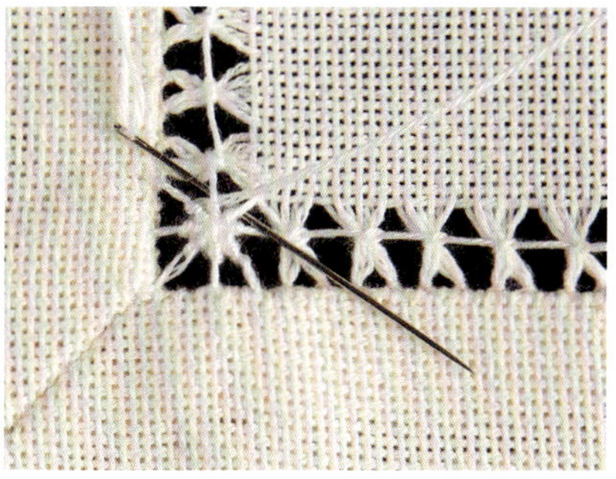

**1.** Die Ränder des geknoteten Hohlsaums und die gespannten Fäden genauso wie beim vorigen Stich (siehe S. 63) arbeiten, um die Spinnbeine in den Ecken zu sticken. Danach die Beine im überwendlichen Stich sticken (siehe S. 172).

> *Die Stiche in den Ecken können je nach Anzahl der Fäden unterschiedlich geformt sein. Diese Anzahl richtet sich nach dem Platz in der Ecke und Ihren Fertigkeiten. Durch komplexere Zierstiche wird die Arbeit noch schöner.*

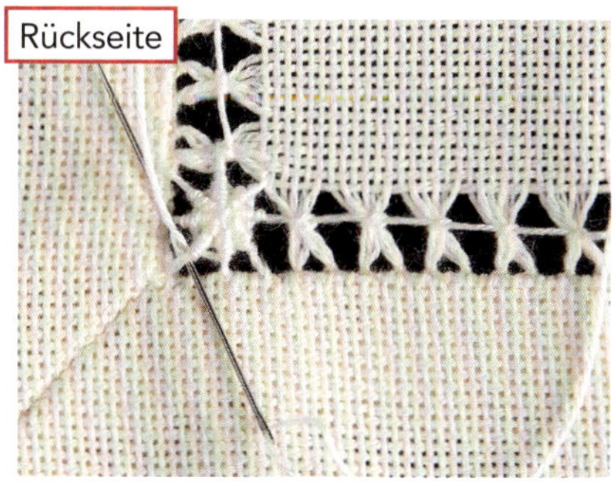


***Anm.** Auf der Rückseite sind die Spinnbeine sichtbar, da sie umwickelt wurden.*

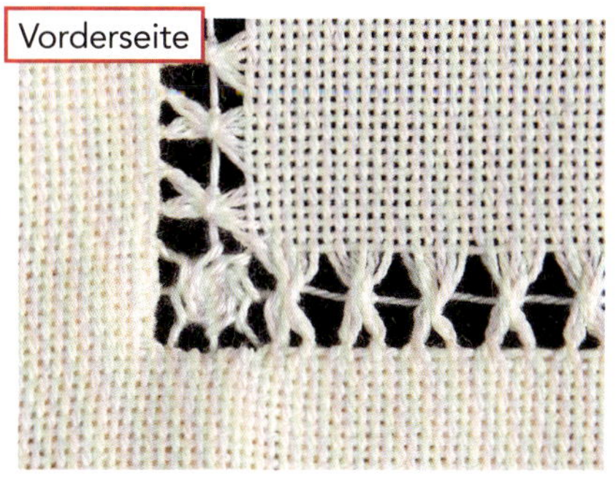


**2.** Auf der Vorderseite ist ein einheitlicherer Kreis zu sehen. Hier wurden Stielstiche um die Spinnbeine herum gestickt. Beide Seiten der Spinne können als Zierstich dienen. Je nach Präferenz können Sie diesen Stich auf der rechten oder Rückseite sticken.

# ABSCHLUSS DES FADENAUSZUGS IN DEN ECKEN

Wenn die Hohlsäume gestickt sind und den Stoff verzieren, empfiehlt es sich, die Fäden auf sorgfältige, ästhetische Weise in das Gewebe zurückzustopfen und abzuschneiden.

## Material und Utensilien

Leinenstreifen, 20 cm x12 cm, 11 Fäden/cm, lange Nadeln Nr. 7 und 9, naturfarbene ägyptische Baumwolle Nr. 50, Baumwolle *DMC* Broder Spécial Nr. 25: Écru.

***Anm.** Diese Stiche werden alle auf der Rückseite gearbeitet.*

## 1. Methode: Schussfäden zurückstopfen

Dieser feine, raffinierte Abschluss sichert die Enden der ausgezogenen Fäden perfekt.

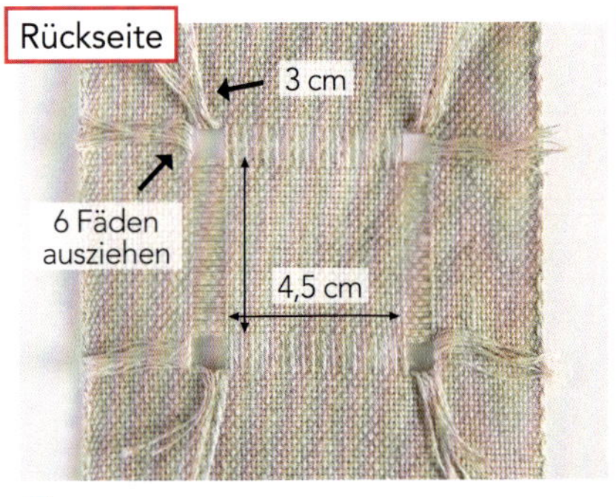


**1.** Die Fäden ausziehen, um vier durchbrochene Seiten eines Vierecks in der Mitte des Stoffs zu erhalten. Dabei wie in der vorigen Anleitung vorgehen (siehe S. 64 – mit dem kleinen, quadratischen naturfarbenen Deckchen).

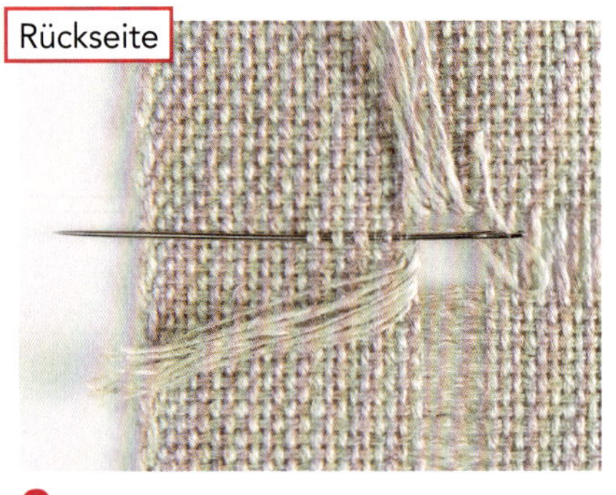


**2.** Die geschnittenen Gewebefäden in das Öhr der langen Nadel Nr. 7 fädeln. Die Nadel über 1 bis 1,2 cm unter/über den Gewebefäden durchziehen und die Fadenenden einweben.

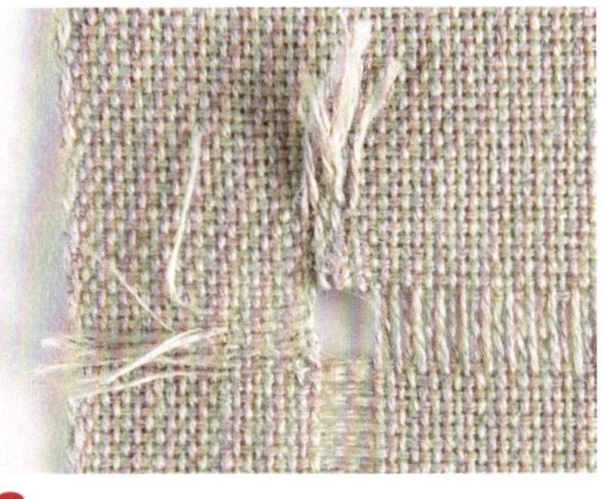

**3.** Genauso bei den anderen fünf ausgezogenen Fäden vorgehen.

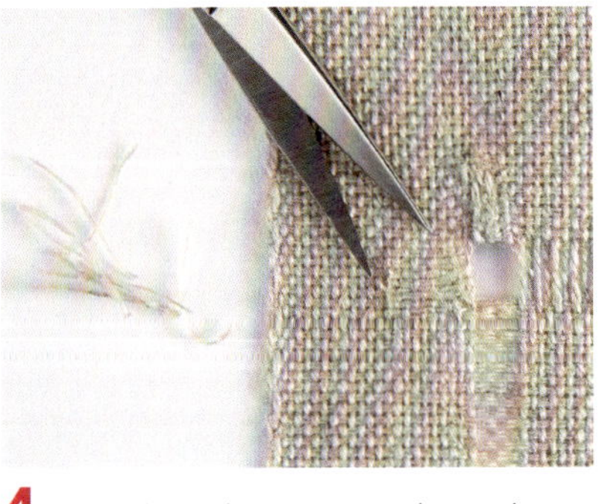

**4.** Die überschüssigen Fadenenden abschneiden.

*Die erste Methode ist bei weitem die raffinierteste – vorausgesetzt, dass die Gewebefäden gleichmäßig und Faden für Faden eingewebt werden. Wird diese Technik sorgfältig ausgeführt, ist es nahezu unmöglich, die rechte von der Rückseite zu unterscheiden. Früher wurde diese Methode häufig angewandt.*

## 2. Methode: Abgeschnittene Fäden auf dem Stoff fixieren

Dieser Abschluss geht schneller als der vorige und sichert die ausgezogenen Fäden, sieht jedoch auf der Rückseite gröber aus. Arbeiten Sie mit ägyptischem Baumwollgarn und der langen Nadel Nr. 9.

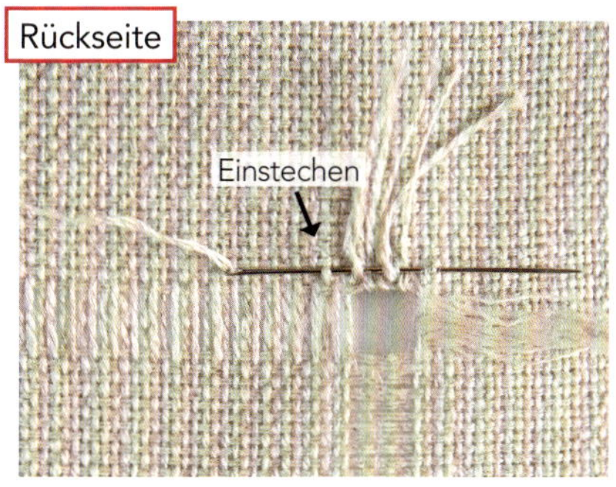


**1.** Die Nadel auf der Seite der geschnittenen Fäden einstechen, unter einem Schussfaden durchziehen und einen kleinen Vorstich sticken. Dabei den Stoff durchstechen und die ausgezogenen Fäden aufnehmen.

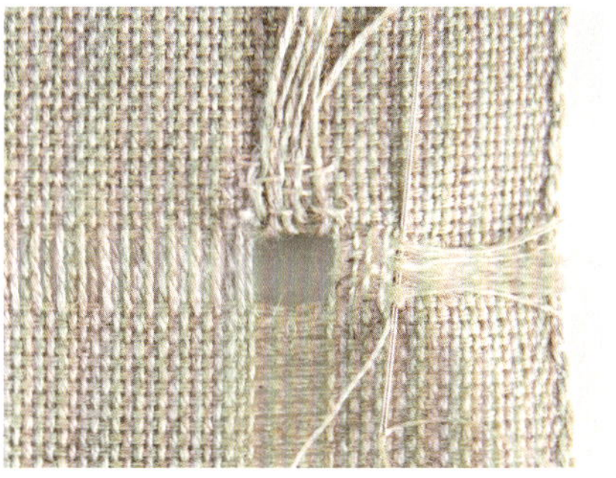

**2.** Auf diese Weise vier bis fünf Hin- und Rückreihen im Abstand von 0,1 cm und in versetzten Stichen sticken. Auf der anderen Seite genauso vorgehen.

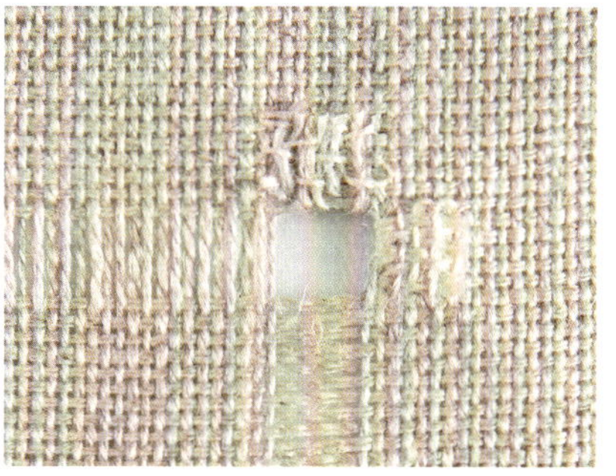

**3.** Den Faden am Ende der letzten Reihe mit drei übereinanderliegenden Rückstichen vernähen. Die Fäden abschneiden.

## 3. Methode: Langettenkanten

Auch m dieser Methode können Sie die ausgezogenen Fäden gut sichern.

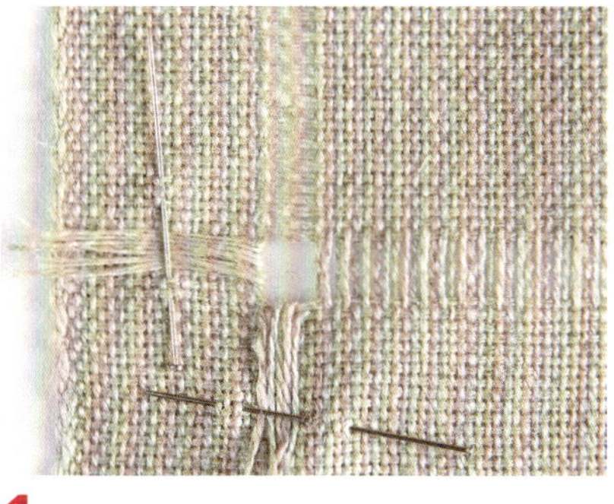

**1.** Die Fäden auf die nicht durchbrochene Oberfläche des Gewebes umschlagen und mit Stecknadeln feststecken.

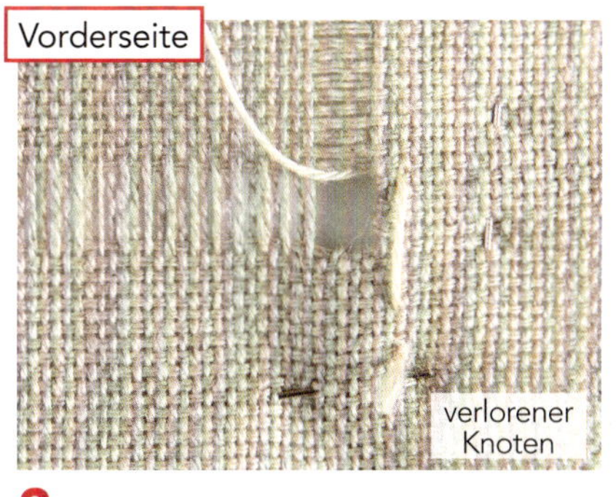


**2.** Nahe dem durchbrochenen Quadrat einstechen (BS 25/Écru, lange Nadel Nr. 7) und den Faden 0,1 cm von der Falte entfernt auf den Rand legen. Nahe der oberen Ecke einstechen und aus dem durchbrochenen Quadrat ausstechen.

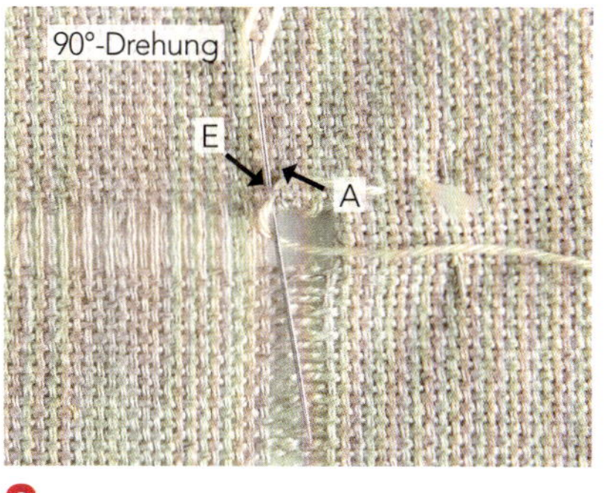


**3.** Die Arbeit um 90° drehen und den Rand im Langettenstich sticken ...

## 3. Methode: Langettenkanten (Fortsetzung)

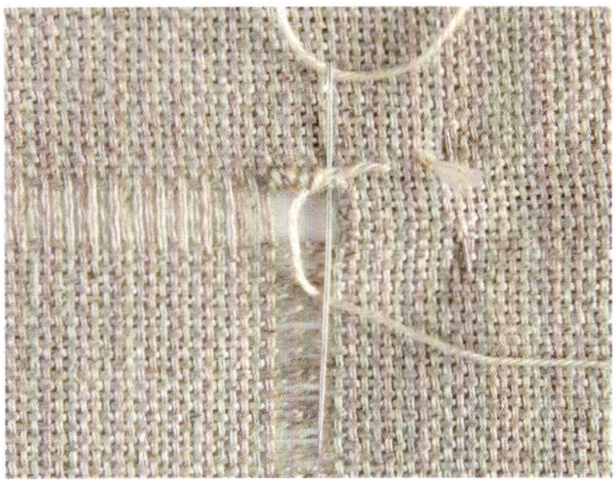

... dabei den gespannten Faden integrieren.

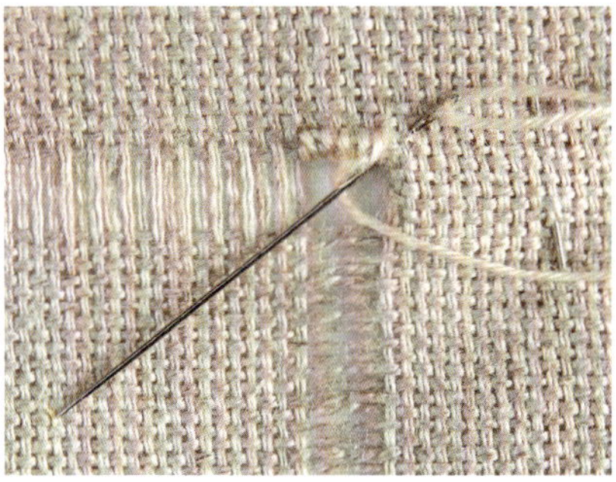

**4.** An der Ecke einen Schrägstich sticken, um die Richtung zu ändern, und die benachbarte Seite genauso sticken.

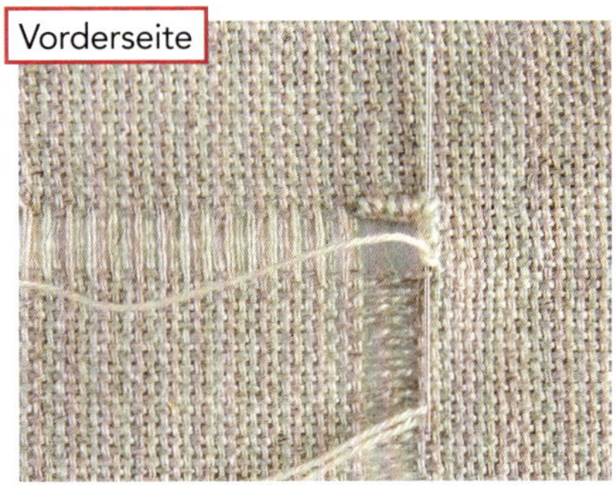


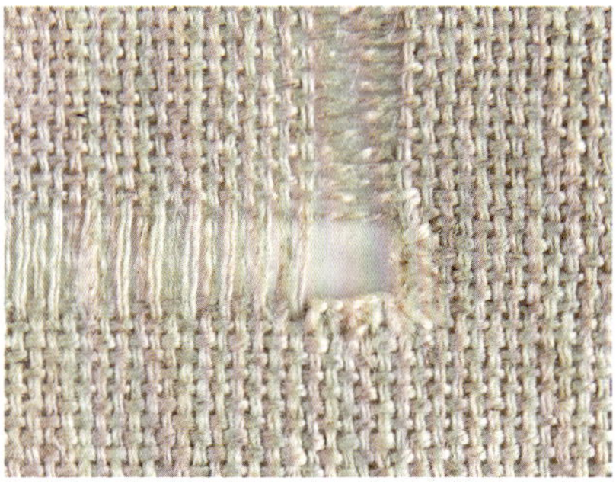

**5.** Um den Faden zu vernähen, die Nadel unter die Langettenkante durchziehen und auf der anderen Seite ausstechen. Den überschüssigen Faden abschneiden.

***Anm.** Die Langettenkanten der Ecke können später zum Vernähen von Zierstichen dienen.*

> *Achten Sie darauf, den überwendlichen Stich regelmäßig zu setzen, damit die Ränder der Ecken gerade sind. Sie können nach Belieben ein oder zwei Fäden hinzunehmen, um den Rand dicker zu gestalten und gerade, saubere Seiten zu erhalten.*

## 4. Methode: Wickelkanten

Diese Methode wird genauso wie die vorige gearbeitet (siehe S. 71), jedoch im überwendlichen Stich.

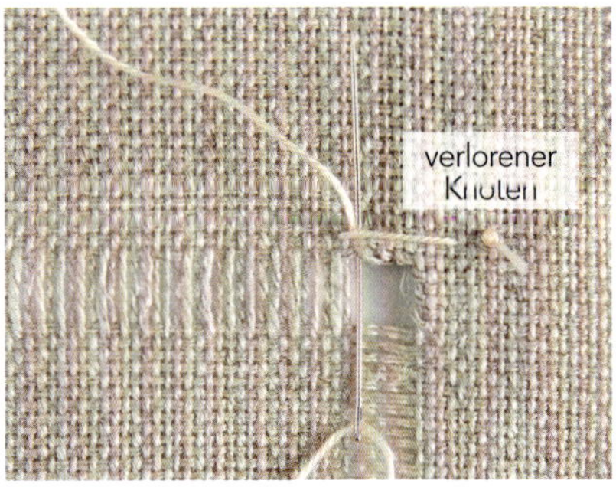


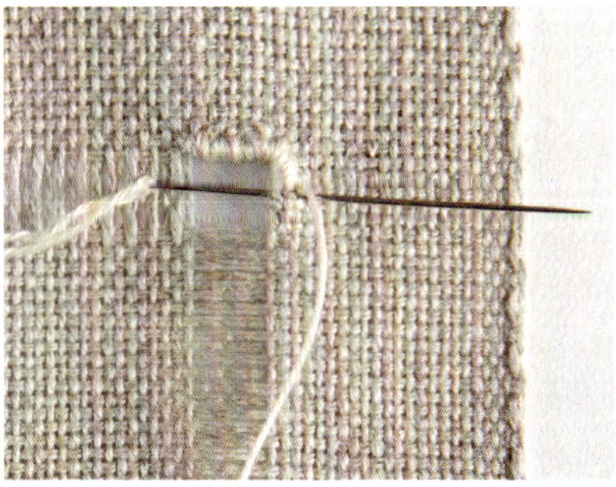

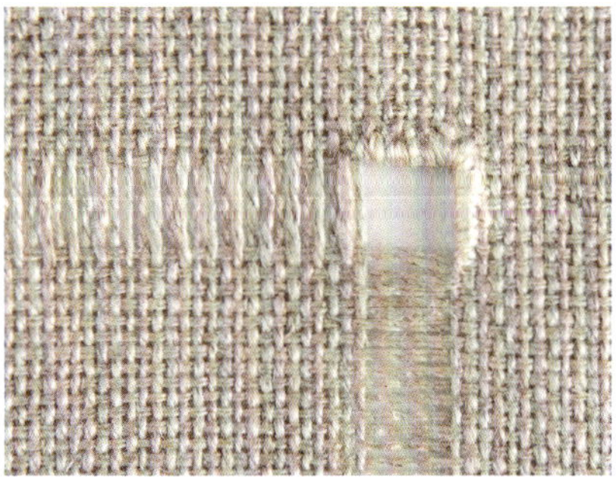

# Ajourstickerei (Fadenanzugsarbeit)

## BESCHREIBUNG UND GESCHICHTE

Die seit dem 15. Jahrhundert in Dresden praktizierte Ajourstickerei (auch „Dresdner Spitze" genannt) erlebte im 18. Jahrhundert ihren Höhepunkt und konkurrierte mit der teuren echten Spitze. Die auf Baumwollmusselin gearbeitete Stickerei vereint Durchbruchstickereien mit Fadenanzügen und anderen dichteren Stichen ähnlich wie bei der Sächsischen Stickerei und der Dinant Stickerei.

## MATERIAL

### Stoffe

Im Idealfall sollten die Stoffe weitmaschig*, regelmäßig* und einfach* gewebt sein. Baumwoll- oder Modalstoffe bieten sich ebenso an wie feine Baumwollbatiste. Je nach Gewebedichte fällt die Arbeit mehr oder weniger fein aus.
Leinenstoff mit 22 Fäden/cm *Zweigart Ballina* oder 15 Fäden/cm *Zweigart Dalarna* für sehr feine Arbeiten.
Es können auch andere, weniger feine Etamine verwendet werden (*Zweigart Belfast*, *Bellana* ...).

### Garne

Da diese Technik aus verschiedenen Stichen besteht, verwenden Sie am besten unterschiedliche Garne.
– Für Durchbruchstiche ohne sichtbaren Faden: ägyptische Baumwolle (*Sajou*), die nicht so dick sein darf wie der Schussfaden.
– Für Durchbruchstiche mit sichtbarem Faden: *Garn Retord du Nord Sajou*, Baumwolle Mouliné, Baumwolle Broder Spécial und Perlgarn *DMC*.
– Für dichte Stiche: Coton Floche *Marie Suarez*, Baumwolle Mouliné und Baumwolle Spécial à Broder *DMC*.

### Nadeln

Sticken Sie mit einer Nadel ohne Spitze, deren Öhr auf die Größe des verwendeten Garns abgestimmt ist. Gobelinnadeln ohne Spitze, von dick bis dünn: 24, 26 und 28 *Bohin*.

### Schere

Verwenden Sie zum Schneiden der Stickfäden eine kleine Schere mit feinen, spitzen Klingen.
***Empf.** 24316 Bohin*

### Stickrahmen

Dieses Werkzeug ist unverzichtbar. Sticken Sie mit einem runden Stickrahmen von 12 cm Durchmesser, der beim Arbeiten versetzt wird.
***Empf.** Stickrahmen Sajou.*

## TECHNIK

Es handelt sich um eine Zählstickerei mit verschiedenen Füllstichen.
– **Durchbruchstiche:** Sie werden gestickt, indem die Schussfäden mit einem Garn angezogen werden, das feiner ist als die Gewebefäden. Durch das Anziehen und Gruppieren der Fäden entsteht ein Muster auf der Arbeit.
– **Halbe Durchbruchstiche:** Die gleichen Stiche wie oben beschrieben, nur mit einem Garn gestickt, das dicker als der Schussfaden ist und daher auf dem Muster sichtbar ist.
– **Dichte Stiche:** Diese Stiche werden in der Gobelintechnik (S. 41) verwendet und können den Stickgrund nicht verziehen. Sie müssen mit einem dicken Faden gestickt werden, der den Stoff bedeckt.
– **Mischstiche:** Die oben genannten Stiche können beim Füllen einer Fläche unendlich kombiniert werden.
– **Konturstiche:** Sie grenzen die mit Füllstichen gestickten Flächen ab. Es gibt viele Varianten (überwendlicher, Stiel- und Palästrinastich usw.). Für eine gute Sichtbarkeit sollten sie mit dickem Garn gestickt werden. Je nach Arbeit wird der Konturstich vor oder nach dem Füllstich ausgeführt.

## Material

Naturfarbenes Etamin*, Gobelinnadel Nr. 24 und 26, Baumwolle Retors matt Nr. 4/2128 und Baumwolle Broder Spécial Nr. 25: 3325.

***Anm.*** *Für eine gute Sichtbarkeit des Stichs wurde ein Stoff mit dicken Gewebefäden verwendet. Sticken Sie die Konturen des Quadrats mit Baumwolle Retors (Gobelinnadel Nr. 24) und die Füllstiche mit Garn BS (Gobelinnadel Nr. 26).*

## DIE KONTUR EINER OBERFLÄCHE STICKEN

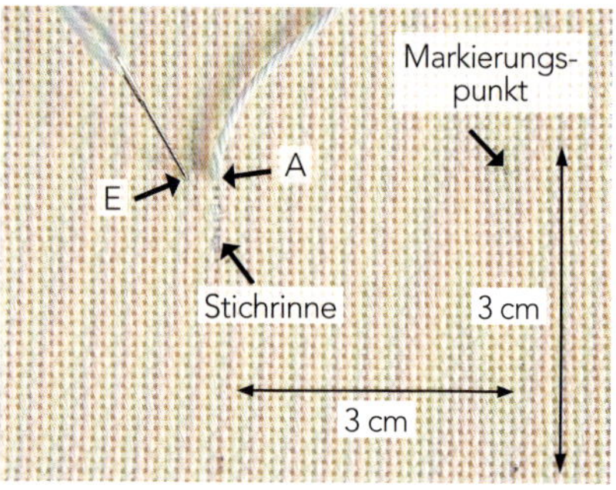


**1.** Die vier Ecken eines 3 cm x 3 cm großen Quadrats mit Punkten markieren. Darauf achten, dass sie auf den gleichen Schussfäden liegen. Die Nadel aus der linken oberen Ecke ausstechen.

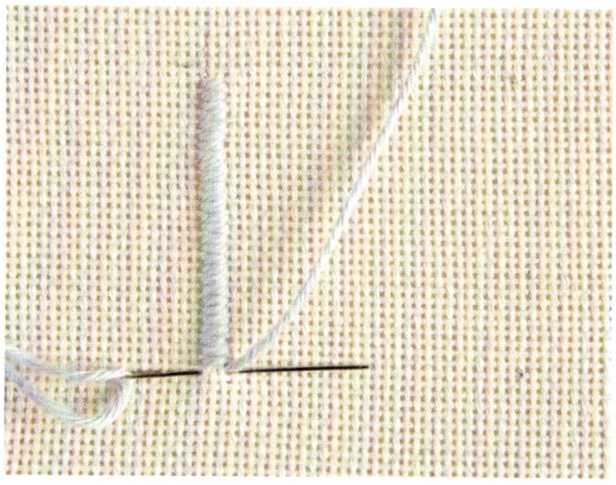

**2.** Im Spannstich bis zur unteren Markierung über drei Gewebefäden sticken.

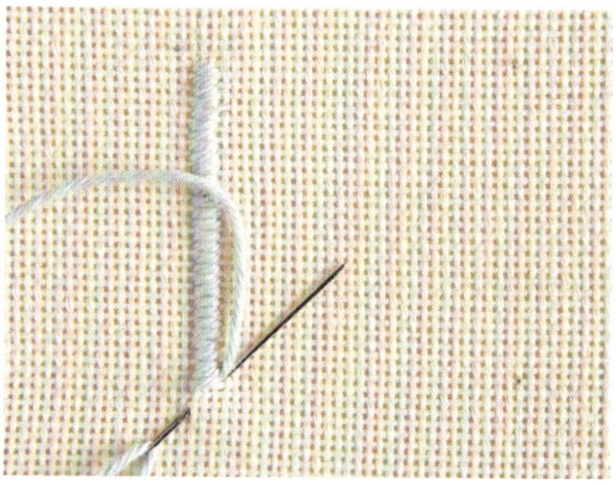

**3.** Um die untere Ecke zu bilden, drei schräge Spannstiche über den linken Rand sticken und die Nadel immer aus dem Innenbereich der Ecke ausstechen.

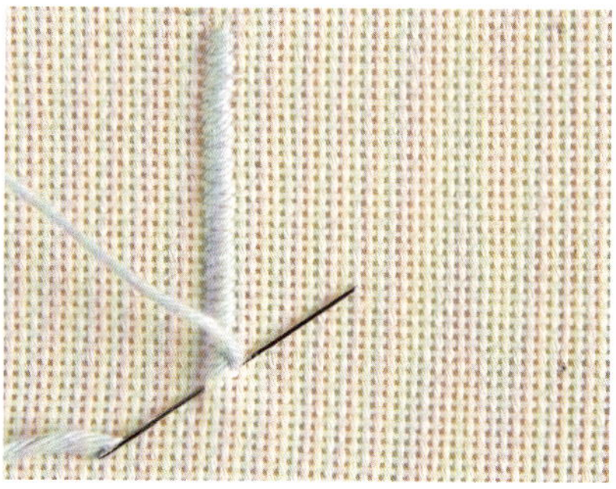

**4.** Ebenso drei schräge Spannstiche über den unteren Rand sticken.

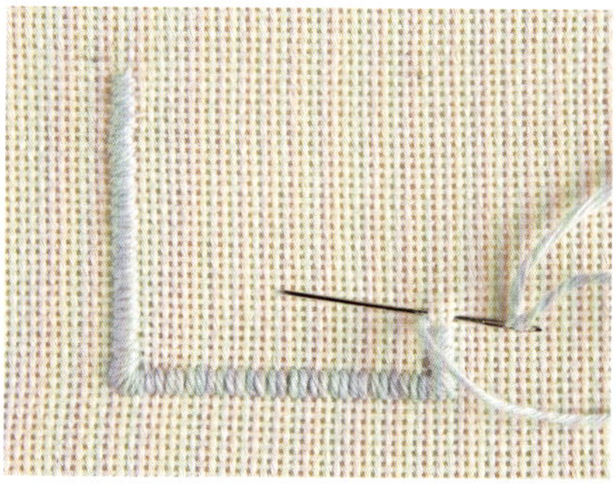

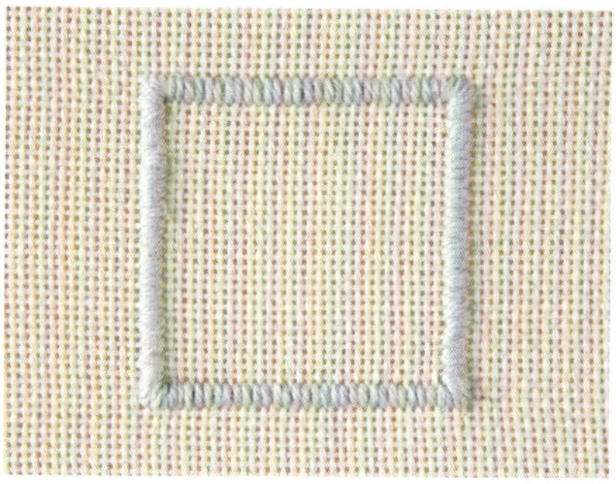

**5.** Die Stickerei am unteren Rand fortsetzen, die rechte Ecke und dann das ganze Quadrat sticken.

## STICKFADEN BEIM ARBEITEN WECHSELN

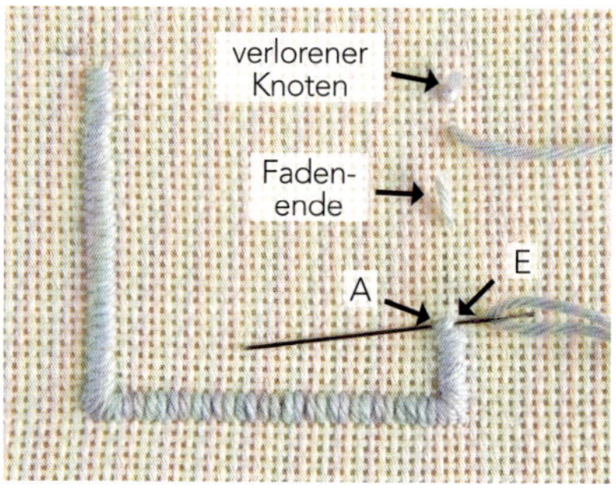


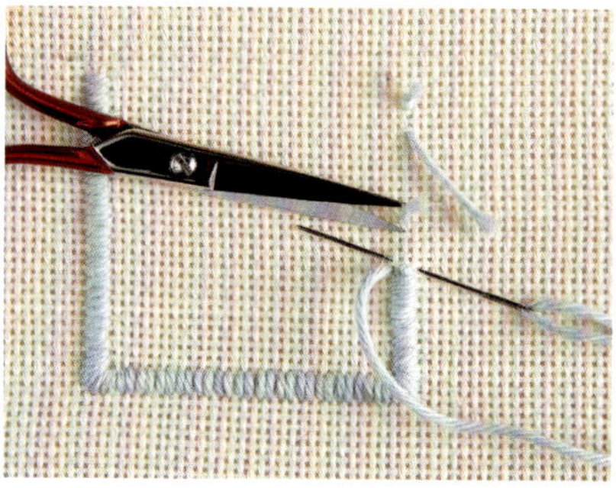

**1.** Wenn der Faden zu kurz wird, die Nadel 1 cm weiter aus der Verlängerung des zu stickenden Bereichs ausstechen und den Faden 0,5 cm vom Stoff entfernt abschneiden. Den neuen Faden mit einem Kreuzstich fixieren, in die Mitte des letzten Spannstichs ein- und links ausstechen.

**2.** Beim Sticken die End- und Anfangsfäden integrieren. Nach 1 cm die überschüssigen Fäden abschneiden.

## Anmerkungen zu den folgenden Anleitungen:

– Fixieren Sie die Fäden bei den folgenden Füllstichen unter dem Rand der Kontur.
– Drehen Sie die Arbeit am Ende der Reihe um 180°, um die Stiche von rechts nach links zu sticken.
– Um den Faden von einer Reihe zur nächsten zu führen, schieben Sie ihn unter dem Rand durch und stechen ihn direkt daneben aus. Setzen Sie einen kleinen Spannstich über einen Faden, stechen Sie die Nadel im Quadrat aus und sticken Sie weiter.

# 1. FÜLLSTICH: OFFENER WELLENSTICH

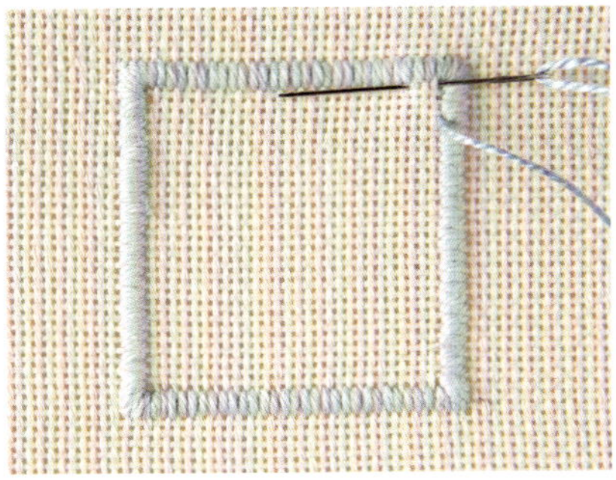

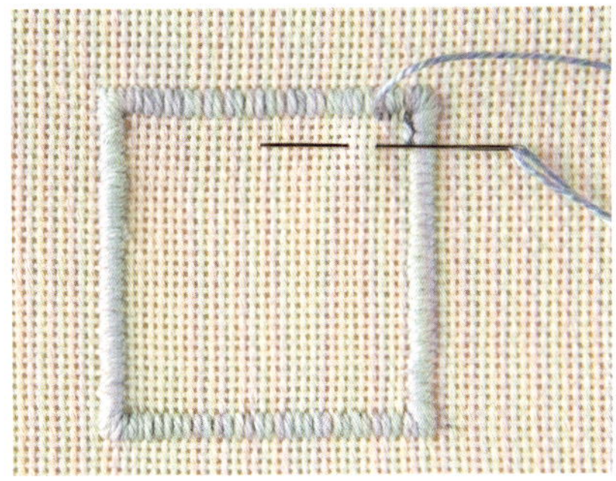

**1.** Diesen Stich über drei Gewebefäden in Höhe und Breite arbeiten. Am rechten Rand ausstechen, oben ein- und links ausstechen. Unten ein- und links ausstechen. Für die gesamte Reihe so fortfahren.

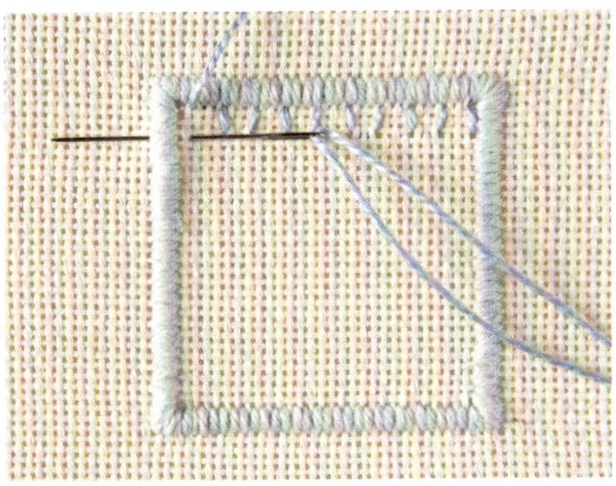

**2.** Die Nadel am Ende der Reihe unter dem Rand durchziehen.

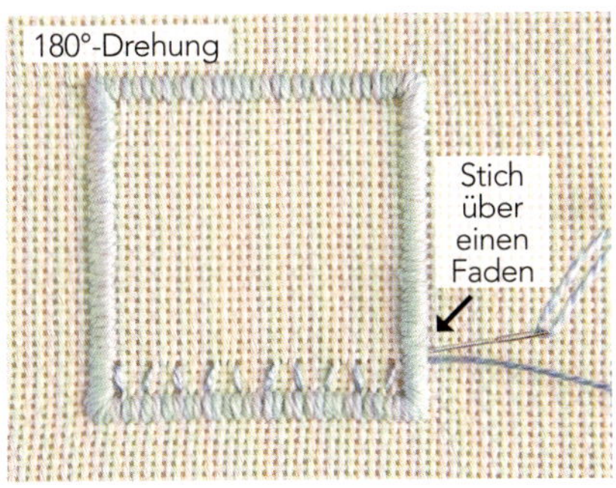


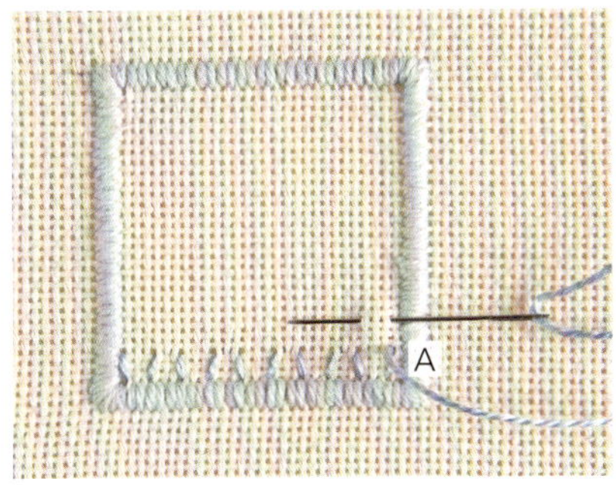


**3.** Den Faden aus dem letzten Stich der vorigen Reihe ausstechen.

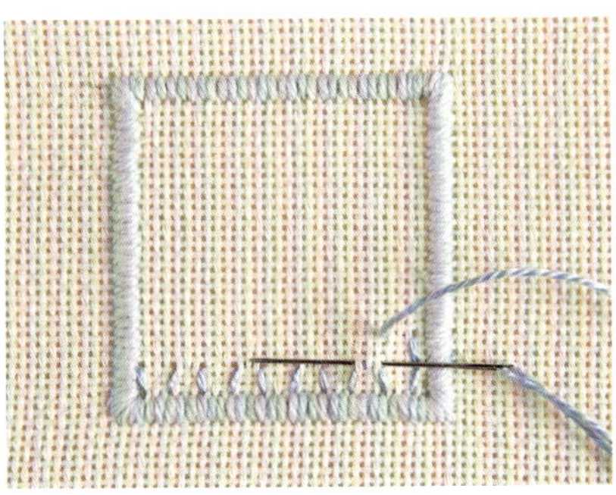

**4.** Eine neue Reihe identischer Stiche sticken.

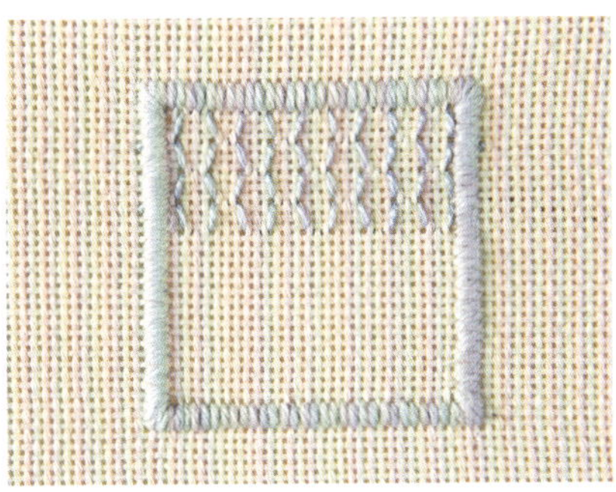

**5.** Um von einer Reihe in die nächste zu wechseln, wie zuvor arbeiten. Achten Sie darauf, auf der Vorderseite nur vertikale Stiche und auf der Rückseite nur horizontale Stiche zu sticken. Dort die horizontalen Stiche von zwei benachbarten Reihen jeweils übereinander.

*Der offene Wellenstich ist sehr einfach zu verstehen und zu sticken. Seine Besonderheit liegt in der optischen Täuschung von vertikalen Geraden, die als schräge Linien wahrgenommen werden. Je nach verwendeter Fadenstärke fallen das Muster und das Relief unterschiedlich aus, was von Vorteil ist, wenn unterschiedliche Dichten gestaltet werden sollen.*

## 2. FÜLLSTICH: WABENSTICH

Dieser Stich ist eine Variante des vorigen Stichs und wird über drei Fäden in Höhe und Breite gearbeitet.

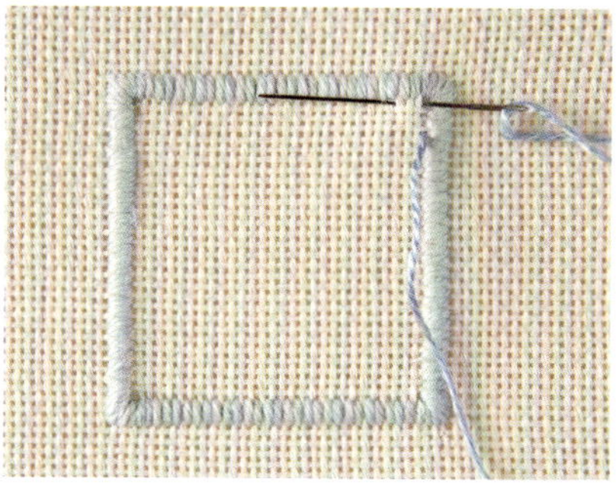

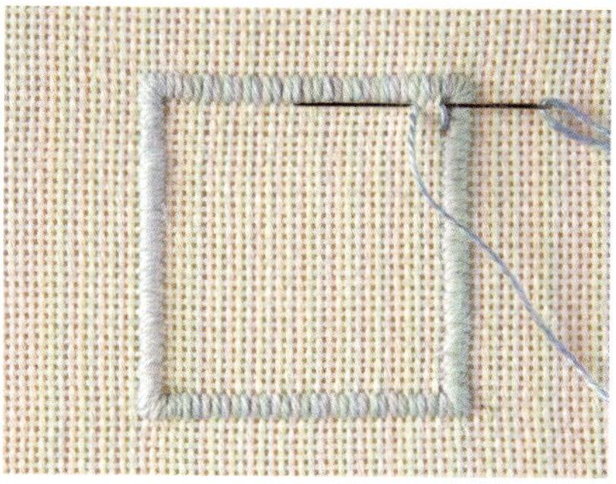

**1.** Die Nadel am rechten Rand ausstechen, oben ein- und links ausstechen. Einen Rückstich setzen und an der Nadel ziehen, um den Stich festzuziehen. Dann die Nadel links wieder ausstechen.

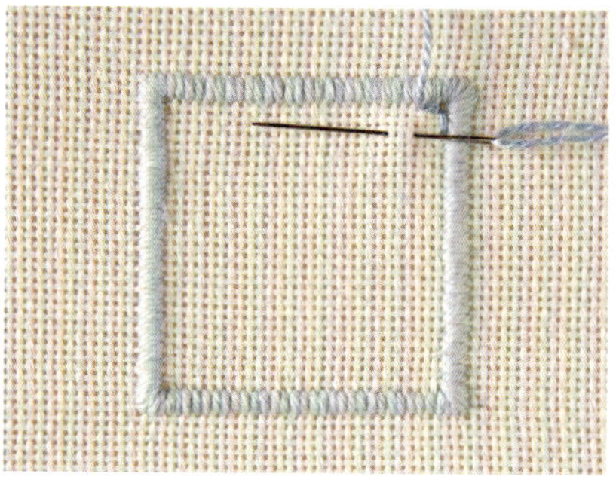

**2.** Unten ein- und links ausstechen. Einen Rückstich setzen und wieder links ausstechen.

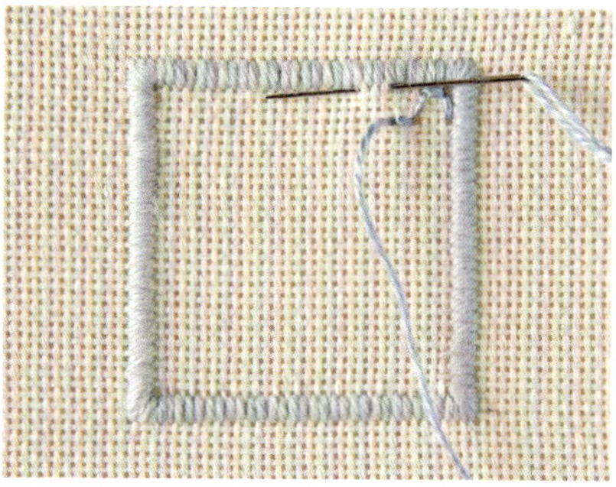

Bis zum linken Rand weitersticken.

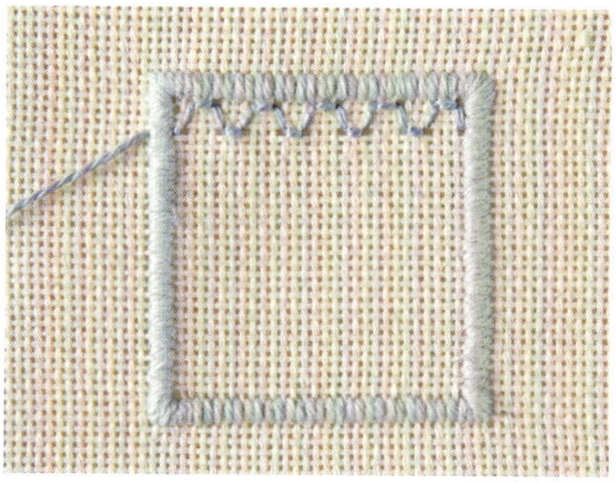

**3.** Den Faden unter dem Rand durchziehen und direkt daneben ausstechen.

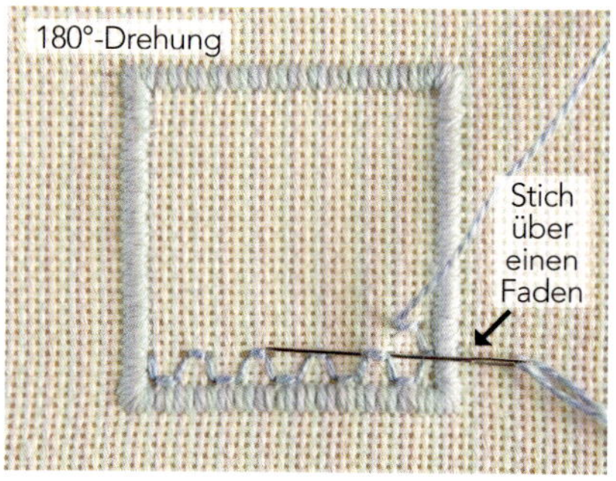


**4.** Im Quadrat wieder ausstechen und eine neue Stichreihe wie die vorige sticken. Dabei die Rückstiche versetzt sticken.

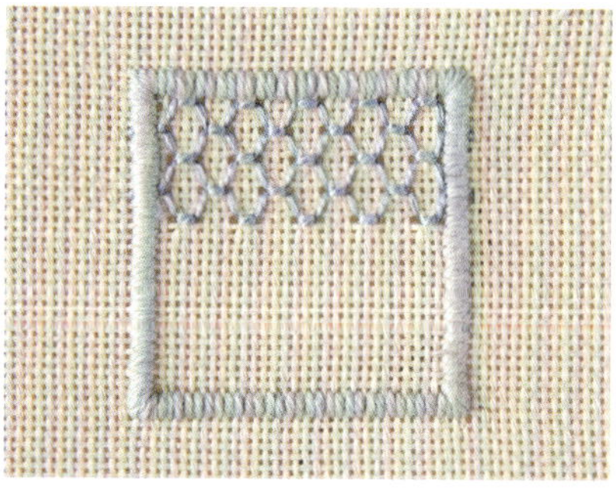

**5.** Die gesamte Fläche des Quadrats auf diese Weise füllen.

> *Die Besonderheit des vorigen Stichs liegt in der optischen Täuschung. Wird der Stich auf weißem Stoff und mit gleichfarbigem Garn gestickt, sieht er aus wie Spitze, die auf den Stoff appliziert wurde.*
> *Sticken Sie alle Ajourstiche zuvor auf ein Probestück Ihres Stoffs, um ihren Nutzen besser zu verstehen und sie an die geplante Stickarbeit anzupassen.*

# 3. FÜLLSTICH : EINZELNER KÄSTCHENSTICH (ODER GITTERSTICH)

Dieser Stich wird über drei Fäden in Höhe und Breite gearbeitet.

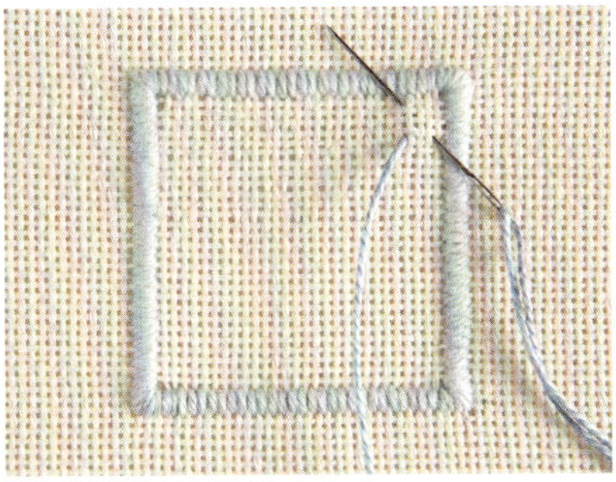

**1.** Die Nadel rechts ausstechen, vier Fäden vom oberen und rechten Rand entfernt. Einen Rückstich über drei Fäden setzen. Schräg gegenüber und drei Fäden höher ausstechen.

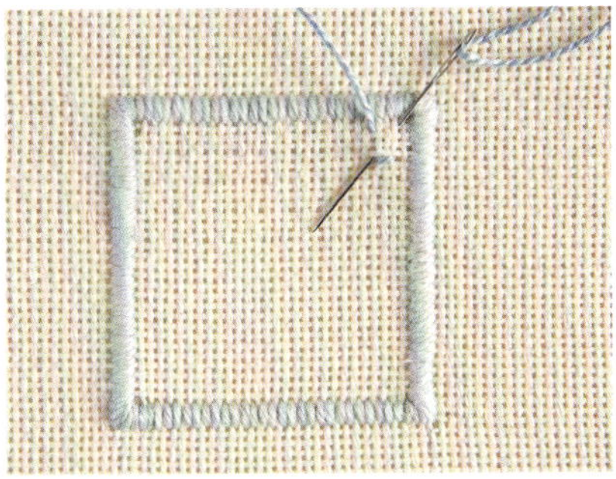

**2.** Einen Rückstich über drei Fäden setzen, diagonal ein- und unten ausstechen.

***Anm.** Ziehen Sie den Stickfaden bei jedem Stich fest, um die Gewebefäden mit anzuziehen.*

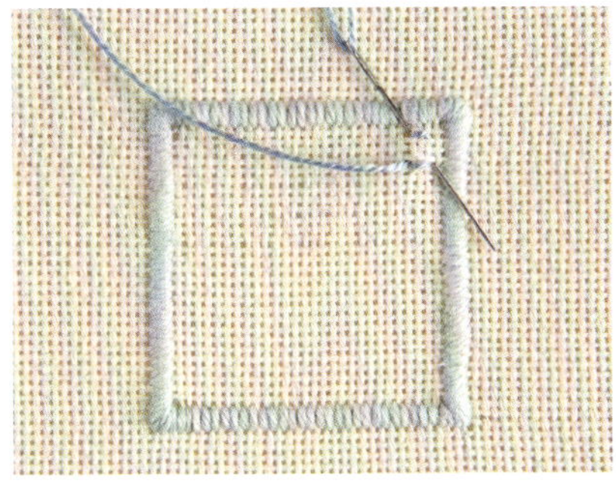

**3.** Oben einstechen und schräg unten wieder ausstechen.

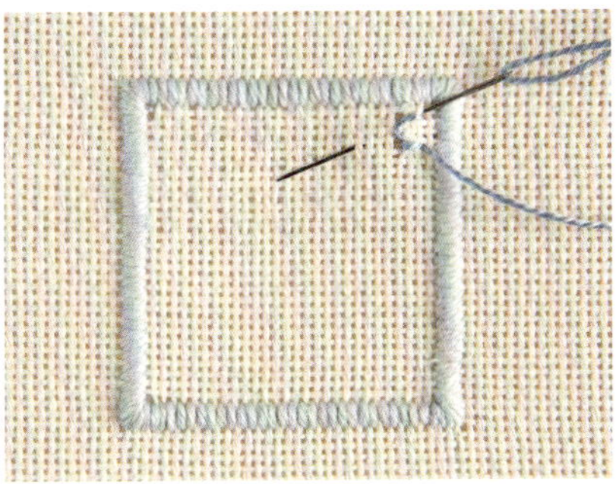

**4.** Drei Fäden höher einstechen. Schräg links und vier Fäden weiter unten ausstechen.

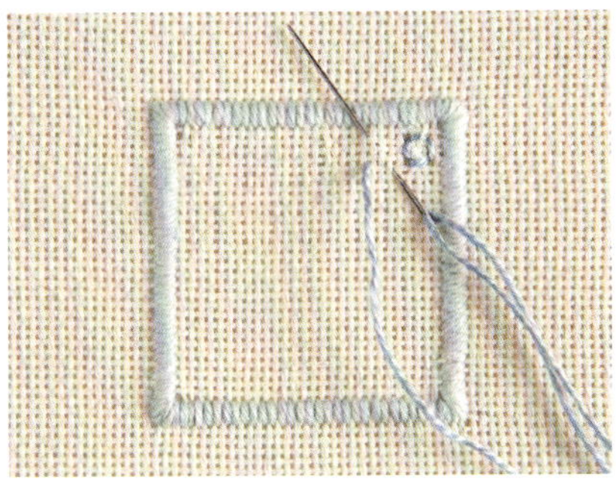

**5.** Einen neuen identischen Kästchenstich sticken und die ganze Reihe bis zum linken Rand fortsetzen.

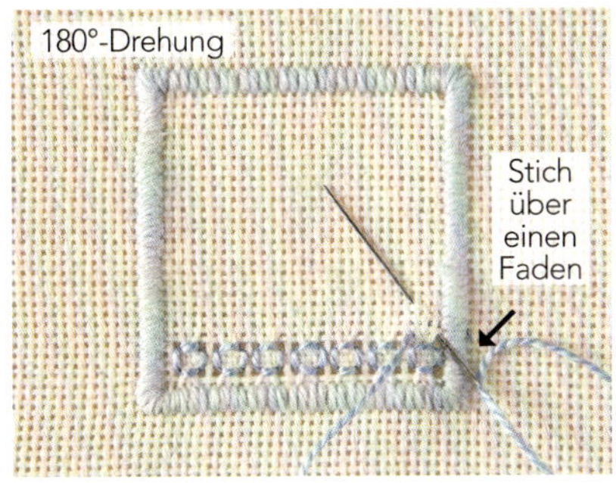


**6.** Den Faden unter der Kontur durchziehen und in der Verlängerung der linken Ecke des vorigen Stichs, 4 Fäden entfernt, wieder ausstechen.

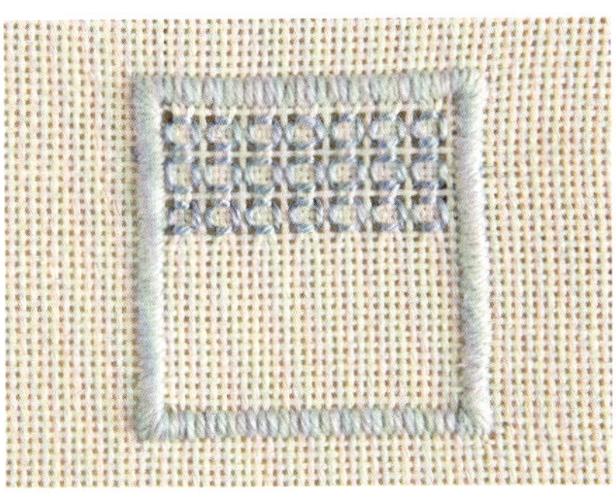

**7.** Die nächsten Stiche und Reihen genauso sticken.

*Wird der einzelne Kästchenstich mit Garn gestickt, das viel feiner ist als die Gewebefäden, entsteht ein sehr reizvoller Durchbrucheffekt. Der Vorteil dieses Stichs besteht darin, dass er den Stoff nicht schwächt, da keine Fäden ausgezogen werden.*

## 4. FÜLLSTICH: KÄSTCHENSTICH IN REIHEN

Dieser Stich wird über drei Fäden in Höhe und Breite gearbeitet.

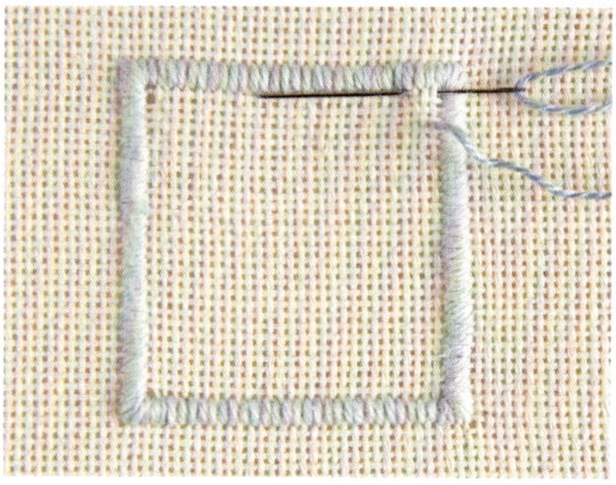

**1.** Die Nadel auf der Vorderseite ausstechen, einen Stich nach oben setzen und links ausstechen.

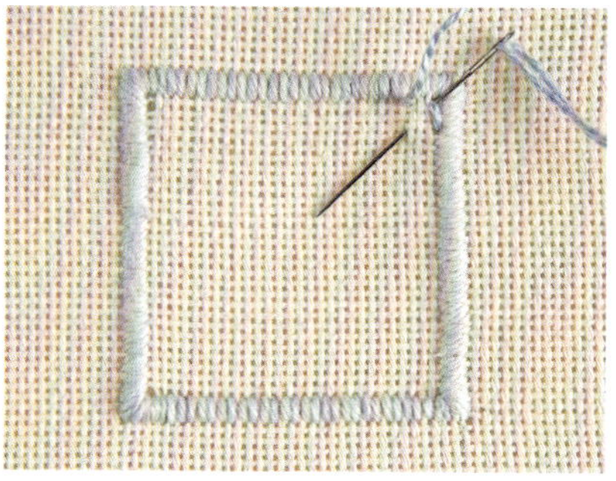

**2.** Einen Rückstich setzen und aus der Ecke schräg gegenüber ausstechen.

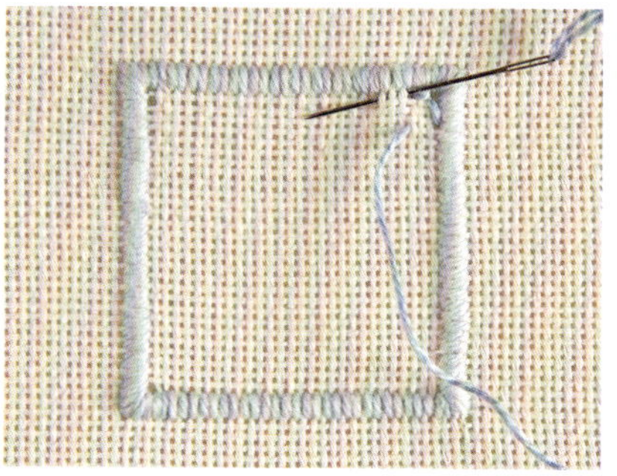

**3.** Diesen Stich bis zum linken Rand wiederholen.

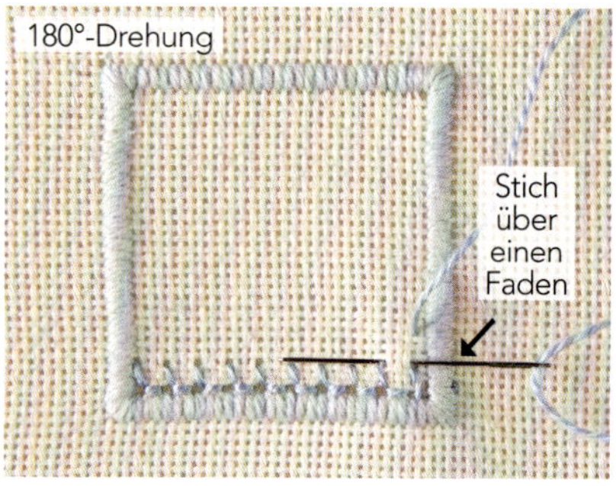


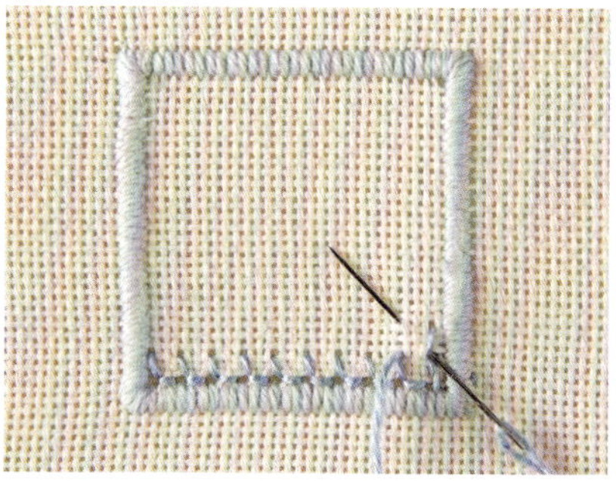

**4.** Den Faden unter der Kontur durchziehen und in der Verlängerung des vorigen Stichs, drei Fäden höher ausstechen. Unten ein- und links ausstechen. Einen Rückstich setzen und schräg oben ausstechen.

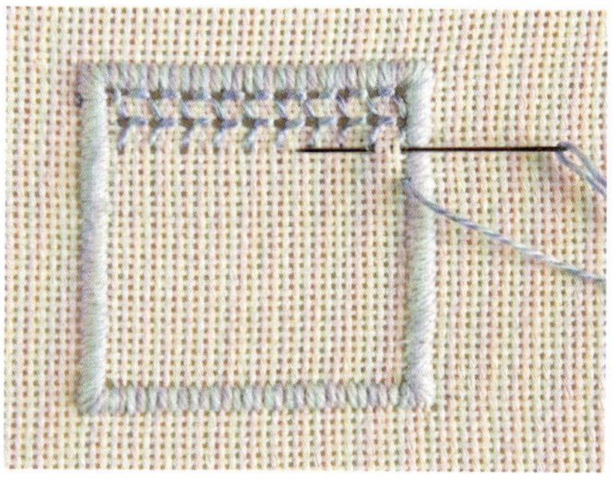

**5.** Diesen Stich bis zum gegenüberliegenden Rand wiederholen. Die dritte Reihe und alle ungeraden Reihen wie die erste sticken.

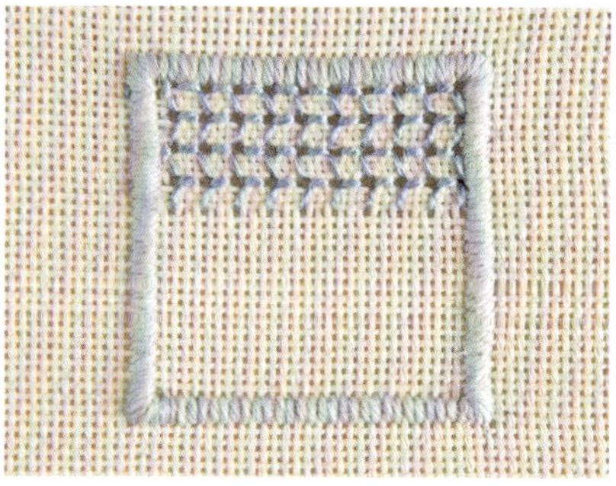

**6.** Ebenso alle geraden Reihen wie die zweite sticken.

## 5. FÜLLSTICH : LEICHTER KORDELSTICH

Dieser Stich wird über zwei Fäden in der Höhe und drei Fäden in der Breite gearbeitet.

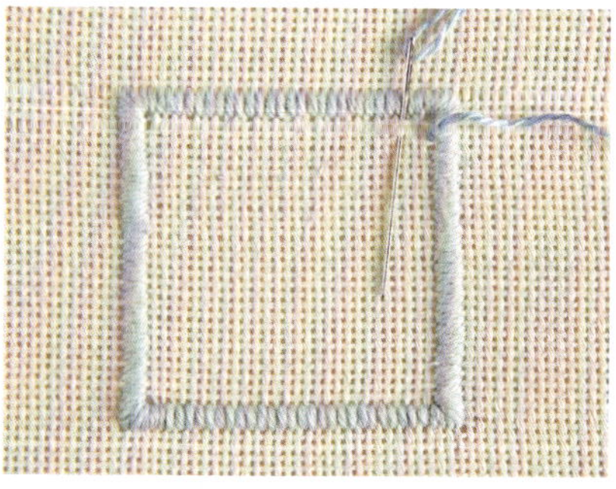

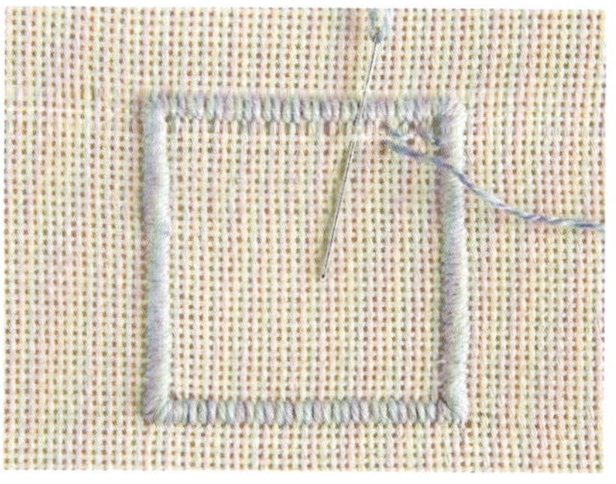

**1.** Den Faden rechts, zwei Fäden vom oberen Rand entfernt ausstechen, einen Schrägstich über drei Fäden setzen und unten wieder ausstechen. Diesen Stich bis zum linken Rand wiederholen und den Faden bei jedem Stich festziehen.

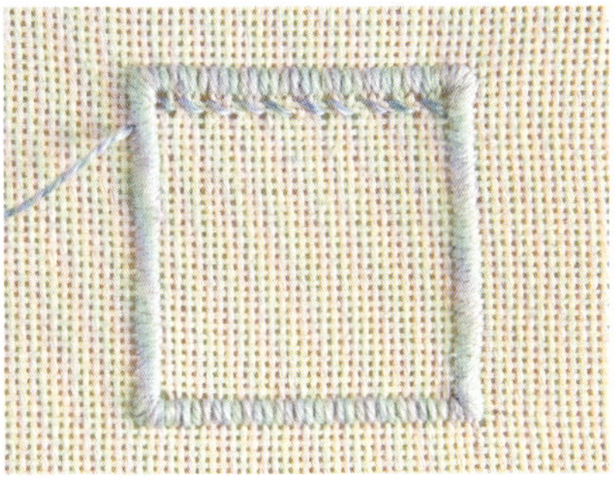

**2.** Den Faden unter der Kontur durchziehen.

***Anm.*** *Am Ende der ersten Reihe den letzten Stich über die verbleibende Anzahl von Schussfäden sticken (wenn z. B. zwei Fäden übrig sind, den Stich über zwei Fäden sticken).*

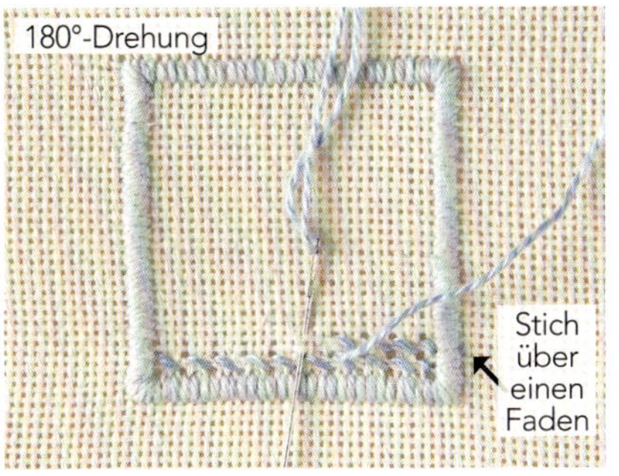


**3.** Im Quadrat ausstechen und eine Reihe identischer Stiche sticken, dabei die Stiche aneinanderreihen.

***Anm.*** *Den ersten Stich über die gleiche Fadenzahl sticken wie den letzten Stich der vorigen Reihe, sodass Stiche genau übereinander liegen.*

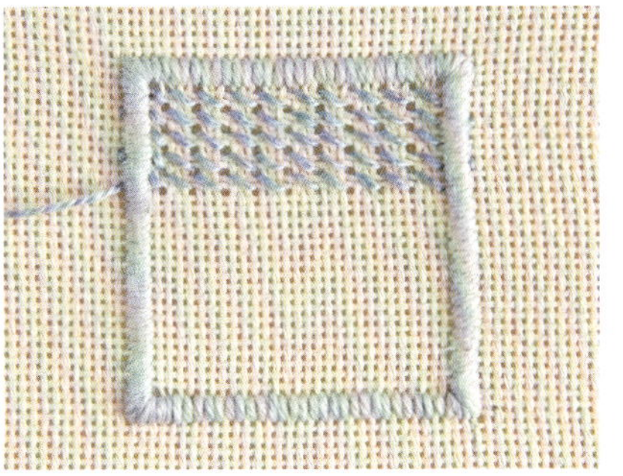

**4.** Alle anderen Stiche und Reihen genauso sticken.

## 6. FÜLLSTICH : GERADER KREUZSTICH

Dieser Stich wird über eine gerade Anzahl von Fäden gearbeitet (vier Fäden in Höhe und Breite).

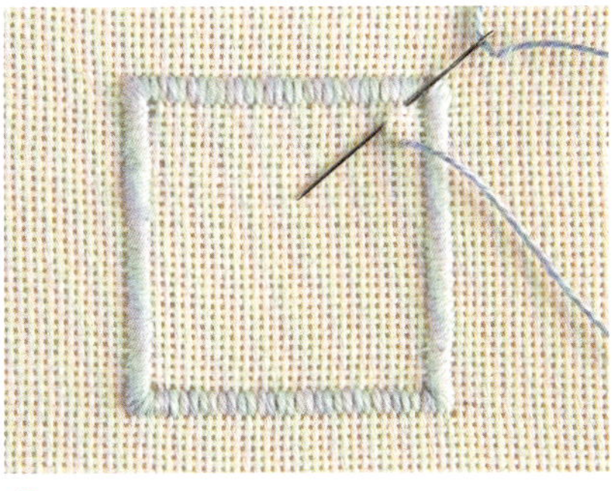

**1.** Die Nadel in der Ecke ausstechen, vier Fäden vom oberen und rechten Rand entfernt. Oben einstechen und einen Schrägstich über zwei Fäden nach unten setzen.

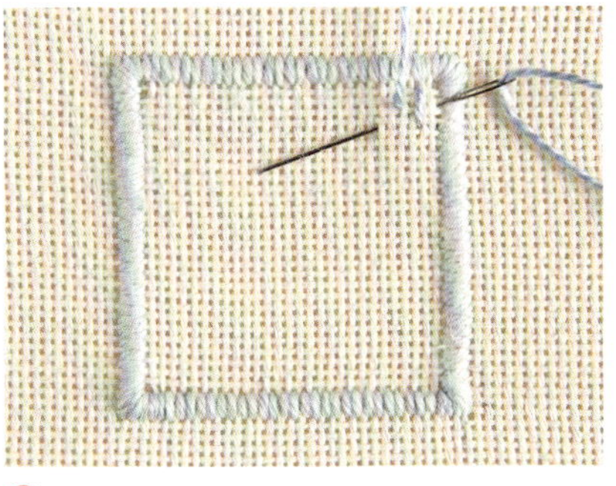

**2.** Einen Rückstich über vier Fäden und einen Schrägstich über sechs Fäden setzen.

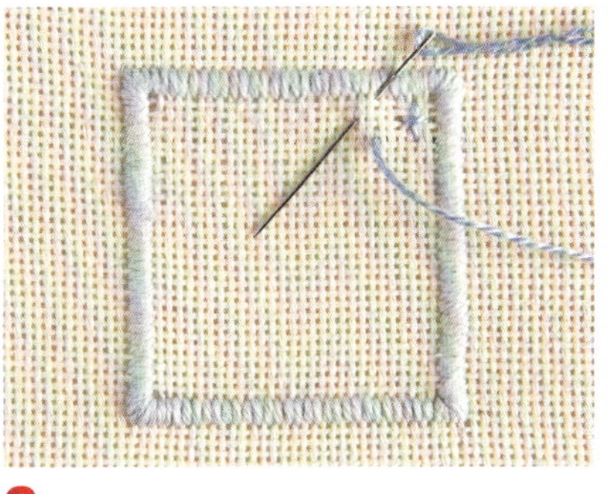

**3.** Den zweiten und alle anderen Stiche bis zum linken Rand genauso sticken.

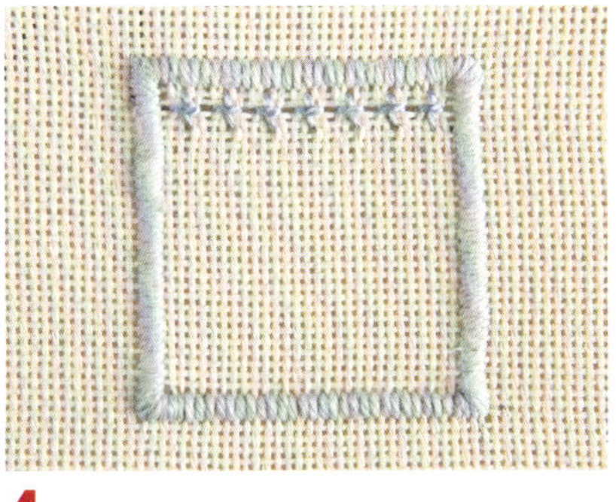

180°-Drehung

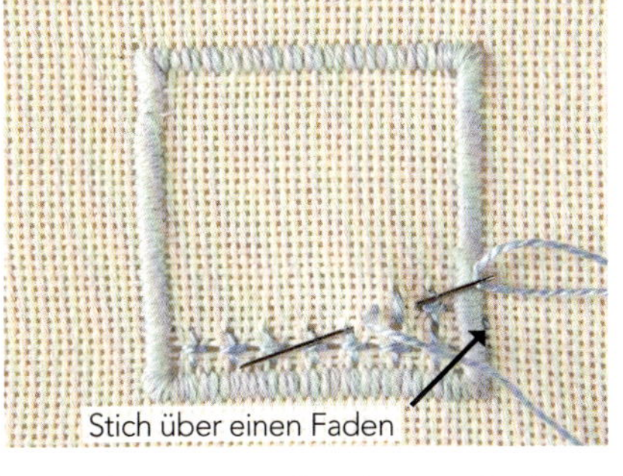


**4.** Den Faden unter dem Rand durchziehen und unten aus dem letzten Stich der vorigen Reihe ausstechen. Eine zweite Reihe sticken und darauf achten, die Stiche aneinanderzureihen.

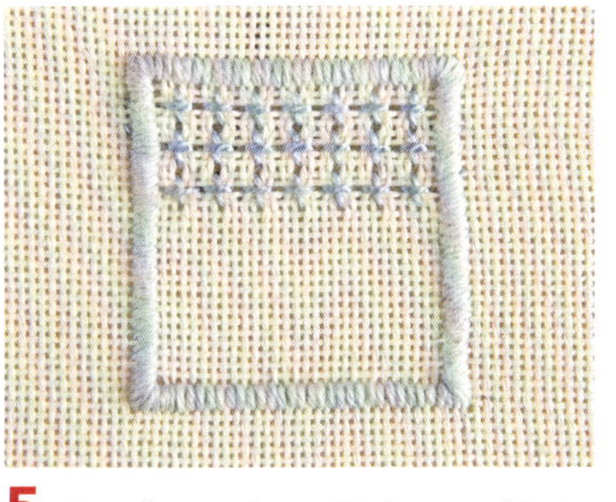

**5.** Bei allen anderen Stichen und Reihen genauso vorgehen.

# 7. FÜLLSTICH: STERNSTICH

Bei diesem Stich sollten Sie nicht am Faden ziehen, damit der Schussfaden nicht verzogen wird. Das Ziel besteht darin, die zu bestickende Fläche dicht zu gestalten.

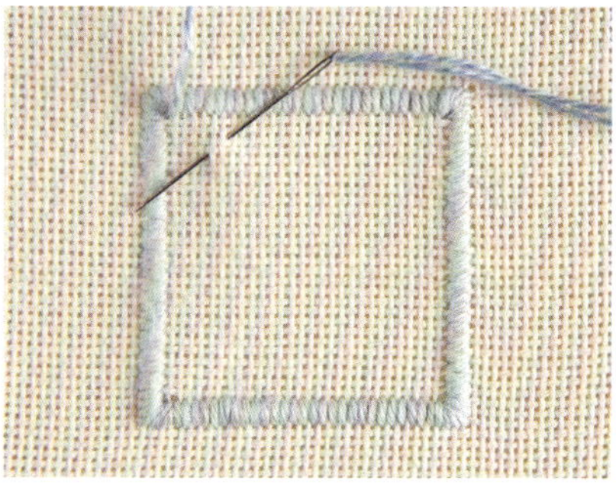

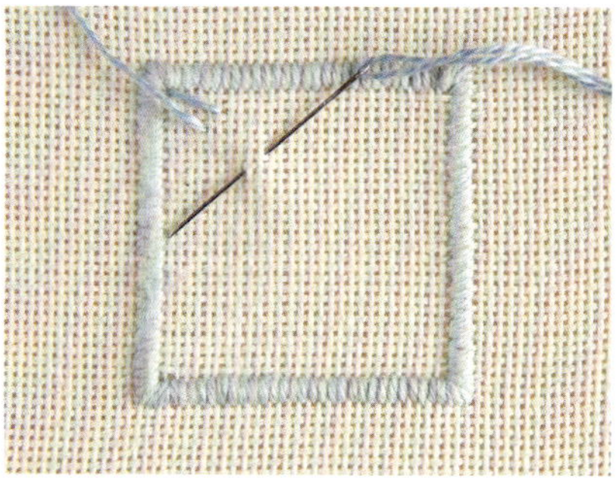

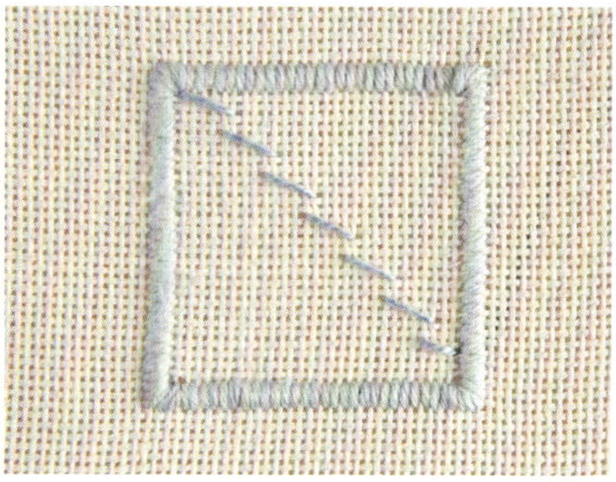

**1.** In Schrägreihen von links nach rechts und von oben nach unten arbeiten. Aus der Ecke ausstechen und einen Schrägstich über sechs Fäden nach rechts und zwei Fäden nach unten setzen, dann einen Schrägstich über zwei Fäden nach unten setzen.

**2.** Diesen Stich bis zur gegenüberliegenden Ecke wiederholen. Anm. Den letzten Stich am Ende der ersten Reihe über die restlichen Fäden sticken, deren Anzahl variieren kann.

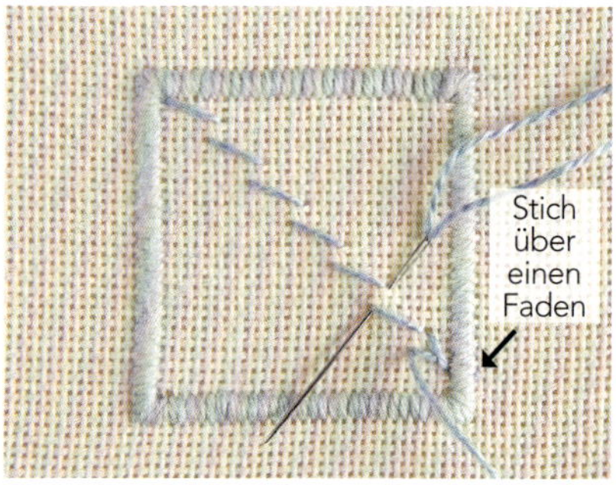


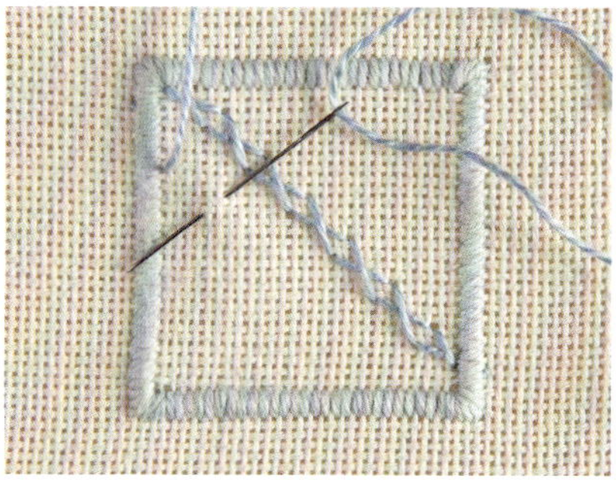

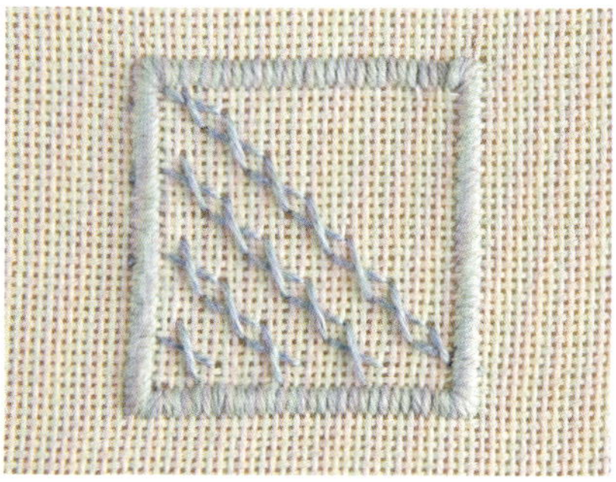

**3.** In der Rückreihe einen Schrägstich von gleicher Länge über den vorigen setzen.

**4.** Die Nadel am linken Rand, acht Fäden unter der Ecke ausstechen und genauso wie den zweiten Stich der vorigen Reihe ausrichten. Die schrägen Hin- und Rückreihen wie zuvor sticken.

***Anm.*** *In dieser Phase wird die Hälfte des Quadrats bestickt. Um die andere Hälfte zu besticken, drehen Sie das Werk um 180° und arbeiten Sie wie zuvor. Der unvollendete Sternstich kann auch als Füllstich dienen.*

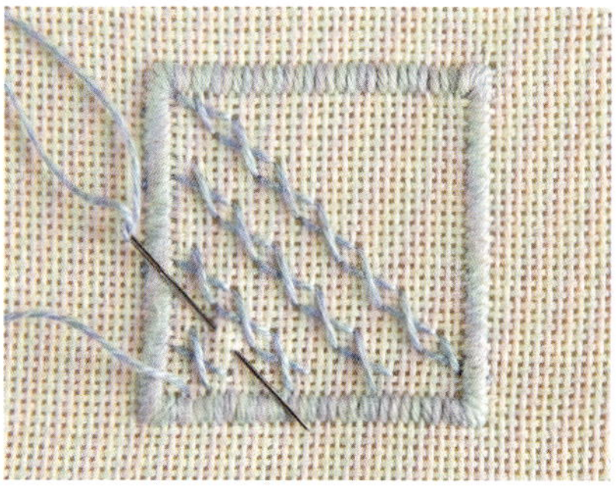

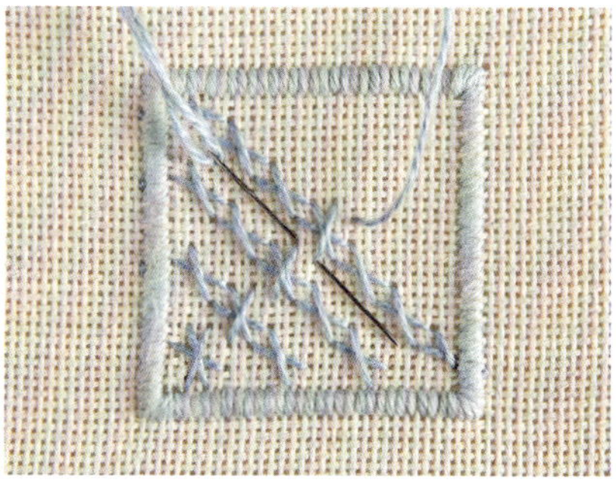

**5.** Um den Sternstich zu vollenden, die Nadel zwei Fäden von der Ecke entfernt ausstechen und im Schrägstich über die Kreuze sticken. Auf die gleichen Maße wie bei den vorigen Stichen achten. Eine Rückreihe nach dem gleichen Prinzip sticken.

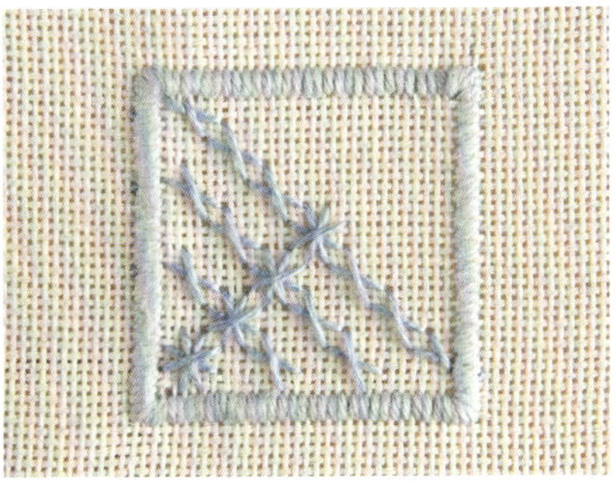

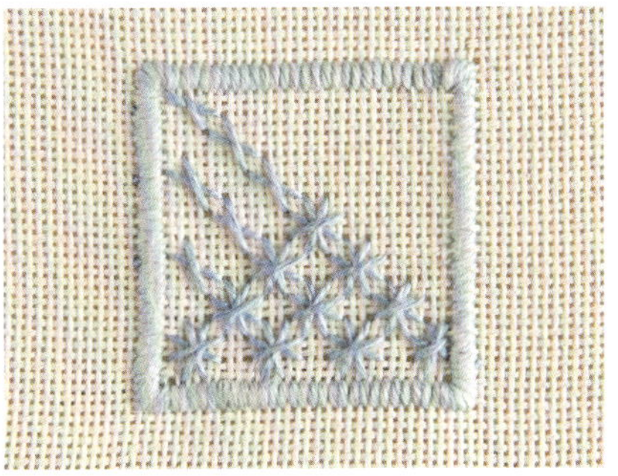

**6.** Genauso bei den anderen Reihen der vorigen Stiche vorgehen.

*Der Sternstich wird hier in mehreren Hin- und Rückreihen gestickt, sodass nebeneinanderliegende Sterne entstehen. Mit dickem Garn können diese auch einzeln, in einem Durchgang gestickt werden, was weniger Konzentration erfordert.*

## 8. FÜLLSTICH : DREIECKSSTICH

Mit diesem Stich können Sie die Oberfläche durchbrechen. Verwenden Sie relativ feines und widerstandsfähiges Garn und arbeiten Sie immer über vier Fäden in Höhe und Breite.

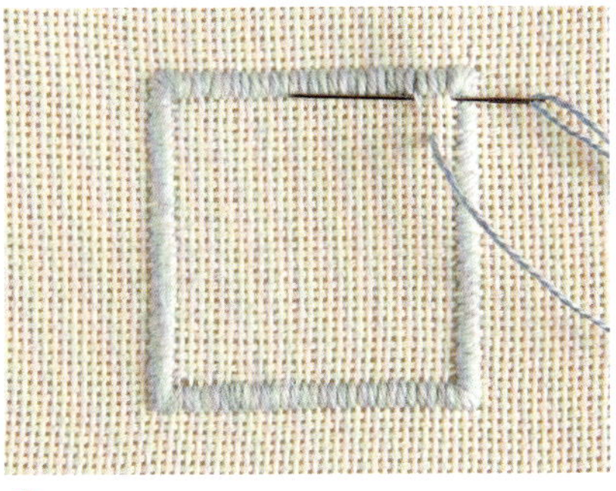

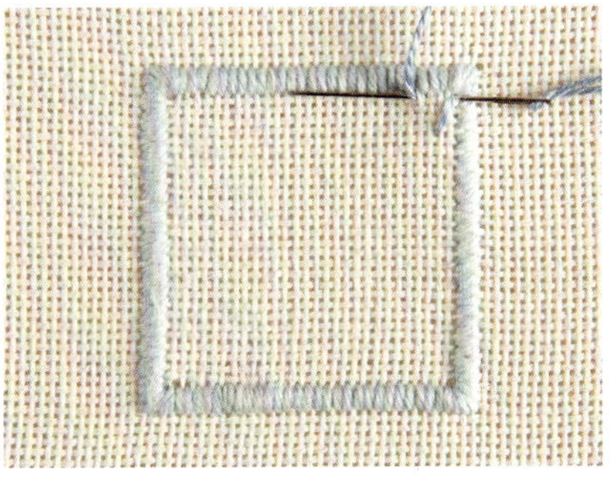

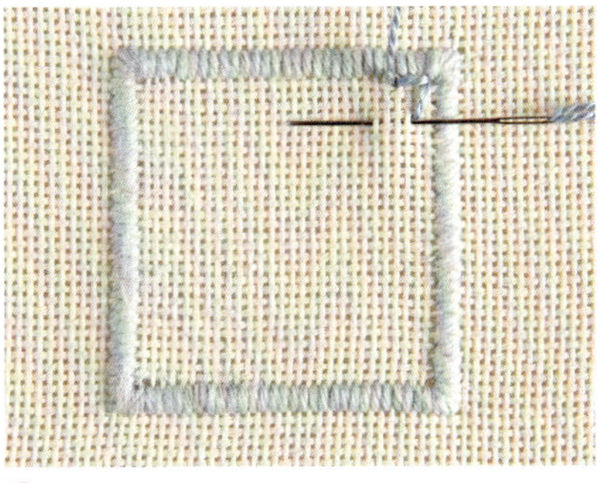

**1.** Zwei Fäden vom rechten und vier Fäden vom oberen Rand entfernt ausstechen. In die rechte obere Ecke einstechen und vier Fäden links ausstechen. Einen Rückstich setzen und aus dem Anfangspunkt ausstechen.

**2.** Schräg unten ein- und vier Fäden links ausstechen.

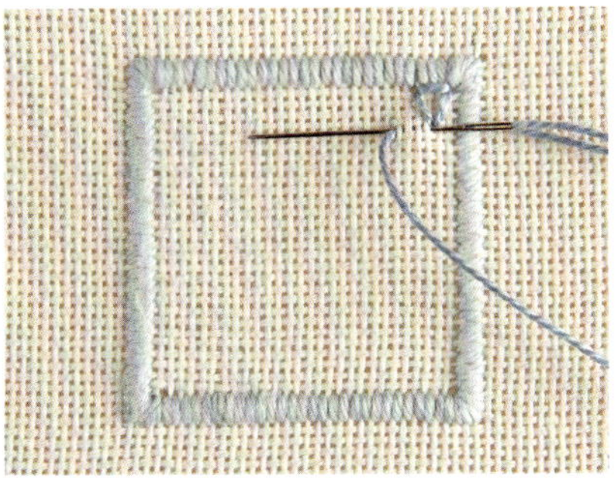

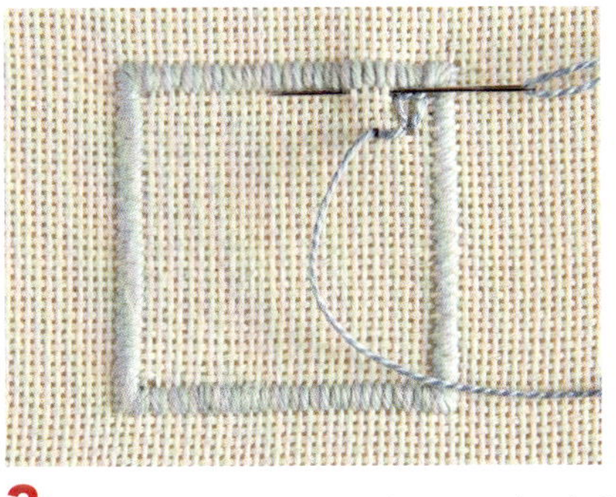

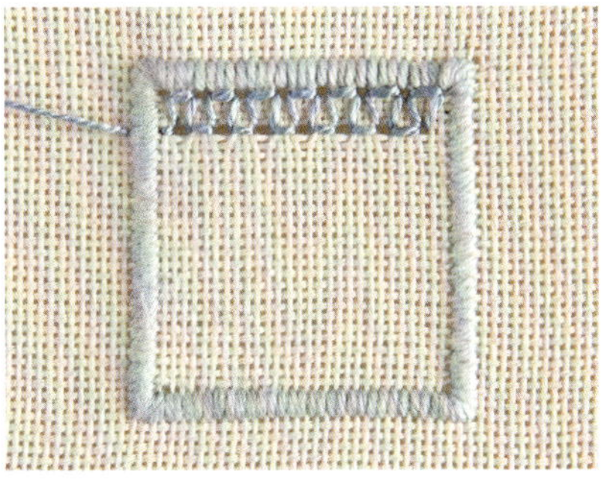

Einen Rückstich setzen und aus dem Anfangspunkt ausstechen.

**3.** Schräg oben ein- und vier Fäden links ausstechen. Alle anderen Stiche auf die gleiche Weise bis zum Ende der Reihe sticken.

***Anm.*** *Am Ende der Reihe über die restlichen Fäden sticken. Wenn z. B. zwei Fäden übrig sind, einen halben Dreiecksstich sticken, wenn drei Fäden übrig sind, darüber sticken. Wenn ein Faden übrig ist, diesen in die vier Fäden des vorigen Stichs integrieren.*

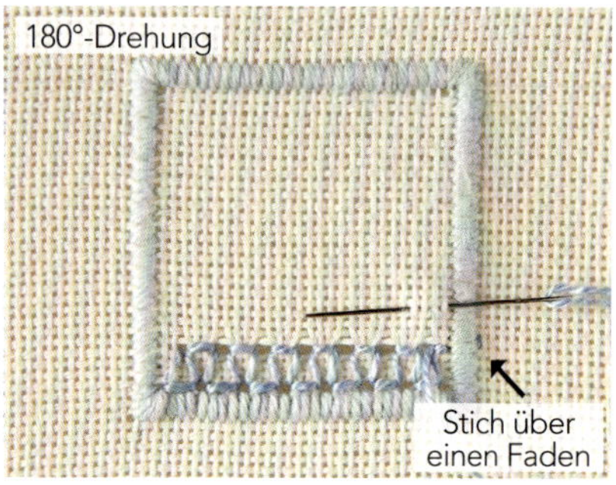


**4.** In der nächsten Reihe den Faden zwischen den beiden vorigen Stichen ausstechen.

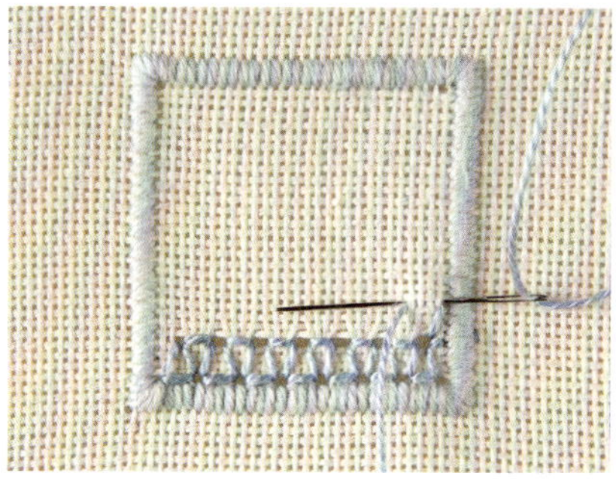

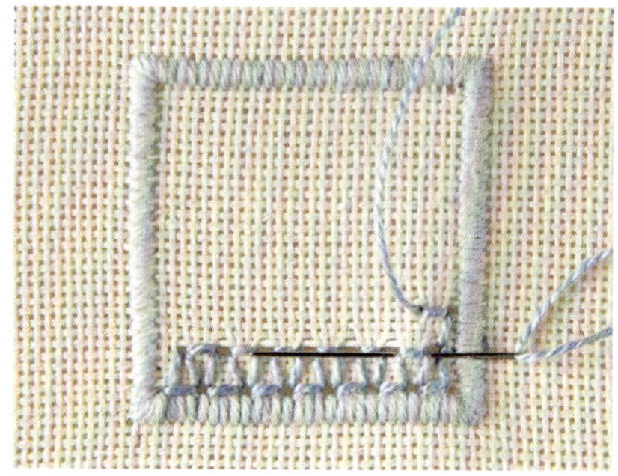

**5.** Sticken Sie eine Stichreihe wie die vorigen. Die weiteren Reihen genauso sticken.

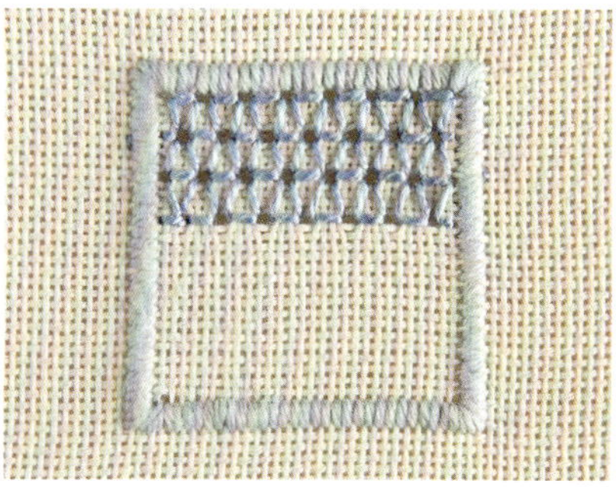

Sticken Sie die folgenden Reihen genauso.

*Verwenden Sie verschiedene Garne von unterschiedlicher Dicke, um Ajourstickereien zu verschönern. Durch die Kombination von sehr einfachen, unterschiedlichen Stichen können Sie komplexe, wunderschöne Ergebnisse erzielen.*

Die beiden folgenden Stiche stammen aus der Gobelinstickerei. Sticken Sie mit dickem Garn, ohne daran zu ziehen, um die Schussfäden des Stoffs nicht zu verziehen und einen dichten Stickgrund zu erhalten.

## 9. FÜLLSTICH : VERSETZTER GOBELINSTICH

Dieser Stich wird über fünf Fäden in der Höhe und im Abstand von vier Gewebefäden gearbeitet.

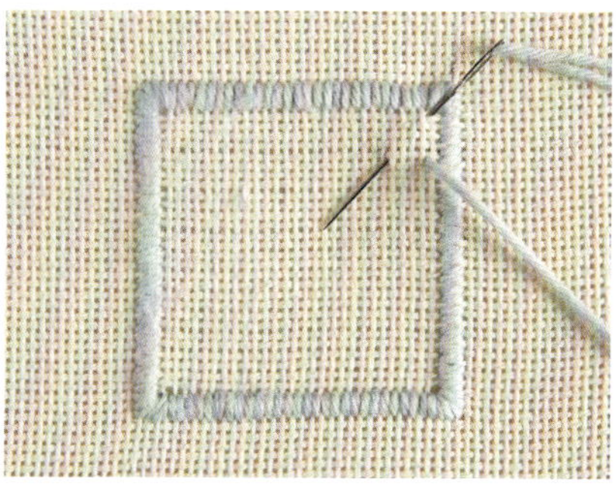

**1.** Am rechten Rand ausstechen und einen Spannstich nach oben sticken. Dann schräg unten ausstechen.

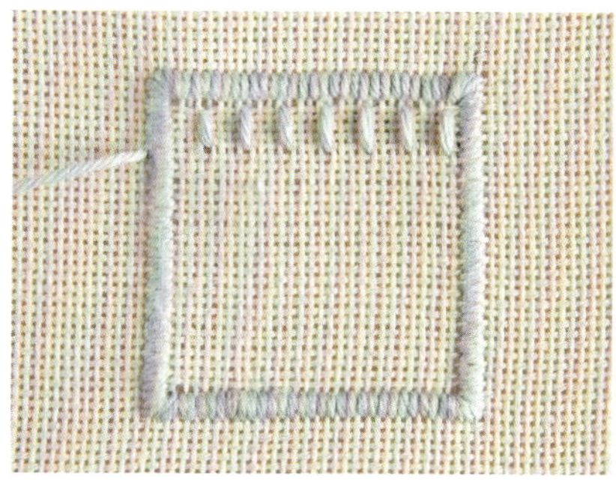

**2.** Diesen Stich in der ganzen Reihe wiederholen.

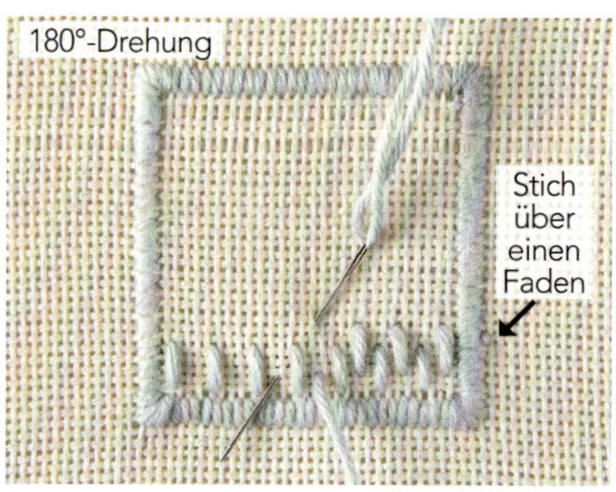


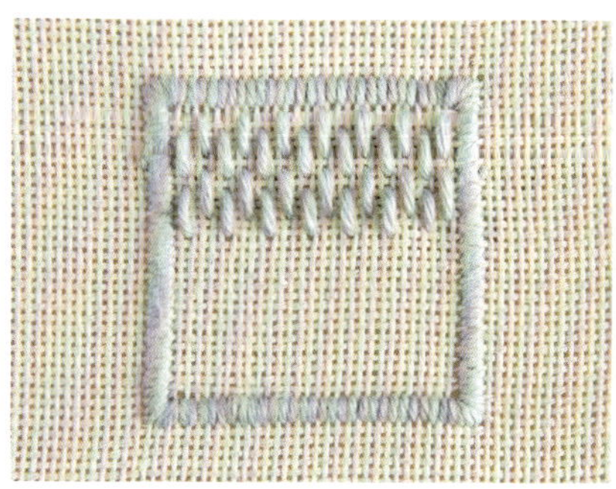

**3.** In der zweiten Reihe identische Stiche zwischen die vorigen Stiche und zwei Fäden vom Rand entfernt sticken.
Alle anderen Reihen genauso sticken.

# 10. FÜLLSTICH:
# KLEINE RHOMBEN IM SPANNSTICH

Dieser Stich wird über zwei, sechs und acht Fäden in Höhe und Breite gearbeitet.

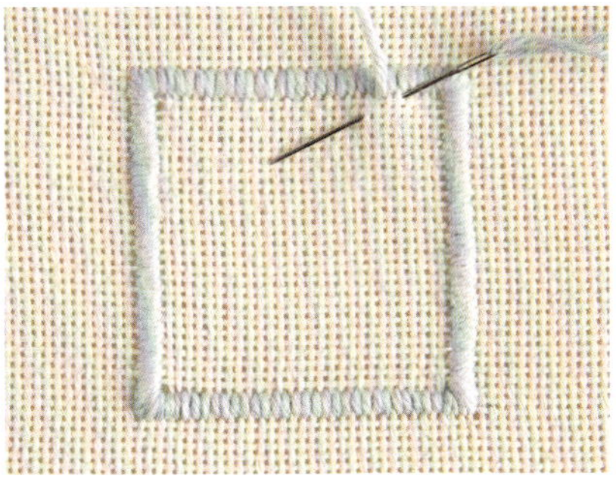

**1.** Die Nadel sechs Fäden vom rechten Rand entfernt ausstechen, einen Rückstich über zwei Fäden setzen und zwei Fäden weiter unten schräg ausstechen.

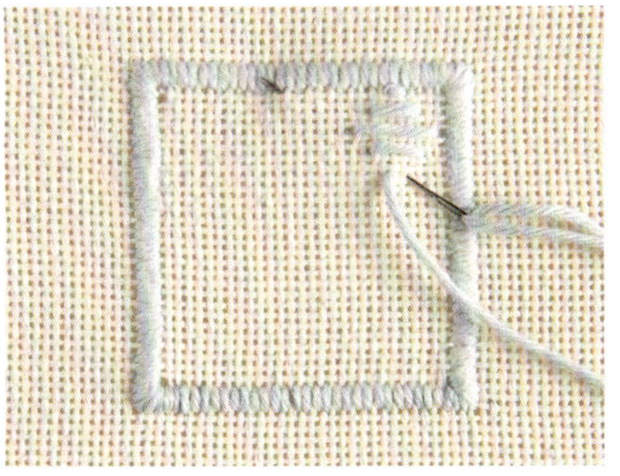

**2.** Die anderen Spannstiche in Rhombusform sticken und am Ende einen Spannstich über zwei Fäden setzen.

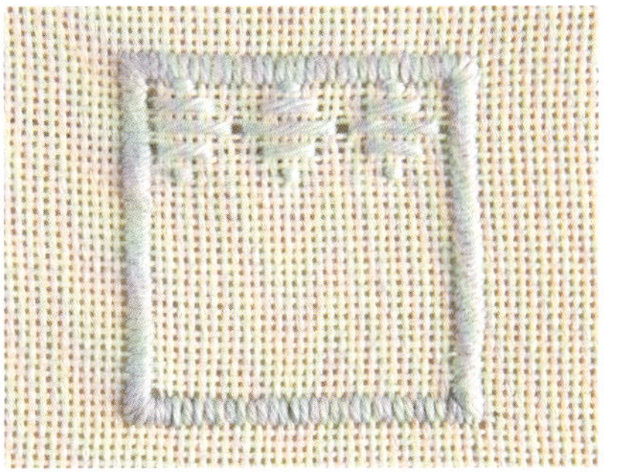

**3.** In der gleichen Reihe andere Rhomben sticken. Am Ende der Reihe die Stiche über die verbleibende Anzahl von Fäden sticken.

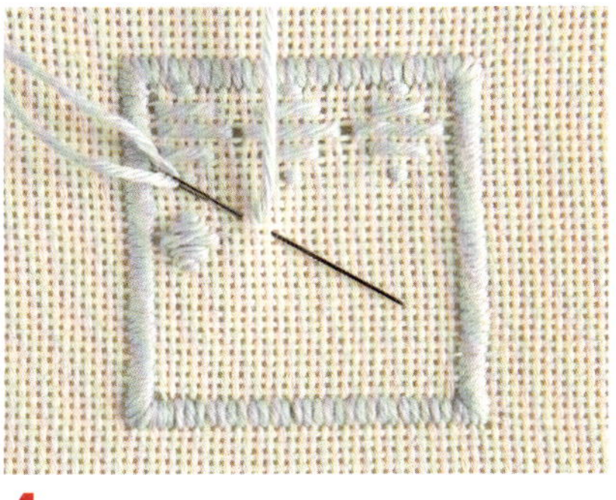

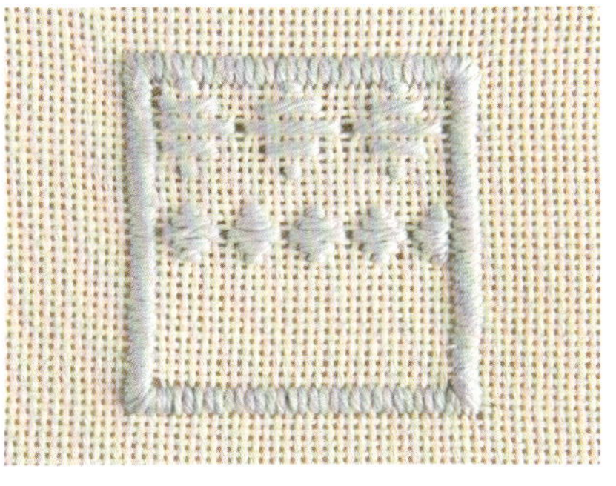

**4.** Sie können den gleichen Stich ohne Zwischenräume zwischen den Stichen über eine geringere Anzahl von Schussfäden sticken, um ein dichteres Muster zu erhalten. Der oben abgebildete kleine Rhombus besteht aus horizontalen Spannstichen über zwei, vier und sechs und dann über vier und zwei Fäden. Die Stiche ohne Abstand sticken.

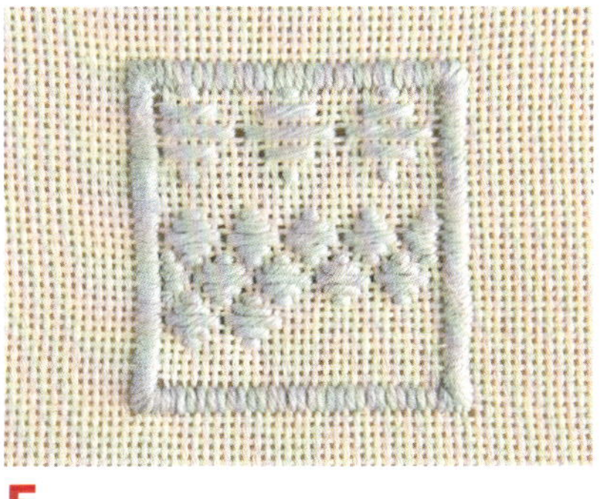

**5.** Eine weitere Reihe kleiner Rhomben versetzt voneinander und im Abstand von einem diagonalen Faden sticken.

**Anm.** *Es ist interessant, wie unterschiedlich der visuelle Effekt der beiden Stiche ausfällt, obwohl die Technik sehr ähnlich ist.*

*Die verschiedenen Stiche der Ajourstickerei können Sie unendlich miteinander kombinieren. So erhalten Sie mit einfachen Stichen sehr abwechslungsreiche Stickarbeiten.*
*Die Hauptschwierigkeit dieser Technik liegt in der Wahl des Stickgrunds. Bei feinen Stoffen ist ein gutes Sehvermögen erforderlich. Das Ergebnis kann sich auf jeden Fall immer sehen lassen.*

## 11. FÜLLSTICH: GERADSTICH-RAD

Dieser Stich wird über sechs Fäden in Höhe und Breite gearbeitet. Verwenden Sie Garn, das etwas dicker ist als der Schussfaden, und ziehen Sie nicht zu stark am Faden, damit das Rad deutlich sichtbar ist. Sie können den Stich auch mit einem dünneren Faden sticken, um eine weniger dichte Form zu erhalten. In diesem Fall ist es ratsam, die Schussfäden festzuziehen.

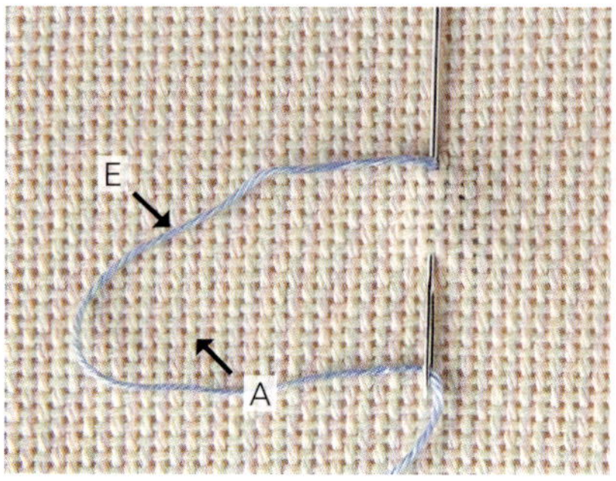


**1.** Einen vertikalen Spannstich über sechs Fäden sticken.

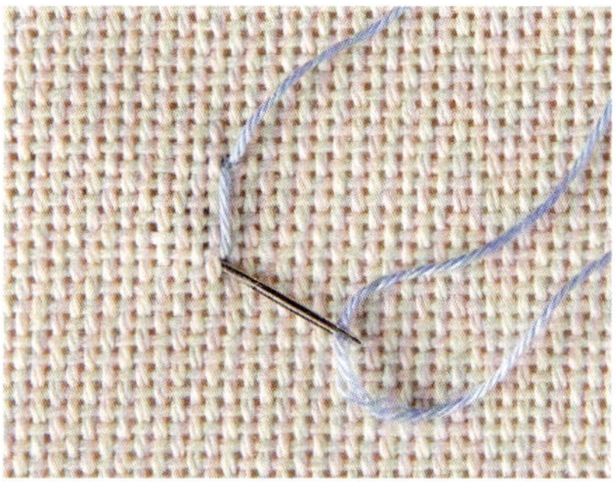

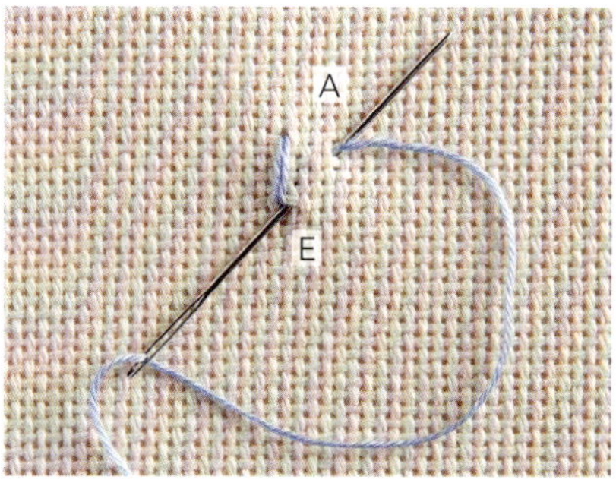


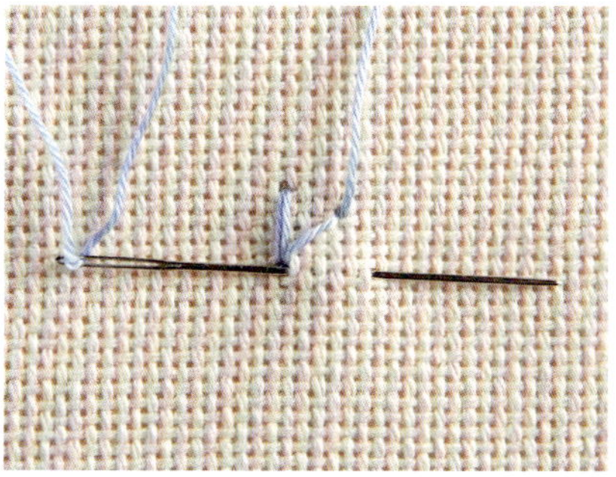

**2.** Einen zweiten identischen Stich darüber setzen.

**3.** Vier Fäden weiter rechts und einen Faden tiefer ausstechen, dann schräg in den unteren Stich ein- und oben ausstechen. Einen zweiten Stich darüber setzen.

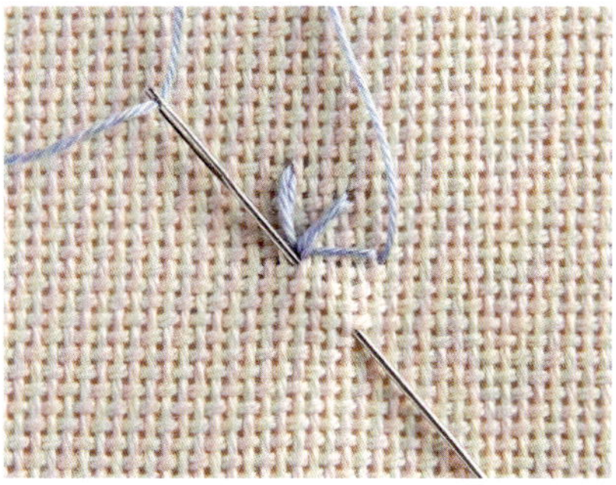

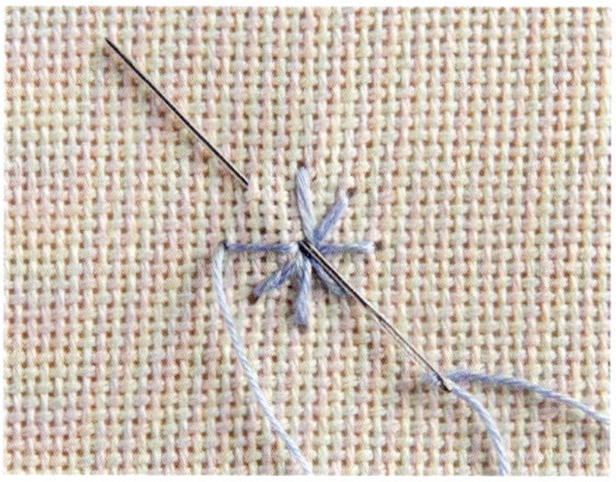

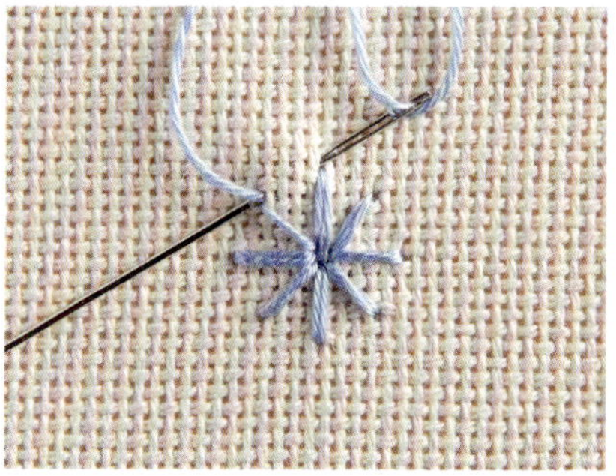

**4.** Diese beiden Stiche wiederholen und insgesamt acht Fäden sticken, um ein Rad zu erhalten.

**5.** Dann im Steppstich zwischen den äußeren Stichen um das Rad sticken.

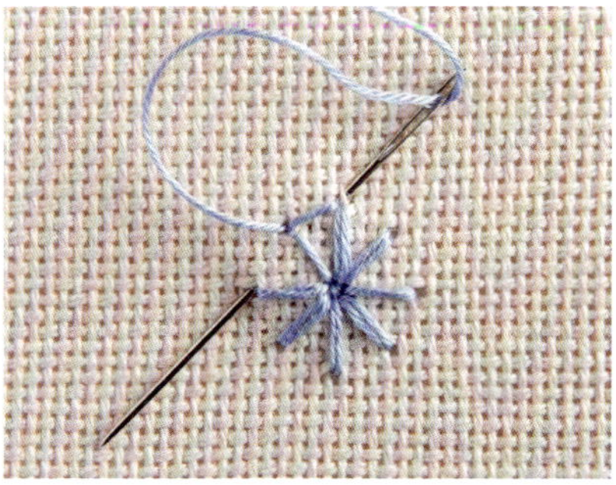

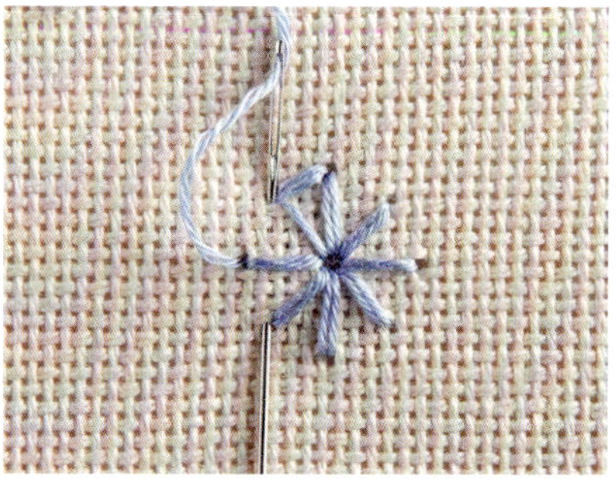

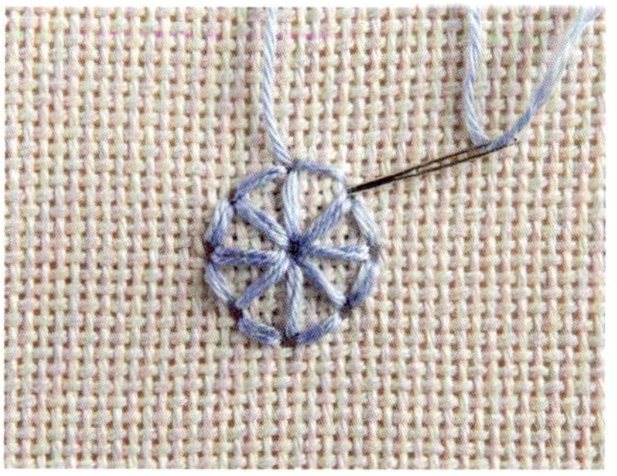

# Nadelspitze

## BESCHREIBUNG UND GESCHICHTE

Die Nadelspitze soll gegen Ende des 15. Jahrhunderts in Europa entstanden sein. Ihre Entwicklung ist der Tatsache geschuldet, dass die Stickereien immer zarter und durchbrochener wurden. Die Hohlsaumstickerei und die Reticella*-Spitze gelten als Vorläufer dieser wunderbaren Technik. Werden die Stiche um die zuvor durchbrochenen Schussfäden gestickt, spricht man von einer Stickerei. Wenn Letztere jedoch vollständig aus dem Stickfaden besteht und die Gewebefäden gar nicht einbezogen werden, spricht man von einer Spitze. Mit dieser als „Nadelspitze" bezeichneten Technik werden viele Stickereien verziert, darunter die Weiß- und Hedebo-Stickerei sowie Stumpwork* ...

## MATERIAL

### Stoffe

Um Stickereien zu verzieren, werden Spitzenstiche über die Durchbrüche gestickt. Daher wird kein Stoff benötigt, außer derjenige, der in der jeweiligen Technik verwendet wird.

### Garne

Die Garne sollten vorzugsweise gezwirnt sein, z. B. ägyptische Baumwolle (*Sajou*). Die Wahl richtet sich auch nach der verwendeten Technik.

### Nadeln

Sticken Sie mit einer Nadel mit oder ohne Spitze, deren Öhr auf die Garnstärke abgestimmt ist.
Applikationsnadeln, von dick bis dünn : 10, 11 und 12 *Bohin*.
Gobelinnadeln, von dick bis dünn: 24, 26 und 28 *Bohin*.

### Schere

Zum Schneiden der Fäden verwenden Sie eine kleine, feine Schere mit scharfen Klingen.
*Empf. 24316 oder 24311 Bohin*

### Stickrahmen

Sticken Sie mit einem runden Stickrahmen von 12 cm Durchmesser und platzieren Sie den zu bestickenden Bereich in der Mitte.
***Empf.** Stickrahmen Sajou*

## TECHNIK

Der Grundstich ist der Langettenstich. Alle anderen Stiche sind Varianten, die sehr zahlreich sind und sich unendlich kombinieren lassen. Im Folgenden sind die am häufigsten verwendeten Grundstiche aufgeführt. Achten Sie darauf, den Stickgrund, der im Vorfeld oder nach Fertigstellung der Spitze durchbrochen wird, beim Sticken nicht zu durchstechen. Sie können nach Belieben von links nach rechts oder von rechts nach links arbeiten.

### Material

Dunkler Leinenstoff, Gobelinnadel Nr. 26, Baumwolle Broder Spécial Nr. 30: Blanc.

# DIE VORBEREITUNG DES STICKGRUNDS

Dieser Konturstich bildet das „Gerüst" des Stichs, an dem er fixiert wird, ohne den Stoff zu durchstechen. In der Nadelspitze können andere Sticharten oder ein Stickgrund dieses „Gerüst" bilden. Um den Anfangsfaden zu fixieren, umwickeln Sie den Stich auf der Rückseite des „Gerüsts" und stechen die Nadel auf der Vorderseite aus.

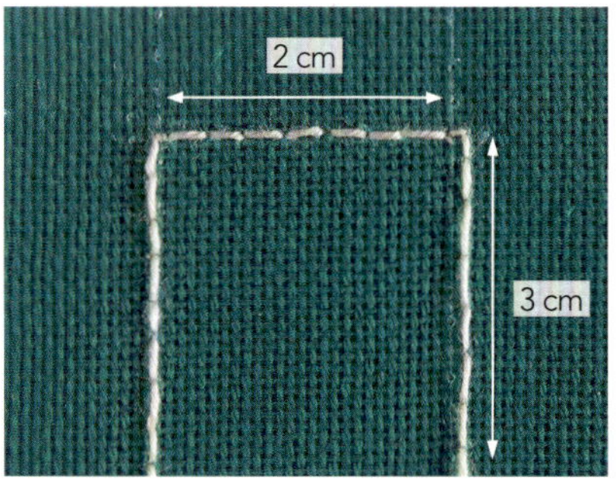


Zeichnen Sie ein 2 cm x 3 cm großes Rechteck auf den Stoff und sticken Sie den gesamten Umriss in 0,3 cm langen Steppstichen, um das „Gerüst" zu sticken.

# PLATTSTICH

Dies ist der Grundstich der Technik.

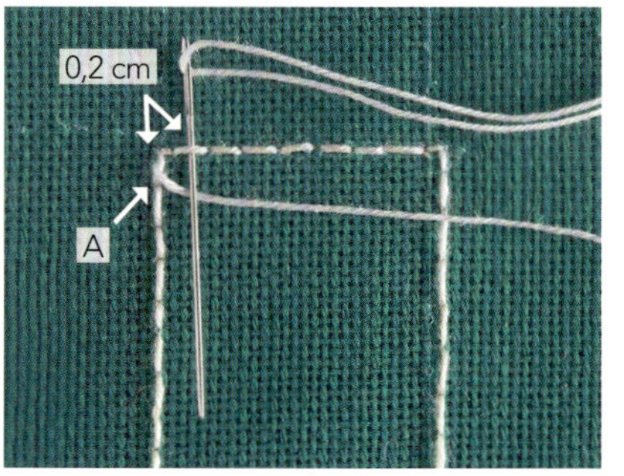


**1.** Vom linken Rand ausstechen und die Nadel unter dem oberen Stich durchziehen. Der Stickfaden liegt dabei unter der Nadel, sodass ein Langettenstich entsteht.

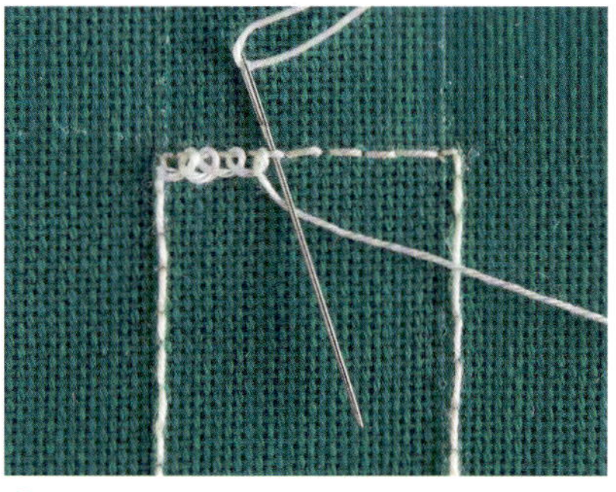

**2.** Vorsichtig an der Nadel ziehen, um einen Stich in Form einer kleinen, geschmeidigen Schlaufe zu erhalten. Diesen Stich über den gesamten Rand im Abstand von 0,2 cm wiederholen.

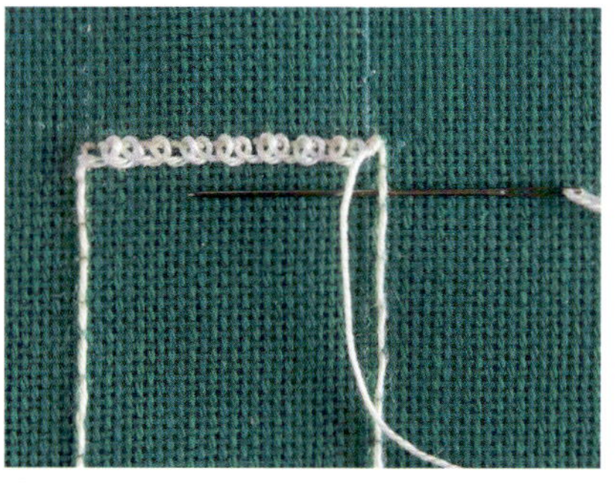

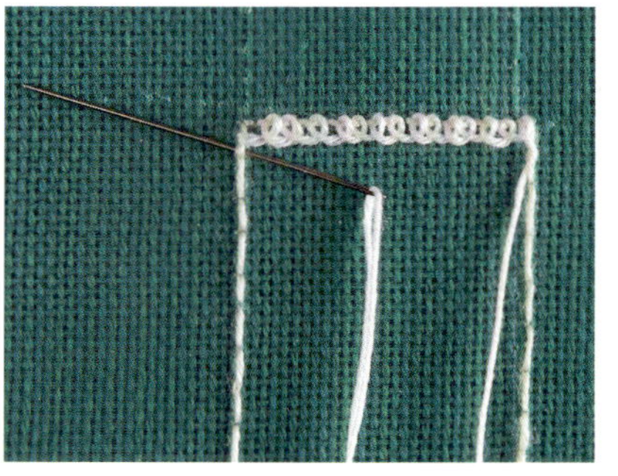

**3.** Die Nadel 0,1 cm vom oberen Stich entfernt unter dem rechten Rand, dann unter dem linken Rand durchziehen.

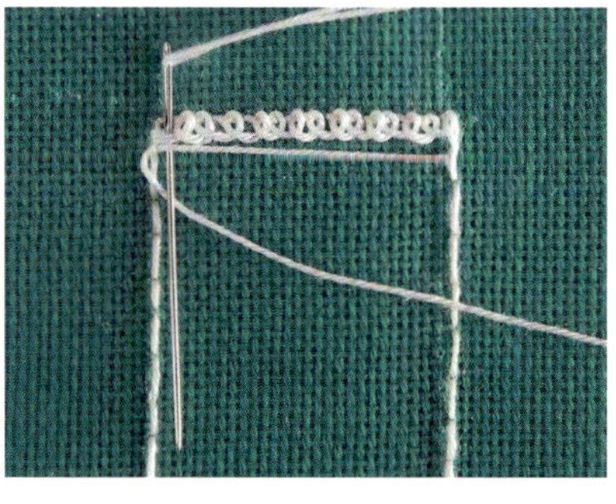

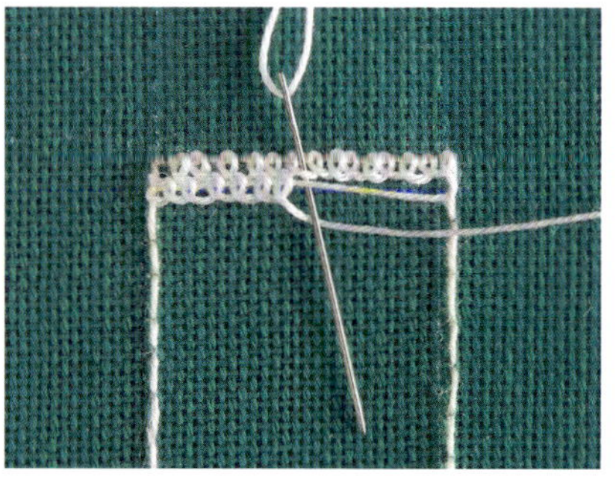

**4.** Den Faden festziehen und die Nadel unter dem oberen Stich und dem gespannten Faden durchziehen. Der Stickfaden liegt dabei unter der Nadel. Wie zuvor bis zum rechten Rand im Plattstich sticken.

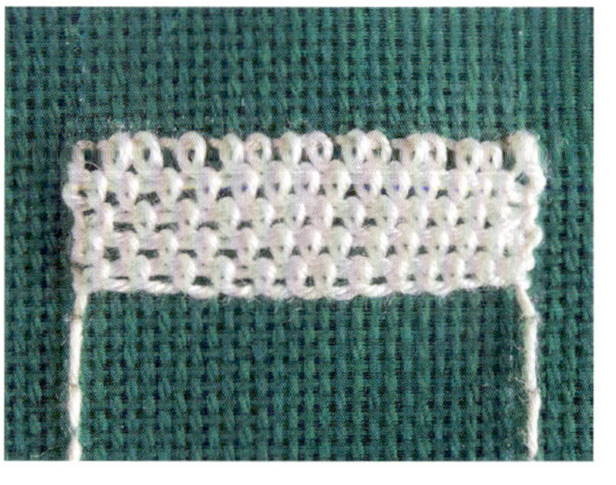

**5.** Die nächsten Reihen genauso sticken. Auf eine sehr regelmäßige Fadenspannung achten. Davon hängt die Gleichmäßigkeit der Stiche und der Spitze ab.

## TÜLLSTICH

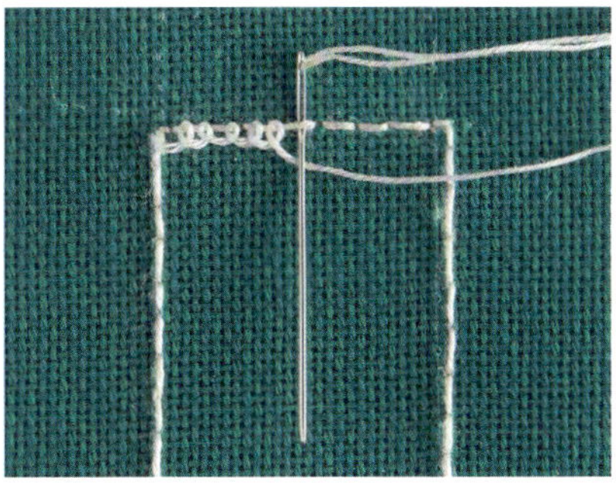

**1.** Genauso wie beim Plattstich (siehe S. 86) beginnen.

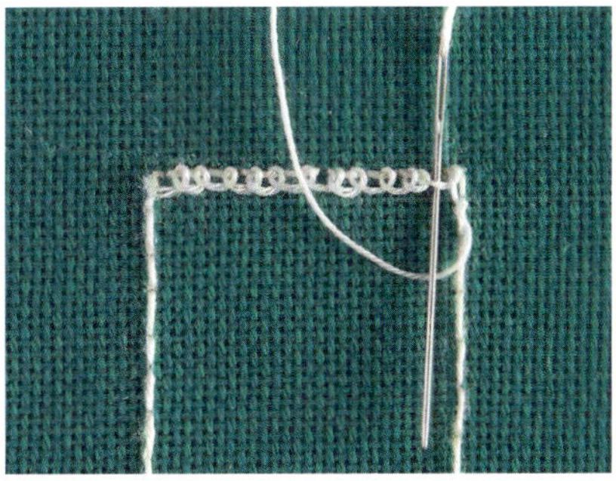

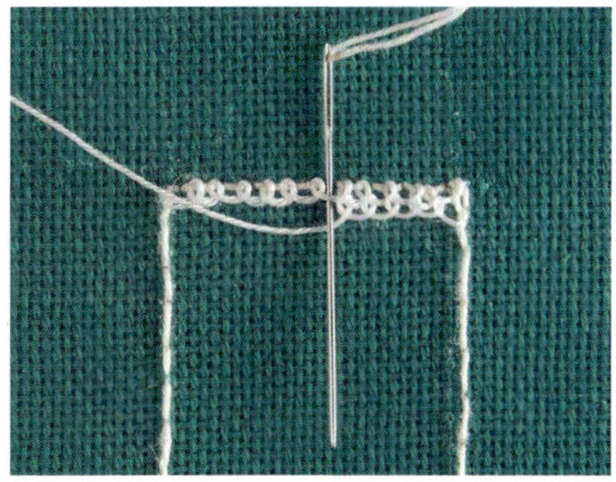

**2.** Erst unter dem rechten Rand, dann unter dem oberen Stich durchziehen und den Faden unter die Nadel legen. An der Nadel ziehen, um einen Langettenstich zu erhalten, der genauso wie die vorigen Stiche geformt sein sollte. Alle anderen Stiche der Reihe genauso sticken.

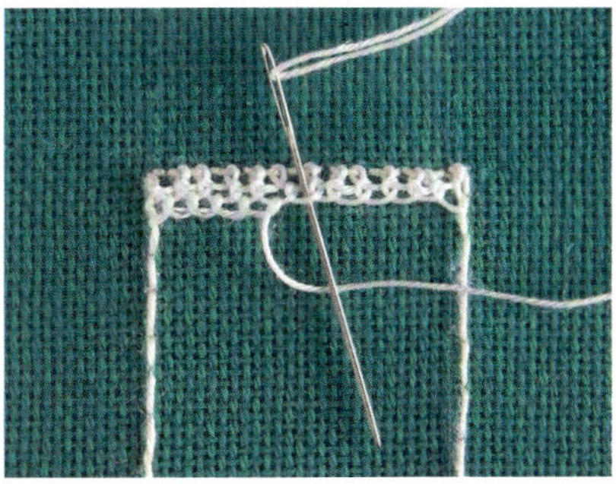

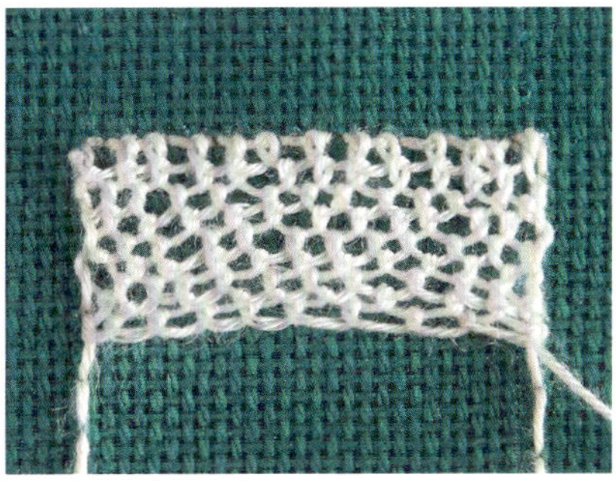

> *Das „Gerüst“ wird in der reinen Nadelspitzentechnik „Treppe“ genannt und in Schlingstichen gearbeitet.*

**3.** Die folgenden Reihen wie zuvor sticken.

***Anm.** Es erfordert ein wenig Übung, diesen Stich regelmäßig zu sticken. Arbeiten Sie zunächst mit dickerem Garn. Die Stiche werden umso schwieriger, je feiner das Garn ist.*

## DOPPELTER TÜLLSTICH

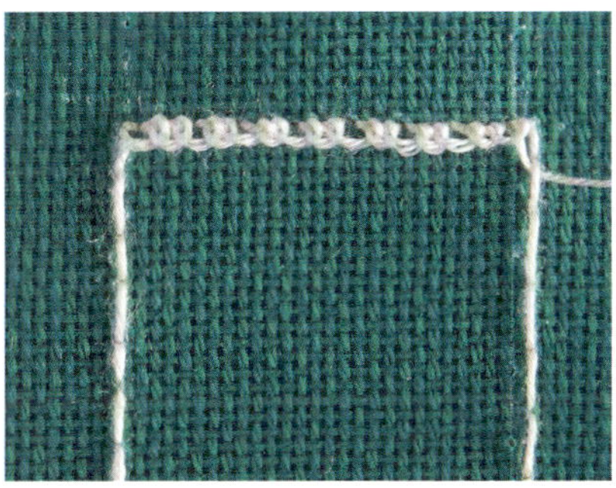

**1.** Wie beim Plattstich (siehe S. 86) beginnen und die Stiche zweimal festziehen.

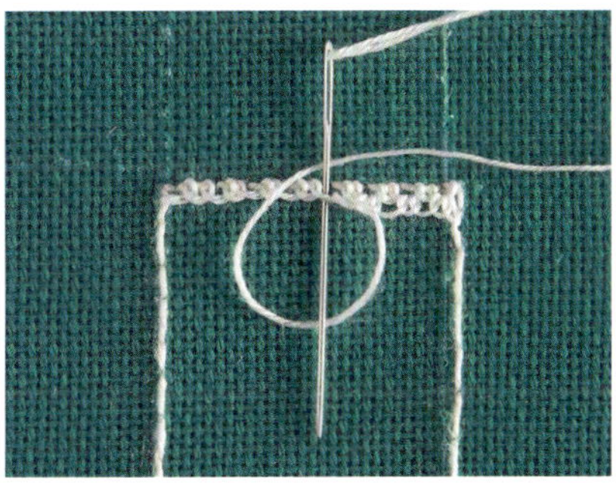

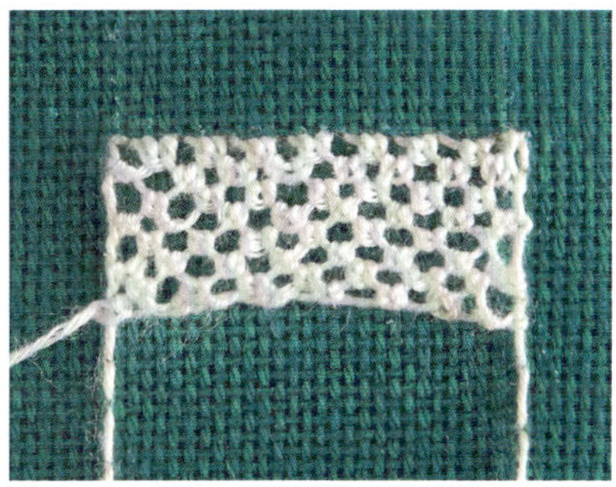

**2.** Nach dem gleichen Prinzip zurückkehren (siehe Tüllstich, Abbildung 2) und in die Zwischenräume der vorigen Stichpaare einstechen. Die Langettenstiche der beiden Reihen versetzt anordnen. Die anderen Reihen genauso sticken.

# UMSCHLUNGENER PLATT- UND KNOPFLOCHSTICH

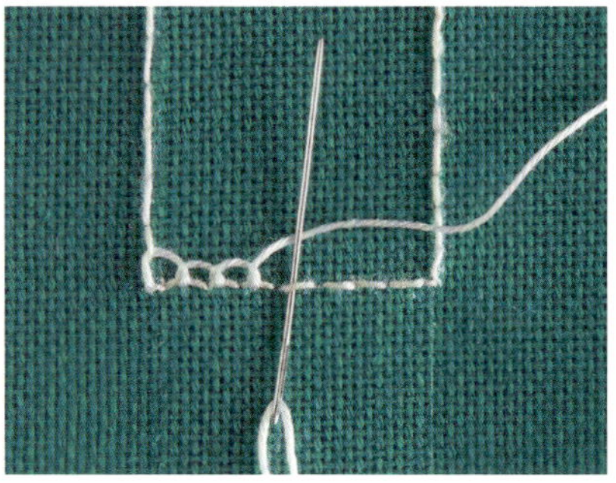
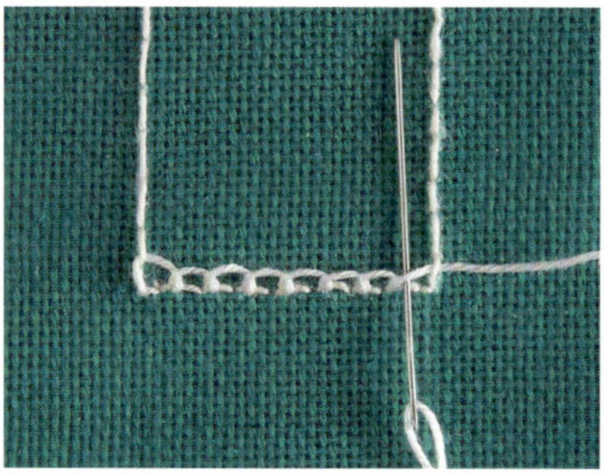
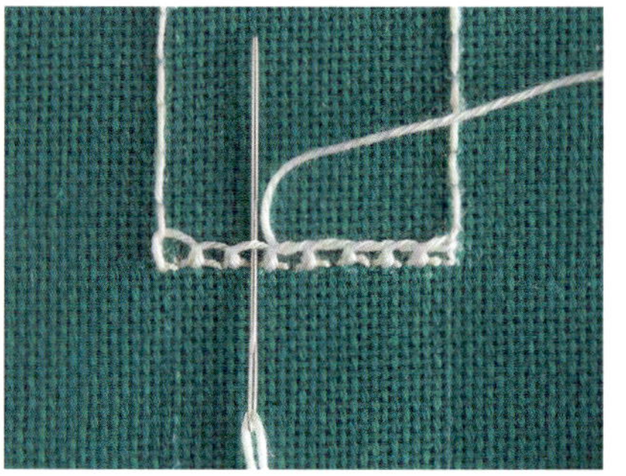

**1.** Die Arbeit so halten, dass der Steppstich unten liegt. Von links nach rechts sticken und die Nadel nach oben führen. Den Faden aus dem linken Rand ausstechen und wie zuvor im Plattstich sticken (siehe S. 86).

**2.** Die Nadel erst unter dem rechten Rand, dann unter dem vorigen Stich durchziehen, um diesen zu umwickeln. Diesen Vorgang nennt man „den Stich umschlingen". So wird die hergestellte Spitze gestärkt.
Alle vorigen Stiche auf die gleiche Weise umschlingen.

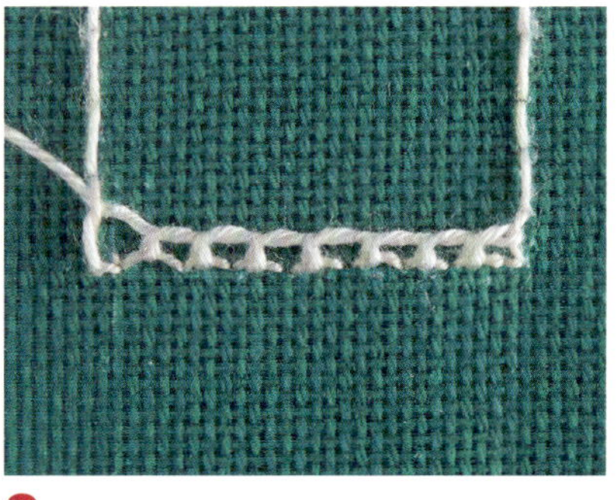
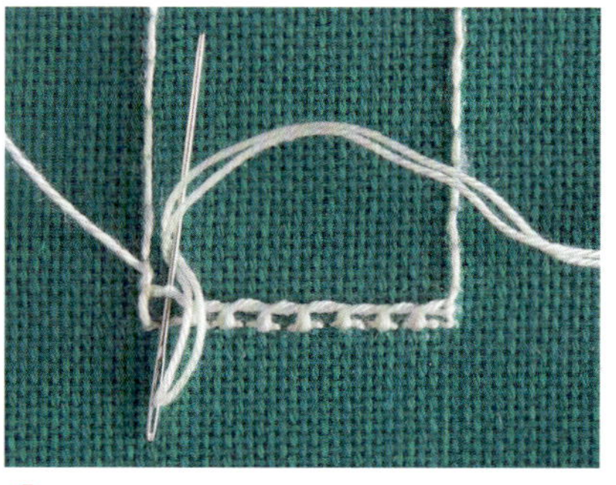
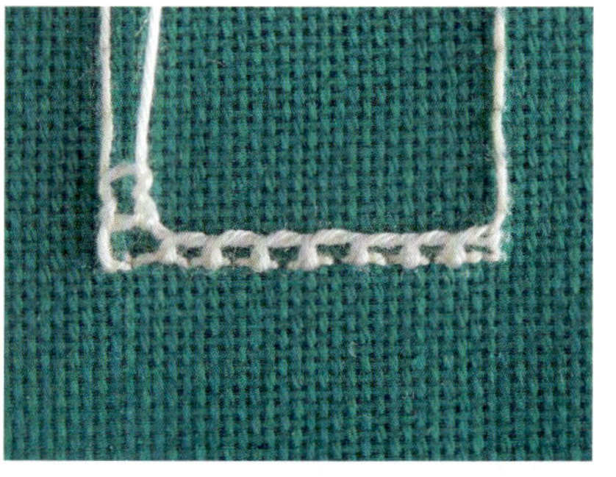

**3.** Den Faden unter dem linken Rand durchziehen und zum Festziehen vorsichtig an der Nadel ziehen.

**4.** Den Faden noch einmal um den linken Rand wickeln, dann die Nadel unter den vorigen Stich schieben und den Faden vom Öhr aus gegen den Uhrzeigersinn um die Nadel wickeln. An der Nadel ziehen, um einen Knopflochstich zu erhalten.

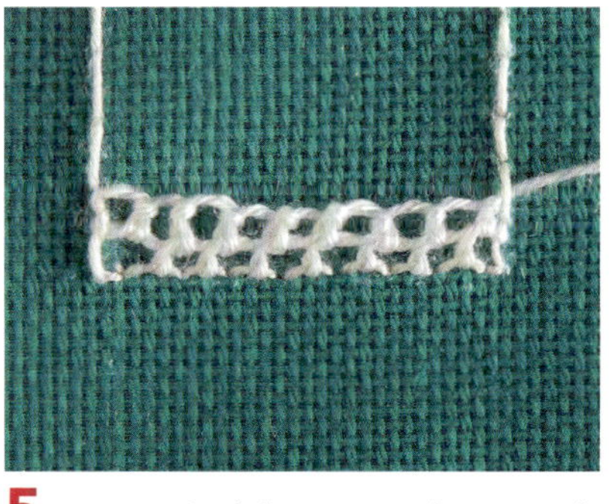
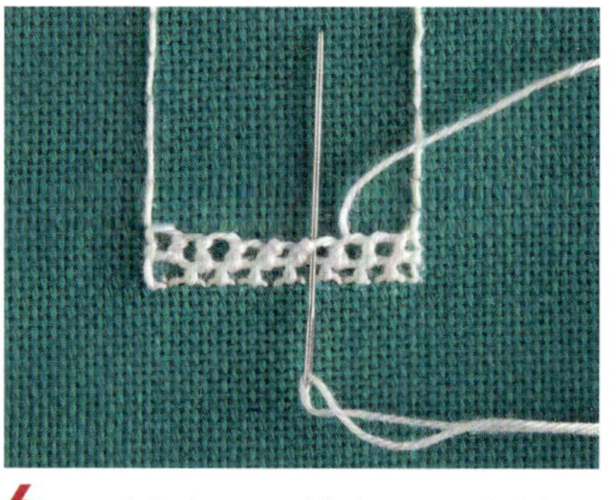
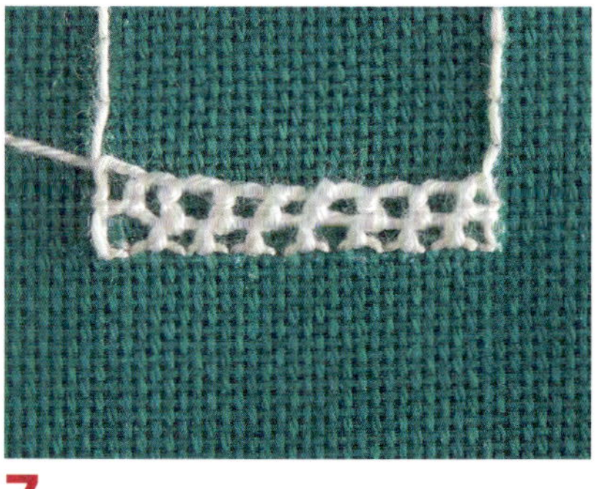

**5.** Diesen Stich bis zum rechten Rand wiederholen. Die Nadel unter dem Rand durchziehen.

**6.** Nach links zurückkehren und dabei die vorigen Stiche umschlingen.

**7.** Allen anderen Stiche und Reihen nach dem gleichen Prinzip sticken.

Die folgenden Stiche werden auf den Durchbruch zwischen zwei Rändern der Arbeit durchgeführt. Sticken Sie in 0,3 cm langen Steppstichen zwei Reihen im Abstand von 2 cm, die als Ränder dienen.

## EINFACHER LANGETTENSTEG

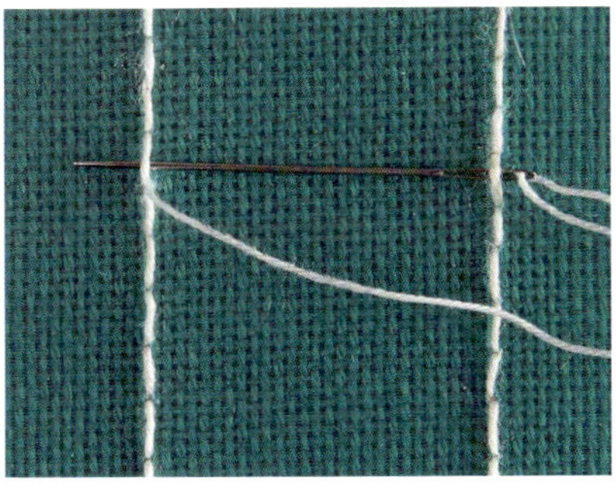

**1.** Den Faden am linken Rand ausstechen, dann unter dem rechten und dann unter dem linken Rand durchziehen.

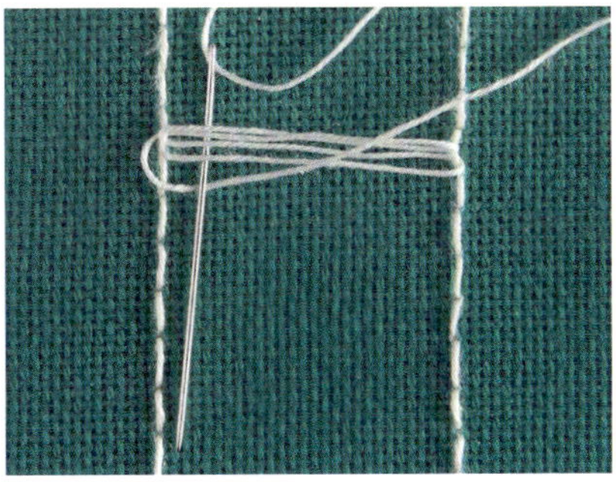

**2.** Diesen Schritt wiederholen, um vier gespannte Fäden zwischen den Rändern zu erhalten. Im Langettenstich über die Fäden sticken.

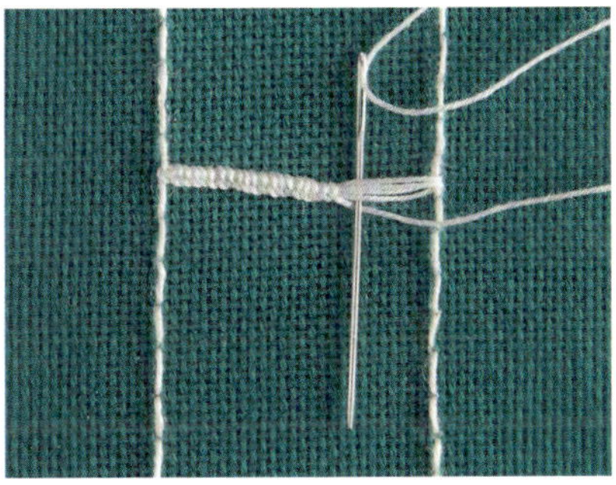

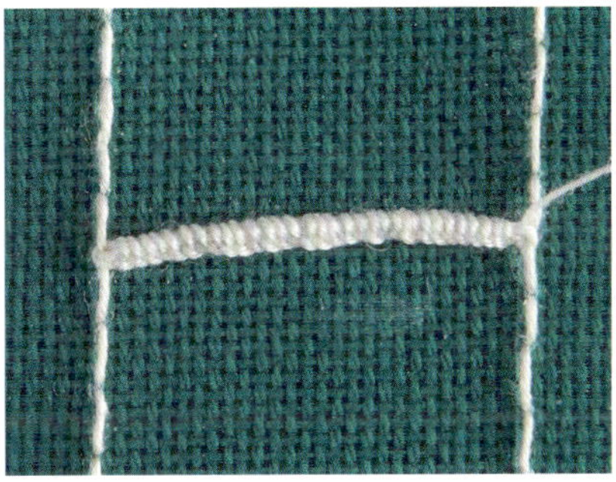

**3.** Die Stiche bis zur gegenüberliegenden Seite nebeneinander festziehen.
***Anm.** Die gespannten Fäden dienen zum Füllen des Stegs.*
Erhöhen Sie die Anzahl der gespannten Fäden, um einen dickeren Steg zu erhalten.

*Um dicke, doch fein gestickte Langettenstege zu erhalten, verwenden Sie ein dickeres Garn für die Füllung, und sticken Sie den Langettensteg mit einem anderen, weitaus feineren Garn.*

# LANGETTENSTEG, VERZIERT MIT KLEINEN LANGETTENSTEGEN

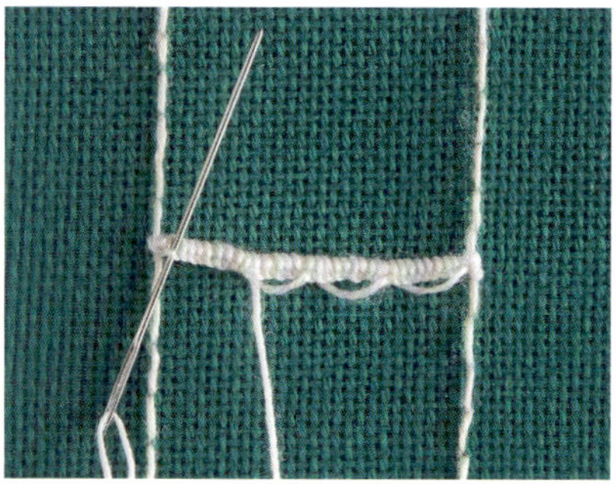

**1.** Einen Langettensteg wie den vorigen sticken (siehe S. 89), die Nadel unter dem rechten Rand durchziehen und aus dem letzten Langettenstich ausstechen. Den Faden etwas locker lassen, um eine kleine „Welle" zu bilden. Diesen Schritt alle 0,5 cm auf dem Langettensteg wiederholen.

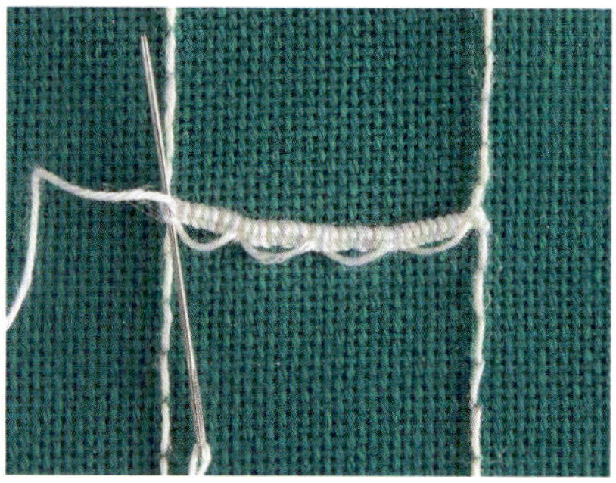

**2.** Am Ende der Reihe zweimal in den letzten Langettenstich einstechen, um den Faden zu fixieren.

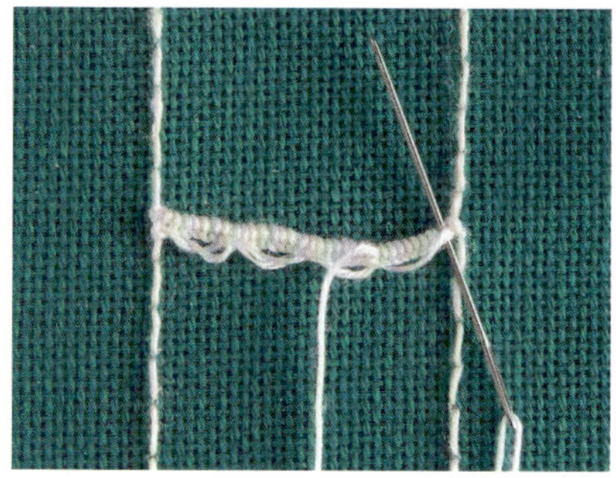

**3.** Von links nach rechts, dann von rechts nach links arbeiten. Dabei in dieselben Stiche stechen und die Anzahl der Fäden in den „Wellen" erhöhen. Achten Sie darauf, für jede „Welle" immer die gleiche Fadenlänge zu verwenden.

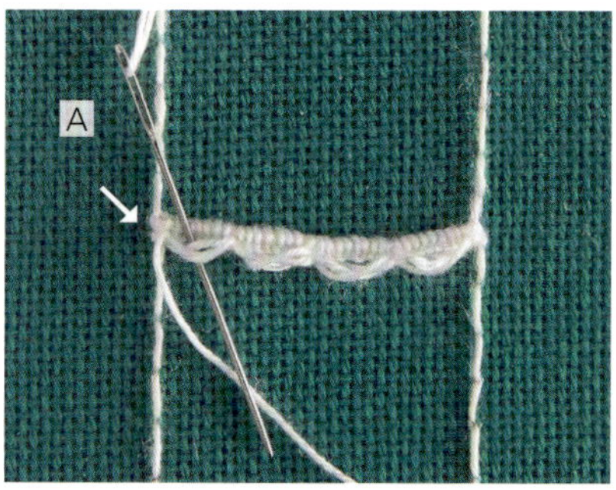


**4.** Vom linken Rand ausstechen und im Langettenstich über die gespannten Fäden sticken.

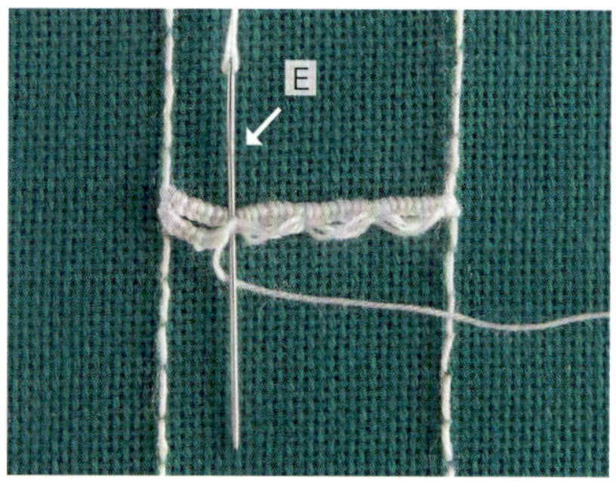


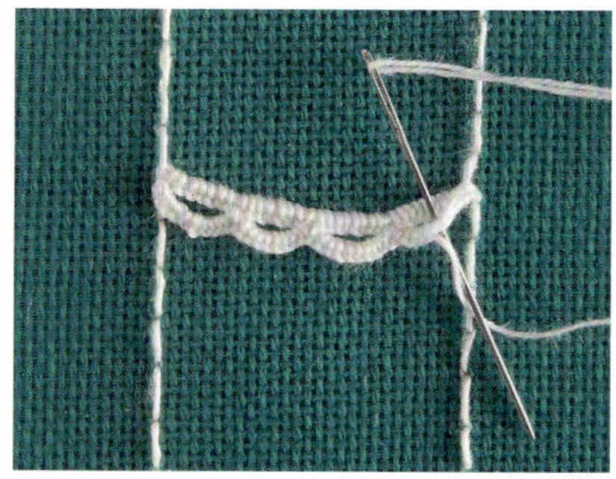

**5.** Am Kreuzungspunkt des ersten Stegs in den Langettenstich des großen Stegs einstechen, ohne den Stoff zu durchstechen. Dann genauso die anderen Stege sticken.

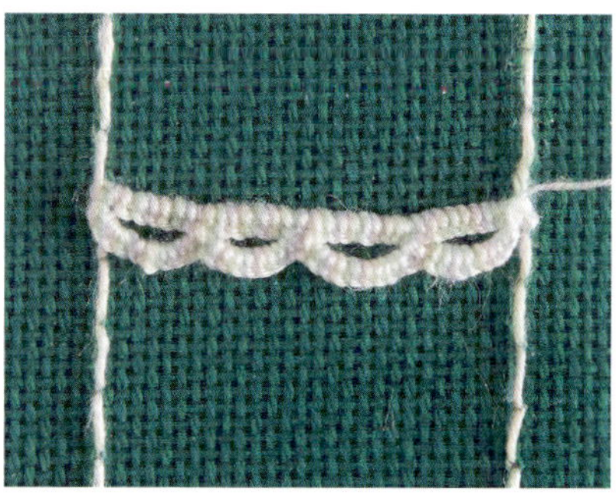

**6.** Die Nadel unter dem rechten Rand durchziehen und in den Stoff einstechen.

# DOPPELTER LANGETTENSTEG

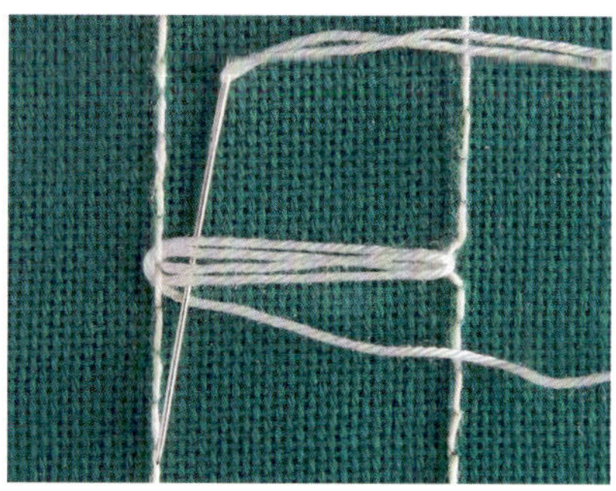

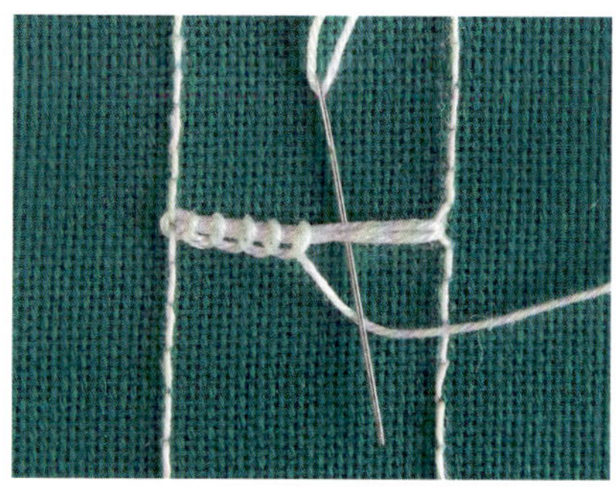

**1.** Einen Steg wie den vorigen sticken (siehe S. 89) und einen Abstand von 0,1 bis 0,2 cm zwischen den Stichen einhalten.

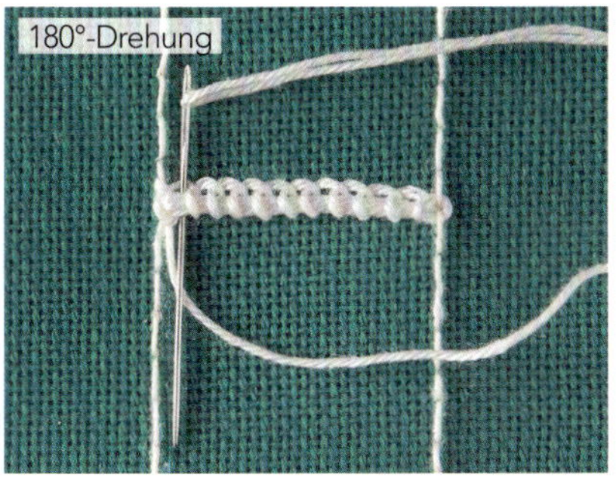


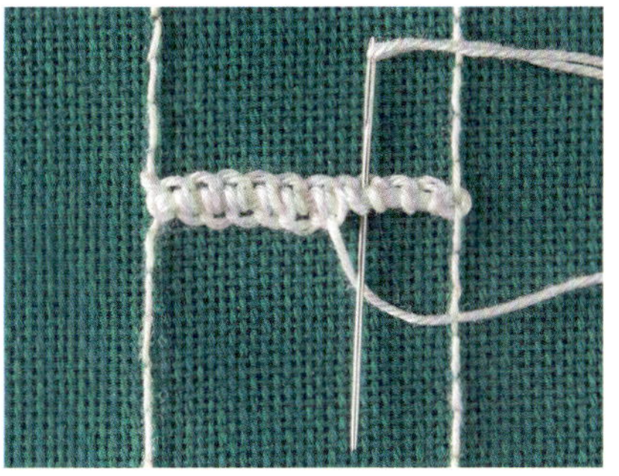

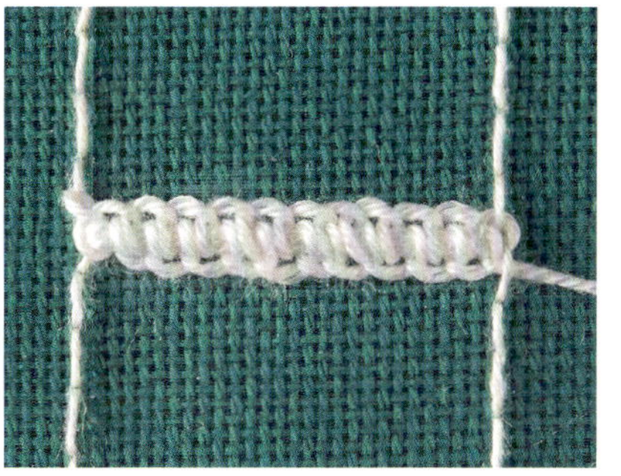

**2.** Die Arbeit drehen und im Langettenstich sticken. Dabei in die Zwischenräume der vorigen Stiche einstechen. Am Ende der Reihe in den Stoff einstechen.

## EINFACHER LANGETTENSTEG, VERZIERT MIT KLEINEN PICOTS IM WICKELSTICH

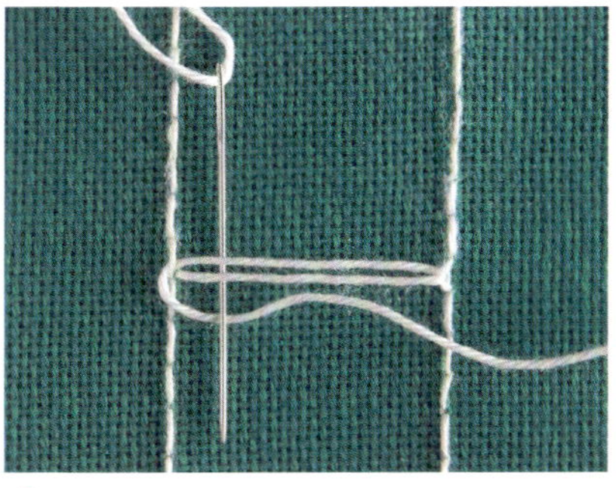

**1.** Zwei Füllfäden (siehe S. 89) zwischen die beiden Ränder spannen und über 1 cm im dicht gesetzten Langettenstich sticken.

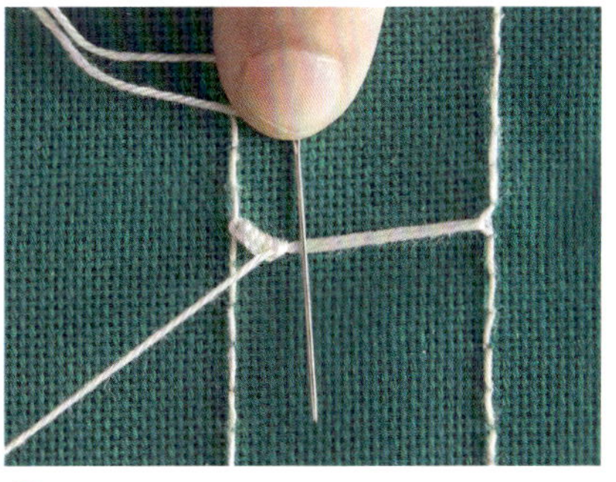

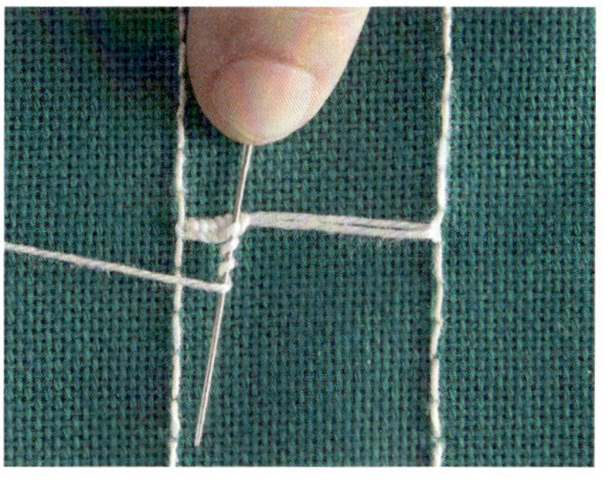

**2.** Die Nadel senkrecht über die gespannten Fäden halten und viermal gegen den Uhrzeigersinn mit dem Faden umwickeln.

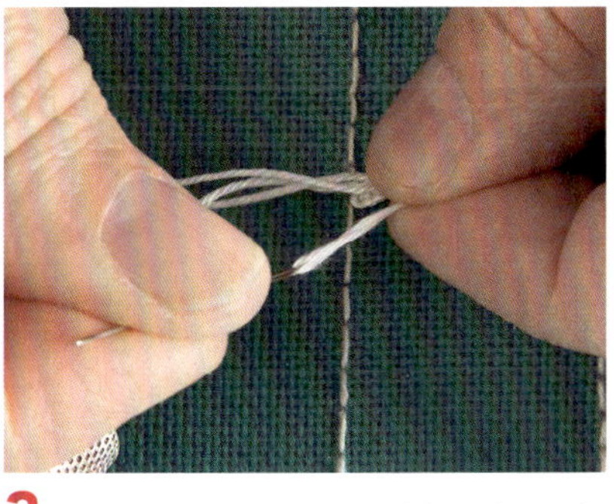

**3.** Ziehen Sie an der Nadel, während Sie den umwickelten Faden mit den Fingern der anderen Hand festhalten.

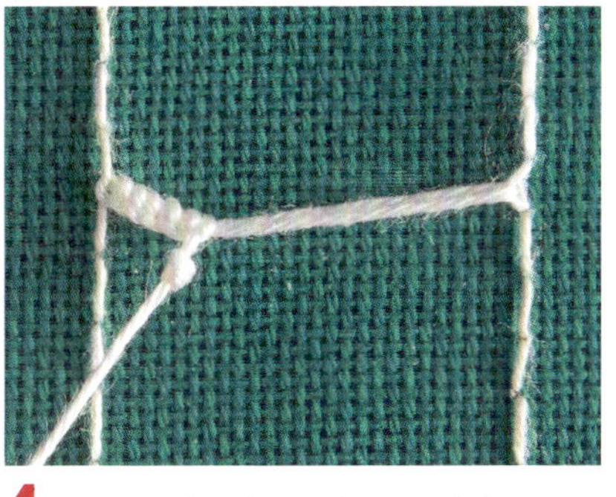

**4.** Den Faden festziehen und den erhaltenen Wickelstich an den Steg legen.

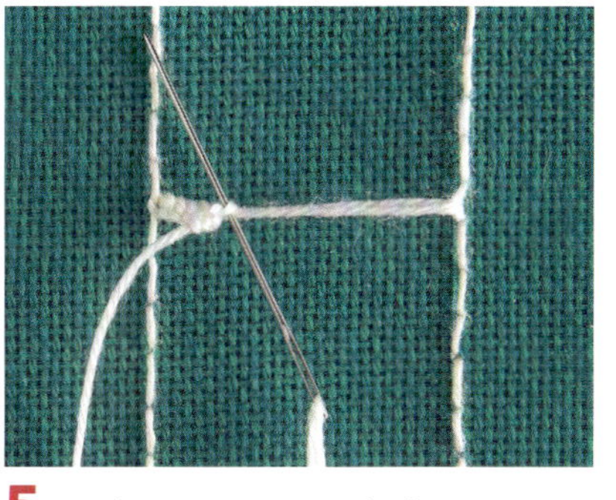

**5.** In den Langettenstich des Stegs einstechen.

## Einfacher Langettensteg, verziert mit kleinen Picots im Wickelstich (Fortsetzung)

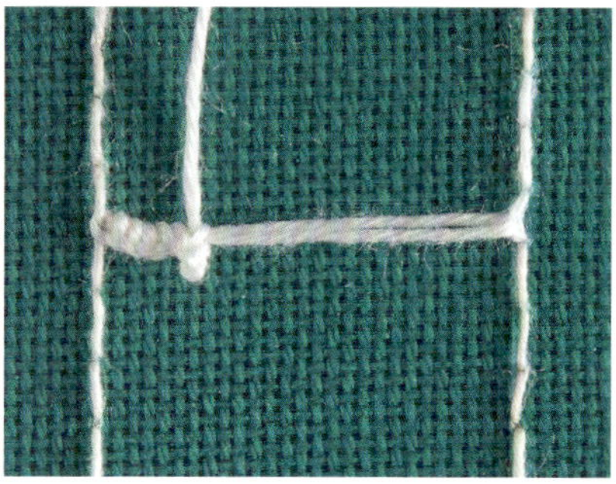

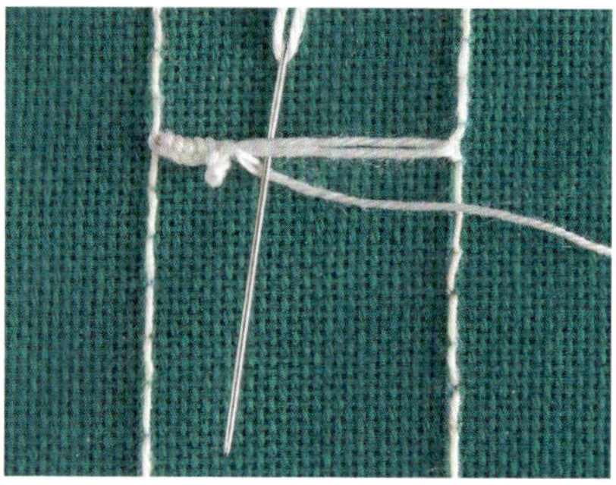

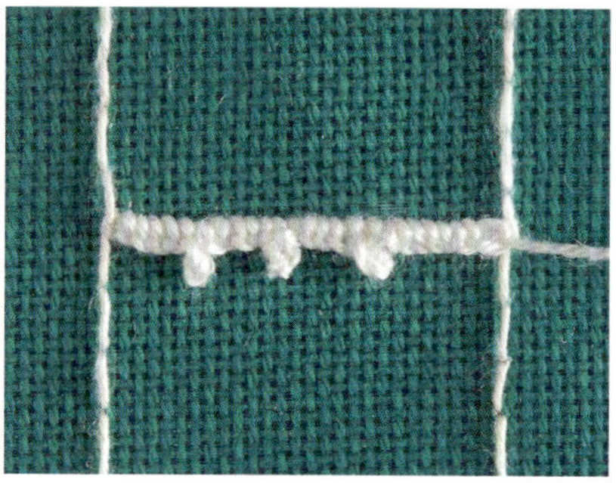

**6.** Am Faden ziehen und den Picot an den Steg legen.

**7.** Vier bis fünf Langettenstiche über den Steg sticken und einen zweiten und dritten Picot auf die gleiche Weise sticken.

## EINFACHER LANGETTENSTEG, VERZIERT MIT GROSSEN PICOTS IM WICKELSTICH

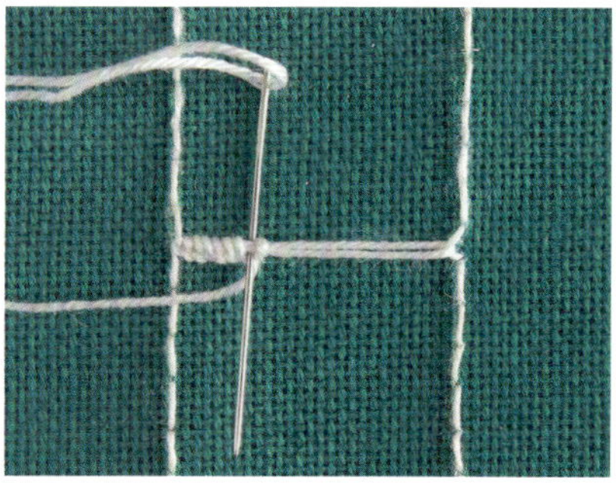

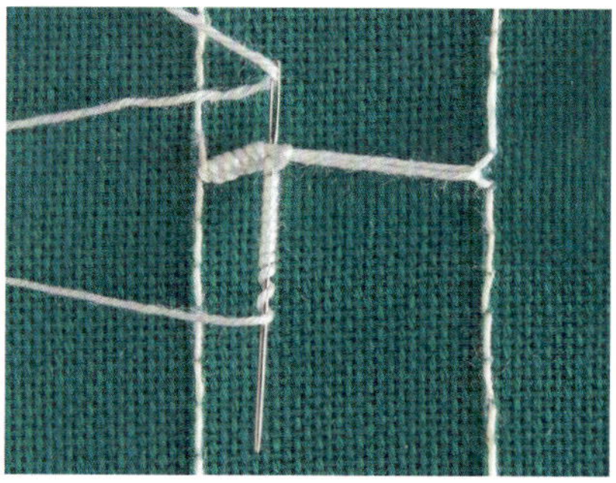

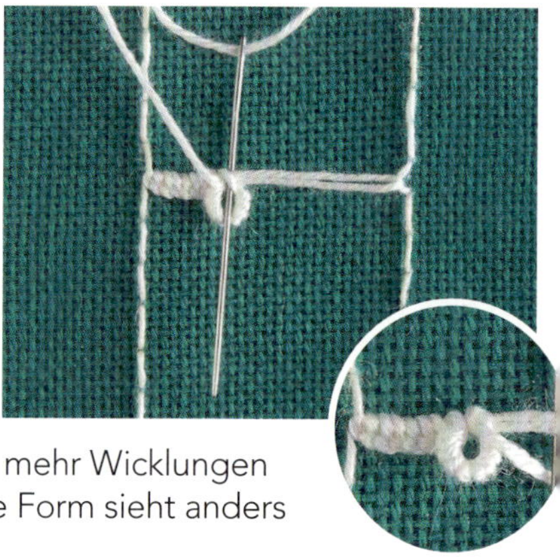

Dieser Stich wird genau wie der vorige gearbeitet, nur dass der Wickelstich mehr Wicklungen aufweist. Im Beispiel oben wird die Nadel zehnmal umwickelt. Die erhaltene Form sieht anders aus und erinnert an eine Schlaufe.

## DREIECKIGER PICOT IM PLATTSTICH

Im Folgenden wird der Plattstich (siehe S. 86) so gearbeitet, dass er ein Dreieck bildet.

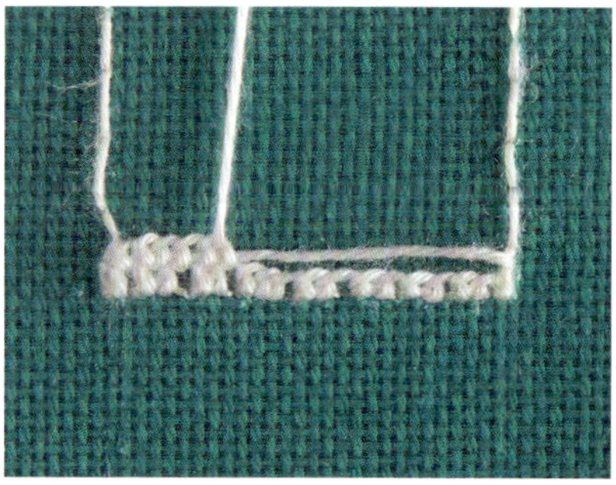

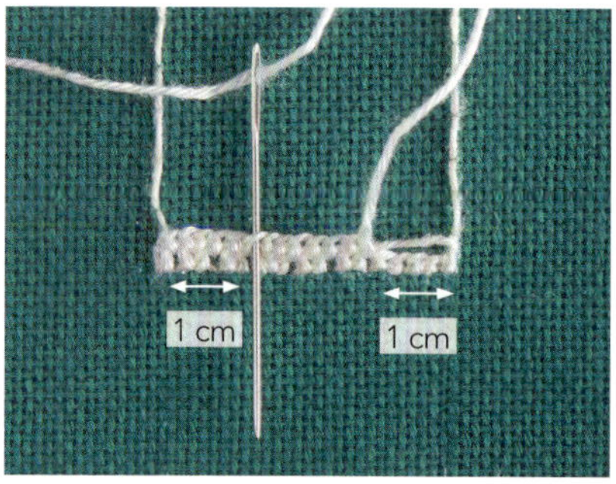


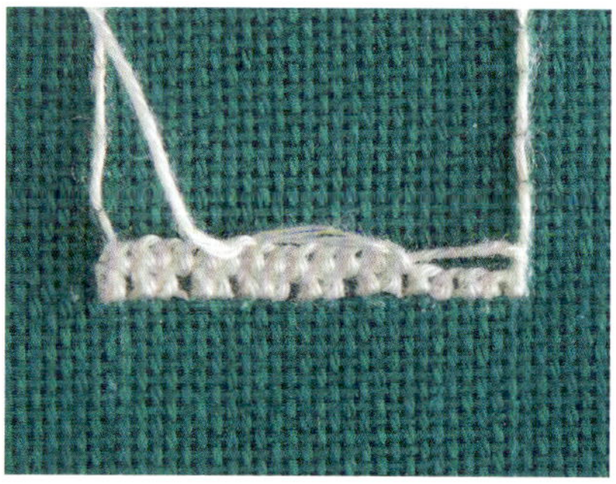

**1.** Von links nach rechts eine Reihe im Plattstich sticken, dabei die Nadelspitze am unteren Rand nach oben führen. Den Faden erst unter dem rechten, dann unter dem linken Rand durchziehen. Zurückkehren und im Plattstich nach rechts sticken.

**2.** Bis auf 1 cm vom rechten Rand entfernt sticken, in den Stich einstechen, der 1 cm vom linken Rand entfernt ist. An der Nadel ziehen, um den Faden zu spannen und oberhalb der Stiche zu platzieren.

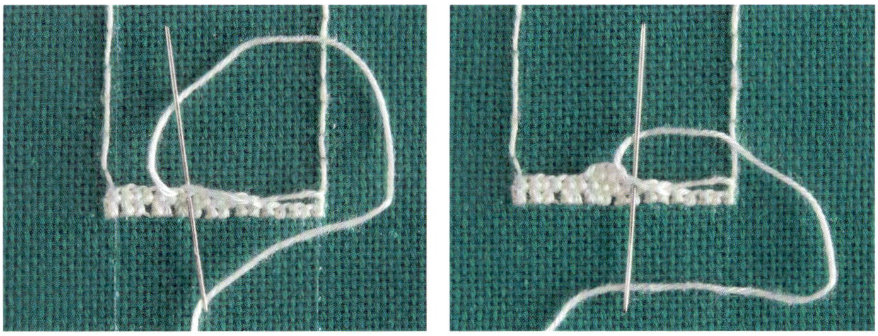

**3.** Im Plattstich sticken und den gespannten Faden integrieren.

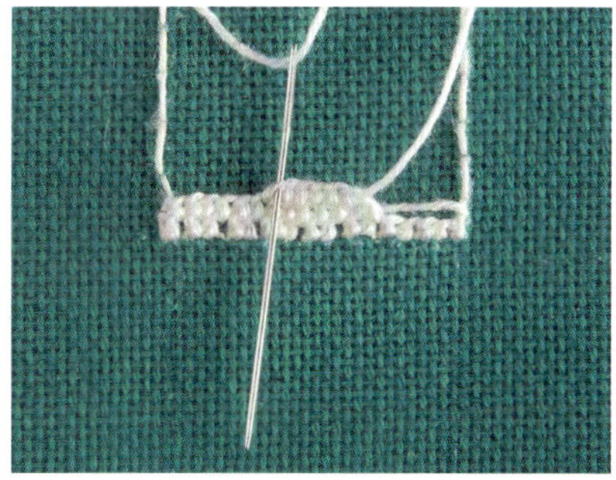

**4.** In den zweiten Langettenstich auf der Rückseite einstechen, oben auf der Spitze einen neuen Faden spannen und im Plattstich nach rechts zurückkehren, ...

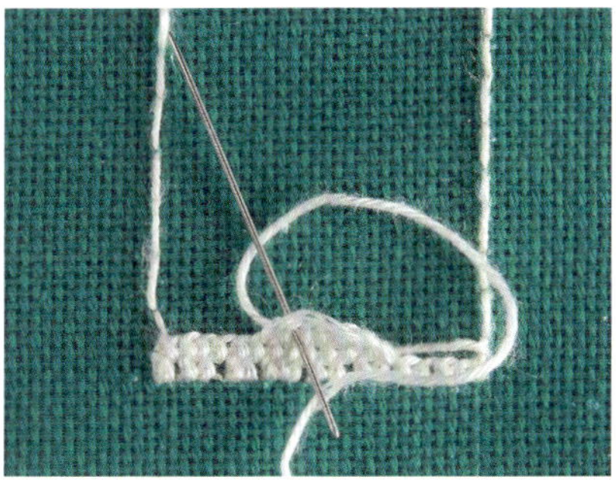

... ohne in den letzten Stich der vorherigen Reihe zu stechen.

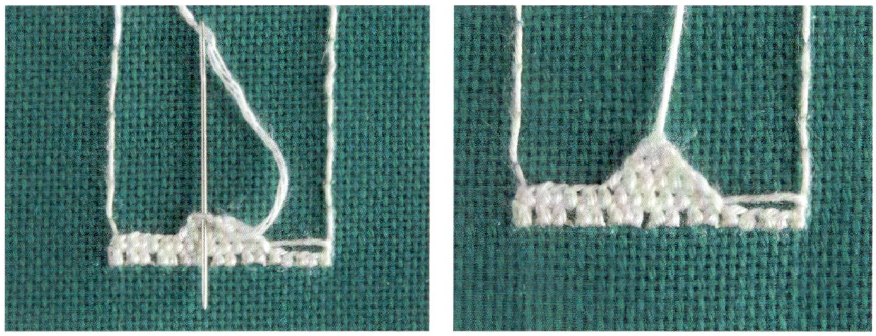

**5.** Auf diese Weise fortfahren und an den Enden jeder Reihe jeweils einen Stich weniger sticken. In der letzten Reihe sind nur noch ein oder zwei Stiche übrig.

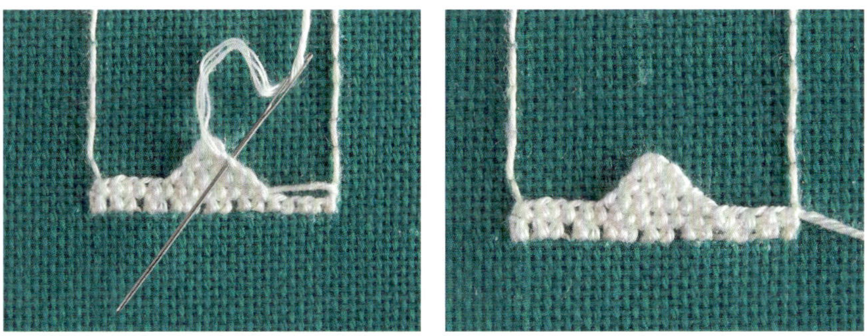

**6.** Am Faden ziehen, um die Form der Spitze zu betonen, dann die Stiche von der rechten Schräge bis zum unteren Plattstich umwickeln. Das Ende der Reihe bis zum rechten Rand im Plattstich sticken.

***Anm.:*** Stil und Form dieser Spitze werden in der Hedebo-Stickerei verwendet (siehe S. 104). Dieselbe Arbeit kann auch im Knopfloch- statt im Plattstich gestickt werden, wodurch sie widerstandsfähiger wird. In diesem Fall spricht man auch von „Hedebo-Stich“ oder „Hedebo-Langettenstich“.

# Schwälmer Stickerei

## BESCHREIBUNG UND GESCHICHTE

Diese Weißstickerei, die im 19. Jahrhundert im Nordwesten Deutschlands entstand, kombiniert die Zählstickerei mit älteren Techniken wie der Hohlsaum- und Ajourstickerei, dem gehöhten Plattstich sowie anderen traditionellen Stichen. In der Schwälmer Stickerei werden Symbole als Motive verwendet: die Sonne, Herzen, Tulpen, Blumen und Vasen.

## MATERIAL

### Stoffe

Sticken Sie auf einfach und regelmäßig gewebtem* Leinen-* oder Baumwollgewebe*, dessen Fäden mit bloßem Auge zählbar sind. Verwenden Sie Leinenstoffe, Baumwolletamine oder Mischgewebe.

### Garne

Mit gezwirntem Baumwollgarn sticken:
– Perlgarn und Broder Spécial *DMC*
– Die Garne Retors du Nord von *Sajou* eignen sich gut für feinere Arbeiten.

### Nadeln

Wenn Sie in den Stoff einstechen, sticken Sie mit einer Nadel mit Spitze, deren Öhr auf die Garnstärke abgestimmt ist.
Crewelnadeln, dick bis dünn: 7, 9 und 10 *Bohin*.
Applikationsnadeln, dick bis dünn: 10, 11 und 12 *Bohin*.
Lange Nadeln: 7, 8 und 9 *Bohin*.
Verwenden Sie für Durchbruchstiche eine Nadel ohne Spitze.
***Anm.** Sie können mit dem Nadelöhr sticken, um die Nadel nicht wechseln zu müssen. In diesem Fall benötigen Sie einen Fingerhut.*
Gobelinnadeln ohne Spitze, von dick bis dünn: 24, 26 und 28 *Bohin*.

### Schere

Um überschüssigen Stoff von den Durchbrüchen abzuschneiden, verwenden Sie eine kleine Schere mit feinen spitzen Klingen.
***Empf**. 24316 oder 24318 Bohin*

### Stickrahmen

Sticken Sie mit einem runden Stickrahmen von 12 bis 15 cm Durchmesser, der beim Arbeiten versetzt wird.
***Empf**. Stickrahmen Sajou*

## TECHNIK

Dank der vielen verschiedenen Stiche ist diese Sticktechnik sehr abwechslungsreich. Beim Sticken ist eine logische Reihenfolge einzuhalten.

**1.** Sticken Sie die Konturstiche der Motive mit einem Garn, das dicker als der Schussfaden ist. Um Letzteren vor dem Abschneiden der ausgezogenen Fäden so gut wie möglich zu sichern, werden die Konturen der Motive in nebeneinanderliegenden Ketten- und Korallenstichen gestickt. Oft werden auch ein dritter Langettenstich oder halbe Wagenräder um die Motive gestickt.

**2.** Sticken Sie Zierstiche zwischen die Motive der Arbeit.

**3.** Schneiden Sie die Durchbrüche und besticken sie mit einem Garn, das den gleichen Durchmesser wie der Schussfaden hat oder etwas dünner ist.

**4.** Sticken Sie die Hohlsäume: Die Bordüren von Schwälmer Stickereien werden oft mit kombinierten Hohlsäumen im Kästchenstich verziert.

### Material

Leinenstoff, 12,6 Fäden/cm, Crewelnadel Nr. 9, Gobelinnadel Nr. 26, Perlgarn Nr. 8 und 12.

## KETTENSTICH

Geradstich, Variante des Margeritenstichs.

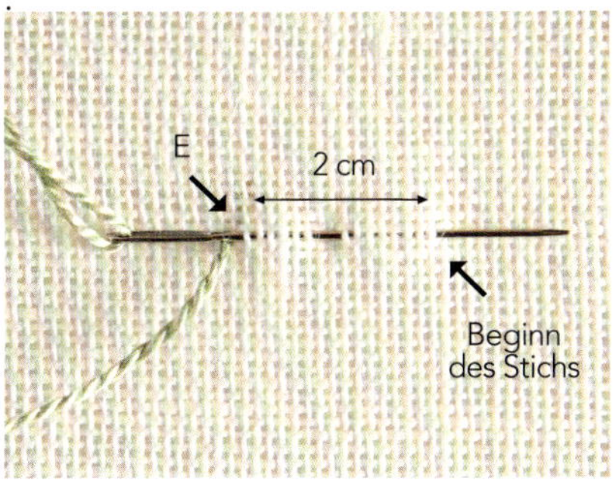


**1.** Einen sehr dezenten Vorstich setzen und die Nadel am Anfang des Stichs ausstechen.

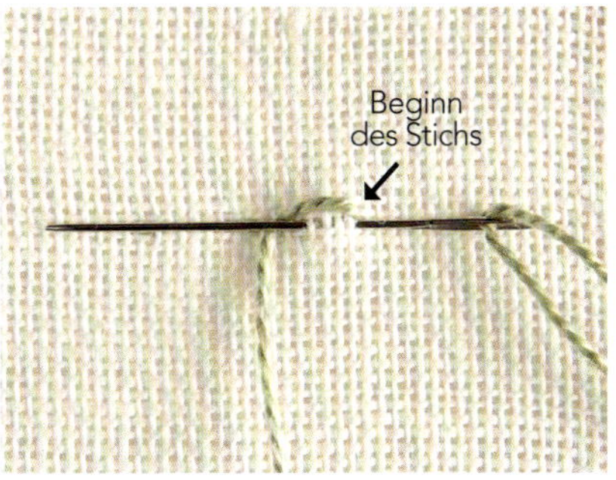


**2.** Den ersten Stich wie einen Margeritenstich (siehe S. 162) über vier Gewebefäden sticken.

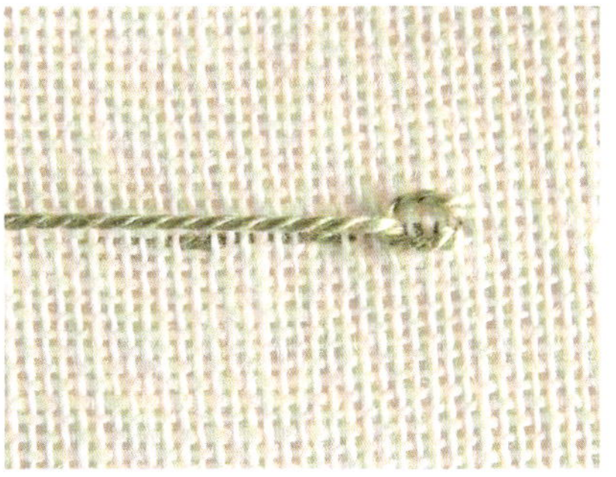

**3.** Der Stich wird über den vorigen Vorstich gestickt und bedeckt diesen.

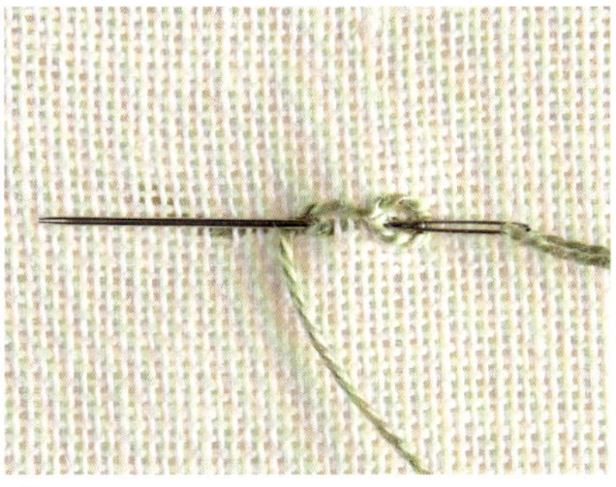

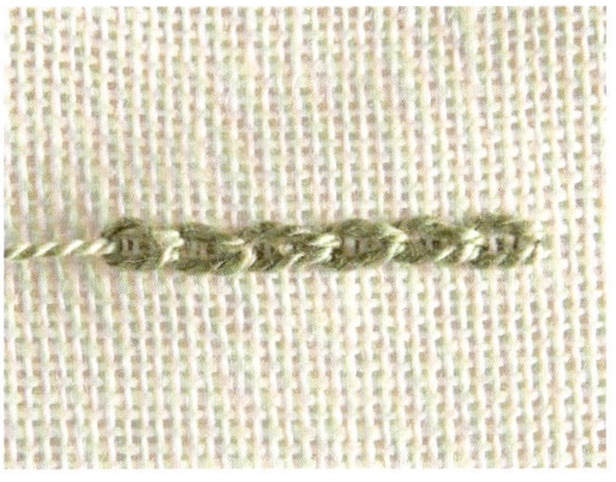

**4.** Die folgenden Stiche genauso sticken, um sie zu verketten.

## BREITER KETTENSTICH

Diese Variante des vorigen Stichs wird ganz anders gearbeitet. Die Schlaufen des Stichs sind breiter.

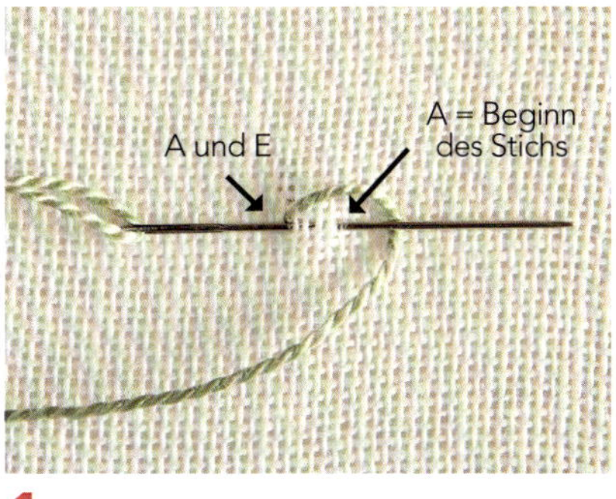


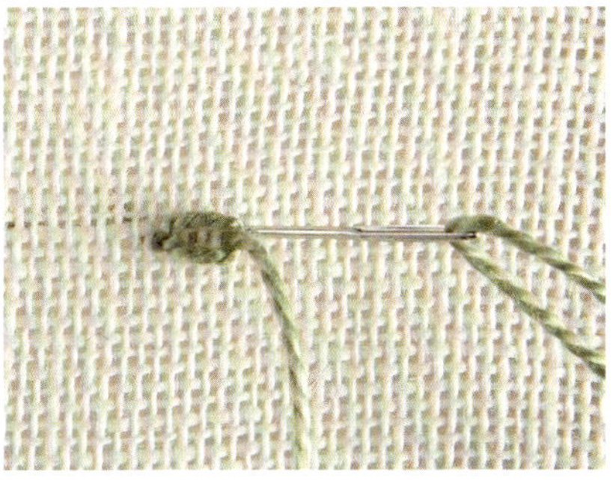

**1.** Vier Fäden neben dem Anfang der Stichreihe ausstechen, einen Margeritenstich sticken.

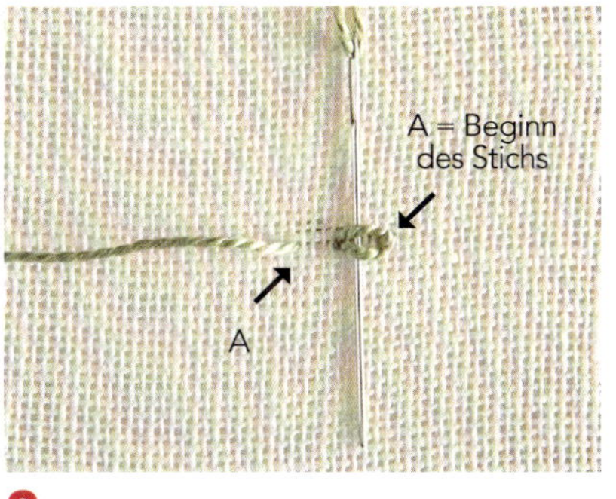


**2.** Die Nadel links ausstechen und unter dem ersten Stich durchziehen, ohne den Stoff zu durchstechen.

## Breiter Kettenstich (Fortsetzung)

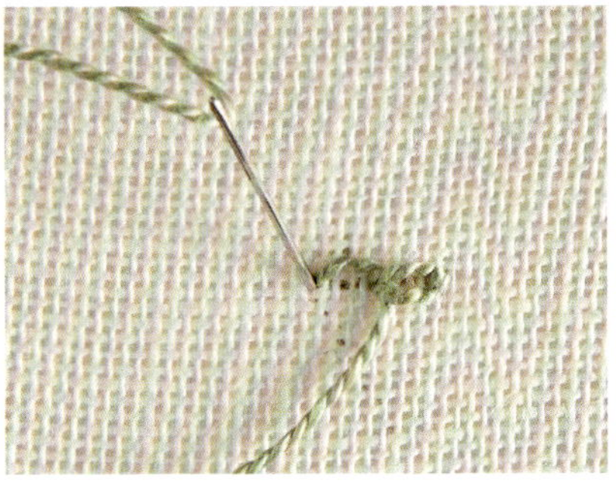

**3.** In den vorigen Stich einstechen.

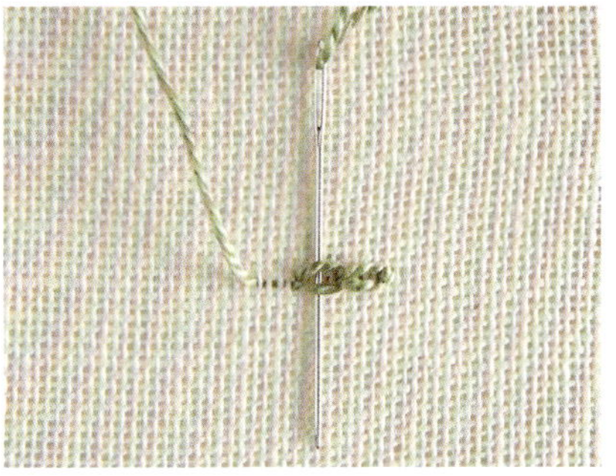

**4.** Vier Fäden weiter links ausstechen und einen neuen identischen Stich sticken.

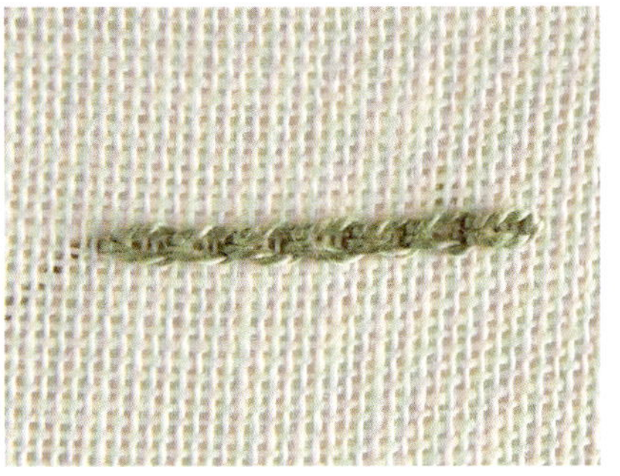

**5.** Alle weiteren Stiche nach dem gleichen Prinzip sticken.

## KORALLENSTICH

Es handelt sich um einen Geradstich und eine Variante des Knötchenstichs. Er wird von links nach rechts gearbeitet.

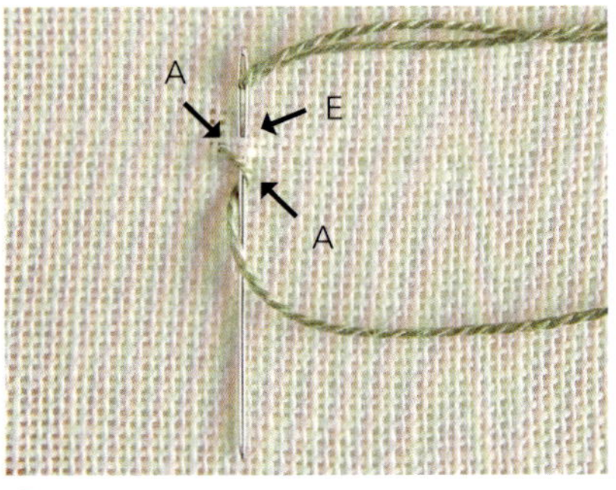


**1.** Links ausstechen, zwei Fäden daneben und einen Faden höher einstechen, dann zwei Fäden tiefer ausstechen und den Faden um die Nadel wickeln.

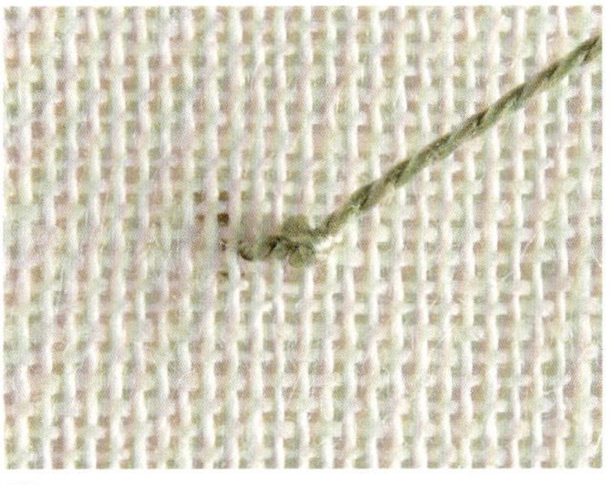

**2.** An der Nadel ziehen und den Stich auf den Stoff legen.

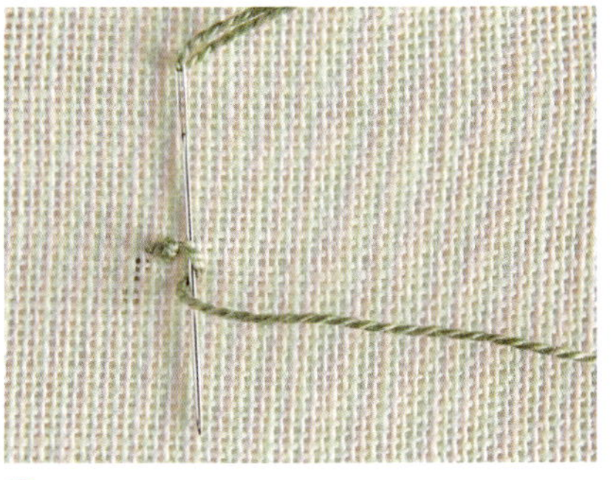

**3.** Zwei Fäden weiter rechts einstechen und einen neuen identischen Stich sticken.

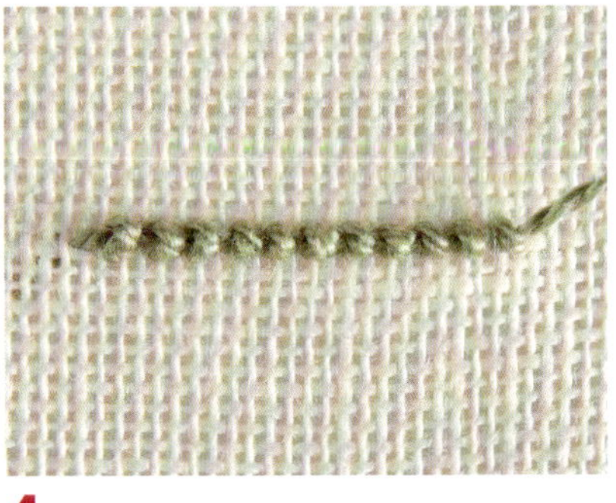

**4.** Alle anderen Stiche wie zuvor sticken.

*Der Korallenstich kann sehr gleichmäßig auf einen leicht auszählbaren Stoff gestickt werden. Wird jedoch ein dicht gewebter Stoff verwendet, müssen Sie sehr präzise arbeiten, um ein schönes Ergebnis zu erzielen.*

# GEKNOTETER HOHLSAUM IM KÄSTCHENSTICH

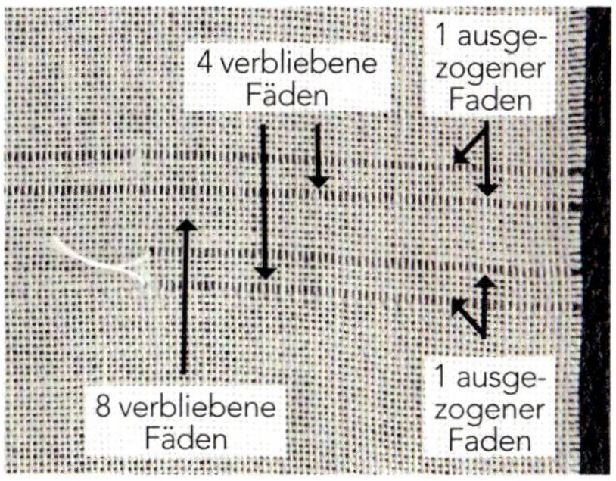


**1.** Die Fäden wie auf der Abbildung oben aus dem Stoff ziehen.

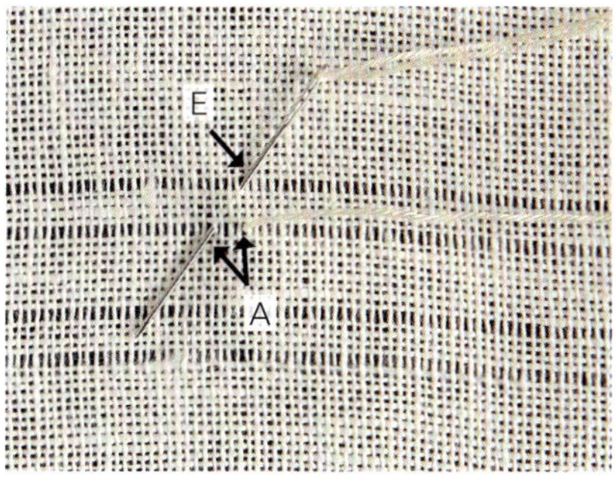


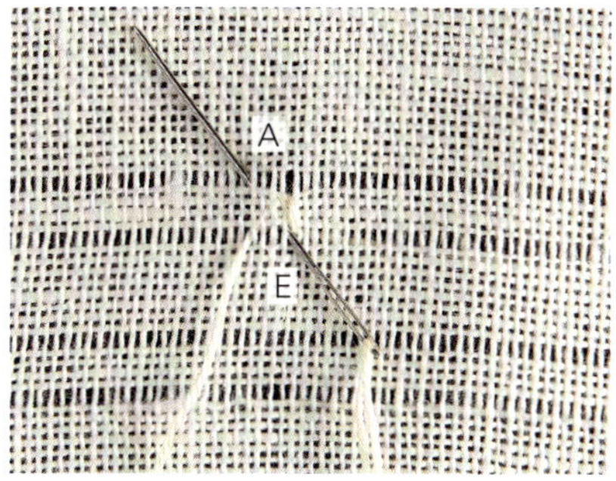


**2.** Im Kästchenstich über vier Fäden zwischen den oben ausgezogenen Fäden sticken, dabei die Zahlenfolge auf den Fotos einhalten.

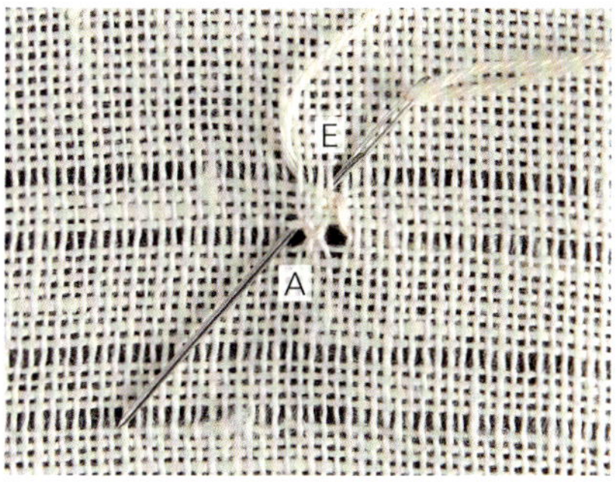


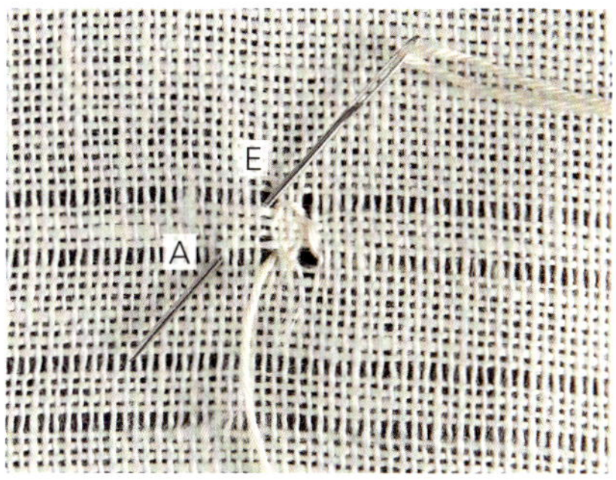


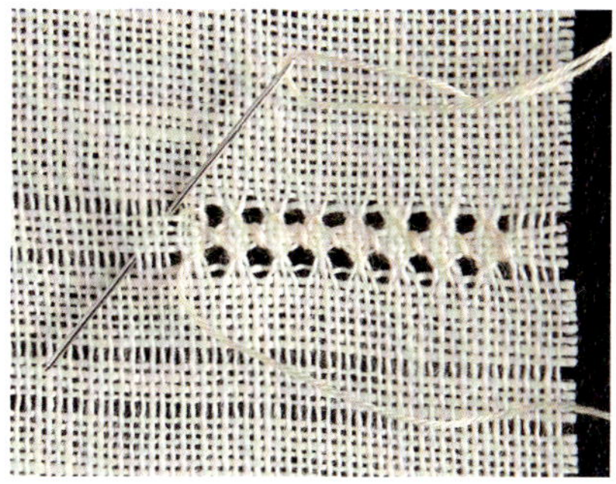

**3.** Den nächsten Stich und alle weiteren Stiche genauso sticken.

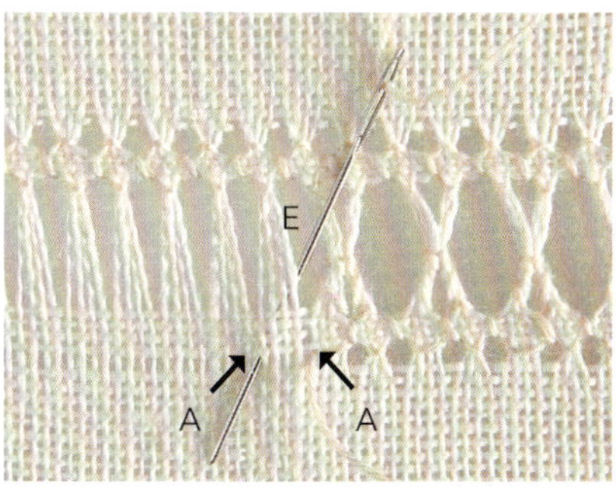


**4.** Die Arbeit um 180° drehen und den Kästchenstich gegenüber gleichzeitig mit dem geknoteten Hohlsaum sticken. Unten ausstechen, zwischen zwei Bündeln einstechen und schräg unten ausstechen.

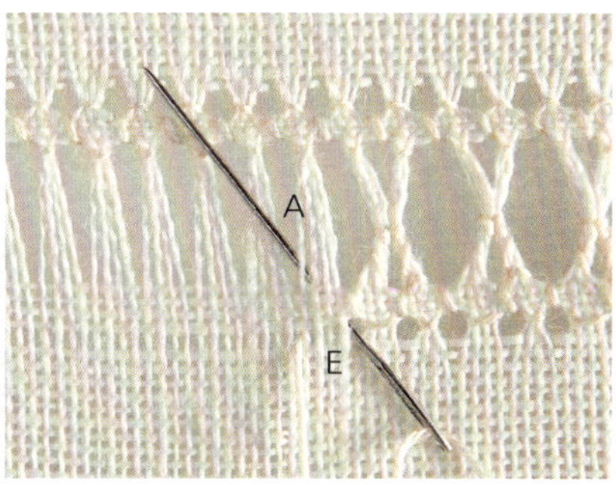


**5.** Rechts ein- und schräg oben ausstechen.

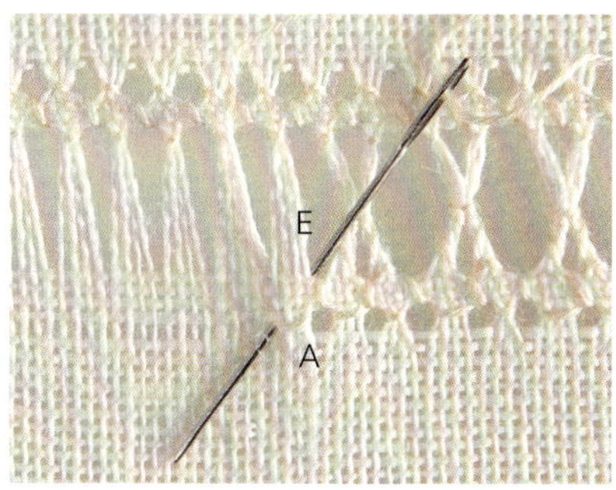


**6.** Den Kästchenstich beenden …

## Geknoteter Hohlsaum im Kästchenstich (Fortsetzung)

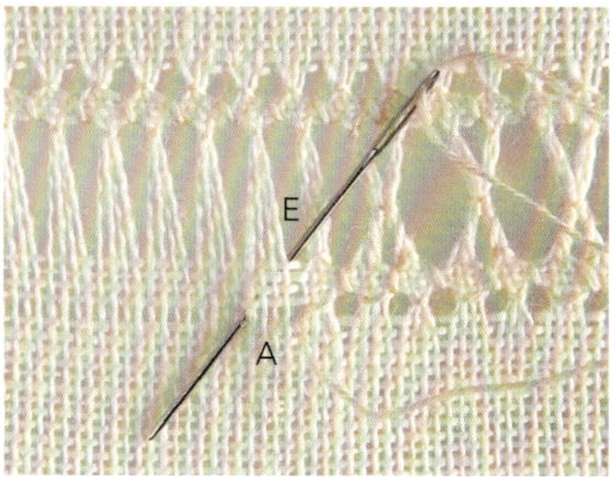


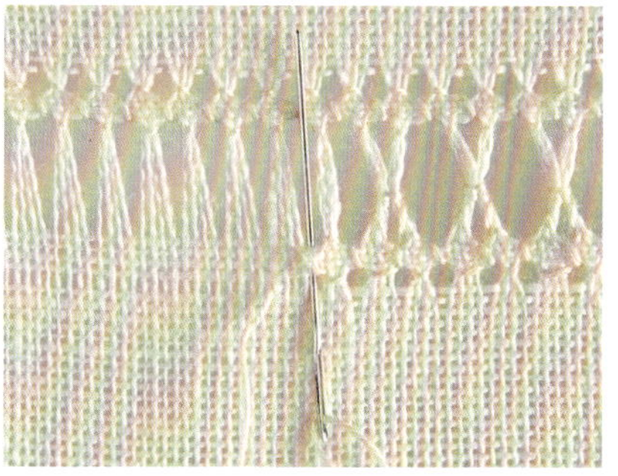

… und den nächsten Stich auf die gleiche Weise beginnen.

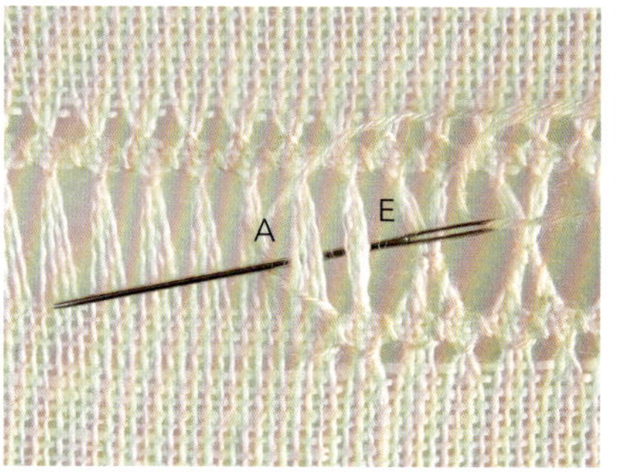


**7.** Rechts in den Hohlsaum einstechen und zwei Gruppen weiter links ausstechen, dabei den Faden unter die Nadel legen.

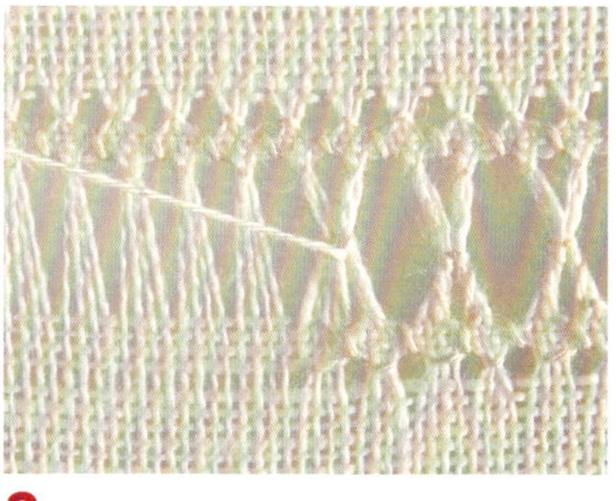

**8.** Am Faden ziehen, um die Bündel zu verknoten.

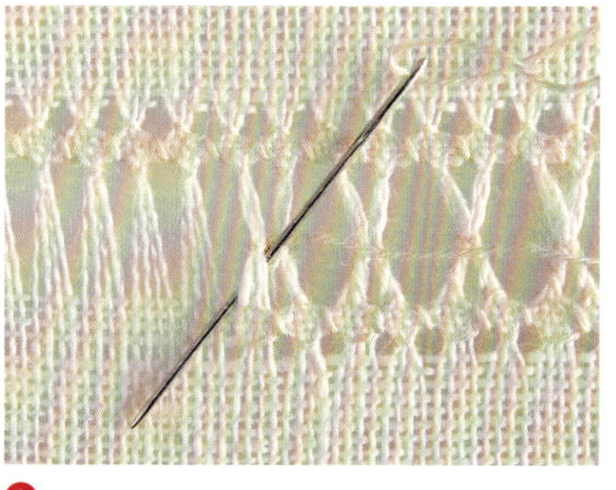

**9.** Die beiden Bündel noch einmal umwickeln, in die Mitte ein- und links ausstechen.

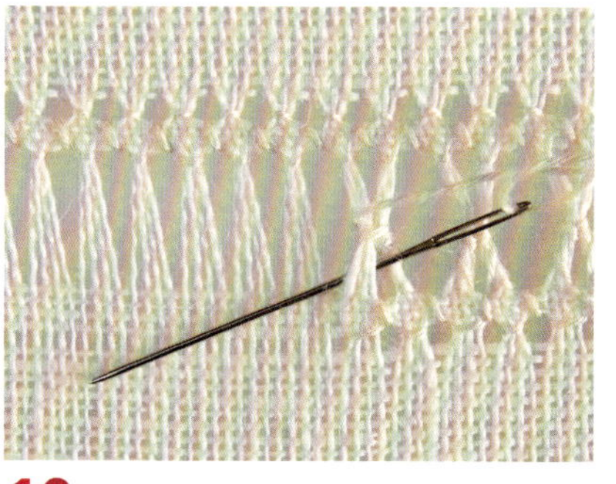

**10.** Das linke Bündel umwickeln und links ausstechen.

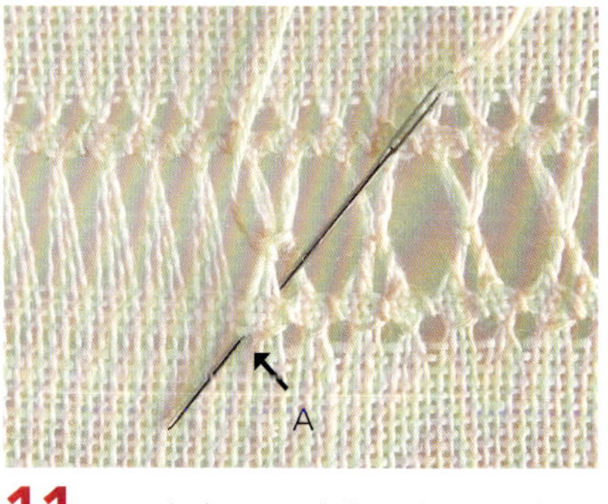


**11.** Das linke Bündel noch einmal umwickeln und aus dem vorigen Kästchenstich ausstechen.

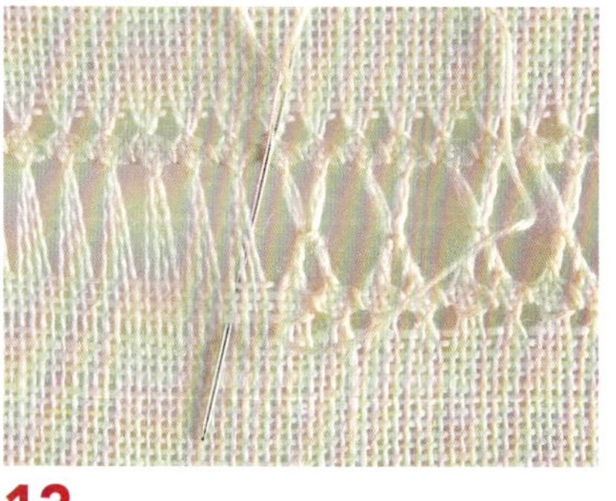

**12.** Einen neuen Stich auf die gleiche Weise sticken.

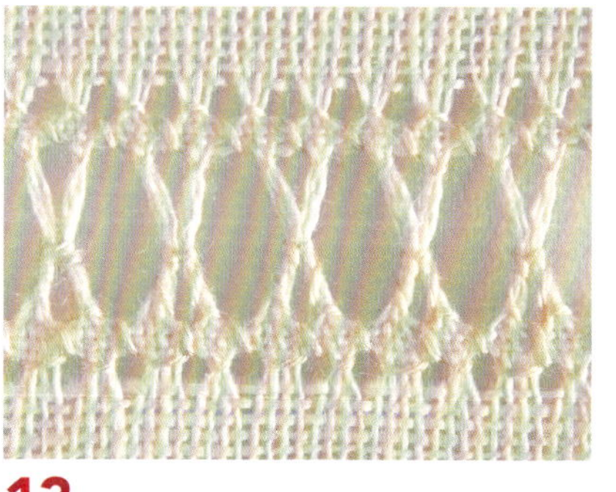

**13.** Alle anderen Stiche genauso sticken.

# STÄBCHEN-HOHLSAUM IM KÄSTCHENSTICH

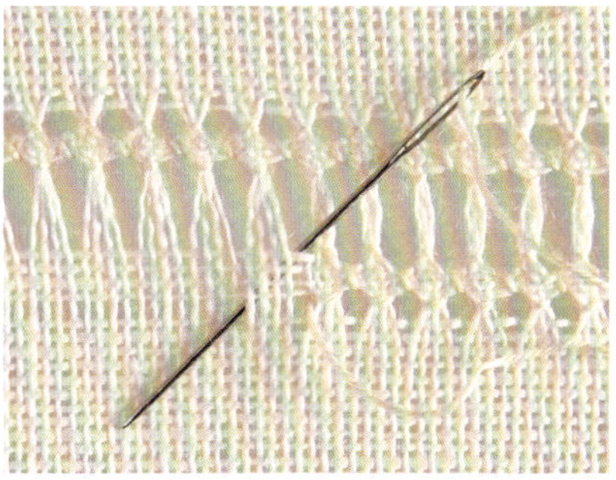

**1.** Dieser Stich wird wie der vorige gearbeitet, doch es werden gleichzeitig ein Stäbchen-Hohlsaum und der zweite Rand im Kästchenstich gestickt.

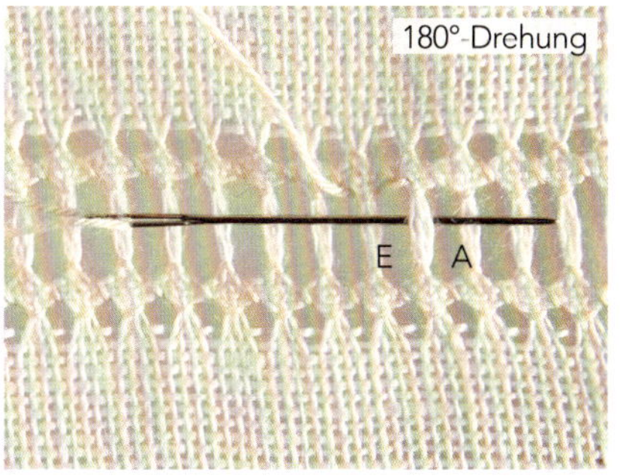


**2.** Die Arbeit drehen und die Nadel über einem Bündel, dann unter dem benachbarten Bündel durchziehen.

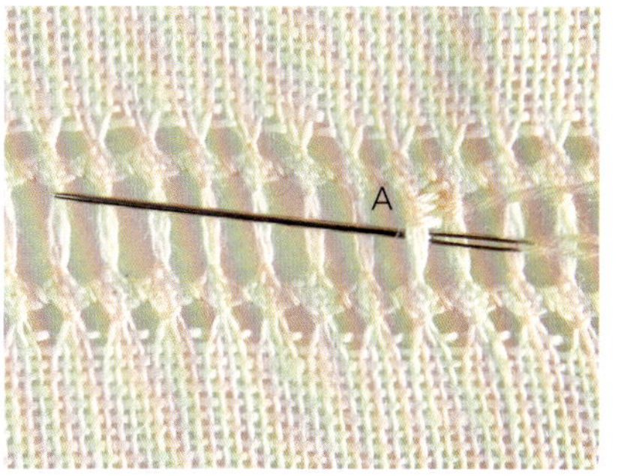


**3.** Diese beiden Bündel viermal stopfen. Daneben ausstechen, um die nächsten beiden Bündel genauso zu stopfen.

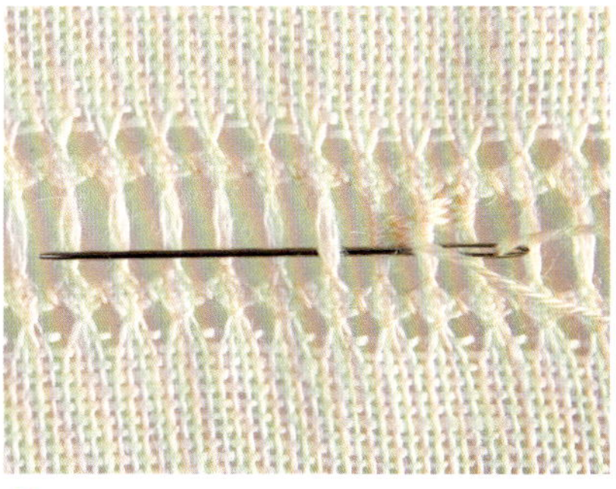

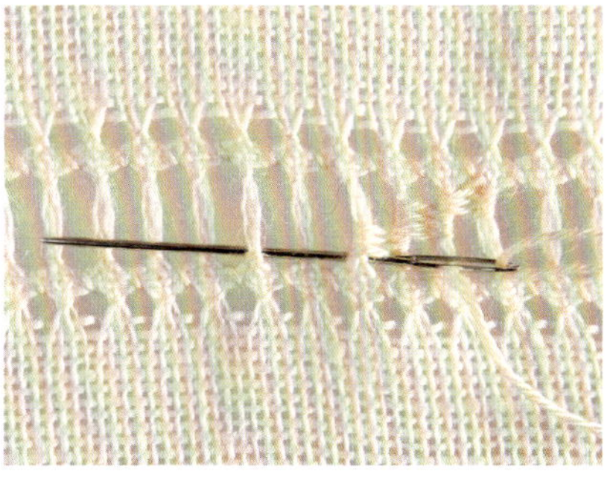

**4.** Die Stickerei fortsetzen, indem jeweils zwei Bündel viermal gestopft werden.

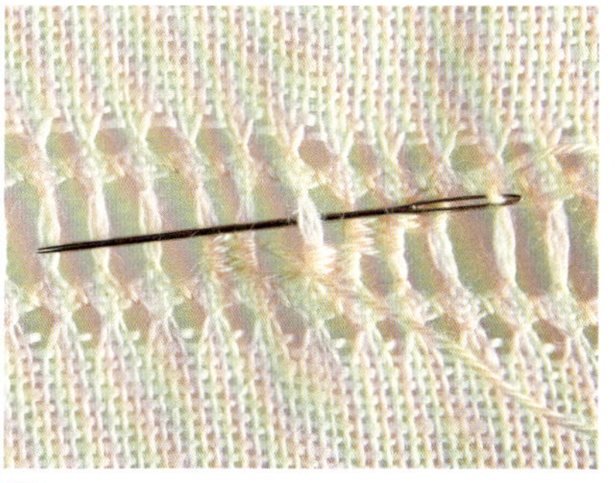

**5.** Nach oben zurückkehren und die Bündel wie zuvor stopfen.

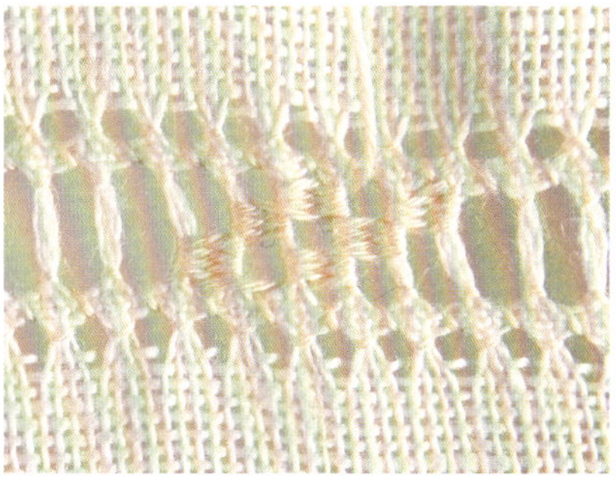

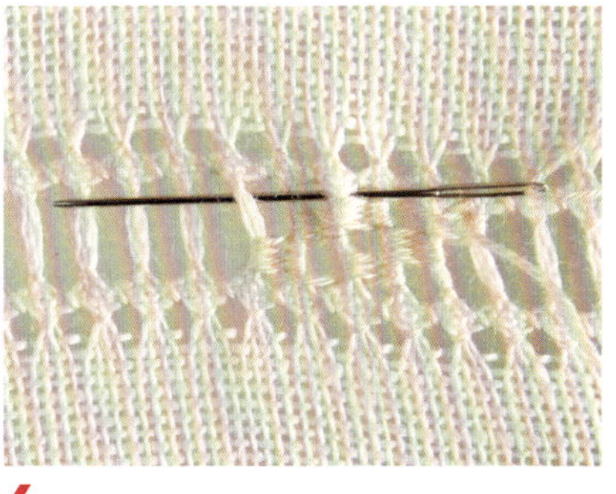

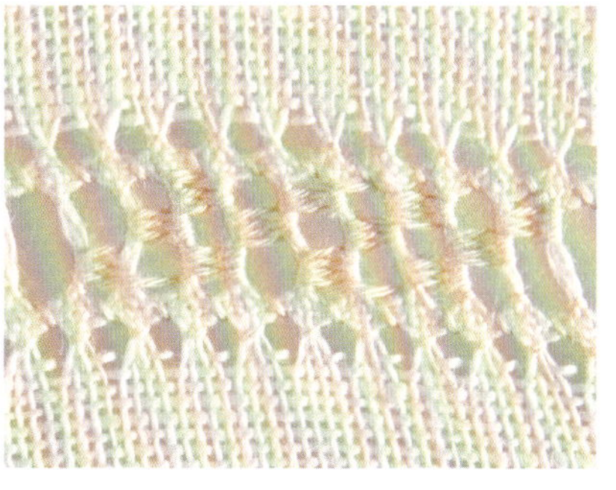

**6.** Weiterhin jeweils zwei Bündel oben und unten in Hin- und Rückreihen stopfen.

## WAGENRAD, IM LANGETTENSTICH UMRUNDET

Dieser Zierstich wird häufig in der Schwälmer Stickerei verwendet. Im Langettenstich werden auch die halben Wagenräder gestickt, welche die typischen Motive (Herz, Sonne,...) umrunden.

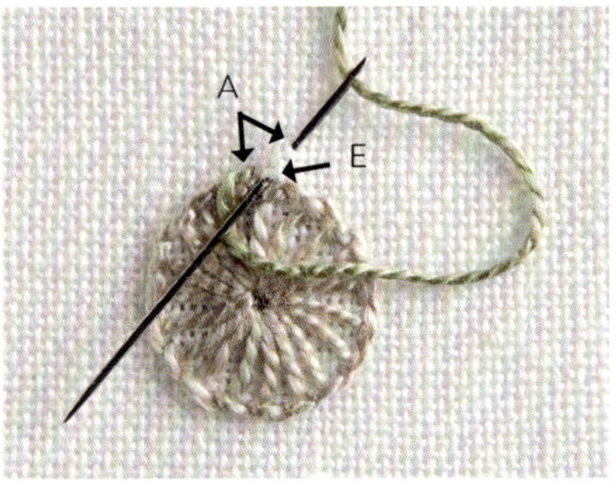


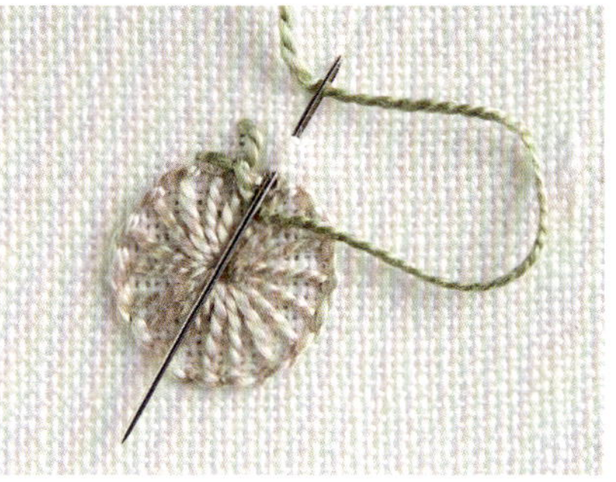

**1.** Ein Wagenrad sticken (siehe S. 163). Mit einem anderen Faden nahe dem Rand ausstechen und im Abstand von 0,2 cm einen Langettenstich beginnen (siehe S. 163).

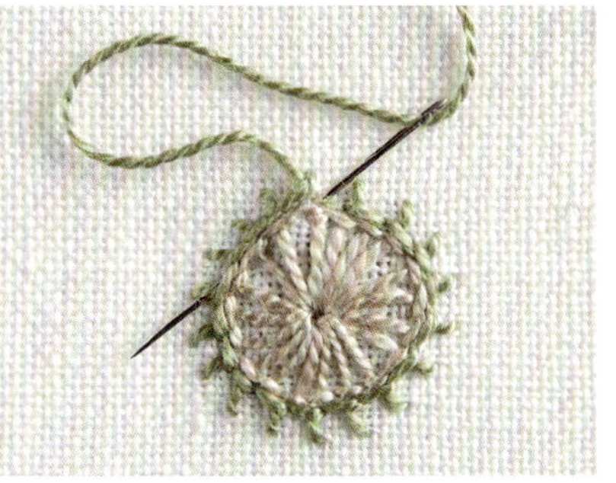

**2.** Am Ende in die Ausstichstelle des ersten Langettenstichs einstechen.

## SCHWÄLMER MOTIVE ÜBERTRAGEN

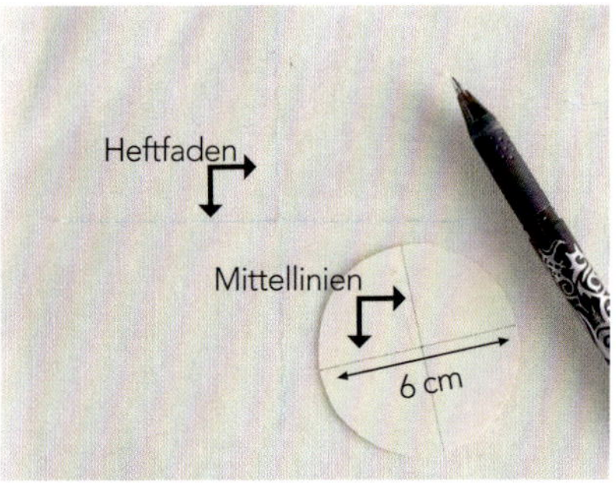


**1.** Die Mittellinien auf dem Stoff markieren und im Vorstich einen Heftfaden einziehen. Einen Kreis aus Karton ausschneiden und Mittellinien darauf zeichnen.

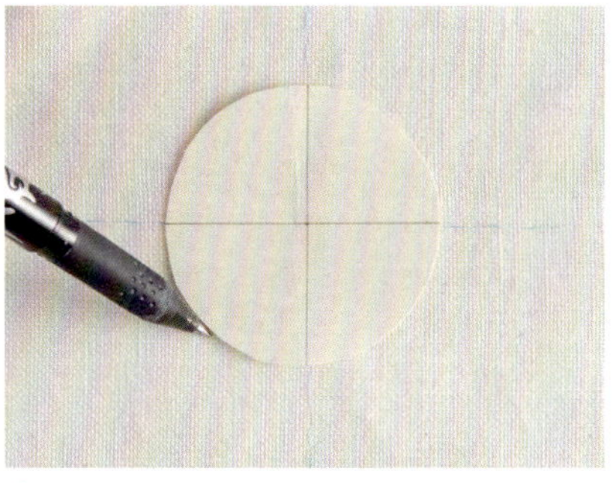

**2.** Den Kreis auf den Stoff legen, sodass die Mittellinien übereinstimmen, und den Kreis nachziehen.

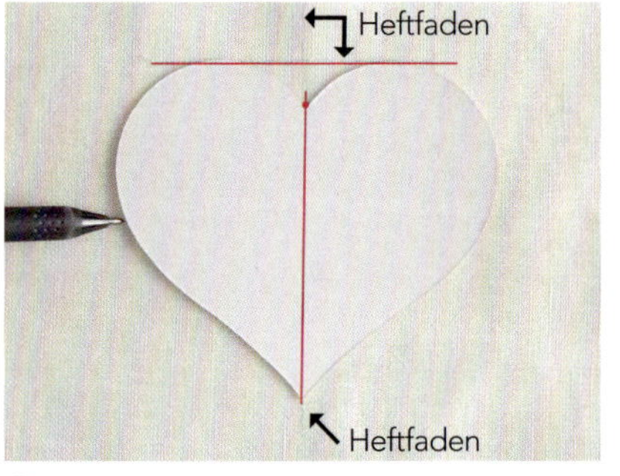


**3.** Handelt es sich um ein Herzmotiv, sticken Sie die vertikale Mittellinie im Vorstich und dann oben eine Linie im rechten Winkel. Legen Sie das Herz so auf den Stoff, dass die Einbuchtung oben und die Spitze unten auf der vertikalen Mittellinie liegen. Die oberen Rundungen sollten nicht höher als der horizontale Heftfaden sein.

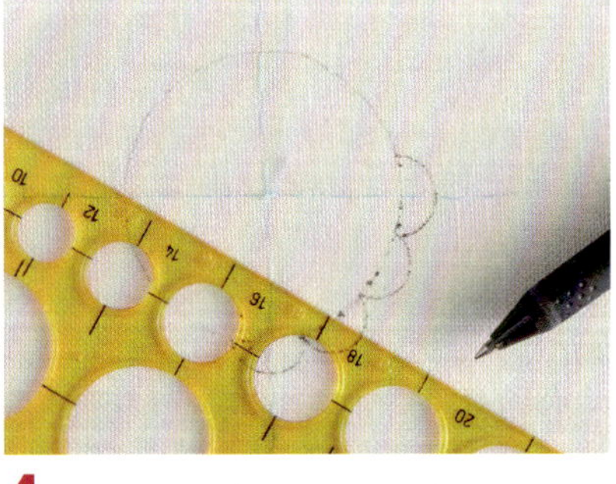

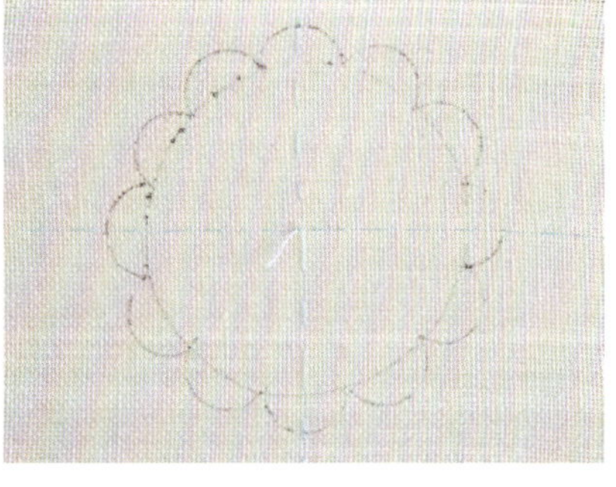

**4.** Um die Halbkreise um das Motiv zu zeichnen, verwenden Sie ein flaches Lineal mit runden, unterschiedlich großen Löchern.

*Die besten Ergebnisse erzielen Sie mit Schablonen, die Sie aus Karton ausschneiden und wiederverwenden können.*

# DEN UMRISS EINES MOTIVS STICKEN

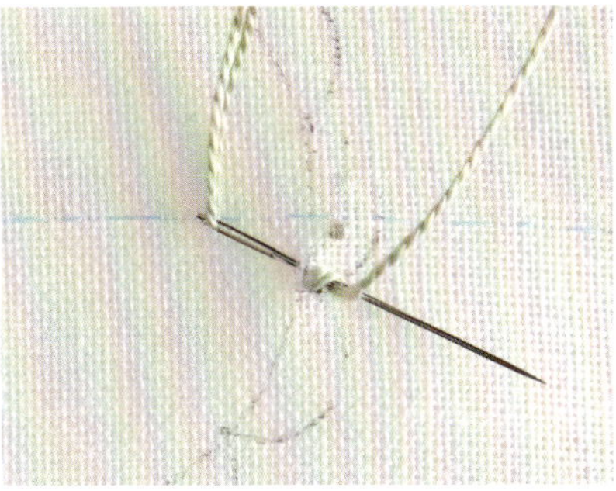

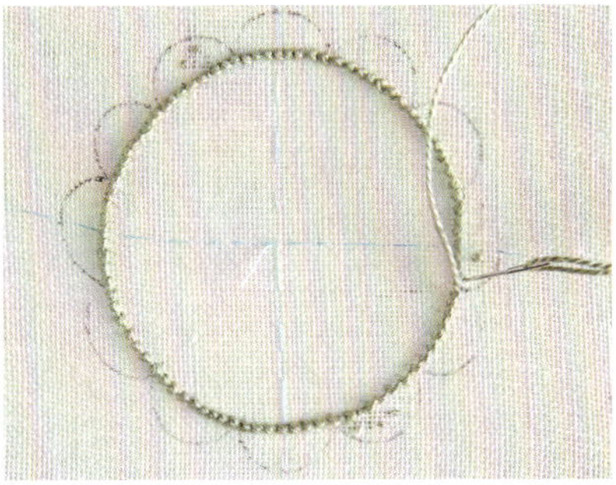

**1.** Die Nadel zwischen zwei gezeichneten Halbkreisen ausstechen und im Korallenstich (siehe S. 96) über die große Kreislinie sticken.

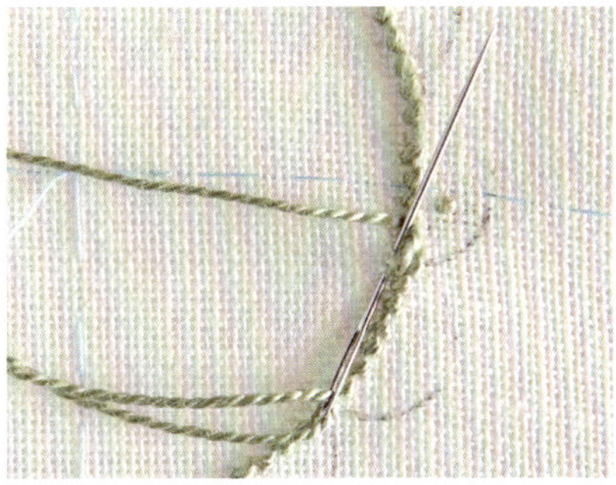

**2.** Die Nadel im Kreisinneren am Korallenstich ausstechen ...

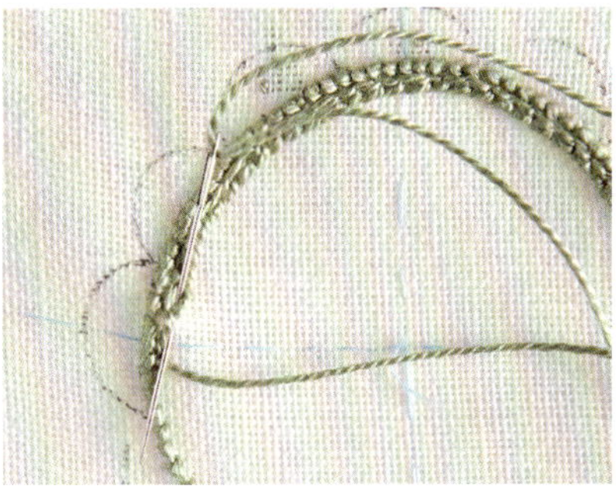

... und im Kettenstich sticken.

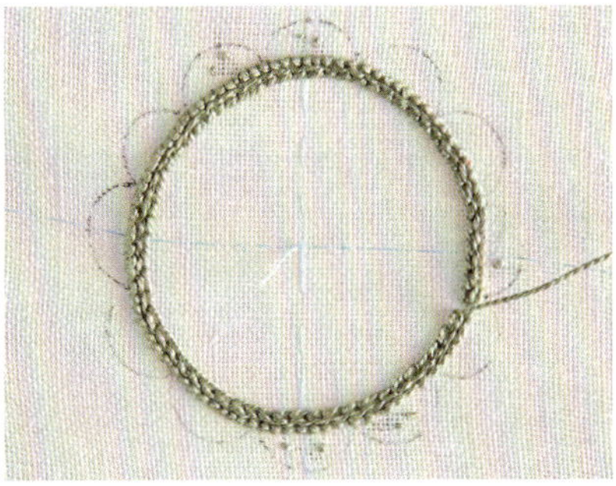

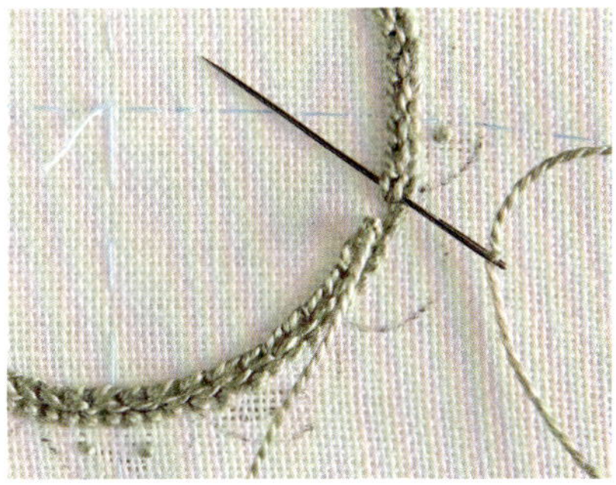

**3.** Den gesamten Kreis sticken und die Nadel beim letzten Stich unter der Schlaufe des ersten Kettenstichs durchziehen.

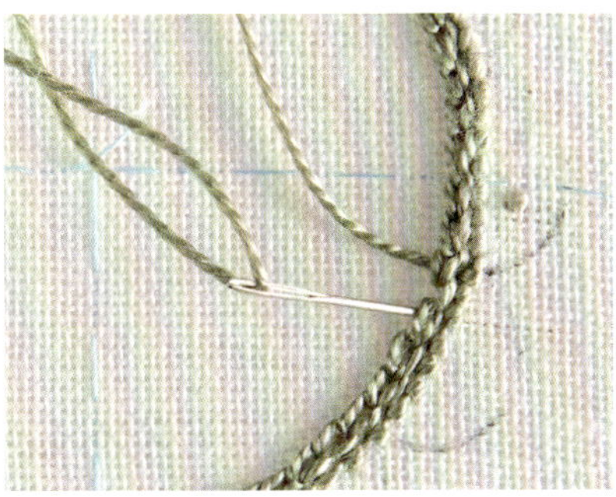

**4.** Unter dem letzten Kettenstich einstechen und vorsichtig am Faden ziehen.

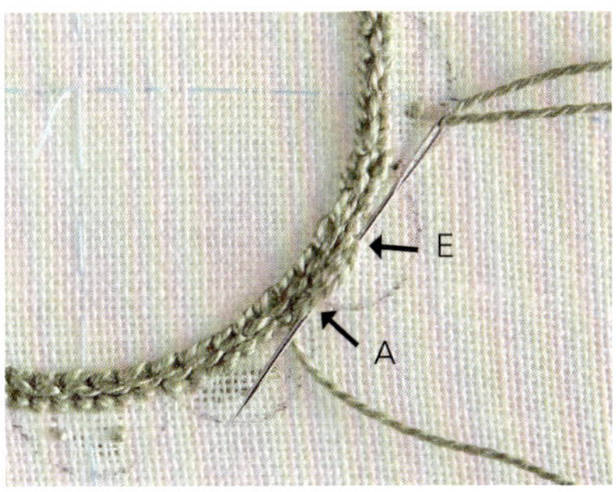


**5.** Aus der Mitte des nächsten gezeichneten Halbkreises ausstechen. In den gleichen Stich wieder einstechen und am Rand ausstechen, dabei den Faden unter die Nadel legen.

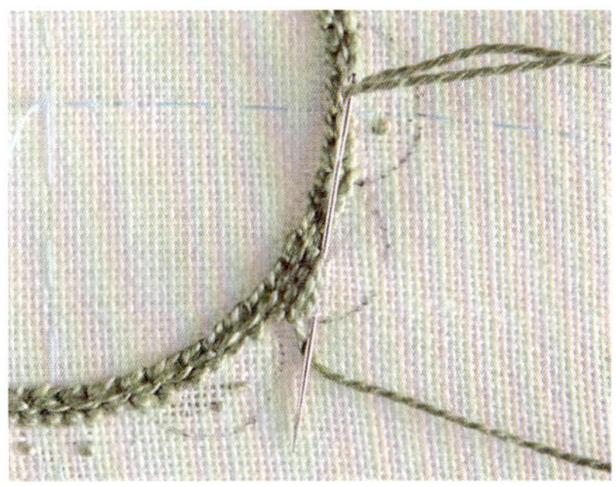

**6.** Im Langettenstich (siehe S. 163) die halben Wagenräder sticken.

## Den Umriss eines Motivs sticken (Fortsetzung)

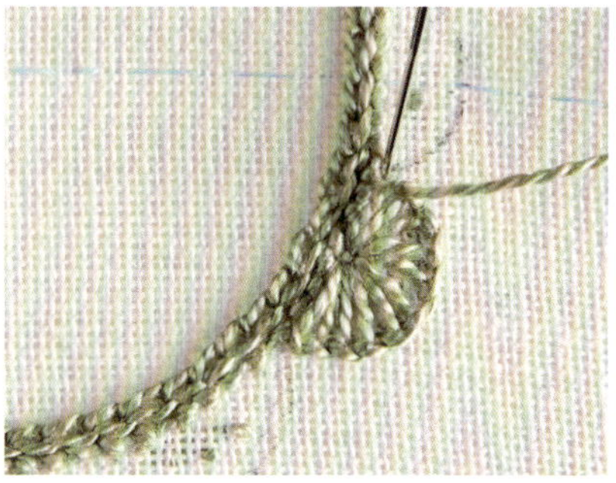

**7.** Zum Schluss in die Linie am großen Kreis einstechen.

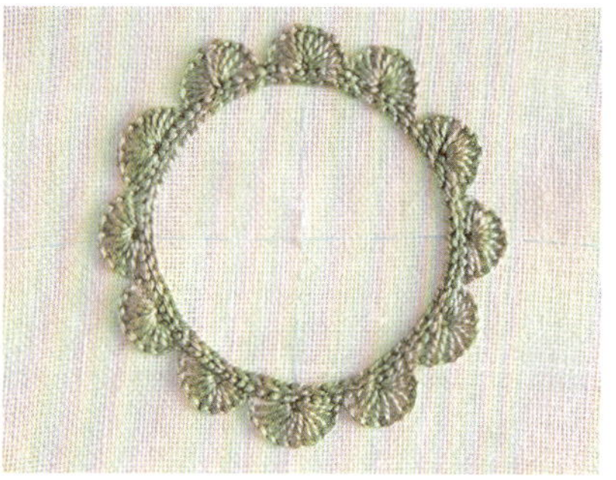

**8.** Die Nadel aus der Mitte des benachbarten halben Wagenrads ausstechen und wie zuvor weitersticken.

> *Sticken Sie am besten bei sehr guten Lichtverhältnissen, um die Fäden aus dem Motiv auszuziehen.*

## FADENAUSZUG AUS EINEM MOTIV

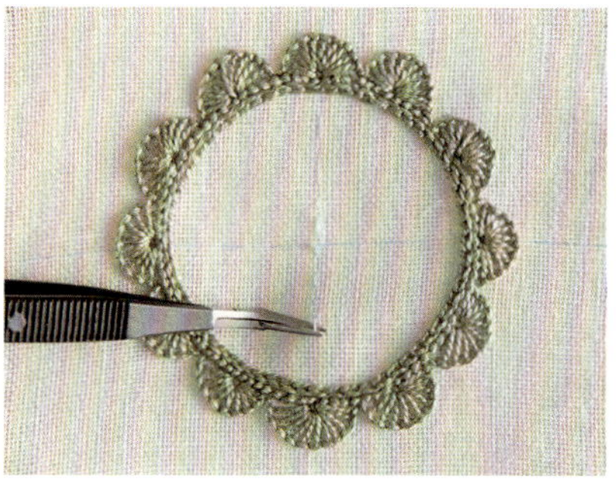

**1.** Heben Sie einen Gewebefaden auf der Mittellinie an.

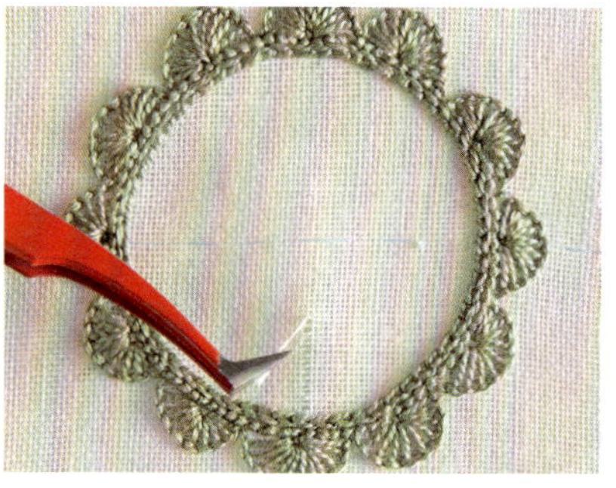

**2.** Schneiden Sie ihn bündig am unteren Rand ab, entfernen Sie den Heftfaden und ziehen Sie den abgeschnittenen Faden bis zum oberen Rand.

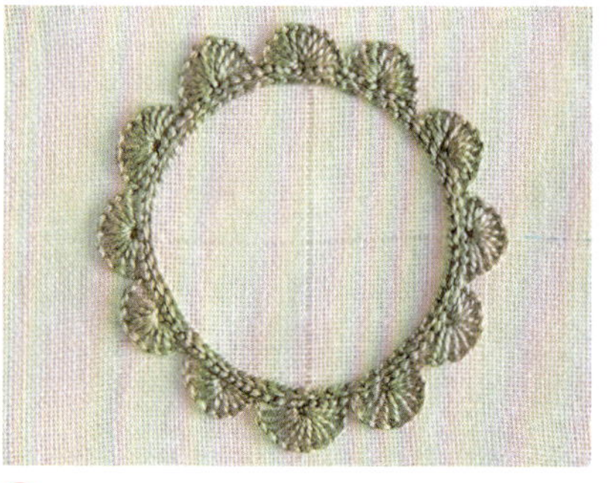

**3.** Gehen Sie genauso bei der horizontalen Mittellinie vor.

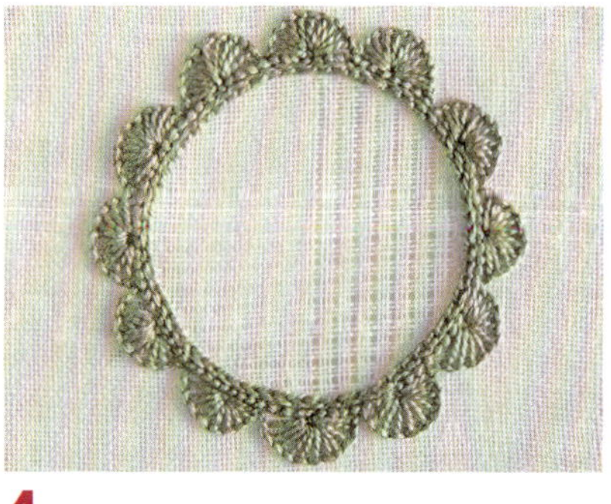

**4.** Unten und rechts jeweils einen Faden ausziehen und drei Fäden im Stoff lassen, dabei wie zuvor vorgehen.

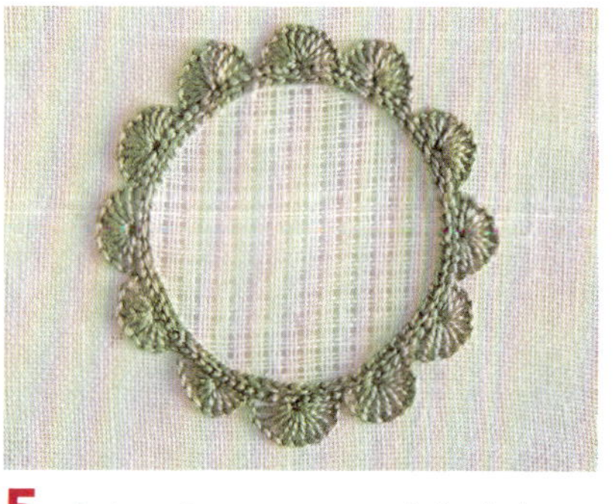

**5.** Gehen Sie genauso auf der linken und oberen Seite des Motivs vor.

## MOTIVINNERES MIT SCHLINGSTICHFÜLLUNG

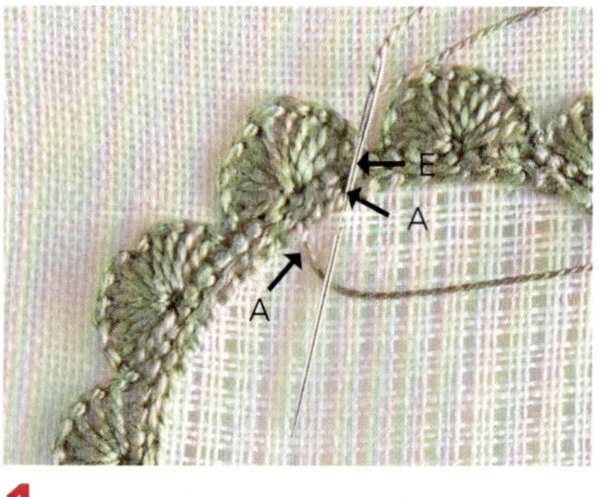


**1.** Den Faden aus der Ecke eines Kästchens ausstechen, das beim Ausziehen der Fäden entstanden ist und dem Kreis am nächsten liegt. In die gegenüberliegende Ecke ein- und unten ausstechen. Den Faden unter die Nadel legen.

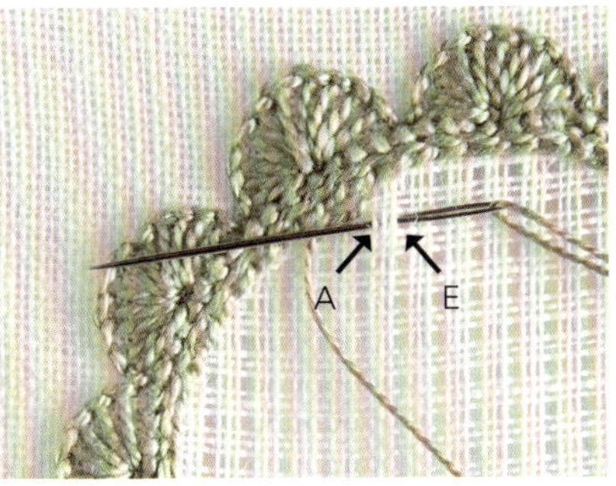


**2.** Rechts ein- und links ausstechen. Den Faden unter die Nadel legen.

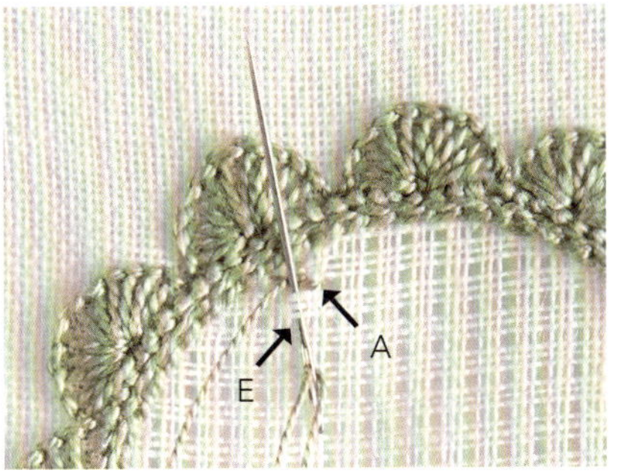


**3.** Unten ein- und oben ausstechen und den Faden nach links legen.
***Anm.*** *Achten Sie darauf, den Faden bei jedem Stich festzuziehen, um den Schussfaden zu spannen.*

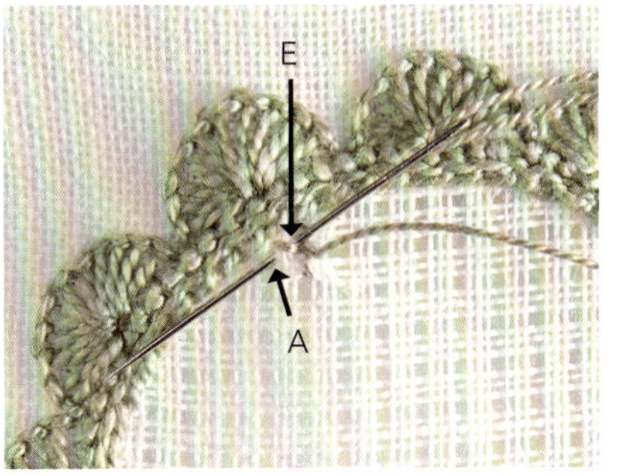


**4.** Auf dem Schussfaden bildet sich ein Kreuz. In die Kreuzmitte ein- und links ausstechen.

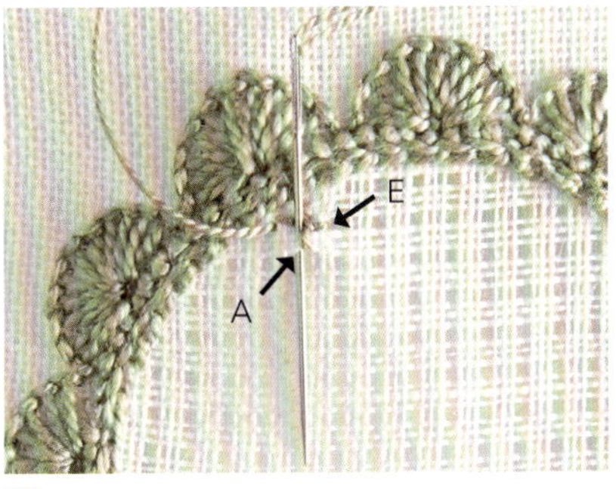


**5.** In die Mitte ein- und unten ausstechen.

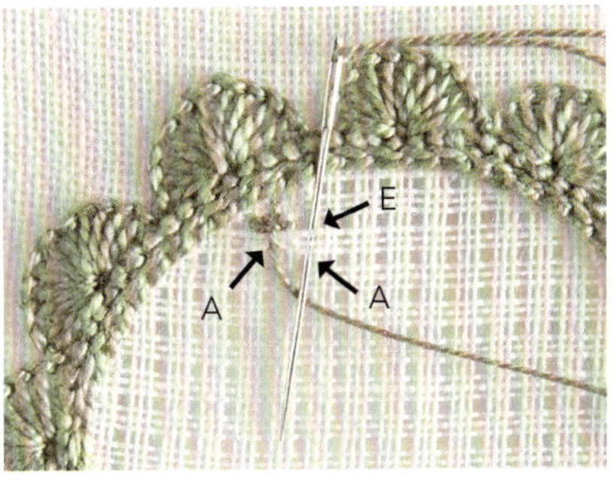


**6.** Einen weiteren Stich (siehe Abbildung 1) genauso sticken.

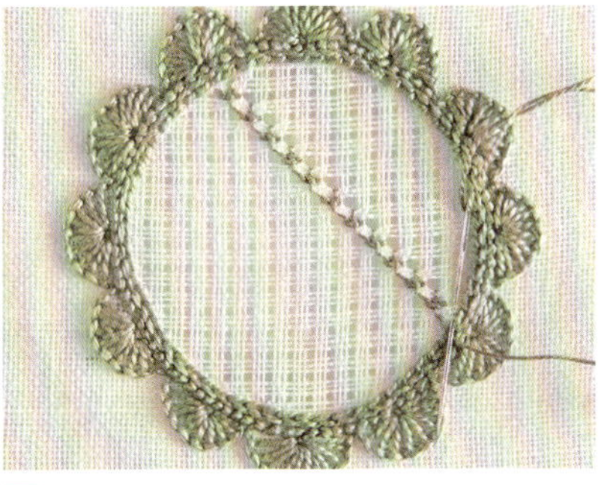

**7.** Die Stiche verlaufen diagonal bis zum gegenüberliegenden Kreisrand.

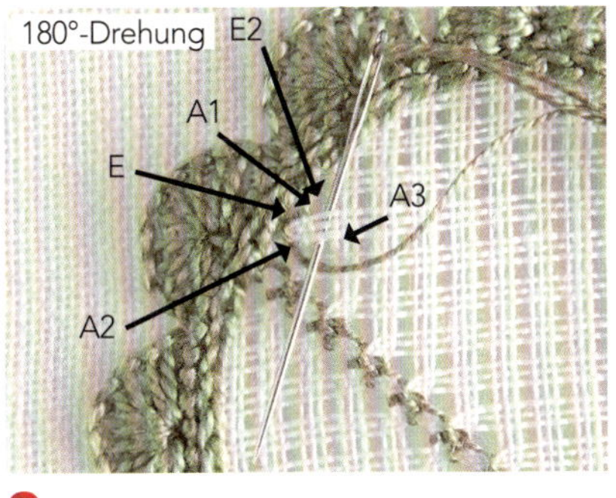


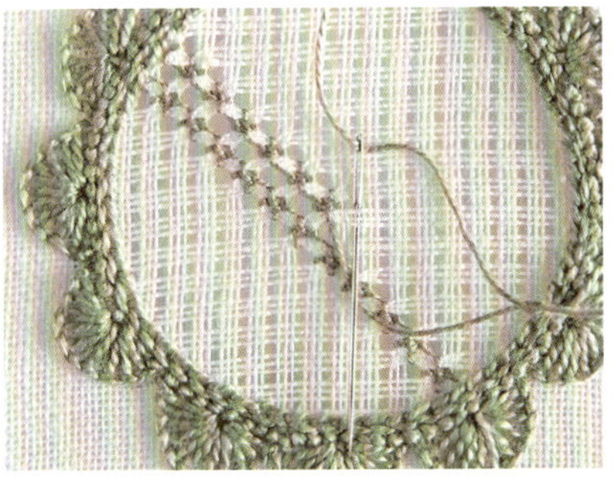

**8.** Die Arbeit drehen und die Schlingstichfüllung über die Schrägreihe rechts sticken. Um zu verstehen, wo der erste vollständige Stich beginnt, ist zu beachten, dass die durch die Schlingstichfüllung gebildeten Kreuze nebeneinander liegen, wenn die gesamte Fläche gefüllt ist. Zu Beginn einer neuen Reihe müssen Sie daher manchmal mit einem unvollständigen Stich beginnen. Bei A1 ausstechen, bei E ein- und bei A2 ausstechen, bei E ein- und bei A2 ausstechen. Die erste vollständige Schlingstichfüllung beginnt bei A2: Bei E2 ein- und bei A3 ausstechen. Den Faden unter die Nadel legen. Wie zuvor weitersticken.

## KORDELSTICH ÜBER AUSGEZOGENE FÄDEN

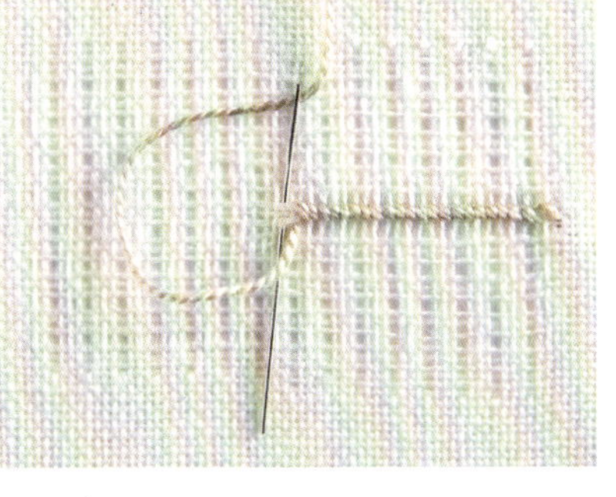

Zwischen zwei ausgezogenen Fäden wird Faden für Faden gestickt. Schräg in die Stiche einstechen. Ohne Füllung kann der Kordelstich in nebeneinanderliegenden Reihen gearbeitet werden.

# Hedebo-Stickerei

## BESCHREIBUNG UND GESCHICHTE

Diese Stickerei ist nach der dänischen Stadt Hedebo benannt, wo sie zwischen dem 18. und 19 Jahrhundert entstand. Sie umfasst viele, miteinander kombinierbare Techniken, darunter Durchbrüche im überwendlichen und Langettenstich sowie zahlreiche Spitzenstiche. Es handelt sich um eine raffinierte Form der Weißstickerei, die heutzutage auch in Farbe gearbeitet wird.

## MATERIAL

### Stoffe

Verwenden Sie vorzugsweise einen sehr dicht gewebten, eleganten Stoff aus 100 % Leinen, z. B.:
– den feinen Leinenstoff *Zweigart Kingston*, 22 Fäden/cm
– den robusteren, aber eleganten Leinenstoff *Zweigart Newcastle*, 16 Fäden/cm

### Garne

Sticken Sie mit gezwirntem Baumwollgarn:
– Perlgarn und Baumwolle Broder Spécial *DMC*
– die Garne Retors du Nord von *Sajou* eignen sich für feinere Arbeiten

### Nadeln

Wenn Sie in den Stoff einstechen, sticken Sie mit einer Nadel mit Spitze, deren Öhr auf die Fadenstärke abgestimmt ist.
Crewelnadeln, von dick bis dünn: 7, 9 und 10 *Bohin*.
Applikationsnadeln, von dick bis dünn: 10, 11 und 12 *Bohin*.
Lange Nadeln: 7, 8 und 9 *Bohin*.
Für manche Stiche sind Nadeln ohne Spitze erforderlich.
***Anm.** Sie können auch mit dem Nadelöhr sticken, um die Nadel nicht wechseln zu müssen. In diesem Fall benötigen Sie einen Fingerhut.*
Gobelinnadeln ohne Spitze, von dick bis dünn: 24, 26 und 28 *Bohin*.

### Schere

Zum Schneiden der Fäden verwenden Sie eine Pinzettenschere.
***Empf.** 98260 Bohin*
Um überschüssigen Stoff der Durchbrüche zurückzuschneiden, verwenden Sie eine kleine Schere mit feinen, spitzen Klingen.
***Empf.** 24316 oder 24318 Bohin*

### Stickrahmen

Sticken Sie mit einem runden Stickrahmen von 12 bis 15 cm Durchmesser, der beim Arbeiten versetzt wird.
***Empf.** Stickrahmen Sajou*

## TECHNIK

Dekatieren* Sie den Stoff, um den Schussfaden festzuziehen, was die Arbeit mit den Durchbrüchen erleichtert. Bügeln Sie den Stoff mit einem heißen Bügeleisen und sticken Sie zunächst alle nicht durchbrochenen Teile sowie die Rand- und Zierstiche. Dann können Sie die Konturen der durchbrochenen Flächen ausschneiden, sticken und mit Spitzenstichen verzieren. Manche sind charakteristisch für die Hedebo-Stickerei, darunter der dreieckige Picot (siehe S. 92) und der Knopflochstich.
***Anm.** Siehe auch das Kapitel „Nadelspitze".*

### Material

Dicht gewebtes beiges Leinen, Applikationsnadel Nr. 11, Gobelinnadel Nr. 26, Baumwolle Broder Spécial Nr. 30 Blanc.
Arbeiten Sie die Spitzenstiche mit der Gobelinnadel Nr. 26 und alle anderen Stiche mit der Applikationsnadel Nr. 11.

# DURCHBROCHENER KREIS IM KNOPFLOCHSTICH

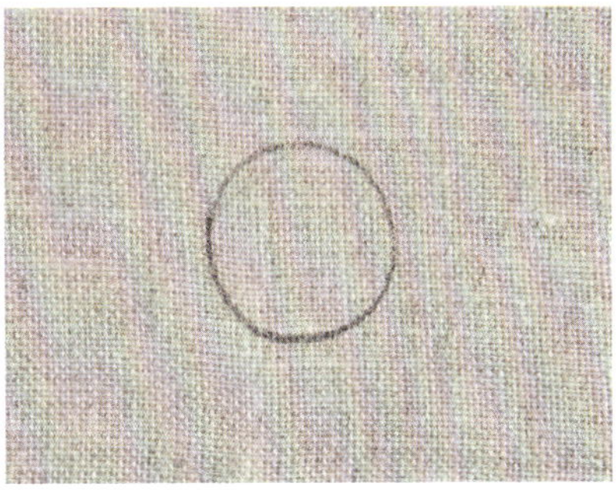

**1.** Einen Kreis mit einem Durchmesser von 1,2 cm zeichnen.

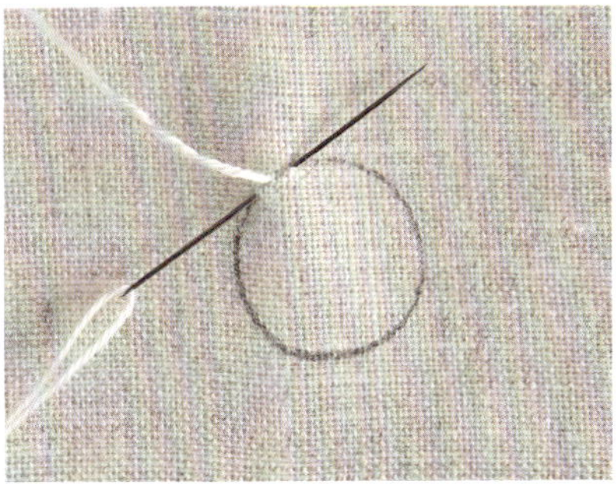

**2.** Den Faden auf der Linie ausstechen und mit einem Spaltstich beginnen.

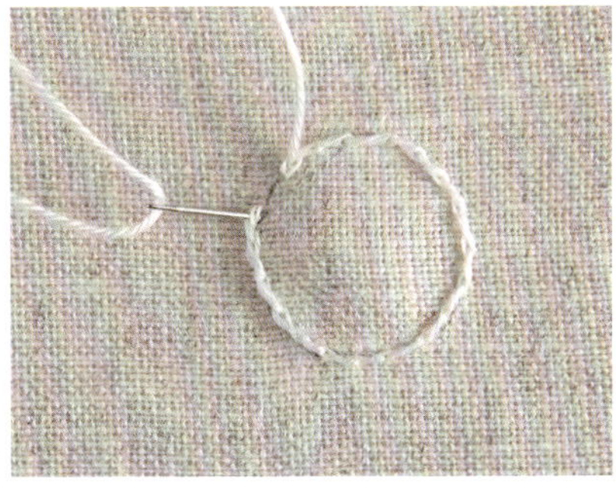

**3.** Im Spaltstich **Version 1** (siehe S. 153) den gesamten Kreis sticken und für eine perfekte Rundung kleine Stiche setzen.

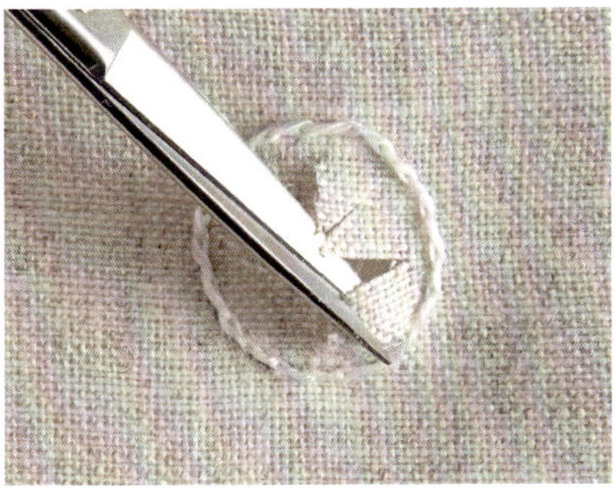

**4.** Die Spitze der spitzen Schere in die Mitte des Kreises einführen und den Stoff achtmal bis auf 0,1 cm vor dem Spaltstich einschneiden.

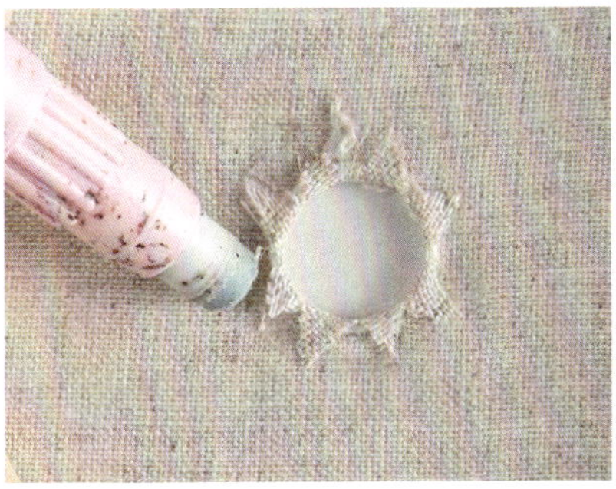

**5.** Auf der Rückseite 0,3 cm um den Kreis herum Kleber auftragen, dann die Viertel umschlagen und festkleben.
***Anm.*** *Bei einem größeren Kreis zehn oder zwölfmal einschneiden. Wenn der Stoff auf die Rückseite umgeschlagen wird, sollte er auf der Vorderseite der Durchbruchränder nicht mehr sichtbar sein.*

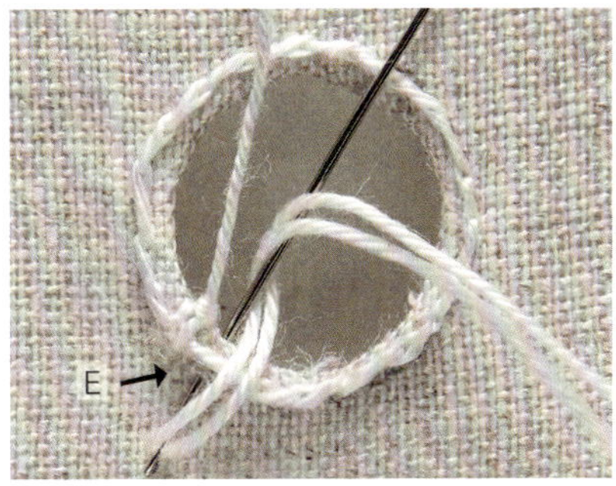


**6.** Unter dem Spaltstich einstechen, aus dem durchbrochenen Kreis ausstechen, ohne an der Nadel zu ziehen. Die Nadel mit dem Faden vom Öhr aus gegen den Uhrzeigersinn umwickeln. Die Nadel nach oben ziehen, damit sich der Knoten unten am Kreis zusammenzieht und am inneren Rand liegt.

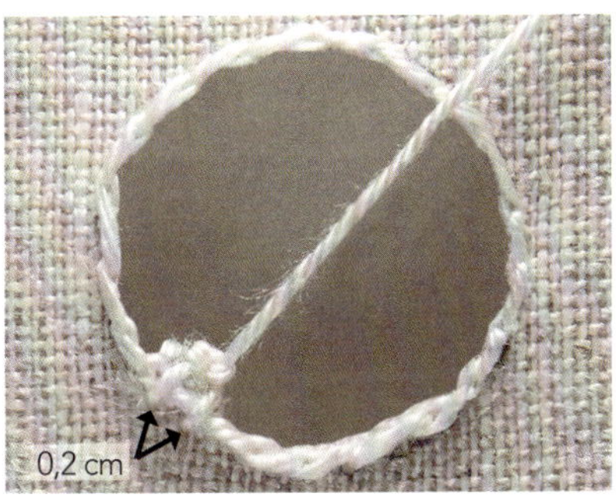


**7.** Die Nadel 0,2 cm rechts von diesem ersten Stich unter dem Spaltstich einstechen und diese Schritte wiederholen. Für den gesamten Kreis so fortfahren.

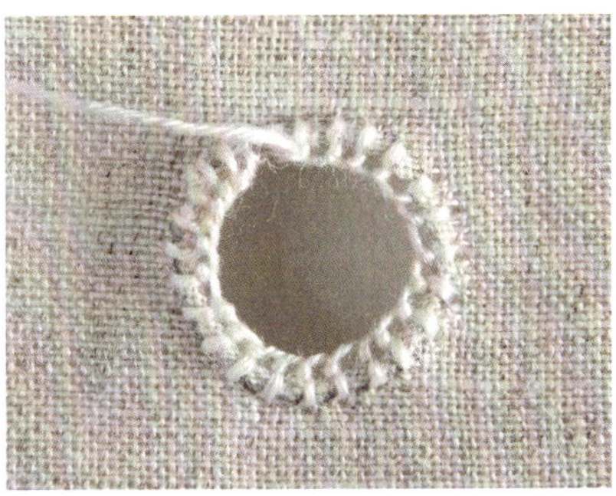

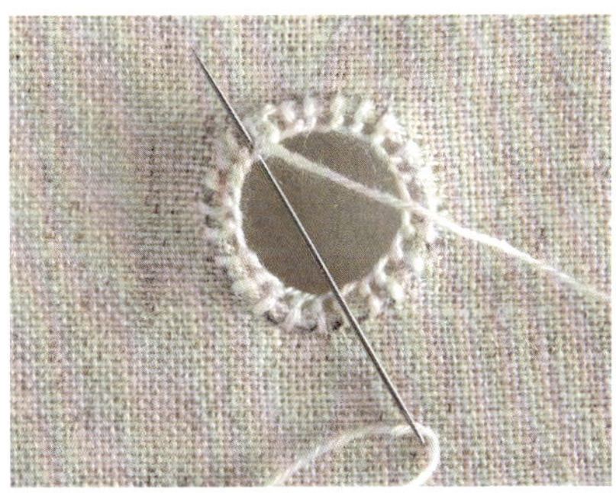

**8.** Wenn der Kreis gestickt ist, die Stiche umschlingen (siehe S. 88).

## Durchbrochener Kreis im Knopflochstich (Fortsetzung)

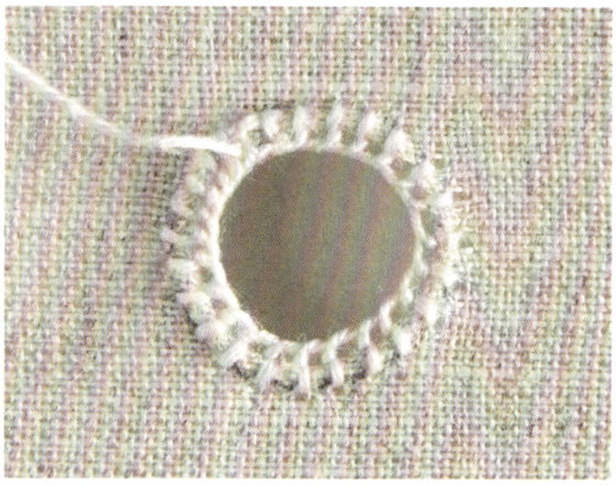

**9.** Am Ende der Reihe vorsichtig am Faden ziehen, um ihn zu spannen. Der innere Rand des Kreises wird fest und rund.

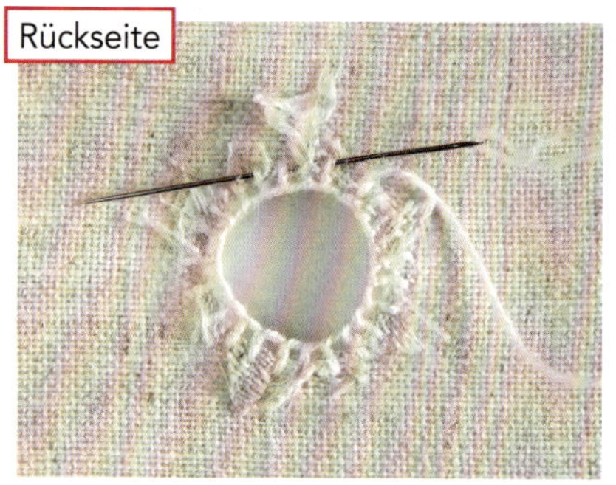


**10.** Um den Faden zu fixieren, zwischen zwei Stichen auf der Vorderseite einstechen und die Nadel auf der Rückseite ausstechen. Über 1,5 cm unter den Stichen durchziehen.

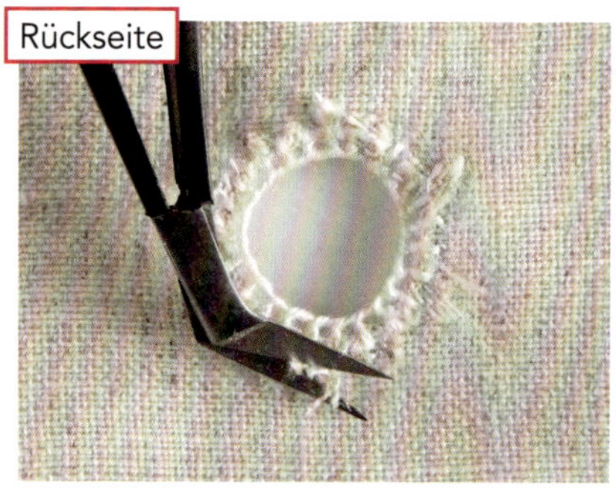


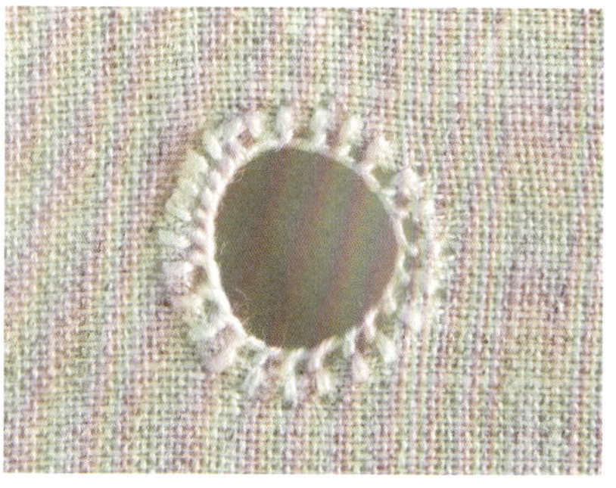

*Eine Lupenlampe kann sehr nützlich sein, um sorgfältig und gründlich zu arbeiten.*

**11.** Mit der Pinzettenschere den überschüssigen Stoff abschneiden.

## DURCHBROCHENE MANDEL IM KNOPFLOCHSTICH MIT SPINNE

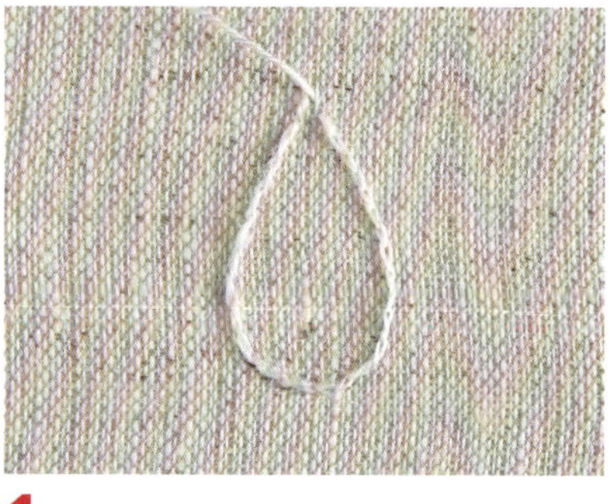

**1.** Eine 1,2 cm x 2 cm große Mandelform auf die Mitte des Stoffs zeichnen. Wie beim Kreis den gesamten Umriss von der Spitze ausgehend im Spaltstich (siehe S. 153) sticken. Am Ende den Faden auf der Vorderseite ausstechen und beiseitelegen.

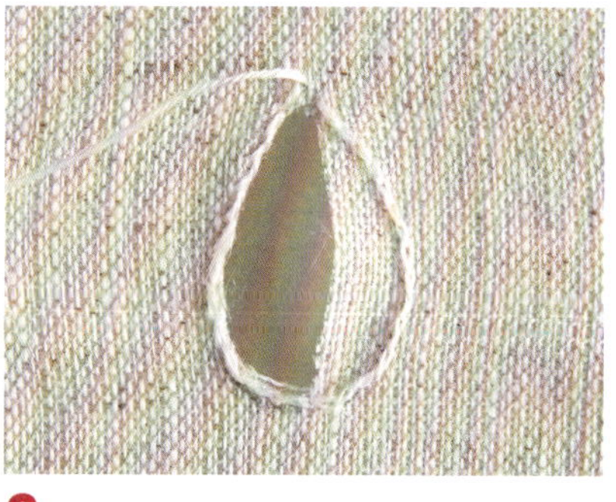

**2.** Den Stoff 0,1 cm vom Spaltstich entfernt von der Spitze bis zum unteren Ende der Rundung in zwei gleich große Teile schneiden und die linke Hälfte einschneiden. Auf der Rückseite Kleber auf den Rand auftragen, den eingeschnittenen Stoff nach hinten umschlagen und festkleben.

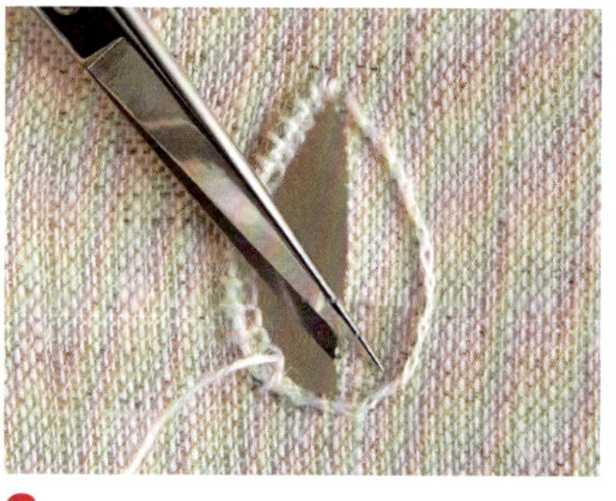

**3.** Im Abstand von 0,2 cm von der Spitze bis zum linken unteren Rand im Knopflochstich sticken. Den Stoff der rechten Seite einschneiden, auf der Rückseite Kleber auf den Rand auftragen und den geschnittenen Stoff wie zuvor umschlagen.

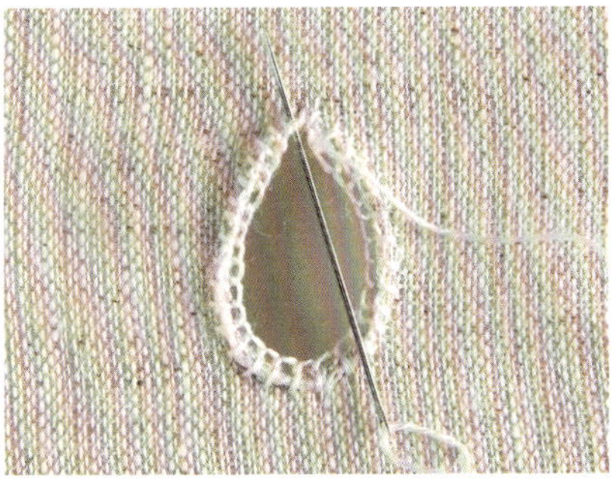

**4.** Bis zur Spitze im Knopflochstich über den Rand sticken. Die Nadel unter der Schlaufe des ersten Knopflochstichs durchziehen. Umschlingen Sie alle anderen Stiche, indem Sie das Nadelöhr unter ihnen durchziehen.

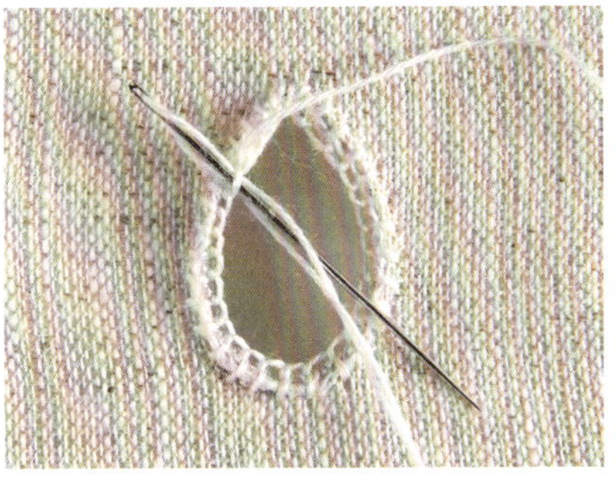

**Anm.** *Das Umschlingen erfolgt mit dem Nadelöhr. Sie können hierfür eine Nadel ohne Spitze oder ein Nadelöhr verwenden. In letzterem Fall benötigen Sie einen Fingerhut.*

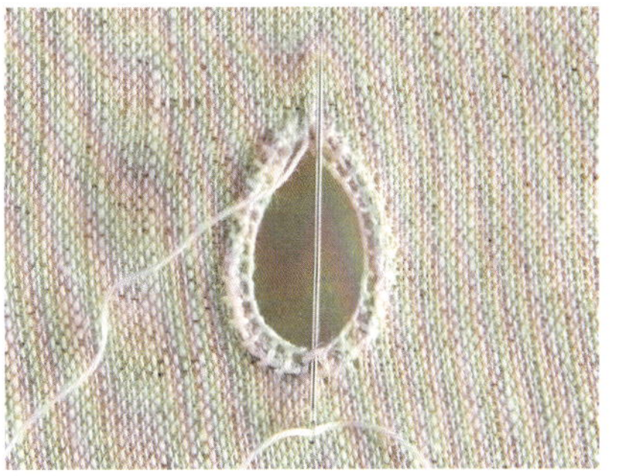

**5.** Wenn alle Stiche umschlungen sind, den Faden festziehen, um ihn zu spannen und die ovale Mandelform zu betonen. In die Schlaufe des Stichs in der Mitte der Rundung einstechen und über den Durchbruch spannen.

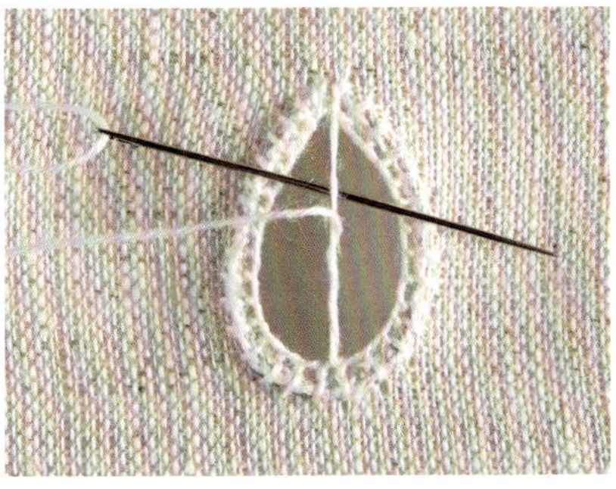

**6.** Den gespannten Faden sechs- bis siebenmal umwickeln, dann vorsichtig an der Nadel ziehen. Falls nötig, erneut zwei- oder dreimal umwickeln, sodass sich die beiden Fäden verdrehen und zu einem werden.

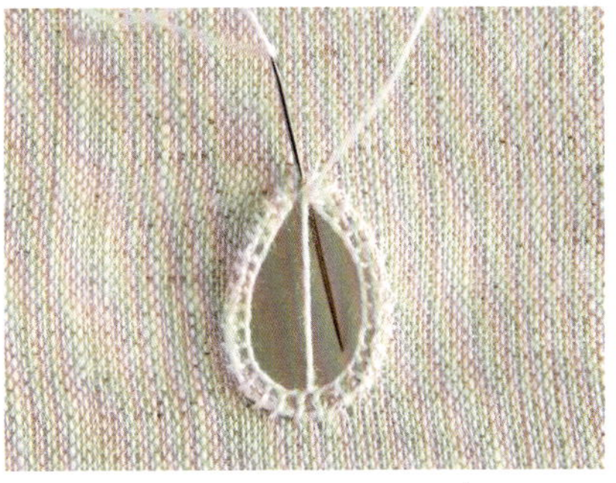

**7.** In den Stich an der Spitze einstechen.

**Anm.** *Nie in den Stoff, sondern immer in die Schlaufe der Knopflochstiche einstechen.*

*Der Fingerhut ist ein nützliches und unverzichtbares Werkzeug. So können Sie mit der Nadelspitze oder dem Nadelöhr arbeiten, ohne sich zu verletzen oder die Nadel für bestimmte Stiche wechseln zu müssen. Der Fingerhut ermöglicht ein präzises und schnelles Arbeiten.*

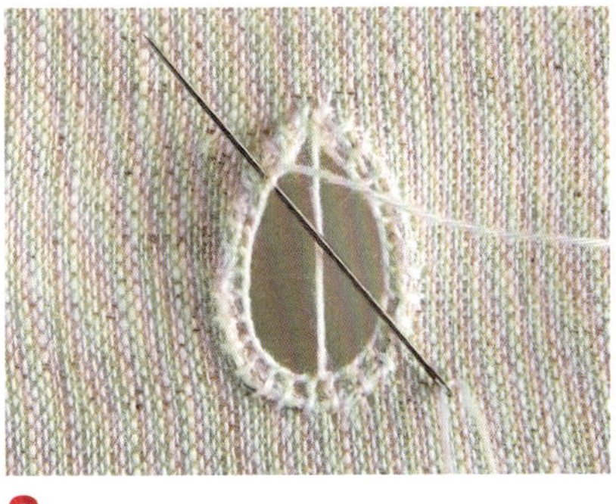

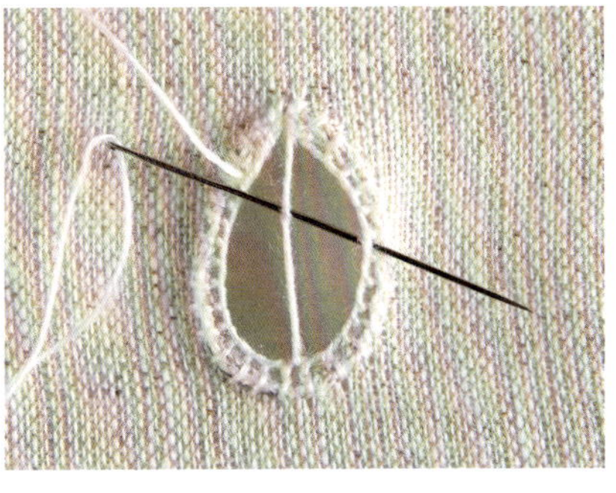

**8.** Die Stiche am linken Rand umschlingen, 0,5 cm von der Spitze entfernt diagonal durch den Mittelfaden stechen und 1 cm von der Spitze entfernt aus dem Knopflochstich am rechten Rand ausstechen.

## Durchbrochene Mandel im Knopflochstich mit Spinne (Fortsetzung)

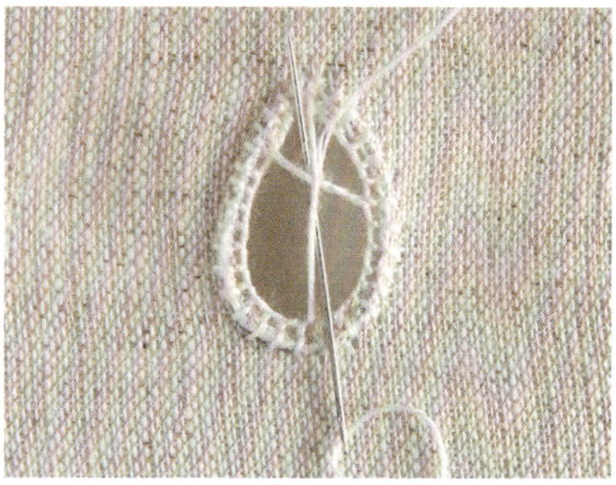

**9.** Drei- bis viermal den rechten Faden bis zum Kreuzungspunkt umwickeln, die Nadel unter diesem durchziehen und den anderen Teil des gespannten Fadens bis zum linken Rand umwickeln. Zwei Knopflochstiche am Rand aufnehmen. Den Faden schräg bis zum rechten Rand spannen und durch die Fäden des Kreuzungspunkts durchziehen.

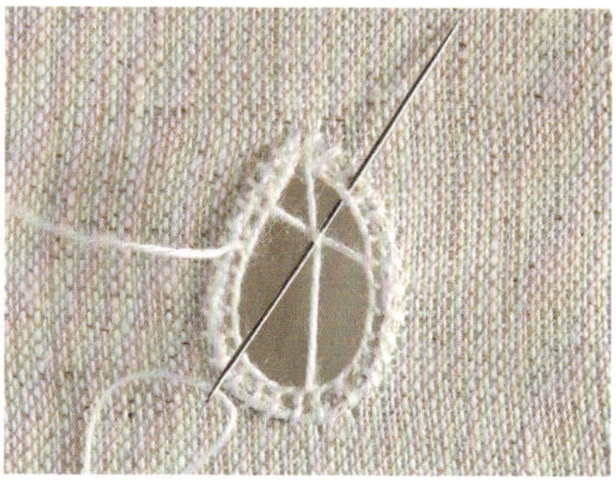

**10.** Die Nadel unter dem Knopflochstich ausstechen, der gegenüber dem ersten gespannten Faden auf der Rückseite liegt.

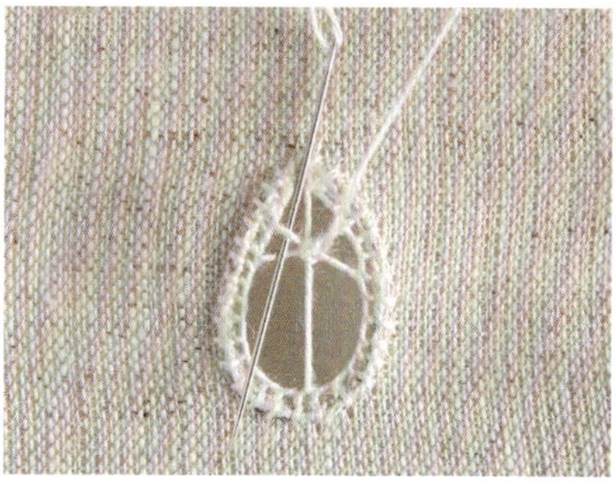

**11.** Den zuletzt gespannten Faden drei- bis viermal bis zum Kreuzungspunkt umwickeln, dann über/unter den sechs Spinnbeinen durchziehen. Dabei nicht zu stark am Faden ziehen, damit er sich dem zunehmenden Durchmesser der Spinne anpasst.

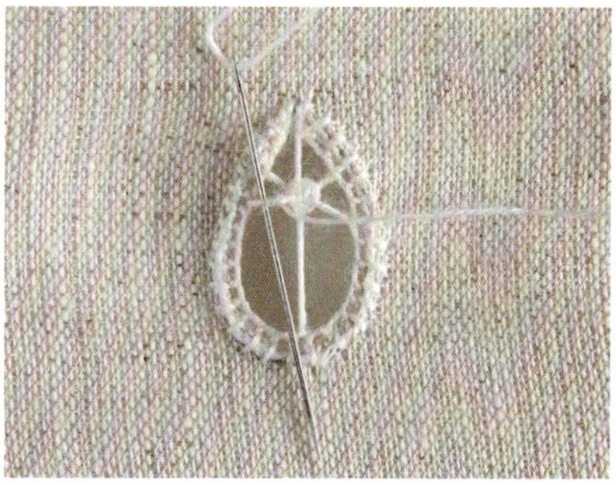

**12.** Wenn ein Durchmesser von 0,5 bis 0,6 cm erreicht ist, die Nadel nahe dem letzten zu umwickelnden Faden ausstechen und diesen drei- bis viermal bis zum Rand umwickeln.

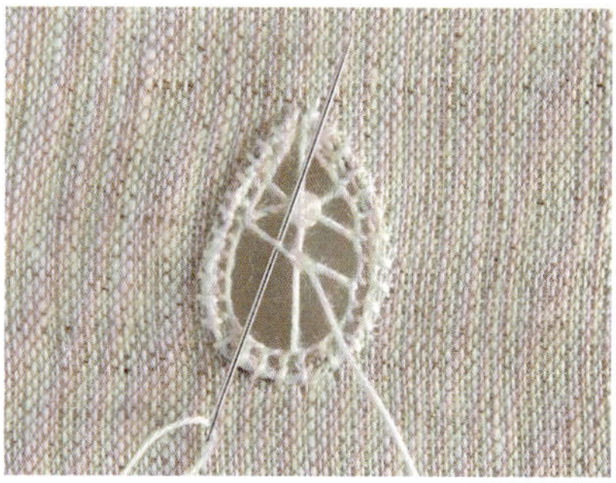

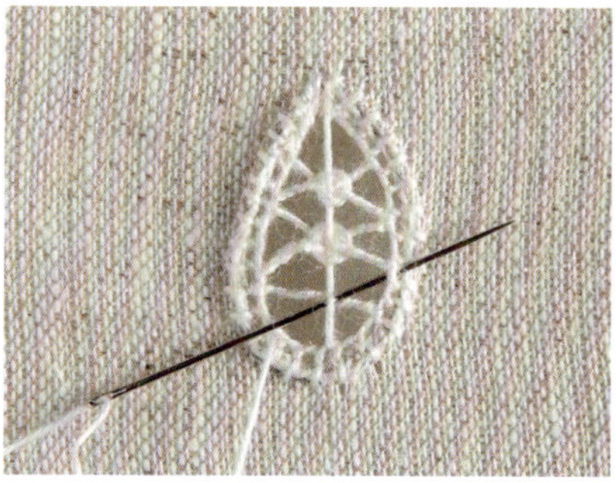

**13.** Den Faden diagonal bis zum gegenüberliegenden Rand spannen und eine zweite und dritte Spinne sticken. Wie zuvor arbeiten.

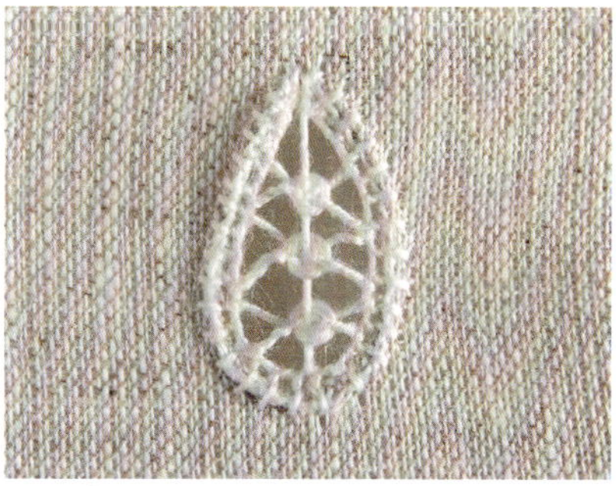

*Je nach Größe des Durchbruchs variiert die Anzahl der Stiche, die für die Spinne nötig sind. Zeichnen Sie das Motiv in Originalgröße auf ein Blatt Papier und skizzieren Sie die entsprechenden Stiche auf einem Stoff. Dies ist die beste Methode für eine schöne Stickarbeit.*

# Hardanger Stickerei

## BESCHREIBUNG UND GESCHICHTE

Diese Technik gehört zur Weiß-, Durchbruch- und Zählstickerei. Sie zeichnet sich durch einen geometrischen Stil aus, der aus Durchbrüchen in Kombination mit dichteren Teilen besteht. Die Technik verdankt ihren Namen der norwegischen Stadt Hardanger, wo sie im Mittelalter entstand, als venezianische Durchbruchstickereien im Umlauf waren. Ursprünglich wurden die Arbeiten Weiß auf Weiß und auf doppelt gewebten Stoffen hergestellt, um Haushaltswäsche und traditionelle norwegische Trachten zu schmücken. Heutzutage ist diese überaus beliebte Stickerei in vielen verschiedenen Farben und Materialien erhältlich und kann je nach Geschmack mit anderen Stichen kombiniert werden.

## MATERIAL

### Stoffe

Die verwendeten Stoffe können doppelt gewebt* (Spécial Hardanger) oder einfach gewebt sein und aus 100% Baumwolle*, 100% Leinen* oder Mischgewebe* bestehen.
Wählen Sie den Stoff je nach Verwendungszweck. Die Schussfäden sollten mit bloßem Auge zählbar sein.

### Garne

Verwenden Sie starkes, gezwirntes Baumwollgarn:
– Perlgarn *DMC* von unterschiedlichem Durchmesser, von dick bis dünn : Nr. 3, 5, 8 und 12.
– Baumwolle Broder Spécial *DMC* von unterschiedlichem Durchmesser, von dick bis dünn: Nr. 16, 20, 25 und 30.

*Zum Besticken einer Tischdecke, die oft gewaschen werden soll, wählen Sie einen hochwertigen Baumwollstoff. Wird die Arbeit nur wenig genutzt oder gerahmt, bietet sich ein feinerer, hochwertiger Stoff an. Auch die Wahl der Stiche richtet sich nach der gewünschten Widerstandsfähigkeit der Arbeit.*

– Baumwolle Mouliné *DMC* aus sechs Einzelfäden; der Durchmesser des Garns wird auf die Anzahl der verwendeten Einzelfäden abgestimmt.

Es werden zwei Garnstärken benötigt:
– Ein Garn sollte etwas dicker als die Schuss- und Kettfäden* sein, um damit die Spannstiche der Blöcke zu sticken, aus denen die Rahmen bestehen.
– Ein Garn sollte dünner als die Kett- und Schussfäden* sein, um die Durchbrüche und das Rahmeninnere zu sticken.

Zum Sticken von Verzierungen und Bordüren können beide Fadenstärken verwendet werden.
Wenn der verwendete Stoff geschmeidig ist, können die Stickfäden lang sein (60 bis 70 cm), da das Garn nicht abnutzt, wenn es wiederholt durch den Stoff gezogen wird. Dies hat den Vorteil, dass die Fäden seltener fixiert werden müssen. Es kommen auch andere Garne in Frage.
– Metallic Garn *DMC* oder *AVAS*: Ziergarn für zusätzliche Zierstiche.
– Heftfaden, um die verschiedenen zu bestickenden Bereiche abzugrenzen, insbesondere bei großen Projekten.
Verwenden Sie zum Heften einen Faden in einer Kontrastfarbe.

## Hardanger Stickerei (Fortsetzung)

### Nadeln

Sticken Sie mit einer Nadel ohne Spitze, die Sie leicht zwischen den Stofffäden durchziehen können, ohne diese zu durchstechen.
Gobelinnadeln ohne Spitze, von dick bis dünn: Nr. 20, 22, 24, 26 und 28 *Bohin*.
Wählen Sie die Nadel entsprechend der Größe des gewählten Garns. Arbeiten Sie mit einer dickeren Nadel für stärkeres Garn und einer dünneren Nadel für dünneres Garn.

### Schere

Verwenden Sie zum Schneiden der Fäden eine kleine, feine Schere mit spitzen Klingen.
***Empf****. 24316 oder 24311 Bohin*
Verwenden Sie für mehr Präzision beim Schneiden kleiner Fäden eine spezielle Hardanger Pinzettenschere.
***Empf****. 98260 oder 62615 Bohin*
Verwenden Sie zum Schneiden der auszuziehenden Fäden eine Schere mit Kugelspitze.
***Empf****. Schere mit Kugelspitze Sajou*

### Zange

Verwenden Sie Textilzangen, um die geschnittenen Fäden auszuziehen und die Arbeit nicht zu beschädigen. Sie eignen sich nach dem Ausziehen der Fäden auch gut zum Entfernen von Fadenresten.
***Empf****. 62616 Bohin*

### Stickrahmen

Sticken Sie mit einem kleinen runden Stickrahmen von 10 bis 12 cm Durchmesser, der beim Arbeiten versetzt wird. Der Stickrahmen ist für eine gute Fadenspannung wichtig und ermöglicht das regelmäßige Sticken von Stäbchen und Stege.
***Empf****. Stickrahmen Sajou*

*Die Wahl der Schere ist sehr wichtig. Achten Sie darauf, dass sie dünne und sehr scharfe Klingen hat.*

## TECHNIK

Die Hardanger Stickerei besteht aus drei Arbeitsschritten:
– **Rahmen:** Durch Blöcke abgegrenzte Bereiche, die aus fünf oder mehr Spannstichen pro Seite bestehen. Der kleinste Rahmen verfügt über einen Block pro Seite. Der größte kann aus unendlich vielen Blöcken bestehen.
– **Durchbrüche:** Die Innenbereiche der Rahmen, deren Fäden geschnitten, ausgezogen und mit anderen Stichen verziert werden.
– **Dichte Bereiche:** Die Bereiche zwischen den Rahmen mit zusätzlichen Stichen der traditionellen klassischen Stickerei, Fadenanzugsarbeiten, Gobelinstichen, usw.

Es ist wichtig, die folgende Reihenfolge einzuhalten:

**1.** Die Blöcke der Rahmen sticken.

**2.** Die dichten Bereiche und Bordüren sticken.

**3.** Die Arbeit von links bügeln.

**4.** Die Fäden schneiden und ziehen, dann die Durchbrüche besticken.

### Material

Weicher, einfach gewebter khakifarbener Leinenstoff, 12,6 Fäden/cm, Gobelinnadel ohne Spitze Nr. 24 und Nr. 26, Heftfaden, Baumwolle Broder Spécial Muted Green Nr. 16: 502 und Baumwolle Broder Spécial Muted Green Nr. 25: 502 und 504.
Zum Heften mit einem Heftfaden und der Gobelinnadel Nr. 26 arbeiten.
Die Blöcke mit dem Garn BS Nr. 16 und der Gobelinnadel Nr. 24 sticken.
Die Ziersticke mit dem Garn BS Nr. 25 und der Gobelinnadel Nr. 26 sticken.

# DIE VORBEREITUNG DES STOFFS

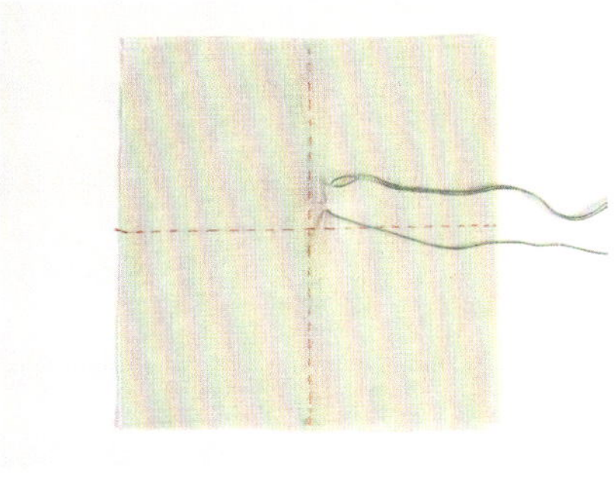

Den Stoff mit einem sehr heißen Bügeleisen bügeln. Die Mitte bestimmen und einen Heftfaden über die Mittellinien einziehen.

***Anm.*** *Bestimmen Sie auf der Schemazeichnung auf Papier die Mittellinien und zeichnen diese mit auffälligem Filzstift nach, um das Zählen der Fäden zu erleichtern und Fehler zu vermeiden.*

*Vergessen Sie nicht, den Stoff zu bügeln. Dieser Schritt ist wichtig, um die Arbeit sorgfältig vorzubereiten.*

# EINEN BLOCK STICKEN

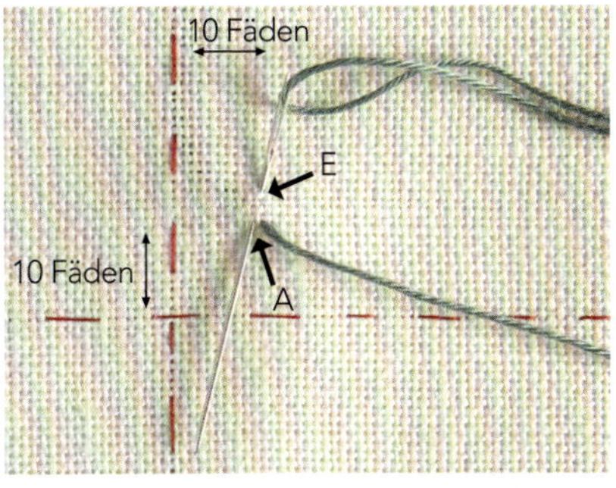


**1.** Die Nadel zehn Fäden vor der linken und der unteren Mittellinie ausstechen. Einen vertikalen Spannstich über vier Fäden setzen und links vom ersten Stich ausstechen.

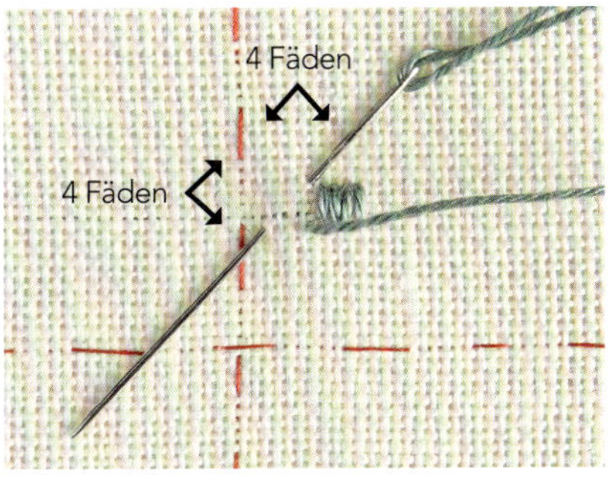


**2.** Vier weitere parallele Spannstiche sticken, um einen Block zu bilden. Vier Fäden weiter unten ausstechen.

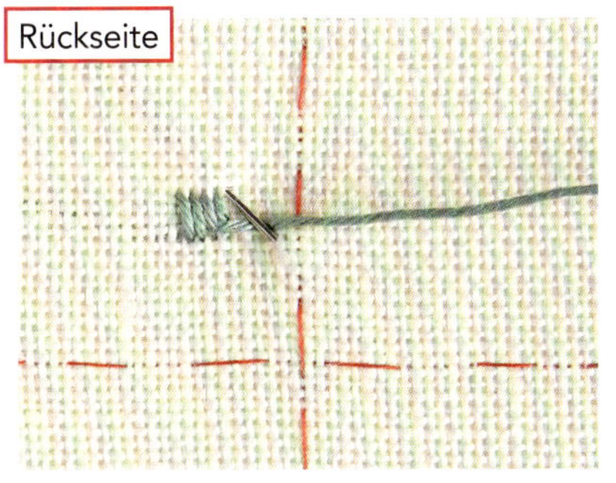


**3.** Den Anfangsfaden über 2 cm auf der Rückseite unter den Stichen integrieren und den überschüssigen Faden abschneiden.

# EINEN RAHMEN STICKEN

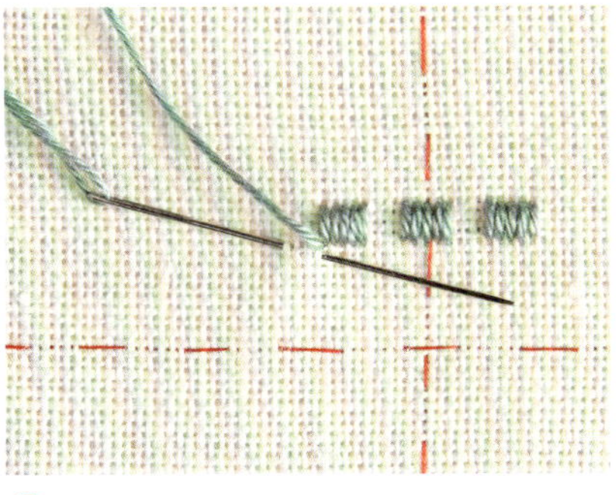

**1.** Zwei weitere identische Blöcke sticken, die durch vier Gewebefäden voneinander getrennt und gleich ausgerichtet sind. Die Nadel unten aus dem letzten Stich ausstechen und in der horizontalen Verlängerung vier Fäden weiter einstechen.

***Anm.*** *Der letzte Stich des letzten horizontalen Blocks und der erste Stich des ersten vertikalen Blocks bilden eine gemeinsame Ecke.*

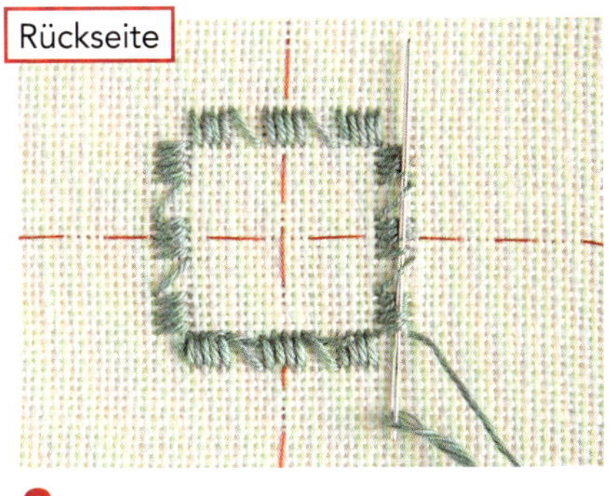


**2.** Die anderen drei Seiten nach dem gleichen Prinzip sticken, um den Rahmen zu bilden.

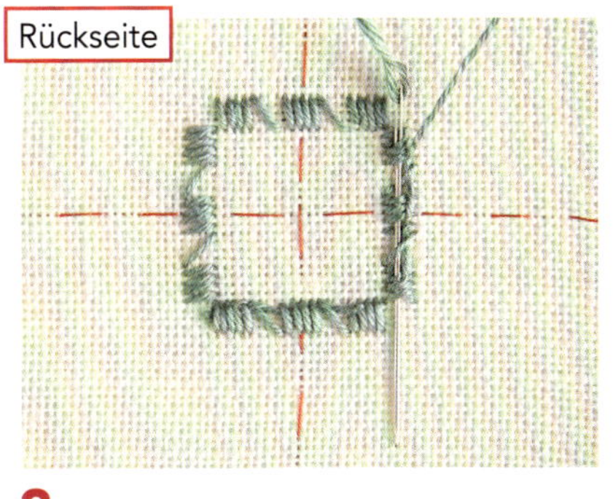


**3.** Den Faden auf der Rückseite vernähen und unter den Stichen von drei Blöcken durchziehen.

## DURCHBRUCH DES RAHMENINNEREN

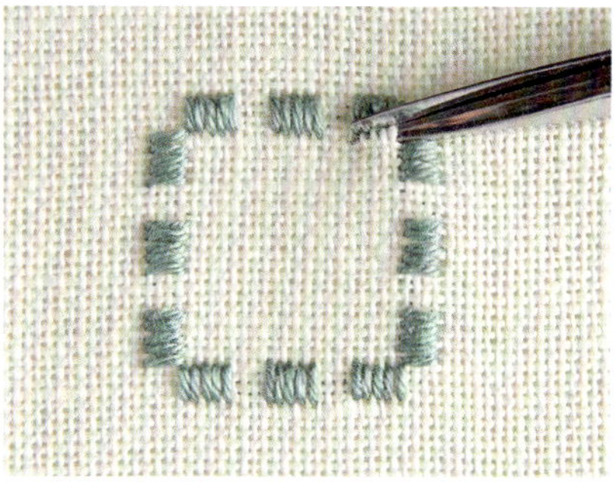

**1.** Die Scherenklinge unter die vier Fäden schieben, die von einem Block an einer Ecke ausgehen, und diese vorsichtig anheben, ohne dass sich der Stickfaden darin verfängt. Die Fäden mit einem kleinen, präzisen Schnitt durchtrennen.

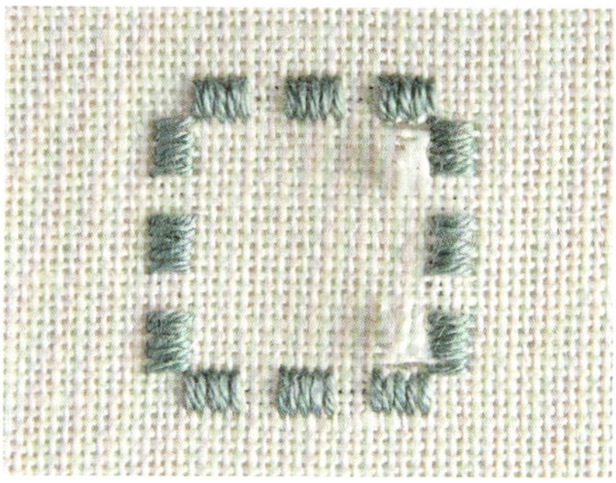

**2.** Genauso bei den vier Fäden vorgehen, die vom gegenüberliegenden Block am unteren Rand ausgehen.

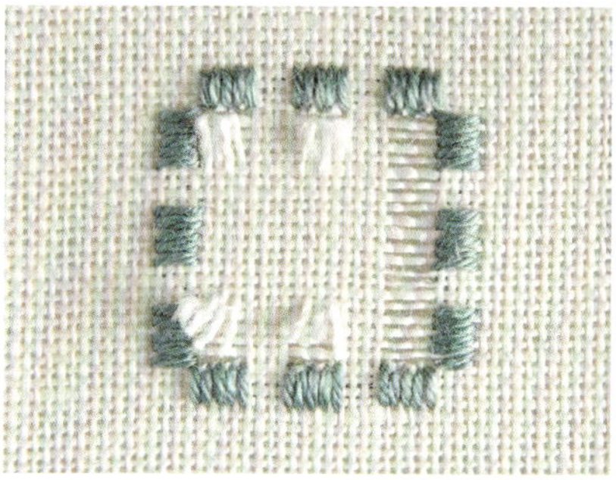

**3.** Die abgeschnittenen Fäden vom oberen und unteren Block mit der Nadel anheben und mit der Zange ausziehen. Genauso bei den vertikalen Fäden der benachbarten Blöcke vorgehen.

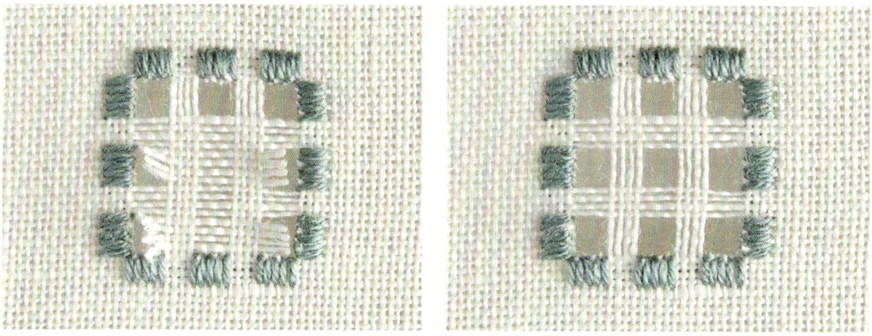

**4.** Die horizontalen Fäden der Blöcke genauso schneiden und ausziehen.
***Anm.*** *Sobald der Rahmen freigelegt ist, werden die verbliebenen Fäden als „Bündel" bezeichnet. Wenn sie gearbeitet werden, heißen sie „Stäbchen".*

## DIE BÜNDEL IM RAHMENINNEREN STICKEN

Viele Stiche können unendlich kombiniert werden, um die Bündel zu sticken. Im Folgenden sind einige Stiche aufgeführt, die die allgemeinen Prinzipien dieser Technik aufzeigen.

## STOPFSTÄBCHEN

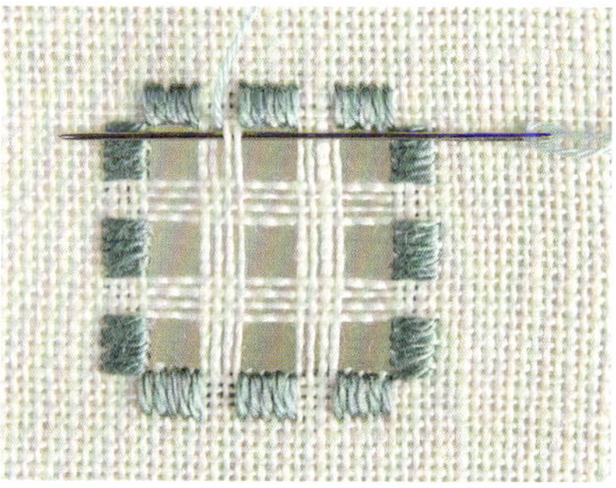

**1.** Die Nadel aus der Mitte des linken Bündels ausstechen.

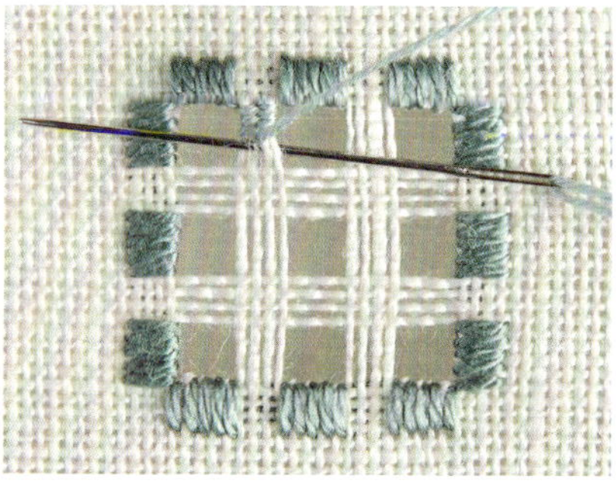

**2.** Die Nadel über/unter zwei Bündelfäden erst von rechts nach links, dann von links nach rechts führen, und die Fäden bis zum unteren Kreuzungspunkt umwickeln.

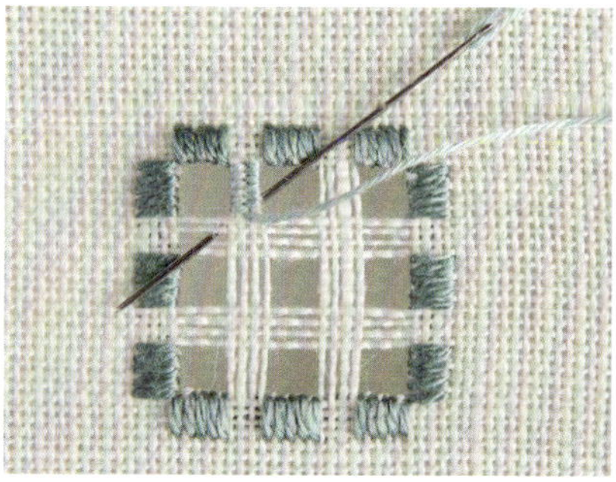

**3.** In das rechte durchbrochene Kästchen einstechen und aus der Mitte des angrenzenden horizontalen Bündels ausstechen.

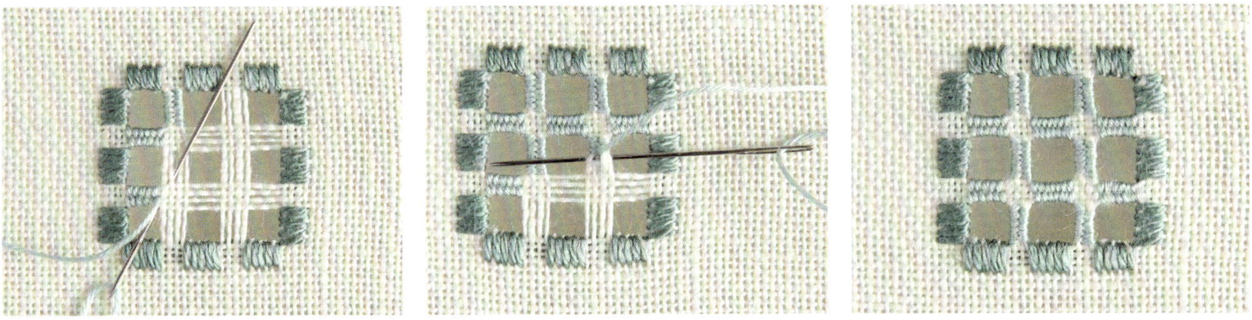

**4.** Das horizontale Bündel wie oben beschrieben bis zum linken Rand sticken. Den Faden auf der Rückseite unter dem Block durchziehen und aus der Mitte des unteren Bündels ausstechen. Im Stopfstich bis zum Kreuzungspunkt sticken. Nach dem gleichen Prinzip fortfahren.

***Anm.*** *Der Faden muss auf der Rückseite diagonal durch die Kreuzungspunkte gezogen werden.*

## WICKELSTÄBCHEN

Ein im Wickelstich gesticktes Bündel wird mit dem Faden umwickelt und die Stiche werden regelmäßig nebeneinander gesetzt.

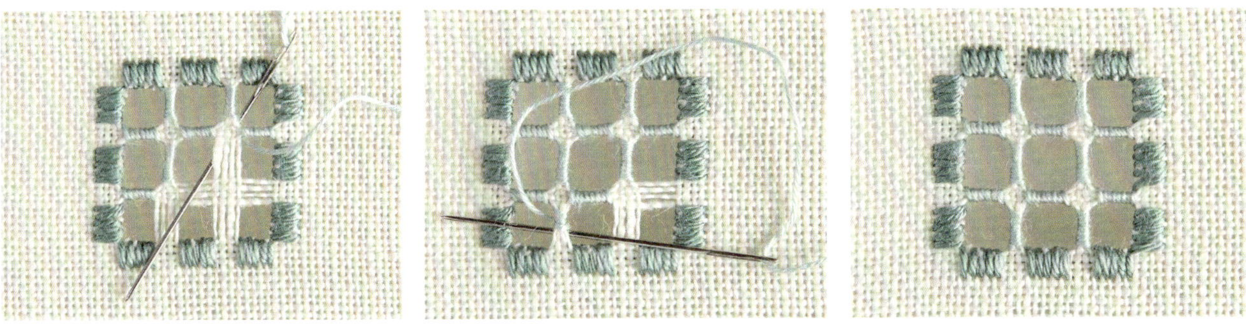

Sticken Sie nach dem gleichen Prinzip wie beim vorigen Stich und in schrägen Reihen.

## HALBE STOPFSTÄBCHEN

Variante der Stopfstäbchen.

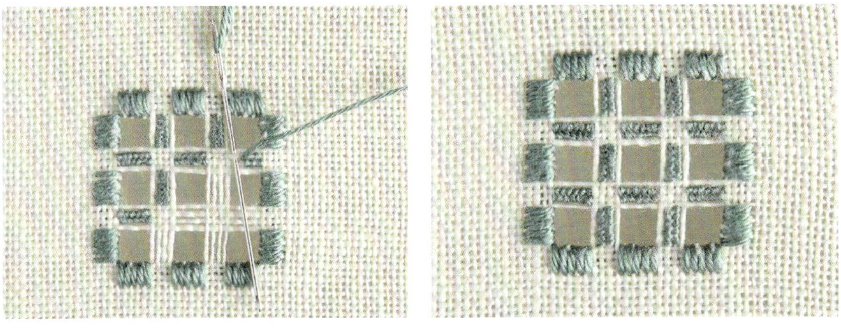

*Es ist wichtig, einen kleinen Stickrahmen zu verwenden, um regelmäßige Stiche zu setzen. Mit einem Stickrahmen können Sie leichter arbeiten und die richtige Fadenspannung erzeugen.*

Arbeiten Sie wie beim vorigen Stopfstäbchenstich, doch stopfen Sie nur die beiden mittleren Fäden der Bündel Faden für Faden.

# HALBE WICKELSTÄBCHEN

Variante der Wickelstäbchen.

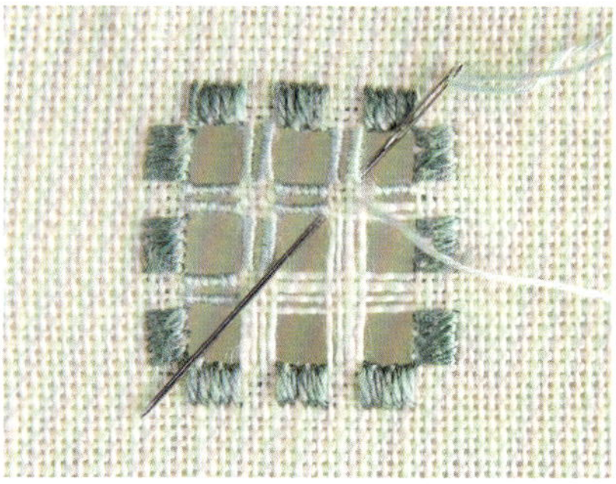

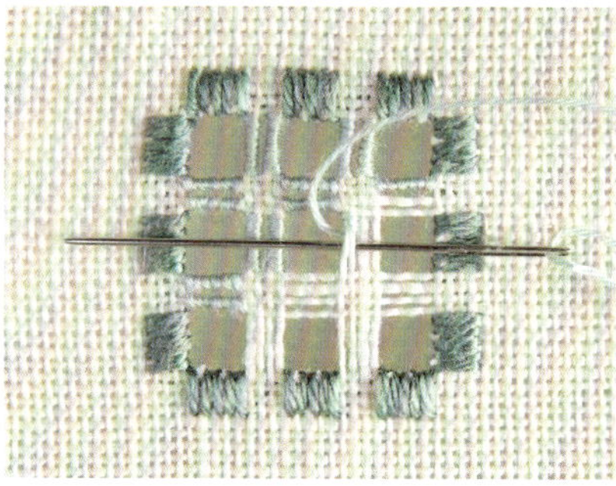

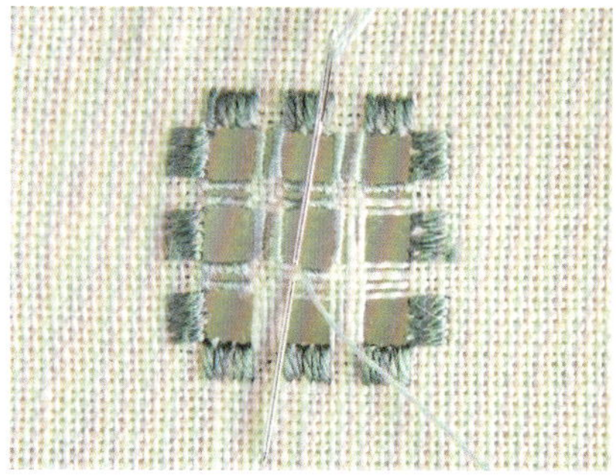

**1.** Halbe Wickelstächen sticken und wie zuvor in diagonalen Reihen arbeiten (siehe S. 113: Wickelstäbchen). Über zwei Fäden sticken und die Anzahl der Hin- und Rückreihen verdoppeln. Alle anderen Schrägreihen nach dem gleichen Prinzip sticken.

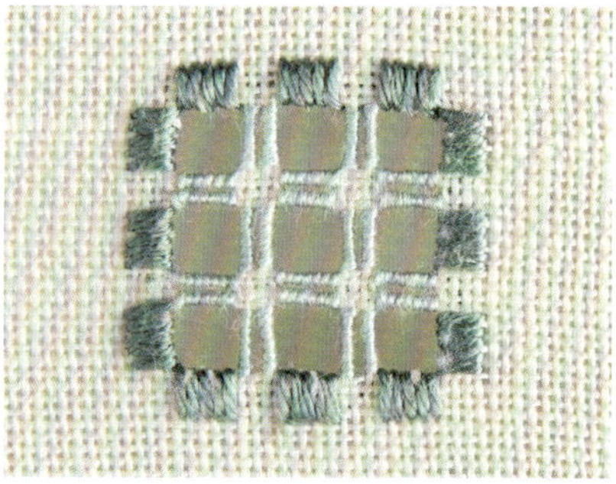

# UMSCHLUNGENE BÜNDEL

Hierbei handelt es sich um einen überwendlichen Stich, der von rechts nach links oder von links nach rechts in horizontalen Reihen über ein Bündel gearbeitet wird.

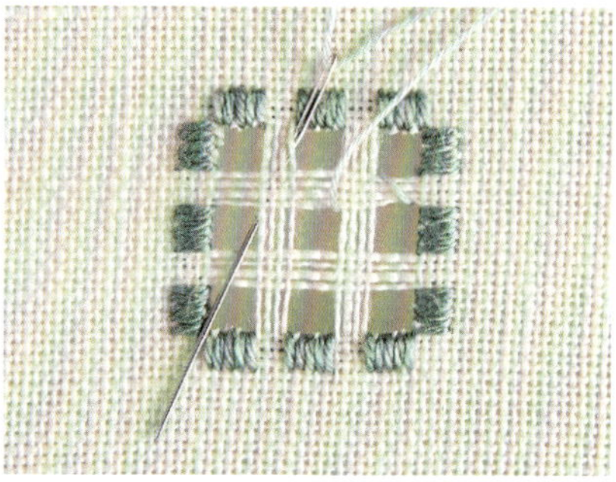

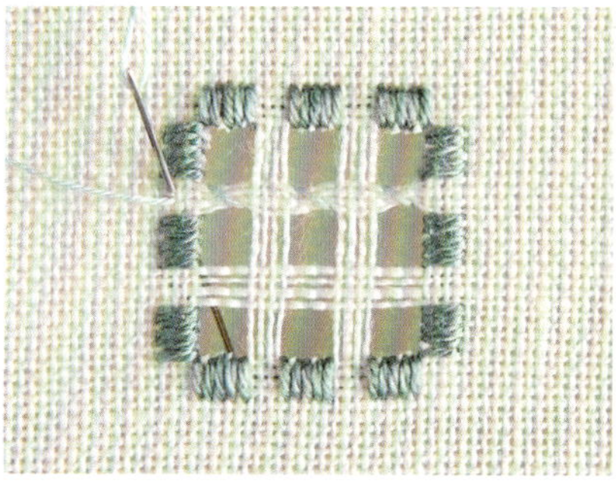

**1.** Die Nadel aus dem zweiten durchbrochenen Kästchen am rechten Rand ausstechen. Die vier Fäden des horizontalen Bündels umwickeln, die Nadel aus dem angrenzenden durchbrochenen Kästchen ausstechen und das horizontale Bündel in der Mitte umwickeln. Bis zum linken Rand so fortfahren, dann an der Nadel ziehen, um den Faden und die Stiche festzuziehen.

**2.** Die Nadel aus der Mitte der beiden linken Blöcke ausstechen und einen kleinen Rückstich über einen Gewebefaden setzen, um den Faden zu sichern.

***Anm.** Diesen Rückstich zwischen jede Bündelreihe sticken.*

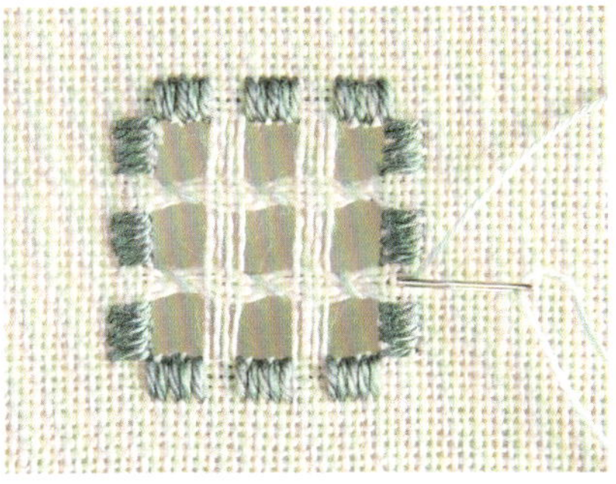

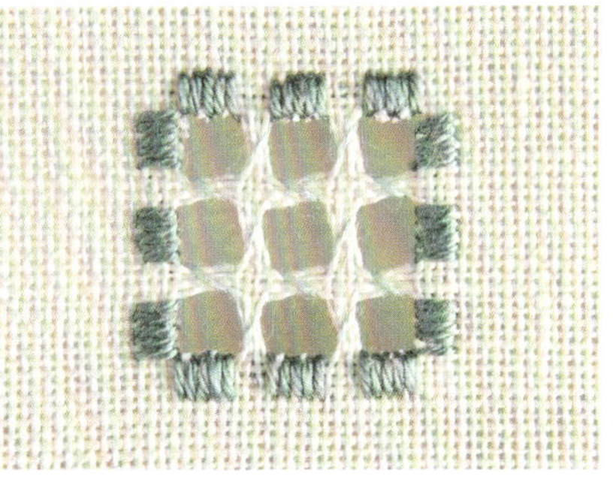

**3.** Den Faden unter dem linken mittleren Block durchziehen, aus dem unteren durchbrochenen Kästchen ausstechen und die horizontalen Bündel wie zuvor umwickeln.
Um die Bündelreihen in entgegengesetzter Richtung zu sticken, die Arbeit um 90° drehen und die gleichen Schritte wiederholen.
***Anm.** Auf der Rückseite verlaufen die Fäden doppelt und diagonal über den Kreuzungspunkten der Bündel.*

## STOPFSTÄBCHEN MIT PICOTS

Die Stopfstäbchen können Sie mit Picots verzieren. Die Picots werden über zwei Bündelfäden gestickt und gleichzeitig mit den Stäbchen gearbeitet.

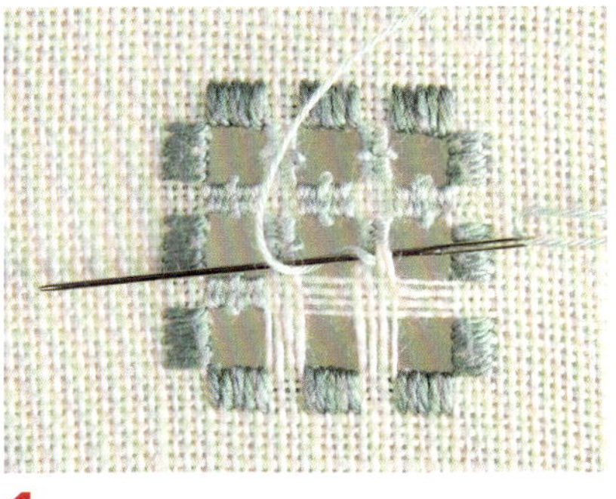

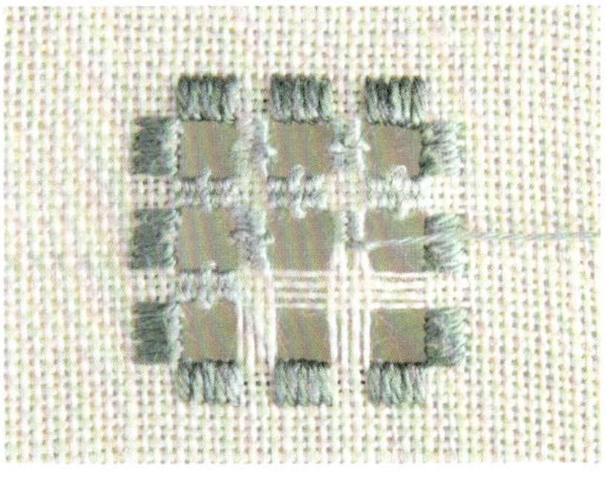

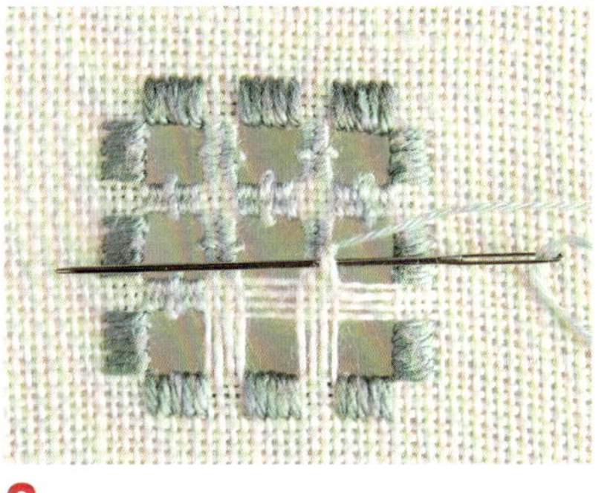

**1.** Das Bündel im Stopfstich bis zur Hälfte sticken, dann aus der Mitte des Bündels ausstechen und die Nadel an Ort und Stelle lassen. Die Nadel erst oben, dann unten gegen den Uhrzeigersinn mit dem Faden umwickeln. Den Faden zur Außenseite des Bündels ziehen und den Picot an den Rand legen. Die Nadel aus der Mitte des Bündels ausstechen und nicht am Picot ziehen, um diesen nicht zu verziehen.

**2.** In das angrenzende durchbrochene Kästchen einstechen, die Nadel aus der Mitte des Bündels ausstechen und an Ort und Stelle lassen ...

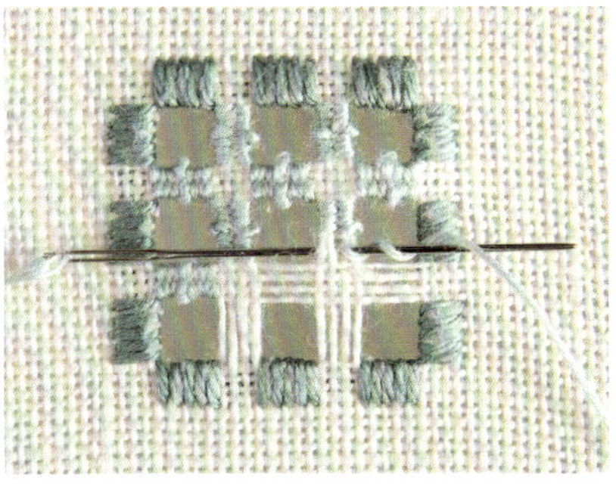

... einen Picot wie den vorigen sticken.

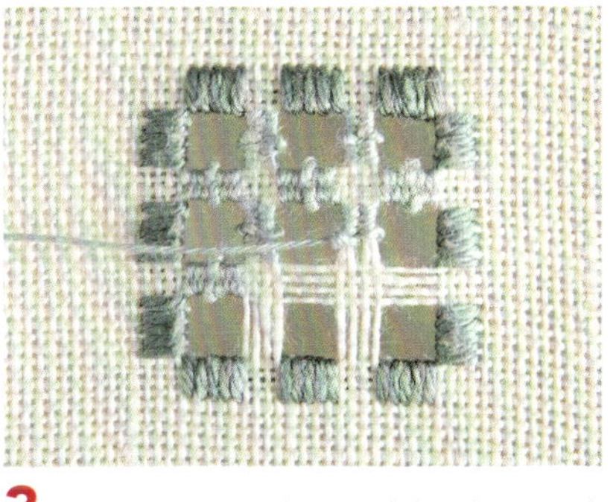

**3.** Vorsichtig an der Nadel ziehen und den neuen Picot gegenüber dem ersten platzieren.

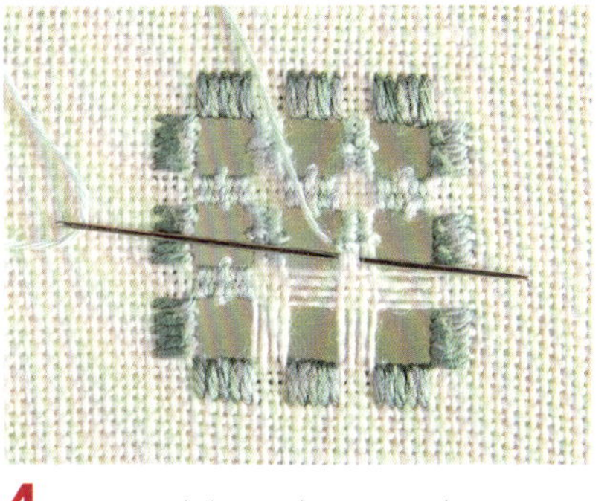

**4.** Die Nadel aus der Mitte des Bündels ausstechen und über die zweite Hälfte des Bündels bis zum Kreuzungspunkt sticken.

## Stopfstäbchen mit Picots (Fortsetzung)

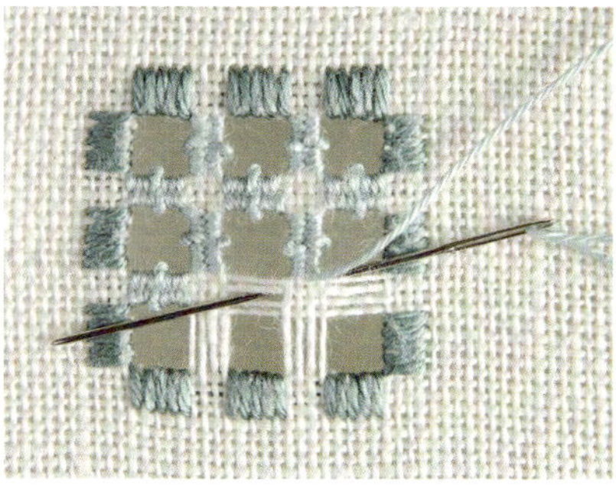

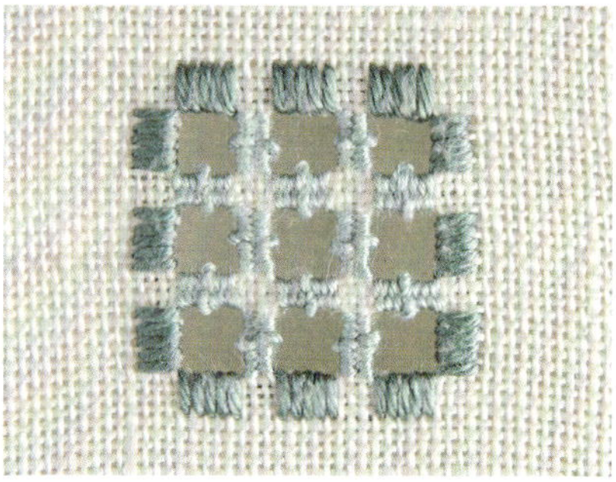

**5.** Alle Stopfstäbchen mit Picots nach dem gleichen Prinzip arbeiten.

## DIE DURCHBRÜCHE IM RAHMENINNEREN STICKEN

Die durchbrochenen Kästchen im Rahmeninneren können Sie mit Stichen verzieren, die gleichzeitig mit den Stäbchen gearbeitet werden.

***Anm.*** *Die unten abgebildeten Stickmuster sind mit Stopfstäbchen gearbeitet, können aber auch mit Wickelstäbchen gearbeitet werden. Bei diesen Mustern ist keines der durchbrochenen Kästchen bestickt. Je nach Wahl können sie ganz oder teilweise bestickt werden.*

## STOPFSTÄBCHEN UND GEKREUZTE WICKELSTEGE

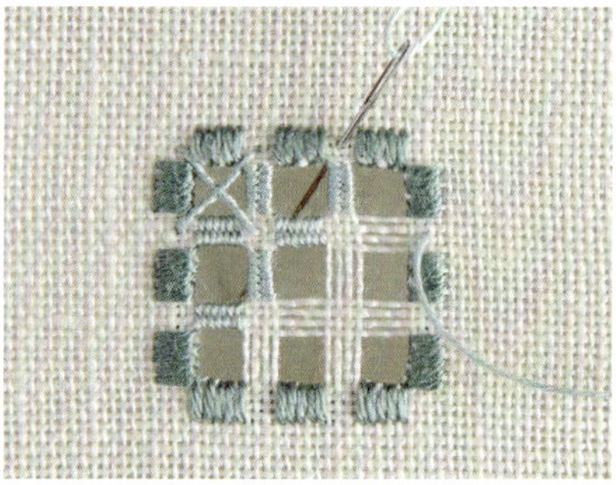

**1.** Bevor Sie gekreuzte Wickelstege in ein durchbrochenes Kästchen sticken, sind drei Seiten des Kästchens zu sticken.

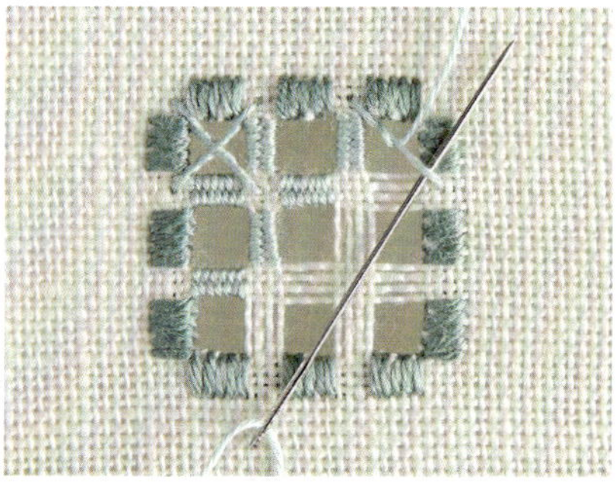

**2.** Vor dem Sticken des unteren Rands den Faden aus der unteren rechten Ecke ausstechen und in die gegenüberliegenden Ecke einstechen. Aus dem durchbrochenen Kästchen ausstechen und vier- bis fünfmal den gespannten Faden umwickeln.

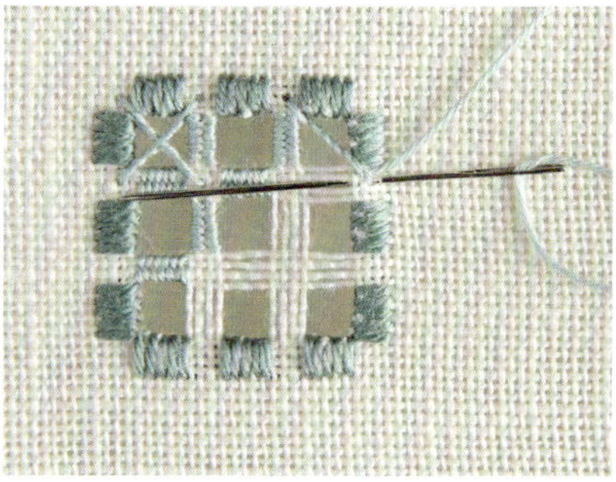

**3.** In der Ecke in die gleiche Stelle einstechen, wo der Steg austritt, und aus der Mitte des angrenzenden horizontalen Bündels ausstechen.

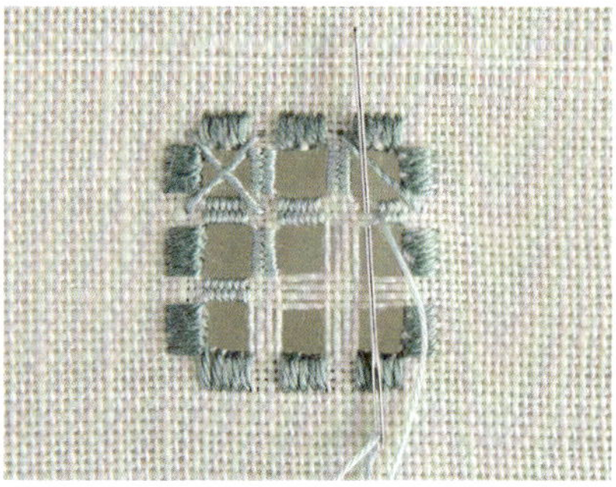

**4.** Letzteres bis zum linken Kreuzungspunkt im Stopfstich sticken.

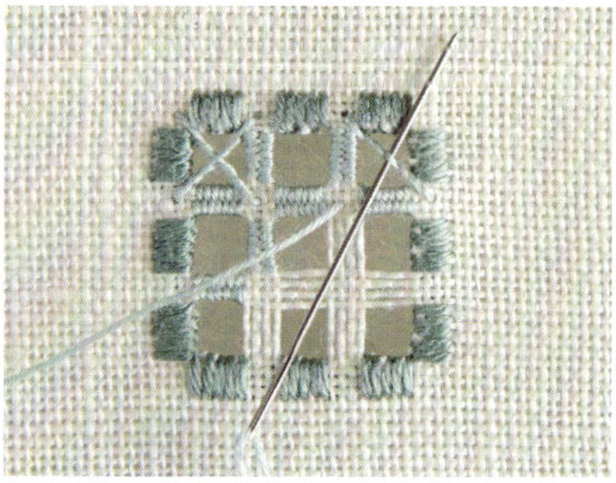

**5.** Die Nadel aus der linken Ecke ausstechen, durch den gestickten Steg führen und in die gegenüberliegende Ecke einstechen.

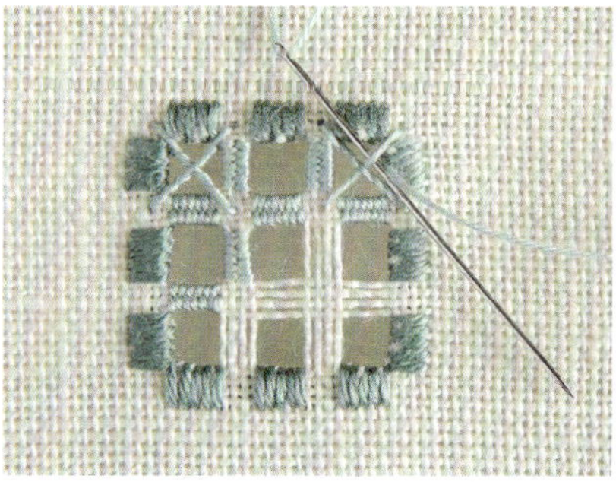

**6.** Die Nadel aus dem durchbrochenen Kästchen ausstechen und den Faden bis zum mittleren Kreuzungspunkt zweimal umwickeln.

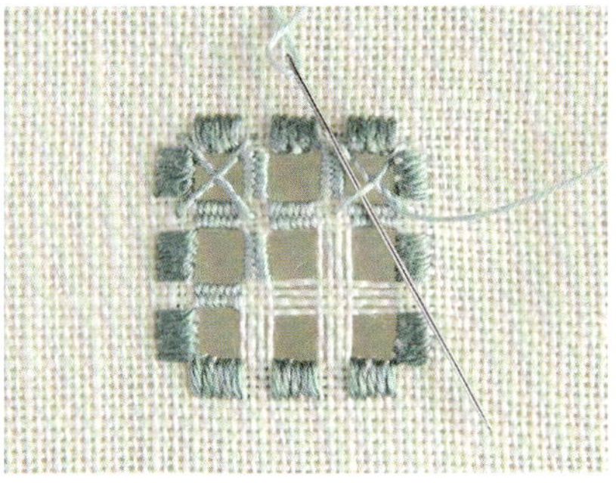

**7.** Die Nadel über dem Kreuzungspunkt durchziehen und die zweite Hälfte des gespannten Fadens zweimal umwickeln.

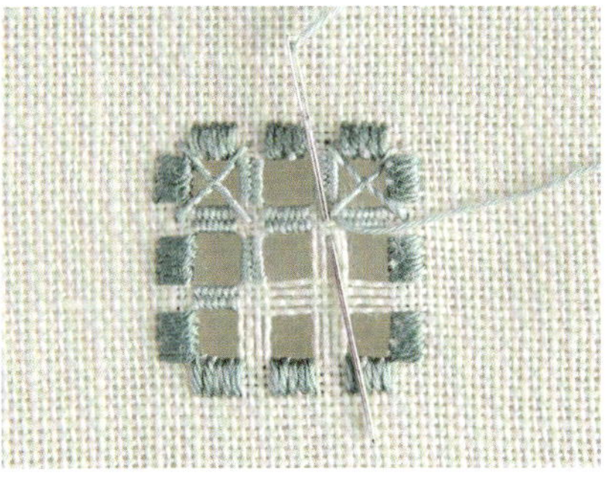

**8.** In die Ecke rechts einstechen, wo der Steg austritt, und aus der Mitte des angrenzenden vertikalen Bündels ausstechen.

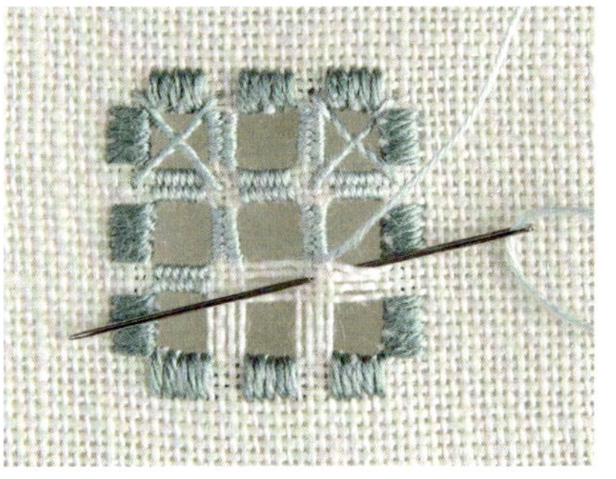

**9.** Das vertikale Bündel im Stopfstich sticken ...

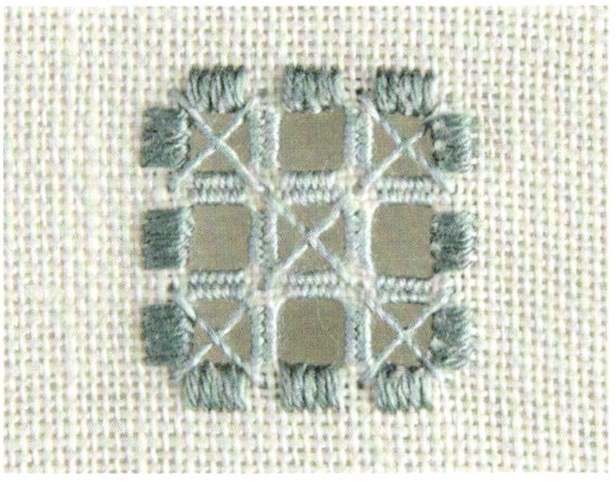

... und nach dem gleichen Prinzip fortfahren.

## STOPFSTÄBCHEN UND KLEINE SPINNEN

Dieser Stich ist eine Variante des vorigen Stichs und wird nach dem gleichen Prinzip gearbeitet.

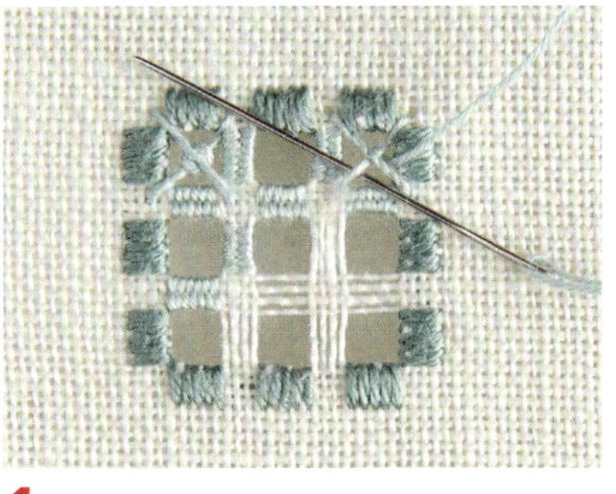

**1.** Die drei Seiten des durchbrochenen Kästchens sticken. Vor dem Fertigstellen der letzten Seite den ersten umwickelten Schrägsteg und das letzte horizontale Bündel sticken.

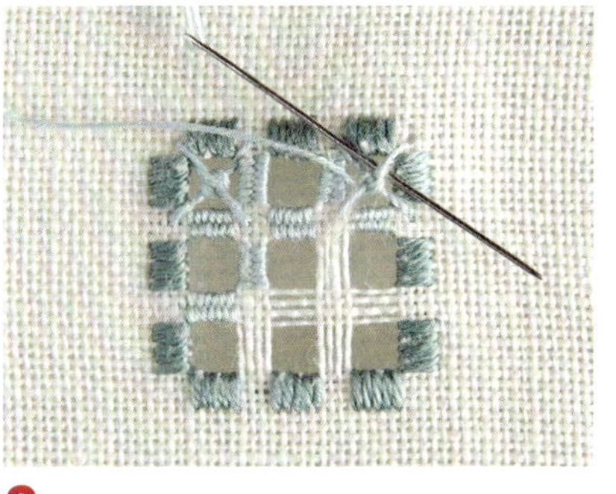

**2.** Die Nadel aus der linken Ecke ausstechen, durch den gestickten Steg führen und in die gegenüberliegende Ecke einstechen. Die Nadel aus dem durchbrochenen Kästchen ausstechen und den gespannten Faden bis zum Kreuzungspunkt zweimal umwickeln.

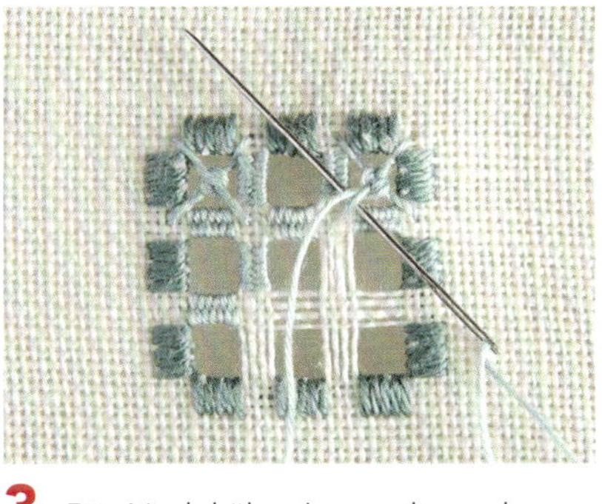

**3.** Die Nadel über/unter den gekreuzten Stegen in der Mitte durchziehen, zweimal umrunden, dann nahe der zweiten Hälfte des gespannten Fadens ausstechen und diesen zweimal bis zur Ecke umwickeln.

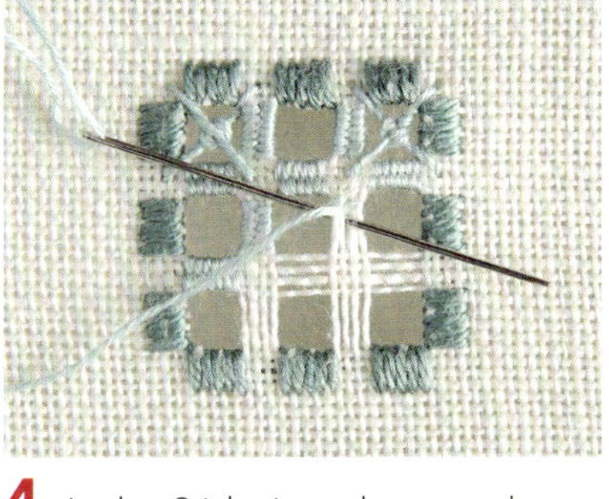

**4.** In den Stich einstechen, aus dem der Steg austritt, und aus der Mitte des angrenzenden vertikalen Bündels ausstechen.

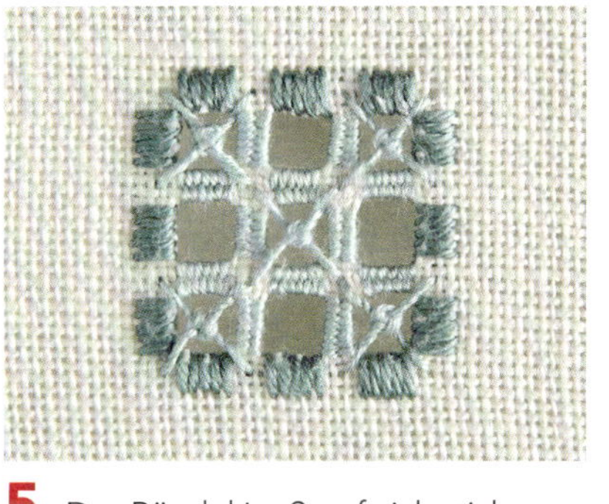

**5.** Das Bündel im Stopfstich sticken und nach dem gleichen Prinzip fortfahren.

# STOPFSTÄBCHEN UND GERADE SCHLINGSTICHFÜLLUNG

Bevor Sie die gerade Schlingstichfüllung in einem durchbrochenen Kästchen sticken, sind drei Seiten desselben zu sticken.

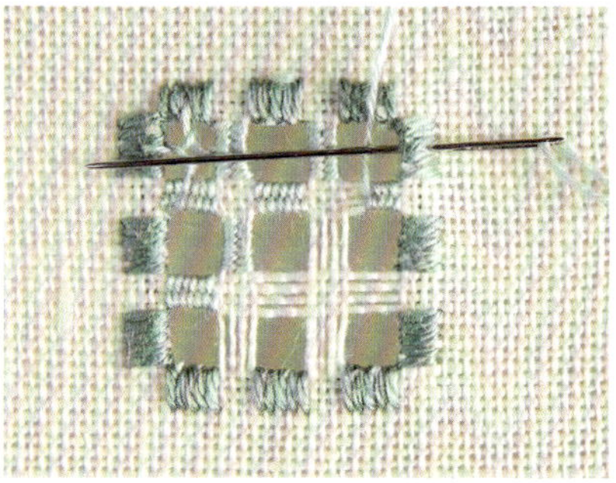

**1.** Die Hälfte des letzten unteren Bündels im Stopfstich sticken.

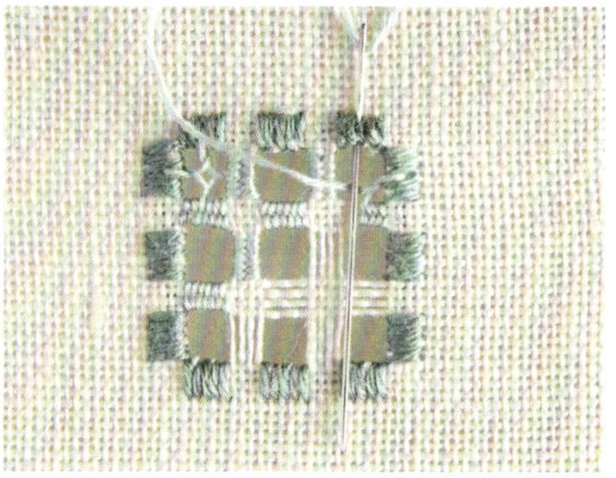

**2.** In die Mitte des rechten Rands einstechen, die Nadel aus dem durchbrochenen Kästchen ausstechen, ohne an der Nadel zu ziehen, und den Faden nach unten legen. An der Nadel ziehen und in die Mitte des oberen Rands einstechen. Dabei den Faden nach unten legen.

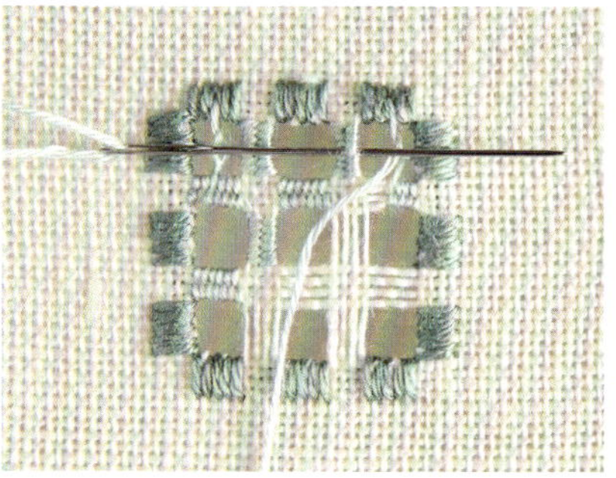

**3.** An der Nadel ziehen, in die Mitte des linken Stopfstäbchens einstechen und den Faden nach unten legen.

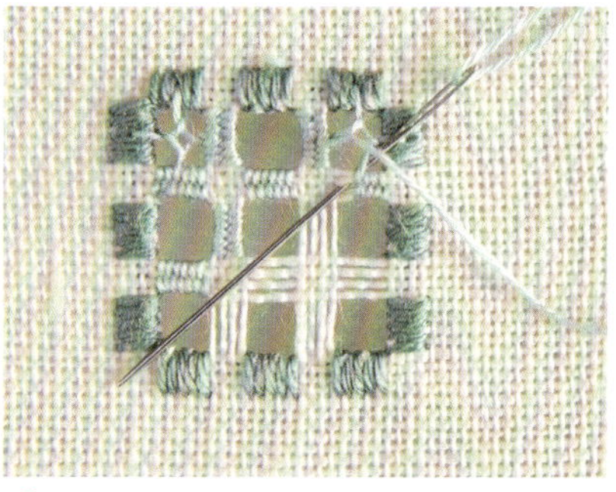

**4.** An der Nadel ziehen und sie über den ersten Faden führen, der aus dem unteren Stäbchen austritt, dann von hinten nach vorne aus der Mitte desselben ausstechen.

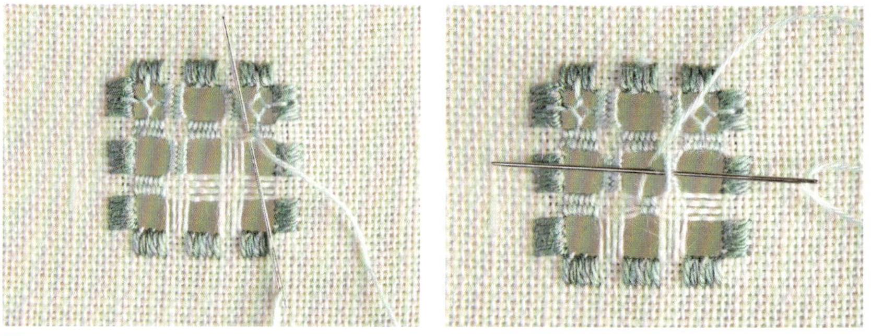

**5.** Das untere Bündel bis zum linken Kreuzungspunkt zu Ende stopfen. Aus der Mitte des angrenzenden vertikalen Bündels ausstechen und die nächsten Bündel und Schlingstichfüllungen nach dem gleichen Prinzip sticken.

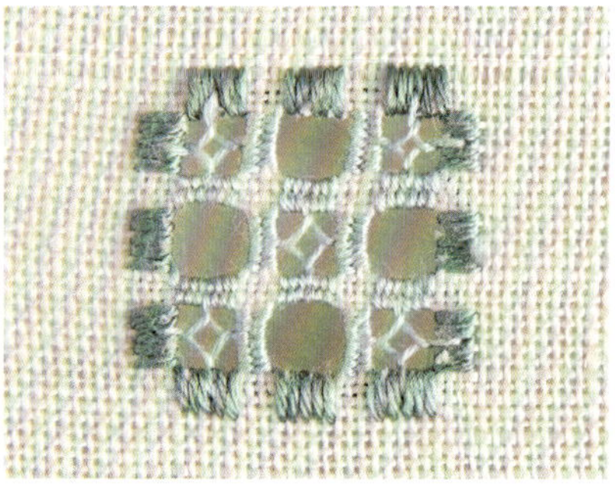

*Zeichnen Sie vor dem Sticken die durchbrochenen Kästchen auf kariertes Papier und legen Sie fest, welche davon in der Schlingstichfüllung gestickt werden sollen. So können Sie Ihre Kreativität anregen.*

## STOPFSTÄBCHEN UND QUADRATISCHE SCHLINGSTICHFÜLLUNG

Dieser Stich wird nach dem gleichen Prinzip wie der vorige (siehe S. 118) gearbeitet. Bevor Sie die quadratische Schlingstichfüllung in einem durchbrochenen Kästchen sticken, sind vier Seiten desselben zu sticken.

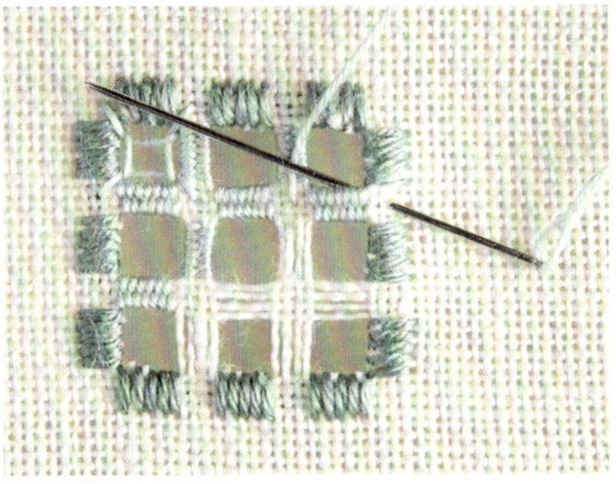

**1.** Den Faden aus der linken unteren Ecke ausstechen und in die rechte untere Ecke einstechen, dabei den Faden unter die Nadel legen.

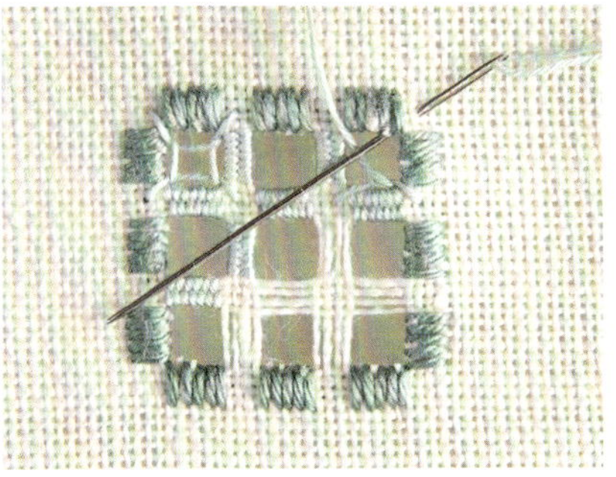

**2.** An der Nadel ziehen und in die angrenzende obere Ecke einstechen, dabei den Faden nach unten legen.

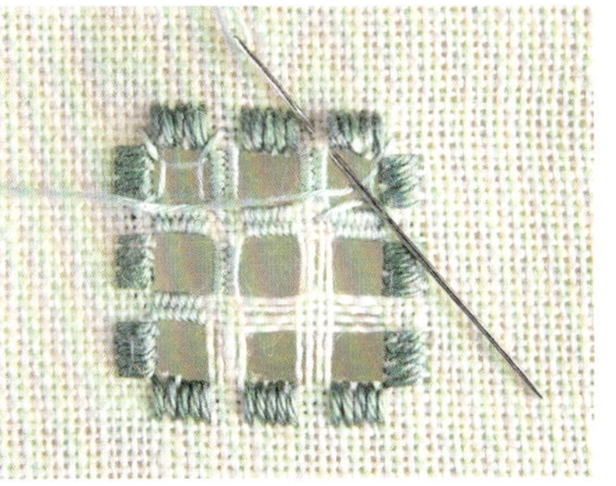

**3.** Einen identischen Stich in der linken oberen Ecke setzen, dann die Nadel über den ersten Faden führen, der aus der linken unteren Ecke austritt.

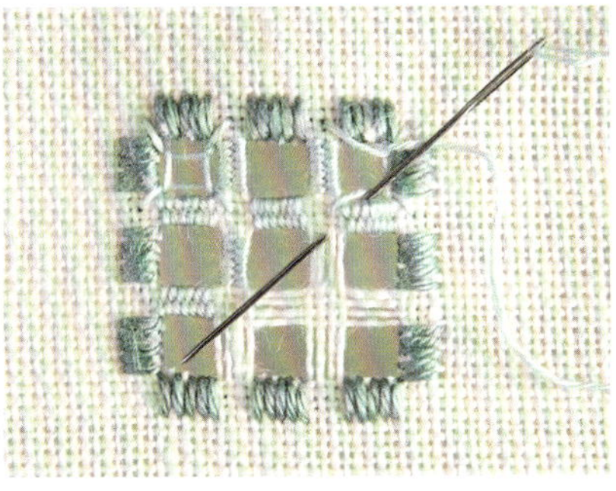

**4.** Aus der Mitte des benachbarten vertikalen Bündels ausstechen.

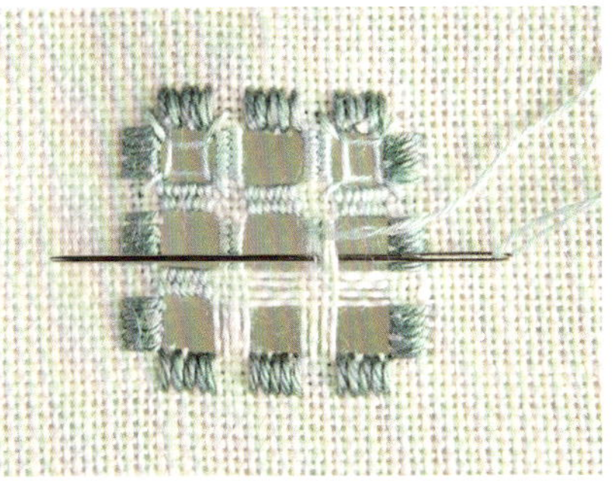

**5.** Das senkrechte, dann das untere Bündel im Stopfstich sticken und wie zuvor eine quadratische Schlingstichfüllung sticken.

*Denken Sie sich Muster aus und kombinieren Sie gerade und quadratische Schlingstichfüllungen, um Stickarbeiten zu verschönern.*

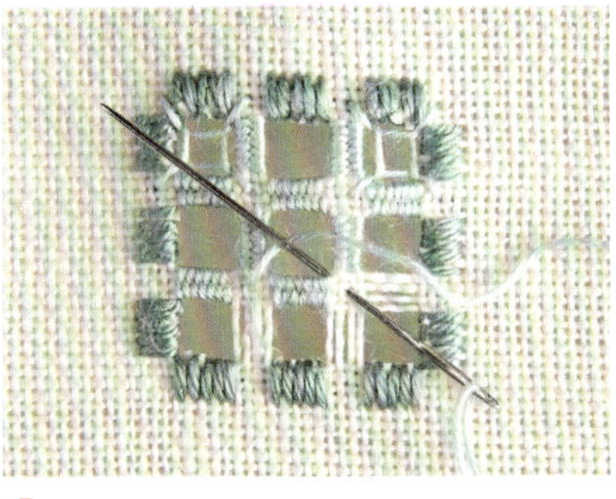

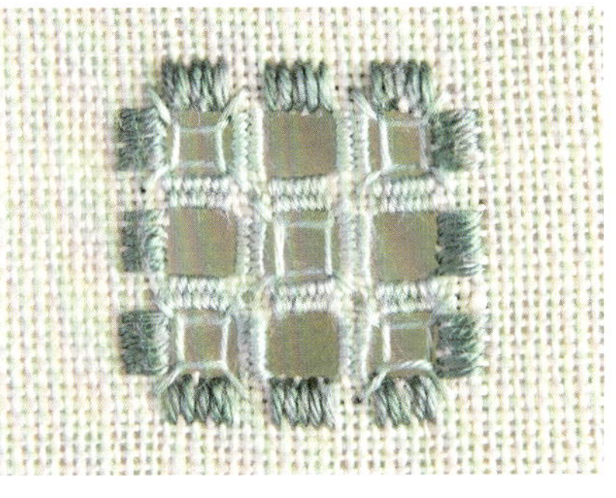

**6.** Alle anderen Stiche genauso sticken.

# Weißstickerei

## BESCHREIBUNG UND GESCHICHTE

Die Weißstickerei umfasst zahlreiche Techniken. In der Regel heißen sie alle unterschiedlich (z. B. englische, Hedebo-Stickerei usw.). Die hier beschriebene gilt als die „Königin" der Weißstickerei. Sie zeichnet sich durch das Relief der Stiche und ihren eleganten Stil aus. Ihren Namen verdankt sie der Tatsache, dass sie auf weiße Leinenstoffe gestickt wurde, die als Leib- und Haushaltswäsche genutzt wurden. Weiß war nicht nur ein Symbol der Reinheit, sondern ermöglichte auch häufiges Waschen, ohne die Wäsche zu verfärben. Aus diesen Gründen war die Weißstickerei sehr beliebt. Die verwendeten Stiche mussten widerstandsfähig sein, damit sie lange und häufig genutzt werden konnten. Zu Beginn des 20. Jahrhunderts wurden sie auch mit farbigen Garnen und Stoffen gestickt, doch die Bezeichnung „Weißstickerei" blieb bestehen. Heute bezieht sie sich allerdings nicht mehr auf die Farbe des Stoffs oder Garns, sondern auf den Stil und die Technik.

## MATERIAL

### Stoffe

Sticken Sie idealerweise auf einem sehr engmaschigen Stoff aus 100% Leinen. Es kann auch ein Mischgewebe aus Leinen/Baumwolle verwendet werden, jedoch als zweite Wahl.
Es ist nicht ratsam, auf einem Baumwollstoff zu sticken, der für das Relief und die Dichte der Stiche zu leicht ist.
Bei der ersten Wäsche läuft der Stoff ein und erhält seine endgültige Größe. Es ist daher empfehlenswert, den Stoff vor der Arbeit zu waschen und heiß zu bügeln Die Wahl der Stoffdicke richtet sich nach der weiteren Verwendung der Stickarbeit.

### Garne

Geeignete Garne sind wie folgt:
– Coton Floche *Marie Suarez* Nr. 60 (fein), Nr. 80 (sehr fein) und Nr. 120 (extrem fein). Es besteht aus drei bis vier sehr leicht gezwirbelten Einzelfäden, was den Stichen einen Satin-Look verleiht.
– Baumwolle Broder Spécial *DMC* Empf. 107, von dick bis dünn: 16, 20, 25 und 30, gezwirnt und widerstandsfähig.

*Früher wurde in vielen Stickereiwerkstätten leicht gedrehtes Vierfachstickgarn wie Coton Floche für die Aussteuer verwendet. Nach dem Zweiten Weltkrieg wurde dieses spezielle Garn nicht mehr von den großen Unternehmen hergestellt.*

### Nadeln

Sticken Sie mit einer feinen, spitzen Nadel, deren Öhr auf die Fadenstärke abgestimmt ist.
Applikationsnadeln, von dick bis dünn: Nr. 9, 10, 11 und 12 *Bohin*.

### Schere

Verwenden Sie zum Schneiden der Fäden eine kleine, feine Schere mit spitzen Klingen.
***Empf.** 24316 oder 24311 Bohin*

### Stickrahmen

Sticken Sie mit einem runden Stickrahmen von 12 bis 15 cm Durchmesser, der beim Arbeiten versetzt wird.
***Empf.** Stickrahmen Sajou*

## TECHNIK

Der Grundstich der Weißstickerei ist der gehöhte Plattstich (auch: „erhabener Plattstich" oder „unterlegter Plattstich"). In kleinen Stichen in Längsrichtung gearbeitet, wird er auch „überwendlicher Stich" oder „Kordelstich" genannt. Fast alle anderen Stiche sind Varianten des gehöhten Plattstichs, der über verschiedene Motive gestickt wird: Erbsen, Mandeln, Blindlöcher usw. Um das Ergebnis zu verschönern oder aufzuhellen, werden ergänzende Stiche verwendet, darunter der Sand-, Stepp- und Rückstich.

Der gehöhte Plattstich wird in drei Schritten ausgeführt:

**1.** Der Konturstich der zu stickenden Form: Es können mehrere Stiche verwendet werden (Holbein-, Spalt-, Vor- und Steppstich). Verwenden Sie feines Garn, um so präzise wie möglich über die Motivlinie zu sticken.

**2.** Den Innenbereich des Motivs füllen: Sticken Sie im Spannstich, langen Stielstich oder im Vorstich. Es ist wichtig, das Relief so einheitlich wie möglich auf dem Stoff zu gestalten, um schöne Rundungen zu erhalten. Versuchen Sie, nicht über den Konturstich hinaus zu sticken. Auf der Rückseite sollte so wenig wie möglich Garn zu sehen sein.

**3.** Im Plattstich über die Füllung sticken: Sticken Sie gerade Spannstiche über die gefüllte Form und integrieren Sie die Konturstiche. Ziehen Sie nicht zu stark am Faden, um das durch die Füllung entstandene Relief zu erhalten. Die Stiche müssen sehr regelmäßig und parallel sein.

### Material

Engmaschiger beiger Leinenstoff, Applikationsnadel Nr. 10, Baumwolle Broder Spécial Nr. 25: 3326 und 309.

## GERADER, KURZER ÜBERWENDLICHER STICH

Dieser gehöhte Plattstich wird kurz und fein gearbeitet und kann unterschiedlich lang sein.

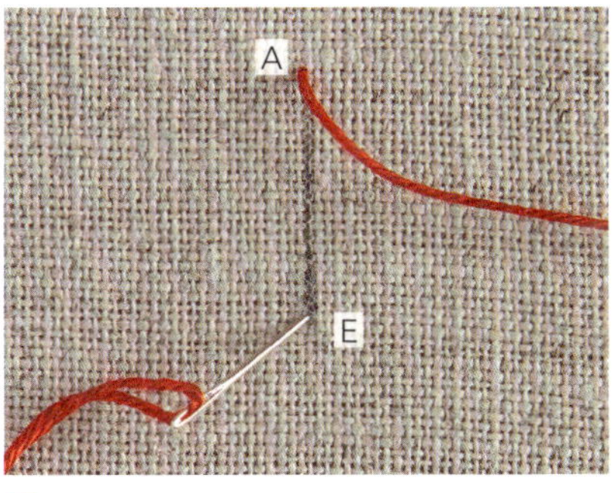


**1.** Eine 2 cm lange Linie zeichnen. Einen Spannstich über die Linie setzen. ***Anm.*** *Bei feinem Garn genügt ein Faden, um die Füllung abzugrenzen.*

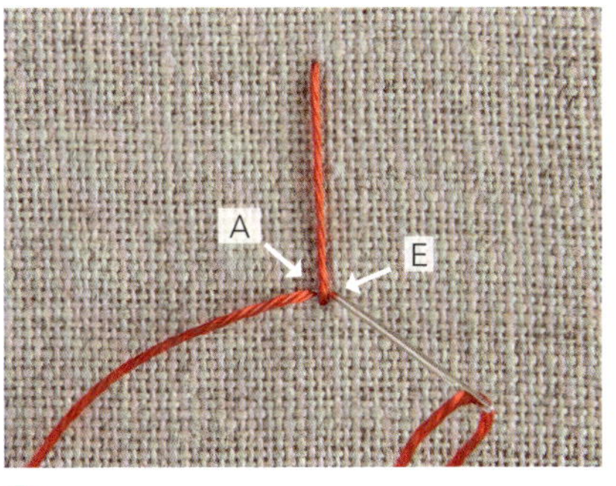


**2.** Einen sehr kleinen Spannstich über den gespannten Faden sticken.

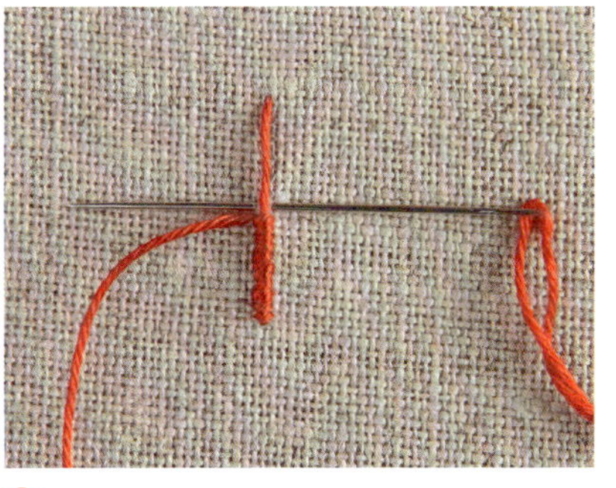

**3.** Die anderen Stiche genauso sticken und sehr dicht nebeneinander platzieren.

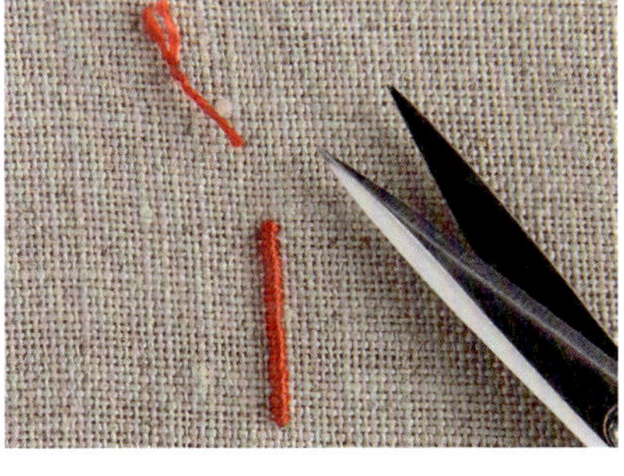

**4.** Wenn die Linie gestickt ist, den Faden vernähen und abschneiden.

*Monogramme wie Initialen werden meist im überwendlichen Stich auf Hemden und Taschentücher gestickt.*

## LANGER, GERADER ÜBERWENDLICHER STICH

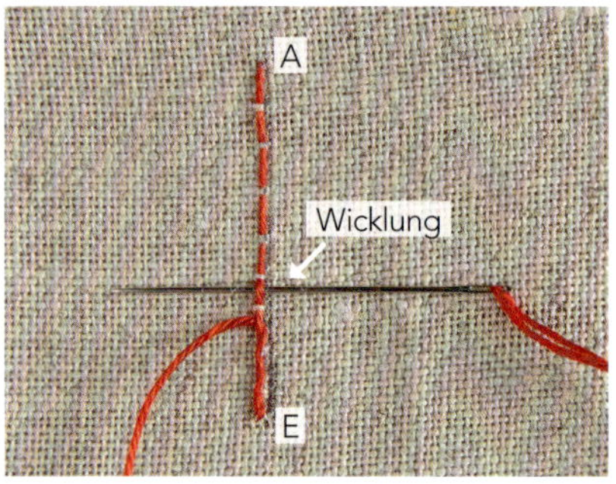


**1.** Eine 4 cm lange Linie zeichnen. Aufgrund des Längenunterschieds ändert sich die Arbeitsweise im Vergleich zum vorigen Stich. Im Vorstich sticken und die Nadel zwischen jedem Stich unter einem Gewebefaden durchziehen. Vorsichtig am Faden ziehen, um ihn perfekt zu spannen.
Wird die Linie in dieser Vorbereitungsphase im überwendlichen Stich gestickt, wird sie dünn aussehen.
Für eine dickere Linie ist es ratsam, einen Füllfaden hinzuzufügen. Dafür den Faden von unten nach oben unter den Stichen durchziehen, ohne den Stoff zu durchstechen. So wird das Relief vergrößert.

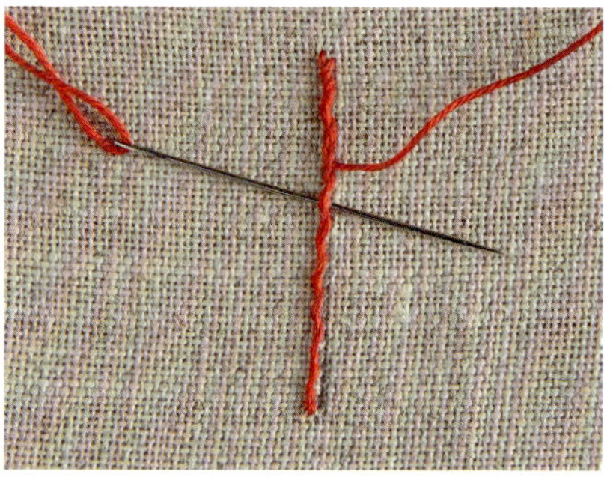

**2.** Für ein größeres Relief den Faden wie zuvor von oben nach unten wickeln.

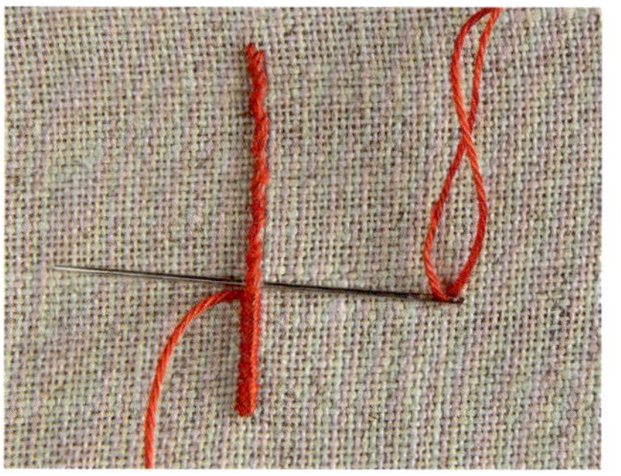

**3.** Nach oben zurückkehren und wie beim vorigen Stich (siehe S. 121) im überwendlichen Stich sticken.

## RUNDER ÜBERWENDLICHER STICH

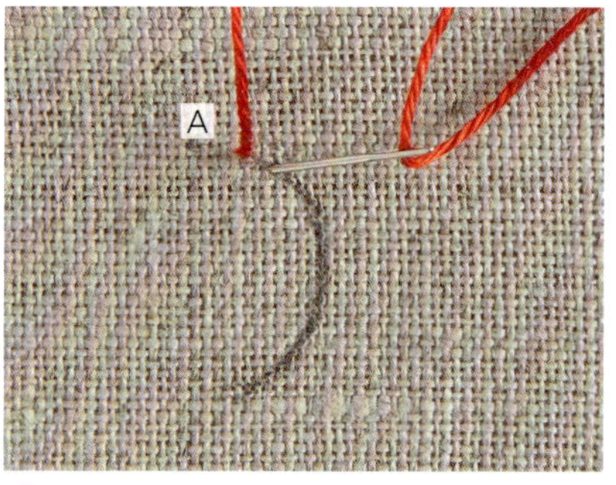


**1.** Eine runde Linie auf den Stoff zeichnen. Im Vorstich sticken und die Nadel zwischen jedem Stich unter einem Gewebefaden durchziehen.

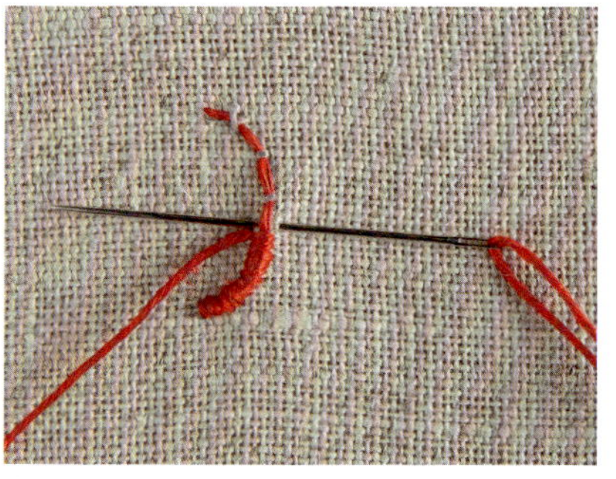

**2.** Nach oben zurückkehren, im überwendlichen Stich sticken und wie beim geraden, kurzen überwendlichen Stich vorgehen (siehe S. 121).

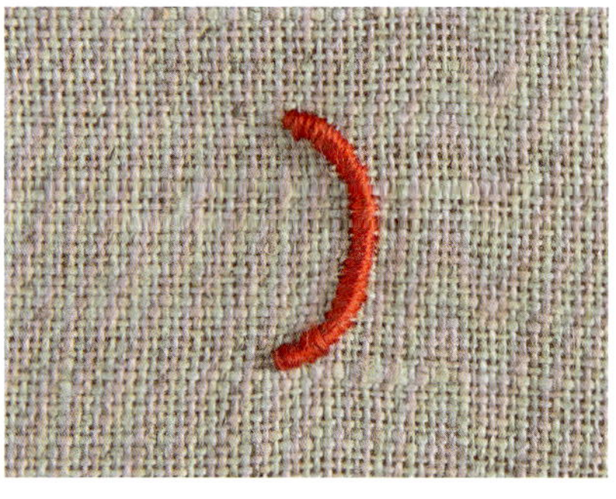

## ERBSE

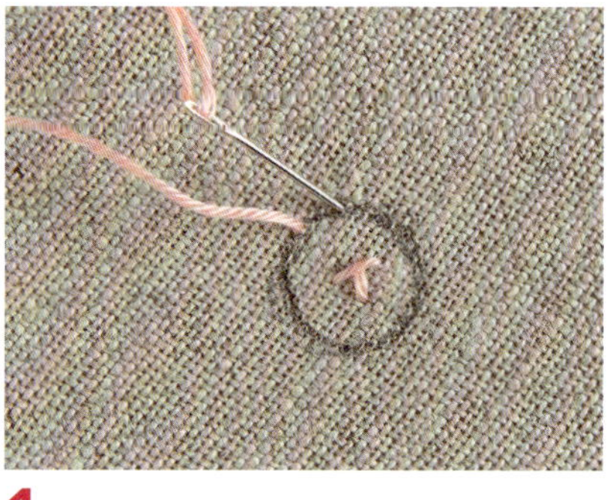

**1.** Einen Kreis von 1 cm Durchmesser auf den Stoff zeichnen. Einen Kreuzstich in die Mitte sticken, um den Faden zu fixieren.

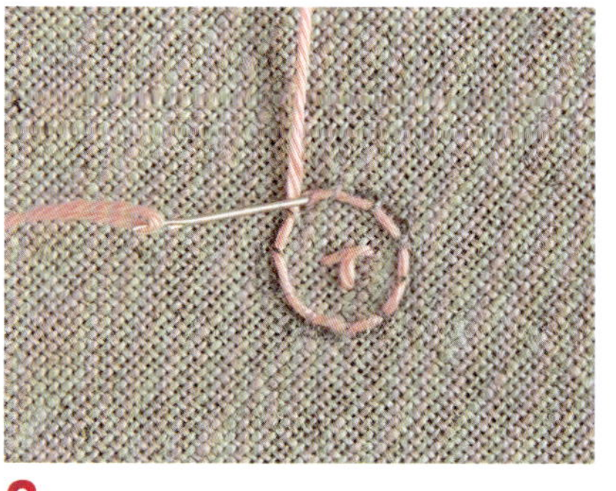

**2.** Die Nadel aus der Konturlinie ausstechen und 0,2 cm lange Vorstiche im Abstand von einem Gewebefaden sticken.

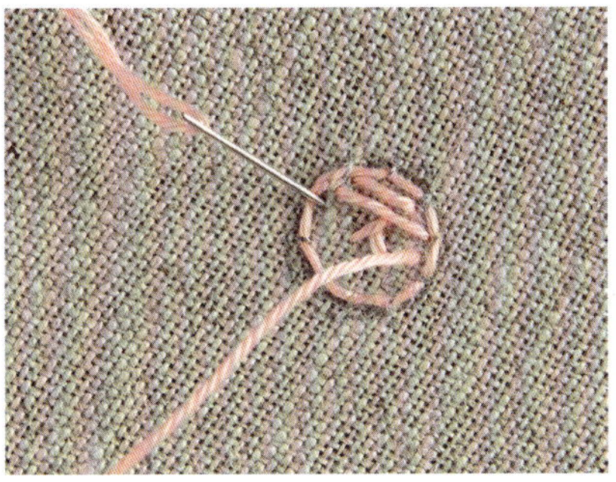

**3.** Aus dem Kreisinneren ausstechen und nebeneinanderliegende Spannstiche sticken, ohne die Kontur zu integrieren.

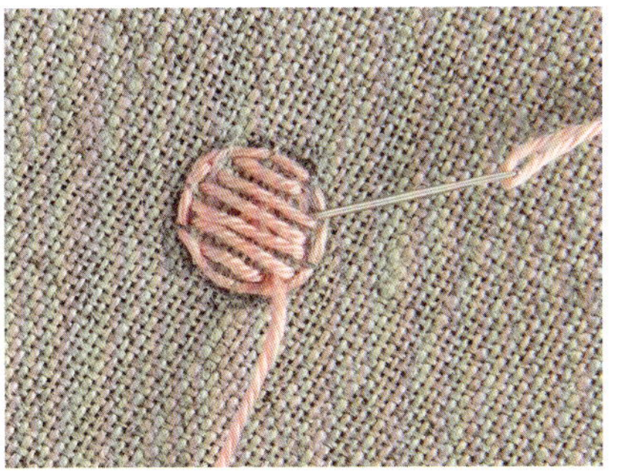

**4.** Senkrechte Spannstiche über die vorigen sticken.

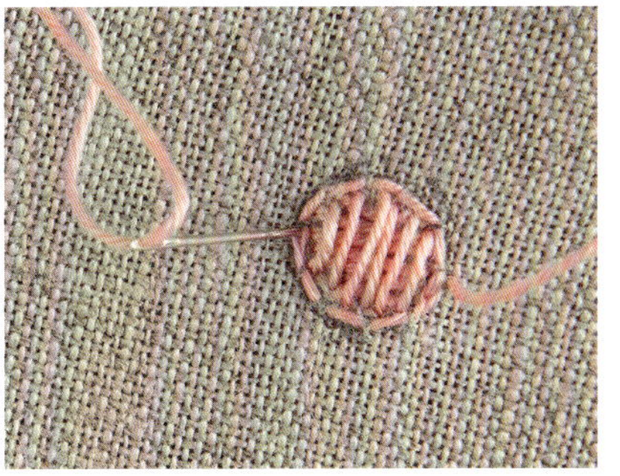

**5.** Im überwendlichen Stich sticken. Die Nadel aus einer Seite der Erbse ausstechen und einen Spannstich über die Mittellinie des Kreises setzen, dabei den Konturstich integrieren. Dieser erste Spannstich muss senkrecht zu den vorigen Füllstichen verlaufen.

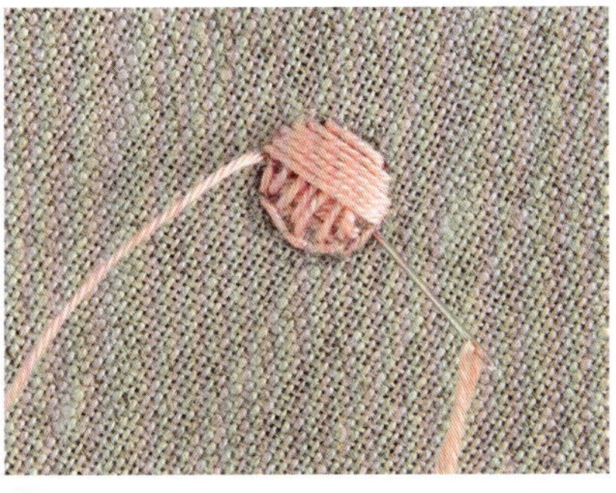

**6.** Parallele Spannstiche über eine Kreishälfte bis zum Rand sticken und die Stiche nebeneinander setzen.

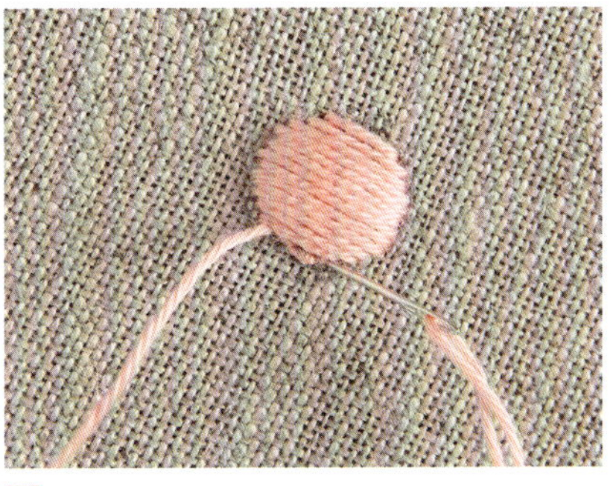

**7.** Die zweite Hälfte der Erbse genauso sticken. Der letzte Stich sollte nicht zu klein sein, um die Rundung zu erhalten.

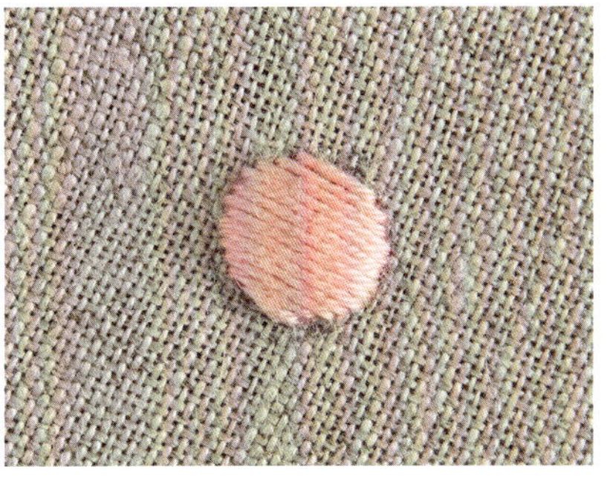

**Anm.** *Wenn die Stiche an den Enden zu klein sind, erhält die Erbse eine ovale Form, was nicht dem gewünschten Effekt entspricht.*

## ERBSE, IM STEPPSTICH UMRUNDET

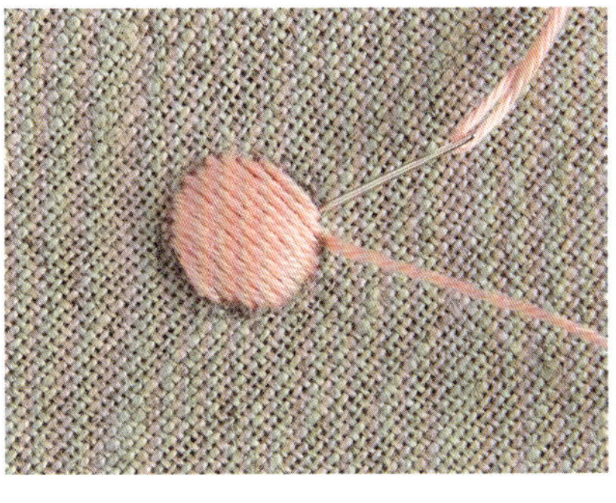

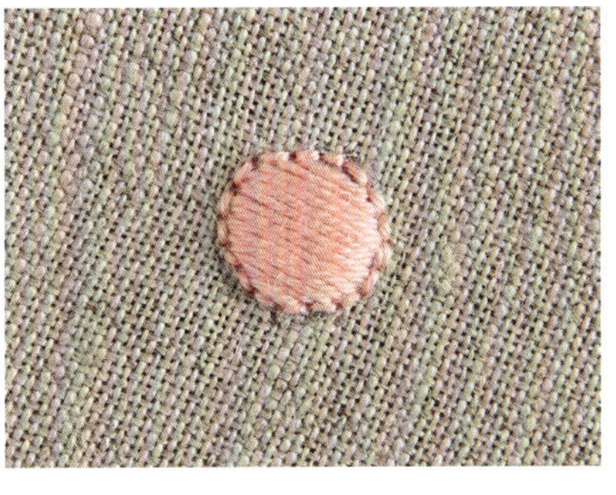

Der Umriss der Erbse kann mit verschiedenen Stichen verschönert werden. Der einfachste ist der Steppstich, der mit demselben oder einem dickeren Garn gestickt wird. Den Faden direkt neben der Erbse auf der Kontur ausstechen und im Abstand von 0,2 cm einstechen, dann 0,2 cm vor dem vorigen Stich ausstechen und im Steppstich weitersticken (siehe S. 148).

# GANZES BLATT (ODER TROPFEN)

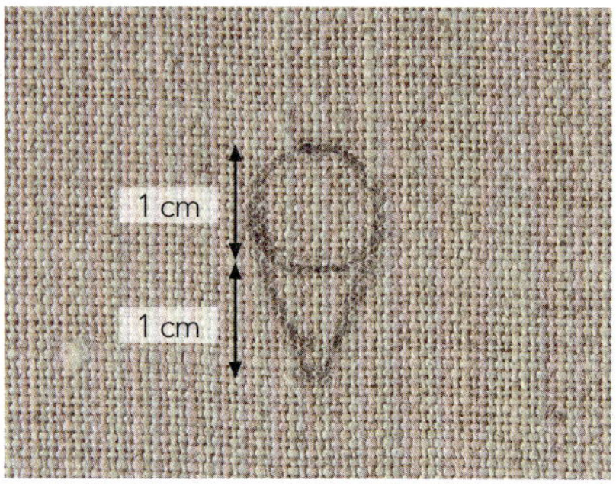


**1.** Zeichnen Sie einen Kreis von 1 cm Durchmesser und dann zwei Linien auf jeder Seite, die weiter unten am gleichen Punkt zusammenlaufen.

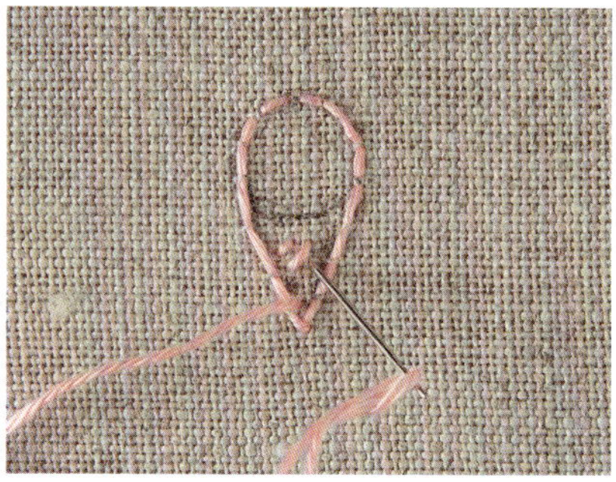

**2.** Zwei kleine nebeneinanderliegende Spannstiche sticken, um den Faden zu fixieren, aus der Spitze ausstechen und in 0,2 cm langen Vorstichen im Abstand von einem Gewebefaden den gesamten Umriss sticken. Anschließend den Faden nahe der Spitze ausstechen.

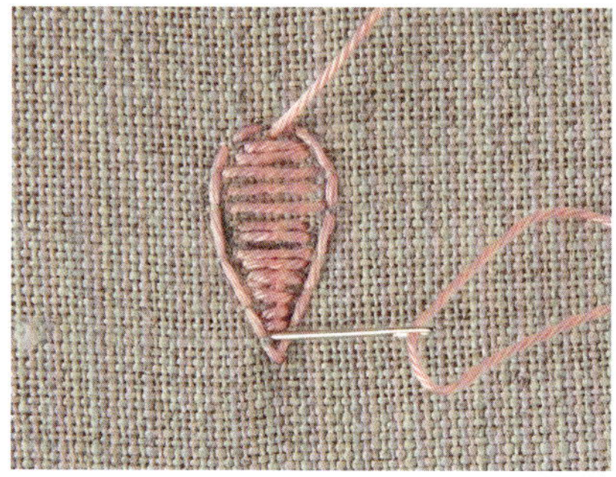

**3.** Von unten nach oben nebeneinanderliegende Spannstiche sticken, ohne die Kontur zu integrieren. Die Nadel aus der Mitte oben an der Innenkontur ausstechen und nahe der Spitze einstechen.

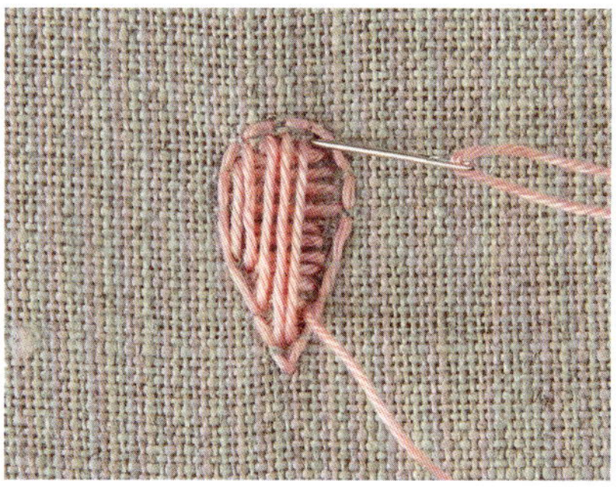

**4.** Auf einer Hälfte, dann auf der anderen Hälfte des Blatts nebeneinanderliegende Spannstiche über die vorigen Stiche sticken.

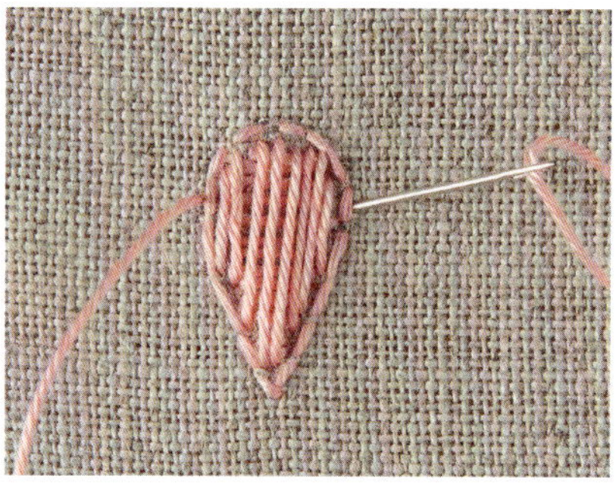

**5.** Den Faden aus dem linken Rand, 0,5 cm vom oberen Rand entfernt ausstechen, senkrecht zur Achse des Blatts in den rechten Rand einstechen und den Konturstich integrieren.

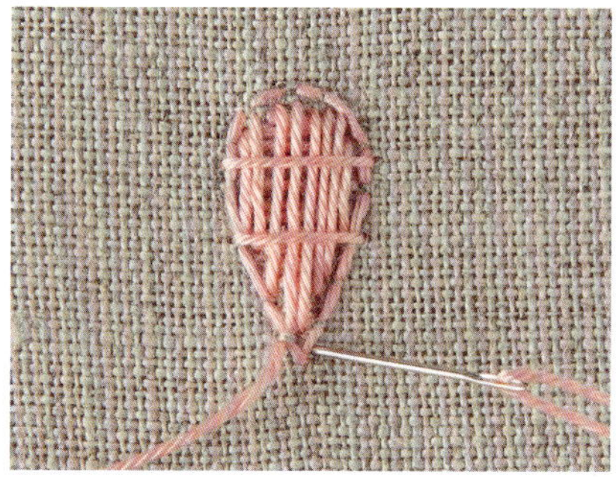

**6.** Einen zweiten Stich 0,5 cm tiefer setzen, die Nadel links, so nahe wie möglich an der Spitze ausstechen. In die gegenüberliegende Seite einstechen und den Konturstich integrieren.

***Anm.*** *Es ist sehr wichtig, die horizontale Richtung der Spannstiche einzuhalten, die über die Füllung gestickt wurden, da sie als Orientierungshilfe für die folgenden Stiche dienen.*

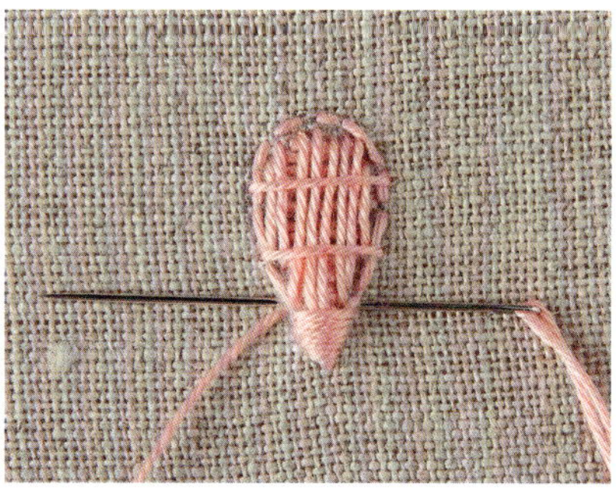

**7.** Links, knapp über dem vorigen Stich aus- und rechts einstechen.

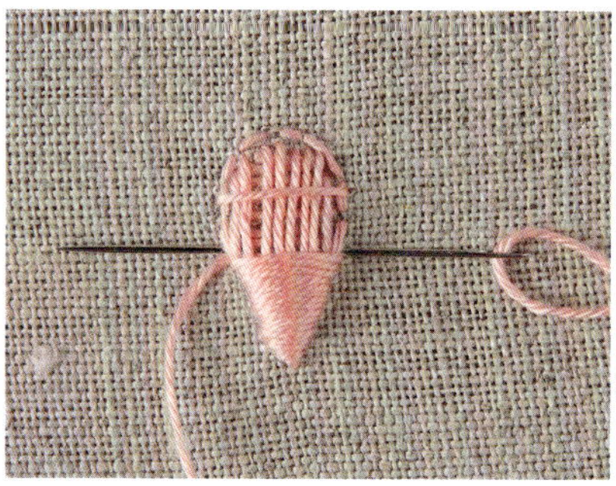

**8.** Dicht beieinanderliegende horizontale Spannstiche sticken.

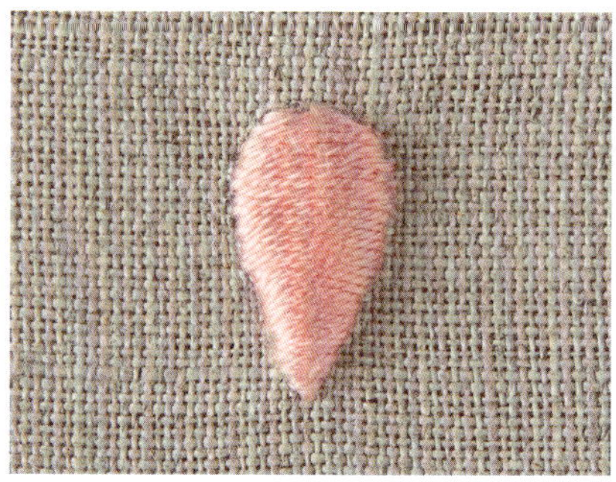

**9.** Mit einem relativ langen Spannstich abschließen, um die runde Form zu erhalten (siehe Erbse, S. 122).

## GROSSE MANDEL

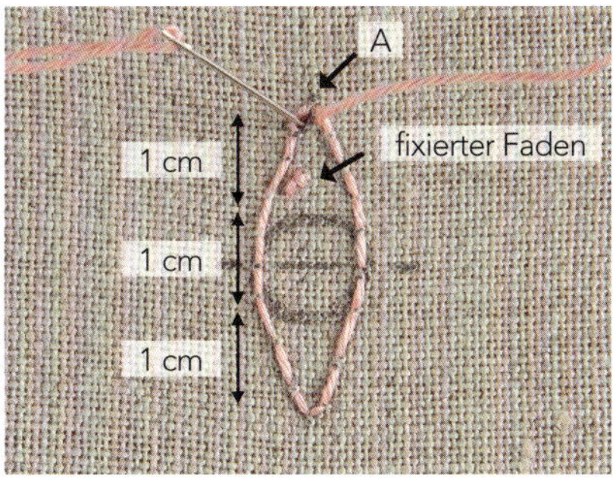


**1.** Einen Kreis von 1 cm Durchmesser, dann zwei Linien auf jeder Seite zeichnen. Den Faden fixieren und wie beim vorigen Stich (siehe S. 124) im Konturstich sticken.

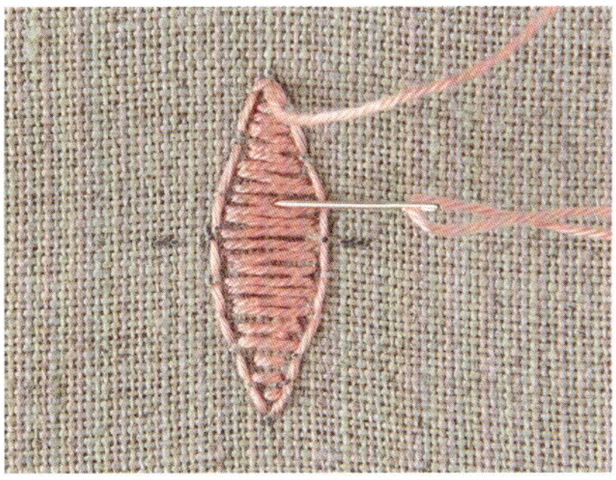

**2.** Nebeneinanderliegende horizontale Stiche sticken, ohne die Kontur zu integrieren. Den Faden unten, nahe der Spitze ausstechen und 0,7 cm weiter oben durch die vorigen Stopfstiche einstechen.

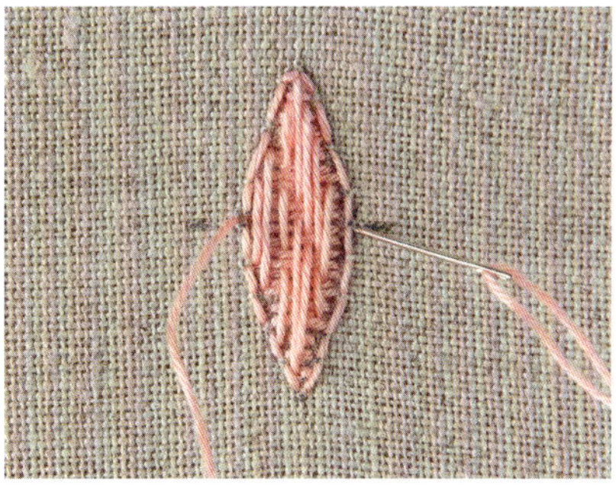

**3.** Einen Faden höher ausstechen und einen weiteren Spannstich bis unter die Spitze setzen. Weitere vertikale Spannstiche auf die gleiche Weise sticken, ohne den Umriss zu bedecken. Den Faden aus der Mitte der Rückseite an der Kontur ausstechen und einen horizontalen Spannstich sticken.

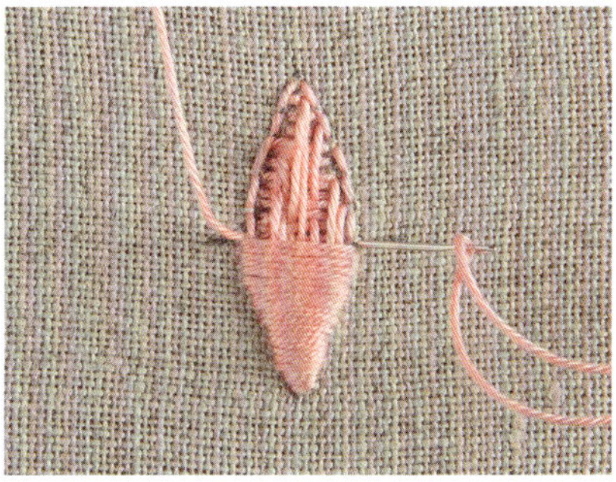

**4.** Parallele nebeneinanderliegende Spannstiche bis zur oberen Spitze sticken.

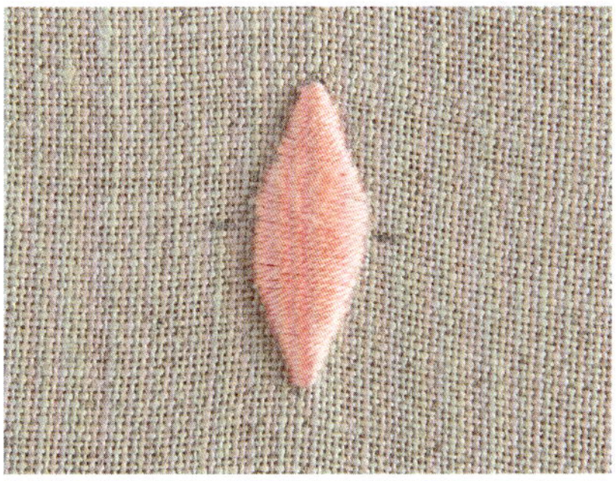

**5.** Die Arbeit um 180° drehen und die zweite Hälfte genauso sticken.

## KLEINE MANDEL

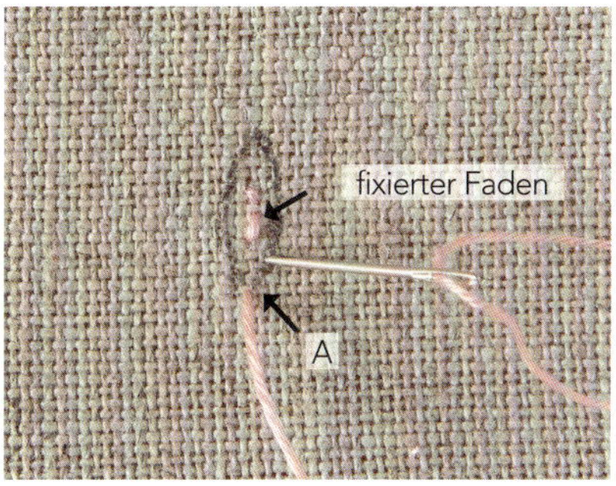


**1.** Auf beiden Seiten ein 1 cm hohes Mandelblättchen zeichnen. Den Faden fixieren und die Konturen wie bei den vorigen Stichen sticken.

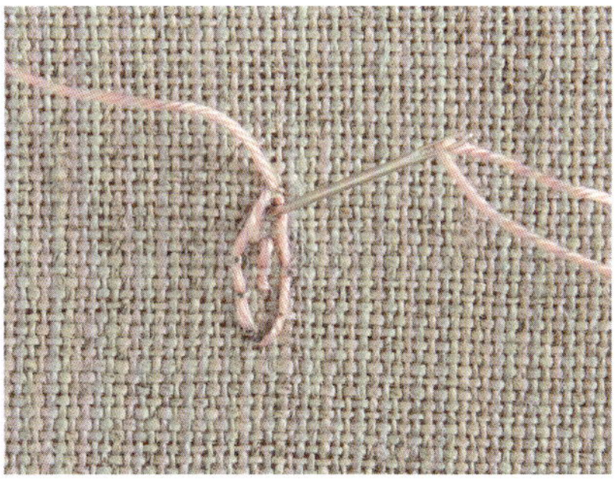

**2.** Den Faden aus der Spitze ausstechen, versetzt und dicht nebeneinanderliegende Spannstiche sticken, ohne die Kontur zu integrieren. Auf der Rückseite möglichst wenig Garn verwenden.

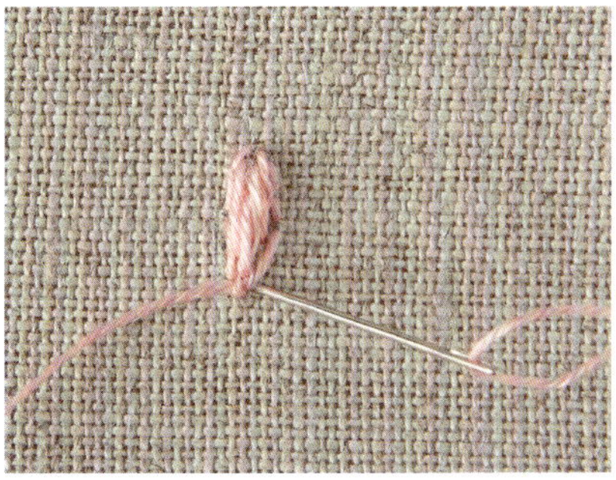

**3.** Den Faden aus der unteren Spitze ausstechen und parallele, dicht nebeneinanderliegende Spannstiche sticken.

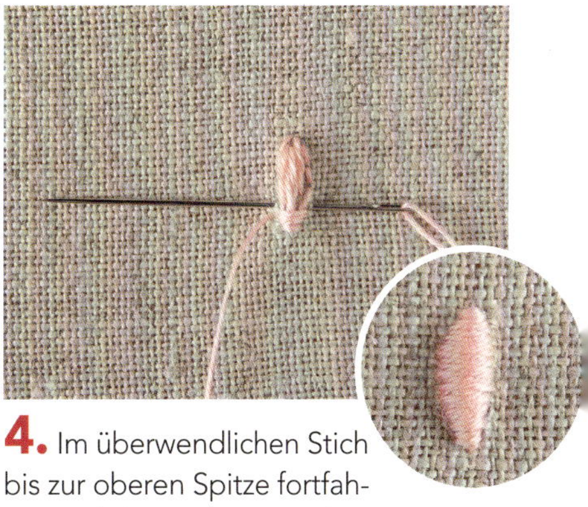

**4.** Im überwendlichen Stich bis zur oberen Spitze fortfahren und den Faden vernähen.

# *Lochstickerei*
# (Madeirastickerei oder Broderie anglaise)

## BESCHREIBUNG UND GESCHICHTE

Die Broderie *anglaise* (fr. „englische Stickerei") gehört zur Weiß- und Durchbruchstickerei. Trotz ihres Namens entstand diese Technik ursprünglich im Kontinentaleuropa des 16. Jahrhunderts. Drei Jahrhunderte später war sie überaus beliebt und zierte die Nacht- und Unterwäsche von Damen und Kindern. Damals entwickelte sich die Lochstickerei in Madeira weiter, von wo viele Arbeiten nach England exportiert wurden und wo viele Stickerinnen lebten. Die Madeirastickerei besteht hauptsächlich aus kleinen Kreisen und Mandeln, die in der Technik der Lochstickerei gestickt werden.

## MATERIAL

### Stoffe

Sticken Sie auf sehr engmaschigem Stoff aus 100% Leinen. Sie können auch ein Mischgewebe aus Leinen/Baumwolle verwenden, jedoch als zweite Wahl. Bei der ersten Wäsche läuft der Stoff ein und erhält seine endgültige Größe. Es ist daher ratsam, ihn vor der Arbeit zu waschen und heiß zu bügeln. Die Wahl der Stoffdicke richtet sich nach der weiteren Verwendung der Stickarbeit.

### Garne

Die verwendeten Garne müssen fest und gezwirbelt sein. Es kommen verschiedene Garne in Frage: Baumwolle Mouliné, Baumwolle Broder Spécial *DMC* und Coton Floche *Marie Suarez*. Die Wahl des Garns richtet sich nach dem Stoff. Sticken Sie mit dickerem Garn auf dickem Stoff und mit dünnerem Garn auf leichtem Stoff.

### Nadeln

Sticken mit einer Nadel ohne Spitze, deren Öhr auf die Fadenstärke abgestimmt ist.
Crewelnadeln, von dick bis dünn: 1, 3, 5, 6, 7, 9 und 10 *Bohin*.
Applikationsnadeln, von dick bis dünn: 10, 11 und 12 *Bohin*.
Lange Nadeln: 7, 8 und 9 *Bohin*.

### Schere

Verwenden Sie zum Schneiden der Fäden eine kleine, feine Schere mit spitzen Klingen.
***Empf.*** *24316 oder 24311 Bohin*
Pinzettenscheren eigenen sich zum Schneiden kleiner Fäden.
***Empf.*** *98260 oder 62615 Bohin*
Verwenden Sie zum Schneiden des Stoffs eine Schere mit Kugelspitze.
***Empf.*** *Schere mit Kugelspitze Sajou*

### Stickrahmen

Sticken Sie mit einem runden Stickrahmen von 12 bis 15 cm Durchmesser, der beim Arbeiten versetzt wird.
***Empf.*** *Stickrahmen Sajou*

### Weiteres Werkzeug

Die Ahle ist ein unentbehrliches Werkzeug, um den Stoff zu durchstechen und ein Rundloch zu sticken.

## TECHNIK

Die Lochstickerei besteht aus durchbrochenen Löchern und Mandeln, die im überwendlichen Stich und in Wickelstäbchen bestickt werden. Zur Verzierung werden auch andere Stiche der Weißstickerei verwendet, z. B. Mandeln, Erbsen und Blätter im gehöhten Plattstich sowie Stiele im überwendlichen Stich.

# RUNDLOCH OHNE FADENAUSZUG

## Material

Engmaschiger Leinenstoff, lange Nadel Nr. 9, Baumwolle Broder Spécial Nr. 30: Blanc.

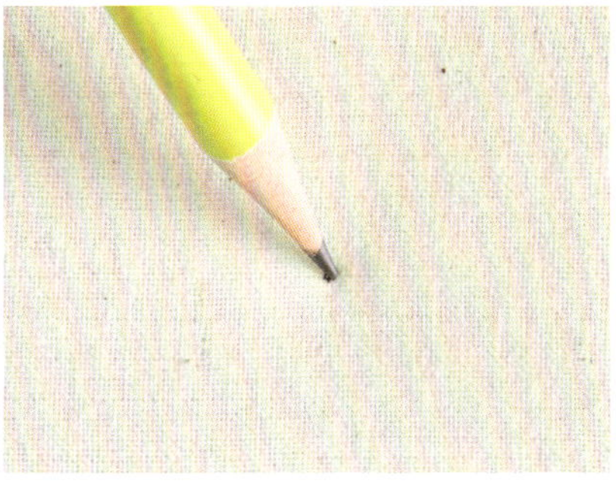

**1.** Das Lochmuster basiert auf einem Punkt, der mit Bleistiftspitze auf die Vorderseite der Arbeit gezeichnet wird.

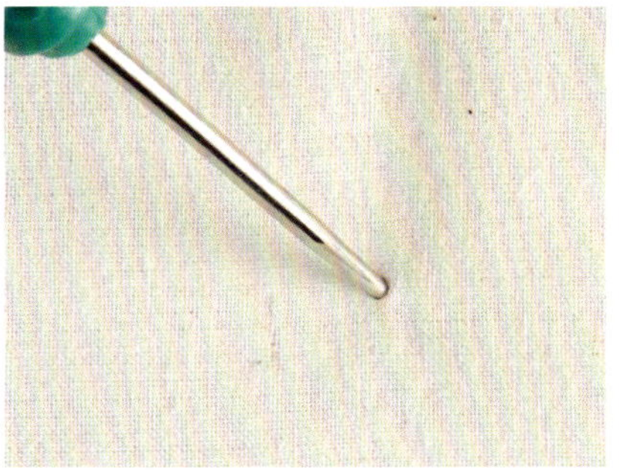

**2.** Die Spitze der Ahle auf den Punkt legen. Vorsichtig in den Stoff einstechen und die Ahle möglichst weit hineinstoßen, ohne die Gewebefäden zu beschädigen.

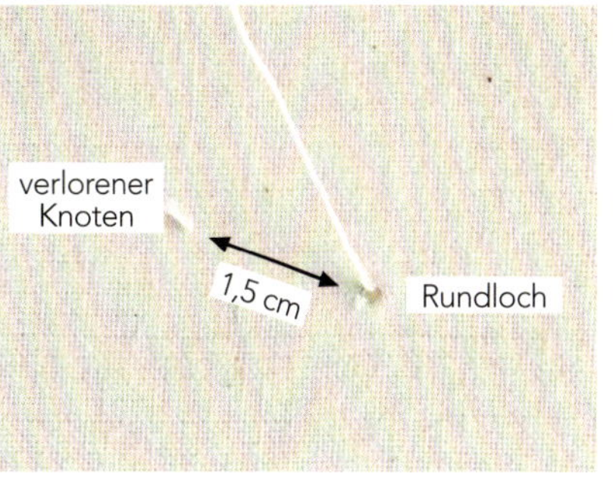


**3.** Einen verlorenen Knoten binden, etwas versetzt von der Vorderseite in den Stoff einstechen und im vorgestanzten Loch wieder ausstechen.

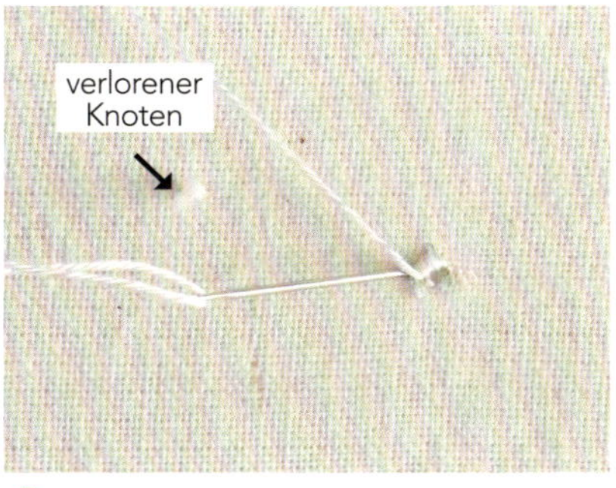


**4.** Die Nadel 0,1 cm vom Loch entfernt einstechen und den Faden festziehen, damit sich das Rundloch weiter öffnet. Neben dem ersten Stich einstechen und den Faden genauso festziehen.

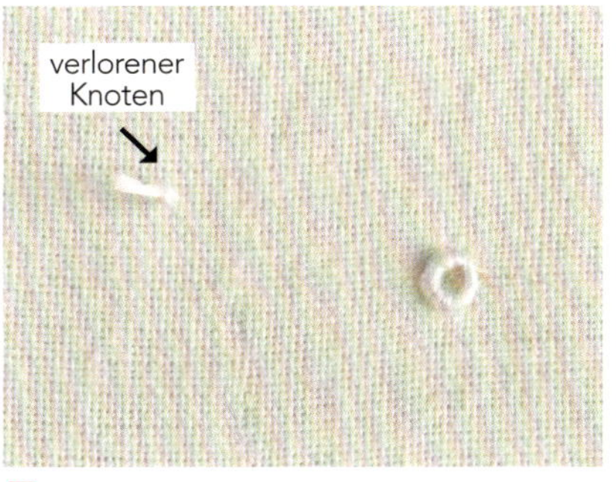


**5.** Den gesamten Umriss sticken.

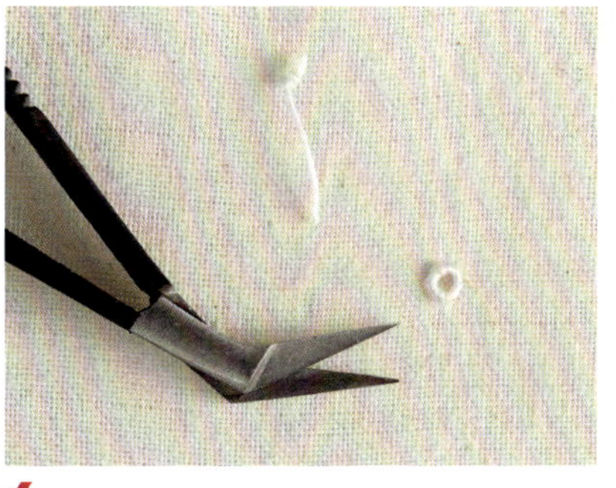

**6.** Den Faden vernähen und den verlorenen Knoten abschneiden.
***Anm.*** *Für eine gute Sichtbarkeit des Stichs wurde hier beiges Leinen verwendet. Am besten sticken Sie mit weißem Garn auf weißem Stoff.*

> *Ein Rundloch ohne Fadenauszug ist relativ leicht zu sticken und schnell zu lernen. Es verschönert Arbeiten der Weißstickerei und erhöht die Festigkeit des Stoffs.*

# BLINDLOCH

## Material

Engmaschiger Leinenstoff, lange Nadel Nr. 9, Baumwolle Broder Spécial Nr. 30: Blanc.

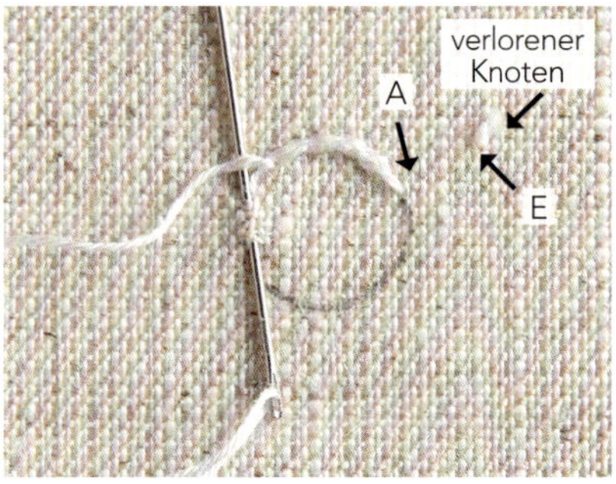


**1.** Einen Kreis von 0,8 cm Durchmesser zeichnen und den gesamten Umriss in 0,2 cm langen Spaltstichen (siehe S. 153) sticken.

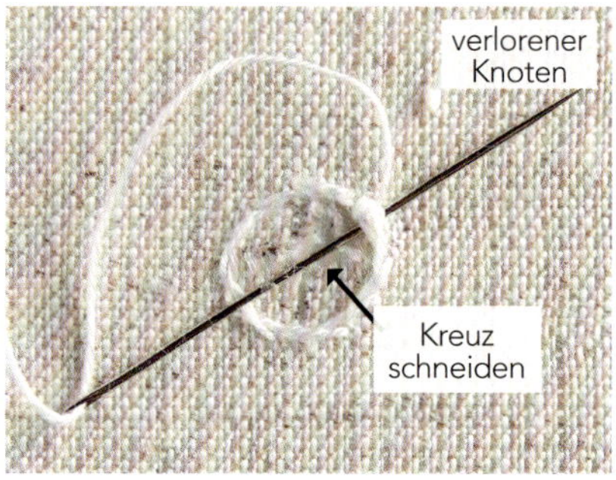


**2.** Ein Kreuz in die Kreismitte zeichnen und mit einer Pinzettenschere bis auf 0,1 cm vor der Stickerei über die Linien schneiden. Die Nadel am Spaltstich ausstechen, in das Loch ein- und nahe dem Anfangspunkt ausstechen. Den überschüssigen geschnittenen Stoff mit der Nadel auf die Rückseite umschlagen, um ihn an den Kreisdurchmesser anzupassen.

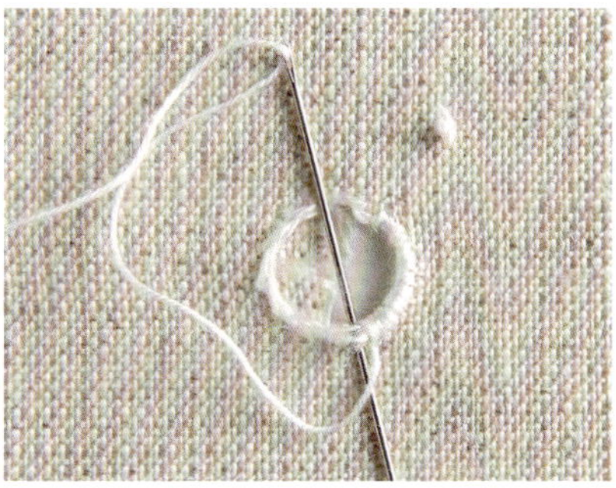

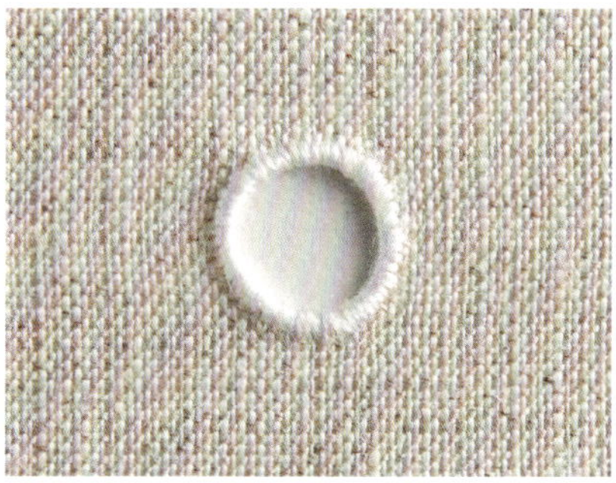

**3.** Den gesamten Kreis in regelmäßigen Stichen sticken und die Rundung erhalten.

# MANDEL MIT WICKELKANTE

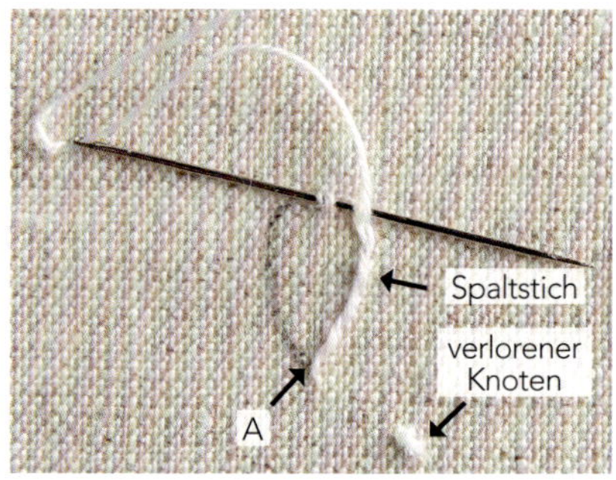


**1.** Eine 1 cm hohe Mandel zeichnen, die bis zu 0,5 cm breit ist. Den zweiten Steg sticken und im Spaltstich fortfahren (siehe S. 153).

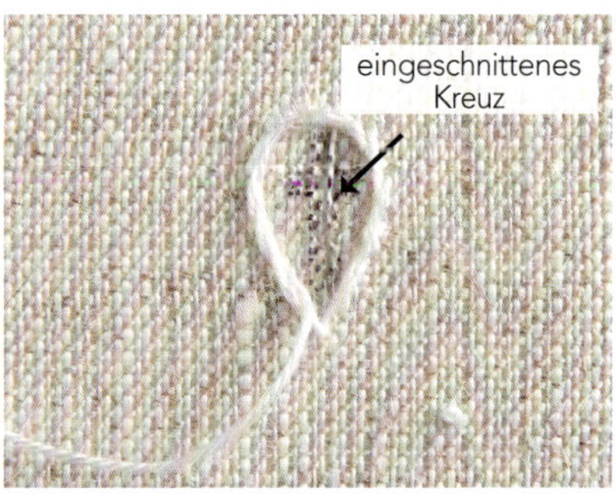


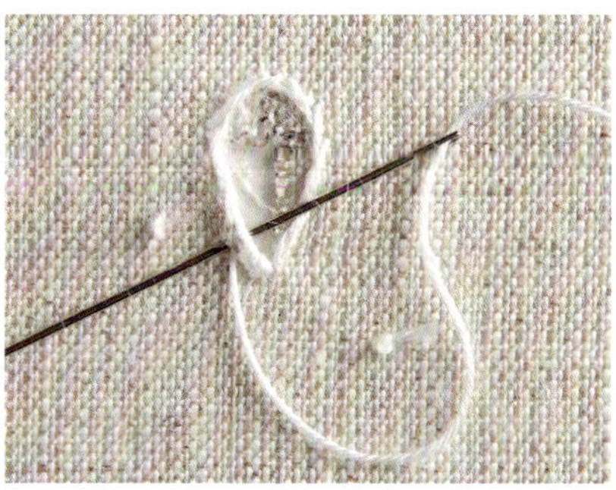

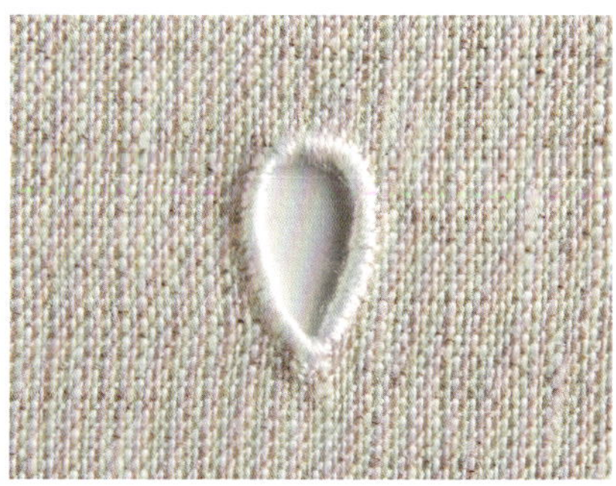

**2.** Den Faden an der Spitze beiseitelegen. Ein Kreuz in die Mitte zeichnen, mit einer Pinzettenschere bis auf 0,1 cm vor der Stickerei über die Linien schneiden.

**3.** In die Öffnung einstechen, die Nadel nahe dem Anfangspunkt ausstechen und den geschnittenen Stoff mit der Nadel nach hinten umschlagen. Weitersticken und die Stiche an die runde Form anpassen. Die Stiche ohne Zwischenraum nebeneinandersticken und auf eine regelmäßige Wicklung achten.

# LÄNGLICHE MANDEL MIT WICKELSTEGEN

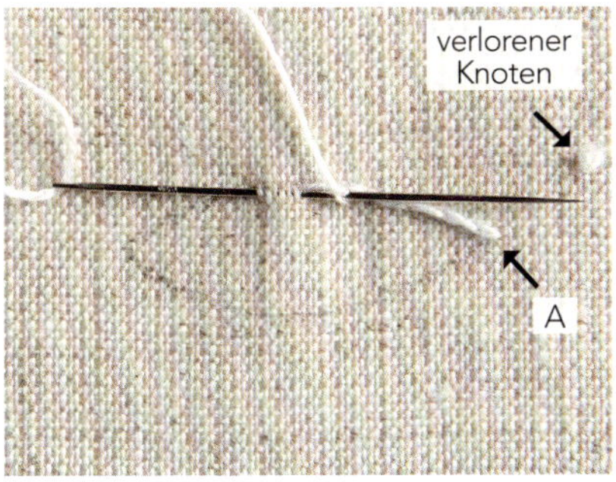


**1.** Eine 2 cm breite Mandel mit zwei Spitzen zeichnen, die bis 0,7 cm hoch ist. In der Mitte zwei vertikale Linien im gleichen Abstand zeichnen. Den oberen Rand im Spaltstich **Version 1** (siehe S. 153) sticken.

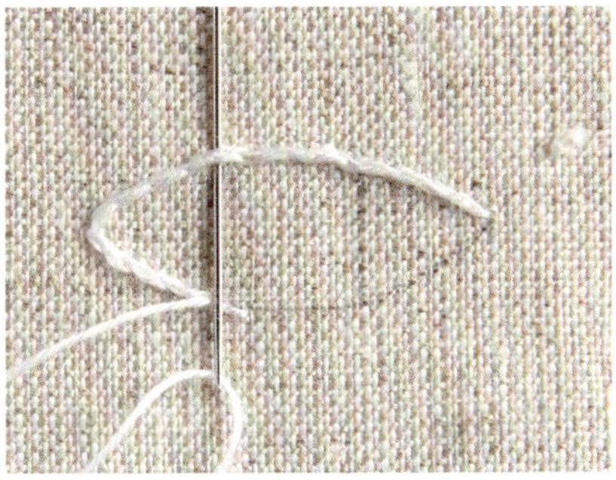

**2.** Den unteren Rand bis zur ersten vertikalen Linie sticken. Die Nadel unter dem gestickten Konturstich des oberen Rands durchziehen, ohne den Stoff zu durchstechen.

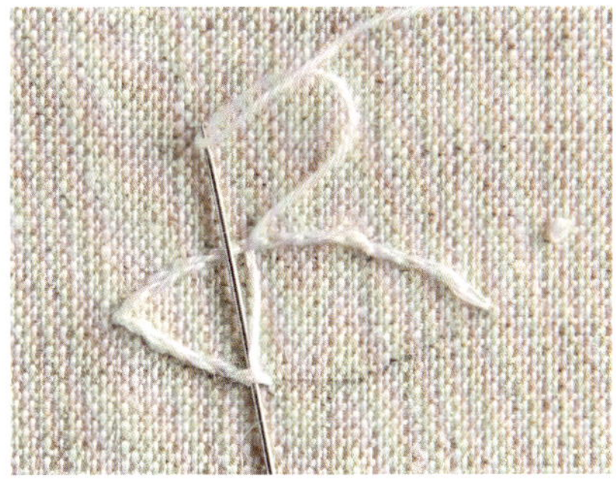

**3.** Die Nadel unter dem unteren Konturstich des unteren Rands durchziehen, ohne den Stoff zu durchstechen.

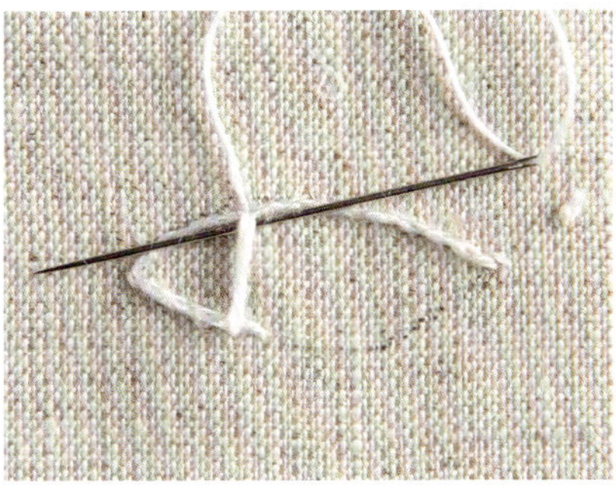

**4.** Die Nadel wieder unter dem oberen Rand durchziehen und vorsichtig an der Nadel ziehen. Die drei gespannten Fäden müssen gleich lang sein. Die Nadel unter ihnen durchziehen, ohne den Stoff zu durchstechen, um mit den Wicklungen des Stegs zu beginnen.

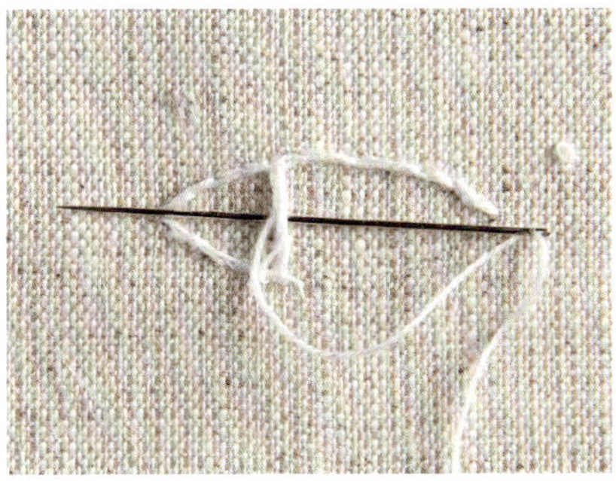

**5.** Die drei gespannten Fäden bis zum unteren Rand umwickeln und darauf achten, dass die Stiche nebeneinander liegen.

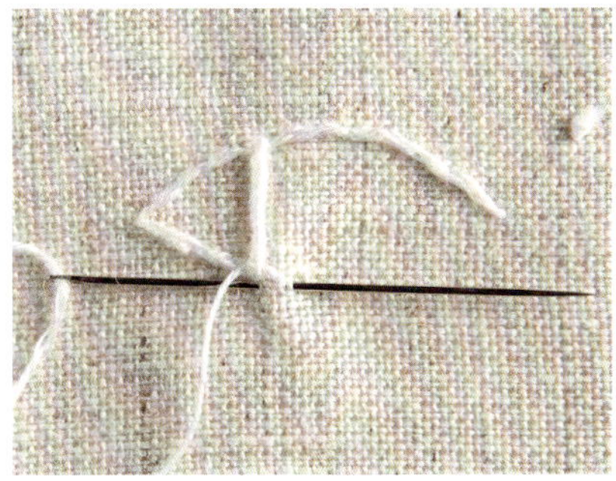

**6.** In die untere Linie einstechen und im Spaltstich **Version 1** bis zur zweiten vertikalen Linie sticken.

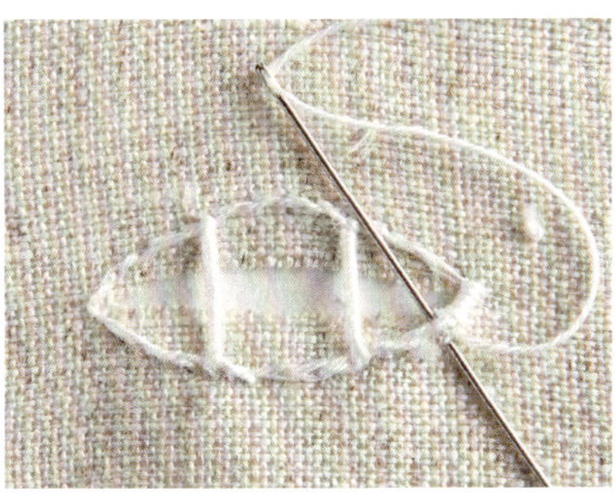

**7.** Den zweiten Steg sticken und im Spaltstich fortfahren. Die Arbeit um 180° drehen und die Mandel bis auf 0,1 cm vor den Stichen ausschneiden. Darauf achten, nicht in die Stege zu schneiden.

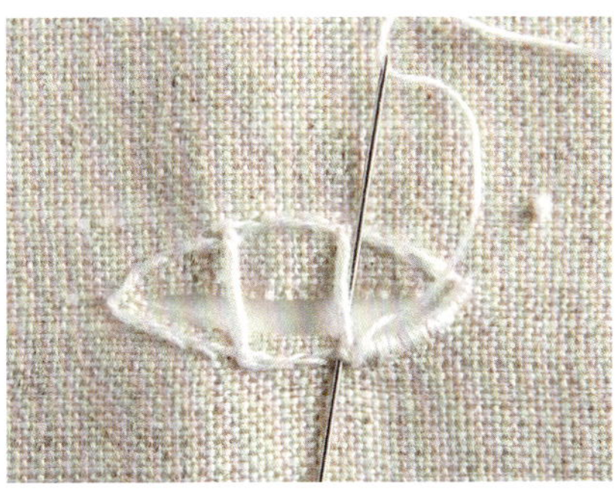

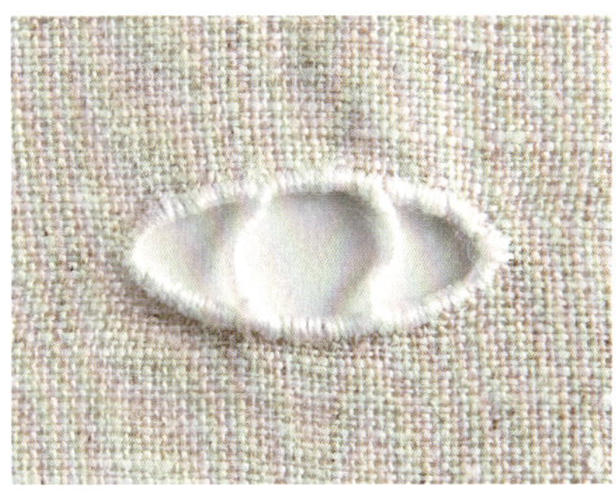

**8.** Im überwendlichen Stich sticken, den geschnittenen Stoff mit der Nadel nach hinten umschlagen. Auf Höhe des ersten Stegs in beide Seiten des Stegs einstechen und die Stiche so dicht wie möglich nebeneinandersticken. Den gesamten Umriss sticken. Den Faden vernähen und den überschüssigen Stoff auf der Rückseite mit der Pinzettenschere abschneiden.

# *Richelieu-* und Renaissancestickerei

## BESCHREIBUNG UND GESCHICHTE

Diese beiden Techniken gehören zur Weiß- und Durchbruchstickerei. Die Namen verweisen auf ihre Blütezeit (Renaissance) und den berühmten Kardinal, der während seiner Amtszeit die Textilkunst in Frankreich stark förderte. Diese Arbeiten sehen aus wie venezianische Spitze, eine damals sehr beliebte, aber auch sehr teure Nadelspitze, die von der Richelieu- und Renaissancestickerei nachgeahmt wird. Da die Technik weniger aufwendig ist, wird der Preis günstiger.

## MATERIAL

### Stoffe

Sticken Sie am besten auf sehr engmaschigem Stoff aus 100% Leinen.

***Empf.*** *Zweigart Kingston und Bergen*

Sie können auch ein Leinen-/Baumwoll-Mischgewebe verwenden, jedoch als zweite Wahl.

***Empf.*** *Zweigart Normandie*

Bei der ersten Wäsche läuft der Stoff ein und erhält seine endgültige Größe. Es ist daher ratsam, den Stoff vor der Arbeit zu waschen und heiß zu bügeln. Die Wahl der Stoffdicke richtet sich nach der weiteren Verwendung der Stickarbeit.

### Garne

Die verwendeten Garne müssen stark und gezwirbelt sein. Es sind mehrere Garne geeignet: Baumwolle Mouliné *DMC*, Baumwolle Broder Spécial *DMC* und Coton Floche *Marie Suarez*. Die Wahl des Garns richtet sich nach dem Stoff. Sticken Sie mit dickerem Garn auf dickerem Stoff und mit dünnerem Garn auf weniger grobem Stoff.

### Nadeln

Sticken Sie mit einer Nadel mit Spitze, deren Öhr auf die Fadenstärke abgestimmt ist.

Crewelnadeln, von dick bis dünn: 1, 3, 5, 6, 7, 9 und 10 *Bohin*.

Applikationsnadeln, von dick bis dünn: 10, 11 und 12 *Bohin*.

Lange Nadeln: 7, 8 und 9 *Bohin*.

### Schere

Verwenden Sie zum Schneiden der Fäden eine kleine, feine Schere mit scharfen Klingen.

***Empf.*** *24316 oder 24311 Bohin*

Verwenden Sie zum Schneiden des Stoffs eine Schere mit Kugelspitze.

***Empf.*** *Schere mit Kugelspitze Sajou*

### Stickrahmen

Sticken Sie mit einem runden Stickrahmen von 12 bis 15 cm Durchmesser, der beim Arbeiten versetzt wird.

***Empf.*** *Stickrahmen Sajou*

## TECHNIK

Der einzige Unterschied zwischen diesen beiden Techniken besteht darin, dass bei der Richelieustickerei die Langettenstege mit Picots verziert sind, wohingegen die Renaissancestickerei aus einfachen Langettenstegen besteht. Neben den Langettenstegen werden auch andere Stiche der Weißstickerei verwendet, darunter der gehöhte Plattstich und Rundlöcher. Manchmal kommen auch einfachere Stiche vor (Stiel-, Knötchenstich ...).

### Material

Engmaschiger Leinenstoff, lange Nadel Nr. 8, Baumwolle Broder Spécial Nr. 25: 666.

# EINFACHE LANGETTENSTEGE OHNE GEFÜLLTE RÄNDER

Wenn die Ränder der zu durchbrechenden Bereiche sehr schmal sind, kann es ausreichen, die Linien im Vorstich abzugrenzen, bevor die Langettenränder gestickt werden.

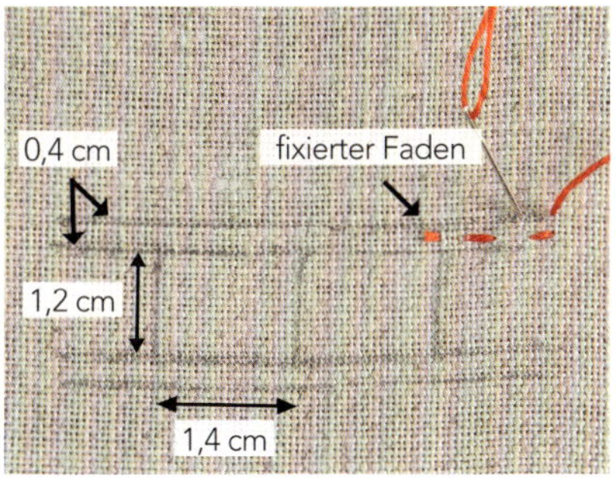


**1.** Die Linien wie auf dem Foto zeichnen. Die Nadel auf dem rechten Ende der oberen Linie aus- und 0,3 cm weiter einstechen.

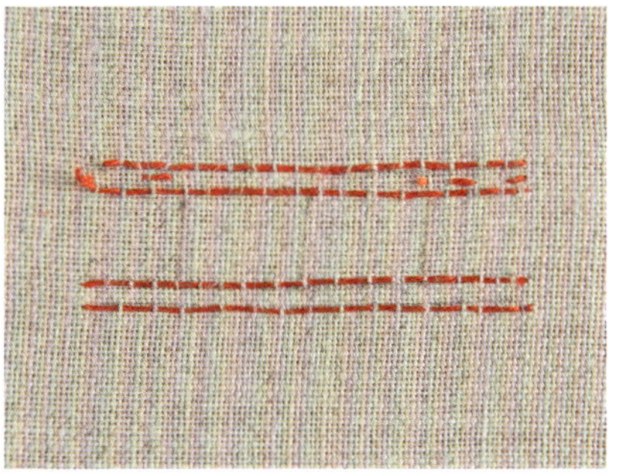

**2.** Einen Faden weiter ausstechen und den Stich über die gesamte Linie wiederholen. Die drei anderen Linien genauso sticken.

***Anm.** Drehen Sie die Arbeit um 180°, um immer von rechts nach links zu arbeiten.*

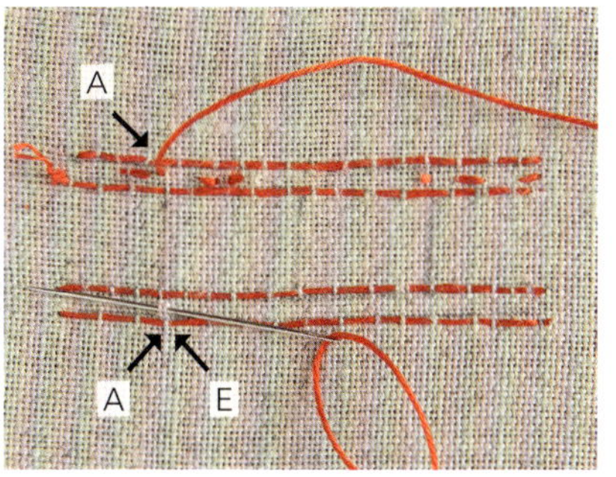


**3.** Den Faden vom oberen Rand aus- und unten einstechen und die Nadel 0,1 cm weiter links ausstechen.

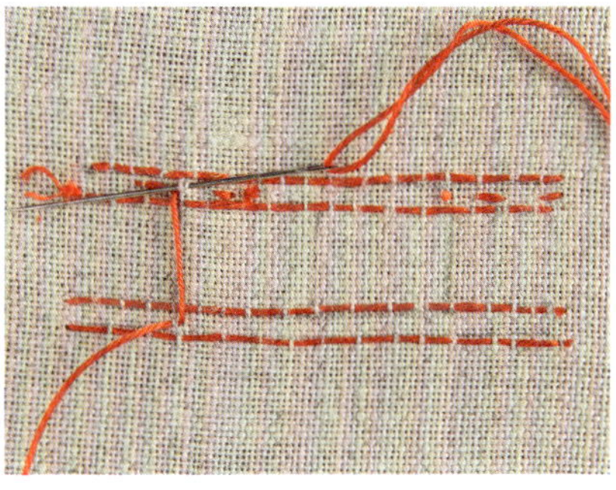

**4.** Genauso in den oberen Rand einstechen.

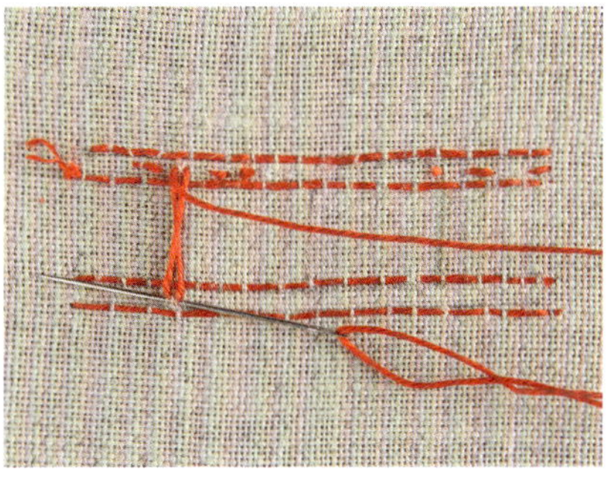

**5.** Wieder in den unteren Rand einstechen, um drei vertikale Fäden zu erhalten, die zwischen den beiden Rändern gespannt sind.

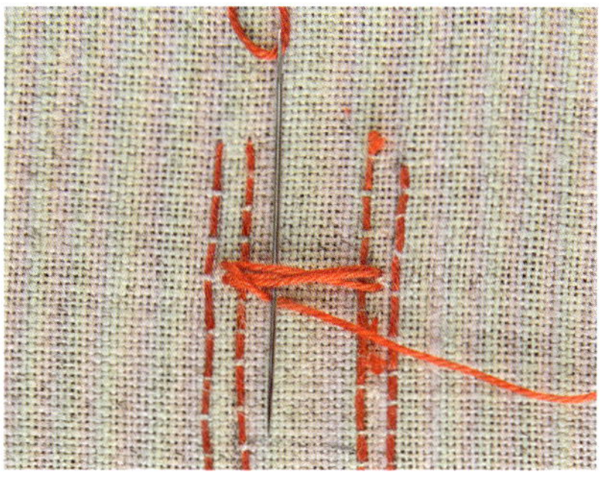

**6.** Die Arbeit um 90° drehen. Die Nadel unter den drei gespannten Fäden durchziehen, ...

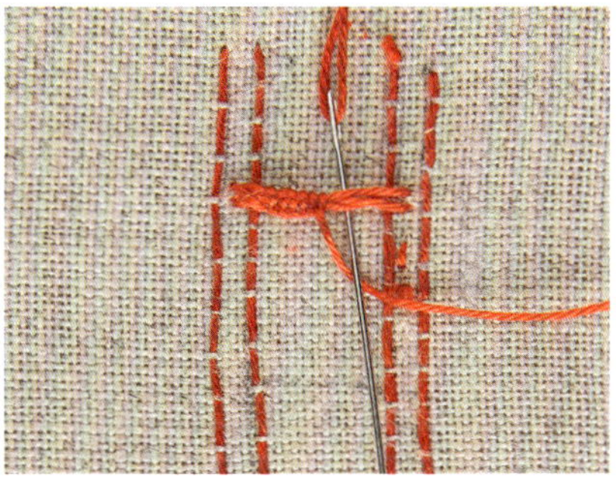

... den Faden nach unten legen und im Langettensteg sticken.

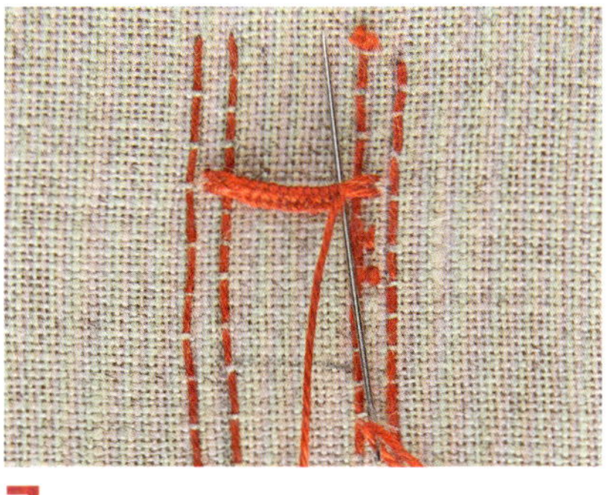

**7.** So viele Stiche wie nötig sticken, um den Steg bis zum gegenüberliegenden Rand zu bedecken. Dann die Nadel von unten nach oben unter dem Steg durchziehen.

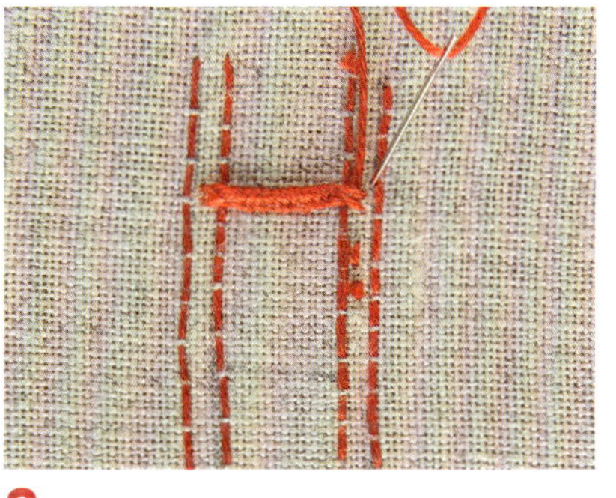

**8.** Am Fixierstich des Stegs in den Rand einstechen.

# Einfache Langettenstege ohne gefüllte Ränder (Fortsetzung)

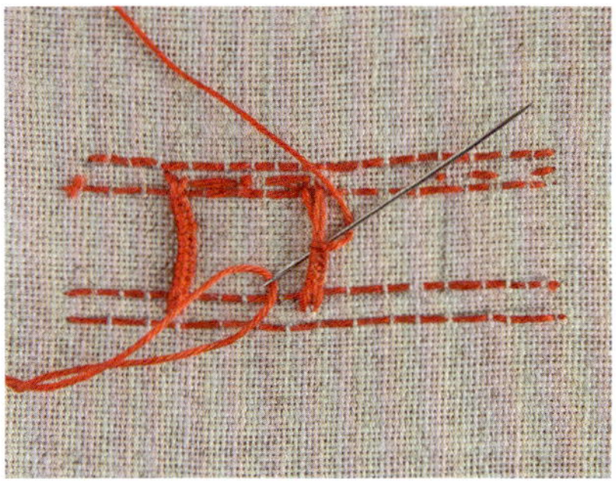

**9.** Im Vorstich über den rechten Rand sticken, um die zweite Linie zu erreichen. Die Stickerei um 90° drehen und einen neuen Langettensteg wie den vorigen sticken.

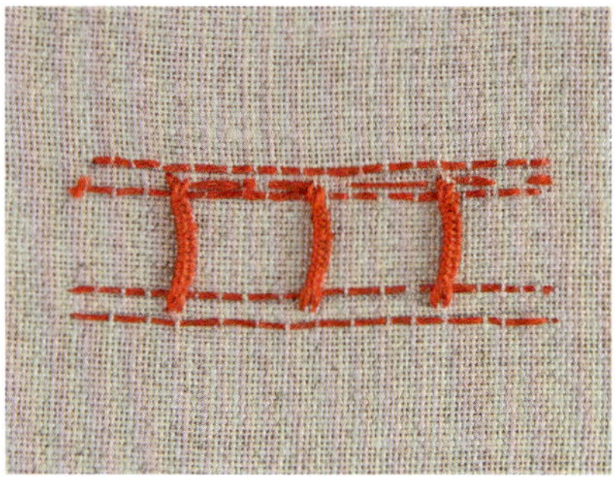

**10.** Den letzten Steg genauso sticken.

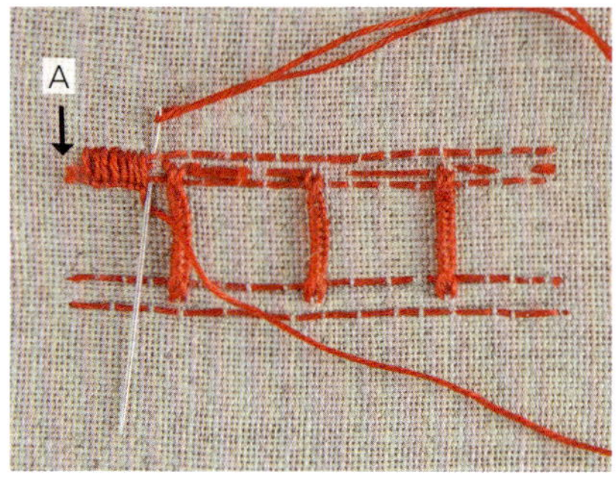


**11.** Mit neuem Faden im dicht gesetzten Langettenstich (siehe Anm. unten) über den oberen Rand sticken und den Vorstich der Ränder integrieren.

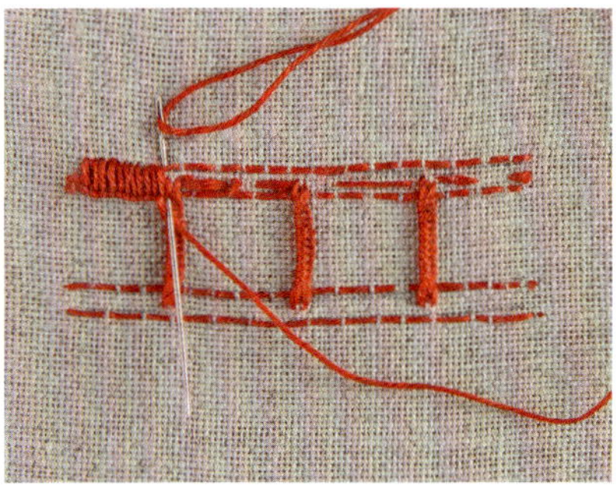

**12.** Auf der Höhe des Stegs die Nadel durch einen Langettensteg führen und auf diese Weise fortfahren.

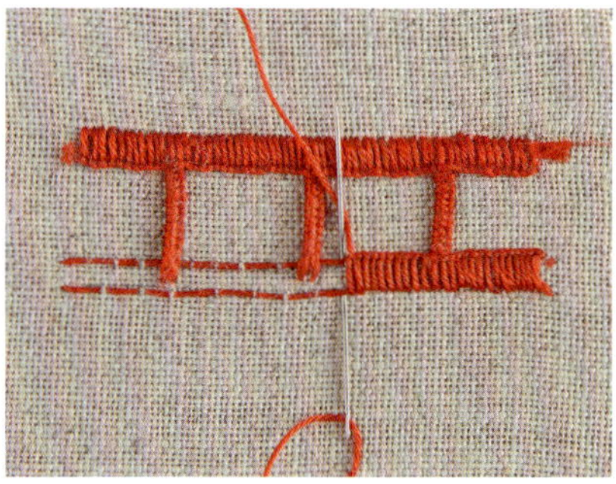

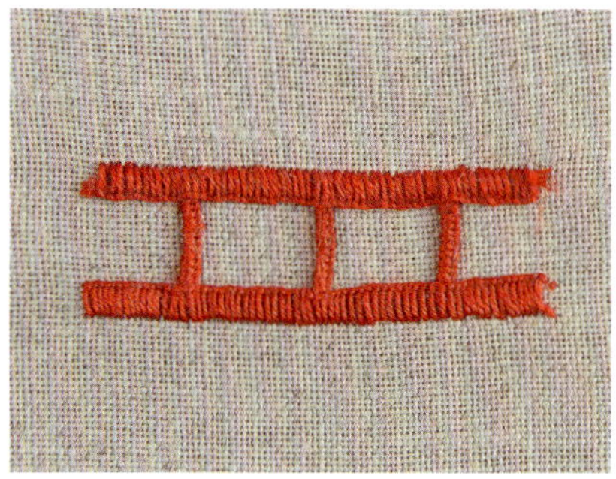

**13.** Den unteren Rand genauso sticken.

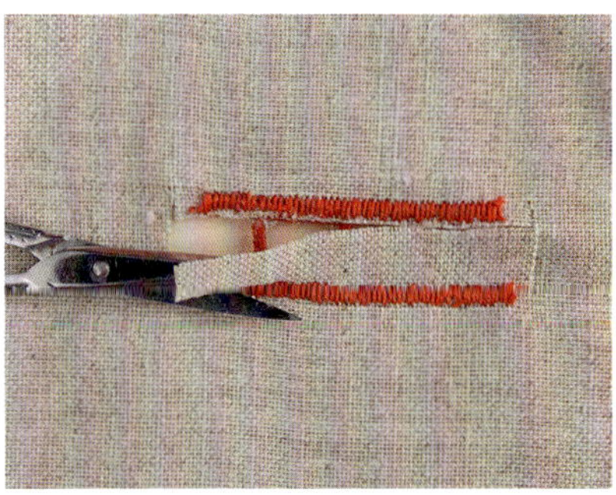

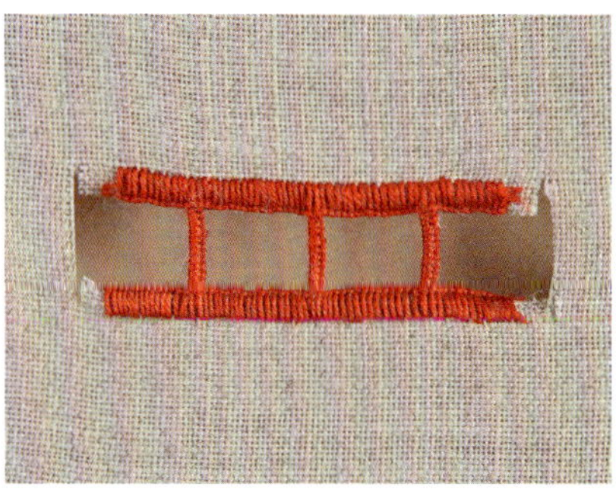

**14.** Die Arbeit auf die Rückseite drehen, die Klinge der Schere mit Kugelspitze zwischen den Stoff und die Langettenstege schieben und den Stoff vorsichtig und bündig am Langettenstich ausschneiden.

***Anm.:*** Der dicht gesetzte Langettenstich wird wie der Langettenstich (siehe S. 163) gearbeitet, jedoch werden die Stiche dicht nebeneinander gesetzt, um die gesamte Fläche des bestickten Stoffs zu bedecken.

# EINFACHE LANGETTENSTEGE MIT GEFÜLLTEN RÄNDERN

Um einen Rand mit mehr Relief zu erhalten, setzen Sie einen Füllstich und sticken Sie dann im Langettenstich. Die Füllung erhöht die Widerstandsfähigkeit der durchbrochenen Ränder, da die Schussfäden fixiert werden. Der Kettenstich eignet sich ideal als Füllstich, da er schnell gearbeitet wird und die Oberfläche gleichmäßig bedeckt. Je nach Breite werden eine oder mehrere Reihen im Kettenstich gestickt.

***Anm.** Für optimalen Komfort können Sie die Arbeit beim Sticken des Langettenstichs so halten, wie es Ihnen beliebt.*

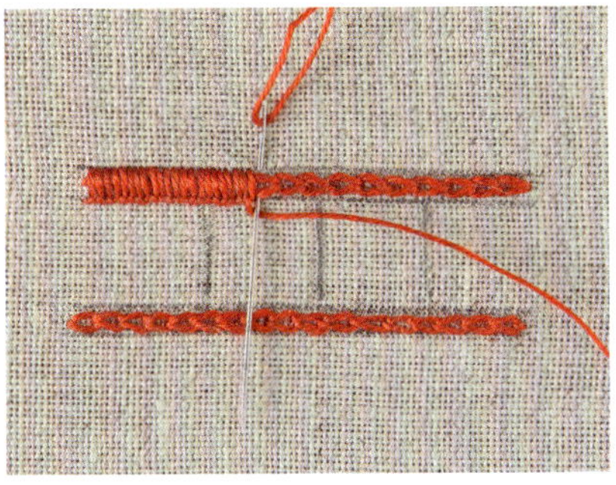

**1.** Dasselbe Muster wie für den vorigen Stich (siehe S. 132) zeichnen. Den oberen und unteren Rand im Kettenstich sticken. Den oberen Rand im Langettenstich sticken und in die horizontalen Linien einstechen.

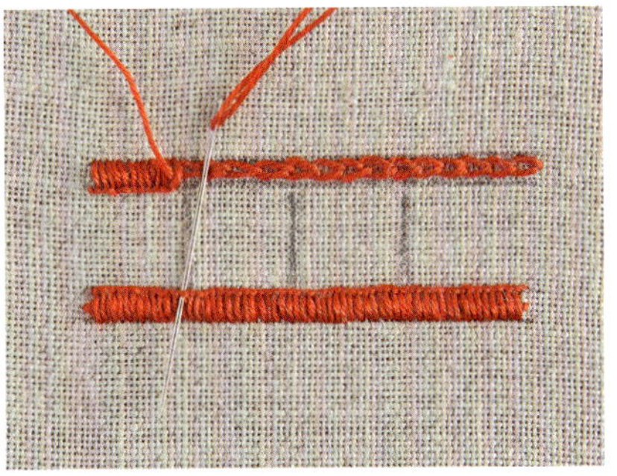

**2.** Den zweiten Rand bis zur ersten gezeichneten vertikalen Linie genauso sticken. In den Langettenstich am unteren Rand einstechen, ohne den Stoff zu durchstechen.

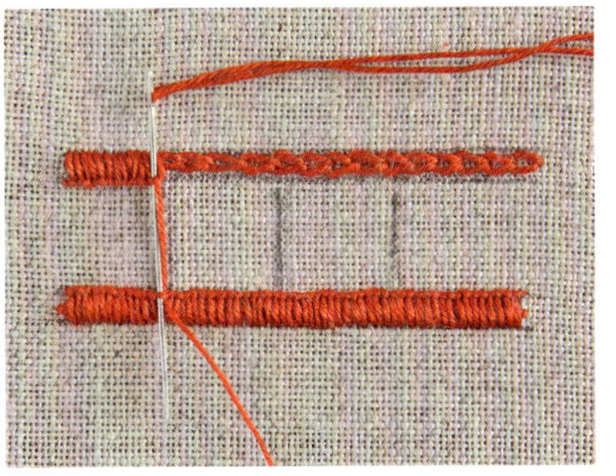

**3.** In den letzten Langettenstich oben einstechen und die Nadel aus demselben Langettenstich unten ausstechen.

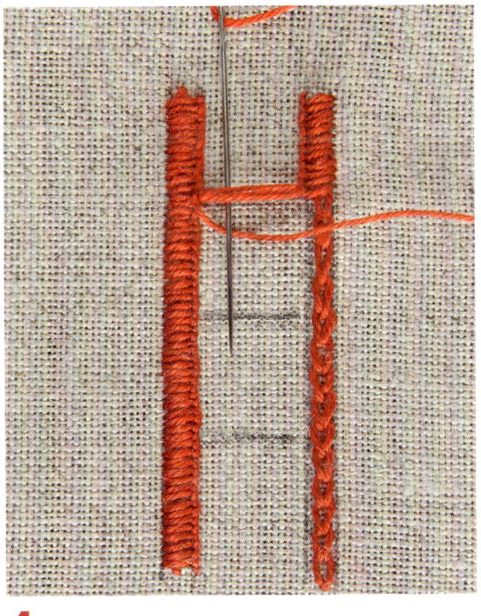

**4.** Den Steg im Langettenstich (siehe S. 131) sticken.

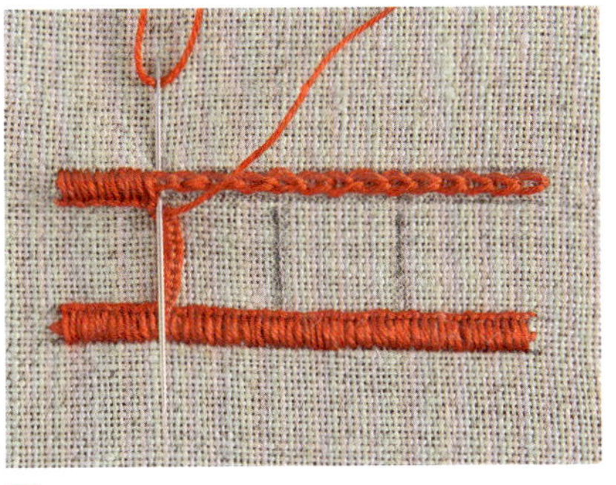

**5.** Wenn der Steg gestickt ist, in den oberen Rand einstechen und den Langettenstich bis zum nächsten Steg fortsetzen. Letzteren genauso sticken und nach dem gleichen Prinzip fortfahren.

*Die Füllung der Langettenränder erzeugt ein schönes Relief und sichert den Stoff, der nach der Fertigstellung des Langettenstichs geschnitten wird. Um die Stickerei noch fester zu gestalten, im Vorstich über die Randlinien sticken, um diese abzugrenzen, dann im Kettenstich zwischen den abgegrenzten Linien und schließlich im Langettenstich sticken.*

## STEGE MIT PICOTS

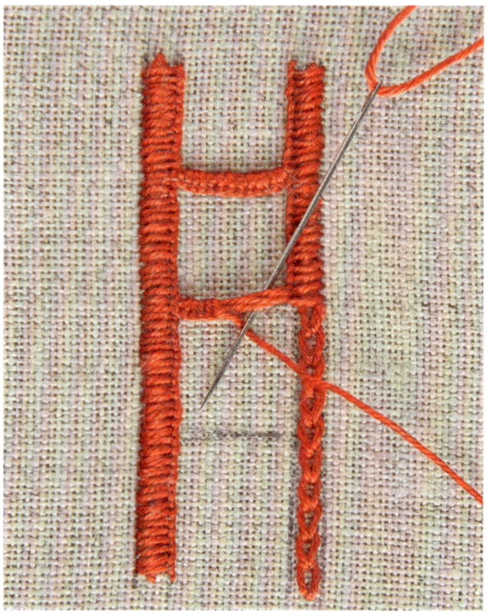

**1.** Um Stege mit Picots zu sticken, genauso wie bei den Langettenrändern (siehe S. 131) vorgehen, dann den Steg bis zur Hälfte im Langettenstich sticken.

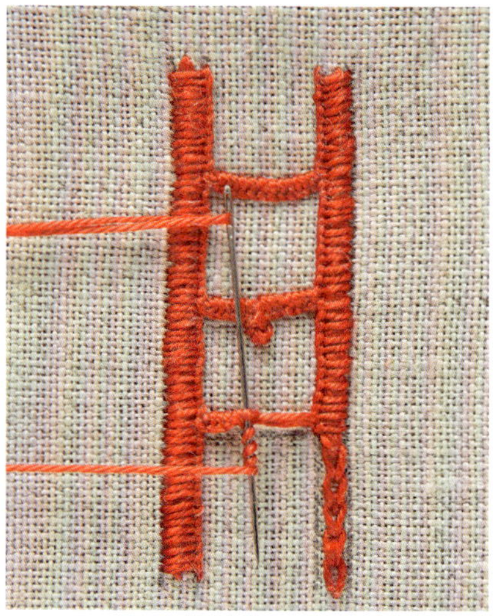

**2.** In den letzten Langettenstich des Stegs einstechen und den Faden wie beim Wickelstich viermal um die Nadel wickeln, ohne an der Nadel zu ziehen.
***Anm.*** *Für einen größeren Picot den Faden fünf- bis sechsmal um die Nadel wickeln.*

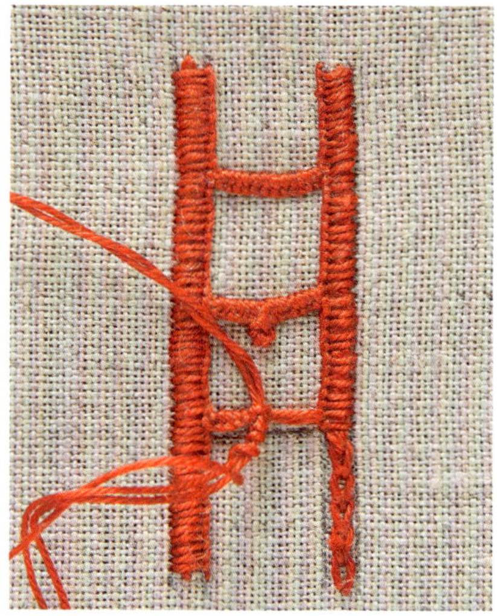

**3.** An der Nadel ziehen und den Wickelstich vorsichtig am Steg festziehen.

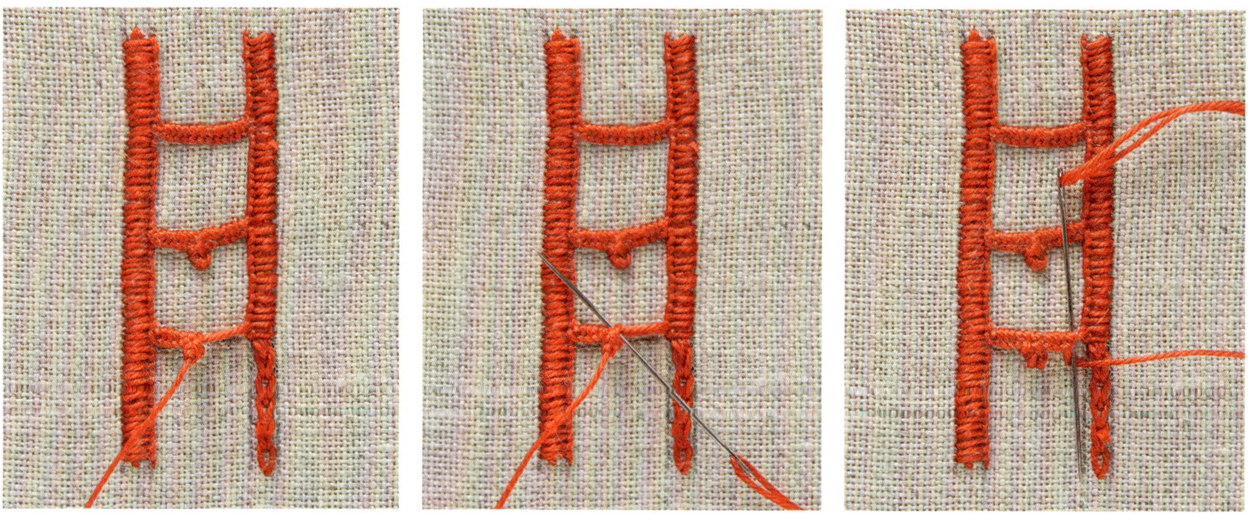

**4.** Die Nadel von unten nach oben in den letzten, um den Steg gestickten Langettenstich einstechen. An der Nadel ziehen und die zweite Hälfte des Stegs im Langettenstich beenden.

# DREI STEGE IM KREIS

***Anm.** Die folgende Anleitung erklärt nur, wie die Stege gearbeitet werden.*
*Die Ränder können Sie nach den beiden weiter oben erläuterten Methoden arbeiten (siehe S. 132–133).*

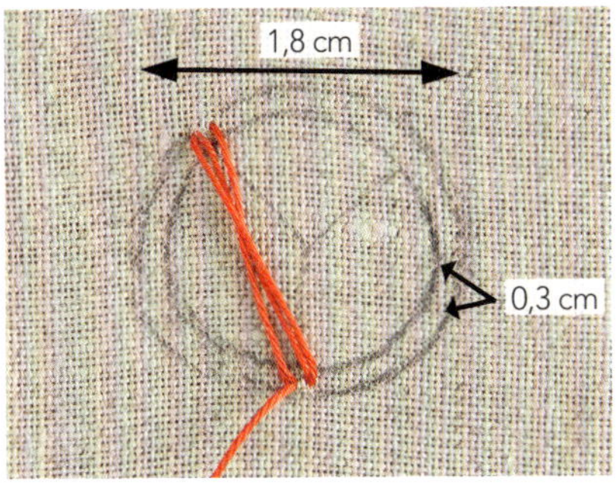


**1.** Zwei Kreise (siehe Foto) und drei Linien im Kreisinneren im gleichen Abstand voneinander zeichnen. Drei Spannstiche zwischen zwei Rändern sticken, die sich mit zwei benachbarten Linien kreuzen.

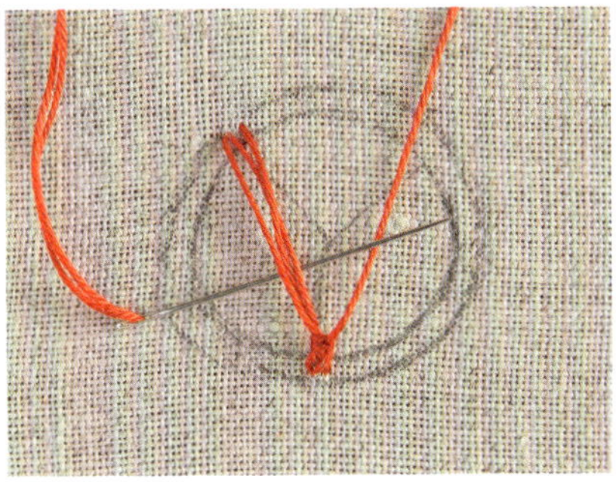

**2.** Die gespannten Fäden bis zur Kreismitte im Langettenstich sticken.

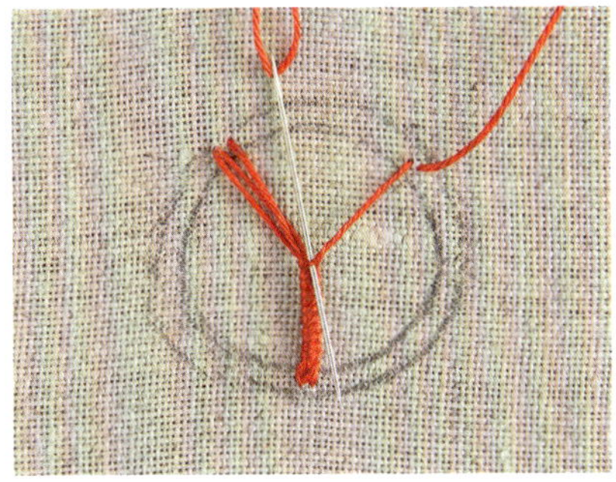

**3.** Auf der Höhe der letzten gezeichneten Linie in den Rand einstechen, aus dem letzten, um den Steg gestickten Langettenstich ausstechen und wieder in den Rand einstechen, ...

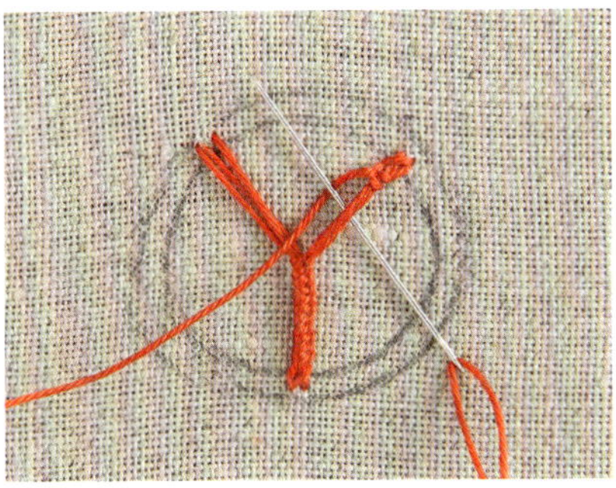

... dann die drei gespannten Fäden im Langettenstich sticken.

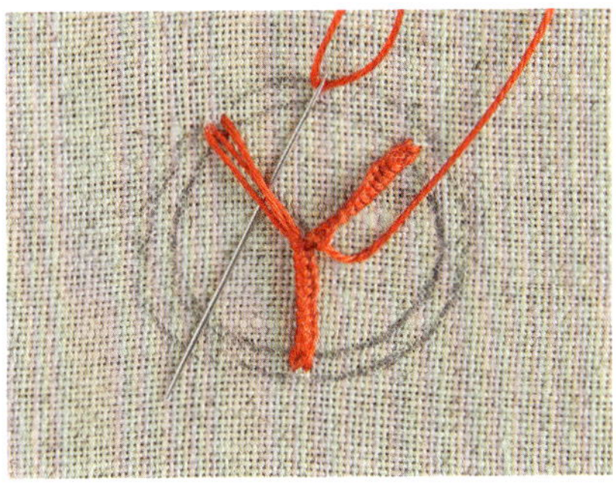

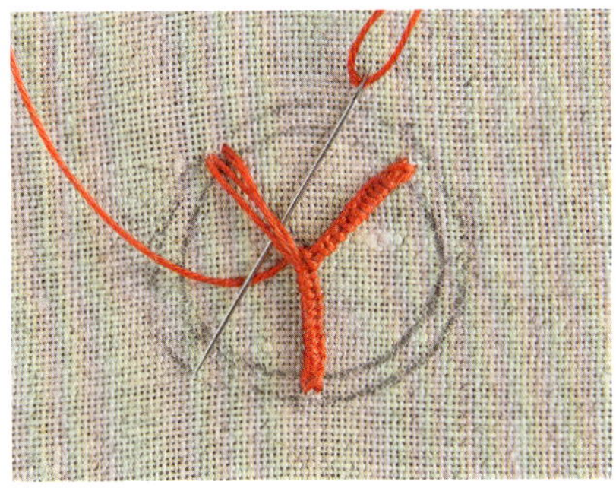

**4.** Den Steg bis zum Kreuzungspunkt in der Mitte sticken, dann die Nadel unter den letzten drei gespannten Fäden durchziehen und den Steg so legen, dass er sich nicht verdreht. Die letzten drei gespannten Fäden im Langettenstich sticken.

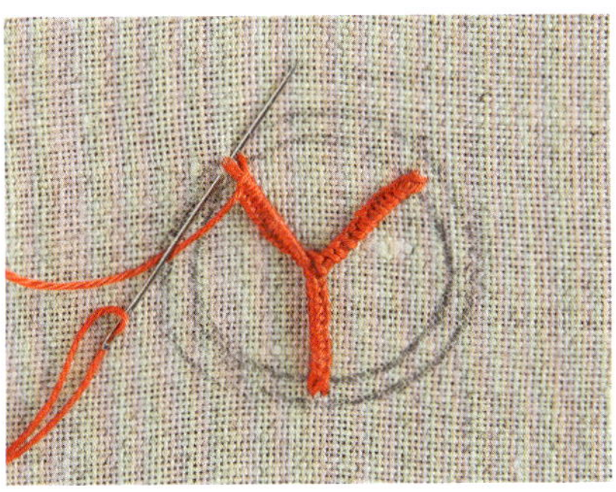

**5.** In den Rand einstechen.

*Die im Kreis gestickten Langettenstege müssen so gearbeitet werden, dass die Langettenseiten der Stege in die gleiche Richtung zeigen.*

## MEHRERE STEGE IN EINER REIHE

***Anm.*** *Die folgende Anleitung erklärt nur, wie die Stege gearbeitet werden.*
*Die Ränder können nach den beiden weiter oben erläuterten Methoden gearbeitet werden* (*siehe S. 132–133*).

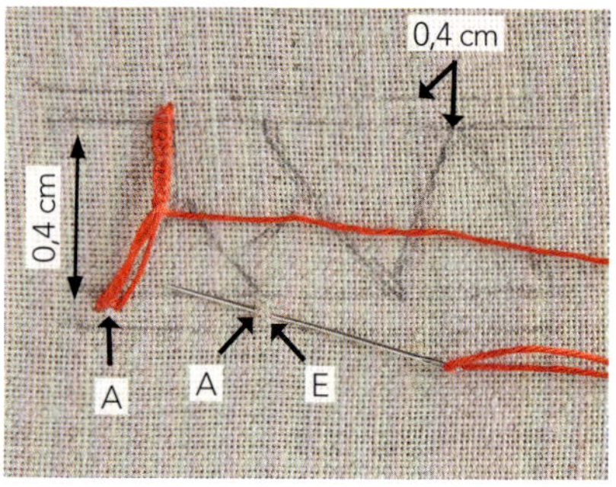


**1.** Die Linien wie auf der Abbildung oben zeichnen. Drei Fäden zwischen den oberen und unteren Rand spannen und bis auf halber Höhe einen Langettensteg sticken. In den unteren Rand auf Höhe der angrenzenden Linie einstechen.

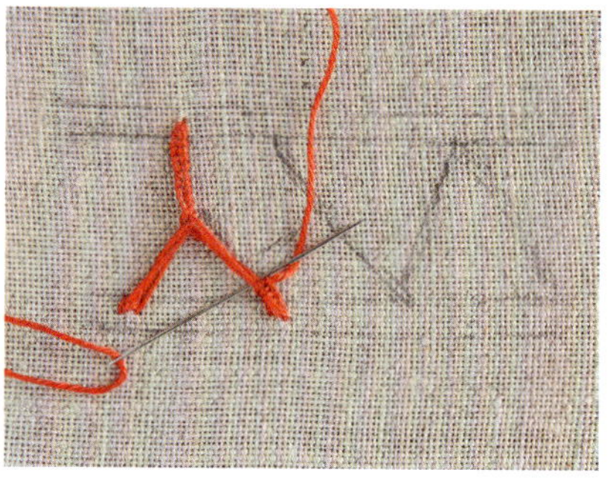

**2.** Die Nadel aus dem letzten, um den Steg gestickten Langettenstich ausstechen und erneut in den unteren Rand einstechen, um drei gespannte Fäden zu erhalten, und sie bis zum Kreuzungspunkt im Langettenstich sticken.

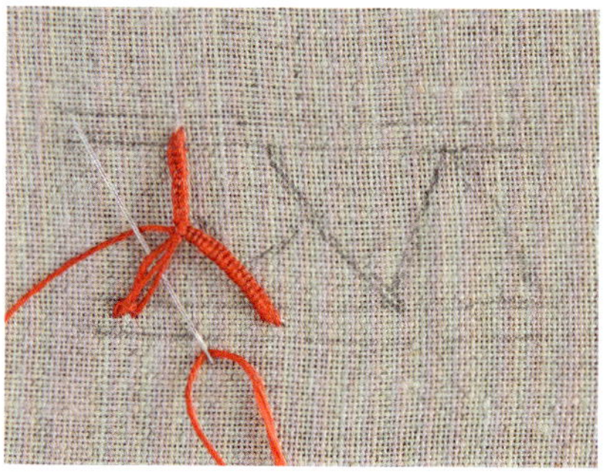

**3.** Die letzten drei gespannten Fäden genauso sticken.

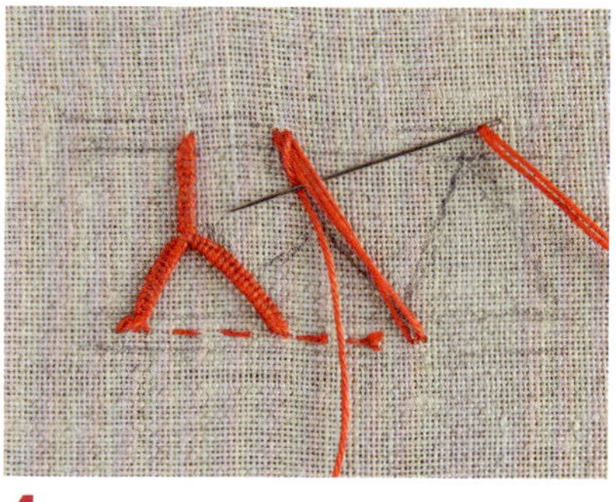

**4.** Im Vorstich über den unteren Rand bis zur nächsten Linie sticken.

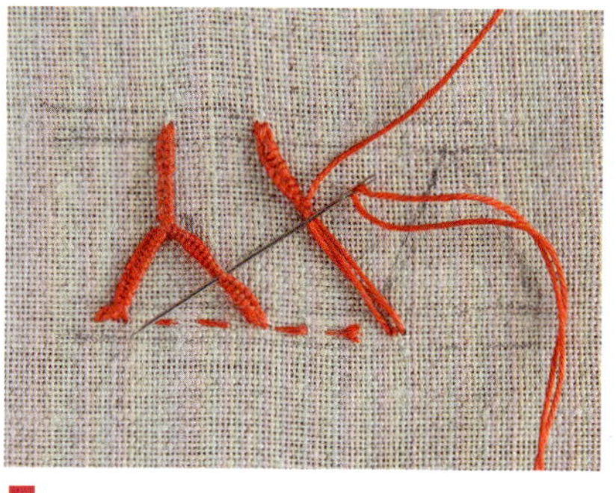

**5.** Einen Langettensteg bis auf Höhe der mittleren Linie sticken.

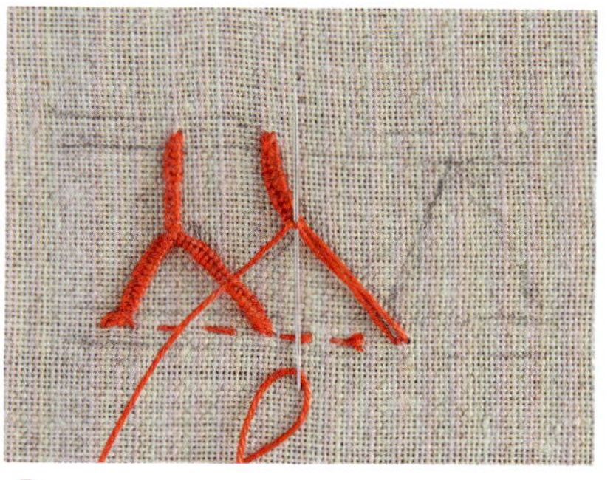

**6.** Drei Fäden zwischen den beiden Stegen spannen, dabei in die Langettenstiche beider Stege einstechen.

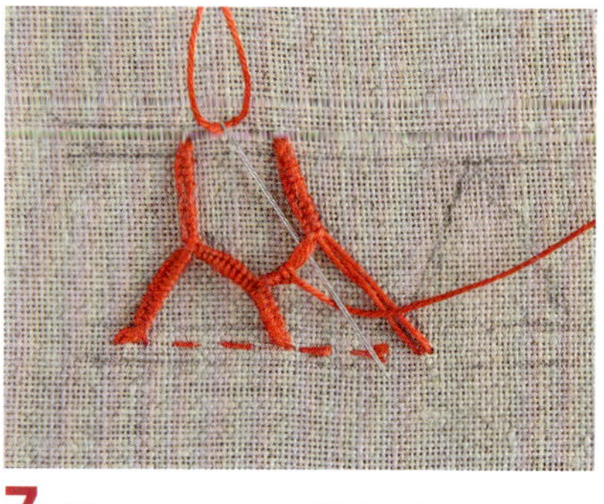

**7.** Die gespannten Fäden bis zum Kreuzungspunkt im Langettenstich sticken.

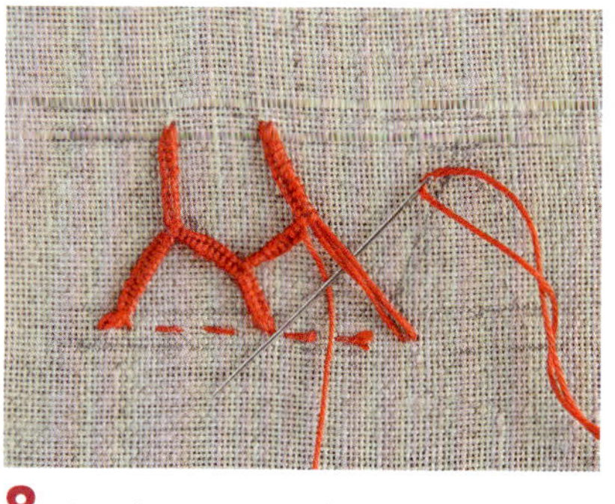

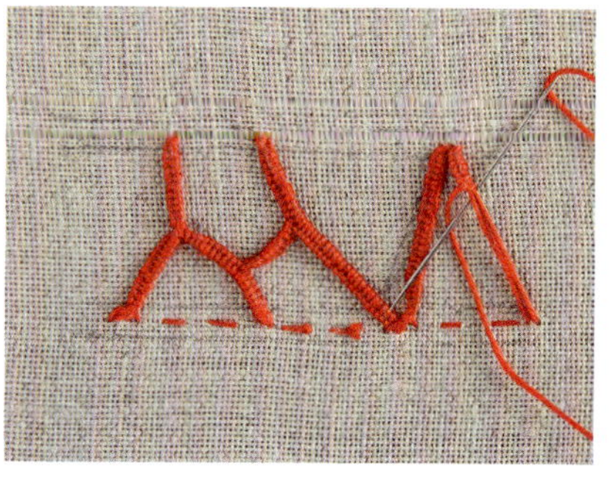

**8.** Den letzten Steg bis zum Rand fertigstellen. Die anderen Stege wie zuvor sticken.

# MEHRERE STEGE IM KREIS

***Anm.*** *Die folgende Anleitung erklärt nur, wie die Stege gearbeitet werden. Die Ränder werden nach den beiden weiter oben erläuterten Methoden (siehe S. 132–133) gearbeitet.*

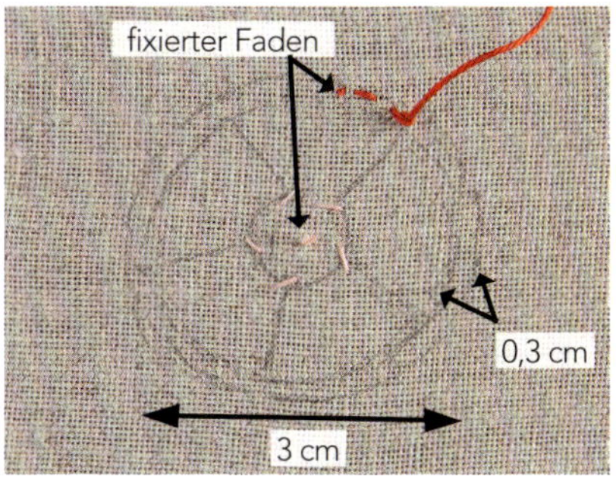


**1.** Drei Kreise und fünf Linien wie auf der Abbildung oben zeichnen. Im Spannstich über die fünf Kreuzungspunkte der mittleren Linien (rosa Faden) sticken. Dann den Stickfaden auf Höhe einer Linie aus dem Rand ausstechen.

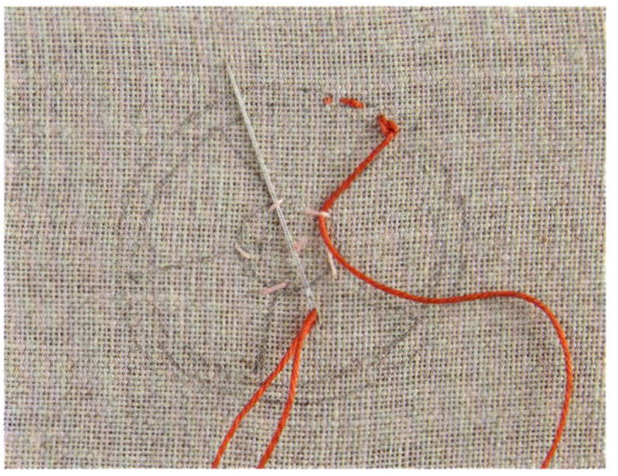

**2.** Die Nadel unter einem Spannstich in der Mitte, dann in Richtung Rand unter dem benachbarten Spannstich durchziehen.

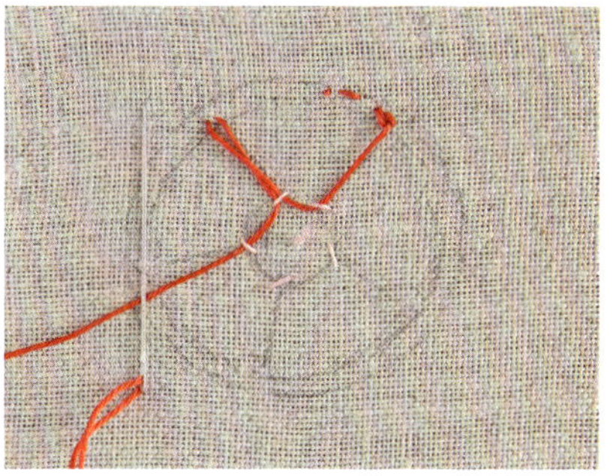

**3.** In den Rand einstechen und 0,1 cm weiter ausstechen. Die Nadel unter dem gleichen Spannstich wie zuvor, dann unter dem benachbarten Stich durchziehen.

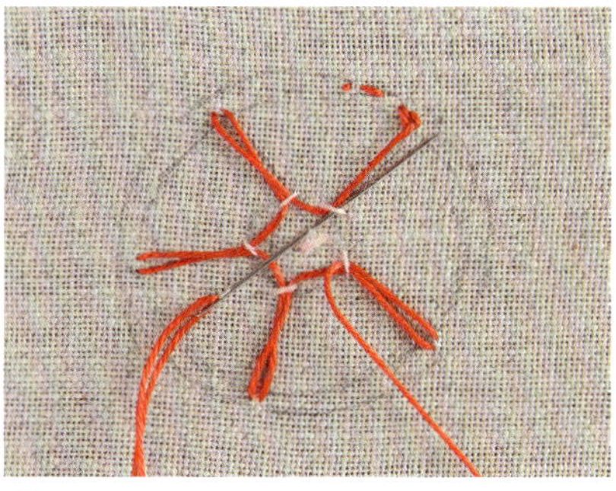

**4.** Genauso bei den anderen Linien vorgehen. Die Nadel unter dem ersten Spannstich durchziehen.

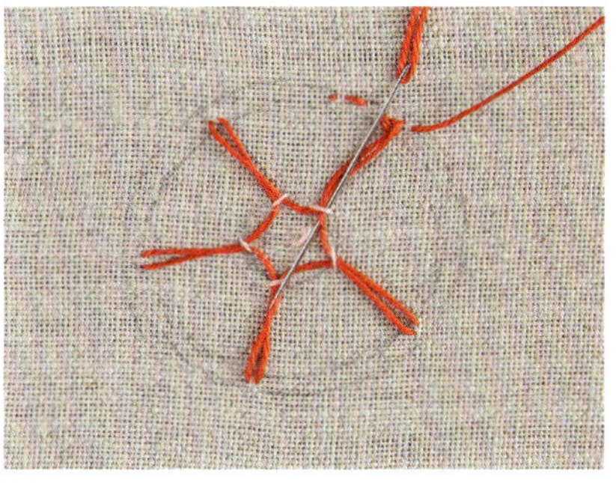

**5.** In den Rand ein- und aus dem Rand ausstechen, dann unter dem Spannstich in der Mitte durchziehen.

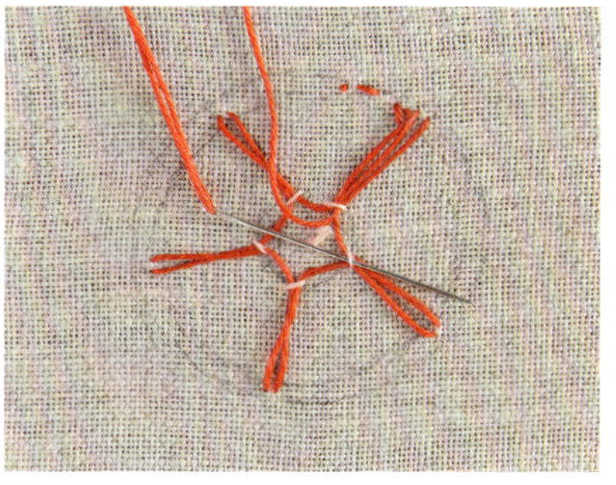

**6.** Die Nadel unter dem benachbarten Spannstich durchziehen.

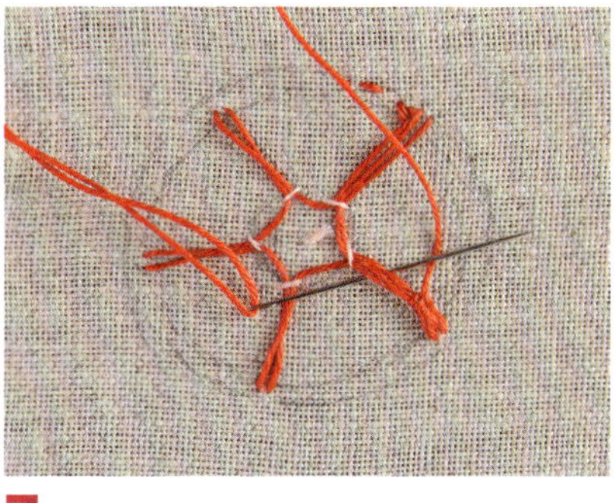

**7.** In den Rand einstechen und zur Mitte zurückkehren, dabei drei gespannte Fäden im Langettenstich bis zur Mitte sticken.

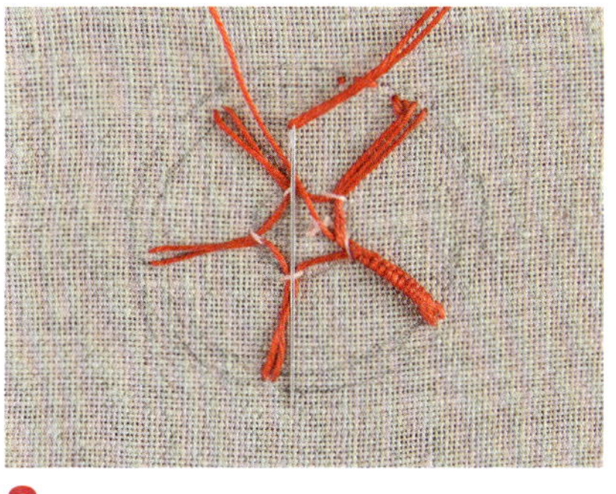

**8.** Die Nadel unter dem Spannstich am Ende des Stegs durchziehen, dann unter dem benachbarten Spannstich und in den Rand einstechen.

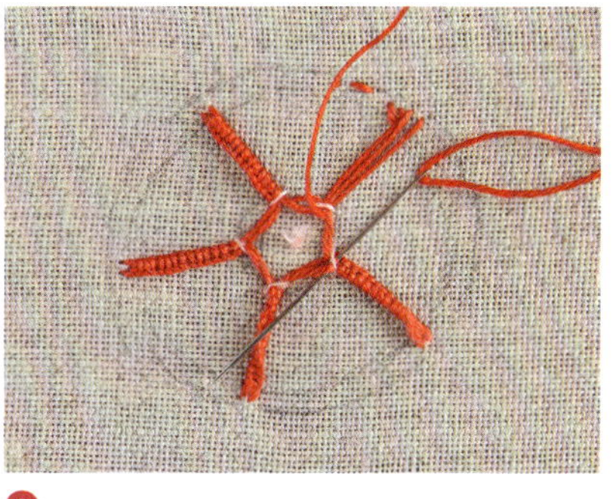

**9.** Den benachbarten Steg genauso sticken, dann die nächsten beiden Stege sticken. Den Faden unter den fünf Spannstichen durchziehen, um drei Füllfäden für den kleinen Kreis in der Mitte zu erhalten.

## Mehrere Stege im Kreis (Fortsetzung)

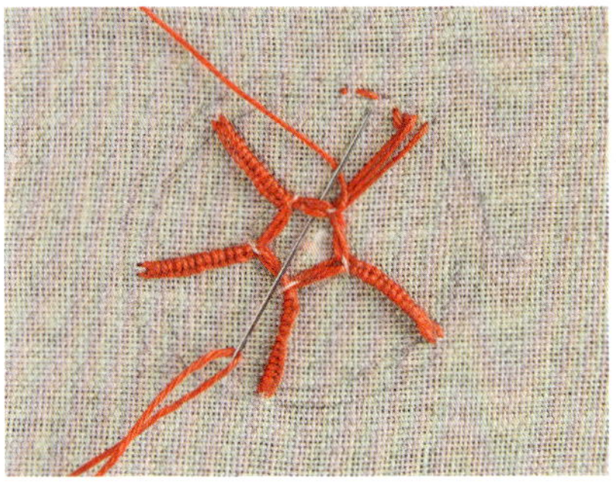

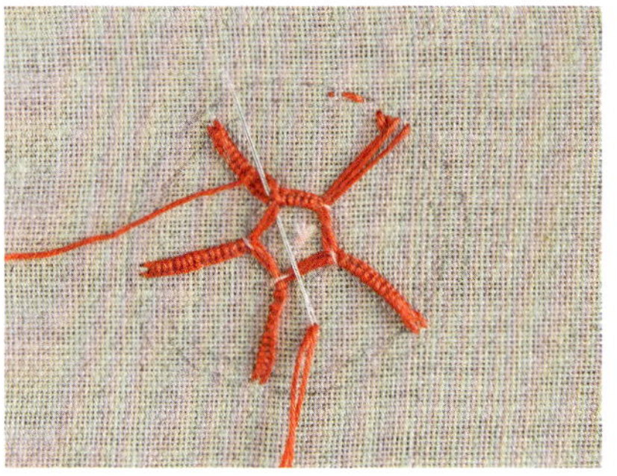

**10.** Den mittleren Kreis um die drei Füllfäden herum im Langettenstich sticken, am unfertigen Steg beginnen.

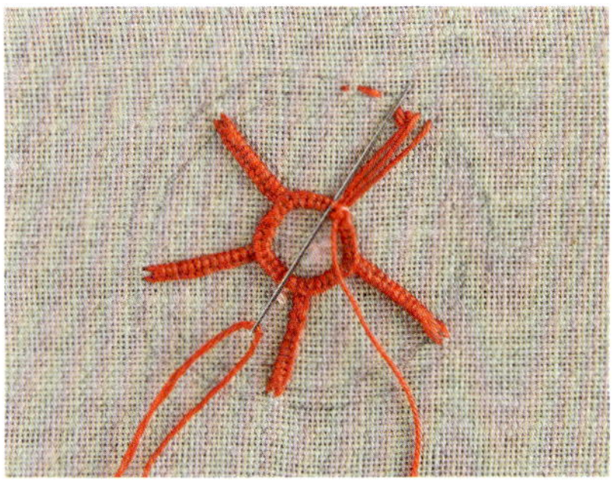

**11.** In die Schlaufe des ersten Langettenstichs des Kreises einstechen.

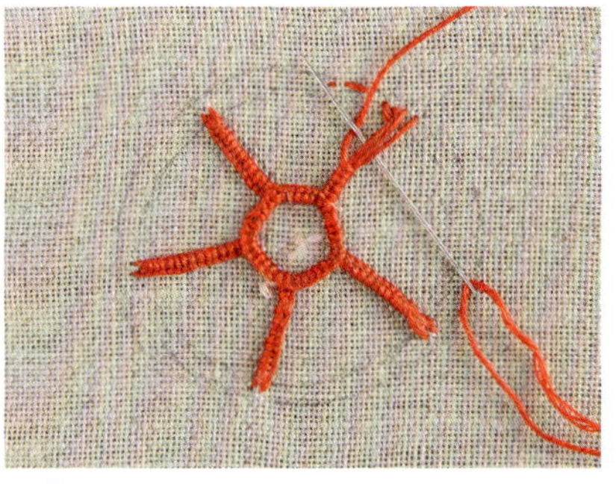

**12.** An der Nadel ziehen und den letzten Langettensteg bis zum Rand sticken.

Rückseite

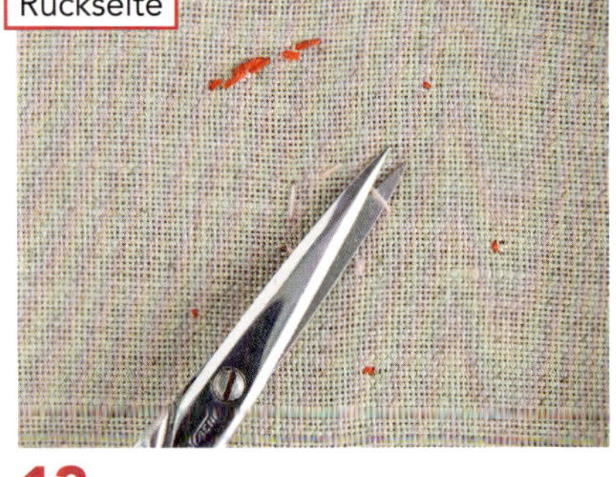

**13.** Auf der Rückseite den rosa Faden abschneiden, um die Langettenstege auf der Vorderseite freizulegen.

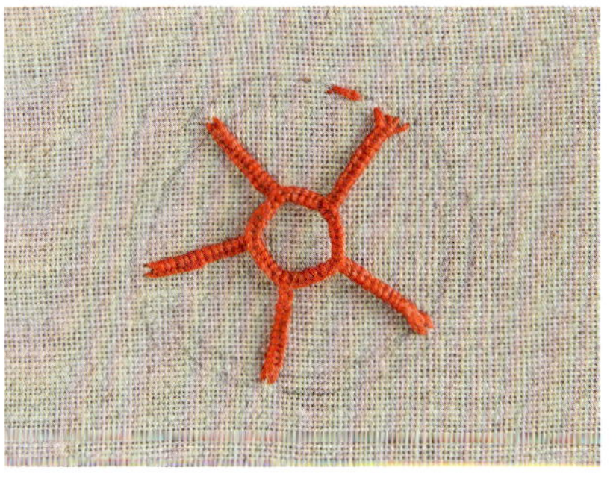

***Anm.** Nach der Fertigstellung der Stege im Kreis können Sie die Nadel bei Bedarf noch einmal über ihre Konturen führen, bevor sie den Kreis sticken.*

# Applikationen

## BESCHREIBUNG UND GESCHICHTE

Die Technik des Applizierens ist mit keiner besonderen Geschichte oder geographischen Herkunft verbunden. Wie viele andere Stiche ist sie in Gebrauch, seit genäht und gestickt wird. War die erste Applikation nur eine Ausbesserung, um ein Loch zu verstecken? Applikationen kommen in vielen Bereichen zum Einsatz: Patchwork, Nähen, Weißstickerei und traditionelle Stickerei ...

## MATERIAL

### Stoffe und Materialien

Es können alle Stoffe (Leinen, Baumwolle, Mischgewebe, Seide, Satin ...) und spezielle Materialien (Wollfilz, Jute, Spitze, Papier ...) appliziert oder als Stickgrund einer Applikation verwendet werden.

### Garne

Die Wahl der Garne hängt von dem zu applizierenden Material, vom Stickgrund oder dem gewünschten ästhetischen Effekt ab. In der Praxis ist es ratsam, gleiche Garne und Materialien zu verwenden (z. B. Woll-Patches mit Wollgarn oder Seiden-Patches mit Seiden- oder Rayongarn applizieren). Ein Mix aus Materialien kann aber auch interessant sein und wird im künstlerischen Bereich des Textilhandwerks eingesetzt.

### Nadeln

Die verwendeten Nadeln richten sich nach dem Garn, dem Material des Stickgrunds und den zu applizierenden Elementen. Vielfalt ist hier ebenso wichtig wie bei den Materialien und Garnen.

### Schere

Die Scheren werden auf die verwendeten Elemente abgestimmt. Es ist jedoch ratsam, Scheren mit dünnen, sehr scharfen Klingen zu verwenden, um die Elemente sehr präzise zu schneiden.

### Stickrahmen

Ein Stickrahmen ist nicht unbedingt erforderlich und sollte oft vermieden werden, um das zu applizierende Stück nicht zu beschädigen.

## TECHNIK

Es gibt alle möglichen Applikationsmethoden – von einfachen bis ausgeklügelten. Im ersten Fall kann es ausreichen, einen Schmelzkleber, ein Klebeband zum Aufbügeln, Bügelpulver oder Textilkleber zum Applizieren zu verwenden. Mit einem einfachen Vor- oder Spannstich wird die Applikation auf dem Stickgrund befestigt. Am häufigsten werden u. a. überwendliche oder Langettenstiche gestickt, die einfach und robust und schnell auszuführen sind. Je nach gewünschtem Ergebnis können Sie viele weitere Ziersticke hinzufügen. Die Applikation erfolgt immer auf den Konturen des Elements, das fixiert wird. Eine Ausnahme stellt die umgekehrte Applikationstechnik dar, bei der der hinzugefügte Teil unter dem Stickgrund liegt.
Im Folgenden werden zwei verschiedene Methoden vorgestellt:

**1.** Applikation im Pariser Stich, hauptsächlich für klassische Arbeiten der Weißstickerei.

**2.** Applikation mit Schmelzkleber, eine traditionelle Stickerei- und Patchworkmethode.

# APPLIKATION IM PARISER STICH

## Utensilien

Organdy* oder weißer Baumwollmusselin*, weicher Molton mit Baumwoll- oder Leinenbezug, Applikationsnadel Nr. 11, Chenillenadel Nr. 24, Ahle und weiße ägyptische Baumwolle Nr. 50.

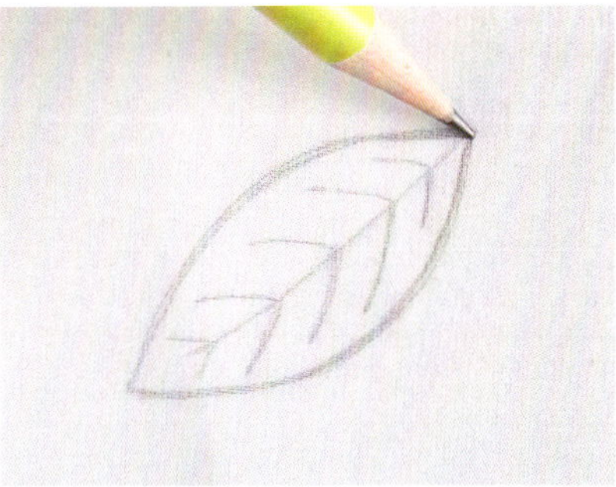

**1.** Ein Blatt und seine Adern auf den Organdy-Stickgrund zeichnen.

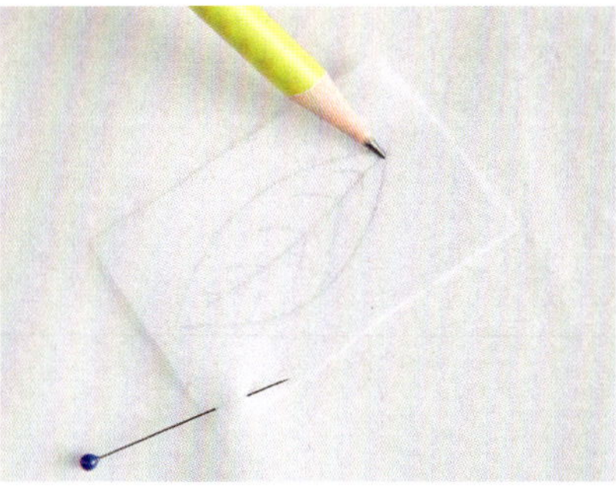

**2.** Auf den Zuschnitt (Applikation) nur den Umriss des Blatts übertragen.
***Anm.** Die Adern dürfen nur auf einen Stoff gezeichnet werden: den Stickgrund oder den Zuschnitt.*

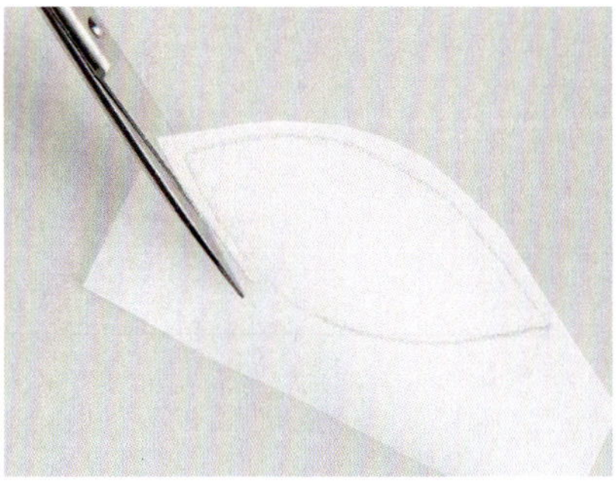

**3.** Das gezeichnete Blatt auf dem Zuschnitt 0,3 cm vom Umriss entfernt ausschneiden.

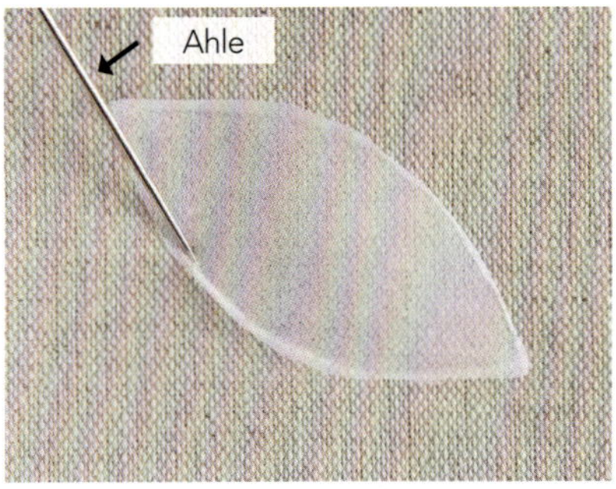


**4.** Die Vorderseite des Blatts auf den Molton legen und die Ahle auf eine Ecke der gezeichneten Linie legen. Die Spitze der Ahle mit Druck nach unten über die gesamte Linie bis zur gegenüberliegenden Ecke ziehen. Am Rand bildet sich eine Falte nach oben. Genauso auf der anderen Blattseite vorgehen.

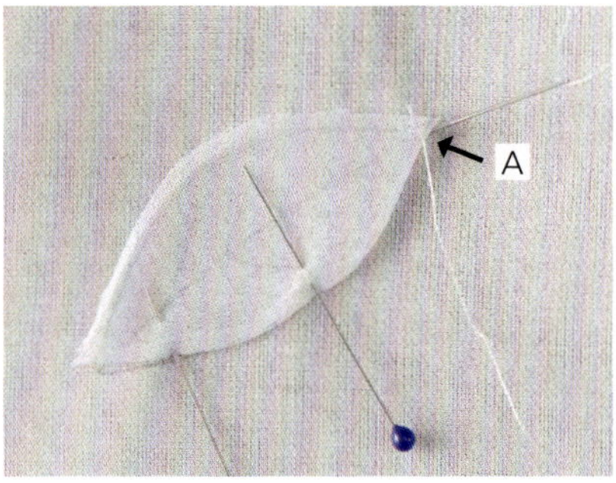


**5.** Das Blatt links auf rechts auf den Stickgrund legen, sodass sich die Konturlinien überschneiden, und auf einer Seite den abstehenden Rand feststecken. Am Fadenende einen Knoten binden, einstechen und nahe der Blattspitze ausstechen.

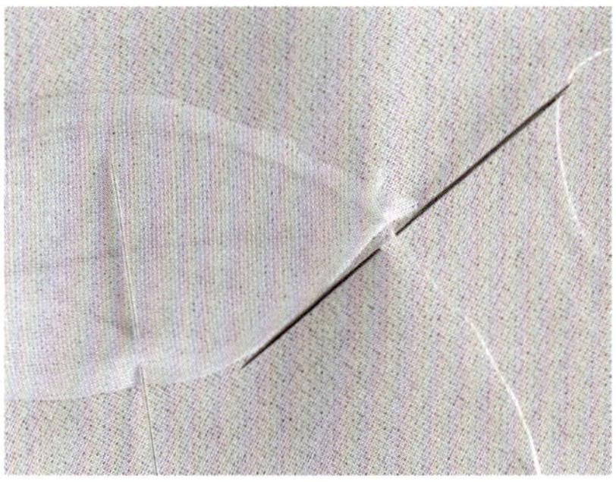

**6.** In die auf dem Stickgrund gezeichnete Blattspitze einstechen und 0,2 cm weiter links ausstechen.

*Wenn Sie keine Ahle haben, verwenden Sie eine Chenillenadel, um die Falte am Rand zu bilden.*

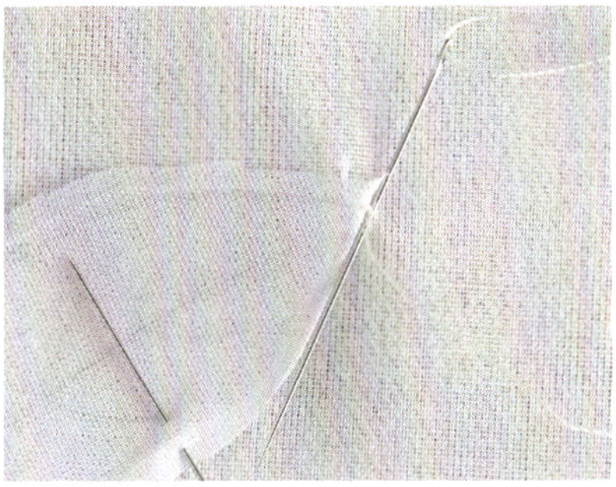

**7.** Wieder in die Spitze, in dasselbe Loch wie zuvor einstechen und 0,2 cm weiter aus demselben Loch ausstechen, dabei fest am Faden ziehen, um den Stich festzuziehen und einen Durchbruch zu bilden.

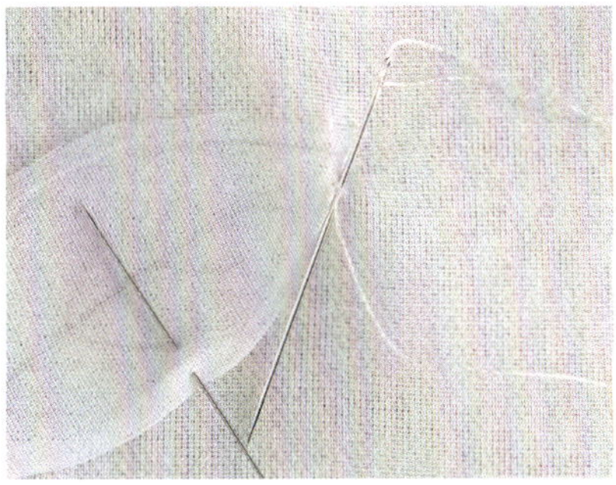

**8.** Unter der Falte des Blatts, 0,1 cm vom Rand entfernt einstechen, dann in den Stickgrund, in dasselbe Loch wie beim vorigen Stich einstechen und 0,2 cm weiter links aus der Linie ausstechen und am Faden ziehen.

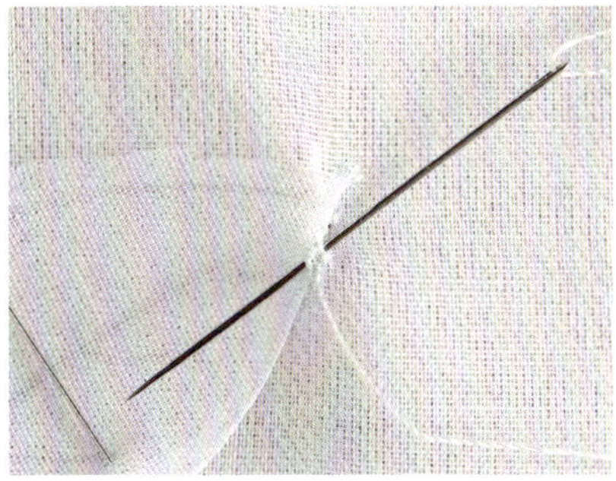

**9.** Wieder in den Stickgrund, in das Loch des vorigen Stichs, dann unter der Blattfalte, 0,1 cm vom Rand entfernt einstechen. Erneut in den Stickgrund, in das gleiche Loch wie beim vorigen Stich einstechen und nach demselben Prinzip bis zur anderen Blattspitze fortfahren.

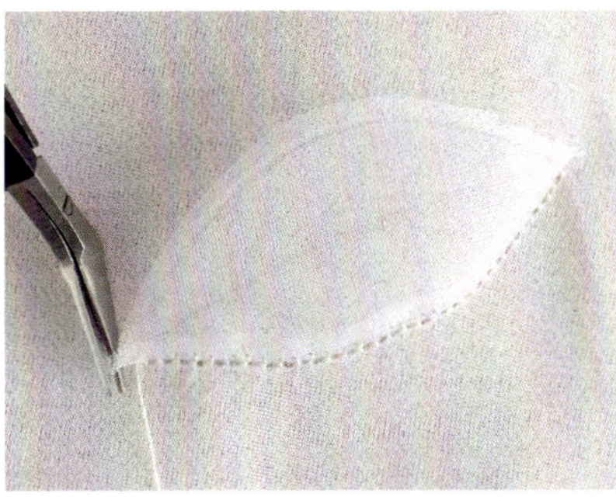

**10.** Die Enden des Blatts vorsichtig abschneiden.

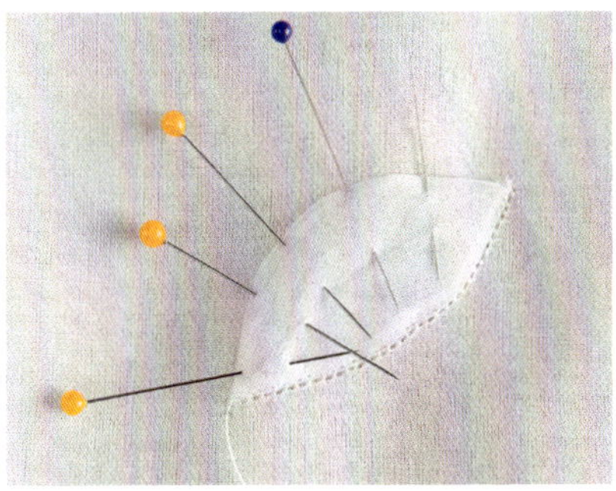

**11.** Den verbleibenden Rand nach innen umschlagen und mit Stecknadeln sichern.

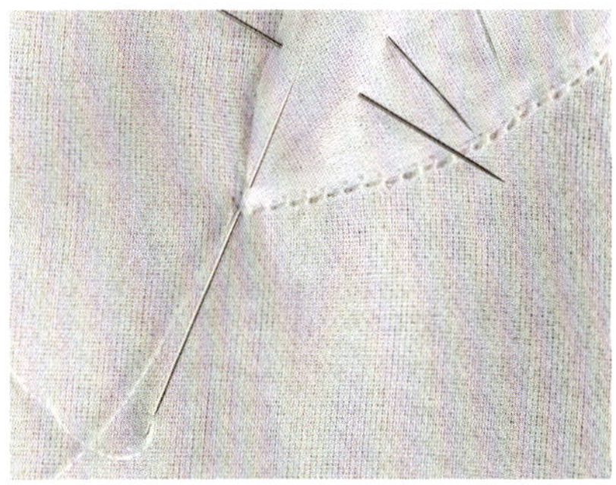

**12.** Den Faden an der auf den Stickgrund gezeichneten Spitze ausstechen und unter dem Blatt, 0,2 cm von der Spitze und 0,1 cm von der Randfalte entfernt einstechen. Fest am Faden ziehen.

**Anm.** *Schieben Sie den Stoff beim Sticken mit der Nadelspitze zurück, um den gefalteten Rand der Applikation zu erhalten.*

*Eine Applikation auf feinen Leinen- oder Baumwollstoff ist äußerst raffiniert. Verwenden Sie hierfür feines, starkes Garn. Es ist nicht ratsam, mit einem Nähfaden zu arbeiten, der für diese anspruchsvolle Arbeit zu dick ist.*

# Applikation im Pariser Stich (Fortsetzung)

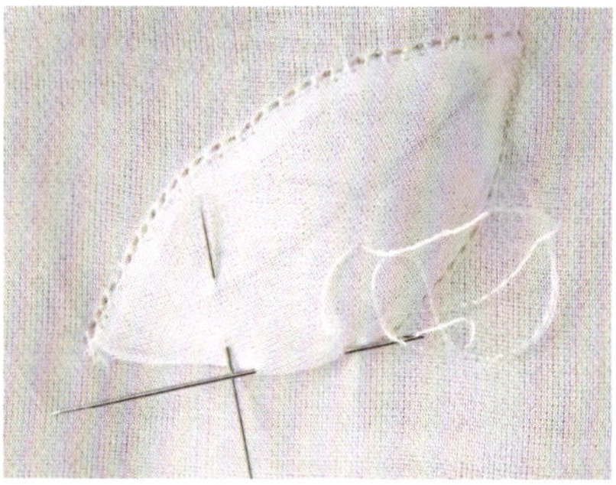

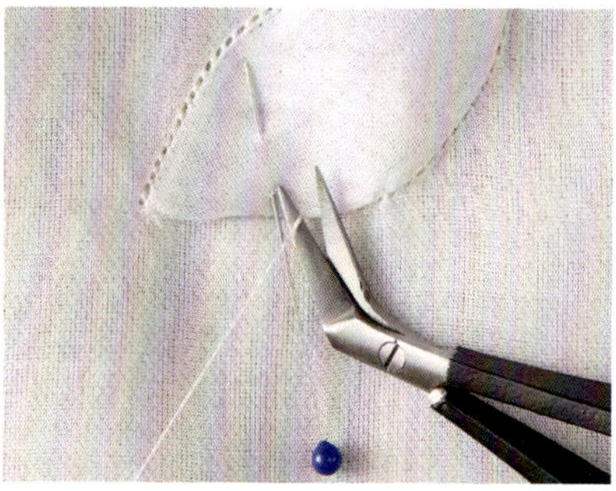

**13.** Die zweite Seite des Blatts genauso applizieren. Zum Wechseln des Fadens wie folgt vorgehen: Den Stickfaden vernähen, indem Sie die Nadel zwischen die Stoffschichten des Blattrands schieben, 1,5 cm weiter aus der Falte ausstechen und den Faden abschneiden.

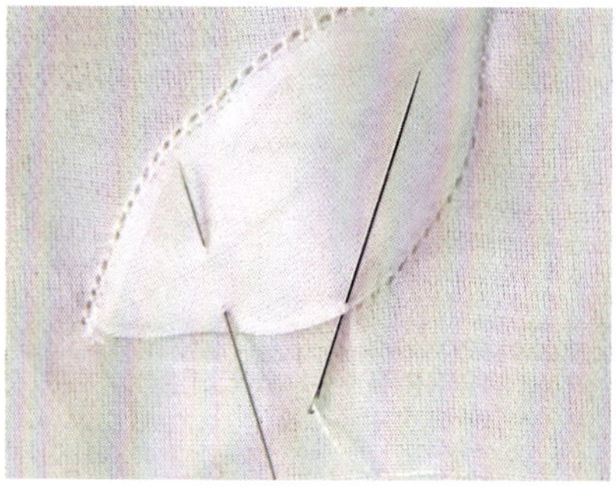

**14.** Einen neuen Stickfaden einfädeln und am Fadenende einen kleinen, dezenten Knoten binden, dann aus dem Blatt, 0,1 cm von der Randfalte entfernt und so nah wie möglich am letzten Stich ausstechen und weitersticken.

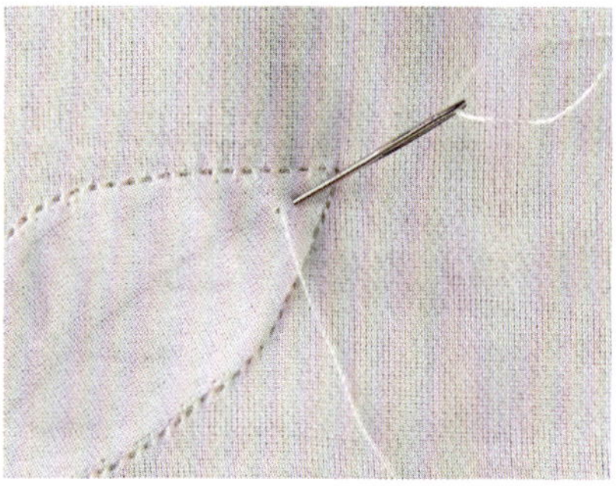

**15.** Mit der Chenillenadel die Adern sticken. Einen dezenten Knoten am Fadenende binden, in alle Stoffschichten einstechen und aus der Aderlinie, 0,2 cm von der Blattspitze entfernt ausstechen. Einen 0,2 cm langen Rückstich setzen.

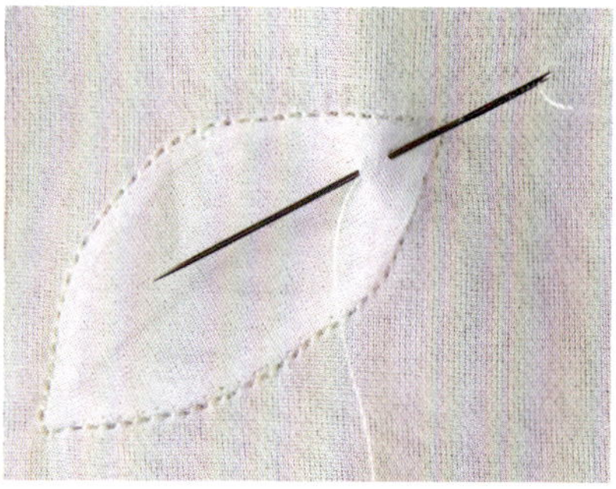

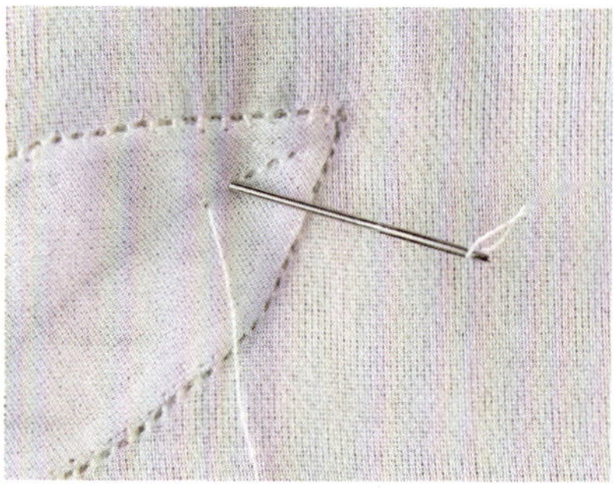

**16.** Im Steppstich über die Linie sticken und darauf achten, immer in das Loch des vorigen Stichs einzustechen, um einen Durchbruch zwischen den Stichen zu bilden.

***Anm.*** *Die Chenillenadel eignet sich ideal für den Steppstich und den Durchbruch zwischen den Stichen. Mit ihrer Spitze können Sie leicht alle Stoffschichten durchstechen und dank des Durchmessers ein Loch stechen, in das Sie mühelos zweimal einstechen können.*

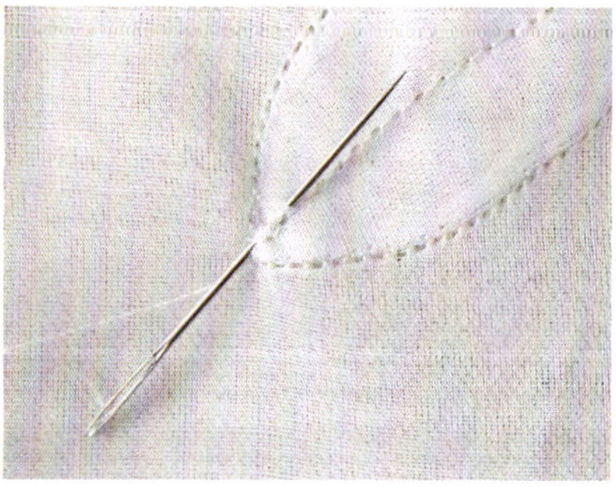

**17.** Die seitlichen Blattadern genauso sticken. Um von A nach B zu gelangen, die Nadel am Steppstich zwischen die Stoffschichten des Stickgrunds und der Applikation schieben und so nah wie möglich aus dem Ende der nächsten zu stickenden Ader ausstechen. So sind die durchgezogenen Fäden von A nach B nicht sichtbar.

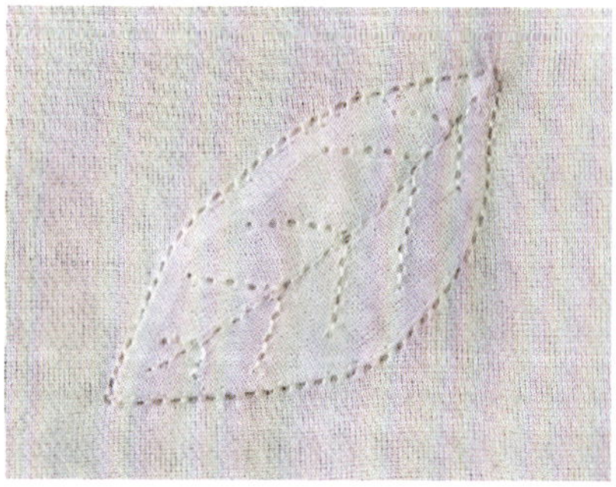

**18.** Alle Adern sticken und den Faden wie oben erläutert zwischen den Stoffschichten vernähen.

# APPLIKATION MIT SCHMELZKLEBER IM KONTURSTICH

## Material

Organdy* oder Musselin* aus weißer Baumwolle, weicher Molton mit Baumwoll- oder Leinenbezug, Applikationsnadel Nr. 11, Chenillenadel Nr. 24 und weiße ägyptische Baumwolle Nr. 50.

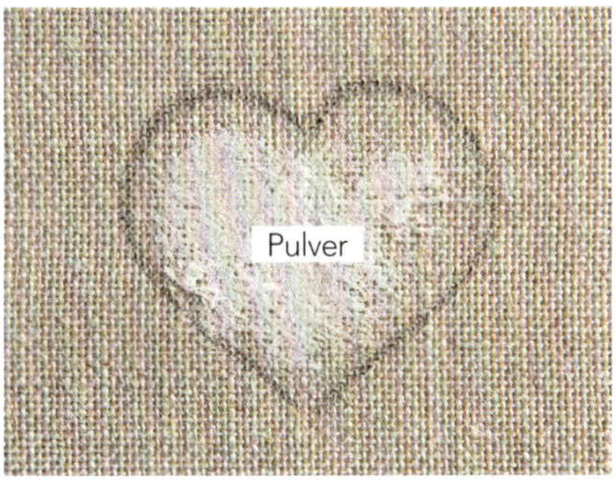


**1.** Den Umriss des Herzens auf den Leinenstoff zeichnen. Die Oberfläche des Herzens mit etwas Bügelpulver bestreuen, aber nicht über die Ränder des Musters hinaus.

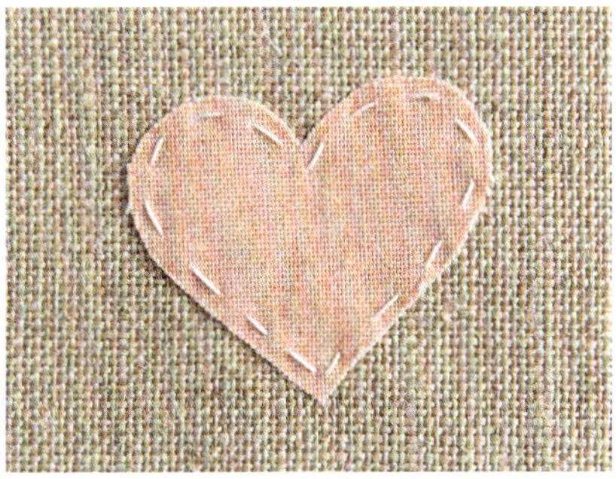

**2.** Das Muster auf die Rückseite des rosa Stoffs übertragen und ausschneiden. Die Rückseite des Herzens auf den Stoff legen, darüber bügeln, damit das Pulver schmilzt, und die beiden Stoffschichten zusammenkleben. Den gesamten Umriss 0,3 cm vom Rand entfernt feststecken.

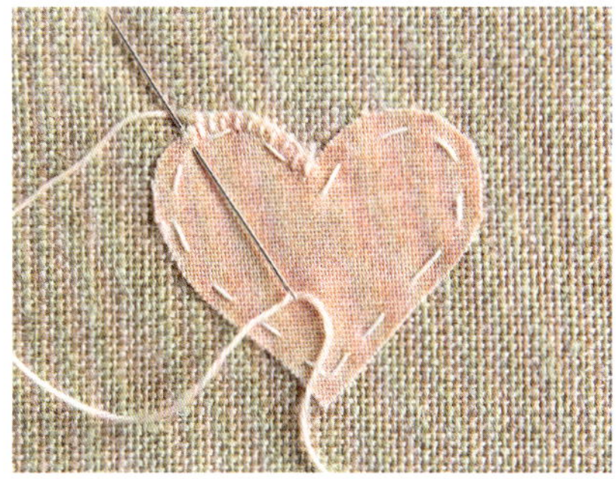

**3.** Den Faden aus dem Stickgrund bei der Einbuchtung des Herzens ausstechen und im Abstand von 0,2 cm im Langettenstich (siehe S. 163) sticken.

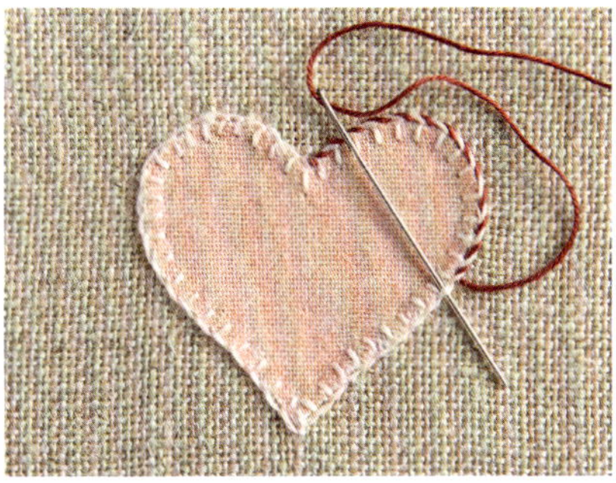

**4.** Den gesamten Umriss sticken und den Faden auf der Rückseite vernähen. Dabei drei Rückstiche übereinander sticken, ohne den Stoff der Applikation zu durchstechen.
Den roten Faden aus der Einbuchtung des Herzens ausstechen, die Nadel von oben nach unten unter jedem Langettenstich durchziehen, dabei weder den Stoff durchstechen noch zu stark am Faden ziehen, damit die Rundung erhalten bleibt.

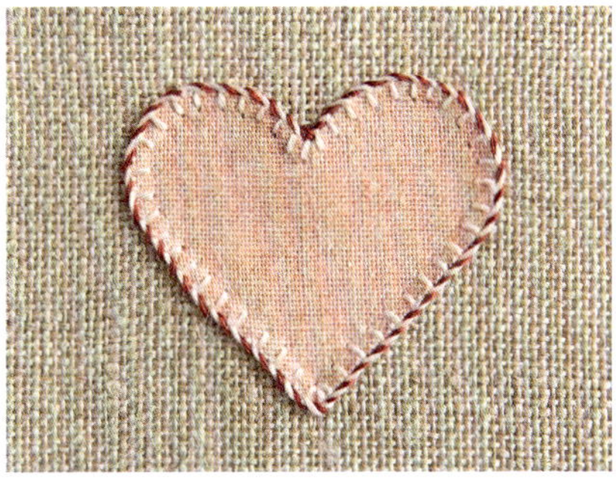

**5.** Am Ende der Arbeit in die Einbuchtung des Herzes einstechen und den Faden wie zuvor auf der Rückseite vernähen.

*Mit dem Langettenstich können Sie ein Muster applizieren. Die Wicklung des Stichs erzeugt einen schönen Effekt und schützt die Ränder des applizierten Stoffs. Darüber hinaus können Sie die Garnfarben variieren, um schöne Farbnuancen zu erhalten.*

# Rotstickerei

## BESCHREIBUNG UND GESCHICHTE

Die Rotstickerei ist, wie der Name schon sagt, eine Stickerei mit rotem Garn auf weißer Baumwolle und weißem oder beigem Leinen. In Europa war sie ab dem 17. Jahrhundert sehr beliebt und wurde mit einem Garn aus der Türkei hergestellt, das mit einem Pigment aus Färberkrapp gefärbt wurde. Die Farbe des Garns hieß „Türkischrot", war sehr widerstandsfähig und konnte oft gewaschen werden, worin der Grund für den Erfolg lag. Die Rotstickerei umfasst je nach Herkunftsland unterschiedliche Stiche: Im Elsass werden die Arbeiten hauptsächlich im Stielstich gestickt; in der amerikanischen „Redwork" hingegen, die u. a. in Patchwork-Stickereien vorkommt, wird häufig der Steppstich verwendet. In diesen Arbeiten sind noch weitere Stiche zu finden, mit denen die gestickten Muster noch besser dargestellt werden. Meist stellt die Rotstickerei naive und einfache Themen dar.

## MATERIAL

### Stoffe

Verwenden Sie Leinen, Baumwolle oder Mischgewebe, die bei hohen Temperaturen gewaschen werden können. Der Stoff kann dick oder dünn, muss jedoch engmaschig sein, damit er nicht durch die Stiche verzogen wird.

### Garne

Sie müssen stark und gezwirbelt sein. Es kommen mehrere Garne in Frage: Perlgarn, Baumwolle Mouliné oder Broder Spécial *DMC*, die garantiert farbecht sind, sowie Garne von Retors du Nord und Cocons Calais de *Sajou*. Die Wahl des Garns richtet sich nach der Stoffdicke.

***Anm.** Wenn Sie die Arbeit waschen müssen, vermeiden Sie Kunsthandwerksgarn, das nicht garantiert farbecht ist.*

### Nadeln

Sticken mit einer Nadel mit Spitze, deren Öhr auf die Fadenstärke abgestimmt wird.
Crewelnadeln, von dick bis dünn: 1, 3, 5, 6, 7, 9 und 10 *Bohin*.
Applikationsnadeln, von dick bis dünn: 10, 11 und 12 *Bohin*.
Lange Nadeln: 7, 8 und 9 *Bohin*.

### Schere

Verwenden Sie eine kleine, feine Schere mit scharfen Klingen.

***Empf.** 24316 oder 24311 Bohin*

### Stickrahmen

Sticken Sie mit einem runden Stickrahmen von 12 bis 15 cm Durchmesser, der beim Arbeiten versetzt wird.

***Empf.** Stickrahmen Sajou*

## TECHNIK

Die Grundstiche sind der Stiel- und Steppstich. Es werden noch andere Stiche verwendet, um die Details der Muster darzustellen. Sie können mehrere Garne für ein und dieselbe Stickerei verwenden, um matte und glänzende Elemente sowie dicke und dünne Garne zu kombinieren und unterschiedliche Reliefs zu erzeugen. Verwenden Sie verschiedene Rottöne in ein und derselben Arbeit, um ein originelles Ergebnis mit Farbnuancen zu erhalten.

# DER STIELSTICH ÜBER EINE LINIE

Der Stielstich ist ein Geradstich, der zum Sticken von Linien oder Konturen eines Musters dient.

## Material

Beiges Leinen oder Mischgewebe, Crewelnadel Nr. 6, Baumwolle Broder Spécial Nr. 16: 666.

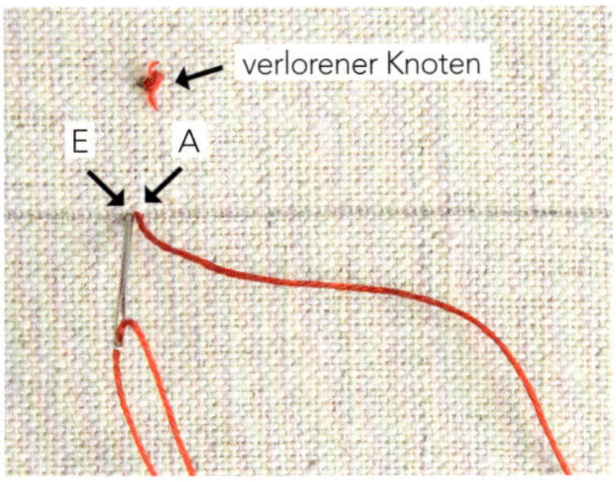


**1.** Eine 4 cm lange horizontale Linie zeichnen. Den Faden 2 cm vom Anfang entfernt aus der Linie ausstechen.

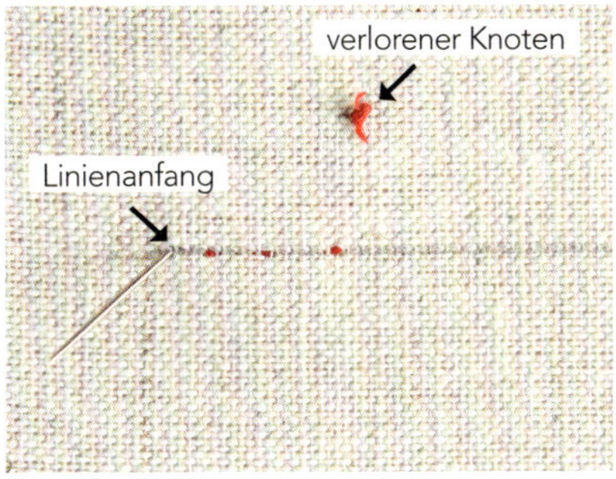


**2.** Vier sehr dezente Vorstiche auf der Vorderseite sticken und die Nadel am Linienanfang ausstechen.

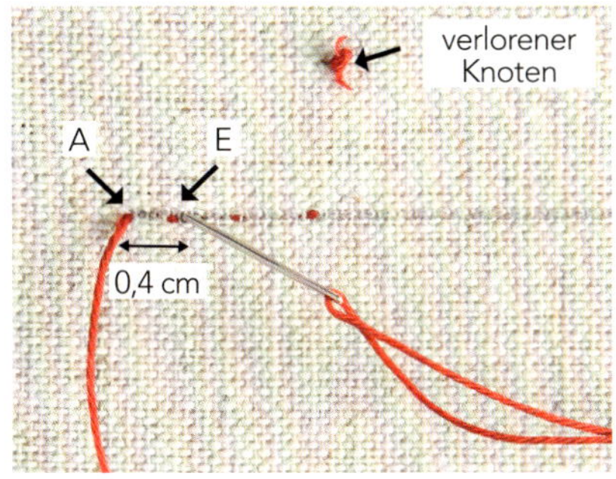


**3.** Im Stielstich von links nach rechts sticken.

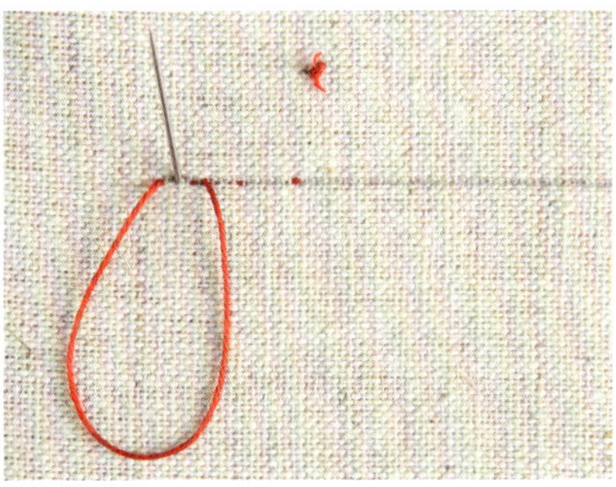

**4.** Im Abstand von 0,4 cm in die Linie einstechen, ohne die vorigen kleinen Stiche zu beachten. Aus der Mitte des ersten Stichs ausstechen und den Faden nach unten legen.

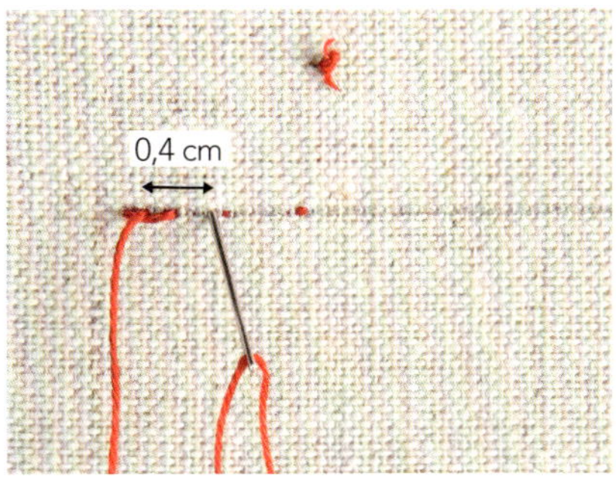


**5.** An der Nadel ziehen und einen neuen, gleich langen Stich setzen.

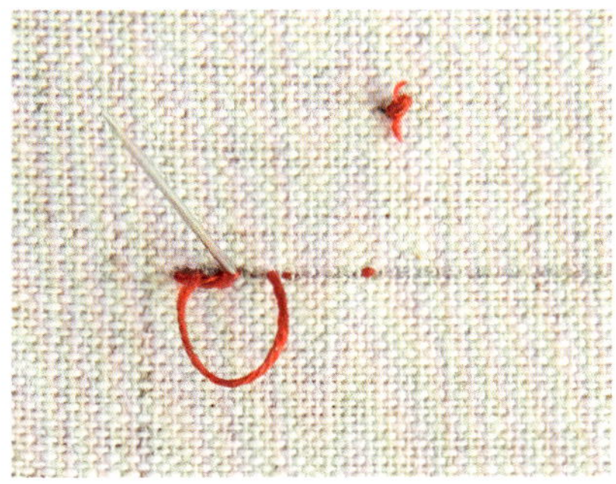

**6.** Aus dem letzten Stich ausstechen und den Faden nach unten legen.

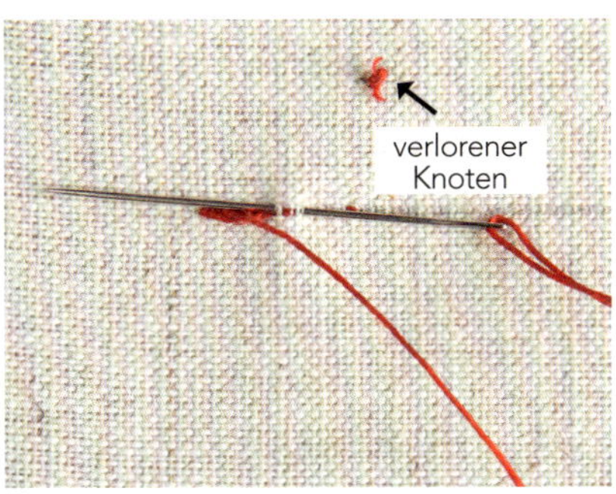


**7.** Nach dem gleichen Prinzip die gesamte Linie sticken.

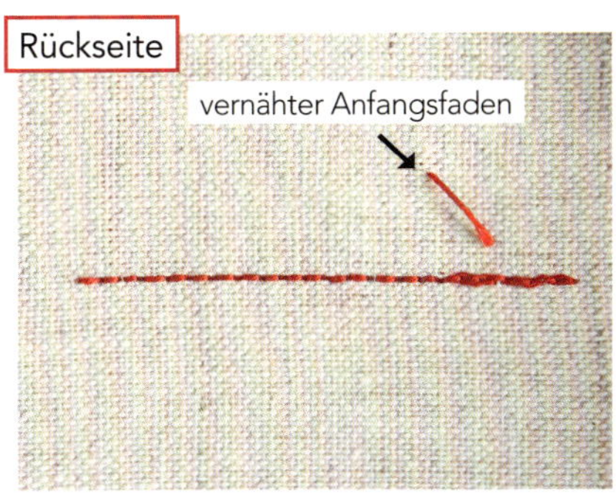


**8.** Den Anfangsfaden zwischen den Stichen integrieren und fest und unsichtbar fixieren. Den überschüssigen Anfangsfaden abschneiden.

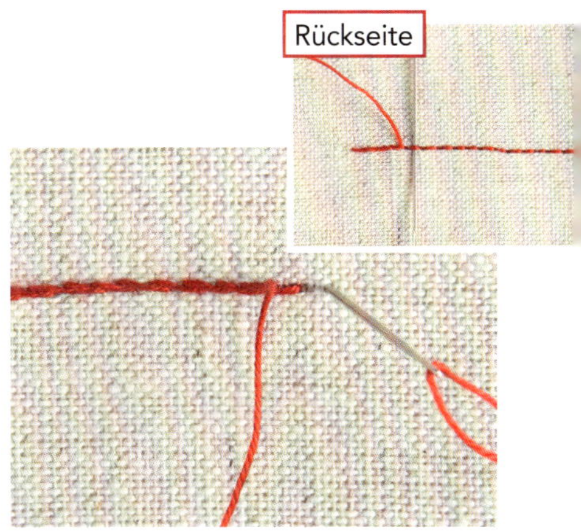


**9.** Den letzten Stich am Ende der Linie sticken. Auf der Rückseite vier bis fünf Stiche umwickeln und den Faden abschneiden.

## DER STIELSTICH ÜBER EINE RUNDUNG

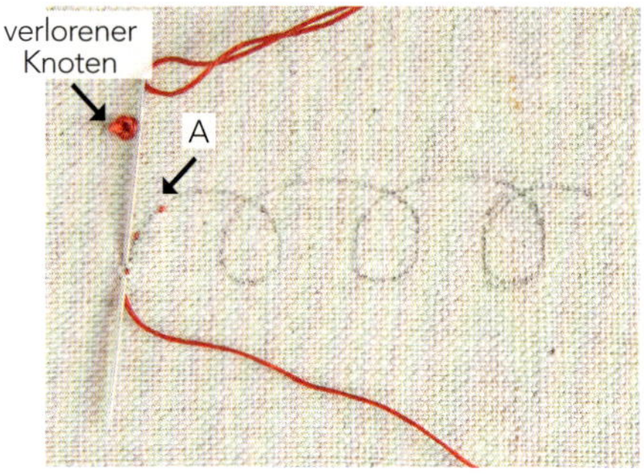


**1.** Drei Windungen zeichnen und 2 cm vor dem Linienanfang ausstechen.

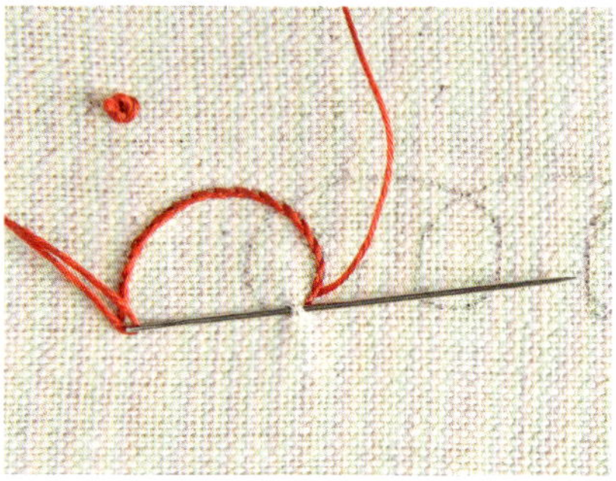

**2.** Bis zum Linienanfang wie beim vorigen Stich sticken. Von links nach rechts 0,3 cm lange Stielstiche setzen, um den Rundungen zu folgen. Falls erforderlich, die Stichlänge in den Rundungen reduzieren, um ein schraffiertes Aussehen zu vermeiden.

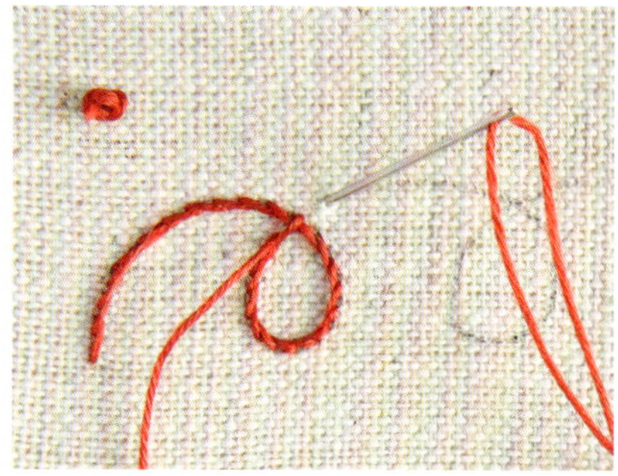

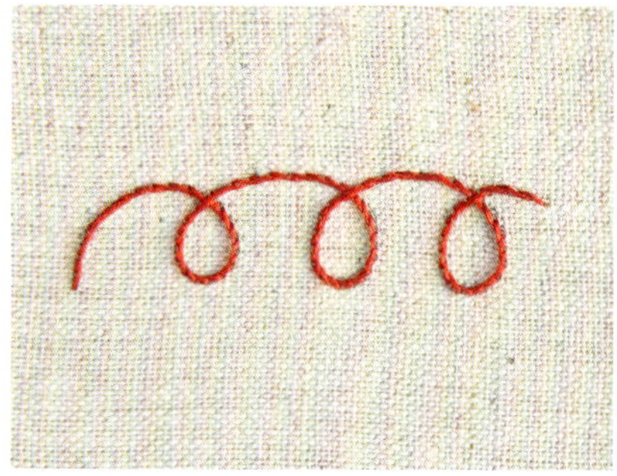

**3.** Am Kreuzungspunkt über den vorigen Stielstich sticken und fortfahren.

### Material

Beiges Leinen oder Mischgewebe, Crewelnadel Nr. 5, Baumwolle Retors matt *DMC* 2524.

## BREITER STIELSTICH

Dieser Stich wird zum Sticken langer Linien verwendet.
Er fügt sich sehr gut in Stickereien mit dem versetzten Plattstich ein.

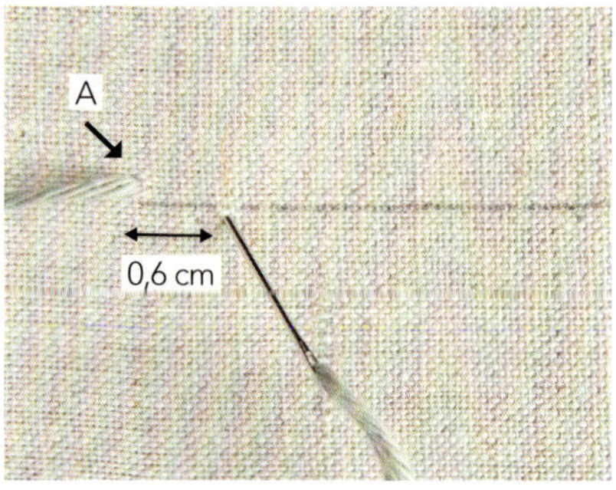


**1.** Eine horizontale Linie zeichnen. Von links nach rechts arbeiten. Den Faden 0,1 cm oberhalb der Linie ausstechen und nach unten legen. Dann 0,6 cm weiter und 0,1 cm unter der Linie einstechen.

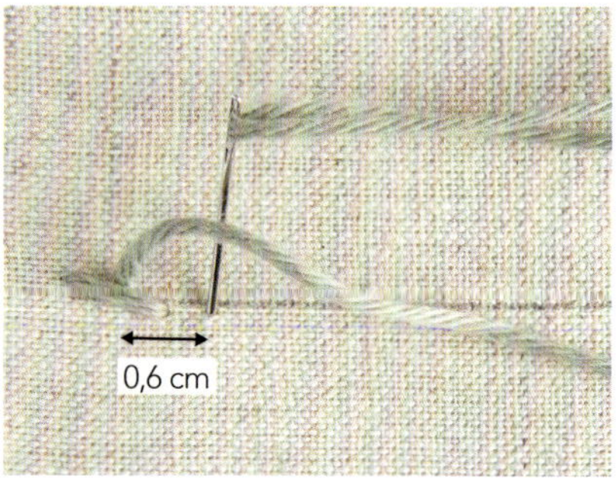


**2.** Der Stich ist schräg. Die Nadel oben aus der Mitte des Stichs ausstechen und einen weiteren identischen Stich setzen.

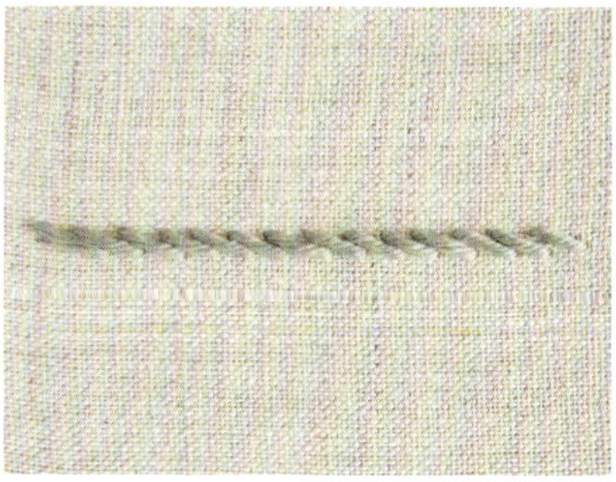

**3.** Alle anderen Stiche genauso sticken.

***Anm.*** *Um einen breiteren Stielstich zu sticken, auf beiden Seiten der Linie im Abstand von mind. 0,2 cm einstechen.*

# ZWEISEITIGER STIELSTICH

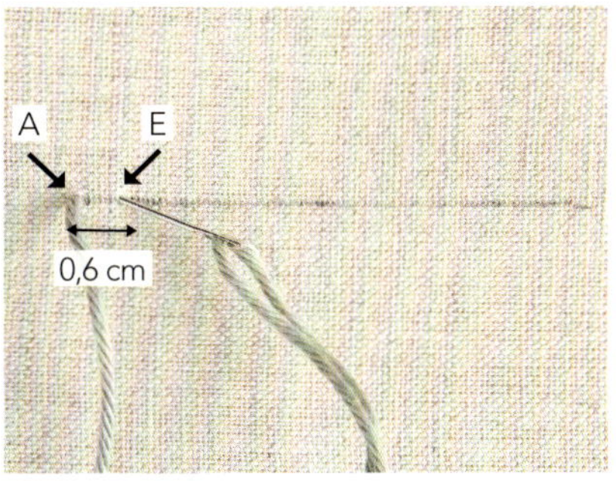


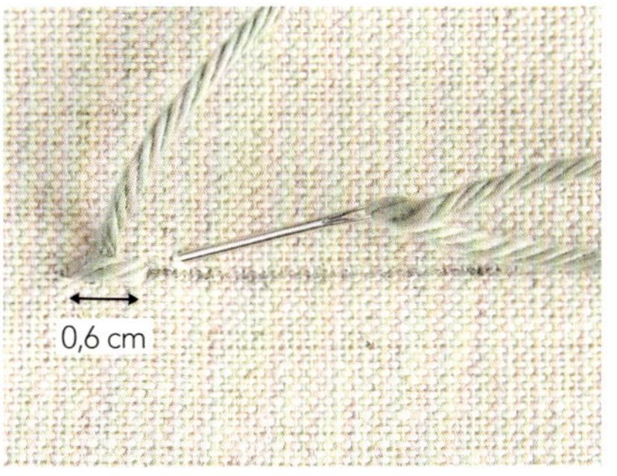


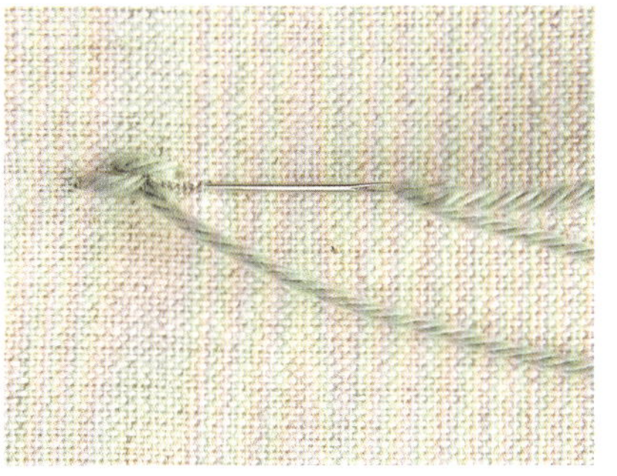

**1.** Eine 4 cm lange horizontale Linie zeichnen. Aus dem Linienanfang aus- und 0,6 cm weiter einstechen.

**2.** Oben aus der Mitte des vorigen Stichs ausstechen. Dann 0,6 cm weiter und 0,1 cm von der Linie entfernt einstechen, den Faden nach oben legen.

**3.** Aus der Linie des letzten Stichs ausstechen, den Faden nach unten legen und wie zuvor vorgehen.

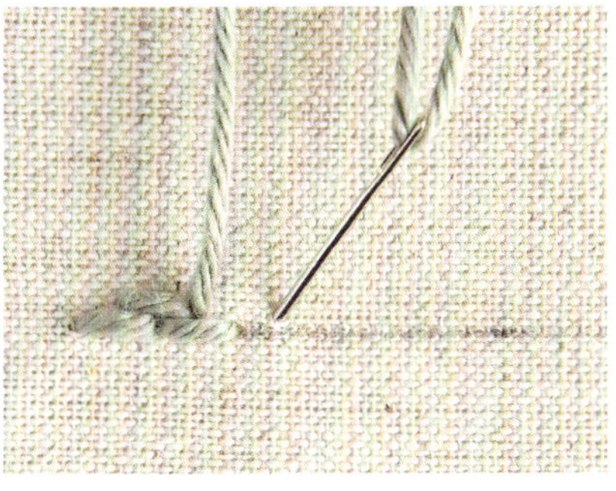

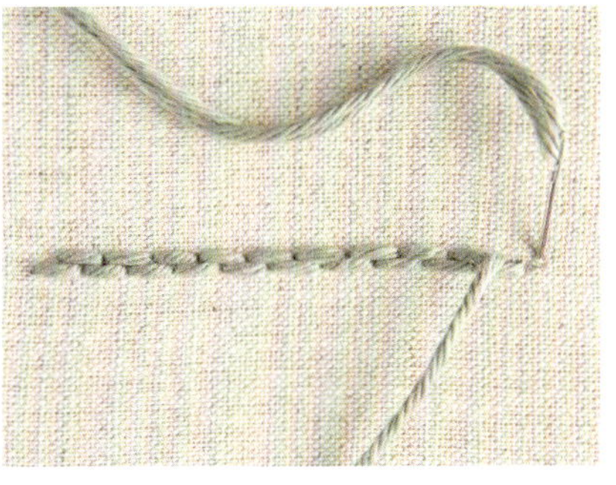

**4.** Bis zum Linienende sticken.
***Anm.*** *Sticken Sie diesen Stich am besten mit dickem Garn, um die versetzten Stiche hervorzuheben.*

# DER STIELSTICH ALS FÜLLSTICH

Dieser Stich wird zum Füllen von größeren oder kleineren Flächen verwendet, wodurch der Eindruck eines versetzten Plattstichs entsteht.

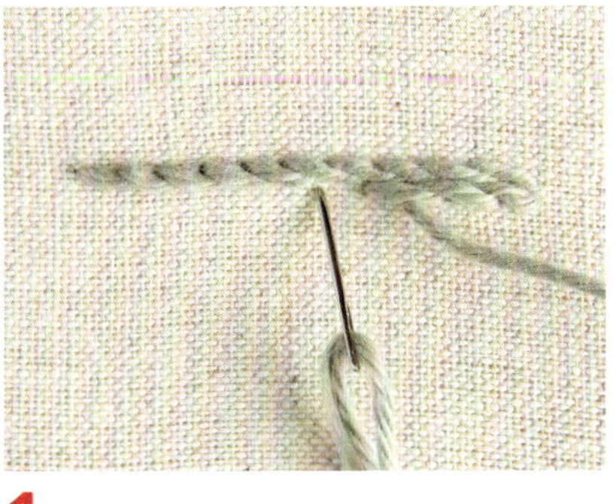

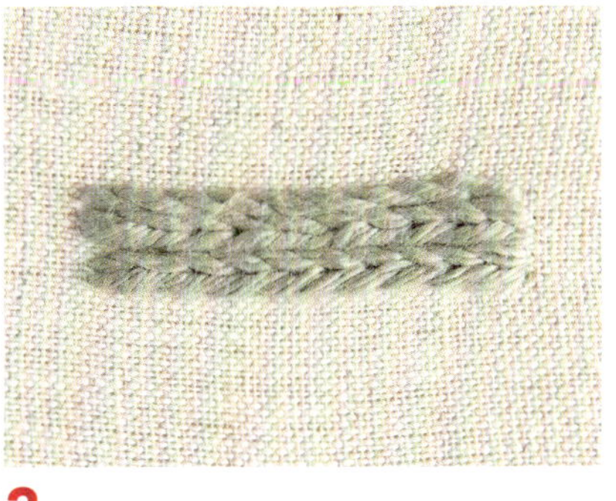

**Anm.:** Für mehr Komfort drehen Sie die Arbeit bei jeder Reihe um 180° und arbeiten immer von links nach rechts.

**1.** Eine Reihe im klassischen Stielstich (siehe S. 145) von links nach rechts sticken. Von rechts nach links eine identische zweite Reihe neben der ersten sticken.

**2.** So viele Reihen wie nötig sticken, bis die Fläche gefüllt ist.
***Anm.*** *Sticken Sie die Reihen so dicht nebeneinander, dass sie die Oberfläche gleichmäßig bedecken.*

## STEPPSTICH

Der Steppstich ist ein Geradstich. Er besteht aus Rückstichen, deren Enden sich berühren, und dient zum Sticken feiner Linien sowie sehr kleiner, runder Muster.

### Material

Beiges Leinen oder Mischgewebe, Crewelnadel Nr. 6, Baumwolle Broder Spécial: 666.

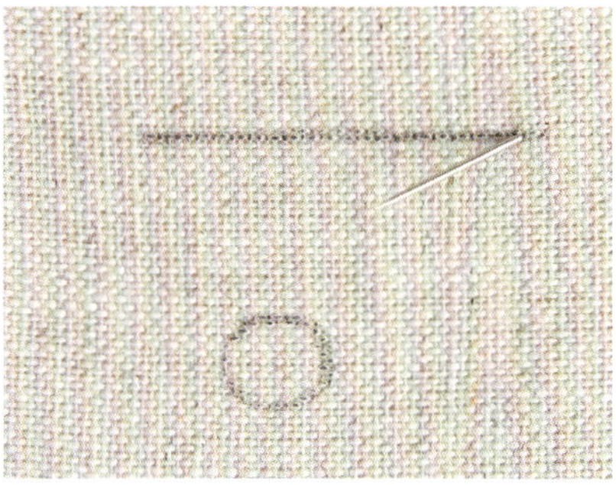

**1.** Eine horizontale Linie und einen Kreis von 1 cm Durchmesser zeichnen. Von rechts nach links arbeiten. Dann 0,3 cm vom Linienende entfernt ausstechen.

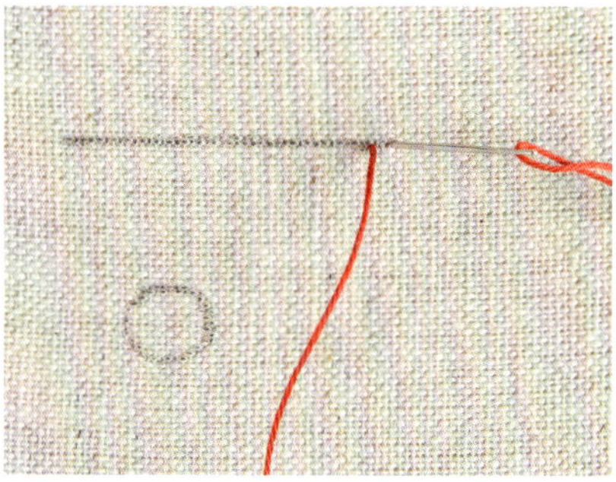

**2.** Einen 0,3 cm langen Rückstich setzen.

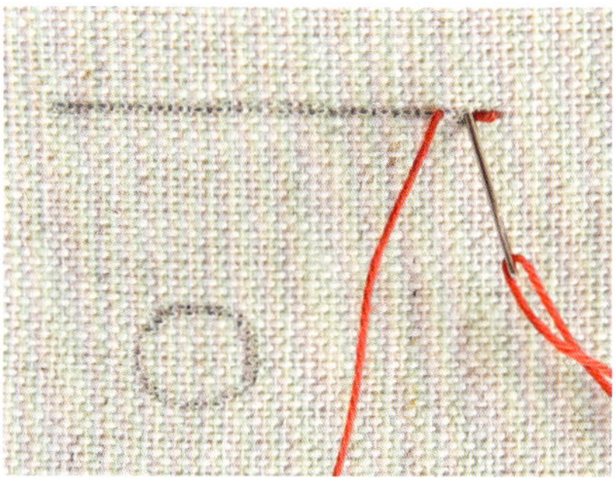

**3.** Im Abstand von 0,3 cm vom vorigen Stich ausstechen und weiter entfernt einstechen.

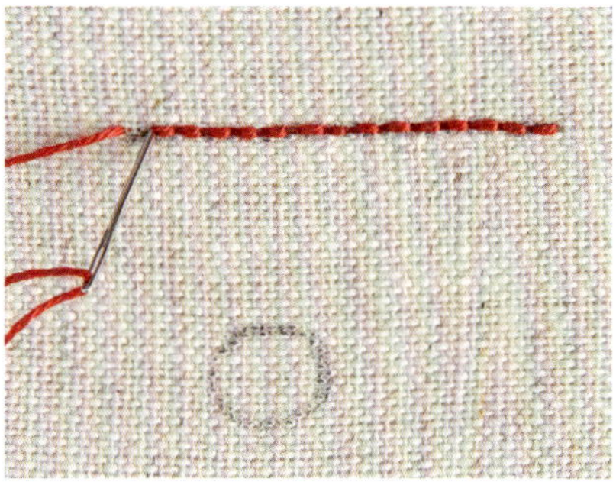

**4.** Für die gesamte Linie so fortfahren.

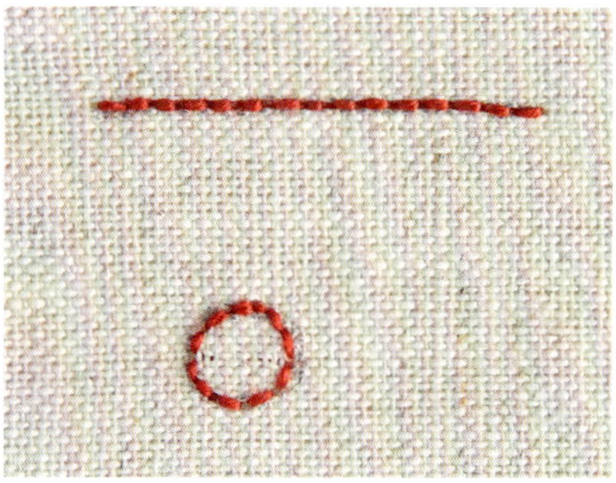

**5.** Den Kreis genauso sticken und kürzere Stiche setzen, um eine gleichmäßige Rundung zu erhalten.

*Beim Patchwork wird der Steppstich oft zum Sticken naiver Muster verwendet, die in Quilts integriert werden. Solche Arbeiten heißen stitcheries (engl. „Stickereien").*

# SPANNSTICH

Sehr einfacher Einzelstich.

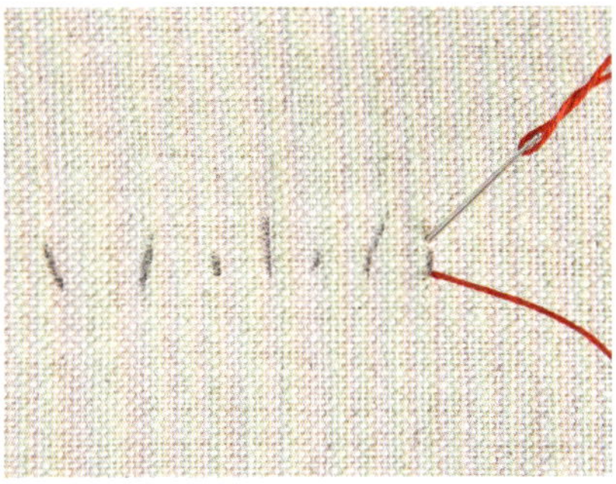

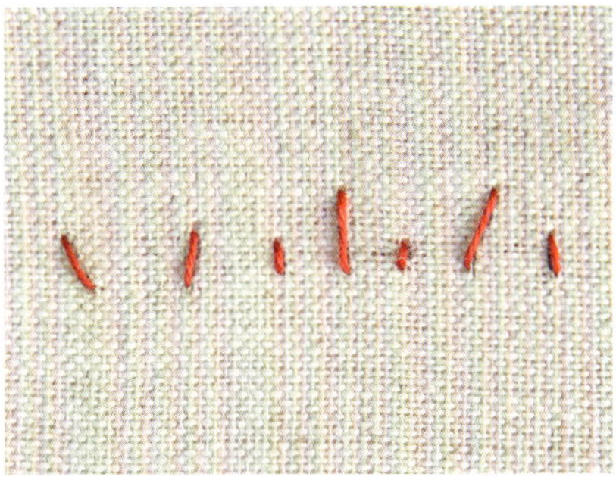

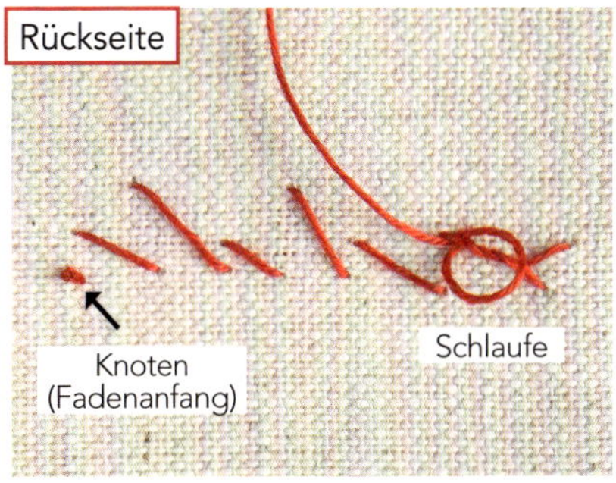


**1.** Kurze Linien mit etwas Abstand voneinander zeichnen. Am unteren Ende einer Linie aus- und oben einstechen.

**2.** Am unteren Ende der benachbarten Linie ausstechen und auf die gleiche Weise sticken.

**3.** Faden fixieren: Die Stiche zwei- bis dreimal auf der Rückseite umwickeln. Bei der letzten Wicklung den Faden nicht vollständig ziehen. Die Nadel in die entstandene Schlaufe einführen.

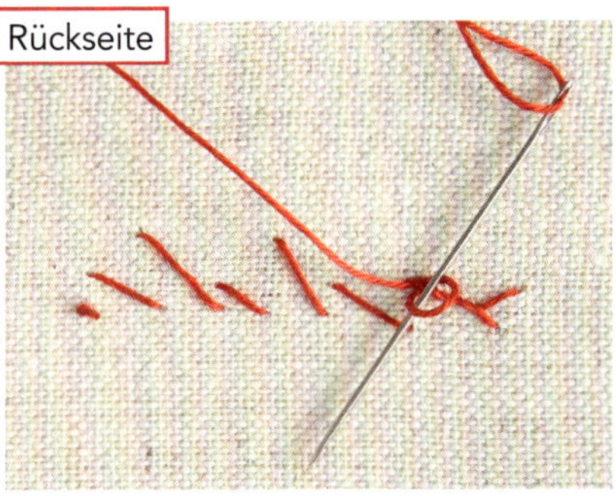


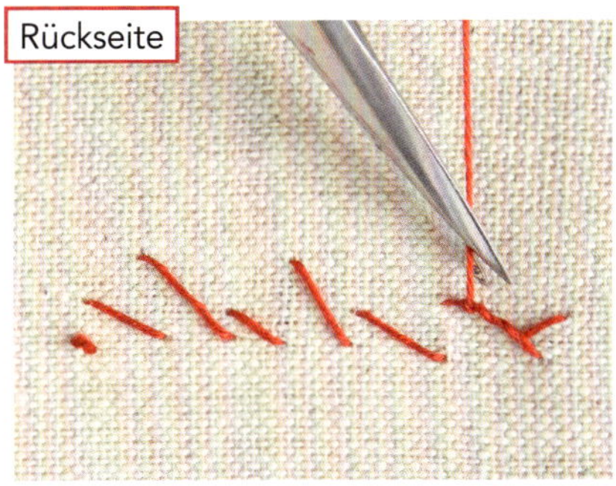


**4.** An der Nadel ziehen, sodass sich die Schlaufe um den Faden spannt und einen Kreuzknoten bildet.

**5.** Den Faden bündig am Kreuzknoten abschneiden.

> ***Anm.:*** Um das Fadenende besser zu sichern, einen zusätzlichen Kreuzknoten direkt neben dem ersten binden, dann den Faden abschneiden.

# RÜCKSTICH UND MEHRFACHER RÜCKSTICH

Mit diesen Einzelstichen werden winzige, mehr oder weniger hervorstehende Linien gestickt. Das Muster besteht aus einer winzigen Linie oder einem einfachen Stich.

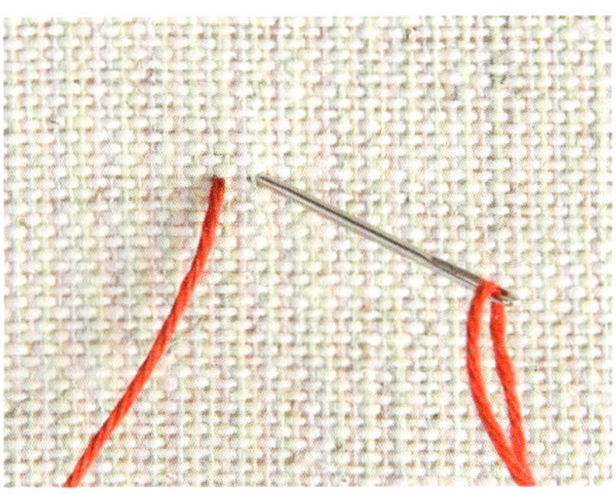

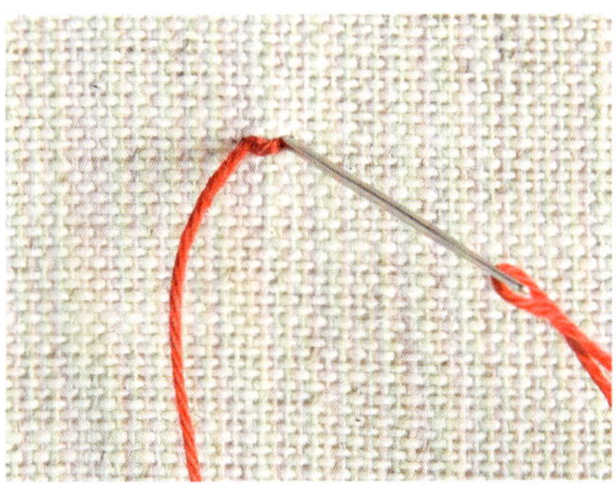

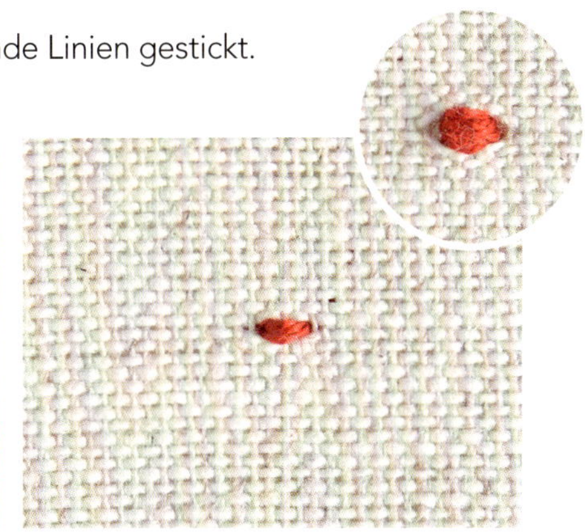

**1.** Den Faden ausstechen und 0,2 cm weiter rechts einstechen, um einen einfachen Rückstich zu setzen.

**2.** Um zwei oder mehr Rückstiche übereinander zu sticken, die Nadel links und rechts genau in den vorigen Stich aus- und einstechen. Nicht zu fest am Faden ziehen, damit der zweite Stich locker über dem ersten liegt.

**3.** Je nach gewünschtem Volumen so viele Stiche wie nötig sticken und die Nadel immer aus denselben Löchern ein- und ausstechen.

# Nadelmalerei

## BESCHREIBUNG UND GESCHICHTE

Im Mittelalter tauchten die ersten Werke der Nadelmalerei auf. Damals war die Technik jedoch in Asien – genauer gesagt in China, wo sie wahrscheinlich ihren Ursprung hat – bereits weit verbreitet. Die Gemälde der Meister wurden mit Seide gestickt. In Europa wurde die Nadelmalerei vor allem für wohlhabende Kunden hergestellt und schmückte Einrichtungstextilien sowie Damen- und Herrenbekleidung. Mit der Zeit entwickelte sich die Technik in den unterschiedlichen Ländern weiter. In der Haute Couture und im Klerus ist sie nach wie vor sehr beliebt.

## MATERIAL

### Stoffe

Es kommen verschiedene Stoffe in Frage: 100% Leinen, 100% Baumwolle, Mischgewebe, Baumwoll- und Leinenbatiste, Organdy* und alle Seidenstoffe. Wichtig ist ein überaus engmaschiges Gewebe, das sehr präzise Stiche ermöglicht.
Beispiel für Leinenstoffe: *Ballina* und *Kingston von Zweigart*.
Mischgewebe: *Normandie*, *Mallow* und *Lucan von Zweigart.*

### Garne

Folgende Garne wurden verwendet:
– Seidengarn (Au Ver à Soie): Soie de Paris (Mouliné mit sechs teilbaren Einzelfäden), Soie d'Alger (Mouliné mit sieben teilbaren Einzelfäden), Soie Ovale (Soie Floche, sehr wenig gezwirnt)
– feines, gezwirntes Rayongarn* und Floche
– Baumwolle Mouliné *DMC* und Baumwolle *Retors du Nord von Sajou*
– Wollgarn: Laine *Saint-Pierre von Sajou* (vier teilbare Einzelfäden)

### Nadeln

Für mehr Präzision müssen die Nadeln sehr spitz und fein sein. Verwenden Sie eine Öse, in die Sie das Garn einfädeln können, ohne es zu beschädigen.
Applikationsnadeln, von dick bis dünn: Nr. 9, 10, 11 und 12 *Bohin*.
Crewelnadeln (Wollgarn), von dick bis dünn: Nr. 7, 9 und 10 *Bohin*.

### Schere

Verwenden Sie zum Schneiden der Fäden eine kleine, feine Schere mit spitzen Klingen.
**Empf**. *24316 oder 24311 Bohin.*

### Stickrahmen

Je nach Arbeit sollte der Stoff auf einen eckigen oder runden Rahmen gespannt werden, um ihn beim Arbeiten versetzen zu können.
**Empf**. *Stickrahmen Sajou*

## TECHNIK

Der Grundstich der Nadelmalerei ist der versetzte Plattstich. Manche Experten sind der Ansicht, dass dieser Stich die gesamte Technik auszeichnet. In vielen Arbeiten sind jedoch weitere Stiche vorhanden, darunter der Spann- und Stielstich der breite Stielstich, der Spalt- und Plattstich, der versetzte Plattstich über Konturen, der Rückstich, etc.
Der versetzte Plattstich kann mit nur einer Farbe gearbeitet werden, um die Fläche zu bedecken. Der Schattierstich wird genauso gearbeitet, jedoch mit mehreren Garnfarben, um harmonische Farbabstufungen zu erzeugen.
Die einfachste Farbabstufung umfasst drei Schattierungen der gleichen Farbe: dunkel, mittel und hell. Sie können andere Farben hinzufügen, um die Farbpalette zu erweitern. Verwenden Sie bei hellen Motiven Garne in hellen und mittleren Farbtönen. Für weniger auffällige Motive bieten sich Garne in dunklen und mittleren Farbtönen an. Wählen Sie die Garne bei Tageslicht aus, um die Farben richtig einschätzen zu können.
Die folgende Farbauswahl basiert auf den oben genannten Prinzipien (Mouliné-Garn *DMC*):
– drei Rosatöne (hell, mittel und dunkel); fügen Sie einen mittleren bis dunklen Ton hinzu, um eine subtile Abstufung zwischen Dunkel und Mittel zu erzeugen.
– drei Grüntöne (hell, mittel und dunkel)
– zwei „Sonnentöne" (dunkel und hell); spielen Sie mit dem Kontrast und sticken Sie zusätzliche Stiche, um der Arbeit mehr Glanz zu verleihen.

***Anm.*** *Wählen Sie für den Schattierstich immer einfarbige Garne aus. Verzichten Sie auf mehrfarbige Garne.*

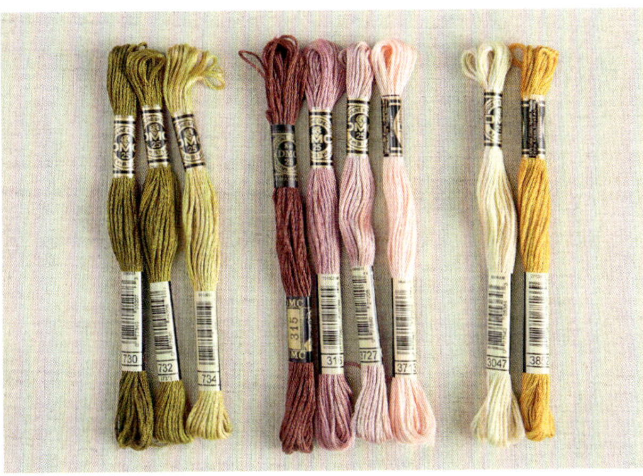

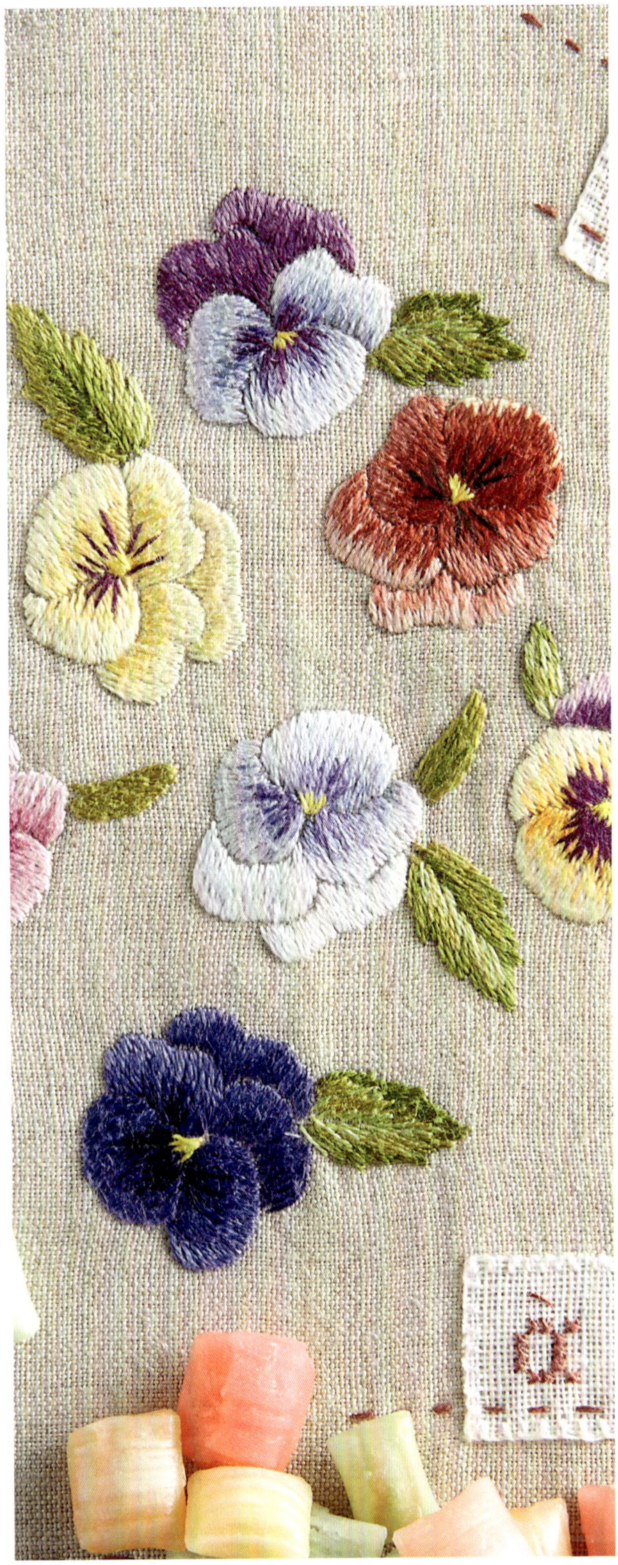

## VERSETZTER PLATTSTICH

### Material

Engmaschiger Leinenstoff, Applikationsnadel Nr. 11, Crewelnadel Nr. 9, Wollgarn *Saint-Pierre von Sajou* Nr. 536, 596 und 570, Baumwolle Mouliné Nr. 751, 151, 3354 und 3733.
Sticken Sie mit zwei Einzelfäden des Wollgarns Saint-Pierre und der Crewelnadel Nr. 9.
Sticken Sie mit einem Einzelfaden der Mouliné-Baumwolle und der Applikationsnadel.
Lassen Sie sich in Bezug auf die Garnfarben von den Fotos inspirieren.

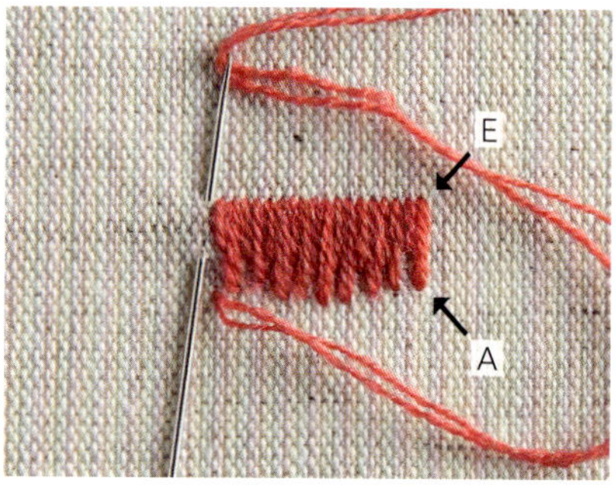


**1.** Eine 2 cm lange horizontale Linie zeichnen. Von rechts nach links arbeiten. Einen vertikalen Spannstich sticken und in die Linie einstechen. Links von diesem ersten Stich und 0,3 cm von der Linie entfernt ausstechen. Wie zuvor im Spannstich sticken und für die erste Reihe abwechselnd 0,3 und 0,7 cm lange Stiche setzen. Immer in die obere Linie einstechen und die Stiche dicht nebeneinander setzen.

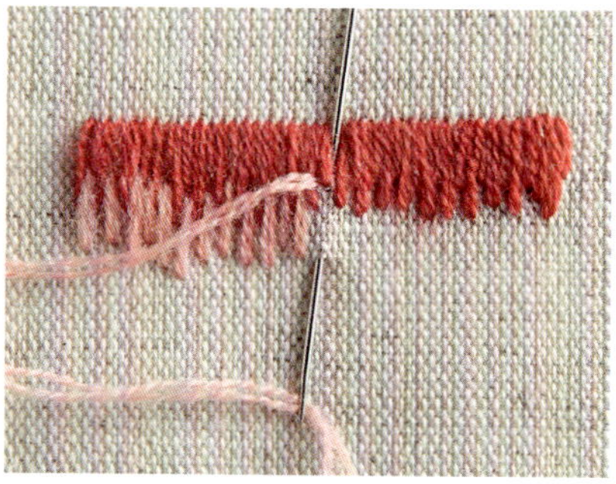

**2.** Mit einem andersfarbigen Garn die Rückreihe sticken. Ähnliche Stiche wie in der Hinreihe sticken und die Reihen verzahnen.

***Anm.** Die Nadel zwischen den vorigen Stichen ausstechen, ohne diese zu durchstechen. Dies wäre ein Spaltstich, der wie der versetzte Plattstich gearbeitet werden kann, der jedoch die Stiche der vorigen Reihen spaltet.*

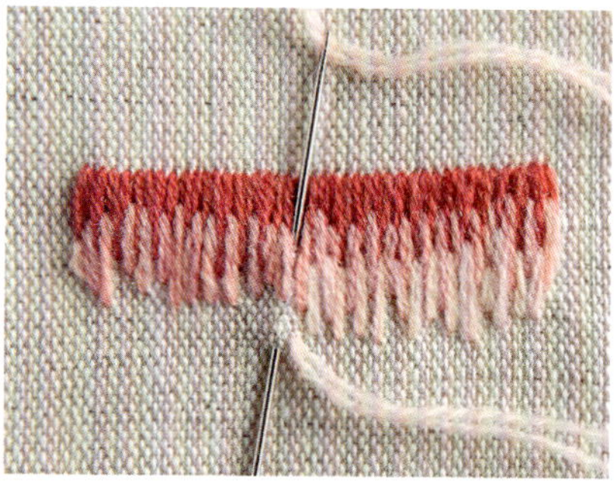

**3.** Eine dritte Reihe auf die gleiche Weise in einer anderen Garnfarbe sticken.

## TROPFEN IM VERSETZTEN PLATTSTICH

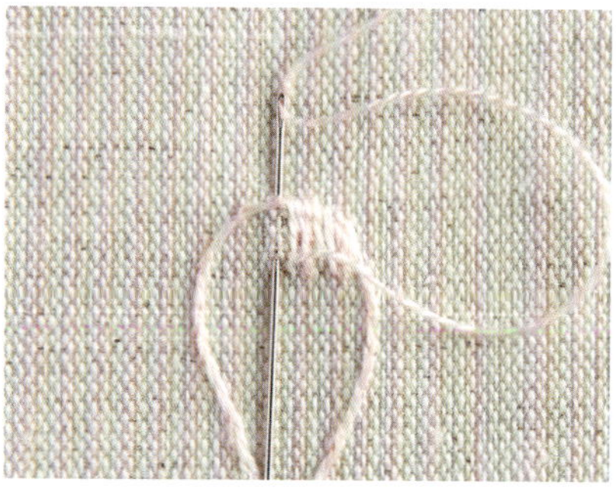

**1.** Einen 2 cm hohen Tropfen zeichnen. Den Faden aus der Spitze ausstechen und den gesamten Umriss im Spaltstich Version 1 sticken. Oben rechts ausstechen und eine erste Reihe von Spannstichen sticken, die zwischen 0,3 und 0,4 cm lang sind. In die Kontur einstechen und den Spaltstich integrieren.

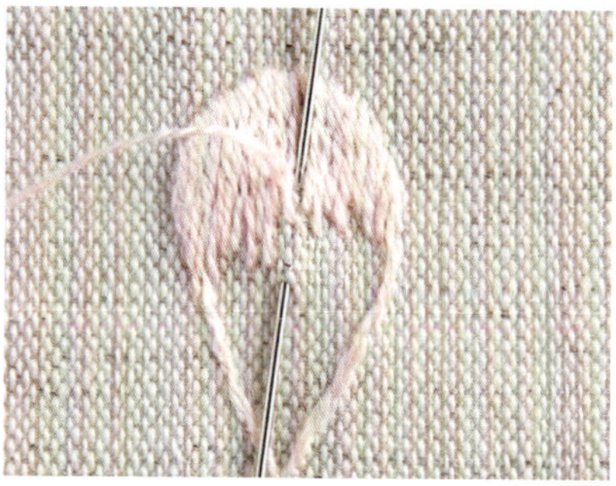

**2.** Zwei Stichreihen mit dem gleichen Garn sticken. Die folgenden beiden Reihen mit einem Garn im nächsten Farbton auf die gleiche Weise sticken.

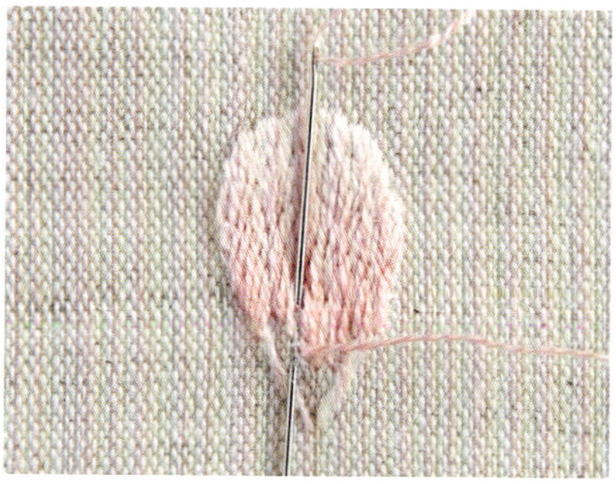

**3.** Mit einem anderen Garn im darauffolgenden Farbton drei Reihen auf die gleiche Weise sticken.

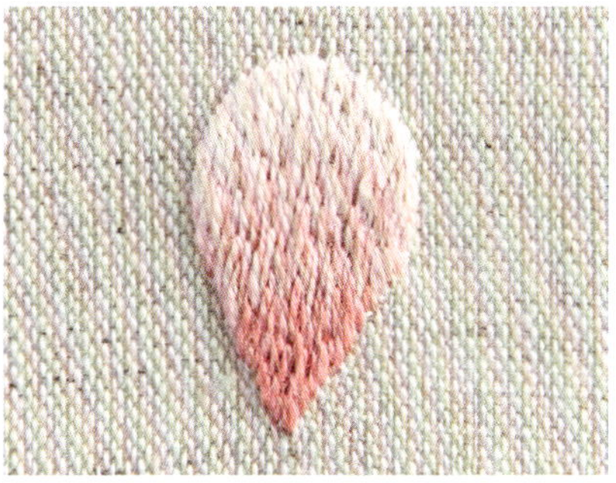

**4.** Genauso beim letzten Garn vorgehen und bis zur Spitze sticken.

# WEITERE STICHE

## Material

Mischgewebe aus Leinen/Baumwolle, Crewelnadel Nr. 10, Baumwolle Broder Spécial Nr. 25: 776 und 471.

# SPALTSTICH

Mit dieser Variante des Stielstichs werden die Konturen der zu bestickenden Flächen abgegrenzt. Er kann auf zwei Weisen gearbeitet werden. **Version 1** umfasst ein kleines Relief auf der Vorderseite, das in **Version 2** fehlt.

## Spaltstich (Version 1)

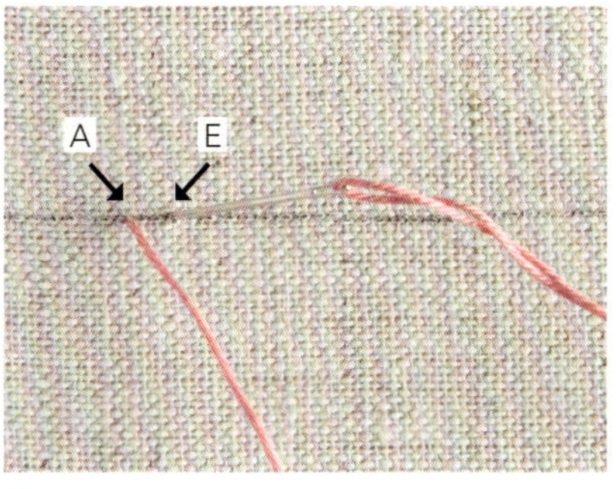


**1.** Eine 4 cm lange horizontale Linie zeichnen. Von links nach rechts arbeiten. Die Nadel aus dem linken Linienende ausstechen und 0,3 cm weiter einstechen.

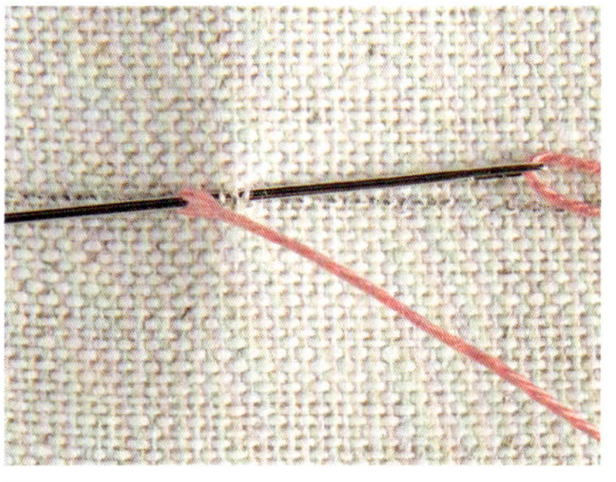

**2.** Die Nadel wieder ausstechen und dabei durch den Faden stechen.

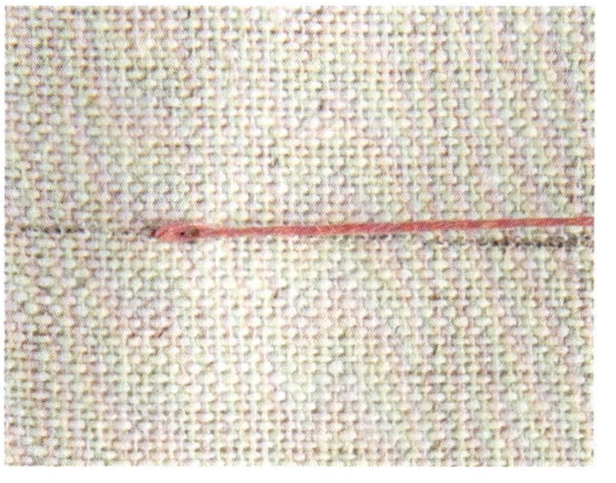

**3.** An der Nadel ziehen und den Stich auf die Linie legen.

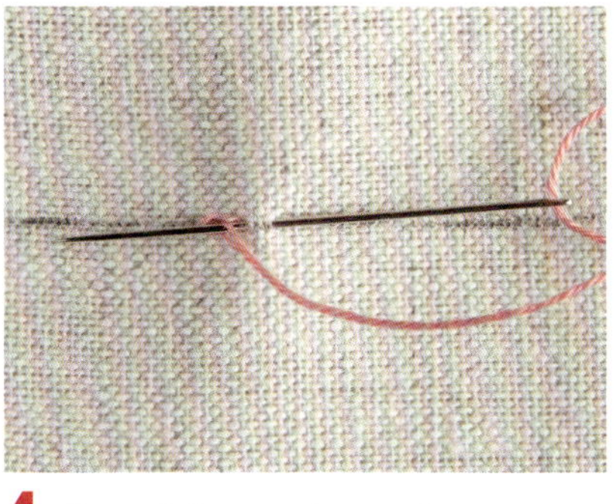

**4.** Dann 0,3 cm weiter entfernt einstechen, neben dem vorigen Stich ausstechen und wie zuvor durch den Faden stechen.

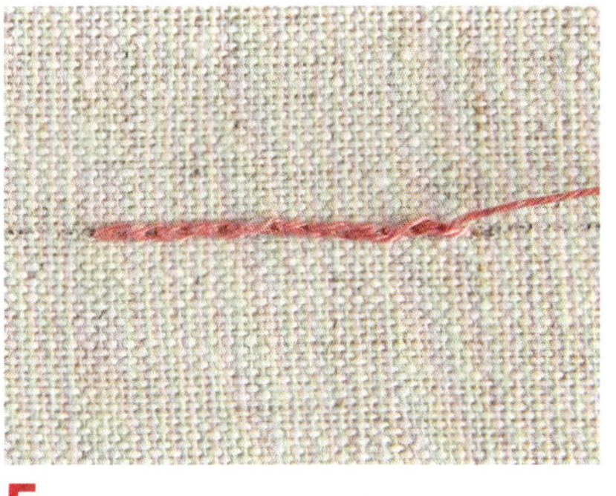

**5.** Auf diese Weise weitersticken.

*Der Spaltstich wird in vielen weiteren Techniken verwendet. Seine wichtigste Eigenschaft besteht darin, dass er den Faden perfekt auf der Linie fixiert und zugleich die Form bewahrt.*

## Spaltstich (Version 2)

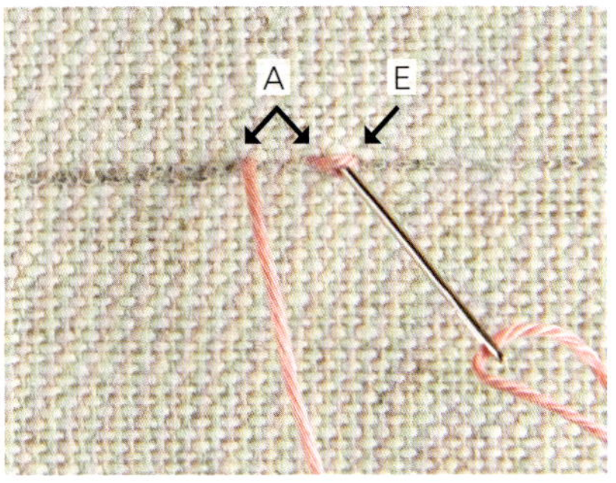


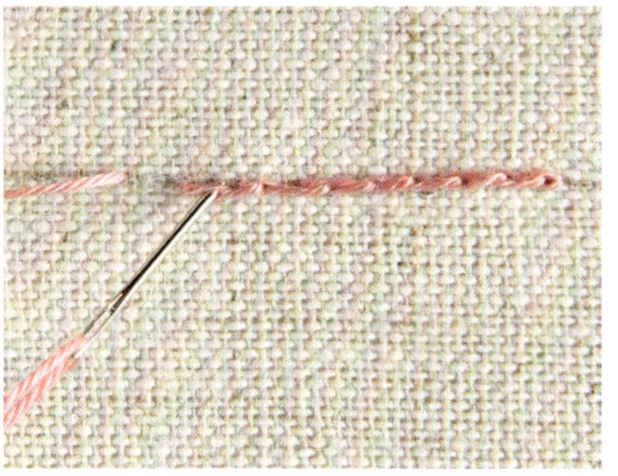

Die Version 2 des Spaltstichs ist einfacher und schneller zu sticken als die Version 1.

**1.** Dieser Stich wird von rechts nach links gearbeitet. Die Nadel rechts von der Linie ausstechen und einen 0,3 cm langen Rückstich setzen. Weiter entfernt ausstechen und einen Rückstich setzen, dabei die Nadel durch den vorigen Stich führen und einstechen.

**2.** Die gesamte Linie genauso sticken.

# PLATTSTICH

Dieser Füllstich eignet sich ideal zum Sticken kleiner Flächen.
Bei größeren Flächen sticken Sie am besten im einfarbigen versetzten Plattstich.

# GERADER PLATTSTICH

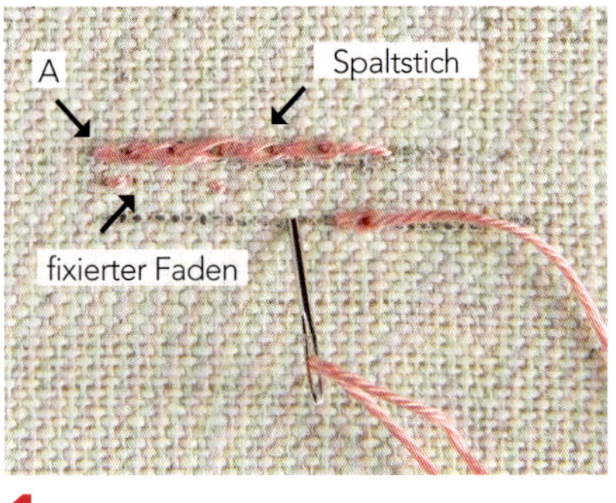


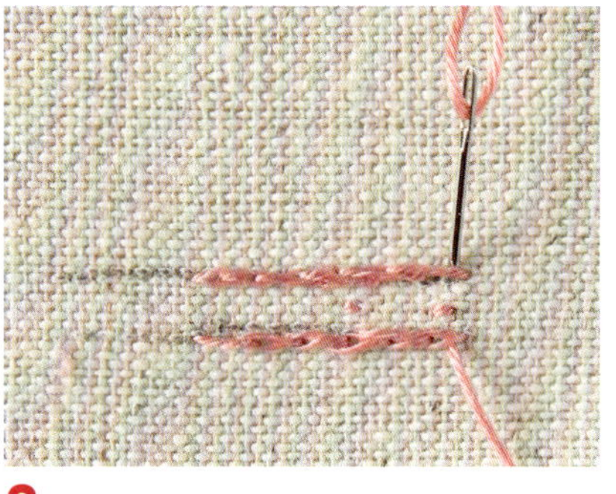

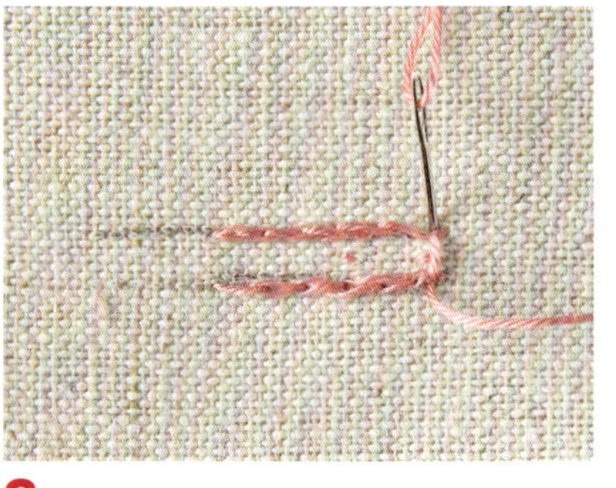

**1.** Zwei parallele, 3 cm lange horizontale Linien im Abstand von 0,7 cm voneinander zeichnen. Die Linien im Spaltstich **Version 1** sticken.

**2.** Den Faden unter dem rechten Spaltstich ausstechen und über dem Spaltstich der oberen Linie einstechen.

**3.** Aus dem Spaltstich der unteren Linie am vorigen Stich ausstechen. Genauso wie zuvor vertikal oben einstechen.

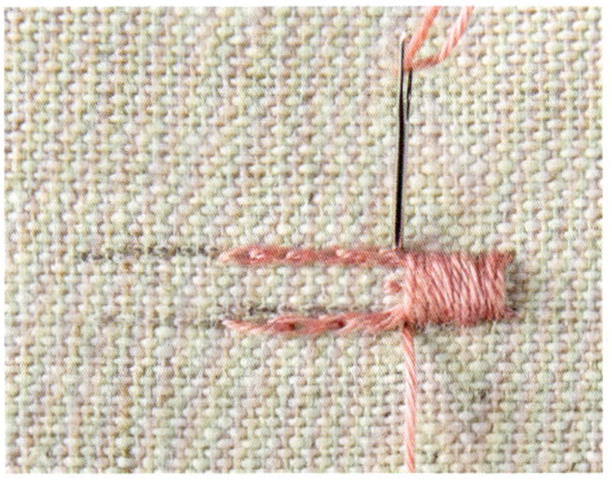

**4.** Die anderen Stiche sticken und senkrecht nebeneinander legen.

***Anm.:*** Für das Sticken von Konturen eignet sich auch der Spaltstich Version 2.

## SCHRÄGER PLATTSTICH

Dieser Stich wird verwendet, um kleine Blätter auf sehr einfache Weise zu sticken.

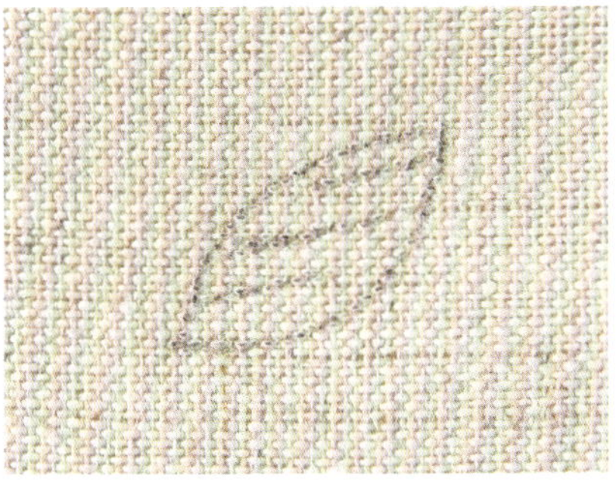

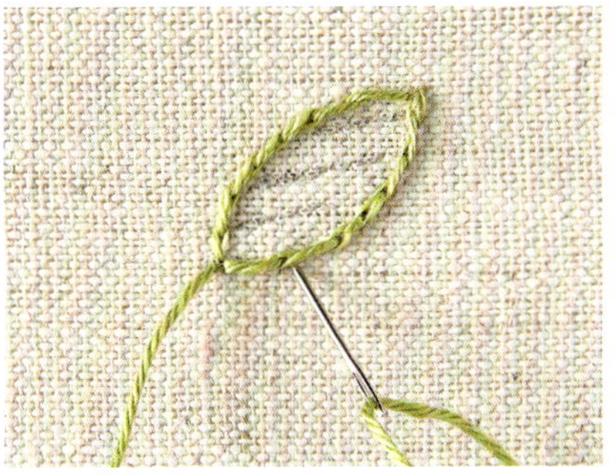

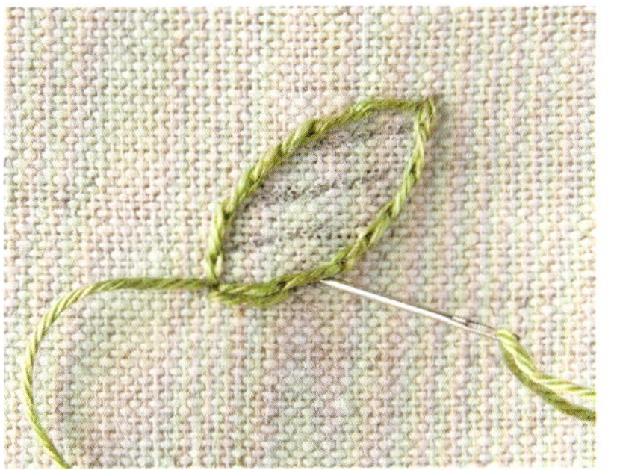

**1.** Ein längliches, 1,5 cm langes Blatt und Parallelen im Abstand von 0,3 cm zeichnen, um die Richtung der Stiche anzuzeigen.

**2.** Den Faden aus der Blattspitze ausstechen und den gesamten Umriss im Spaltstich **(Version 1** oder **2)** sticken. Wieder aus der Spitze ausstechen, an der Außenseite des Spaltstichs in die Konturlinie einstechen und einen parallelen Stich zur nächsten gezeichneten Linie setzen.

**3.** Auf die gleiche Weise einen zweiten Spannstich parallel zum ersten setzen.

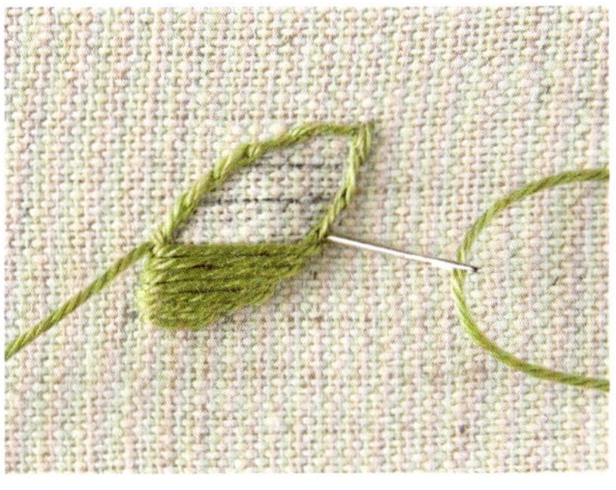

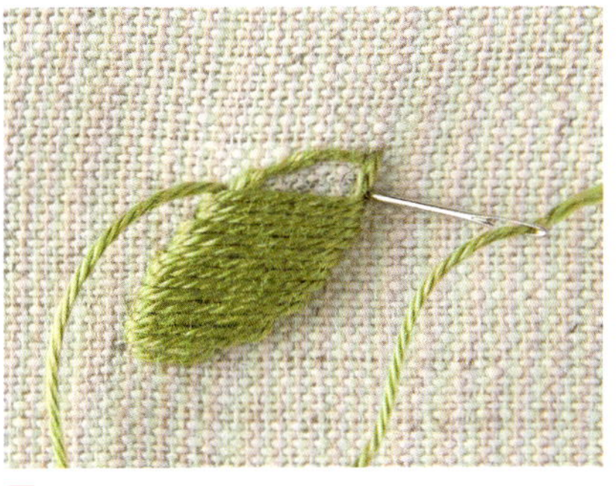

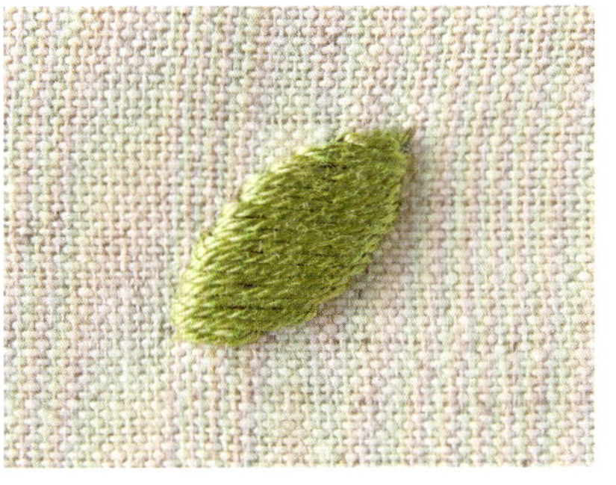

**4.** Das Blatt weitersticken und die Stiche festziehen.

**5.** Bis zur Spitze sticken und einen letzten, 0,3 cm langen Stich setzen (ein allzu kleiner Stich verformt die Stickerei).

## BLATT IM PLATTSTICH

In der Regel werden Blätter im schrägen Plattstich gestickt, der auf beiden Seiten der Mittelader spiegelverkehrt gearbeitet wird.

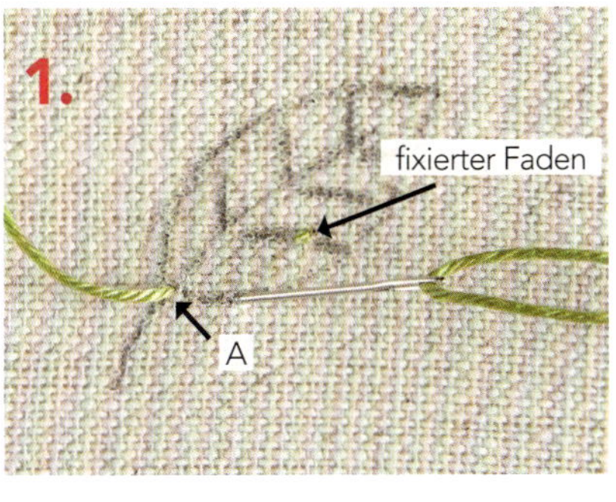


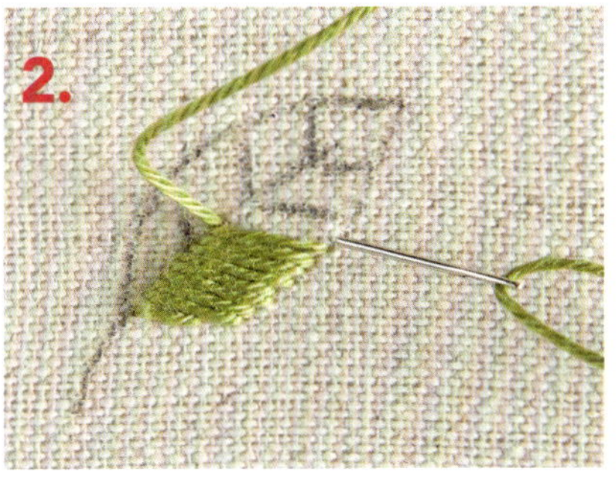


**1.** Ein 1,5 cm großes Blatt und einen 0,3 cm langen Stiel zeichnen. Die Mittelader und die kleinen Seitenadern in Richtung der zu stickenden Stiche zeichnen. Unten an der Mittelader ausstechen. Rechts einstechen und einen Spannstich parallel zur nächsten gezeichneten Linie sticken. Neben dem vorigen Stich aus der Ader ausstechen.

**2.** Einen zweiten parallelen Spannstich sticken. Die anderen Stiche genauso sticken und dicht nebeneinander setzen, um die Fläche zu bedecken.

## Blatt im Plattstich (Fortsetzung)

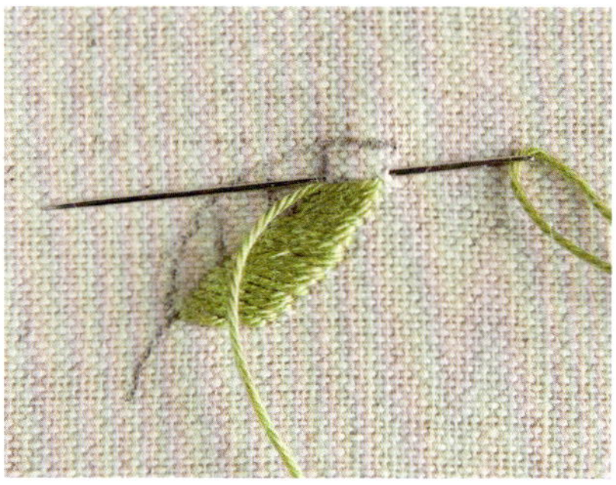

**3.** Bis zum oberen Ende der Mittelader sticken. Rechts unterschiedliche Spannstiche im Abstand von 0,1 cm setzen, dabei die Nadel immer aus der Spitze der Ader ausstechen und die Richtung der Stiche ändern.

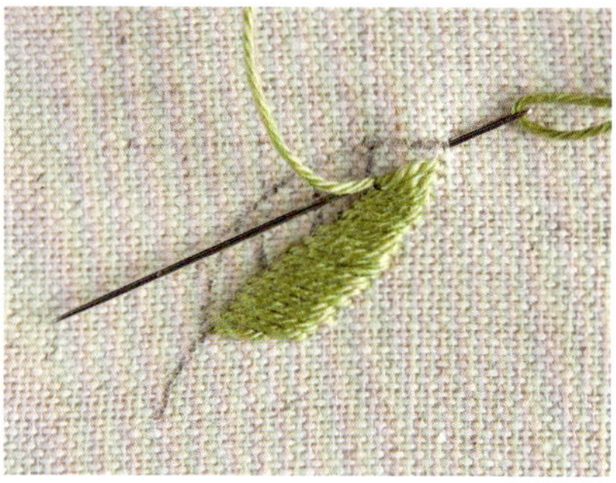

**4.** Sticken sie so viele Stiche wie nötig, bis Sie ein Spannstich über die Verlängerung der Ader sticken können, und stechen Sie die Nadel in die Blattspitze ein.

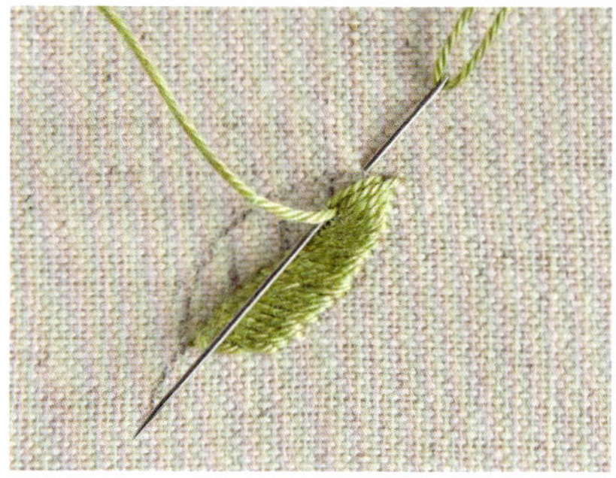

**5.** Die gegenüberliegende Seite genauso sticken und die Stichrichtung umkehren.

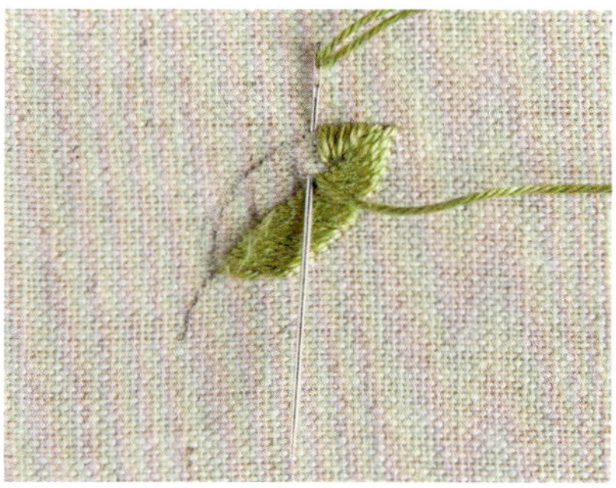

**6.** Auf der anderen Seite des Blatts weitersticken und die Stiche parallel zu den gezeichneten Linien setzen.

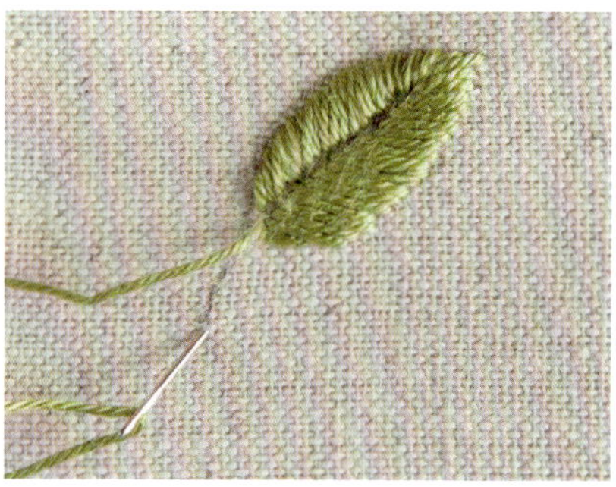

**7.** Mit einem 0,3 cm langen Stich abschließen. Für den Stiel einen Spannstich sticken.

*Um die Mittelader hervorzuheben, können Sie einen Spalt- oder Stielstich darüber sticken.*

## VERSETZTER PLATTSTICH ÜBER KONTUR

Es handelt sich um einen unvollständigen Plattstich, bei dem das Zentrum der Oberfläche leer bleibt.

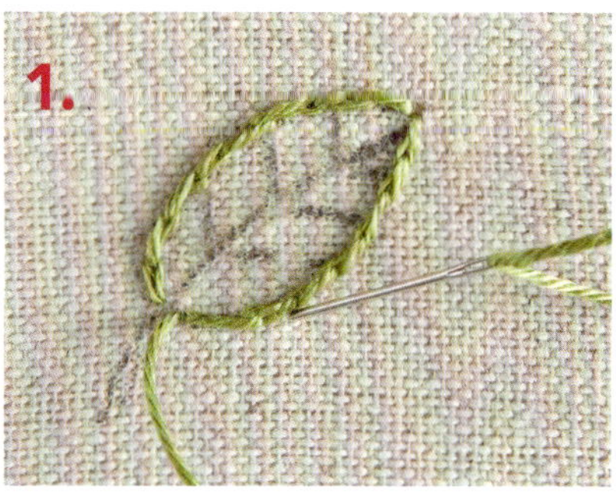


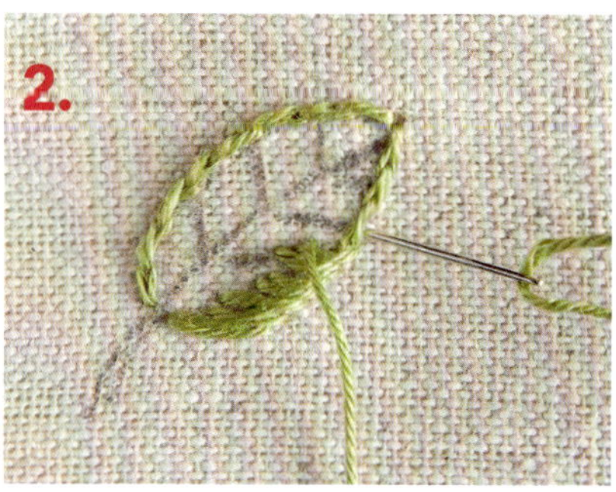


**1.** Ein ähnliches Blatt wie das vorige zeichnen. Unten an der Ader ausstechen und den gesamten Umriss im Spaltstich sticken. Wieder unten aus der Ader ausstechen und am Spaltstich, parallel zur nächsten gezeichneten Linie in die Vorderseite einstechen.

**2.** Die folgenden Stiche bis zur Blattspitze sticken und dabei die Länge variieren, um im Blattinneren den gewünschten Effekt zu erhalten.

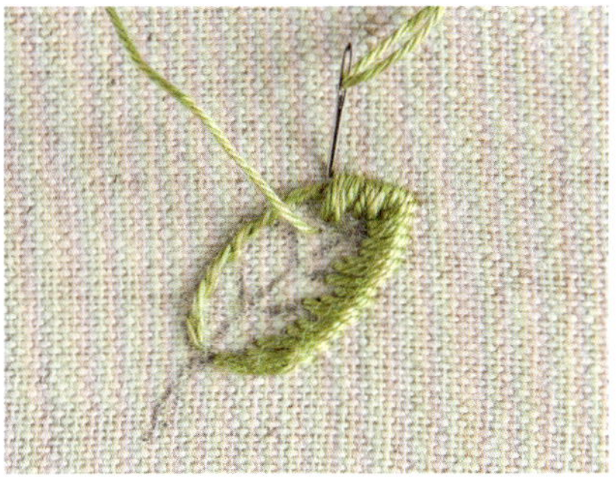

3. Die Rückseite des Blatts genauso sticken und dabei die Stichrichtung umkehren.

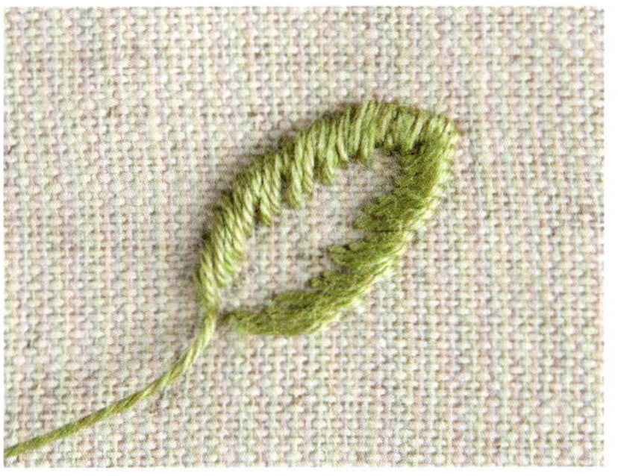

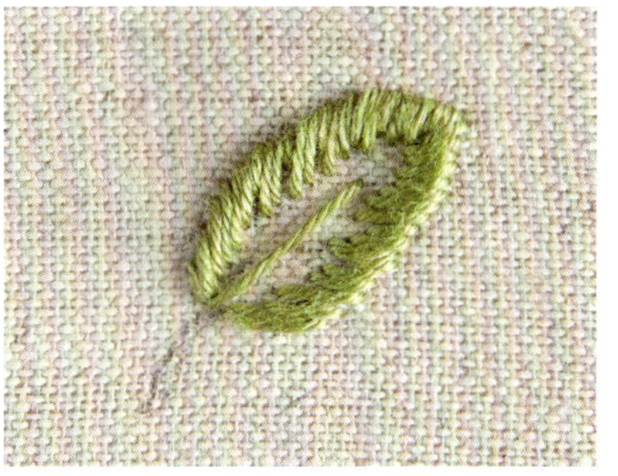

4. Über die Ader einen Spannstich setzen, dann unten ausstechen und den Stiel auf dieselbe Weise sticken.

## BLUME IM PLATTSTICH

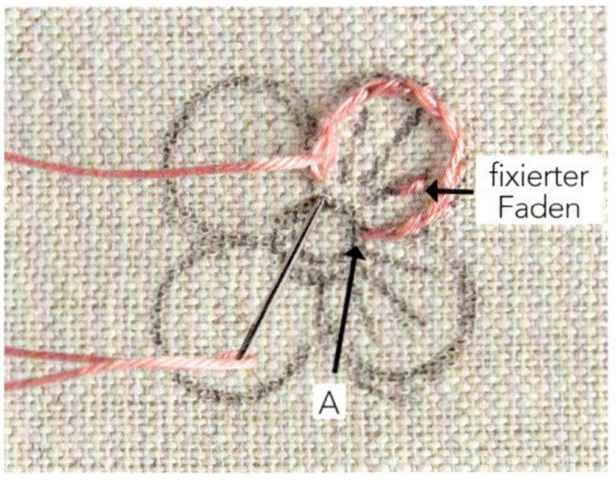


1. Eine Blume von 2 cm Durchmesser mit vier identischen Blütenblättern zeichnen. Die Richtung der Stiche wie auf dem Foto zeichnen. Den Stickfaden aus der Mitte ausstechen und den gesamten Umriss des Blütenblatts im Spaltstich **Version 1** sticken.

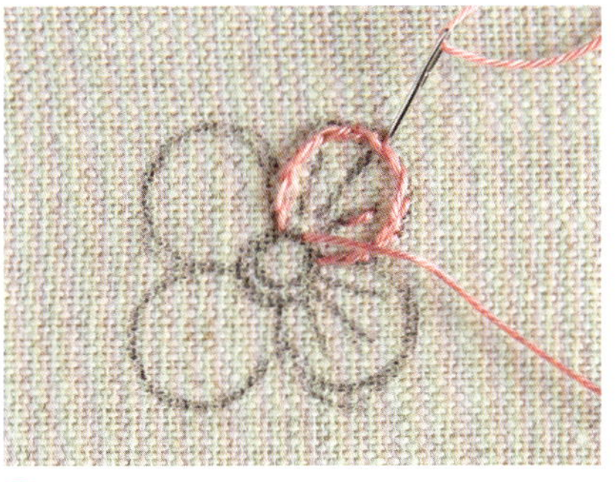

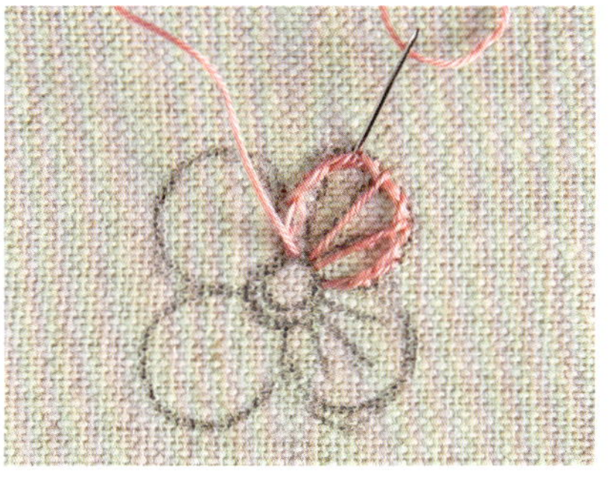

2. Die Linien im Spannstich sticken und den Spaltstich der Kontur integrieren.

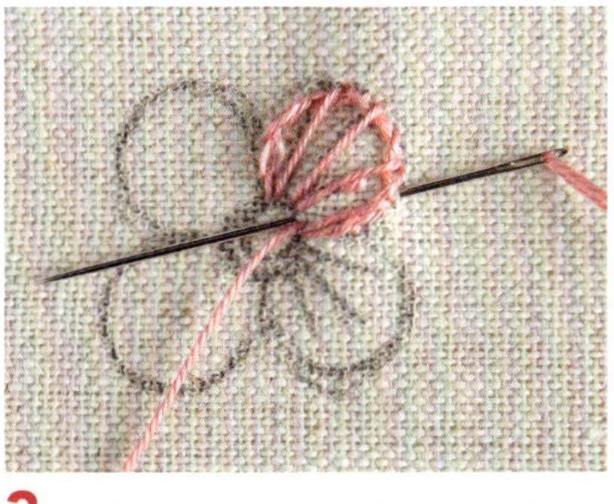

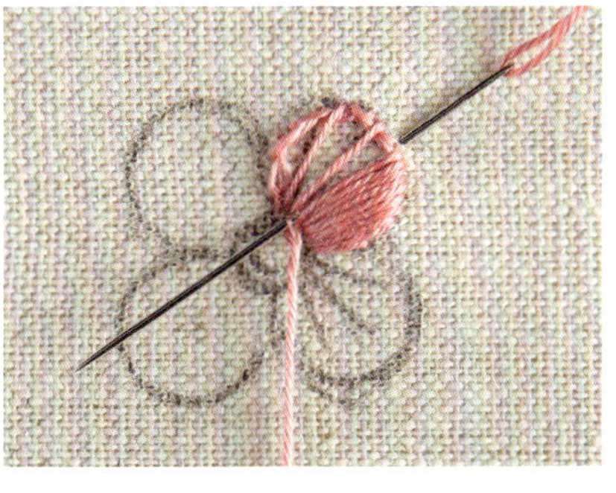

3. Auf der Vorderseite beginnend, im Spannstich sticken und den Konturstich integrieren. Falls erforderlich, die Stiche unten festziehen und zum Rand hin breiter werden lassen.

4. Nach Fertigstellung des Blütenblatts die Nadel auf der Rückseite unter den Stichen durchziehen und das linke Blütenblatt genauso sticken.

# Traditionelle Stickerei

## BESCHREIBUNG UND GESCHICHTE

Der Begriff „traditionelle Stickerei" entstand Ende des 20. Jahrhunderts im Jargon der Kreuzsticker*innen. Die Begeisterung war so groß, dass die anderen Zählstickereien als „Spezialstickereien" und alle nicht gezählten Stickereien mit gezeichneten Linien als „traditionelle Stickerei" bezeichnet wurden. Es wäre müßig, nach einer anderen historischen Erklärung für diese Begriffe zu suchen. Diese Form der Stickerei gibt es schon sehr lange, und sie wird weltweit in verschiedenen Ländern in unterschiedlichen Stilen praktiziert.

## MATERIAL

### Stoffe

Für diese Stickerei können alle Stoffe verwendet werden, weshalb die Stile sehr unterschiedlich sind. Für Spezialstickereien mit Zählmuster eignen sich einfach gewebte Aidastoffe, einfach gewebter Stramin oder Penelope Canvas, und für die anderen Stiche ist engmaschiger Stoff ideal – unabhängig von der Gewebemischung.

### Garne

Es können alle Garne verwendet werden. Sie sind je nach Stickgrund und gewünschtem Ergebnis auszuwählen.

### Nadeln

Sticken Sie bei Zählstickereien vorzugsweise mit einer Nadel ohne Spitze.
Gobelinnadel *Bohin*, von dick bis dünn: Nr. 14, 16, 18, 20, 22, 24, 26 und 28.
Verwenden Sie für Stickereien auf engmaschigen Stoffen eine Nadel mit Spitze.
Crewelnadeln, Applikationsnadeln, Chenillenadeln, lange Nadeln *Bohin*.

### Schere

Verwenden Sie eine kleine, feine Schere mit scharfen Klingen.
***Empf.** 24316 oder 24311 Bohin*

### Stickrahmen

Sticken Sie mit einem runden Stickrahmen, dessen Durchmesser auf die Stickerei abgestimmt ist und der beim Arbeiten versetzt wird.
***Empf.** Stickrahmen Sajou*

## STICHE

***Anm.** Die folgenden Stiche werden ergänzend zu den bereits in den verschiedenen Techniken dieses Buchs erläuterten Stichen vorgestellt.*

Die Stiche werden in verschiedene Kategorien eingeteilt:

1. **Einzelstiche:** Sie werden allein oder in einer Gruppe, doch unabhängig voneinander gestickt.

2. **Geradstiche:** Sie werden fortlaufend gestickt und sind miteinander verbunden.

3. **Füllstiche:** Ihr Zweck besteht darin, eine Fläche zu füllen. Sie können zu einer der beiden oben genannten Kategorien gehören.

4. **Mischstiche:** Sie bestehen aus der Kombination von zwei oder mehr Stichen.

## UMSCHLUNGENER VORSTICH

Misch- und Geradstich, Variante des Vorstichs (siehe S. 35)

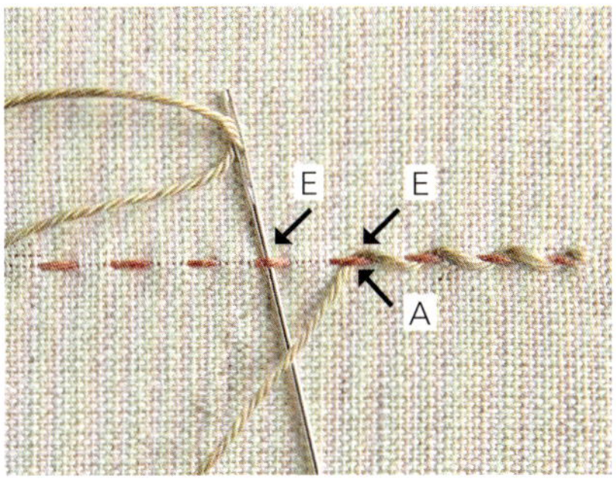


Eine Reihe im Vorstich sticken. Mit dem gleichen oder einem andersfarbigen Faden von rechts nach links sticken, dabei die Nadel von oben nach unten unter jedem Stich durchziehen, ohne den Stoff zu durchstechen.

## UMSCHLUNGENER VORSTICH IN ZWEI REIHEN

Variante des vorigen Stichs

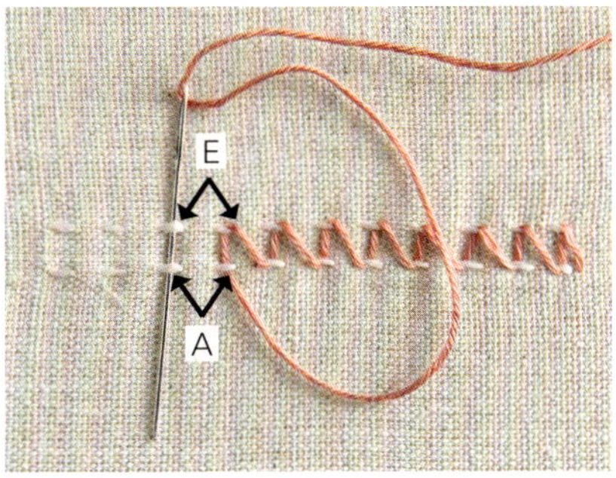


Zwei parallele Reihen im Vorstich sticken und die Stiche gleich ausrichten. Mit dem gleichen oder einem andersfarbigen Garn von rechts nach links sticken und die Nadel von oben nach unten unter den Stichpaaren durchziehen, ohne den Stoff zu durchstechen.

## MIT KREUZEN UMSCHLUNGENER VORSTICH IN ZWEI REIHEN

Mit dieser Variante des vorigen Stichs können Sie eine schöne Borte sticken.

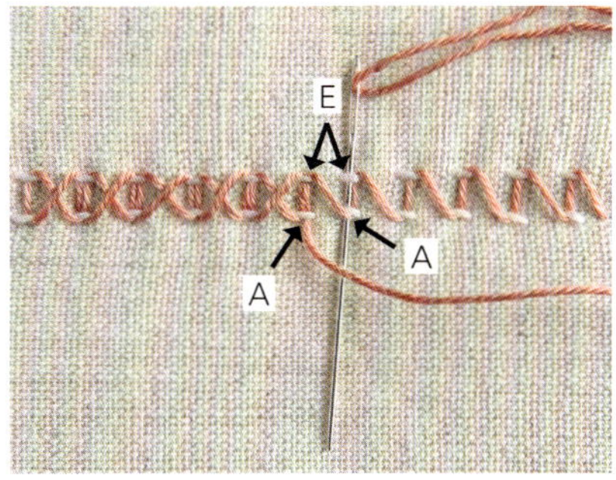


Wie zuvor sticken, dann genauso von links nach rechts zurückkehren. Die Nadel unter denselben Stichen durchziehen und Kreuze bilden.

## DURCHZOGENER VORSTICH

Misch- und Geradstich, Variante des Vorstichs (siehe S. 35)

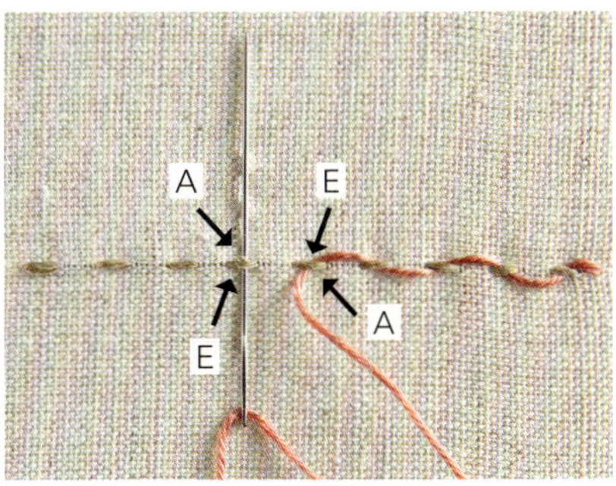


Eine Reihe im Vorstich sticken. Mit dem gleichen oder einem andersfarbigen Faden von rechts nach links arbeiten, die Nadel abwechselnd von oben nach unten, dann von unten nach oben unter den Stichen durchziehen, ohne den Stoff zu durchstechen.

## DURCHZOGENER VORSTICH IN ZWEI REIHEN

Mit dieser Variante des vorigen Stichs können Sie eine schöne Borte sticken.

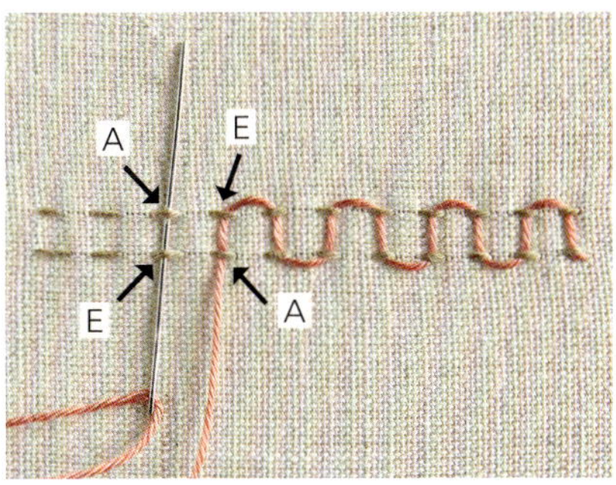


Zwei Reihen im Vorstich sticken und die Stiche gleich ausrichten. Mit dem gleichen oder einem andersfarbigen Garn von rechts nach links sticken und die Nadel abwechselnd von oben nach unten, dann von unten nach oben unter den Stichpaaren durchziehen.

## DOPPELT DURCHZOGENER VORSTICH IN ZWEI REIHEN

Mit dieser Variante des vorigen Stichs wird Entre-deux-Spitze gebildet.

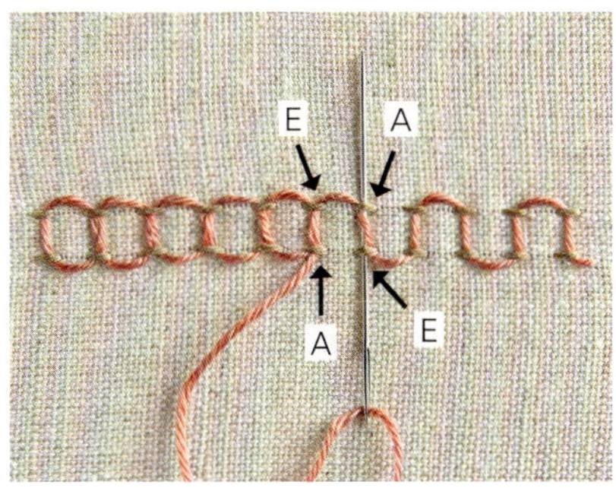


Wie zuvor sticken, dann ebenso von links nach rechts zurückkehren und die Nadel unter den gleichen Stichen durchziehen.

## ZICKZACKSTICH

Geradstich, Variante des Steppstichs (siehe S. 148)

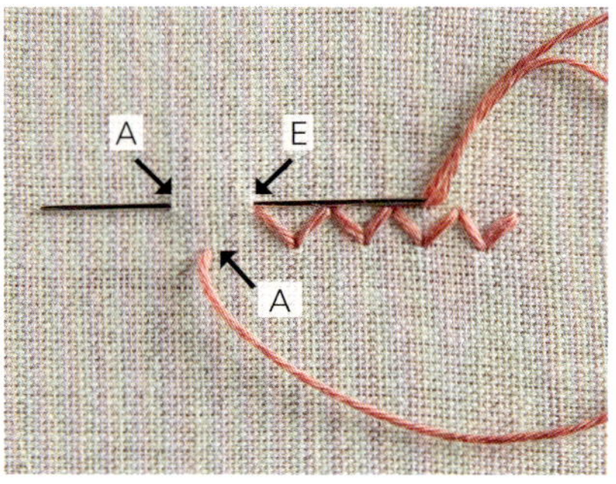


Von rechts nach links arbeiten und schräge Rückstiche setzen, die sich berühren und eine Zickzacklinie bilden.

## UMSCHLUNGENER STEPPSTICH

Misch- und Geradstich, Variante des Steppstichs (siehe S. 148)

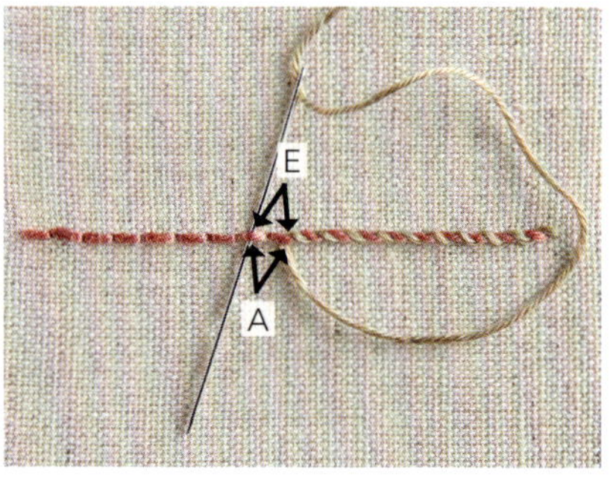


Eine Reihe im Steppstich sticken. Dann mit dem gleichen oder einem andersfarbigen Garn von rechts nach links arbeiten. Die Nadel von oben nach unter den Stichen durchziehen, ohne den Stoff zu durchstechen.

## SANDSTICH

Einzelner Rückstich, sehr einfach

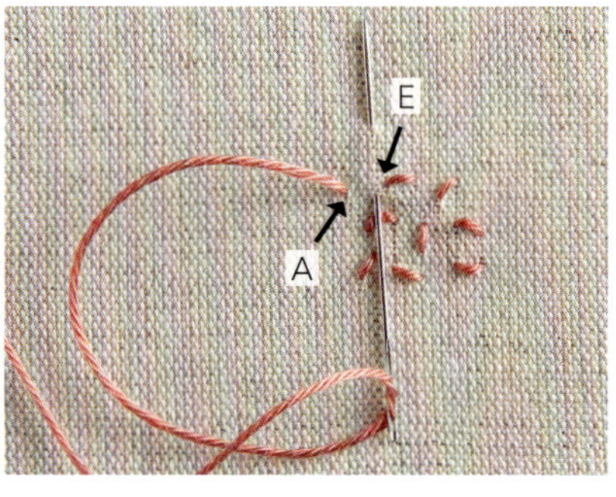


Der Sandstich besteht aus mehreren Rückstichen, die eine Fläche füllen. Er wird in manchen Techniken als „Ergänzung" verwendet und kann einen schweren Stil auflockern (Beispiel: ein im gehöhten Plattstich gestickter Buchstabe, der teilweise im Sandstich gestickt wird). Von links nach rechts über 0,2 bis 0,3 cm sticken.

## FEDERSTICH

Geradstich mit V-förmigen Stichen, die überkreuzt und verbunden sind

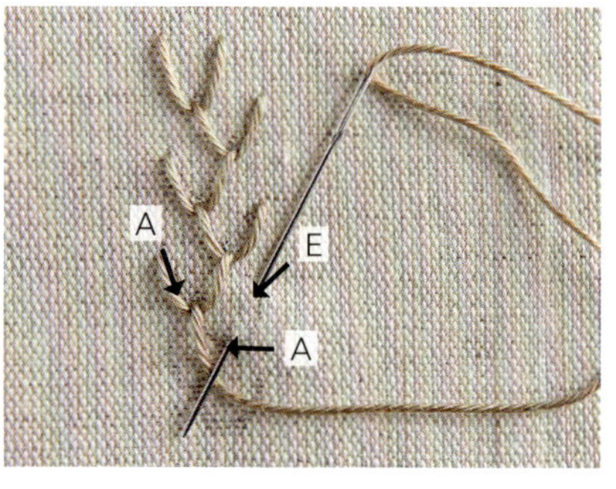


Den Faden links ausstechen und 0,5 cm weiter rechts einstechen. Zwischen den beiden Stichen 0,5 cm weiter unten ausstechen. An der Nadel ziehen und den gleichen Stich links wiederholen.

***Anm.** Ein einzeln gearbeiteter Federstich wird „Fliegenstich" genannt.*

## ZICKZACK-KETTENSTICH

Geradstich, Variante des Kettenstichs (siehe S. 95)

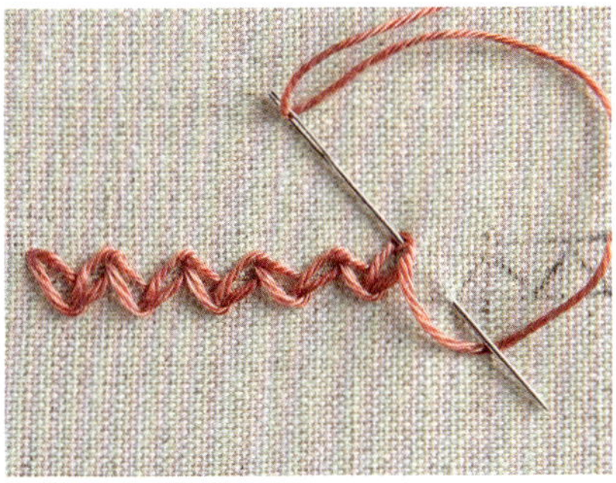

Nach Belieben von rechts nach links oder von links nach rechts arbeiten. Im schrägen Kettenstich sticken, um die Zickzacklinie zu bilden.

## GEDREHTER KETTENSTICH

Geradstich, Variante des Kettenstichs (siehe S. 95)

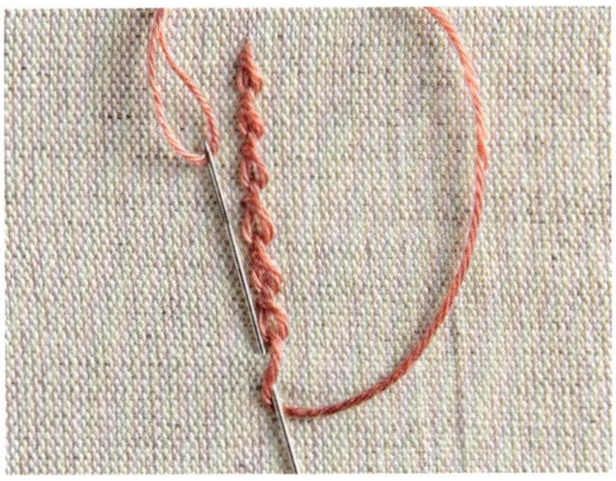

Links vom Faden des vorigen Stichs ein- und unten ausstechen und den Faden unter die Nadel legen. An der Nadel ziehen, um den Stich zu sticken. Für die gesamte Reihe wiederholen.

## UMSCHLUNGENER KETTENSTICH

Misch- und Geradstich, Variante des Kettenstichs (siehe S. 95)

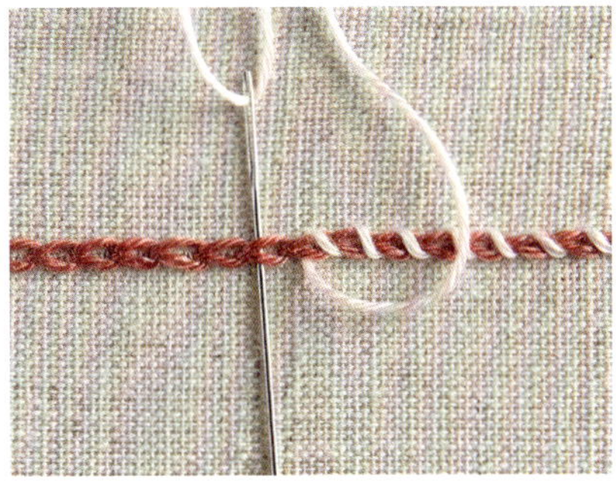

Eine Reihe im Kettenstich sticken. Mit einem anderen Faden von rechts nach links zurückkehren und die Nadel von oben nach unten unter jeder Masche durchziehen, ohne den Stoff zu durchstechen.

## EINSEITIG UMSCHLUNGENER KETTENSTICH

Misch- und Geradstich, Variante des Kettenstichs (siehe S. 95)

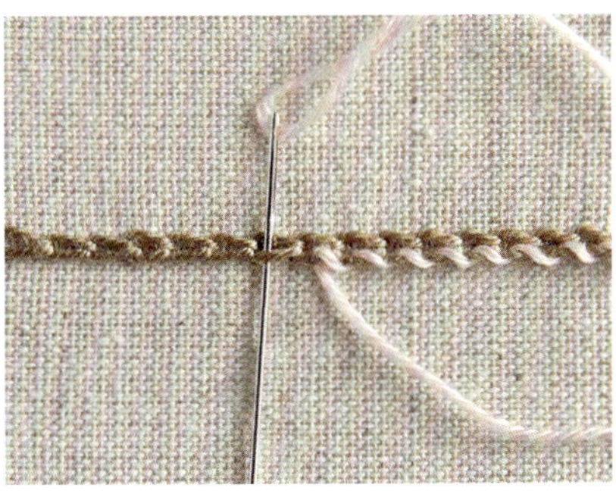

Eine Reihe im Kettenstich sticken. Mit einem anderen Faden von rechts nach links arbeiten und die Nadel von oben nach unten unter einer Seite der Maschen durchziehen, ohne den Stoff zu durchstechen.

## BEIDSEITIG UMSCHLUNGENER KETTENSTICH

Variante des vorigen Stichs

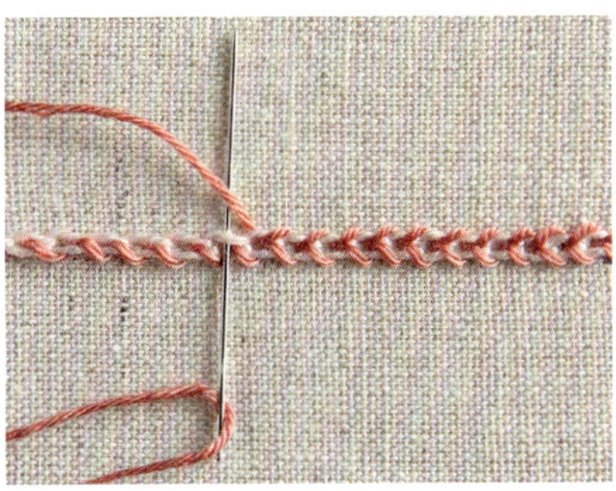

Wie den vorigen Stich sticken, dann die zweite Seite der Maschen genauso umwickeln.

*Durch die Kombination der verschiedenen Kettenstichvarianten können sehr schöne Borten entstehen, wobei die Wahl der Garnfarben wichtig ist.*

## MARGERITENSTICH

Einzelstich, Einheit des Kettenstichs, auch „einzelner Kettenstich" genannt

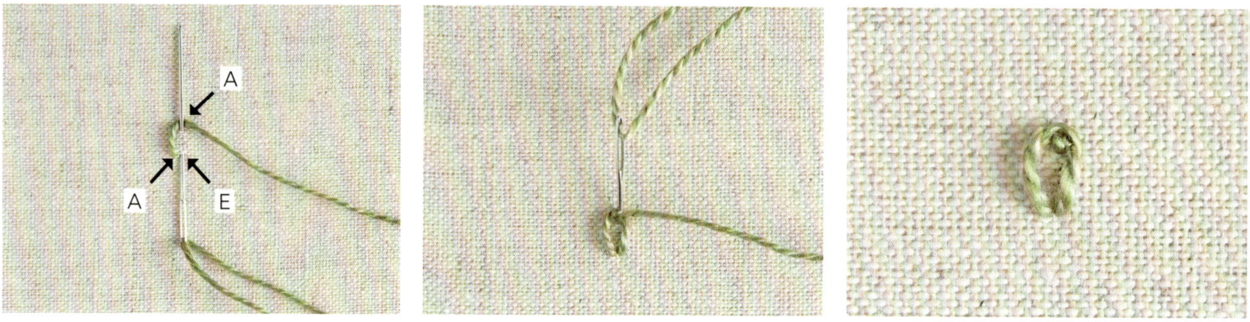


Den Faden unten ausstechen und wieder in den gleichen Stich einstechen. Dann 0,4 cm weiter oben ausstechen und den Faden unter die Nadel legen. An der Nadel ziehen und oben den Faden der Schlaufe fixieren.

## DOPPELTER MARGERITENSTICH

Einzelstich, Variante des vorigen Stichs

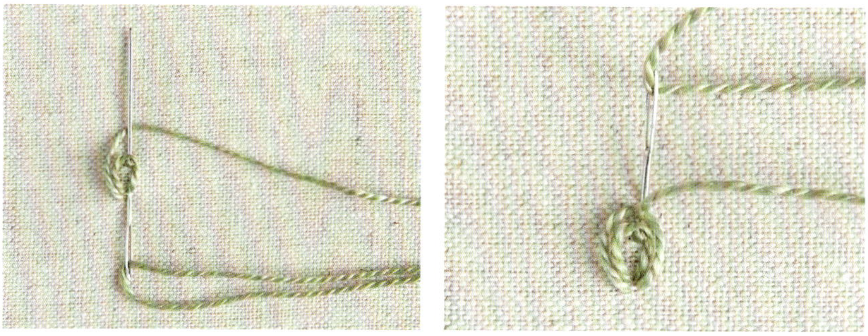

Einen Margeritenstich sticken. Dann einen zweiten Margeritenstich um den vorigen sticken.

## MARGERITENSTICH MIT KNÖTCHEN

Misch- und Einzelstich

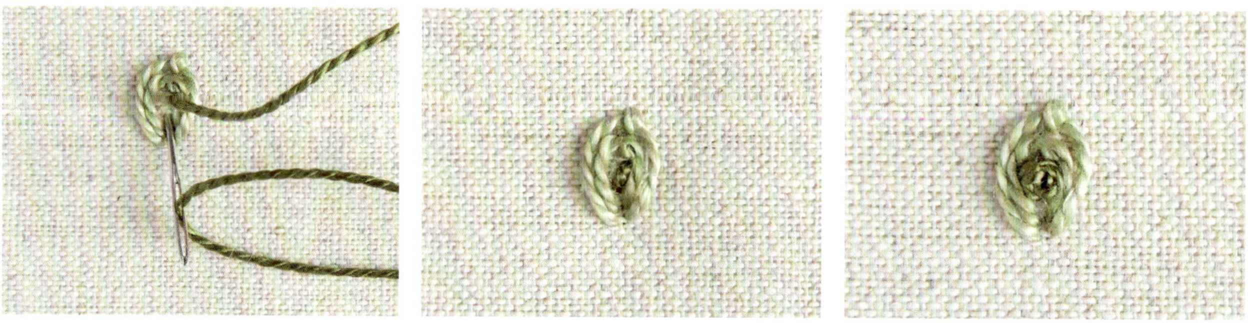

Zunächst einen doppelten Margeritenstich sticken und dann einen Spann- oder Knötchenstich in die Mitte setzen.

## LANGETTENSTICH (FESTON- ODER SCHLINGSTICH)

Geradstich

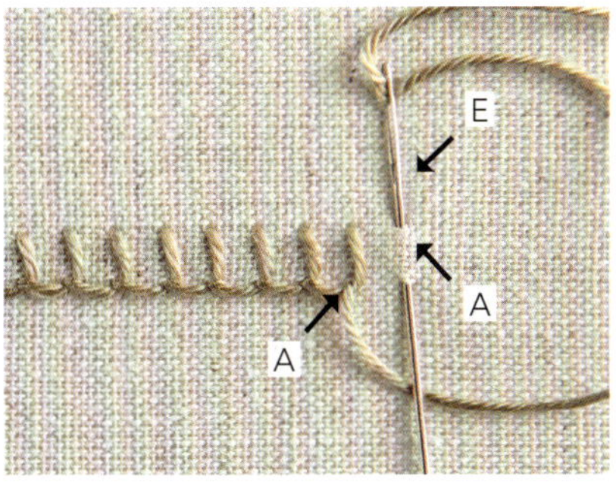


Er wird von links nach rechts gearbeitet. Den Faden unten ausstechen, 0,3 cm weiter links und 0,3 cm weiter oben einstechen, dann senkrecht nach unten ausstechen und den Faden unter die Nadel legen. An der Nadel ziehen und den Stich für die gesamte Reihe wiederholen.

## UMSCHLUNGENER LANGETTENSTICH

Variante des vorigen Stichs

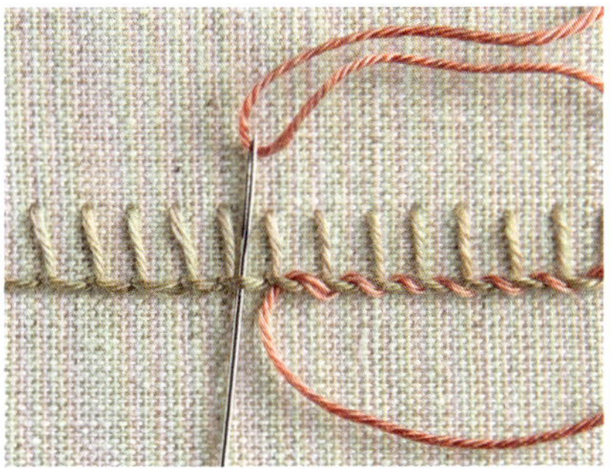

Die erste Reihe im Langettenstich sticken, dann mit einem anderen Faden von rechts nach links zurückkehren und die Nadel von oben nach unten unter den horizontalen Stichen durchziehen, ohne den Stoff zu durchstechen.

## VERZAHNTER LANGETTENSTICH

Mit diesem Geradstich können Sie schöne Borten sticken.

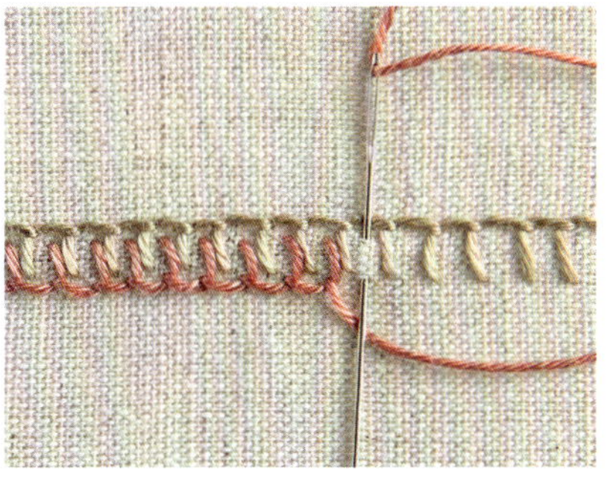

Eine Reihe im Langettenstich sticken. Die Arbeit um 180° drehen, einen zweiten Langettenstich sticken und die Stiche in die Zwischenräume der vorigen Reihe setzen.

## SCHLINGSTICH-RAD (SCHNÜRLOCH ODER WAGENRAD)

Einzelner, im Kreis gearbeiteter Langettenstich

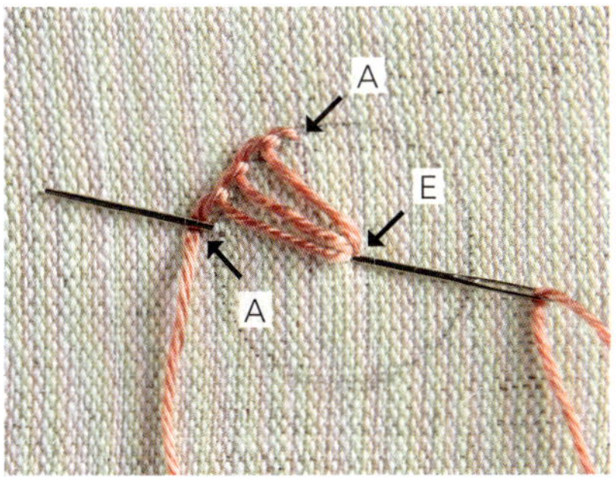


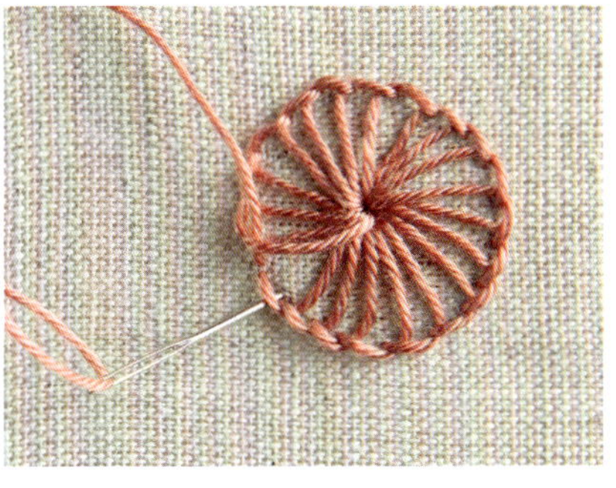

**1.** Aus dem Rand ausstechen, in die Mitte ein- und 0,2 cm vom vorigen Stich entfernt aus dem Kreis ausstechen, dabei den Faden unter die Nadel legen. An der Nadel ziehen und den gleichen Stich wiederholen, bis der gesamte Kreis gestickt ist.

**2.** Um das Wagenrad fertigzustellen, den letzten Stich unter dem ersten horizontalen Stich einstechen.

*Das Wagenrad kann auch umwickelt werden, was einen sehr schönen Effekt erzeugt. Dieser schöne Stich wird oft für Blumenmotive verwendet. Er ist einfach zu sticken.*

## HEXENSTICH

Gekreuzter Geradstich, der über zwei parallele horizontale Linien von links nach rechts gearbeitet wird.

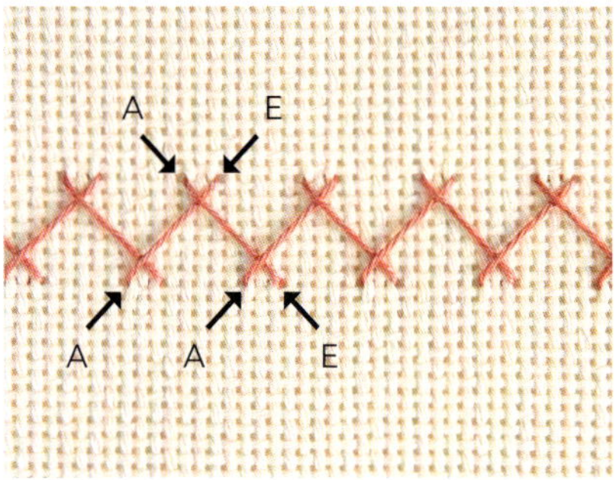


Schrägstiche setzen, dabei gleichzeitig in die obere und untere Linie einstechen und Abstand zwischen den Stichen lassen.

## KREUZNAHTSTICH

Geradstich, Variante des vorigen Stichs

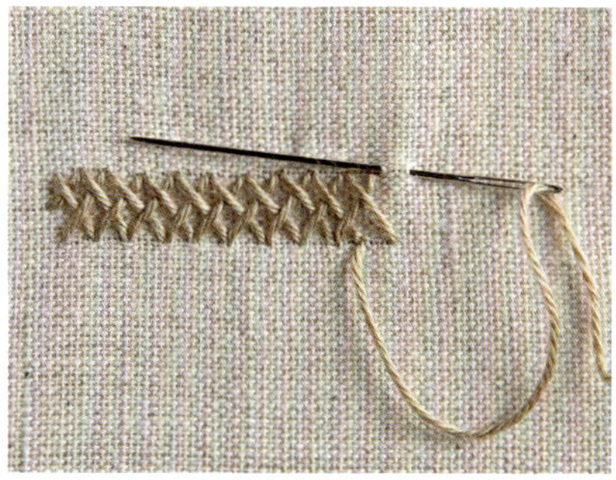

Dieser Stich wird genauso wie der vorige gearbeitet, doch ohne Abstand zwischen den Stichen.

## DOPPELTER HEXENSTICH

Mit dieser Variante des Hexenstichs können Sie Borten sticken.

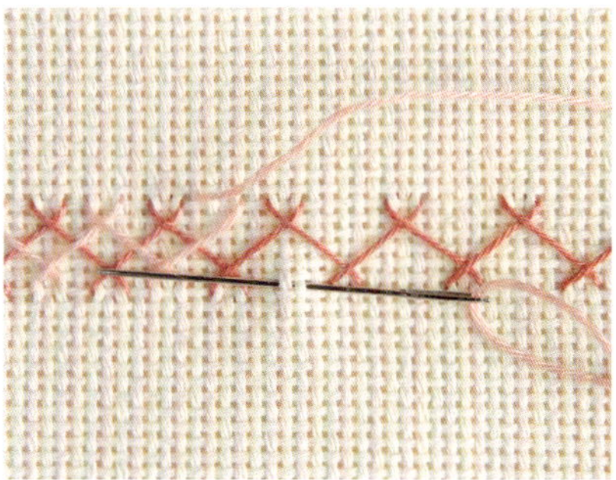

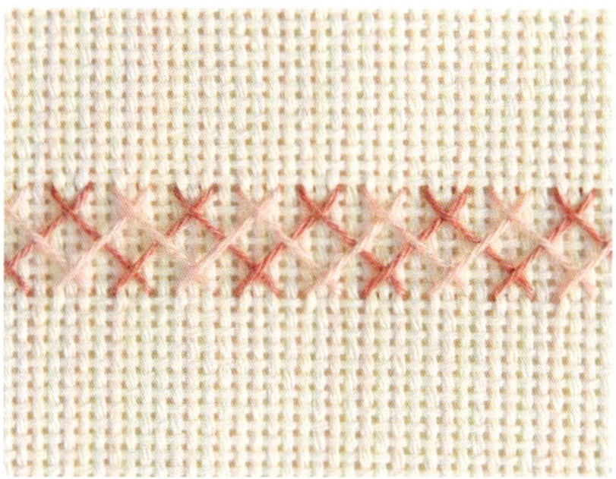

Eine Reihe im Hexenstich, dann eine zweite identische Reihe über die erste sticken und die Zwischenräume der ersten Reihe nutzen.

## DOPPELTER UMSCHLUNGENER HEXENSTICH

Mit diesem Mischstich, einer Variante des vorigen Stichs, können Sie schöne Borten sticken.

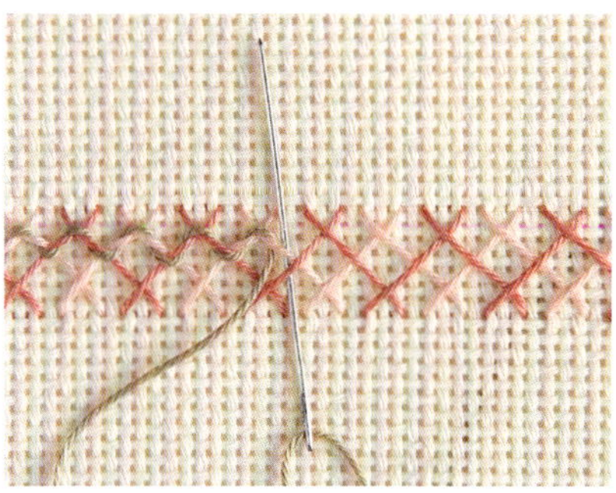

**1.** Einen doppelten Hexenstich sticken, dann mit einem anderen Faden die Nadel über/unter den oberen überkreuzten Stichen durchziehen, ohne den Stoff zu durchstechen.

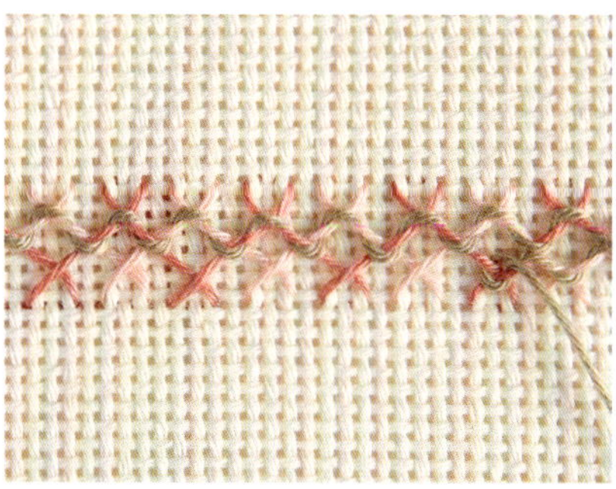

**2.** Von rechts nach links zurückkehren und die unteren überkreuzten Stiche genauso umwickeln.

## GEHÖHTER HEXENSTICH

Misch- und Geradstich

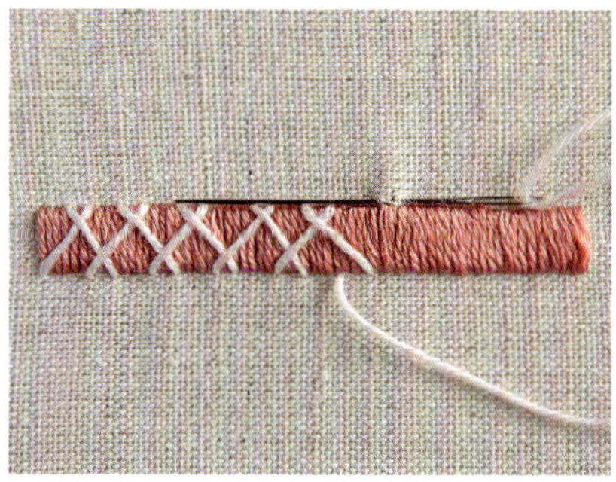

Eine 0,5 cm breite Reihe im vertikalen Plattstich sticken. Mit einem anderen Faden im Hexenstich darüber sticken.

## SCHATTENSTICH

Dieser Kreuznahtstich wird auf der Rückseite des Stoffs gearbeitet.

Dieser Stich ist durch Transparenz sichtbar. Wählen Sie daher einen entsprechenden Stoff. Hier wurde eine gedämpfte Garnfarbe verwendet. Es ist jedoch ratsam, in einer kräftigeren Farbe zu sticken. Halten Sie die Vorderseite beim Sticken zu Ihnen und sticken Sie zwei parallele Linien im Steppstich (siehe S. 148).

***Anm.** Sie können diesen Stich auch ausführen, wenn Sie die Rückseite zu Ihnen halten. In diesem Fall ist der Kreuznahtstich sichtbar.*

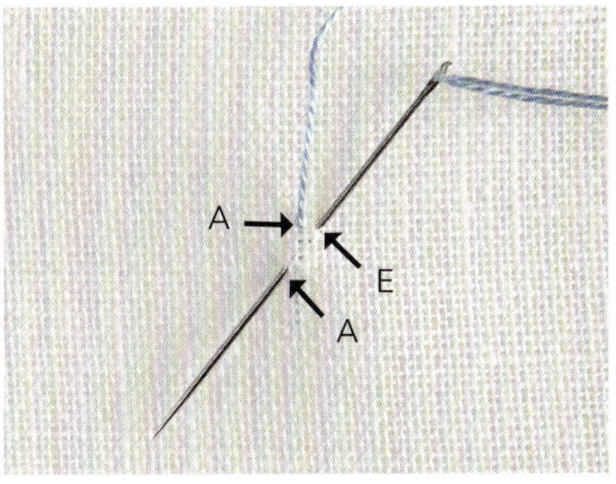


**1.** Oben ausstechen, einen 0,2 cm langen Rückstich setzen und schräg unten ausstechen.

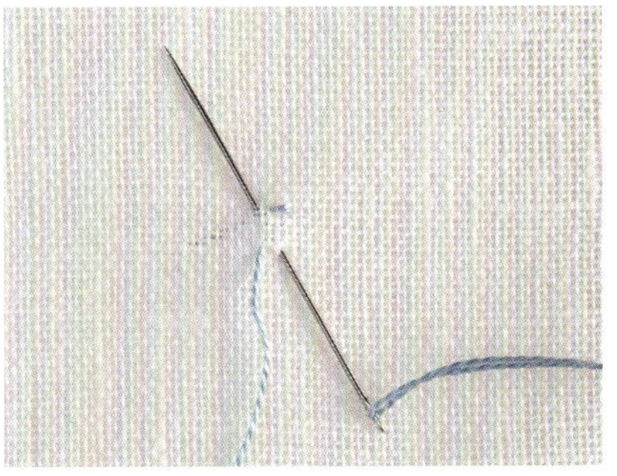

**2.** Einen 0,3 cm langen Rückstich setzen und 0,3 cm vor dem vorigen Stich oben ausstechen.

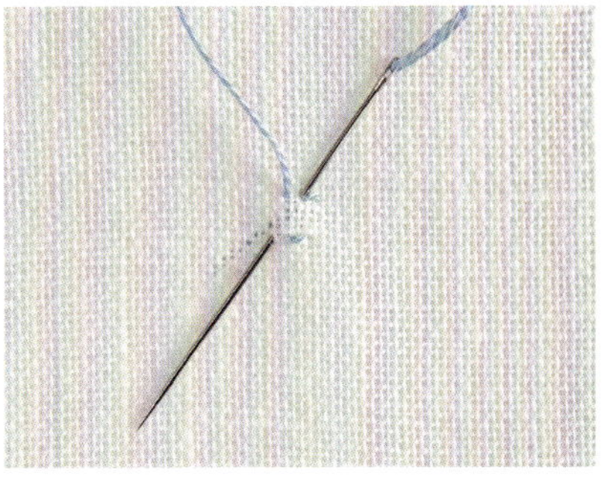

**3.** Schräg unten ausstechen und wie zuvor sticken.

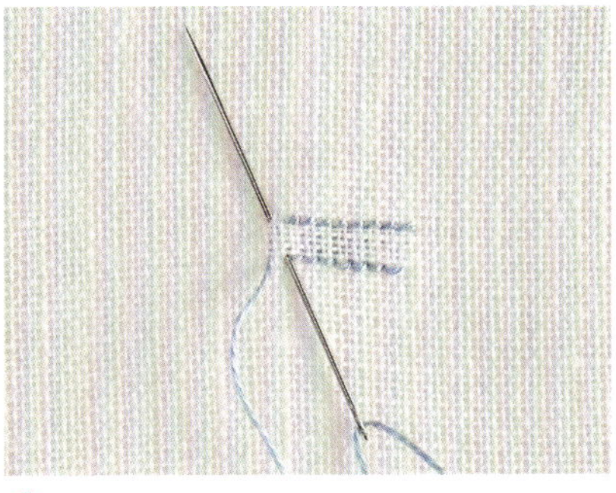

**4.** Auf die gleiche Weise nach links weitersticken.

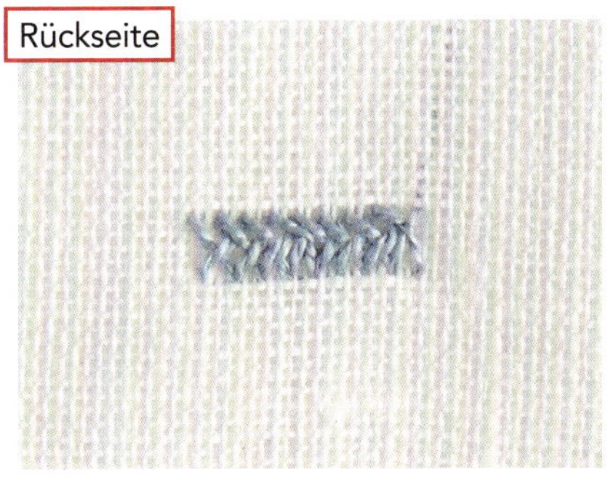


*Der Kreuznahtstich wird mit einem Faden gestickt, der auf der Vorderseite durchscheint. Für eine bessere Deckkraft der Farbe ist es ratsam, viele kleine Stiche dicht nebeneinander zu setzen.*

## EINFACHES BLATT IM SCHATTENSTICH

Ein Blatt auf den Stoff zeichnen.

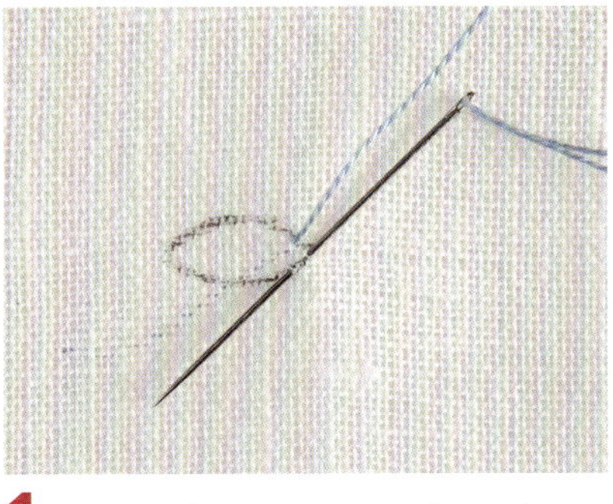

**1.** Den Faden 0,3 cm von der rechten Spitze entfernt auf der oberen Linie ausstechen. Dann 0,3 cm weiter links in die untere Linie einstechen.

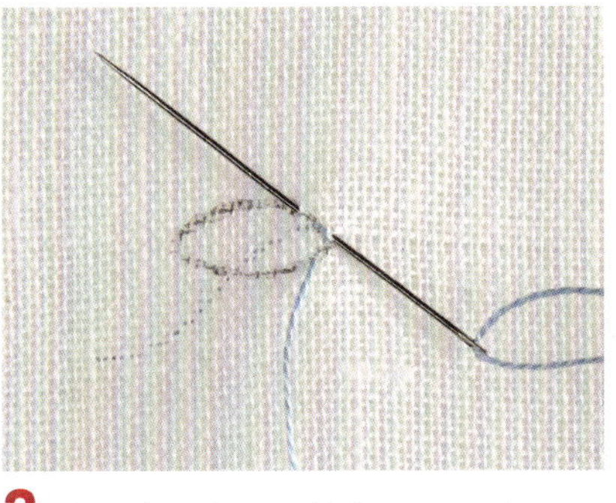

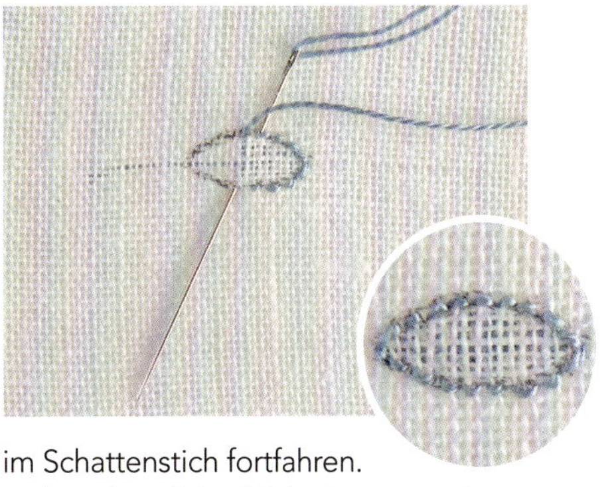

**2.** Aus der oberen Linie ausstechen und im Schattenstich fortfahren. Ziehen Sie den Faden, um ihn zu fixieren, mehrmals auf der Rückseite unter den Stichen durch.

# GEÄDERTES BLATT IM SCHATTENSTICH

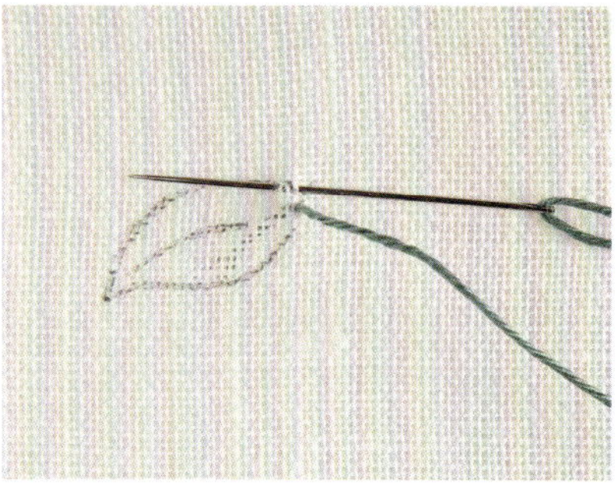

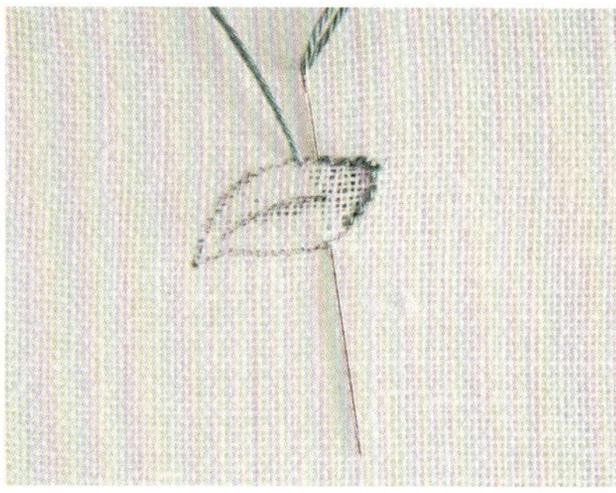

**1.** Die Stickerei wie beim vorigen Blatt (siehe S. 165) beginnen und in die äußeren Linien einstechen. Die Stiche sollten gleich lang sein.

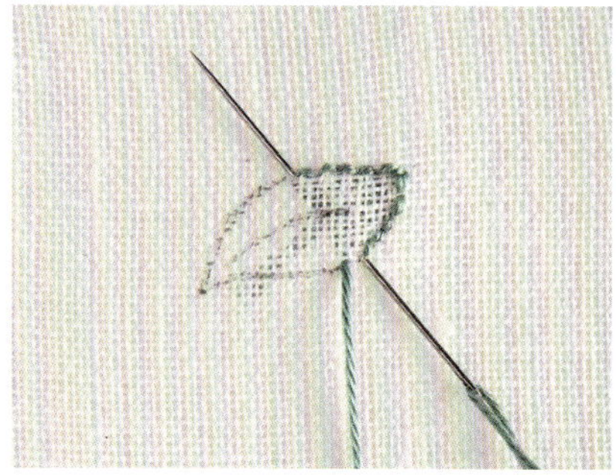

**2.** Die obere Blattlinie ist etwas länger als die untere, weshalb die Stiche irgendwann versetzt sind. Zum Ausgleich auf der oberen Linie einen Rückstich über den vorigen Stich setzen.

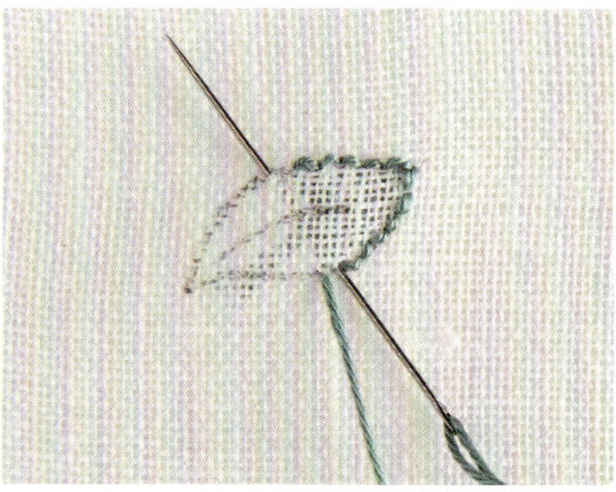

Wie zuvor weitersticken.
***Anm.*** *Falls erforderlich, den übereinanderliegenden Stich wiederholen, bis die Stiche gleich ausgerichtet sind.*

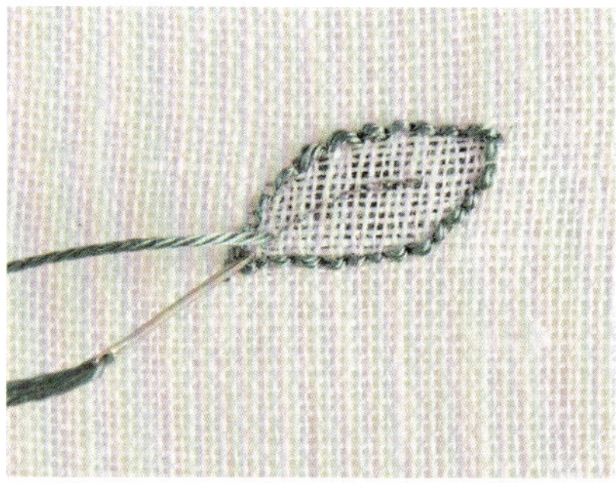

**3.** Nach Beendigung des Kreuznahtstichs die Ader im Steppstich sticken.

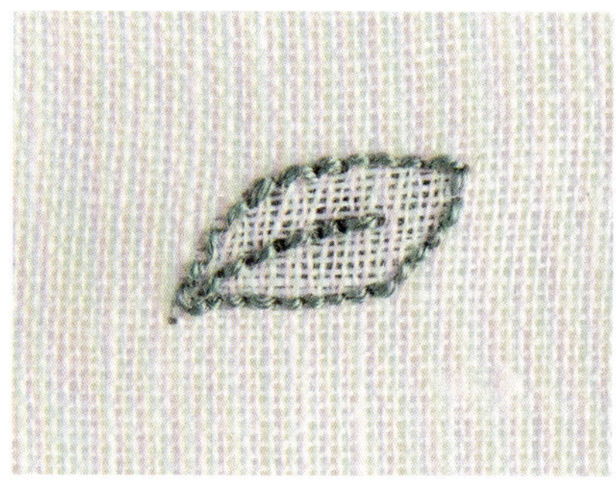

# BLÜTENBLÄTTER IM SCHATTENSTICH

Die Blütenblätter verfügen über zwei Adern, eine große Rundung und eine gemeinsame Seite.

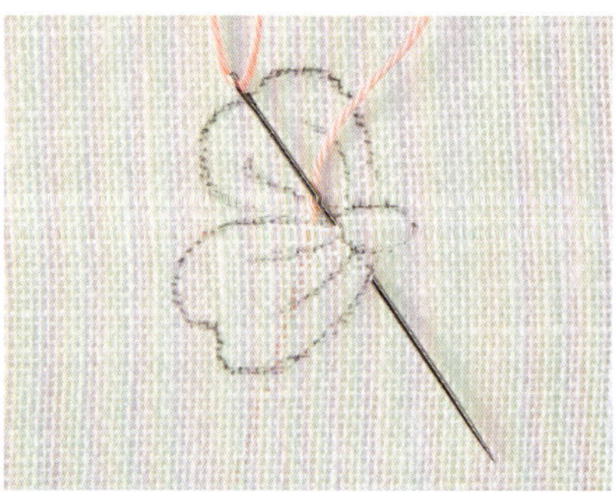

**1.** Zunächst das untere Blütenblatt im Schattenstich sticken und in die äußeren Linien einstechen.

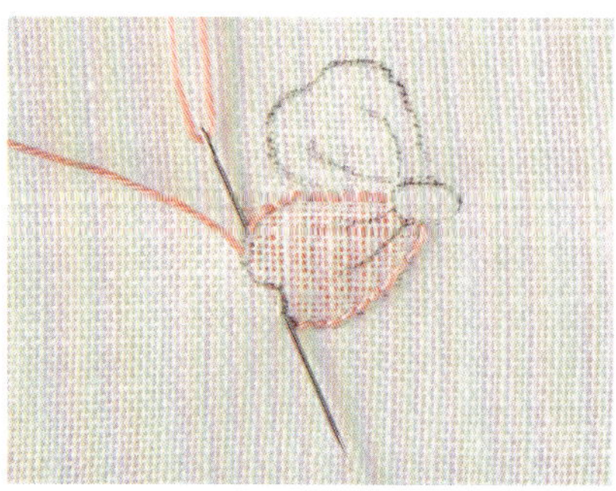

**2.** So weit wie möglich nach links sticken, ohne über die Linien hinaus zu sticken.

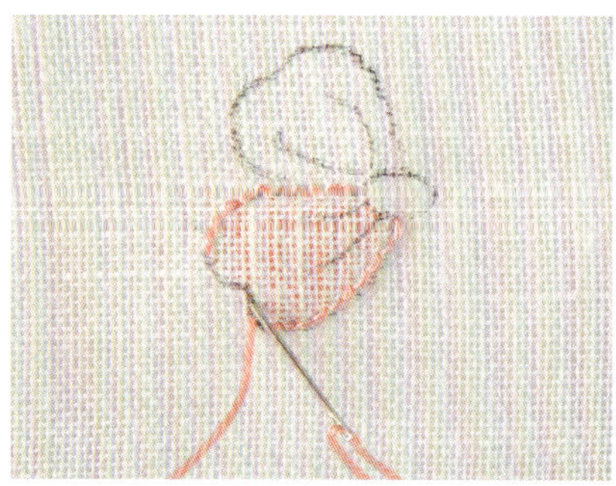

**3.** Die runde Randlinie im Steppstich sticken.

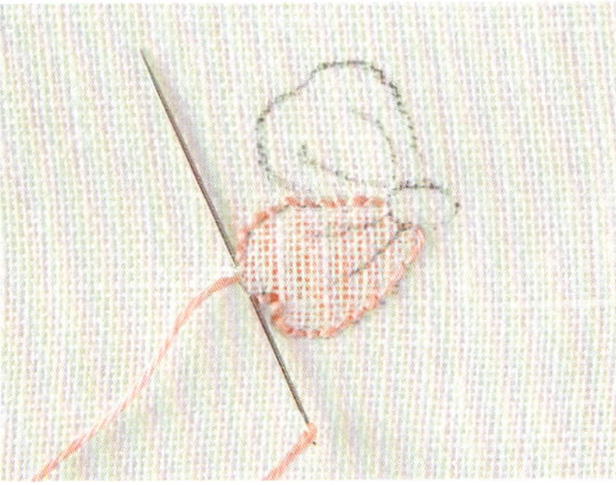

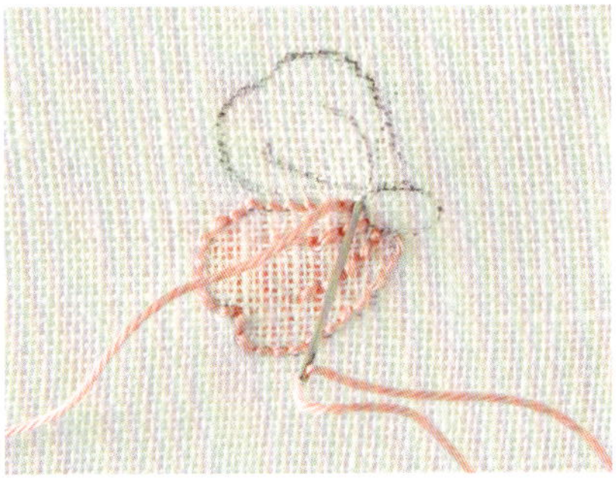

**4.** Die Adern im Steppstich sticken und das obere Blütenblatt im Schattenstich beginnen. Den Faden links vom ersten Stich aus- und rechts einstechen.

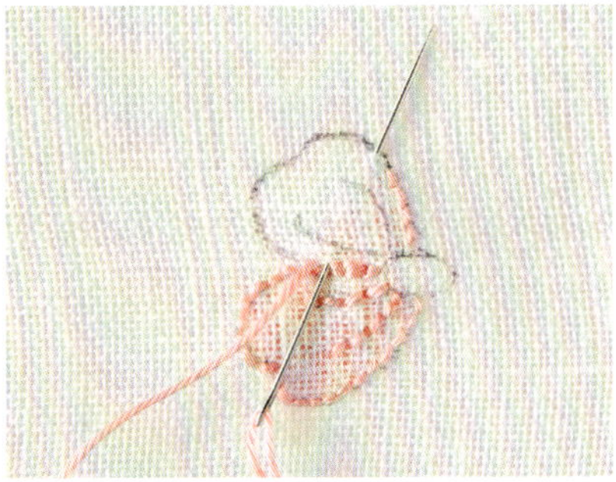

**5.** Aus der oberen Linie ausstechen und im Schattenstich sticken, dabei in die unteren Stiche einstechen und genau darüber sticken.

## EINFACHER KNÖTCHENSTICH

Einzelstich

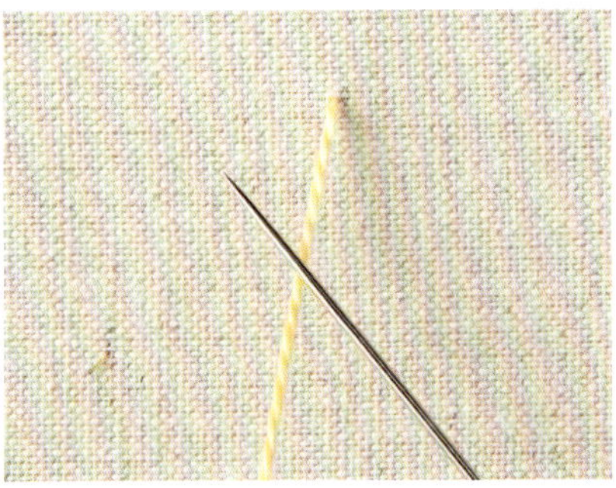

**1.** Den Faden aus dem Stoff ausstechen und die Nadel darüber legen.

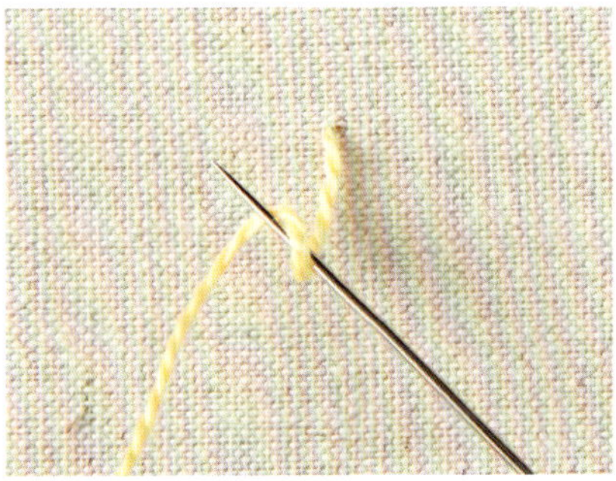

**2.** Den Faden gegen den Uhrzeigersinn um die Nadel wickeln.

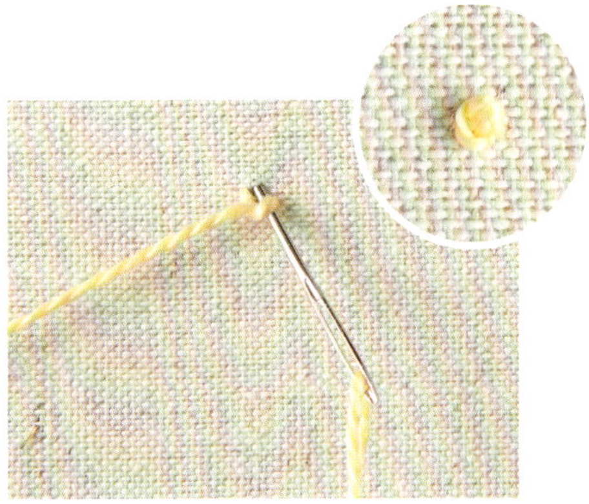

**3.** Nahe dem Anfangspunkt in den Stoff einstechen und den Faden auf die Rückseite ziehen. Der Knoten zieht sich auf dem Stoff fest.

## DOPPELTER KNÖTCHENSTICH

Variante des vorigen Stichs

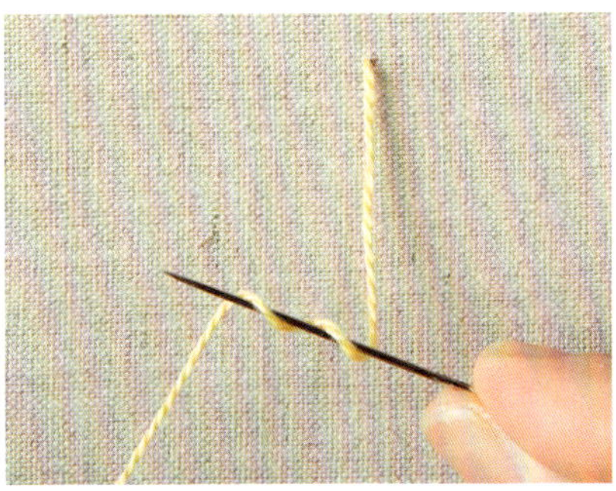

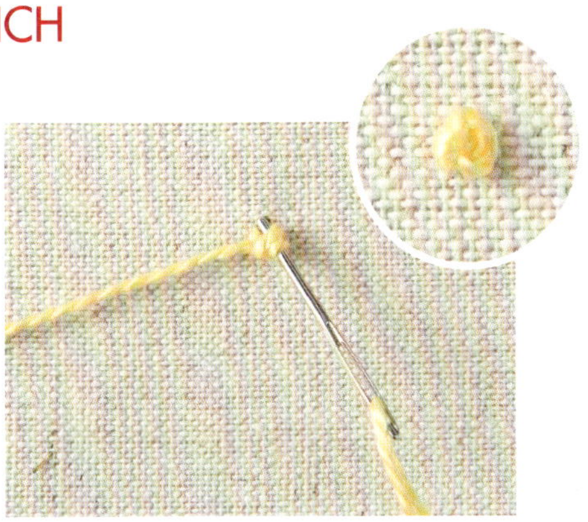

Dieser Stich wird genauso gearbeitet, doch der Faden wird zweimal um die Nadel gewickelt.

## KOLONIALKNOTEN

Variante des doppelten Knötchenstichs

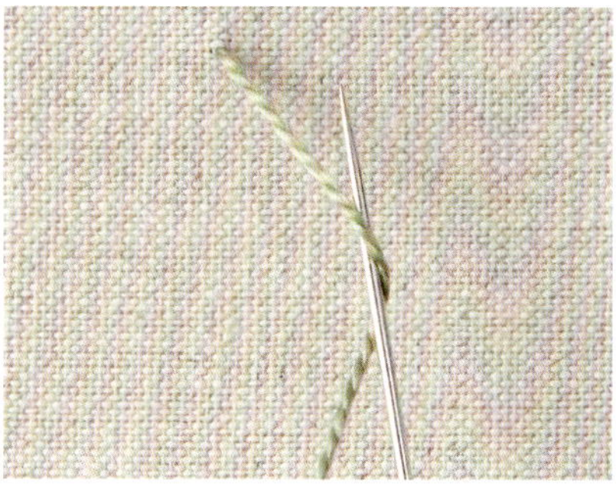

**1.** Den Faden aus dem Stoff ausstechen und unter der Nadel durchziehen, dann wieder nach links legen.

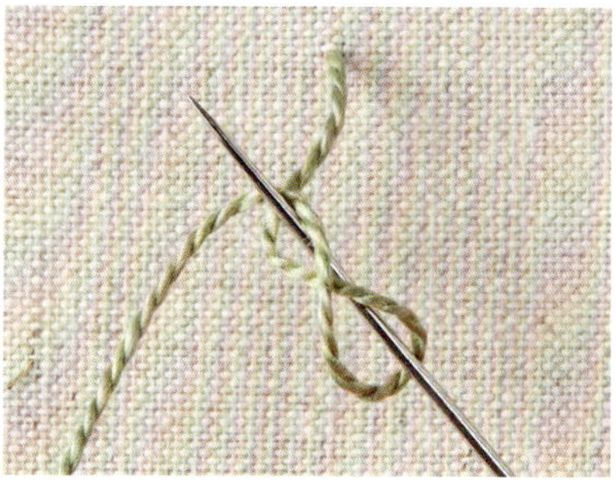

**2.** Den Faden erst über, dann links unter die Nadel legen, sodass er eine Acht bildet.

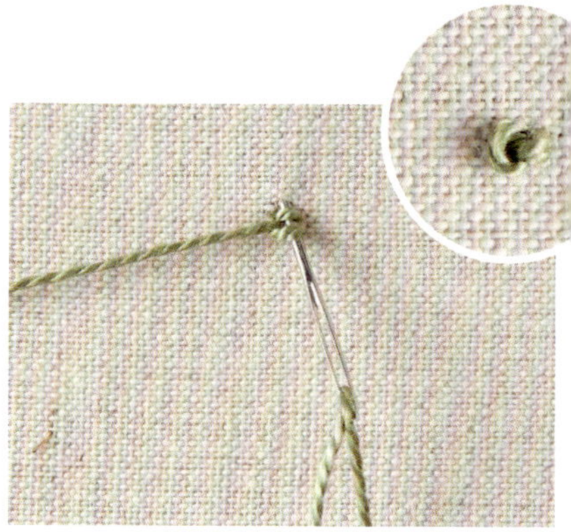

**3.** Am Faden ziehen, um den Knoten um die Nadel und auf dem Stoff festzuziehen. Den Stoff durchstechen und an der Nadel ziehen, um den Knoten zu binden und auf den Stoff zu legen.

## PALÄSTRINASTICH

Geradstich, Variante des Knötchenstichs

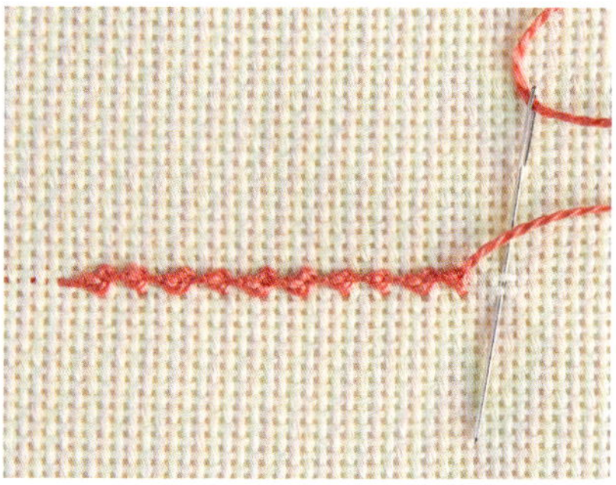

**1.** In drei Schritten von links nach rechts arbeiten. Den Faden links ausstechen, drei Fäden weiter von oben nach unten einstechen.

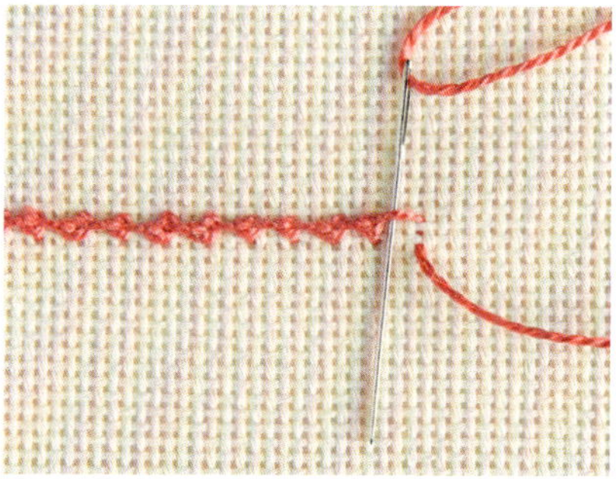

**2.** Die Nadel unter dem ersten horizontalen Stich durchziehen.

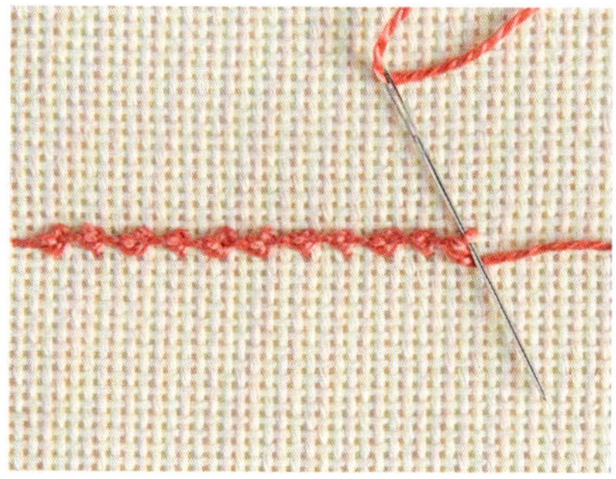

**3.** Den Faden nach unten spannen und unter dem letzten Stich durchziehen, ohne den Stoff zu durchstechen. Den Faden dabei unter die Nadel legen.

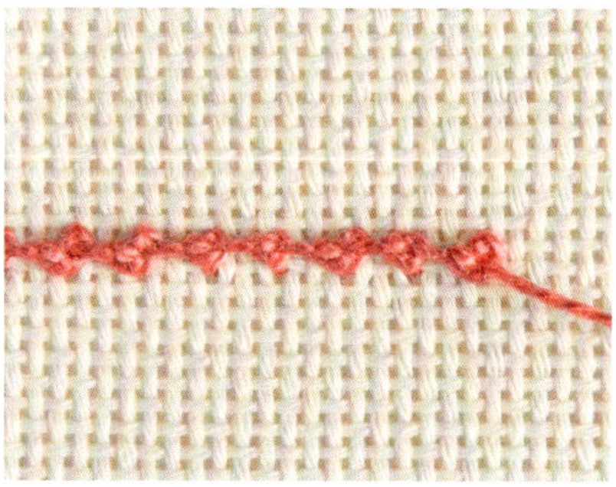

**4.** Vorsichtig an der Nadel ziehen, um einen Stich zu bilden. Die folgenden Stiche genauso sticken.

## EINFACHER STEMPELSTICH

Einzel- und Mischstich, Kombination aus Knötchen- und Spannstich

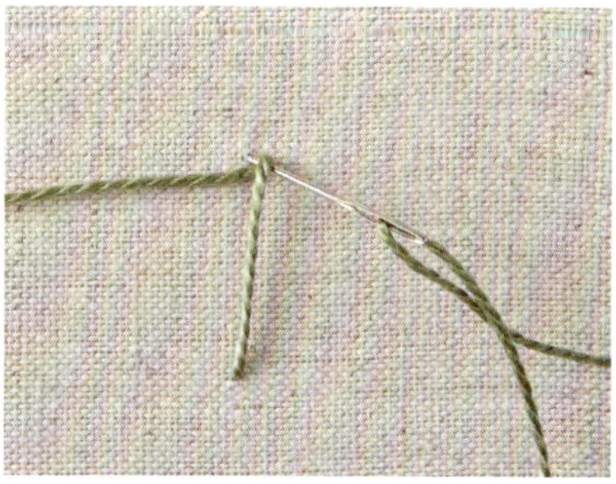

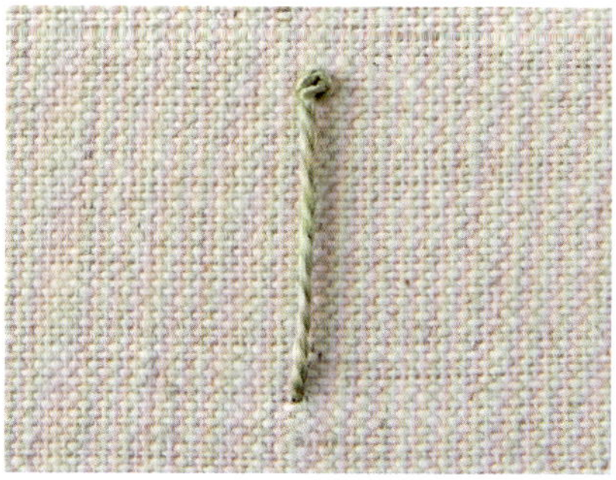

Den Faden unten ausstechen, einen einfachen Knötchenstich sticken und weiter oben einstechen.

## DREIFACHER STEMPELSTICH

Variante des vorigen Stichs

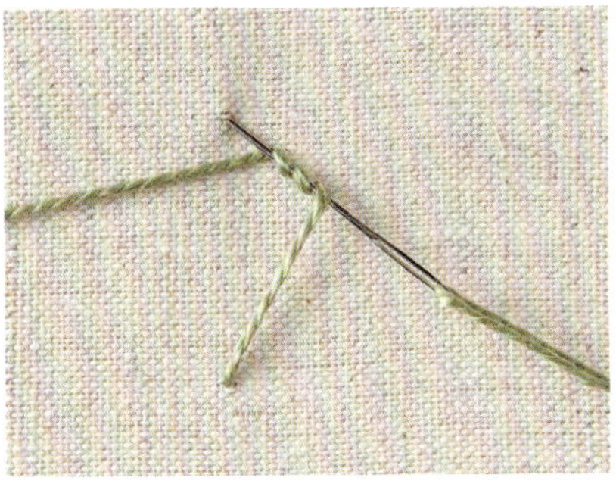

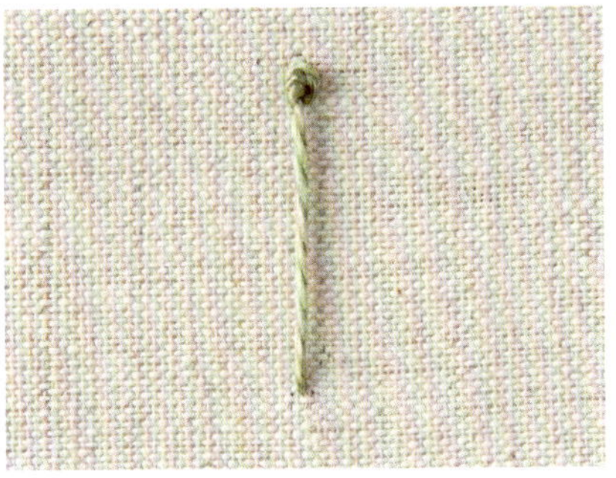

*Der Stempelstich wird oft in der bukolischen Stickerei verwendet, um kleine Pflanzen, Grashalme etc. darzustellen.*

Der Stich wird wie zuvor gearbeitet, der Faden jedoch dreimal um die Nadel gewickelt.

## WICKELSTICH

Einzelstich, Variante des Knötchenstichs

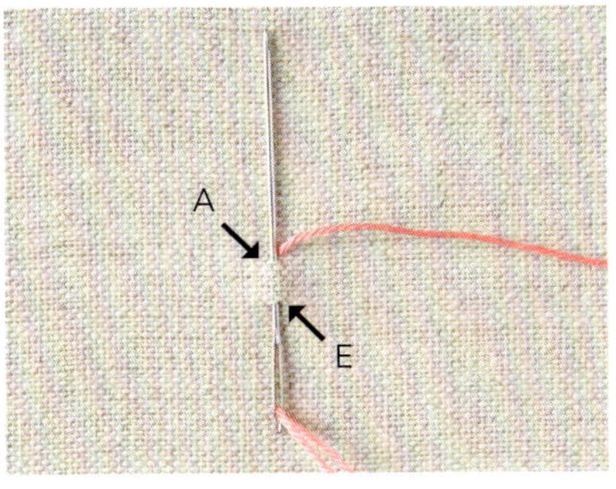


**1.** Den Faden oben ausstechen, 0,5 cm tiefer einstechen und an der gleichen Stelle wie zuvor ausstechen. Die Nadel im Stoff lassen.

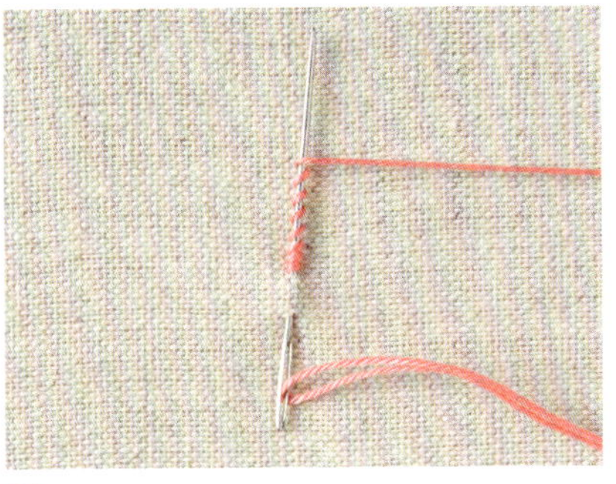

**2.** Den Faden achtmal gegen den Uhrzeigersinn um die Nadel wickeln.

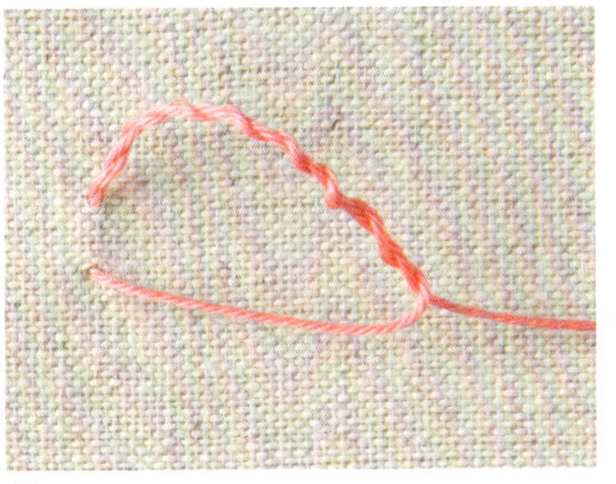

**3.** Die Nadel herausziehen und die Stiche, die sich um den Faden wickeln, richtig ausrichten.

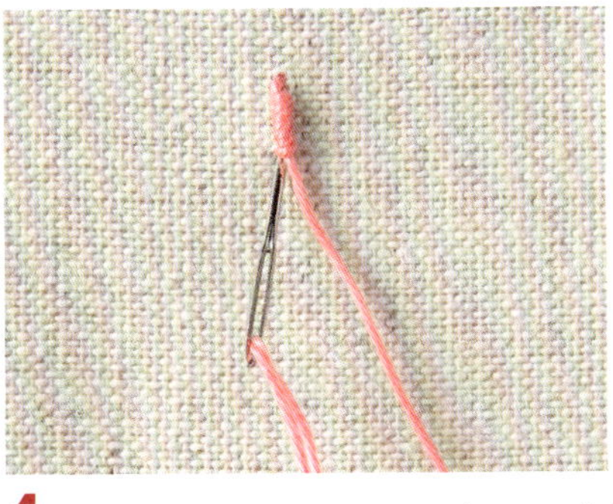

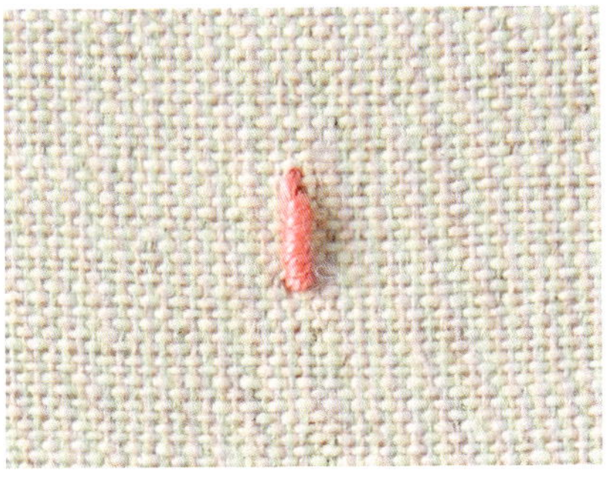

**4.** Unten in den Stich einstechen und den Stich auf den Stoff legen.

*Den Wickelstich arbeiten Sie am besten mit einer großen Nadel und gezwirntem Garn wie Broder Spécial DMC.*

## MARGERITEN-WICKELSTICH

Einzelstich, Variante des Wickelstichs

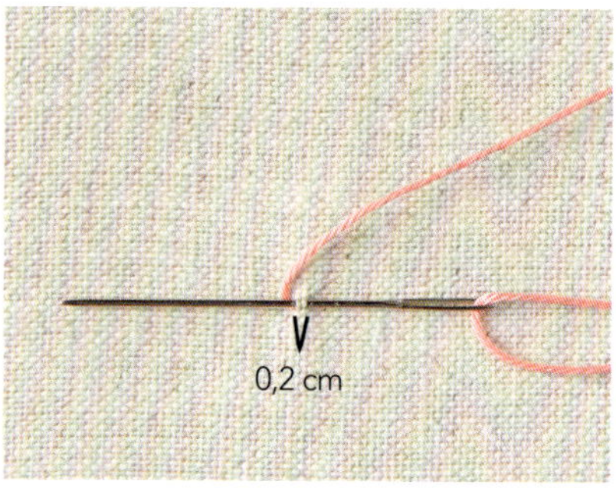


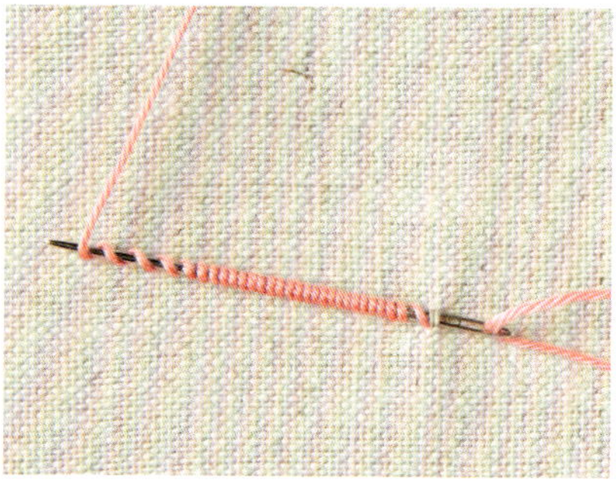

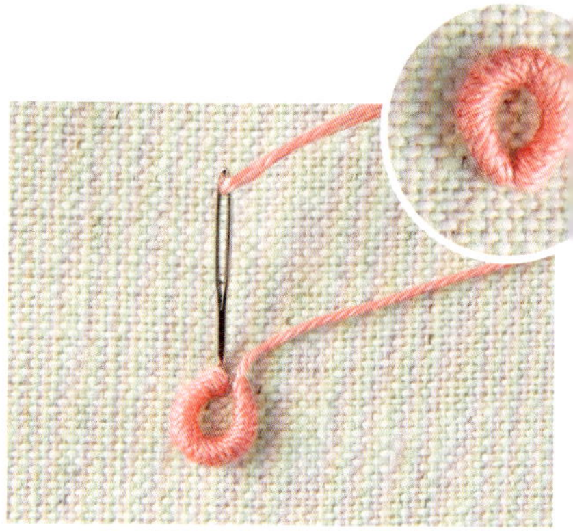

**1.** Aus dem Stoff ausstechen, 0,2 cm weiter einstechen und wieder aus dem Anfangspunkt ausstechen. Den Faden 24-mal gegen den Uhrzeigersinn um die Nadel wickeln.

**2.** Den Stich so ausrichten, dass eine dicke Schlaufe entsteht, und in den Anfangspunkt einstechen.

## GROSSER WICKELSTICH

Einzelstich, Variante des Wickelstichs

Dieser Stich wird genauso wie der Wickelstich gearbeitet, doch der Faden wird öfter um die Nadel gewickelt, sodass der Stich länger als die zu bedeckende Stofflänge ist.

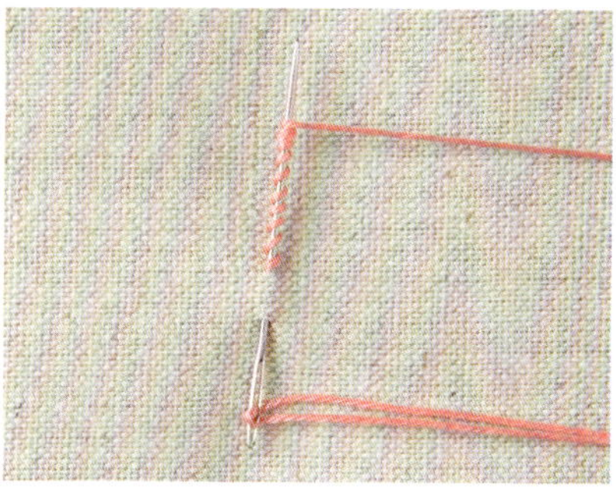

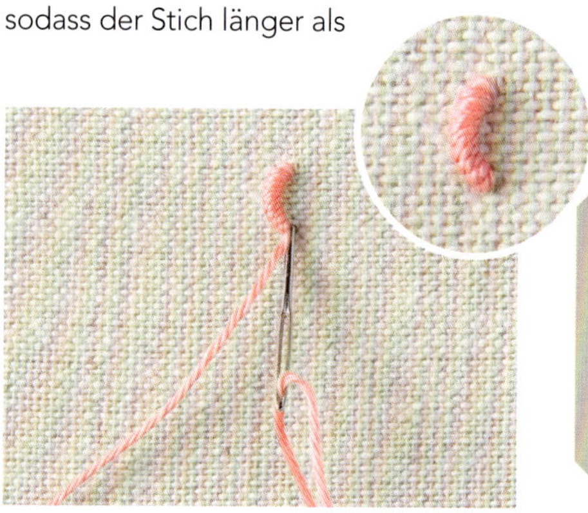

*Aufgrund seines Aussehens wird der Wickelstich auch „Schnur"- oder „Wurmstich" genannt.*

Der Stich ist zu einer Seite gebogen.

## LANGETTEN-WICKELSTICH

Einzelstich, Kombination aus Wickel- und Langettenstich

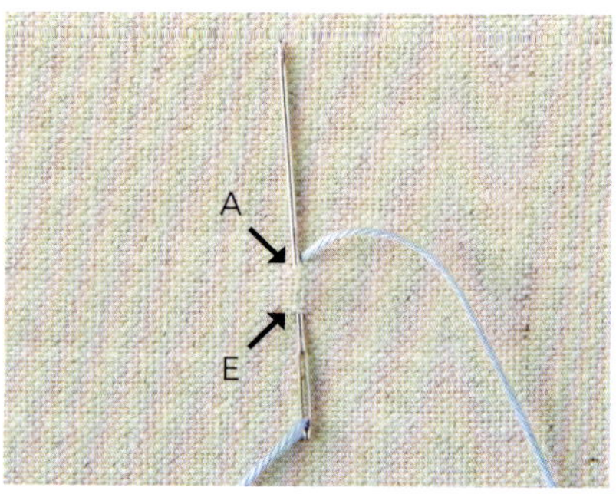


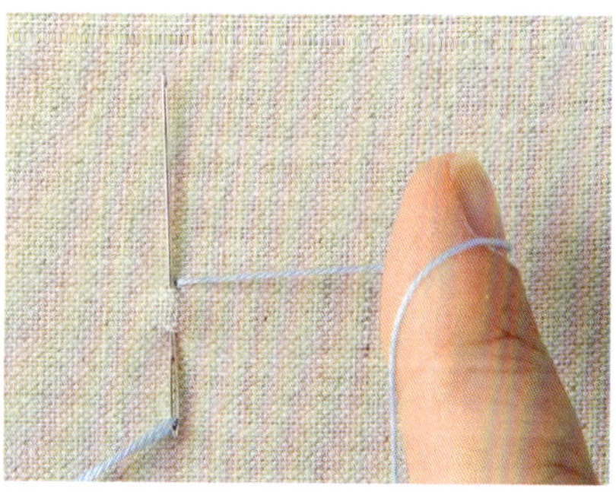

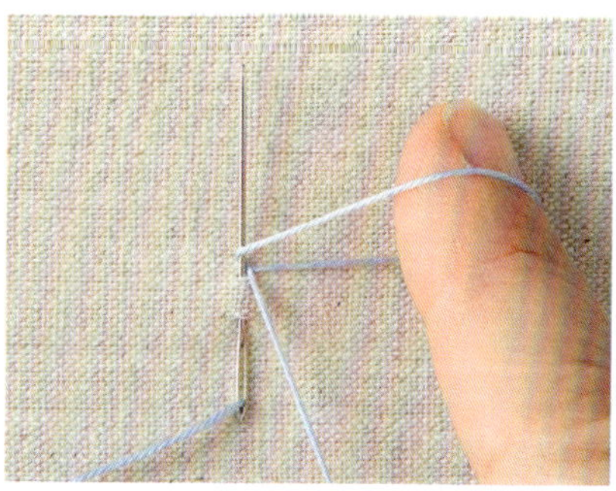

**1.** Den Faden ausstechen, 0,7 cm tiefer einstechen und die Nadel oben an der gleichen Stelle wie zuvor ausstechen. Die eingestochene Nadel im Stoff lassen, den Faden um den Finger wickeln und eine Masche auf die Nadel ziehen.

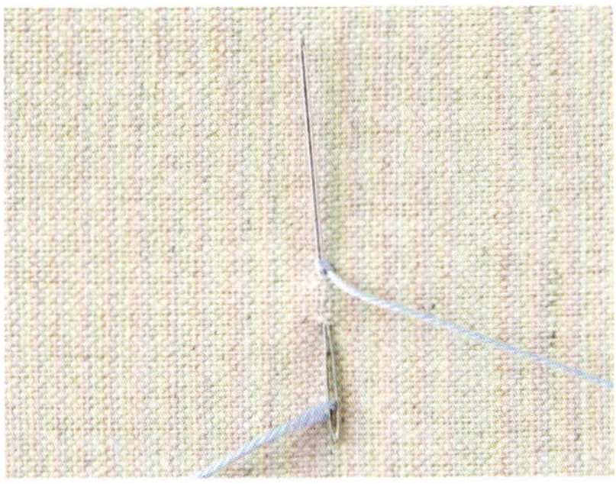
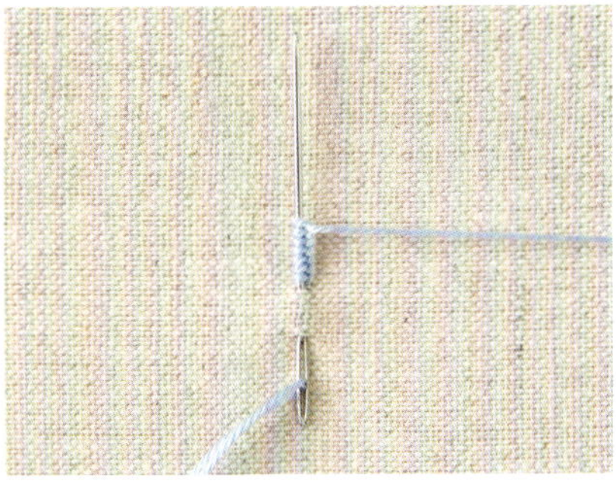
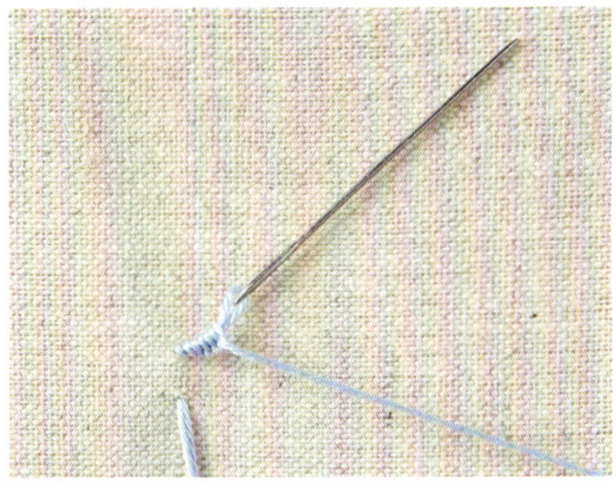

**2.** So fortfahren, sechs weitere Maschen auf die Nadel ziehen und nebeneinander festziehen.

**3.** Die Nadel herausziehen und die Maschen um den Faden anpassen. Die Nadel von links nach rechts unter dem Stich durchziehen, sodass er wieder gerade wird, und unten einstechen.

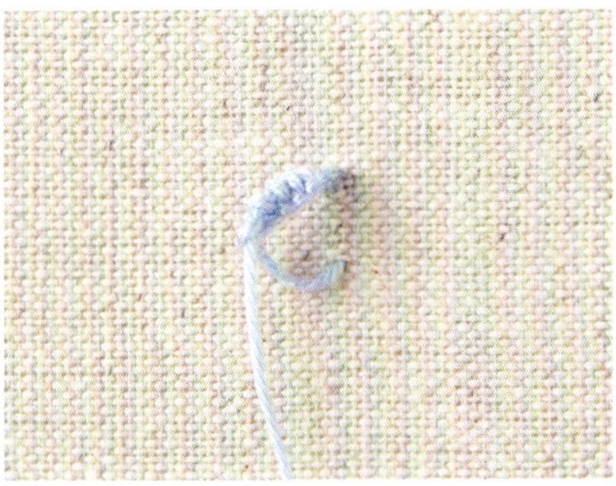
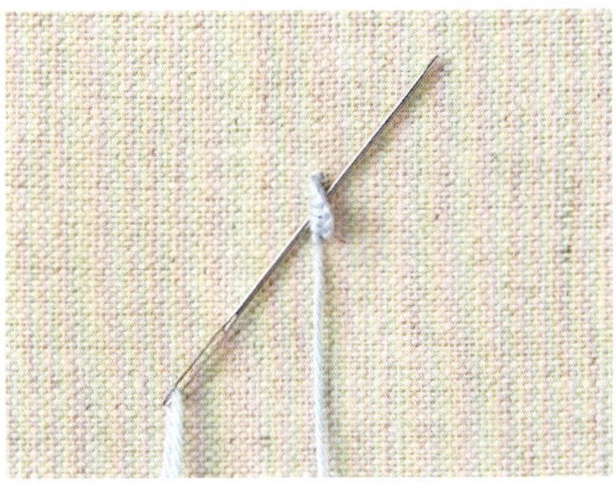
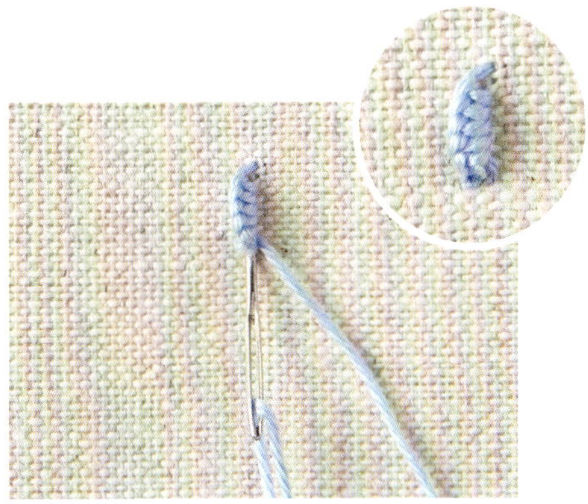

## MARGERITEN-LANGETTEN-WICKELSTICH

Dieser Stich wird genauso gearbeitet wie der Margeriten-Wickelstich, nur dass die Maschen auf die Nadel gezogen werden.

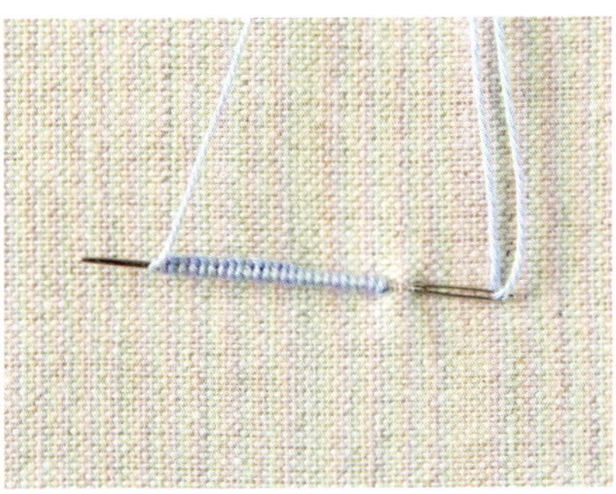
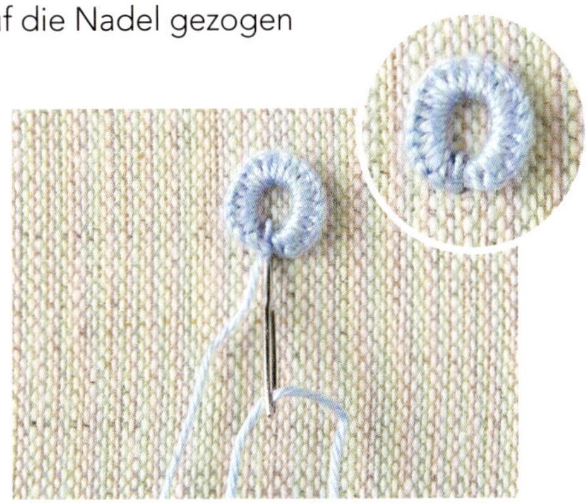

# RÜCKSTICH-SPINNE

Einzelstich mit Rose im Relief

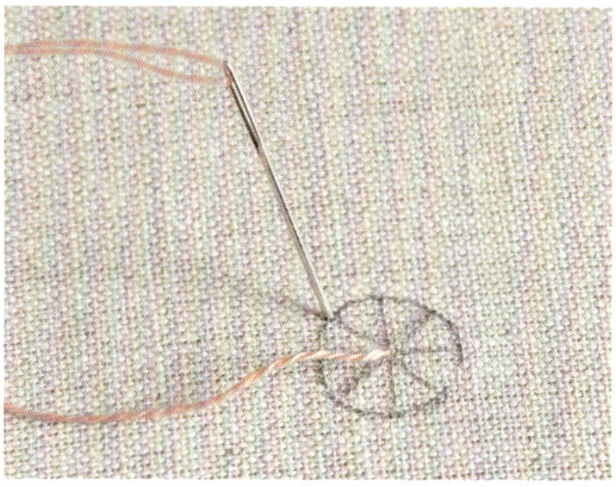

**1.** Einen Kreis von 1 cm Durchmesser mit acht gleichmäßig verteilten Spinnbeinen zeichnen. Den Faden aus der Mitte aus- und in das obere Ende eines Spinnbeins einstechen. Den Faden aus der Mitte ausstechen und genauso über die anderen Spinnbeine sticken.

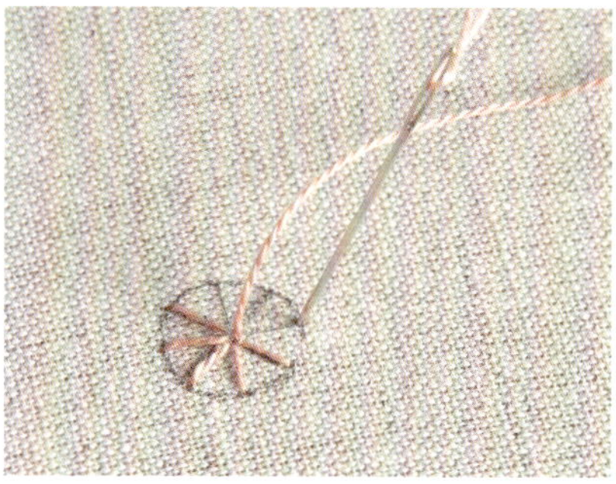

**2.** Die Nadel aus der Mitte ausstechen und unter einem Spinnbein durchziehen.

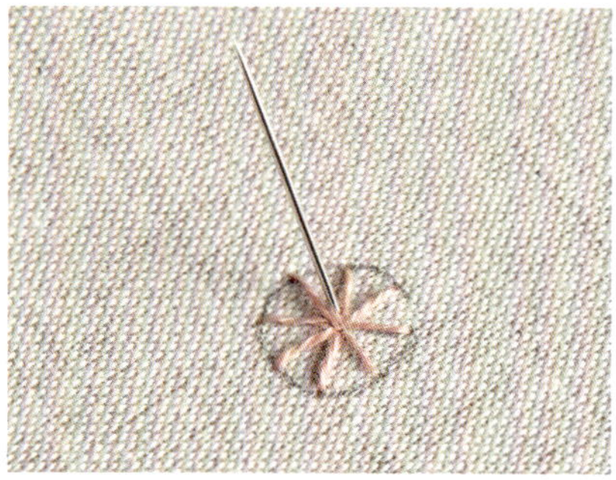

**3.** Den Faden um das Spinnbein wickeln, darunter durchziehen und aus dem benachbarten Bein ausstechen.

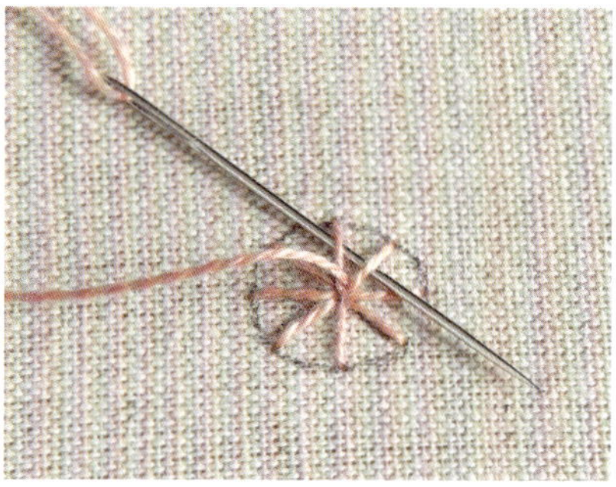

**4.** Die folgenden Spinnbeine genauso sticken, bis alle vollständig bedeckt sind.

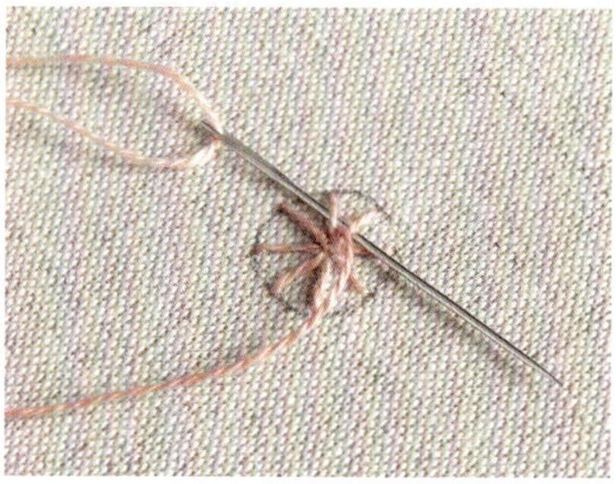

**5.** Am Ende nahe dem zuletzt umwickelten Spinnbein in den Stoff einstechen.

*Sie können die Rückstich-Spinne mit einer geraden oder ungeraden Anzahl von Spinnbeinen arbeiten, ohne dass das visuelle Ergebnis verändert wird.*

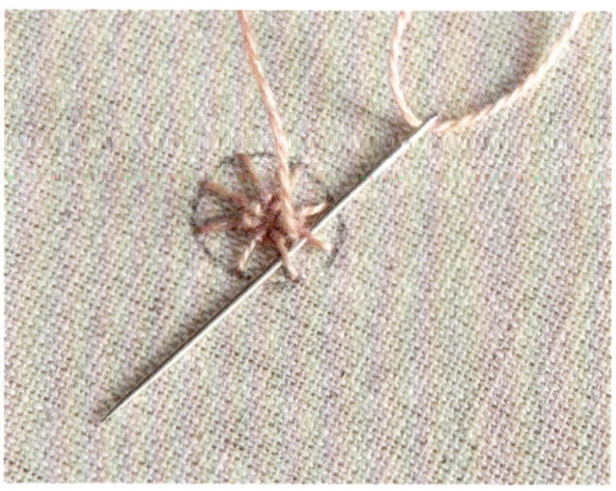

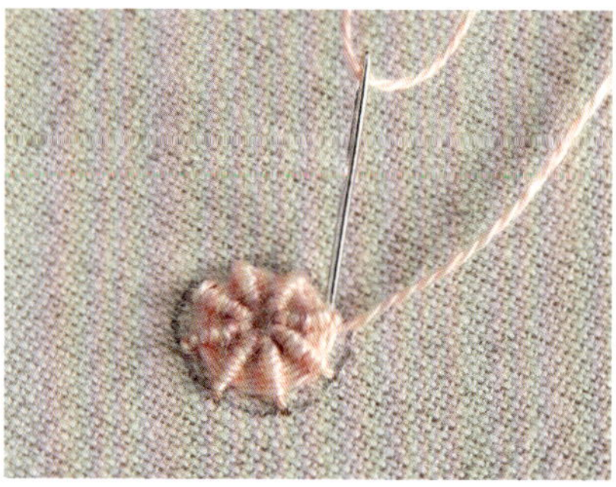

## SPINNE (SPINNWEBSTICH, WEBROSE ODER ROSENSTICH)

Einzelstich mit einer Rose im Relief und ungerader Anzahl von Spinnbeinen

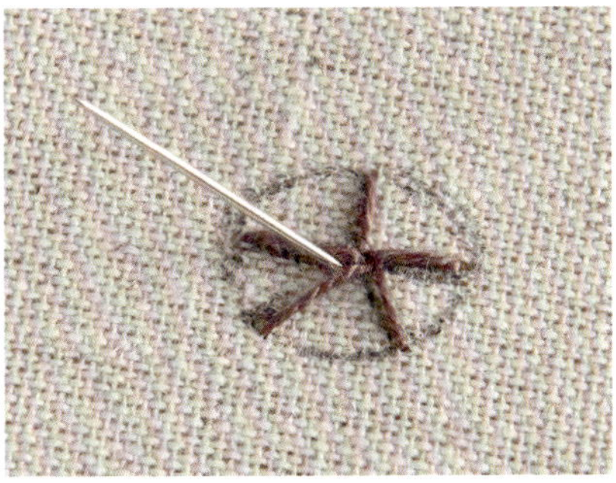

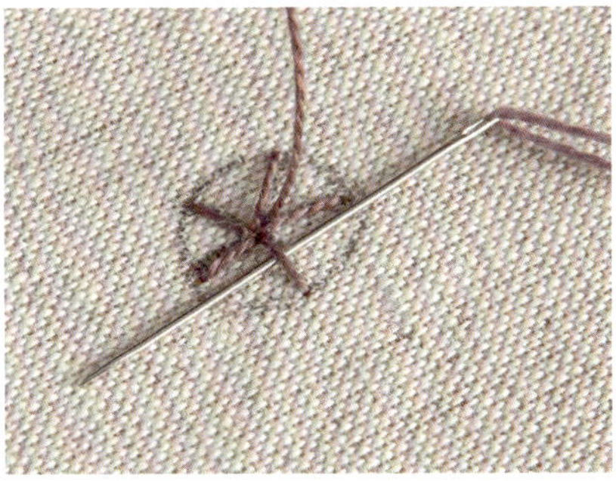

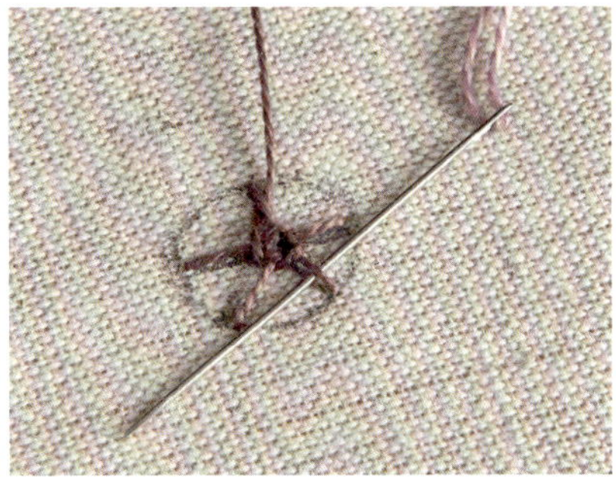

**1.** Einen Kreis von 1 cm Durchmesser und eine ungerade Anzahl von Spinnbeinen (fünf) zeichnen. Die Nadel aus der Mitte ausstechen (siehe S. 172). Wie zuvor einen Spannstich über jedes Spinnbein sticken.

**2.** Die Nadel nahe der Mitte zwischen zwei Spinnbeinen ausstechen und über/unter den Spinnbeinen durchziehen.

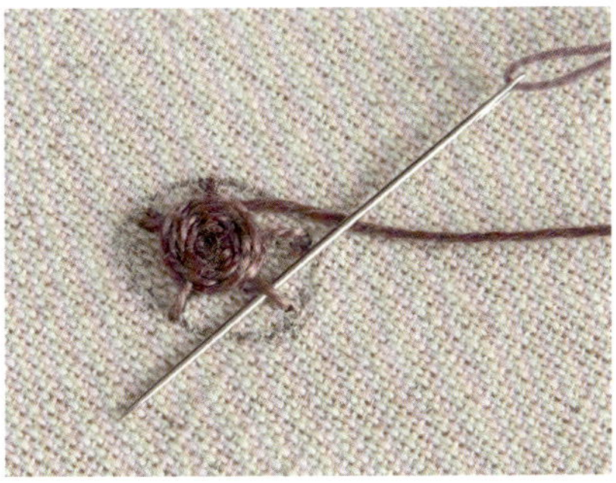

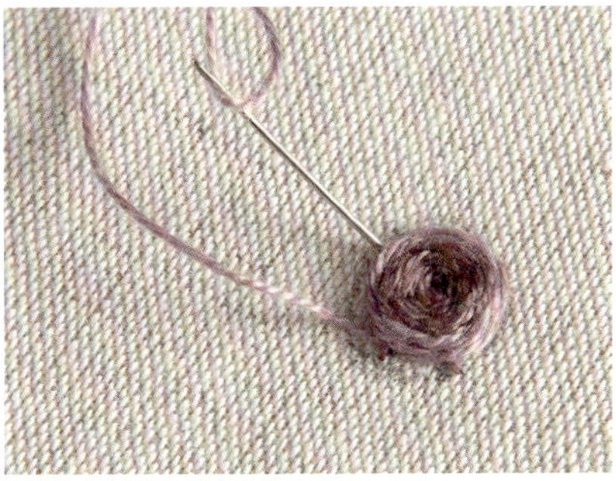

> *Für ein größeres Relief der Rose erhöhen Sie einfach die Anzahl der Wicklungen im Stopfstich. Die Blüte nimmt Gestalt an und das Relief wird größer.*

**3.** So weitersticken, bis die Spinnbeine vollständig bedeckt sind, dann nahe dem letzten Stich in den Stoff einstechen.

## SPINNE (VARIANTE)

Einzelstich, Variante des vorigen Stichs mit mehr Spinnbeinen

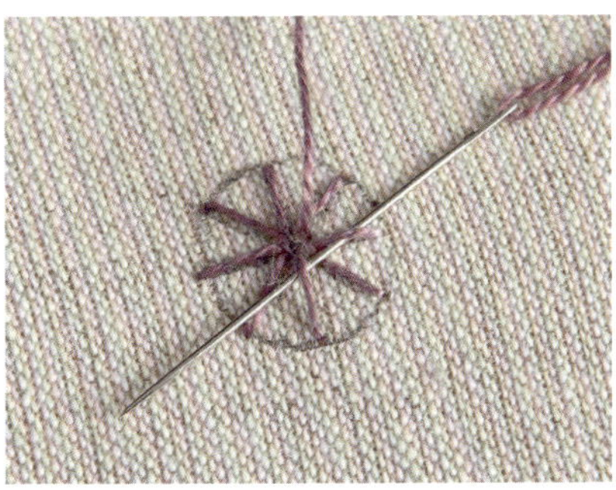

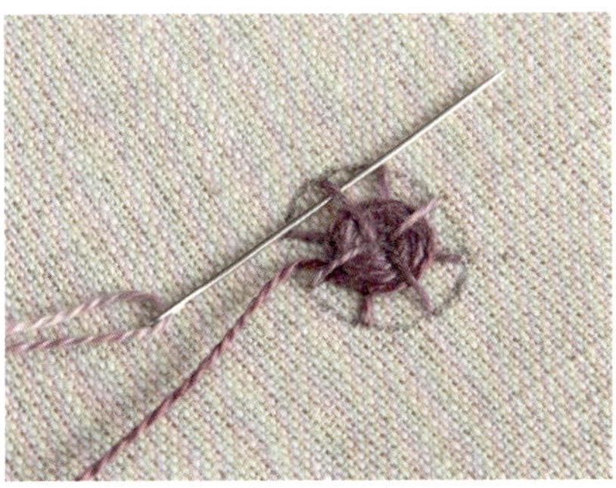

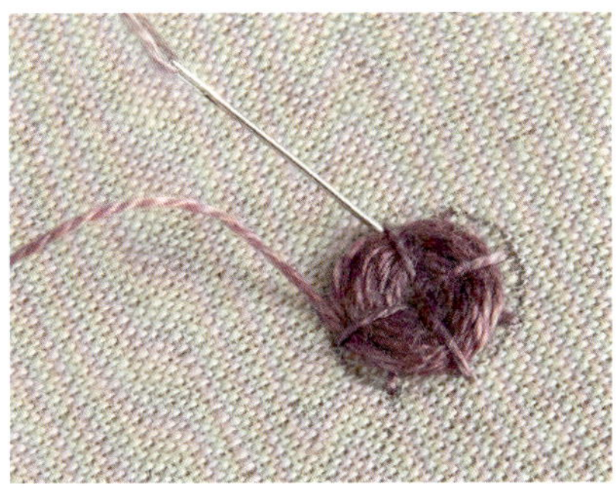

**1.** Einen Kreis von 1 cm Durchmesser und eine gerade Anzahl von gleichmäßig verteilten Spinnbeinen (acht) zeichnen. Wie zuvor im Spannstich sticken (siehe S. 172).

**2.** Den Faden aus der Mitte ausstechen und über/unter den Spinnbeinen durchziehen, ohne zu stark am Faden zu ziehen, damit er sich dem zunehmenden Durchmesser der Spinne anpasst.

**3.** Am Ende nahe einem Spinnbein in den Stoff einstechen. Die Hälfte der Spinnbeine ist oben auf der Rose sichtbar.

# *Die* ABSCHLÜSSE

Stickereien sind so zart und raffiniert, dass sie voller Sorgfalt abgeschlossen oder verziert werden sollten. Im Folgenden finden Sie einige Beispiele für Verzierungen und Abschlüsse von Stickarbeiten.

## ZACKENLITZE APPLIZIEREN

Die Zackenlitze wird im Zickzackstich appliziert (siehe S. 160).

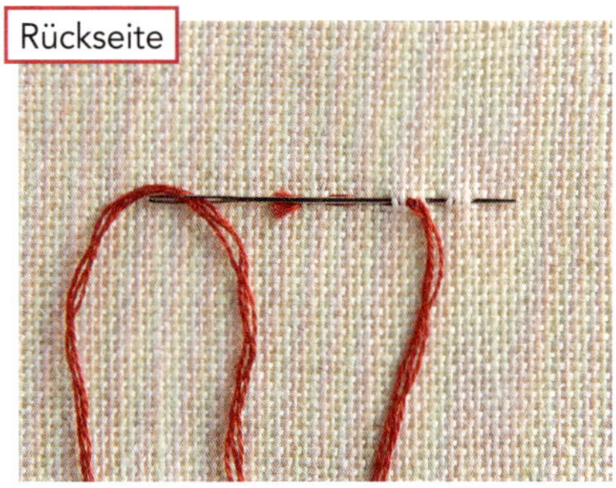


**1.** Den Faden auf der Rückseite fixieren und einen Vorstich auf die Stelle setzen, wo die Zackenlitze appliziert wird.

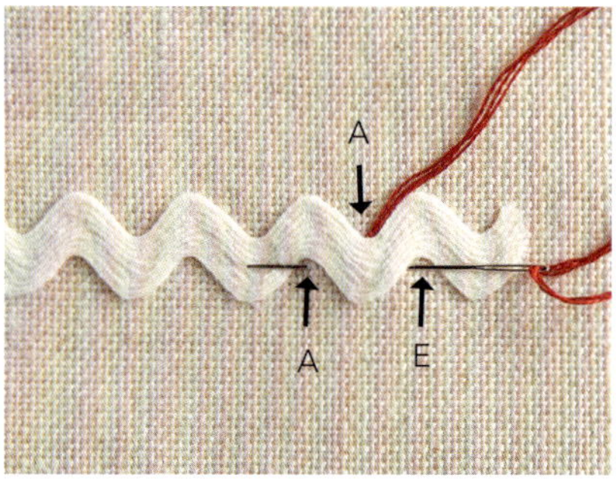


**2.** Aus einer Einbuchtung der Zackenlitze auf der Vorderseite ausstechen und schräg in die untere Einbuchtung einstechen. Aus der benachbarten Einbuchtung auf gleicher Höhe ausstechen.

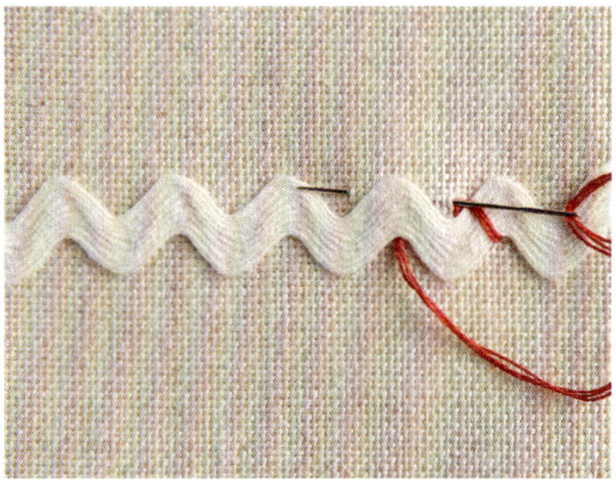

**3.** Schräg in die obere Einbuchtung einstechen und aus der benachbarten Einbuchtung auf gleicher Höhe ausstechen.

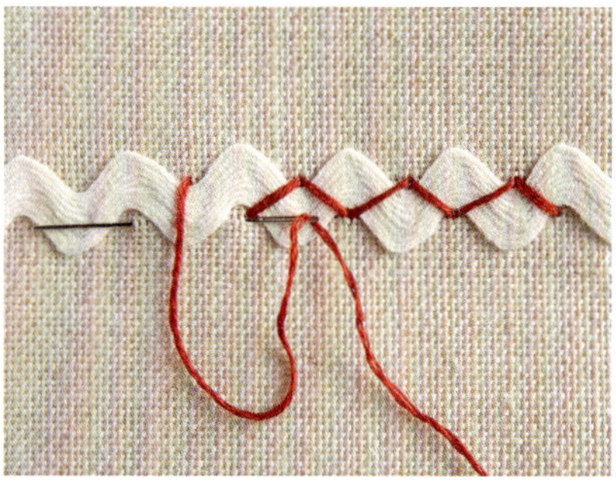

**4.** Auf die gleiche Weise weitersticken.

*Eine Zackenlitze ist ein welliges Band, das in verschiedenen Größen erhältlich ist. Es eignet sich, um Stickarbeiten zu verzieren und abzuschließen, und verleiht ihnen einen jungen, modernen Touch.*

# BORDÜRE MIT LANGETTENSTEGEN

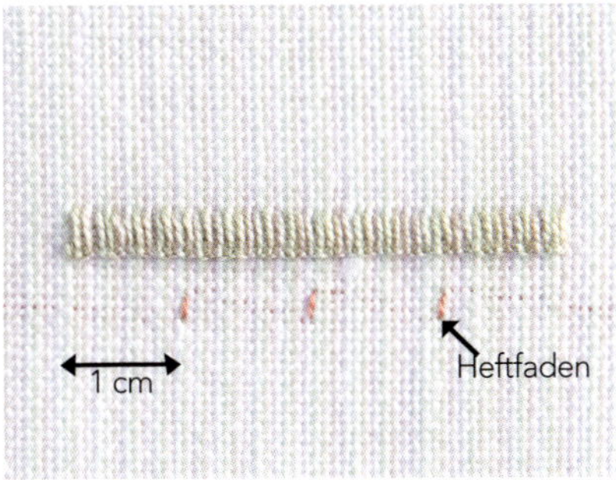


**1.** In der Breite über vier Fäden und in der Länge über 4 cm im Langettenstich sticken. Im Abstand von 0,7 cm vom Langettenstich mit einem Heftfaden einen Spannstich über zwei Fäden sticken. Für jeden Zentimeter wiederholen.

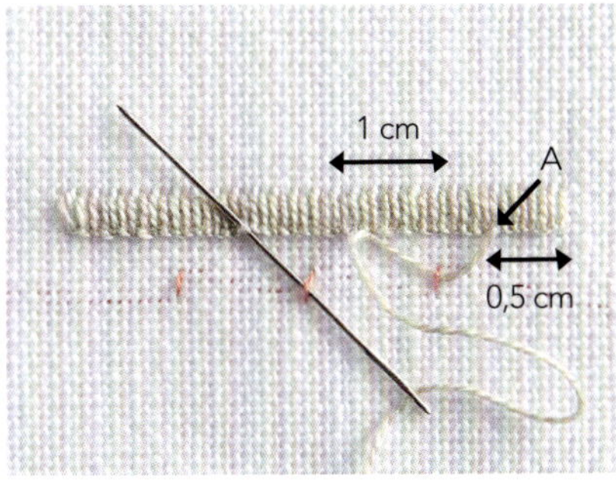


**2.** Den Faden 0,5 cm vom rechten Rand aus einer Schlaufe des Langettenstichs ausstechen, unter dem Heftfaden durchziehen, in die Schlaufe des Langettenstichs einstechen, unter dem nächsten Heftfaden durchziehen, wieder in den Langettenstich einstechen usw.

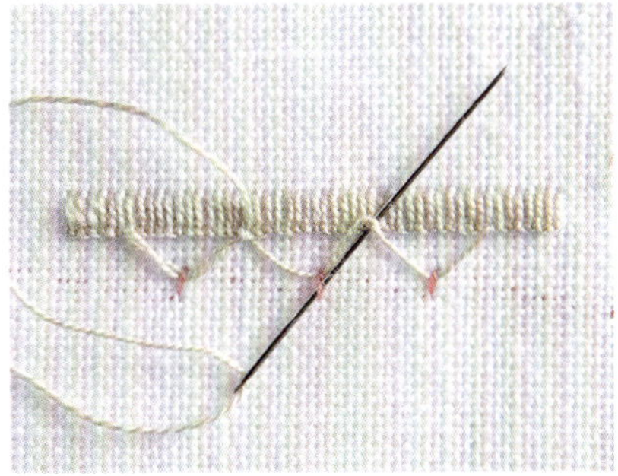

**3.** Von links nach rechts zurückkehren, unter dem Heftfaden durchziehen und in die Schlaufen der vorigen Langettenstiche einstechen.

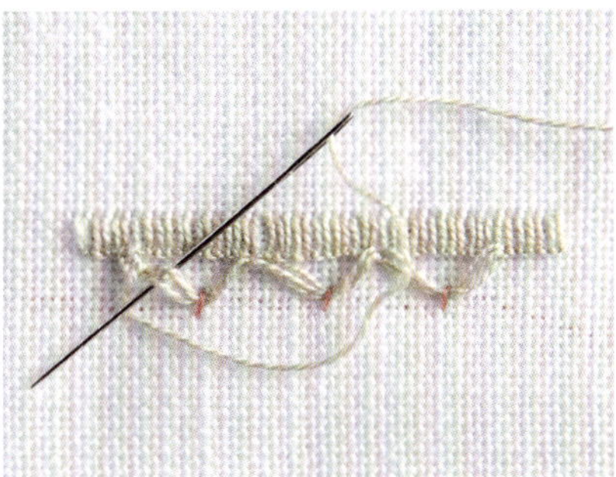

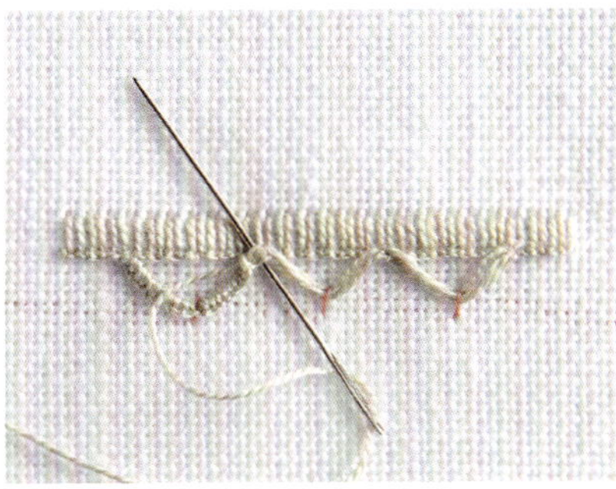

*Langettenstege gehören zur Technik der Nadelspitze. Dieser Abschluss wird häufig in der Weißstickerei verwendet.*

**4.** Auf die gleiche Weise von rechts nach links zurückkehren. Ohne den Stoff zu durchstechen, im Langettenstich um die drei gespannten Fäden bis zum Langettenrand sticken und dort in den letzten Stich einstechen.

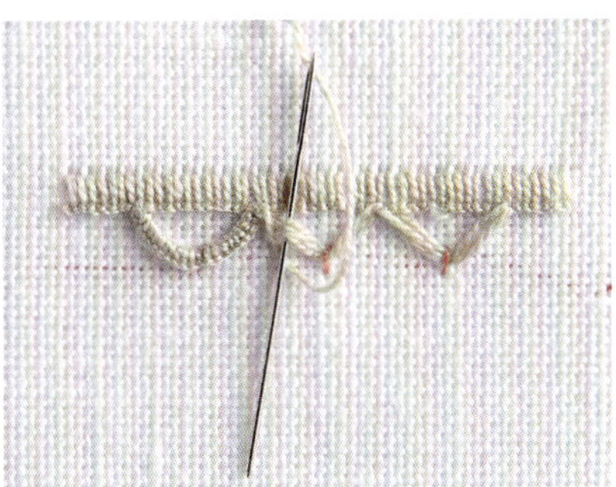

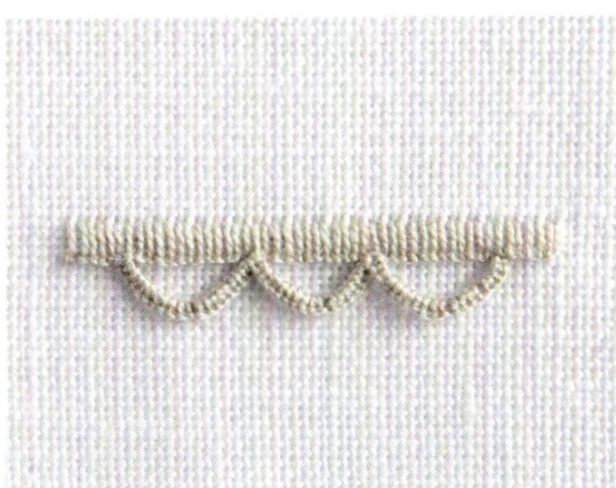

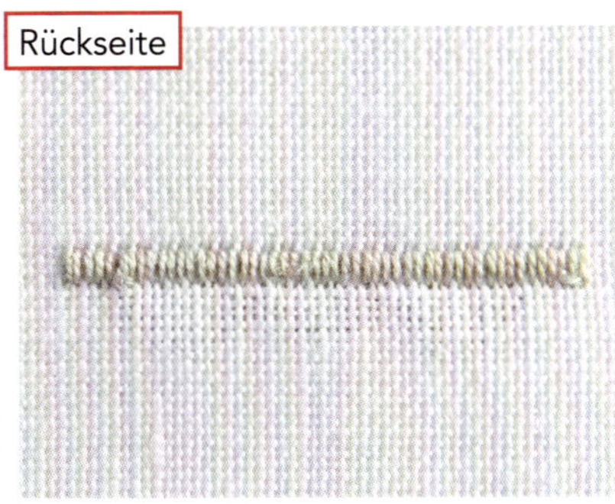


**5.** Den zweiten und dritten Steg genauso sticken, dann den Heftfaden entfernen.

## SPITZENEINLAGE

Meterspitzen mit geradem Rand können im Pariser Stich (siehe S. 140) oder im doppelten Dreiecksstich (siehe einfacher Dreiecksstich, S. 81) auf den Stoff appliziert werden.

Lassen Sie an der Stoffkante einen mind. 1 cm breiten Rand stehen, um diesen mit der Spitzeneinlage zu verzieren.

Ziehen Sie einen Gewebefaden aus und legen Sie den geraden Spitzenrand links auf rechts an den Hohlsaum, der durch den Fadenauszug entstanden ist. Stecken Sie den Spitzenrand fest.

***Anm.** Für eine gute Sichtbarkeit des Stichs wurde dunkleres Garn verwendet.*
*Verwenden Sie zum Applizieren feines Garn, das dieselbe Farbe wie die Spitze hat.*

## SPITZENEINLAGE IM DOPPELTEN DREIECKSSTICH

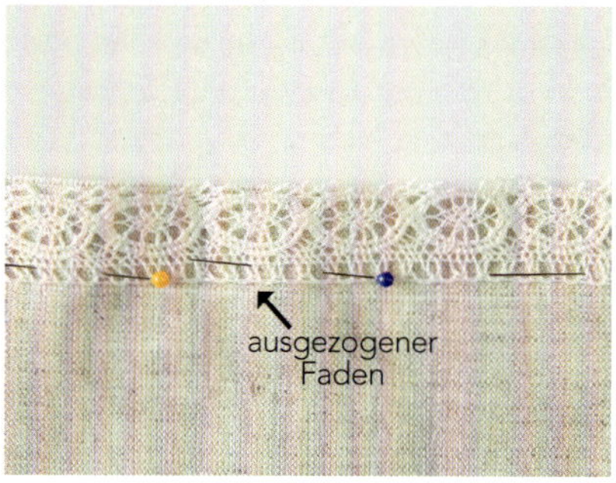


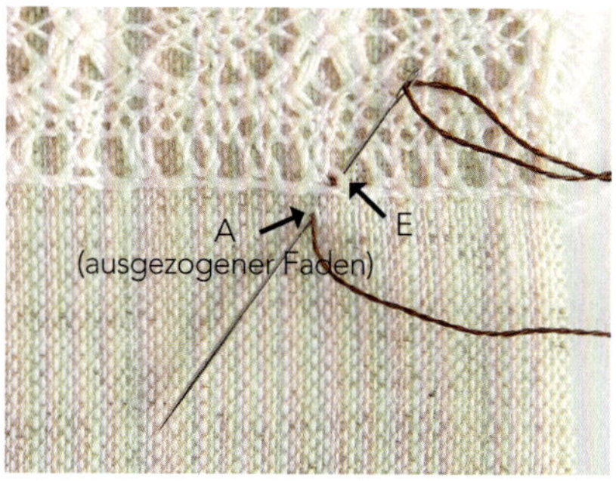


**1.** Den Faden aus dem Hohlsaum ausstechen, der durch den Fadenauszug entstanden ist, schräg in den Fuß der Spitze (siehe Kasten 179) einstechen und aus dem vorigen Stich ausstechen.

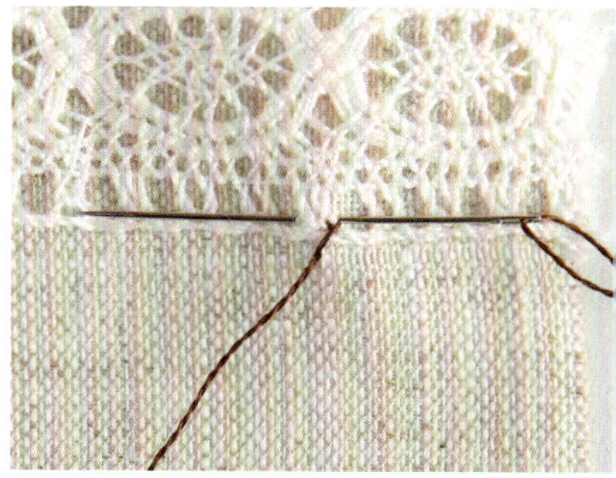

**2.** Im Dreiecksstich sticken und abwechselnd in den Fuß der Spitze und den Stoff einstechen; den Faden bei jedem Stich zweimal durchziehen.

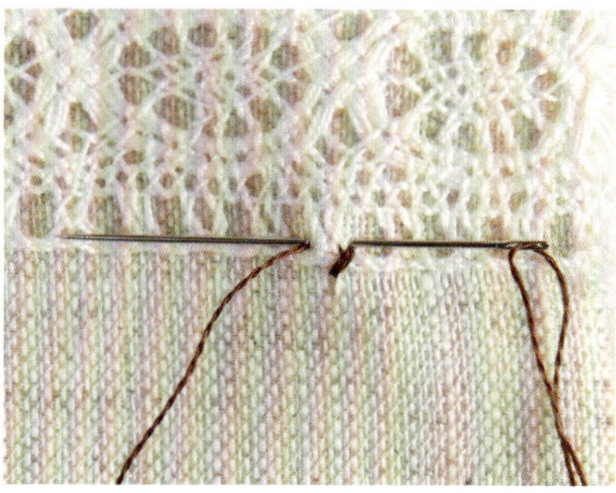

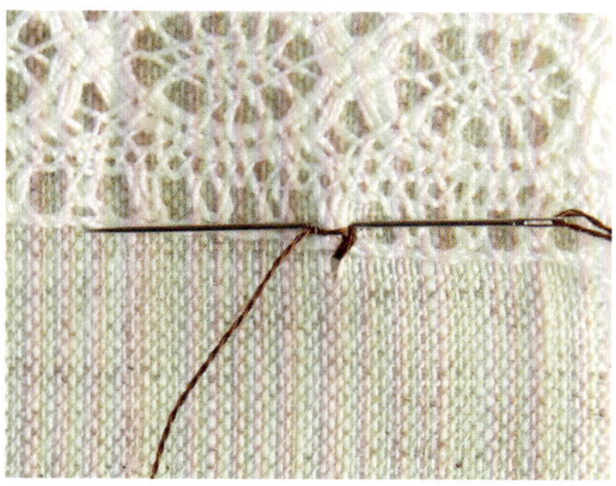

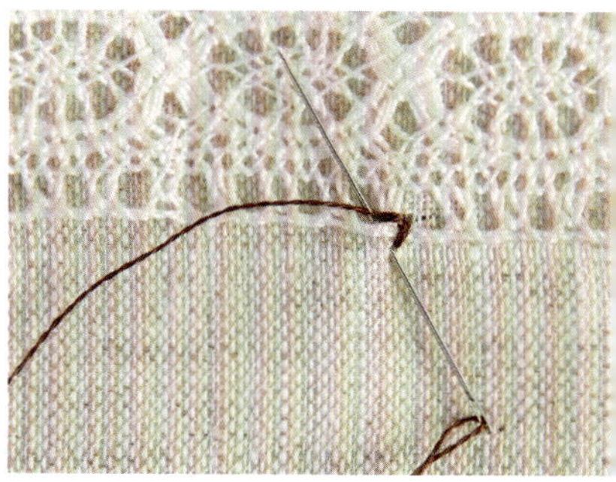

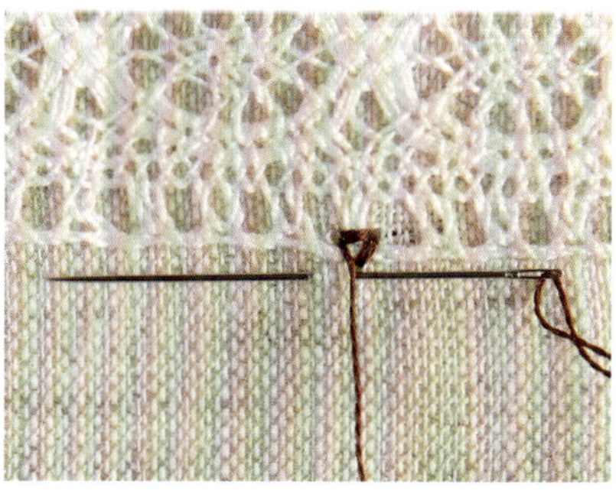

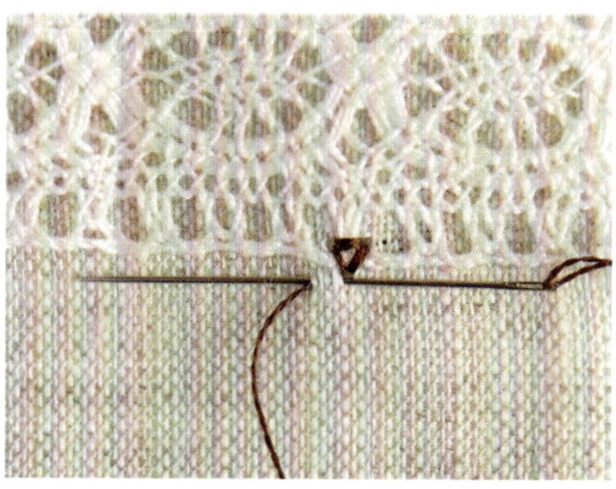

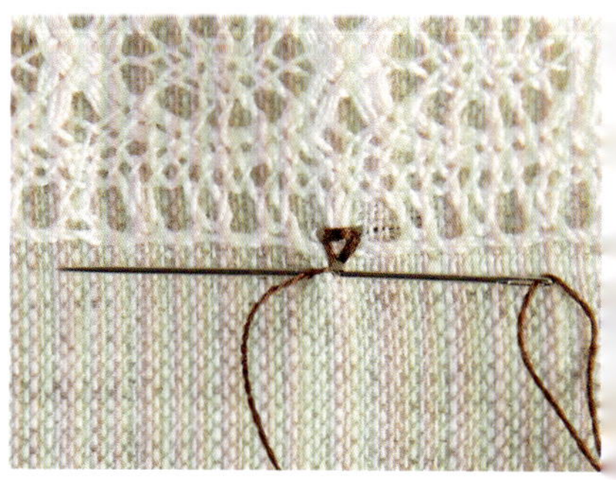

**3.** Bei jedem Stich am Faden ziehen, um ihn festzuziehen und einen Hohlsaum zu bilden.

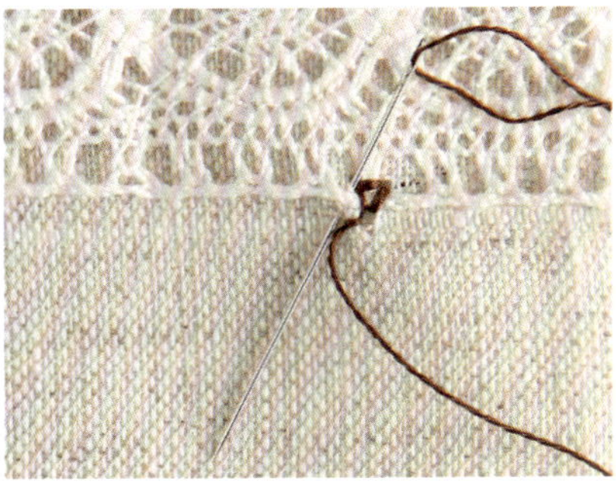

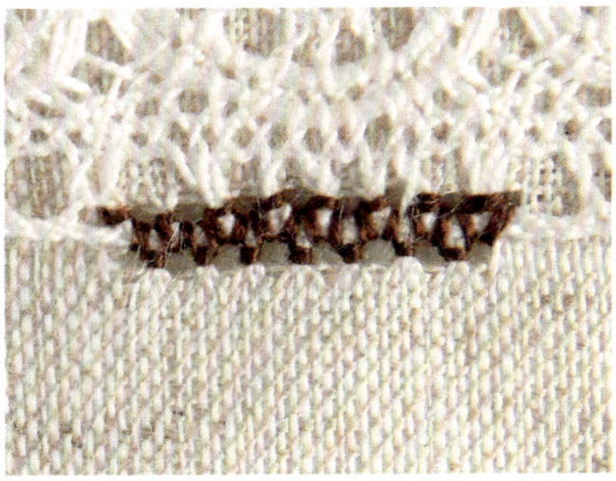

> *Die lange gerade Seite wird der „Fuß der Spitze“ genannt. Er besteht aus kleinen Zwischenräumen, in die Sie einstechen können, um die Spitze auf den Stoff zu applizieren.*

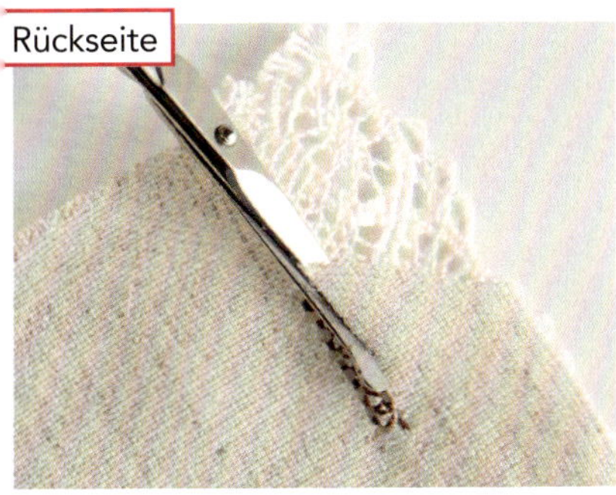


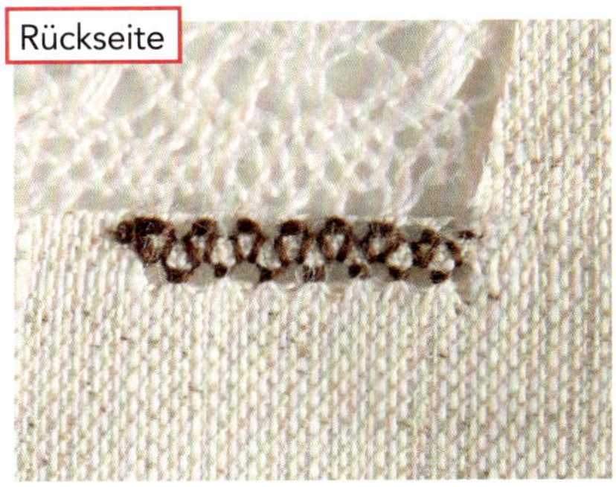


**4.** Die Arbeit auf der Rückseite bügeln und den überschüssigen Stoff bündig am Dreiecksstich mit einer Schere mit Kugelspitze abschneiden. Der doppelte Dreiecksstich ist auf der rechten und Rückseite identisch.

## SPITZENEINLAGE IM PARISER STICH

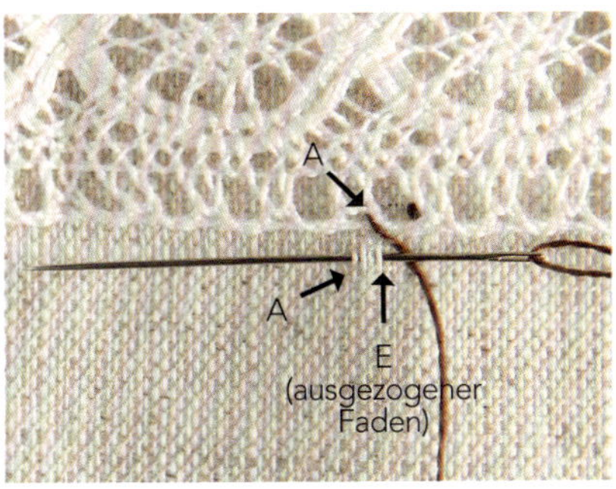


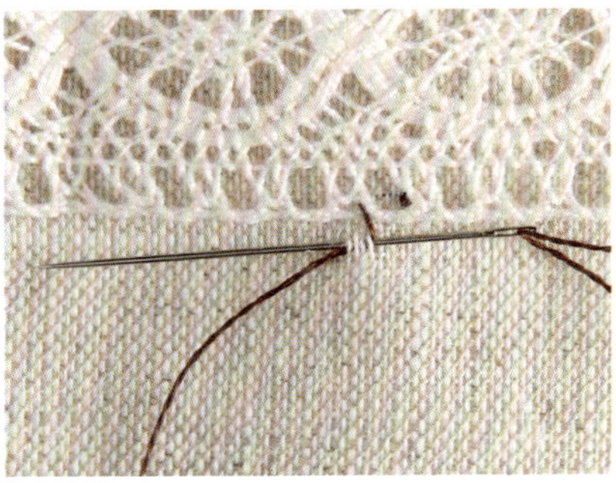

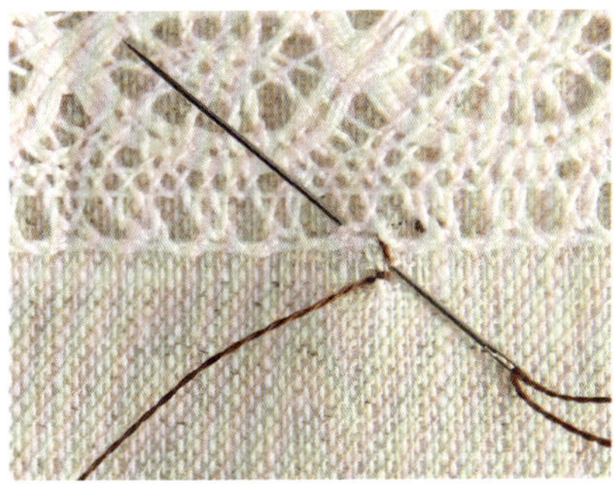

**1.** Den Faden aus dem Fuß der Spitze ausstechen, unten in den Hohlsaum einstechen und drei oder vier Fäden weiter ausstechen. Einen Rückstich über diese Fäden setzen und aus dem vorigen Stich ausstechen. Einen Rückstich setzen und schräg aus dem Fuß der Spitze (siehe Kasten oben) ausstechen.

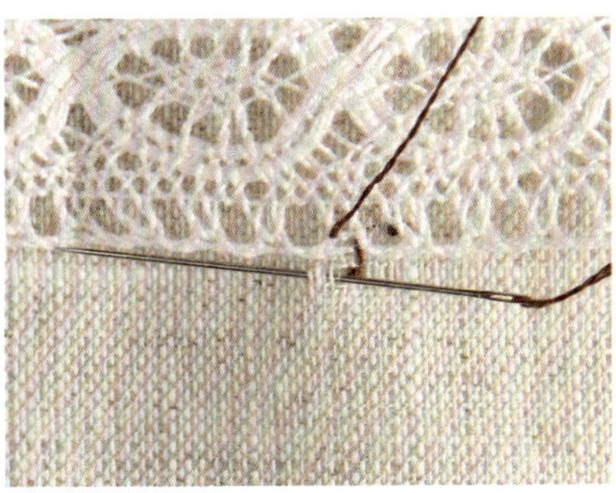

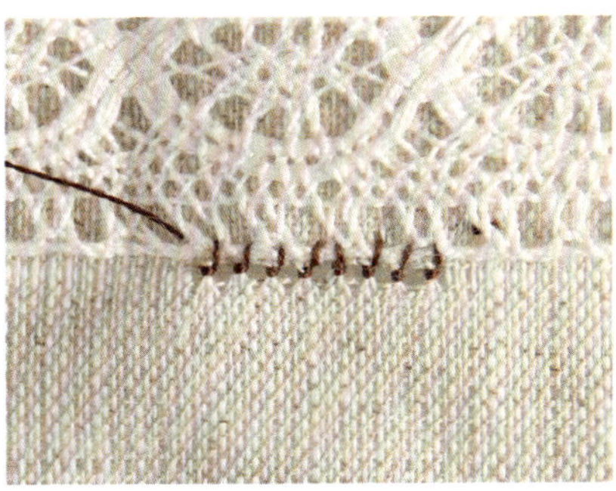

**2.** Genauso über den Spitzenrand weitersticken und bei jedem Stich an der Nadel ziehen, um unten an der Spitze einen Hohlsaum zu bilden.
***Anm.** Auf der Rückseite den überschüssigen Stoff 0,2 cm vor dem Stich abschneiden.*

# EINE KORDEL HERSTELLEN

Die Kordel kann mit dem Garn hergestellt werden, das für die Stickerei verwendet wird.

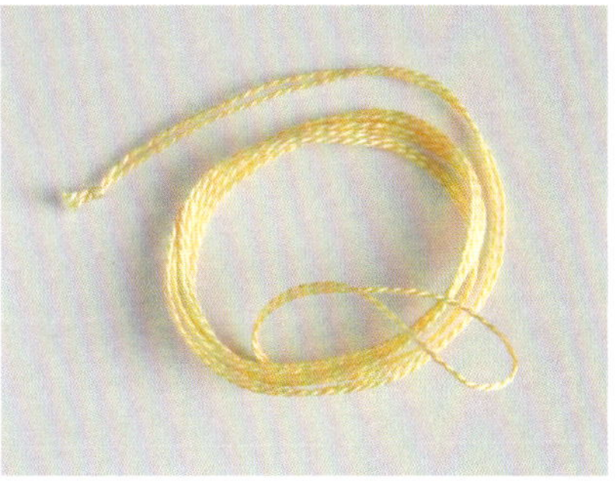

**1.** Für eine feste Kordel kein allzu feines Garn verwenden (Beispiel: Wenn die Stickerei mit einem oder zwei Einzelfäden Mouliné-Baumwolle angefertigt wird, stellen Sie die Kordel mit sechs Einzelfäden her).
Zur Berechnung der benötigten Garnmenge multiplizieren Sie die gewünschte Länge der Kordel mit neun. (Beispiel: Für eine 20 cm lange Kordel wird ein 20 cm x 9 = 180 cm langer Faden abgeschnitten). Die beiden Fadenenden zusammenlegen und zusammenbinden.

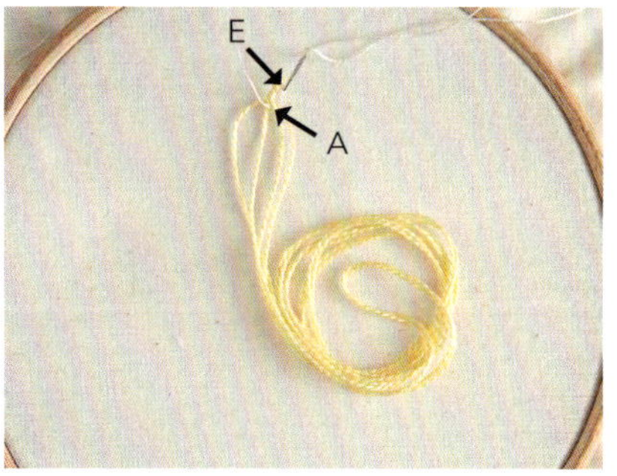


**2.** Den Faden wieder in zwei Hälften falten, das verknotete Ende und die Schlaufe zusammenlegen und -binden. Festen Leinenstoff auf einen Stickrahmen von 16 cm Durchmesser spannen und den Stickfaden vorbereiten. Zwischen den vier Fäden ausstechen, 0,7 cm weiter einstechen und zum Fixieren mehrere Spannstiche übereinander sticken.

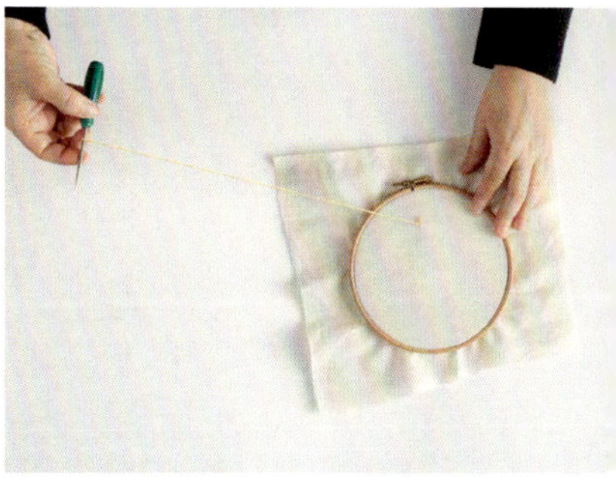

**3.** Die Spitze einer Ahle in das andere Ende der Schlaufe einführen, den Faden spannen und die Ahle drehen, um den Faden zu zwirnen.

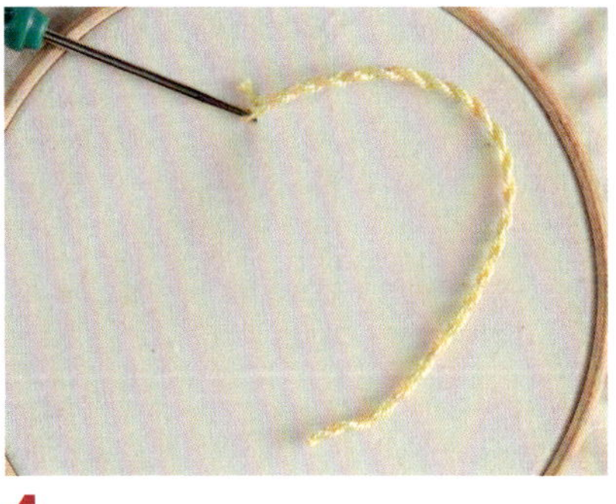

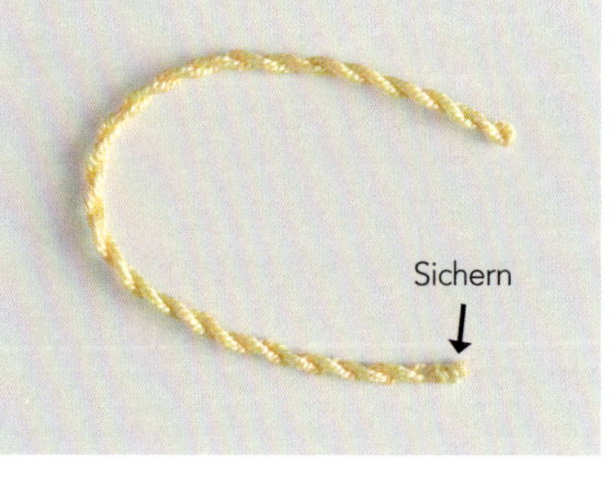


**4.** Den Faden zwirnen, bis er sich um sich selbst dreht. Die Enden aneinanderlegen. Zum Sichern jedes Ende mit einem Faden umwickeln und die Kordel mehrmals durchstechen. Dann den überschüssigen Faden abschneiden.

*Es ist wichtig, die Fäden gut zu zwirnen, um eine feste, solide und hübsche Kordel herzustellen. Andernfalls erhält man eine weichere Kordel und nicht so saubere Enden.*

*Bei der Berechnung der Garnmenge, die für die Herstellung einer Kordel erforderlich ist, wurde die Verkürzung des Fadens einkalkuliert, die durch das Zwirnen und Knoten entsteht.*

## ABSCHLUSS DER KORDEL

***Anm.*** *Für eine gute Sichtbarkeit der Stiche wurde ein Garn in Kontrastfarbe verwendet. Es ist jedoch ratsam, mit einem zum Stoff passenden Garn zu arbeiten.*

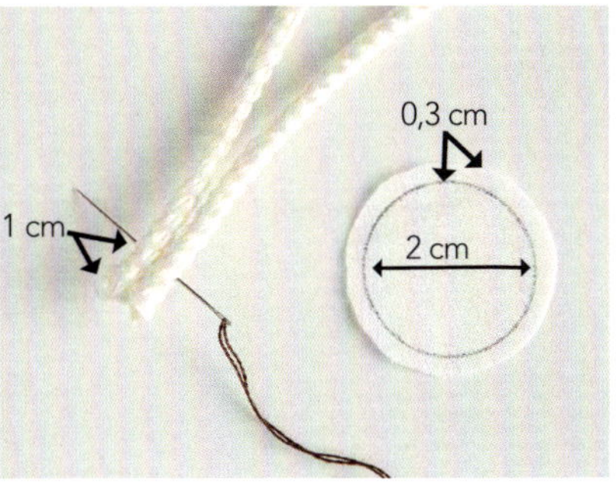


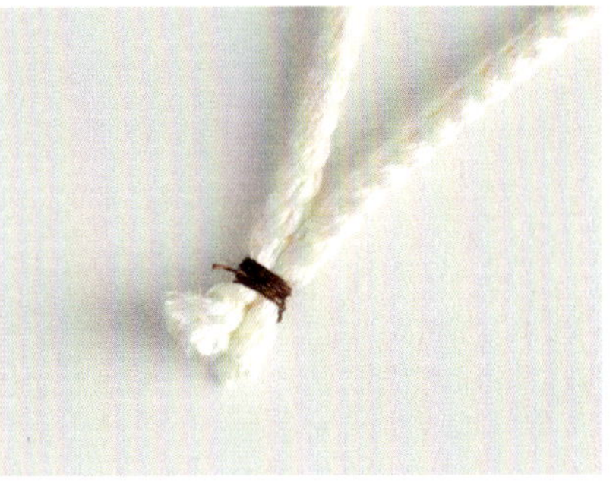

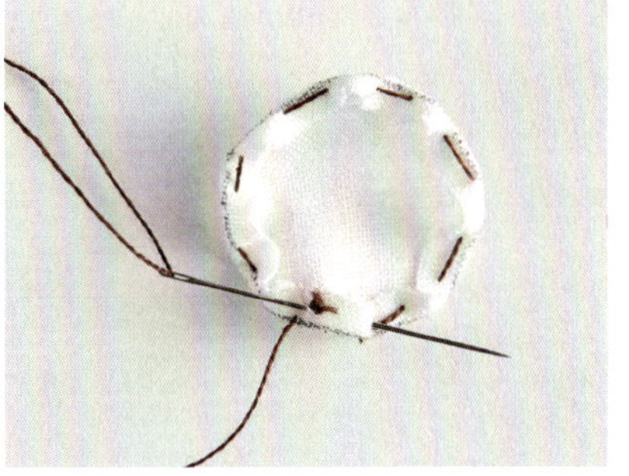

**1.** Einen Kreis aus Stoff ausschneiden, dessen Durchmesser je nach Dicke der Kordeln variiert und dessen Rand immer 0,3 cm breit ist.

**2.** Die Enden der Kordel zusammenlegen, mit einem Faden umwickeln und festbinden.

**3.** Den Kreisrand auf die Rückseite umschlagen und 0,5 cm lange Vorstiche über den gesamten Umriss sticken.

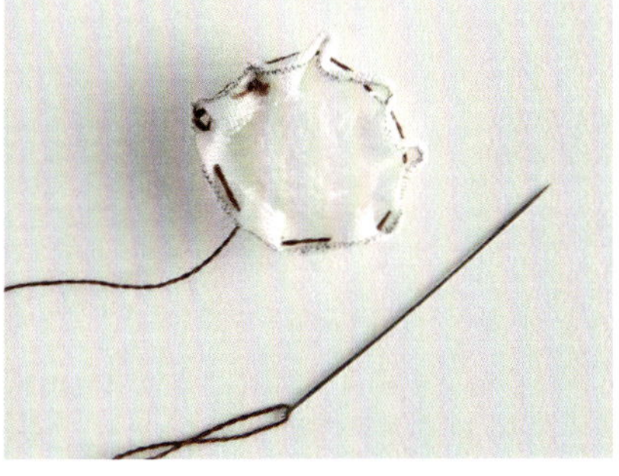

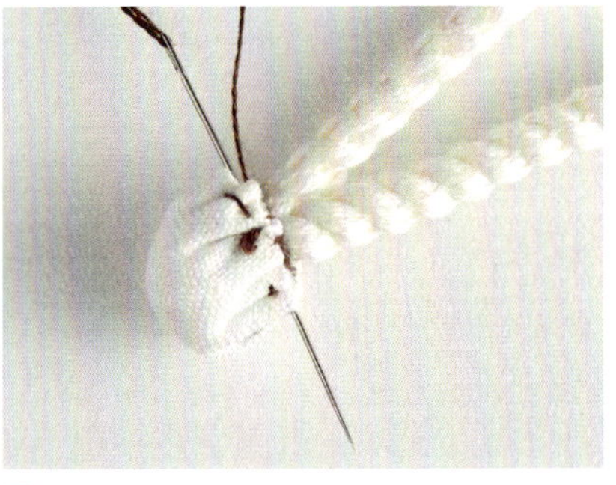

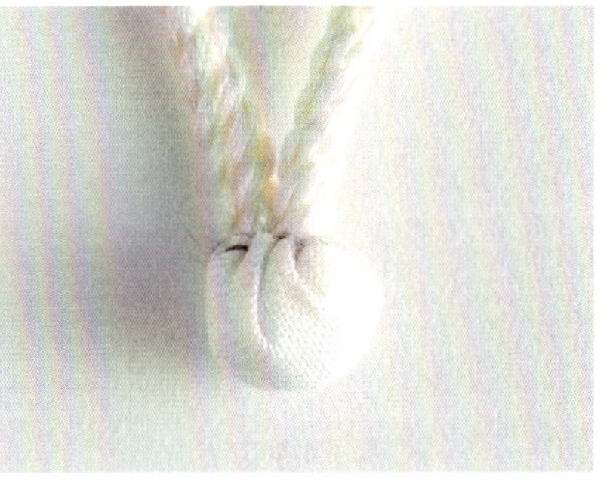

**4.** Ein wenig Watte in den Kreis legen und am Faden ziehen, um den Kreis zu raffen.

**5.** Die Enden der Kordeln in den Kreis einführen und diesen noch fester zusammenziehen, dann im überwendlichen Stich zusammennähen.

*Der Durchmesser des Stoffkreises muss auf die Dicke der Kordeln abgestimmt sein, damit die verschiedenen Elemente zusammenpassen und ein eleganter Abschluss entsteht.*

# EINE QUASTE HERSTELLEN

Mit dem Stickgarn können Sie sehr schöne Quasten passend zu den Arbeiten herstellen.

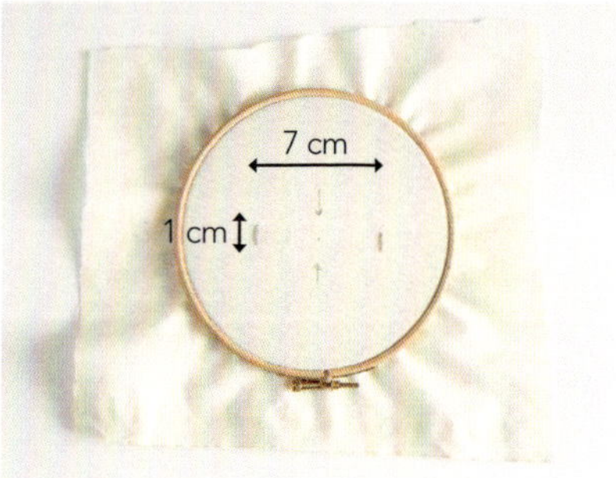


**1.** Festen Leinenstoff auf den Stickrahmen spannen und einen Punkt in der Mitte markieren. Auf jeder Seite des Stichs drei Spannstiche übereinander sticken.

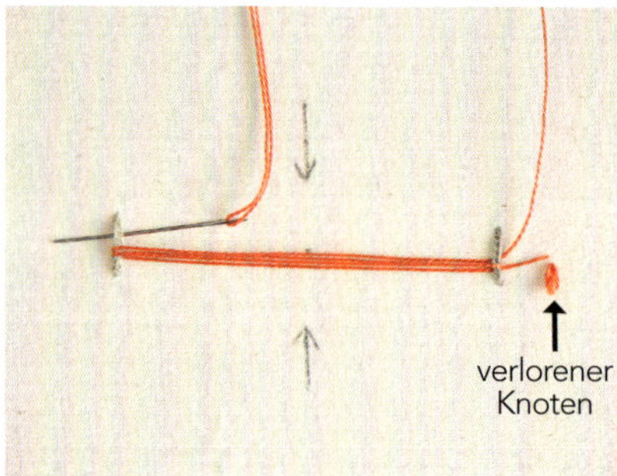


**2.** In den Stoff einstechen und den Faden erst unter dem rechten, dann unter dem linken Stich durchziehen. Den Faden weiter um die beiden Stiche wickeln, ohne den Stoff zu durchstechen.

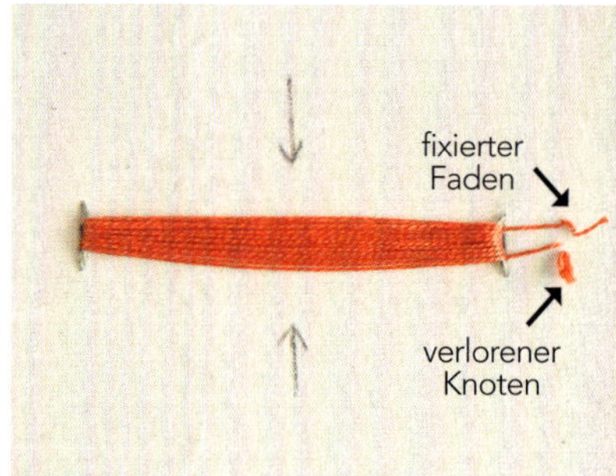


**3.** Wenn der Faden aufgebraucht ist, diesen rechts fixieren und mehrere übereinanderliegende Rückstiche setzen.

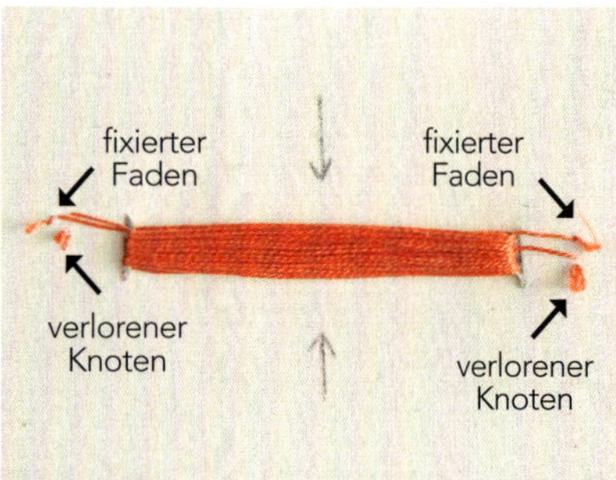


**4.** Einen neuen Faden wie zuvor beginnen, um die Stiche wickeln und genauso fixieren.

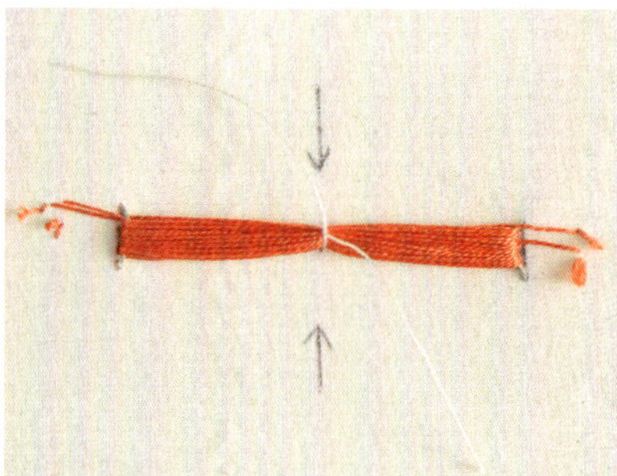

**5.** Einen neuen Faden um die gespannten Fäden knoten und in der Mitte platzieren.

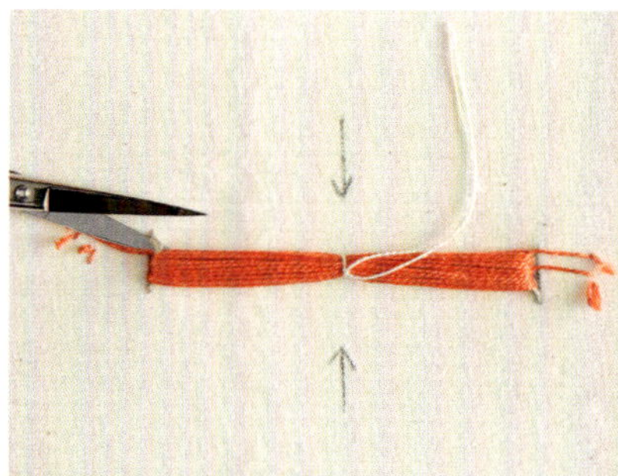

**6.** Die Spannstiche links und rechts abschneiden, um das Fadenbündel vom Stoff zu lösen.

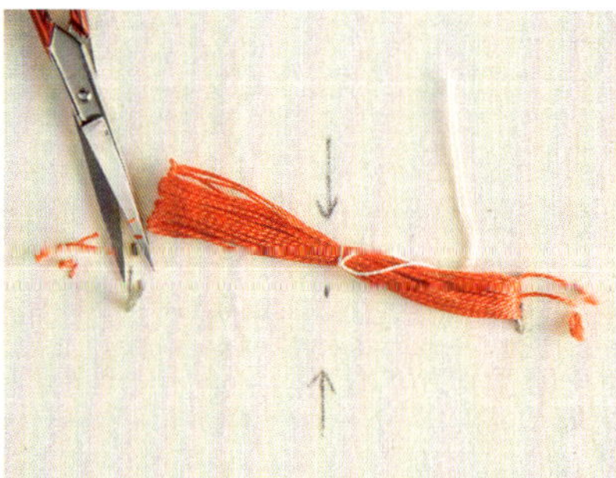

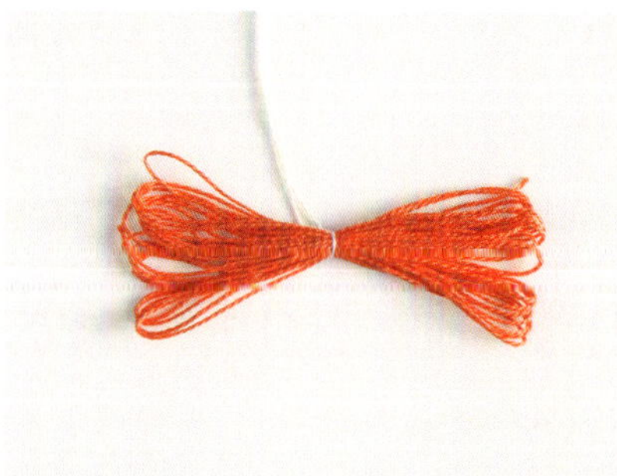

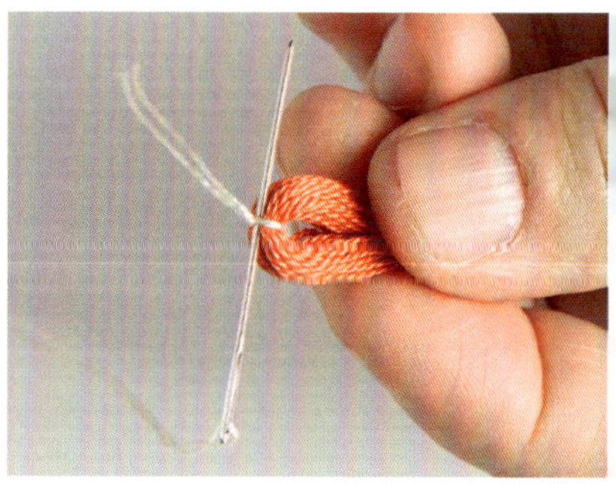

**7.** Einen neuen Faden einfädeln, das Bündel in zwei Hälften falten und die Nadel unter dem Knoten durchziehen.

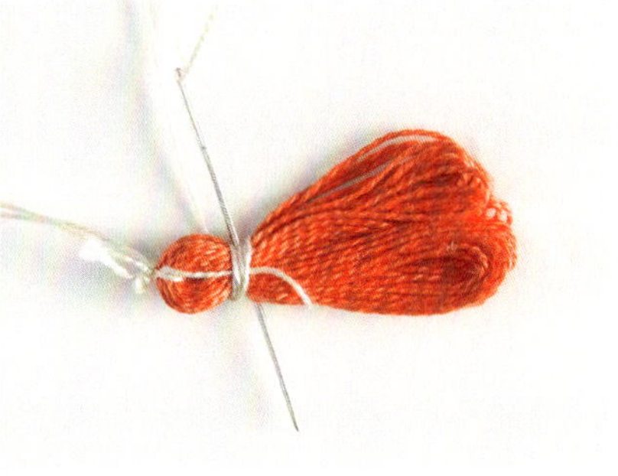
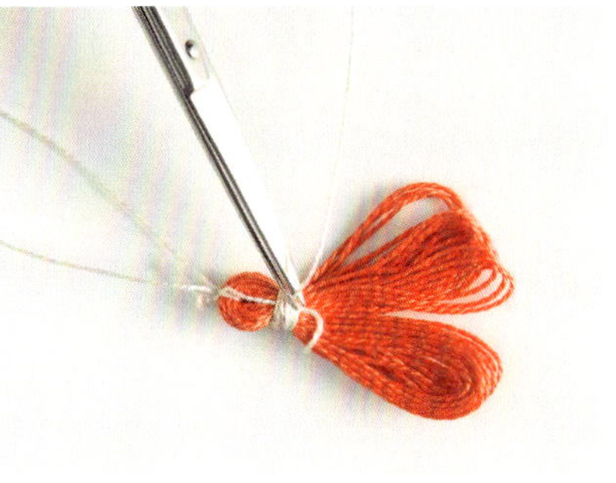

**8.** Den Faden sieben- bis achtmal um die Schlaufe wickeln, dann mehrmals den aufgewickelten Faden durchstechen und abschneiden.

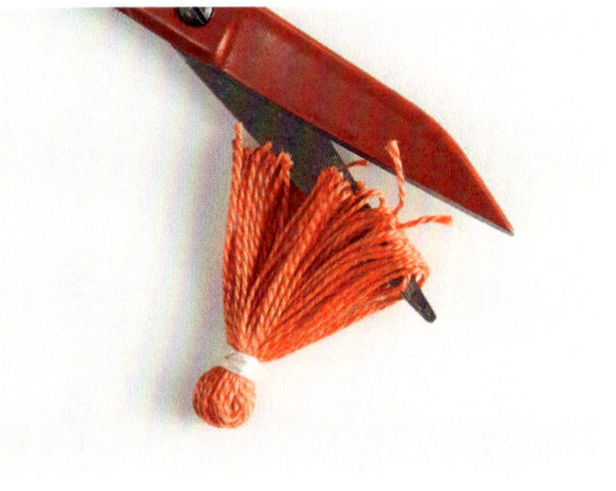
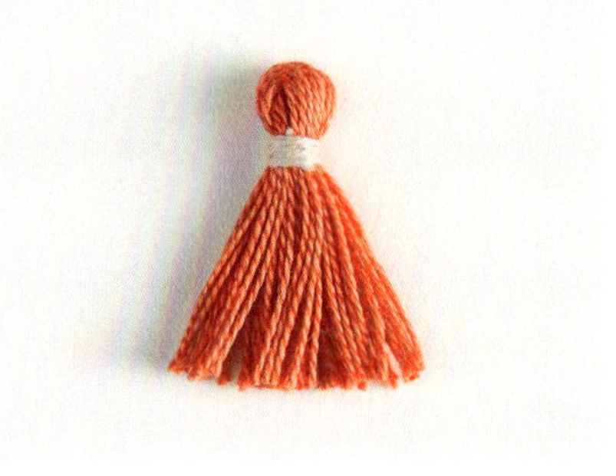

**9.** Die Fäden auf die gleiche Länge schneiden.

*Für die Herstellung einer Quaste mit Stickgarn sind nur wenige Minuten und ein wenig Know-how erforderlich. Dieses kleine Accessoire verleiht einer handgefertigten Arbeit noch mehr Klasse.*

# Glossar

Im Folgenden finden Sie die Definition der Wörter, die im Text mit einem * versehen sind.

**Baumwolle:** die weltweit am meisten produzierte pflanzliche Faser. Baumwollgarn wird bei der Stoffherstellung sowie bei Näh- und Stickarbeiten verwendet.

**Dekatieren:** Vorgang, bei dem der Stoff gewaschen oder in sehr heißes Wasser – mit oder ohne Seife – eingelegt wird, um späteres Einlaufen zu vermeiden.

**Doppelt gewebter Stoff:** siehe Erklärung auf Seite 6.

**Etamin:** locker gewebter, flexibler Stoff.

**Grivat:** Woll- und Baumwollstoff aus den USA, der im 19. Jahrhundert in der Spinnerei von Grivats nahe Vichy hergestellt wurde. Er wird für Schweizer Stickereien verwendet.

**Imprägnierter Stoff:** Textil, das mit Stärke behandelt wurde. Bei der Stärke handelt es sich um einen Klebstoff auf Stärkebasis. Imprägnieren bedeutet, Textilien so zu behandeln, dass sie schwerer und wasserdicht werden. Dies geschieht durch die Behandlung mit Stärke.

**Kett- und Schussfäden des Gewebes:** Die Kettfäden verlaufen in der Längsrichtung des Gewebes und die Schussfäden quer zu diesen. Der Stoff entsteht durch das Verkreuzen (Verweben) dieser Fäden.

**Leinen:** Flachsfaser, aus der Leinengarn und -stoff hergestellt werden. Mit dem Garn wird Klöppelspitze produziert.

**Lurex:** mit Polyester versehenes Textilgarn mit metallischem Glanz. In Kombination mit einer anderen Garnart verleiht es der Arbeit einen glänzenden Look.

**Modal:** Textilfaser, die aus der Zellulose von Holz – oft Buche – gewonnen wird.

**Musselin:** feiner Baumwolletamin, der stark imprägniert wird, um Organdy nachzuahmen.

**Organdy** und **Organza:** Organdy ist ein feines Baumwollgewebe, das nach einer speziellen Methode verarbeitet wird, wodurch der Stoff überaus widerstandsfähig, steif und glänzend wird. Organza hingegen sieht ihm sehr ähnlich, besteht jedoch aus Seidenfäden und ist daher geschmeidiger.

**Polyamid:** synthetische Faser, als Nylon bekannt.

**Polyester:** Die weltweit am häufigsten hergestellte synthetische Faser. Sie wird zur Herstellung synthetischer Textilien verwendet, darunter der berühmten Marken Tergal und Dacron.

**Rayon:** synthetische Viskose*.

**Reticella:** Nadelspitze, die nur mit Garn, ohne Zwischenschaltung eines Stickgrunds (Stoff) hergestellt wird. Nicht zu verwechseln mit der Reticello-Stickerei, die auf einen Teil der Schuss- und Kettfäden gestickt wird.

**Seide:** sehr widerstandsfähige Faser tierischen Ursprungs (Schmetterlingsraupe, Spinne).

**Stopfen:** sehr anspruchsvolles Flickhandwerk, bei dem die Webart eines Stoffs bis zur Perfektion nachgeahmt wird.

**Stumpwork:** Sticktechnik, bei der bestimmte Motive in 3D gestickt werden.

**Vichy:** ein auf Baumwolle gewebtes Karo-Muster, dessen Fäden bereits vor dem Weben gefärbt werden.

**Viskose:** seidenähnliches Material pflanzlichen Ursprungs.

# *Die* STICKMUSTER

**Technik:** Kreuzstich, siehe S. 20

# *Kleine Kreuze*

Es bereitet mir unglaublich viel Glück und Vergnügen, an der Nadel zu ziehen, die kleinen Kreuze auf den Stoff zu setzen und zu sehen, wie die Arbeit unter meinen Fingern entsteht.

## GRÖSSE

20 cm x 32 cm
90 x 162 Stiche (bestickte Fläche)

## MATERIAL

- heller, naturfarbener Leinenstoff, 30 cm x 40 cm, 12,6 Fäden/cm Zweigart Belfast ***Empf.*** 3609/52 **(Teil 1)**
- heller, naturfarbener Leinenstoff, 10 cm x 20 cm, 16 Fäden/cm Zweigart Newcastle ***Empf.*** 3348/52 **(Teil 2)**
- großer naturfarbener Baumwollstoff, 20 cm x 32 cm **(Teil 3)**
- naturfarbene Spitze, 60 cm x 1,2 cm
- perlmuttfarbener Knopf von 1,2 cm Durchmesser
- Gobelinnadel Nr. 26 Bohin
- Applikationsnadel Nr. 9 Bohin
- Bügelpulver ***Empf.*** 98535 Bohin
- naturfarbenes Nähgarn
- Baumwolle Mouliné DMC Nr. 221 • 407 • 712 und 642

## STICHARTEN

Kreuzstich über zwei Fäden und einen Faden – Vorstich – Steppstich

## STICKANLEITUNG

Die große Schemazeichnung auf **Teil 1** und die kleine Schemazeichnung auf **Teil 2** zentrieren und sticken. Den Kreuzstich über einen Faden mit einem Einzelfaden des Mouliné-Baumwollgarns und alle anderen Stiche mit zwei Einzelfäden sticken (Gobelinnadel Nr. 26).
Die Stickereien sehr heiß von links bügeln.

## ARBEITSWEISE

Die Ränder von **Teil 2** so abschneiden, dass an jeder Seite ein 0,5 cm breiter Rand stehen bleibt. Mit Bügelpulver auf **Teil 1** kleben (siehe S. 143 – Kapitel über das Applizieren mit Schmelzkleber).
Mit dem Garn 407 eine 16 cm lange Kordel herstellen, die Enden an den Ecken von **Teil 2** im übereinanderliegenden Spannstich fixieren (Nr. 407, Applikationsnadel Nr. 9) und an jedem Ende 2 cm Kordel überstehen lassen. Dann die Kordelenden 0,5 cm vor der Naht abschneiden. Den Knopf wie eingezeichnet annähen und an der Mitte der Kordel fixieren Den Stoff bis auf 2 cm um die Stickerei herum abschneiden. Die Ränder 1,5 cm auf die Rückseite umschlagen und die Falten umbügeln. Dann die Seiten von **Teil 3** 1 cm breit nach hinten umschlagen und umbügeln.
Die **Teile 1** und **3** links auf links aufeinanderlegen, die Spitze einfügen und im überwendlichen Stich zusammennähen. Die Enden der Spitze müssen mit den Ecken abschließen. Den Überschuss abschneiden und die Ecken versäubern.

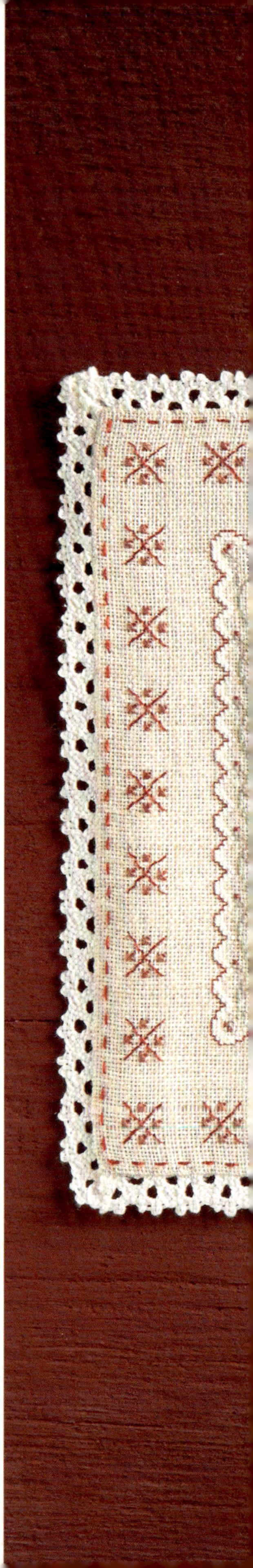

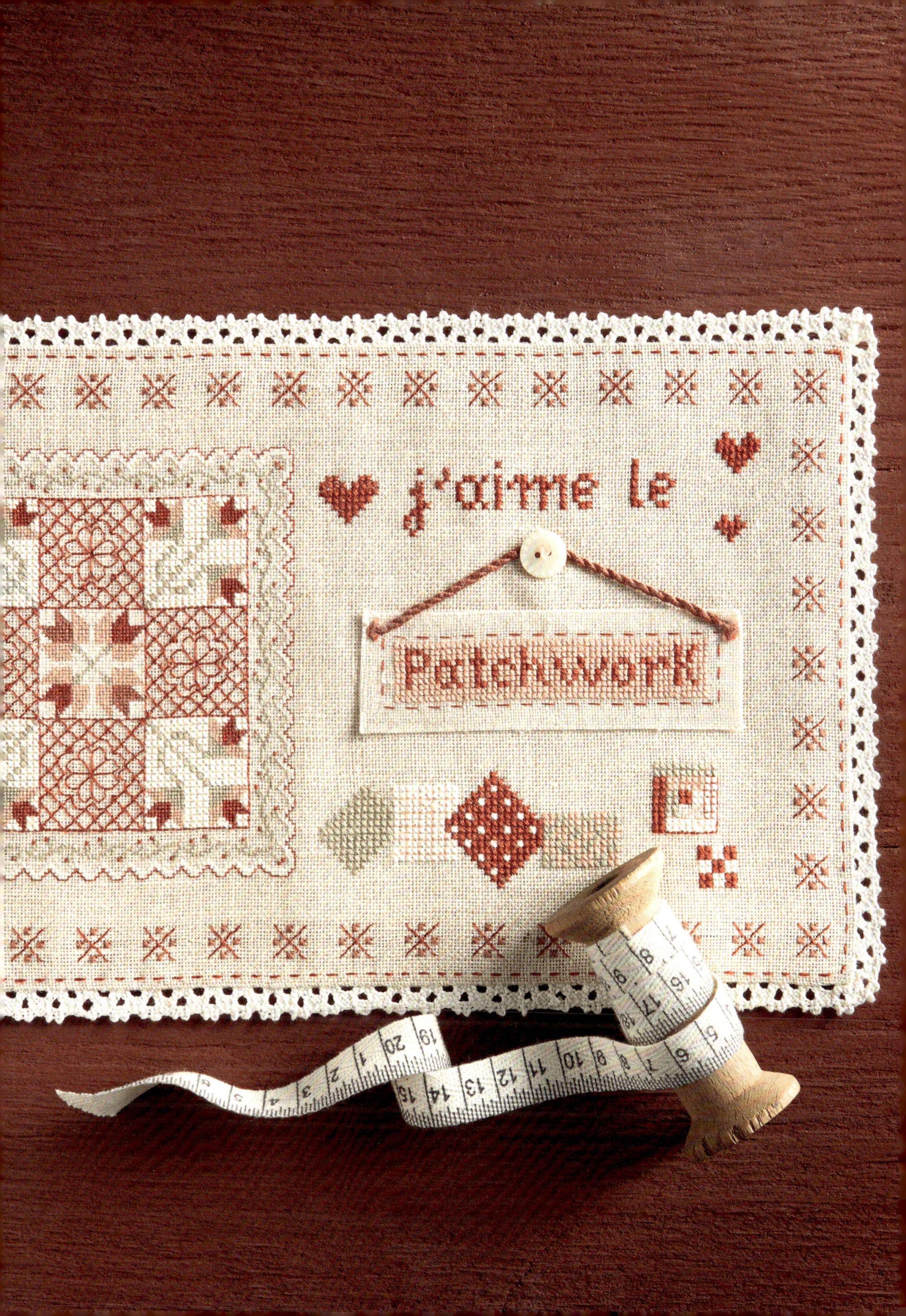
j'aime le
Patchwork

## SCHEMAZEICHNUNG

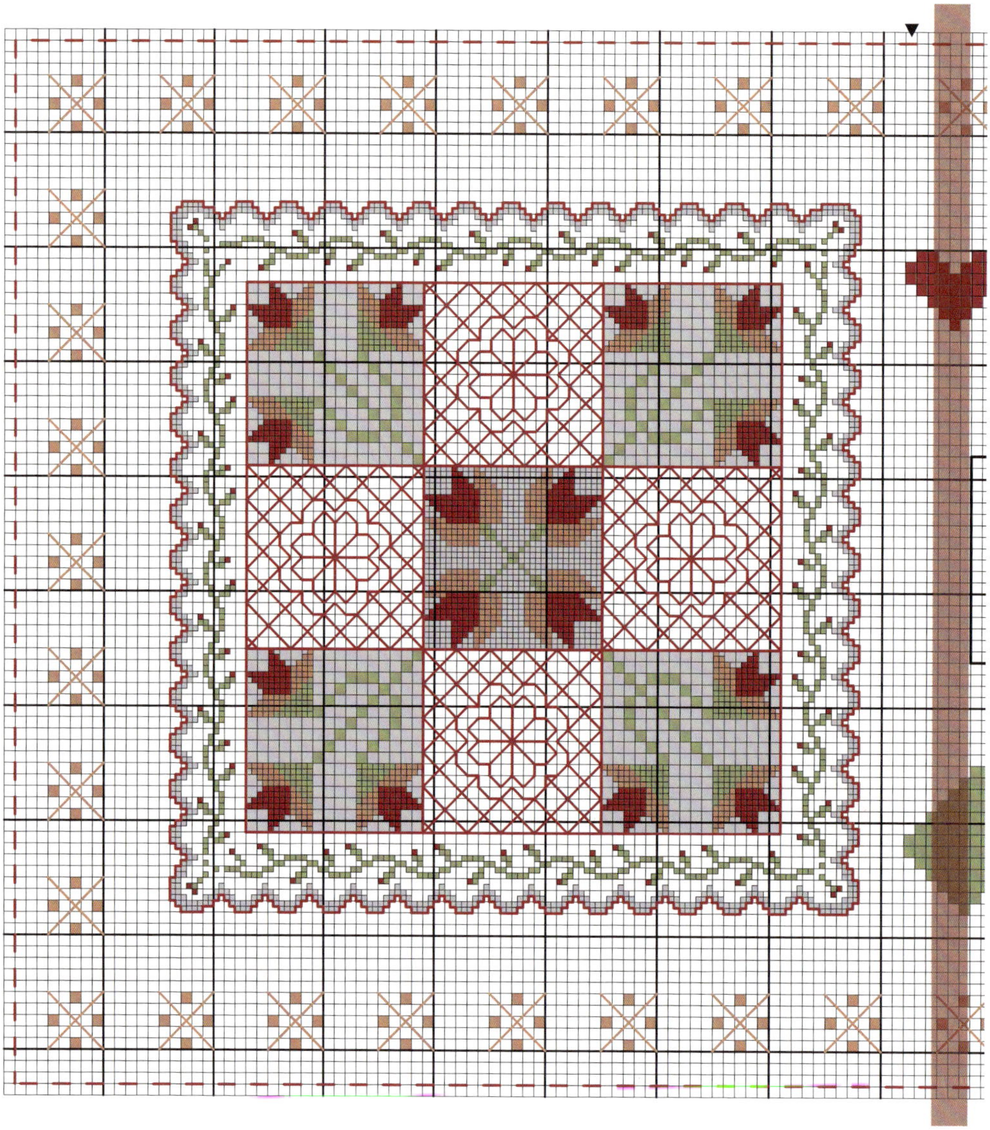

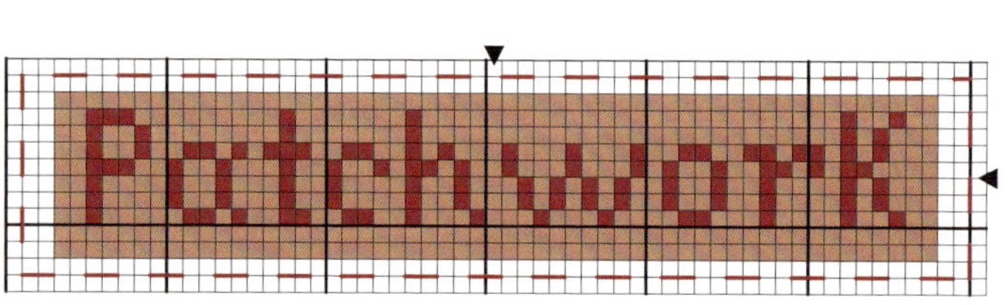

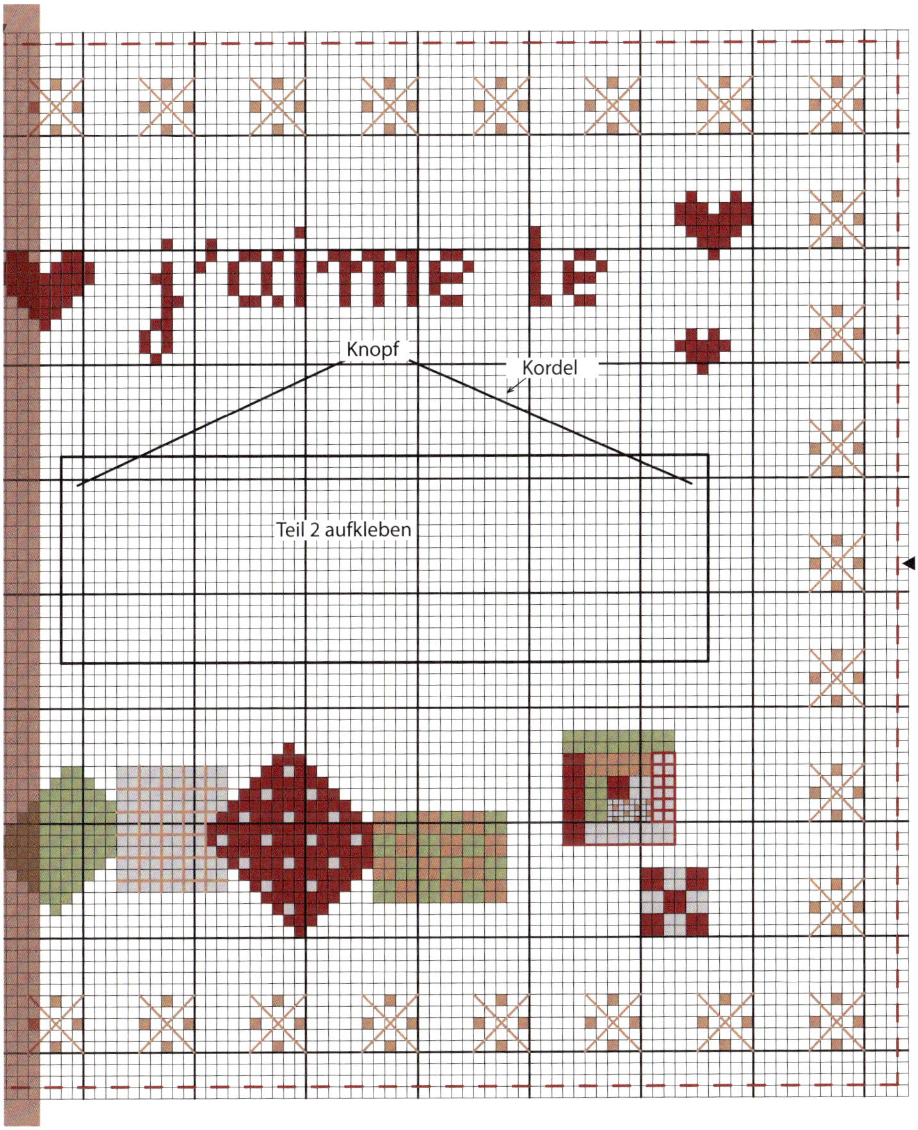


| X | VS | DMC |
|---|---|---|
| ■ | — | 221 |
| ■ | | 407 |
| ■ | | 642 |
| ■ | | 712 |

Kreuzstich (über einen Gewebefaden)

| | DMC |
|---|---|
| ◩ | 221 |
| ◩ | 407 |
| ◩ | 642 |
| ◩ | 712 |

Steppstich

| | DMC |
|---|---|
| - - - | 221 |

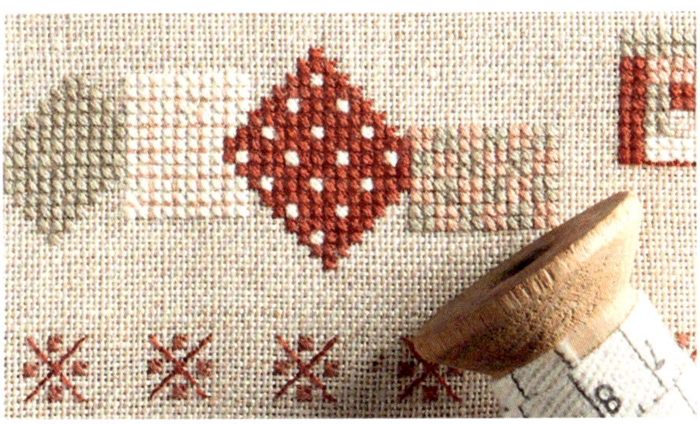

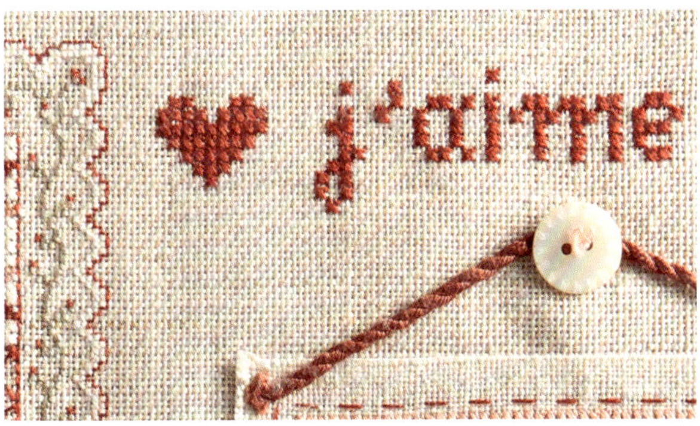

# *Petit lapin* (dt. „Kleines Kaninchen“)

**Die Motive werden hier durch die fein gestickte Außenkontur hervorgehoben, die dieser schönen Arbeit einen naiven Charme verleiht.**

## GRÖSSE

10 cm x 11 cm (ohne Holzbügel)

## MATERIAL

- großes weißes Mischgewebe aus Baumwolle/Modal, 15 cm x 15 cm, 12,6 Fäden/cm Zweigart Murano ***Empf.*** 3984/100
- weißes Baumwollband, 60 cm x 1 cm
- zwei 0,6 cm hohe Herzanhänger
- 9,5 cm langer Holzbügel Atelier des Elfes
- Gobelinnadel Nr. 26 Bohin
- Applikationsnadel Nr. 10 Bohin
- weißes Nähgarn
- Perlgarn DMC Nr. 12: 931 und 932

## STICHARTEN

Vorstich – Holbeinstich – Assisi-Stich

## STICKANLEITUNG

Gemäß der Schemazeichnung auf Seite 192 auf den Stoff sticken und sie zentrieren. Zuerst die Konturen im Holbeinstich sticken, dann den Hintergrund im doppelseitigen Kreuzstich sticken.

## ARBEITSWEISE

Vom weißen Band zwei 9,5 cm lange Streifen **(Teil 1),** zwei 12 cm lange Streifen **(Teil 2)** und zwei 4 cm lange Streifen **(Teil 3)** abschneiden.
Den überschüssigen Stoff abschneiden und einen 2 cm breiten Rand an allen Seiten der Stickerei stehen lassen. Die Ränder 1 cm breit auf die Rückseite umschlagen und umbügeln. **Teil 1** auf der Rückseite am oberen Rand 0,2 cm von der Falte entfernt zentrieren und die langen und kurzen Seiten im überwendlichen Stich säumen (weißes Garn, Applikationsnadel). Genauso am unteren Rand mit dem anderen **Teil 1** verfahren. Die kurzen Seiten von **Teil 2** 1 cm breit auf die Rückseite umschlagen und auf der Rückseite an einer Seite 0,2 cm vom Rand entfernt zentrieren. Im überwendlichen Stich zusammennähen. Genauso mit dem anderen **Teil 2** an der letzten Seite verfahren. Die beiden **Teile 3** oben auf der Rückseite 1 cm von den Rändern entfernt übereinander legen und im überwendlichen Stich zusammennähen. Die Enden der **Teile 3** in den Kleiderbügel einführen, auf die Rückseite umschlagen, sodass die **Teile 3** um 1 cm nach oben überstehen, und im überwendlichen Stich zusammennähen.
Die Anleitung zum Assisi-Stich, der in diesem Stickmuster vorkommt, finden Sie auf Seite 33.

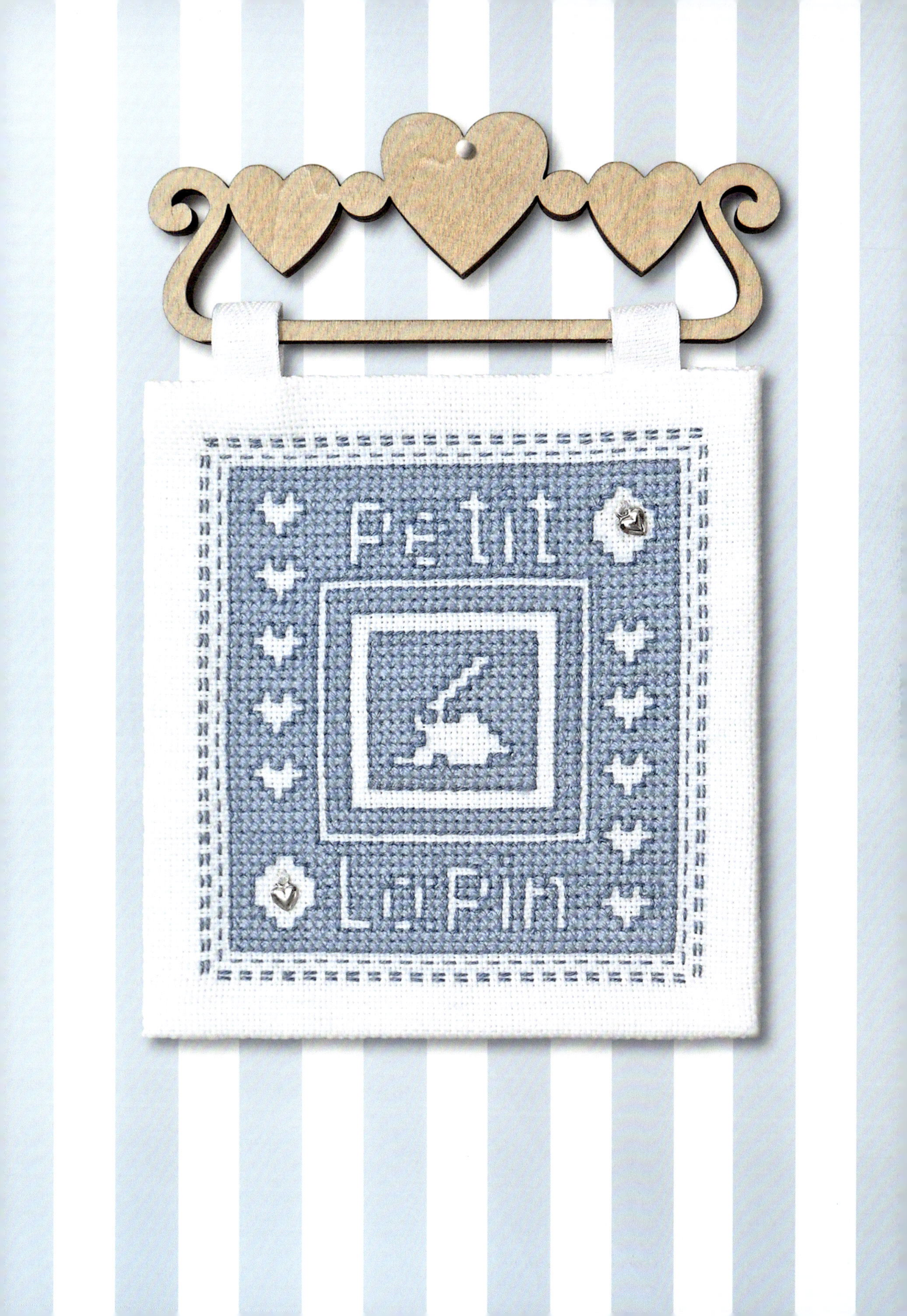
Petit
Lapin

## *Petit lapin*

### SCHEMAZEICHNUNG

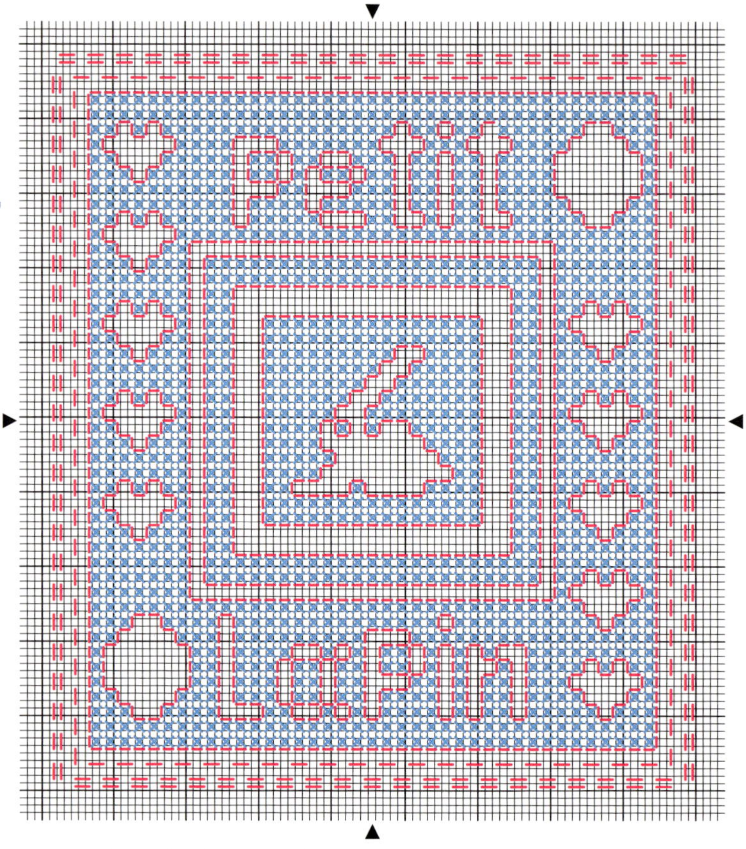

**Garne**

- Perlgarn 12 Nr. 931
- Perlgarn 12 Nr. 932

**Stiche**

- – – Vorstich
- ---- Holbeinstich
- × Kreuzstich

Bitte beachten Sie, dass eine Linie der Schemazeichnung jeweils einen Schuss- und Kettfaden* darstellt.
**Anm.** Damit die Schemazeichnung verständlicher ist, entsprechen die Farben des Zählmusters nicht den Garnfarben.

---

**Technik:** Stopfstiche, siehe S. 34.

# *Pour toi* (dt. „Für dich")

Die Bande von Liebe und Freundschaft werden mit Geduld und Leidenschaft geknüpft. Gibt es etwas Schöneres, als ein Geschenk zu überreichen, das mit Liebe, Faden und Nadel gemacht wurde?

## GRÖSSE

82 x 84 Stiche (bestickte Fläche)

## MATERIAL

- weißes Mischgewebe aus Baumwolle/Modal, 20 cm x 20 cm, 11 Fäden/cm Zweigart Brittney
Lugana ***Empf.*** 3270-100
- Gobelinnadel Nr. 26 Bohin
- Applikationsnadel Nr. 10 Bohin
- weißer Rahmen mit 14 cm x 14 cm großen Öffnung Atelier des Elfes
- Baumwolle DMC Broder Spécial Nr. 25: 3688 und 3689
- Baumwolle Mouliné DMC 315

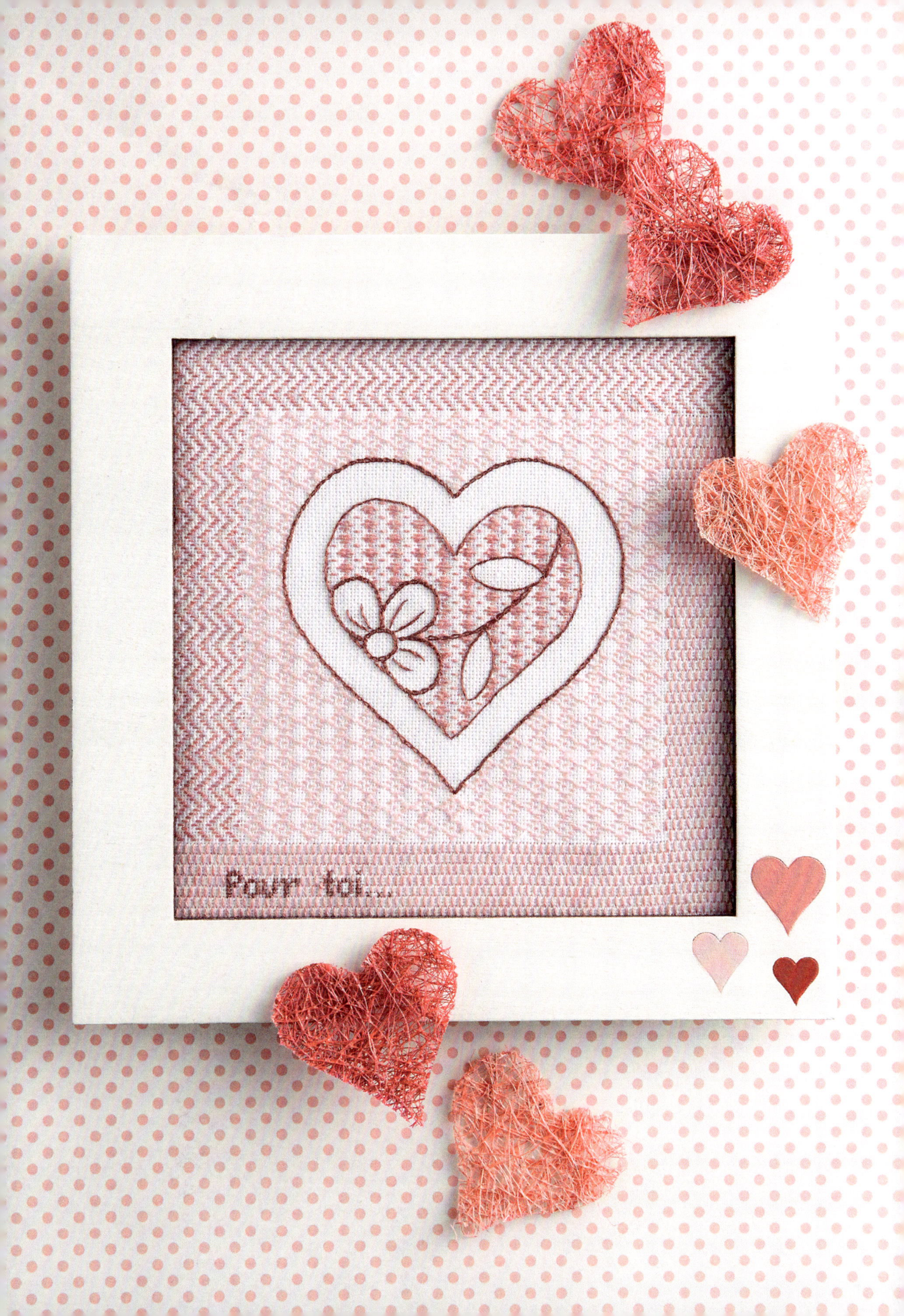
Pour toi...

# *Pour toi*

## STICHARTEN

Vorstich – Kettenstich – Kreuzstich – Stielstich

## STICKANLEITUNG

Die Mitte des Stoffs markieren und das Muster (siehe weiter unten) übertragen.
Gemäß der Schemazeichnung im Vor- und Kreuzstich sticken und im inneren Teil des Herzens beginnen.
Weiter oben im Stielstich sticken und bei den Konturen der Blütenblätter und der Blätter aufhören. Siehe Bilder 1, 2 und 3 weiter unten.
Dann den äußeren Teil des großen Herzens sticken.
Zum Schluss die Herzen und die Blume gemäß dem nummerierten Muster weiter unten sticken.

## ARBEITSWEISE

Die Stickerei mit einem sehr heißen Bügeleisen von links bügeln, auf Karton spannen und anschließend in den Rahmen legen.

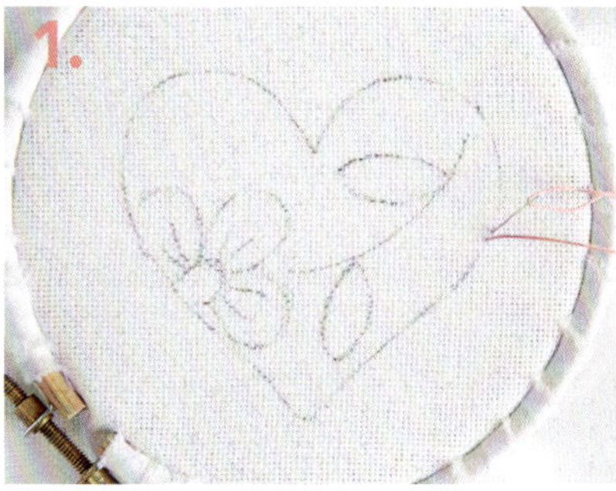


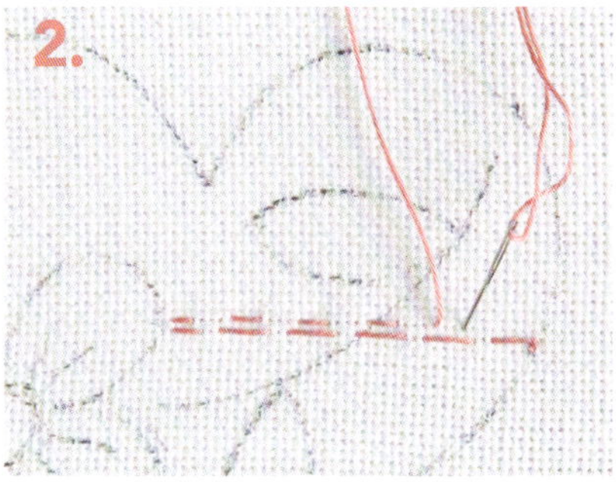


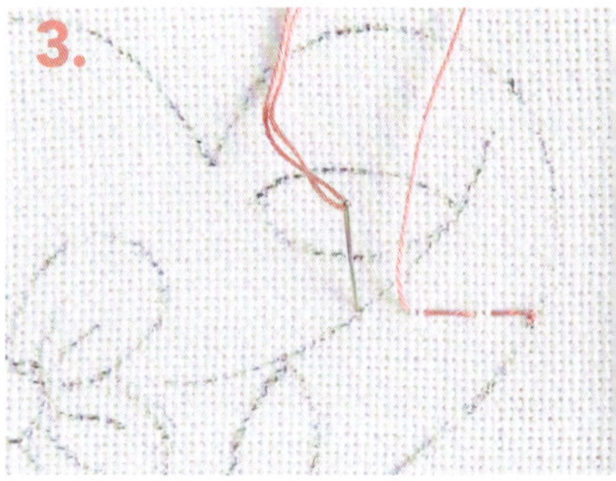


## NUMMERIERTES MUSTER

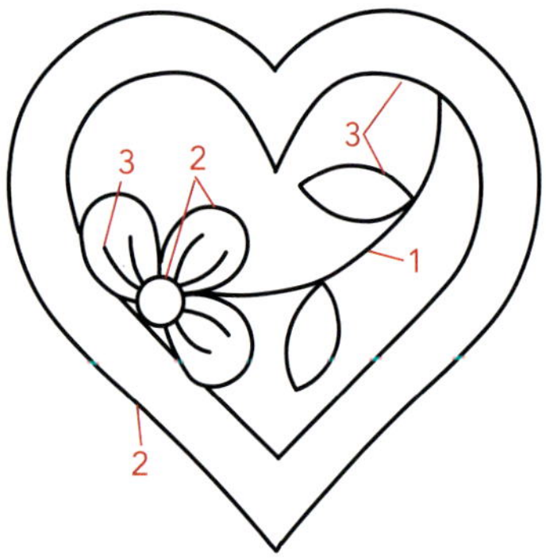


**Sticharten**
Mit 1 Faden Baumwolle Mouliné 315 und der Aplikationsnadel ausführen.

**1.** Den Stiel zeichnen und im Kettenstich sticken.
**2.** Kettenstich
**3.** Stielstich

## MUSTER IN ORIGINALGRÖSSE

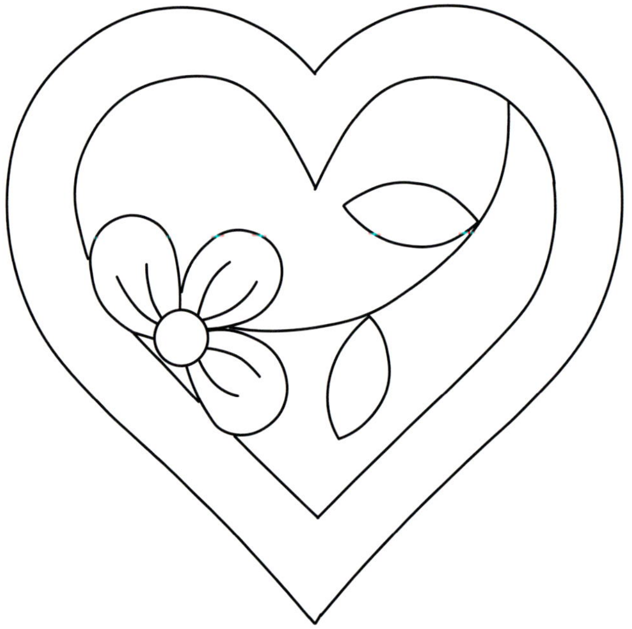

## SCHEMAZEICHNUNG

Bitte beachten Sie, dass eine Linie der Schemazeichnung jeweils einen Schuss- oder Kettfaden* darstellt.

**Anm.** Damit die Schemazeichnung verständlicher ist, entsprechen die Farben des Zählmusters nicht den Garnfarben.

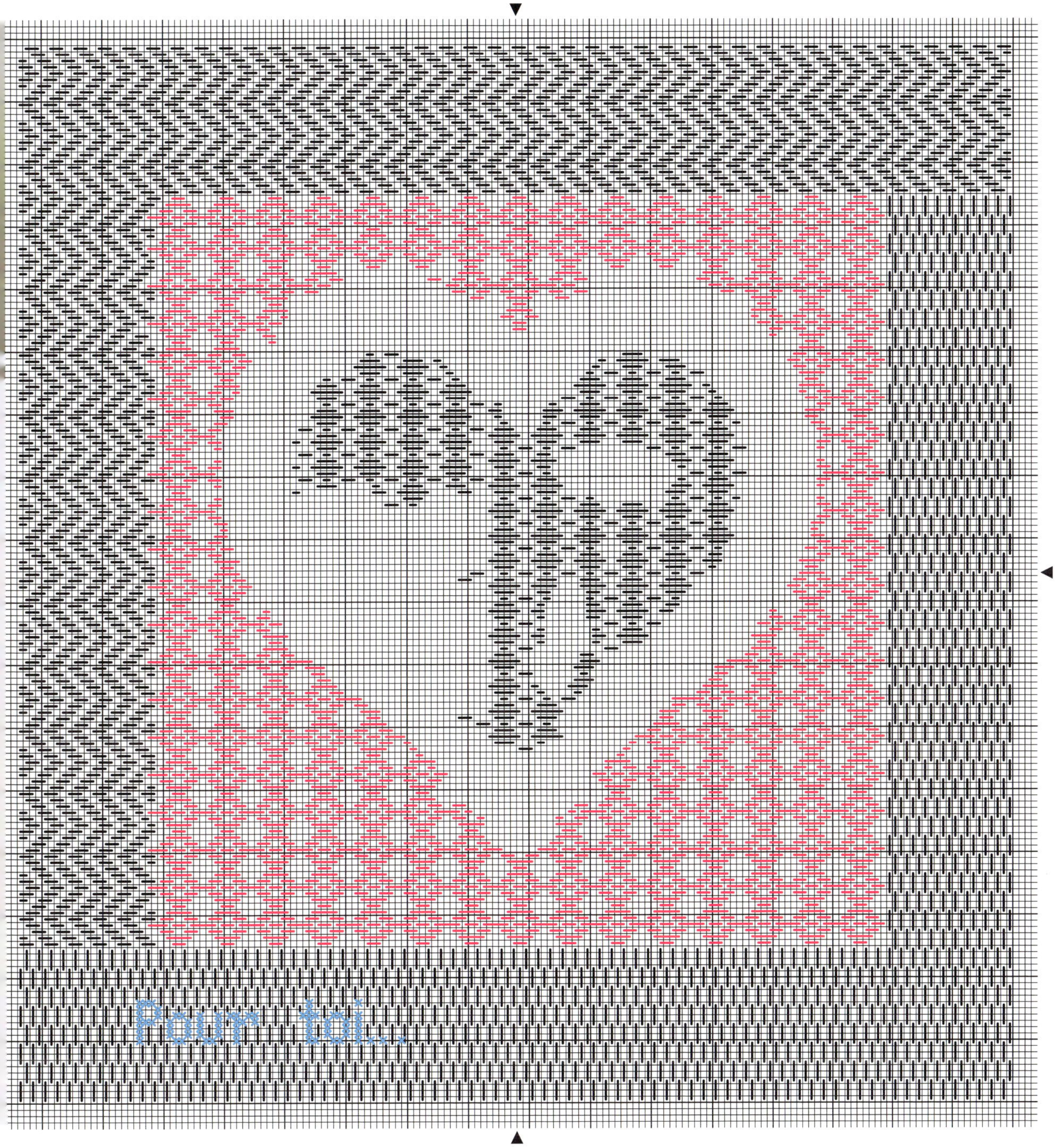


**Garne**

— Baumwolle Broder Spécial 25 Nr. 3688

— Baumwolle Broder Spécial 25 Nr. 3689

— Baumwolle Broder Spécial Nr. 315 (1 Einzelfaden)

**Stiche**

— Spannstich

× Kreuzstich

# Ein Meer aus Stichen

Auf dem Stickgrund werden die kleinen Motive mal dicht zusammen, dann wieder weit voneinander entfernt gestickt, sodass ein Spiel aus Licht und Schatten auf diesem naiven, romantischen Bild entsteht.

## GRÖSSE

111 x 139 Stiche
19,5 cm x 23,5 cm (Bild)

## MATERIAL

- naturweißer Leinenstoff, 30 cm x 40 cm, 16 Fäden/cm Zweigart Newcastle ***Empf.*** 3348/101
- Baumwollstoff in gebrochenem Weiß, 21,5 cm x 25,5 cm
- Roh-Satinband, 96 cm x 0,5 cm
- Stickrahmen von 12 cm Durchmesser Sajou
- zwei Gobelinnadeln Nr. 28 und Nr. 22 Bohin
- Applikationsnadel Nr. 11 Bohin
- ägyptische Baumwolle in gebrochenem Weiß Nr. 50 Sajou
- Baumwolle Mouliné DMC Nr. 3830, 3777, 844 und 3022

## STICHARTEN

Steppstich – Spannstich – Stielstich

## STICKANLEITUNG

Die Mitte des Stoffs markieren, gemäß der Schemazeichnung sticken und in der Mitte beginnen. Alle auszählbaren Stiche (im Spann- und Steppstich) mit einem Einzelfaden Mouliné-Baumwolle und der Gobelinnadel Nr. 28 sticken. Die Seiten und die untere Seite des Rocks im Stielstich sticken (ein Einzelfaden 3830, Applikationsnadel).
Siehe Schemazeichnung, S. 198–199.

## ARBEITSWEISE

Die Arbeit sehr heiß von links bügeln. Im Abstand von 1,5 cm von der Stickerei acht Fäden auf allen vier Seiten ausziehen. Zwei 22 cm lange und zwei weitere 26 cm lange Streifen des Satinbands mit der Gobelinnadel Nr. 22 über/unter jeweils sechs Gewebefäden durch die Hohlsäume aller vier Seiten durchziehen. Den überschüssigen Stoff an den Seiten abschneiden und neben den gewebten Bändern einen 2 cm breiten Rand stehen lassen. Die Ränder 1 cm auf die Rückseite umschlagen und bügeln. Die Seiten des Baumwollstoffs 1 cm breit nach hinten umschlagen, dann links auf links auf die Arbeit legen und die Seiten im überwendlichen Stich zusammennähen (ägyptische Baumwolle, Applikationsnadel).

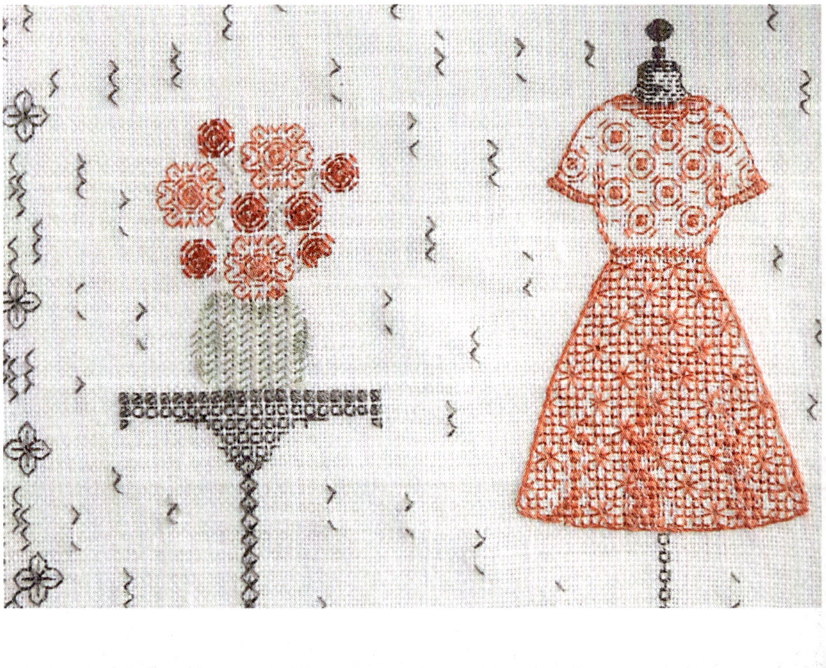

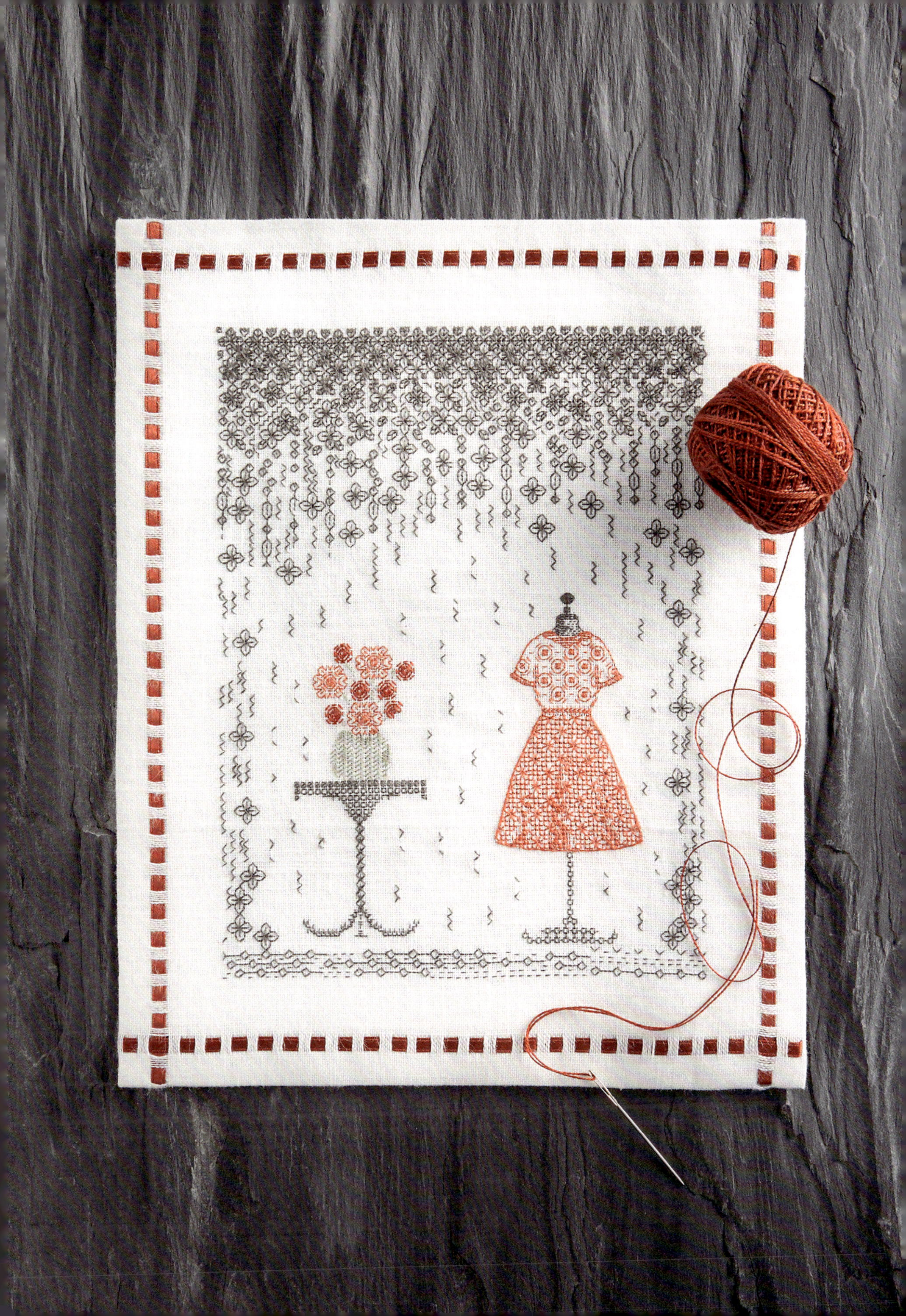

# Ein Meer aus Stichen

## SCHEMA-ZEICHNUNG

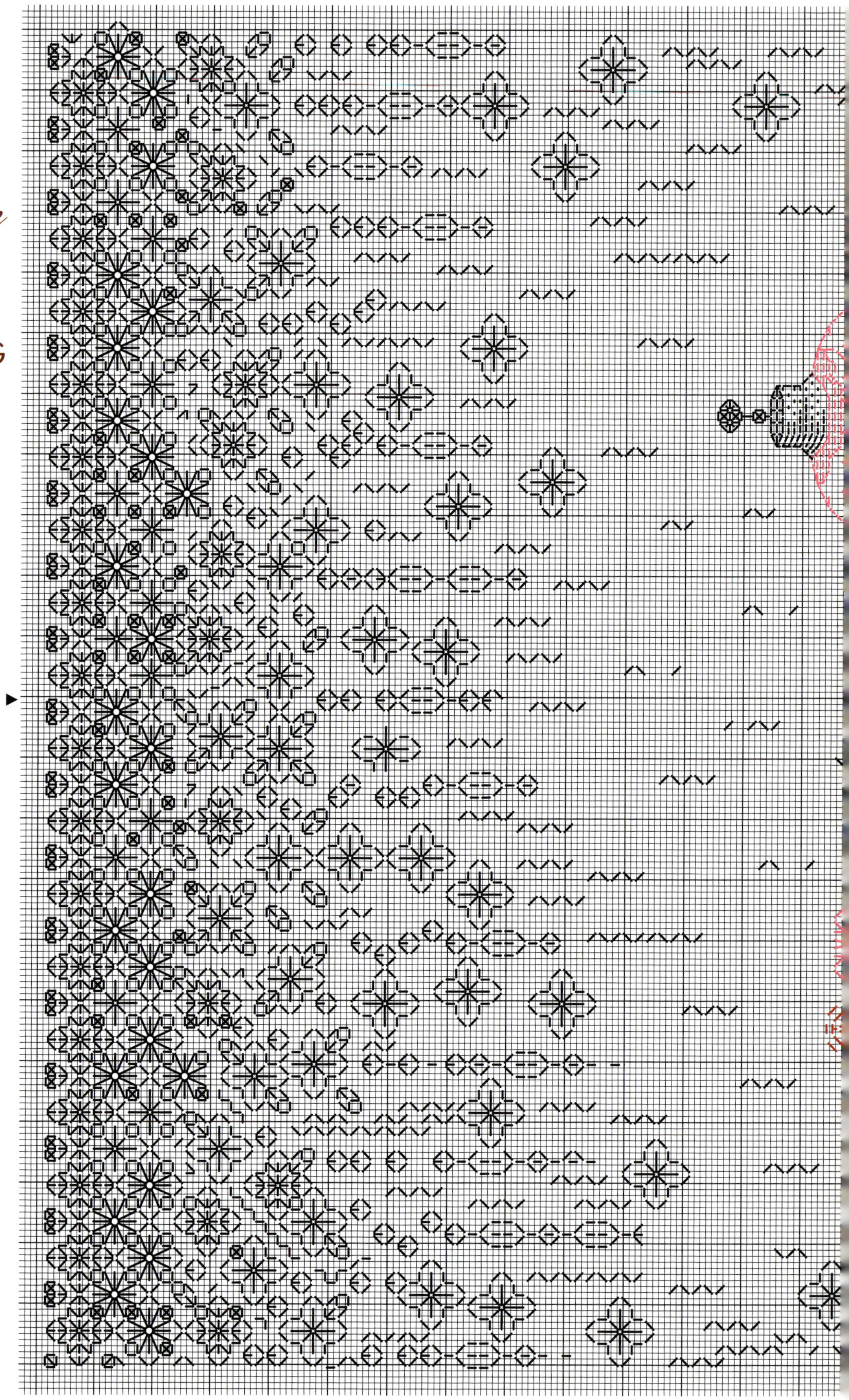

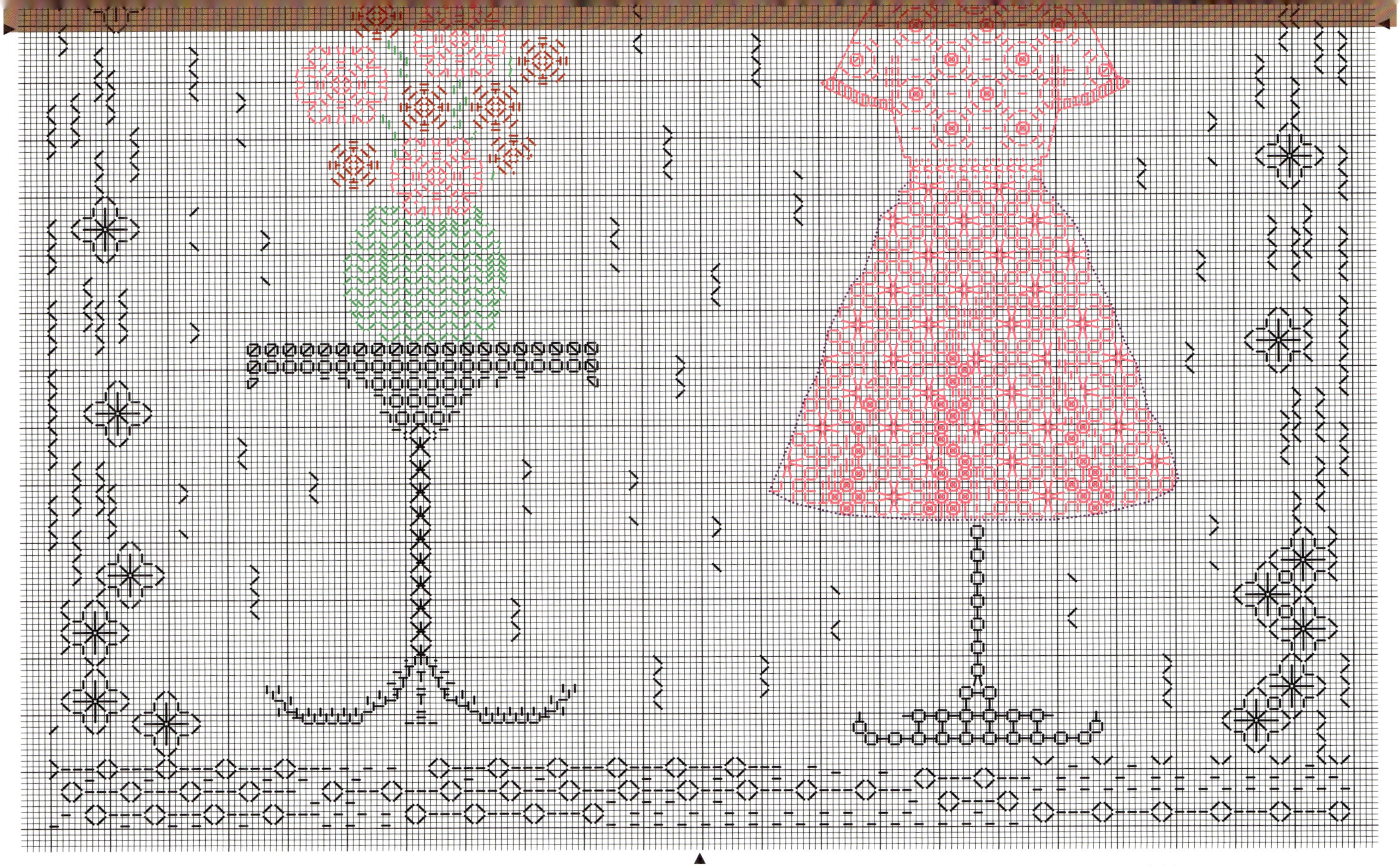

Bitte beachten Sie, dass eine Linie der Schemazeichnung jeweils einen Schuss- oder Kettfaden* darstellt.
**Anm.** Damit die Schemazeichnung verständlicher ist, entsprechen die Farben des Zählmusters nicht den Garnfarben.

**Garne**

- Baumwolle Mouliné Nr. 844
- Baumwolle Mouliné Nr. 3830
- Baumwolle Mouliné Nr. 3777
- Baumwolle Mouliné Nr. 3022

**Stiche**

- Spannstich
- Steppstich
- Stielstich (1 Einzelfaden Nr. 3830)

# Das Spiel der Fäden

**Sanfte Farben und zarte Stiche sind die Hauptmerkmale der Schweizer Stickerei. Viel Spaß mit dieser interessanten Technik.**

## GRÖSSE

130 x 130 Stiche (bestickte Fläche)
26 cm x 26 cm (Deckchen)

## MATERIAL

- karierter Leinenstoff, 35 cm x 35 cm, naturfarben/beige, 12,6 Fäden/cm Zweigart ***Empf.*** 7661/1012
- Zackenlitze in gebrochenem Weiß, 110 cm x 0,6 cm
- Gobelinnadel Nr. 26 Bohin
- Gobelinnadel Nr. 10 Bohin
- ägyptische Baumwolle Nr. 50 Sajou
- Baumwolle DMC Broder Spécial Nr. 25: 414
- Perlgarn DMC Nr. 8: 3865

## STICHARTEN

Spannstich – Kästchen-Zierstich – Dreiecks-Zierstich – Fixierstiche (Vorstich – Smyrnastich)

## STICKANLEITUNG

Gemäß der Schemazeichnung mit einer Nadel ohne Spitze sticken und in einer Ecke 5 cm von den Rändern entfernt beginnen. Zuerst die Fixierstiche im Vor- und Smyrnastich, dann gleichzeitig die Dreiecks- und Kästchen-Zierstiche sowie die Spannstiche in den Blütenblättern sticken.

## ARBEITSWEISE

Den Stoff bis auf 2,5 cm um die Stickerei herum abschneiden. Die Ränder mit der Maschine versäubern, dann den Stoff von links bügeln. Die Zackenlitze im überwendlichen Stich (CE Nr. 50 – Applikationsnadel) auf die Kontur applizieren und darauf achten, den versäuberten Rand zu verdecken.

**Garne**

— Baumwolle Broder Spécial Nr. 25: 414
═ Perlgarn Nr. 8: 3865

**Fixierstiche**

Smyrnastich
Spannstich

**Zierstiche**

Kästchen-Zierstich

Dreiecks-Zierstich

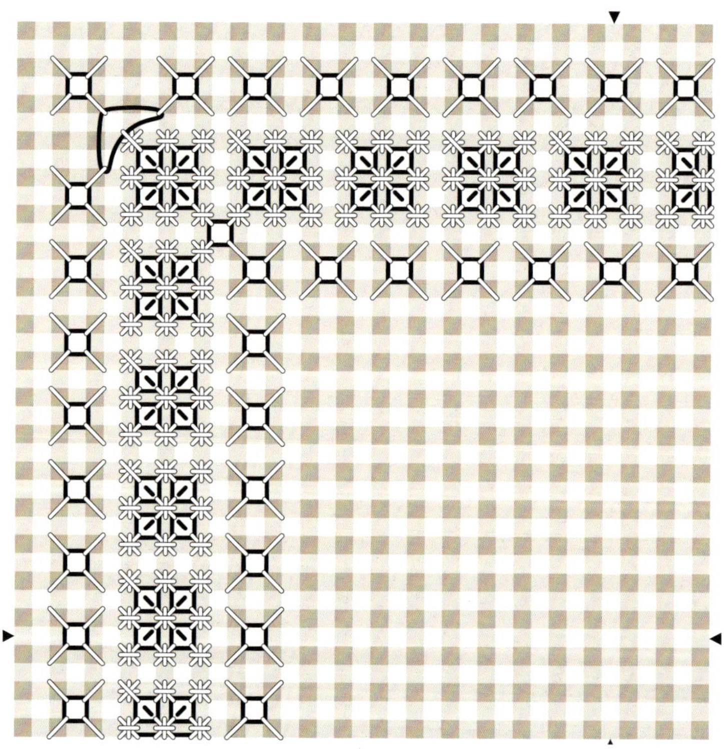

**Anm.** Damit die Schemazeichnung verständlicher ist, entsprechen die Farben des Zählmusters nicht den Garnfarben.

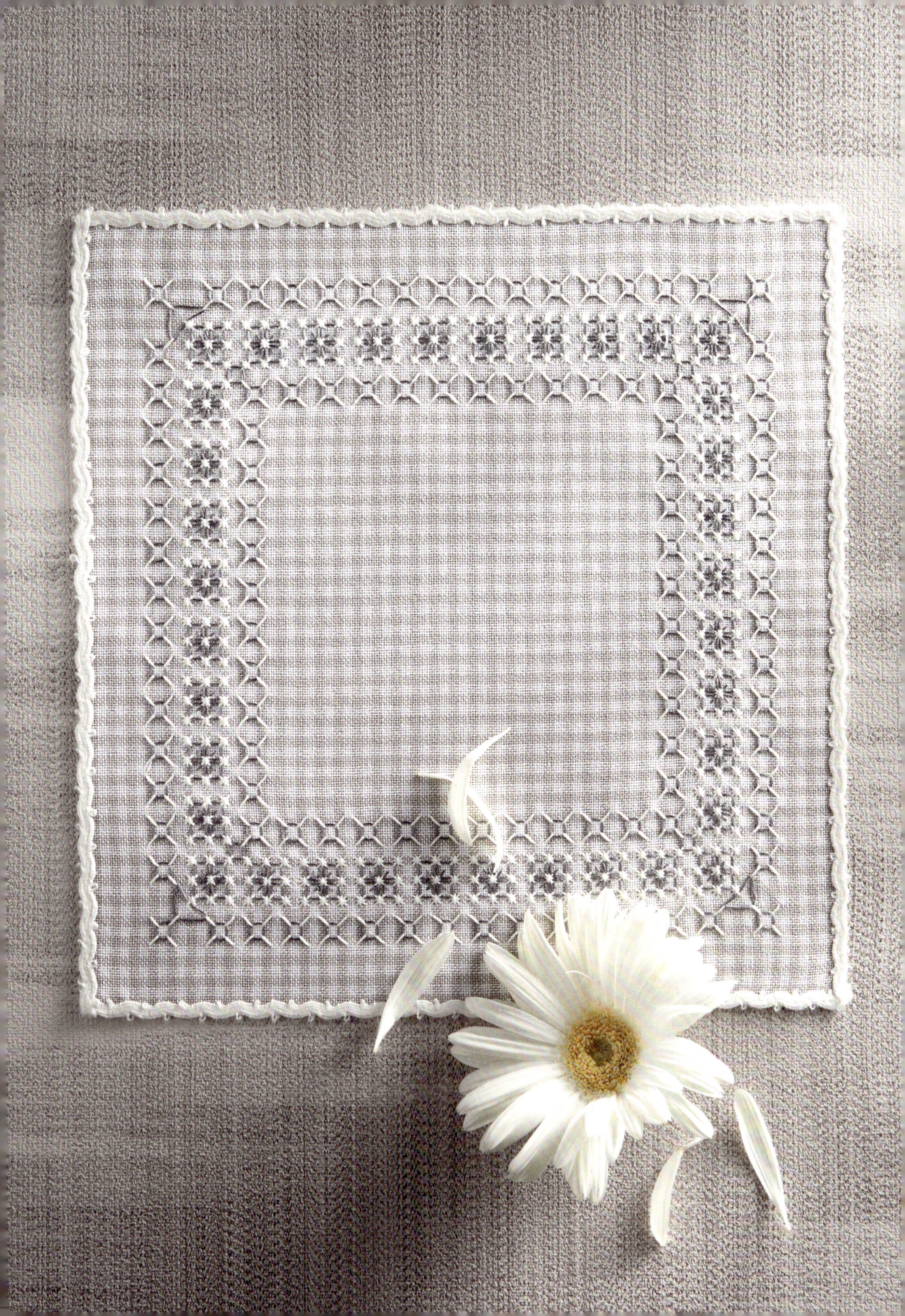

# Süßes Accessoire

**Mit schönen Hohlsäumen bestickt, wird ein schlichtes Säckchen zu einem kostbaren Accessoire und erinnert in reinem Weiß an die Eleganz vergangener Zeiten. Ein hübsches Accessoire, das den Alltag versüßt.**

## GRÖSSE

2 x 18 cm x 20 cm

## MATERIAL

- weißer Leinenstoff, 20 cm x 44 cm, 16 Fäden/cm Zweigart Newcastle ***Empf.*** 3348/100
- zwei Kreise aus hellblauer Baumwolle von 2 cm Durchmesser
- 40 cm lange weiße Baumwollkordel von 0,3 cm Durchmesser Vaupel und Heilenbeck
- feine weiße Spitze, 38 cm x 1,2 cm
- Füllwatte
- kleine, feine Schere, ***Empf.*** 24316, und Pinzettenschere, ***Empf.*** 98260 oder 62615 Bohin
- Applikationsnadel Nr. 11 Bohin
- Gobelinnadel ohne Spitze Nr. 22 und 26 Bohin
- heller Heftfaden
- weißes Coton Floche (Marie Suarez) Nr. 60
- weiße ägyptische Baumwolle Nr. 50 Sajou
- Baumwolle Coton Broder Spécial DMC Nr. 16: 932
- Perlgarn DMC Nr. 12: 415

## STICHARTEN

Applikation im doppelten Dreiecksstich – Wickelstäbchen – Garbenstich – Zickzack-Hohlsaum – Stäbchen-Hohlsaum – Hexenstich auf der Rückseite – geknoteter Hohlsaum

## STICKANLEITUNG

Gemäß der Schemazeichnung 1 auf den Seiten 204–205 arbeiten.
Die Stoffränder versäubern und in der Mitte einen Heftfaden anbringen, der die Mitte des Säckchenbodens darstellt. Die auszuziehenden Fäden und die zu stickenden Stiche sind der Schemazeichnung auf den Seiten 204 und 205 zu entnehmen.
Von der Mitte des Bodens aus die Fäden zählen und auf einer Seite ausziehen, um Hohlsäume zu bilden, dann die Bündel und den Garbenstich sticken.
Die Fäden mit der Gobelinnadel Nr. 22 aus dem Gewebe ausziehen.
Für Stickereien mit dem Garn BS, Perlgarn und Coton Floche die Gobelinnadel Nr. 26 verwenden.
Für Stickereien mit ägyptischem Baumwollgarn die Gobelinnadel Nr. 11 verwenden.
Auf der zweiten Seite, 15,5 cm vom Heftfaden entfernt zehn Fäden ausziehen und Wickel-Hohlsäume (Coton Floche 60) sticken, dabei vier Gewebefäden pro Bündel zusammenfassen.
Dann 4,5 cm vom oberen Hohlsaum entfernt einen Faden ausziehen.

## ARBEITSWEISE

Die Arbeit von links bügeln, rechts auf rechts am Heftfaden in zwei Hälften falten, sodass die Wickel-Hohlsäume mit dem oberen ausgezogenen Faden übereinstimmen. Die Seiten 1 cm von den Rändern entfernt zusammennähen. Für den Boden mit der Hand in den Beutel hineinfassen, die innere Seitennaht einer Ecke auf die Heftnaht legen, die Nahtzugabe zu einer Seite umlegen und 1 cm unterhalb der Ecke eine Bodennaht von 2 cm Länge schließen. Genauso bei der anderen Ecke des Bodens vorgehen, dann die Arbeit auf die Vorderseite drehen. Die Spitze rechts auf rechts in zwei Hälften falten und die kurze Seite, 1 cm vom Rand entfernt zusammennähen (ägyptische Baumwolle, Applikationsnadel Nr. 11). Dann die Spitze links auf rechts oben am ausgezogenen Faden auf das Säckchen legen, ohne diesen zu verdecken, sodass die Naht der Spitze mit der einer Seite übereinstimmt. Im doppelten Dreiecksstich (siehe S. 178) applizieren (ägyptische Baumwolle, Applikationsnadel Nr. 11).
Das Kordelende in der Mitte des Wickel-Hohlsaums auf der Vorderseite einführen und über/unter jedem Bündel des gesamten Hohlsaums durchziehen. Die Kordel aus der gleichen Stelle auf der Vorderseite herausziehen. Einen blauen Stoffkreis und Füllwatte am Kordelende fixieren, um dieses zu schützen. Genauso beim anderen Ende vorgehen (siehe S. 181).

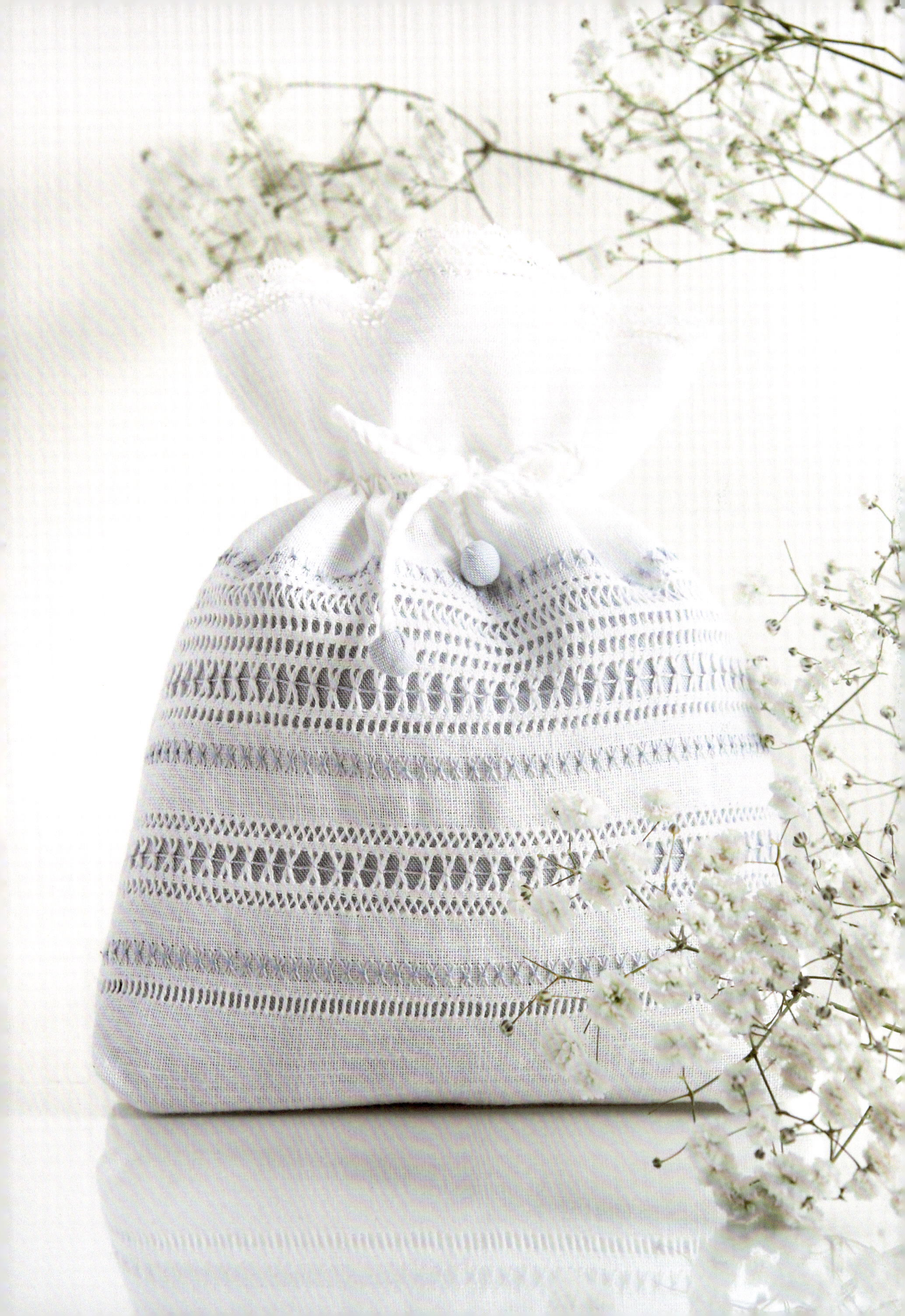

## SCHEMAZEICHNUNG

**Garne**

- Baumwolle BS 16 Nr. 932
- Perlgarn 12 Nr. 415
- Ägyptische Baumwolle 50 BLANC
- Coton Floche MS 60 BLANC

**Stiche**

- Wickelstäbchen aus 4 Fäden
- Garbenstich
- Zickzack-Hohlsaum (Hexenstich oben und unten auf der Rückseite)
- Stäbchen-Hohlsaum (Hexenstich obe und unten auf der Rückseite)
- Stäbchen-Hohlsaum (Hexenstich obe und unten auf der Rückseite), dann di Bündel paarweise knoten.
- Heftfaden

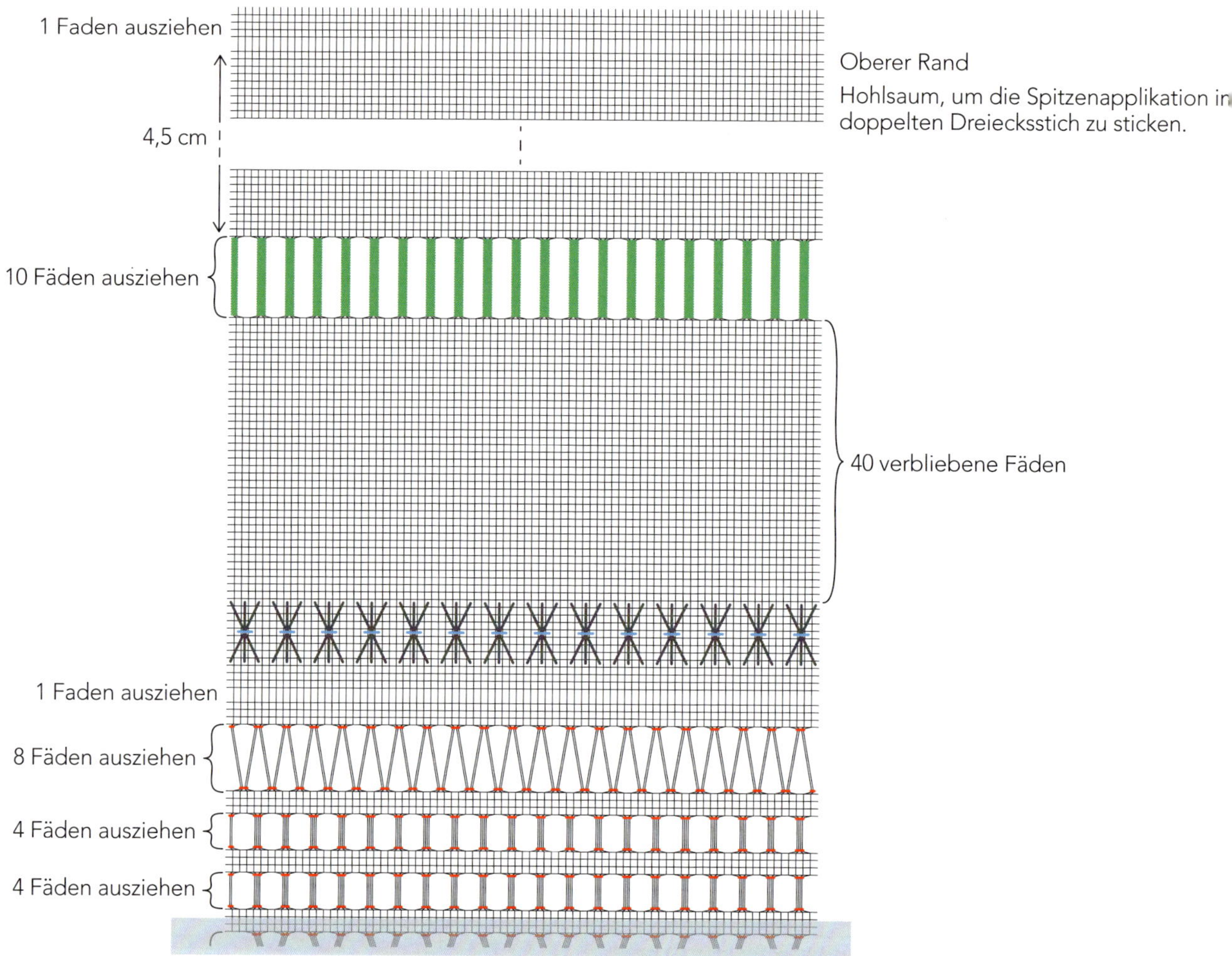

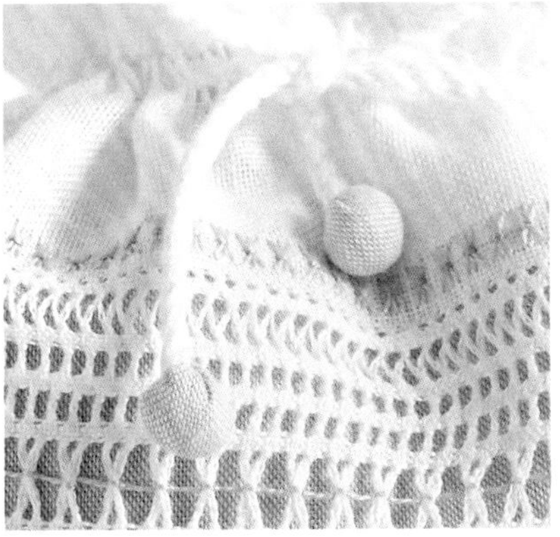 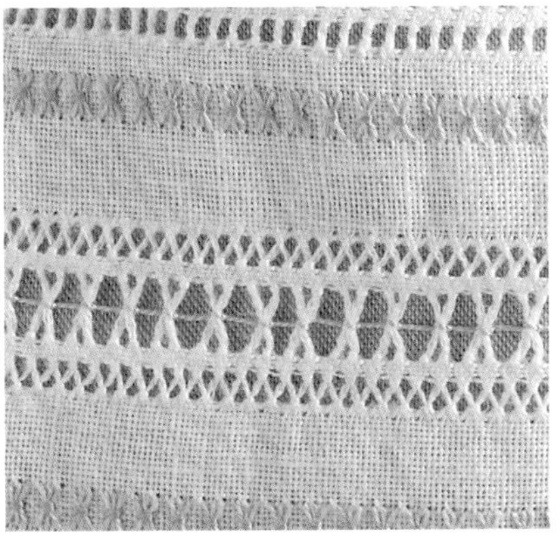 

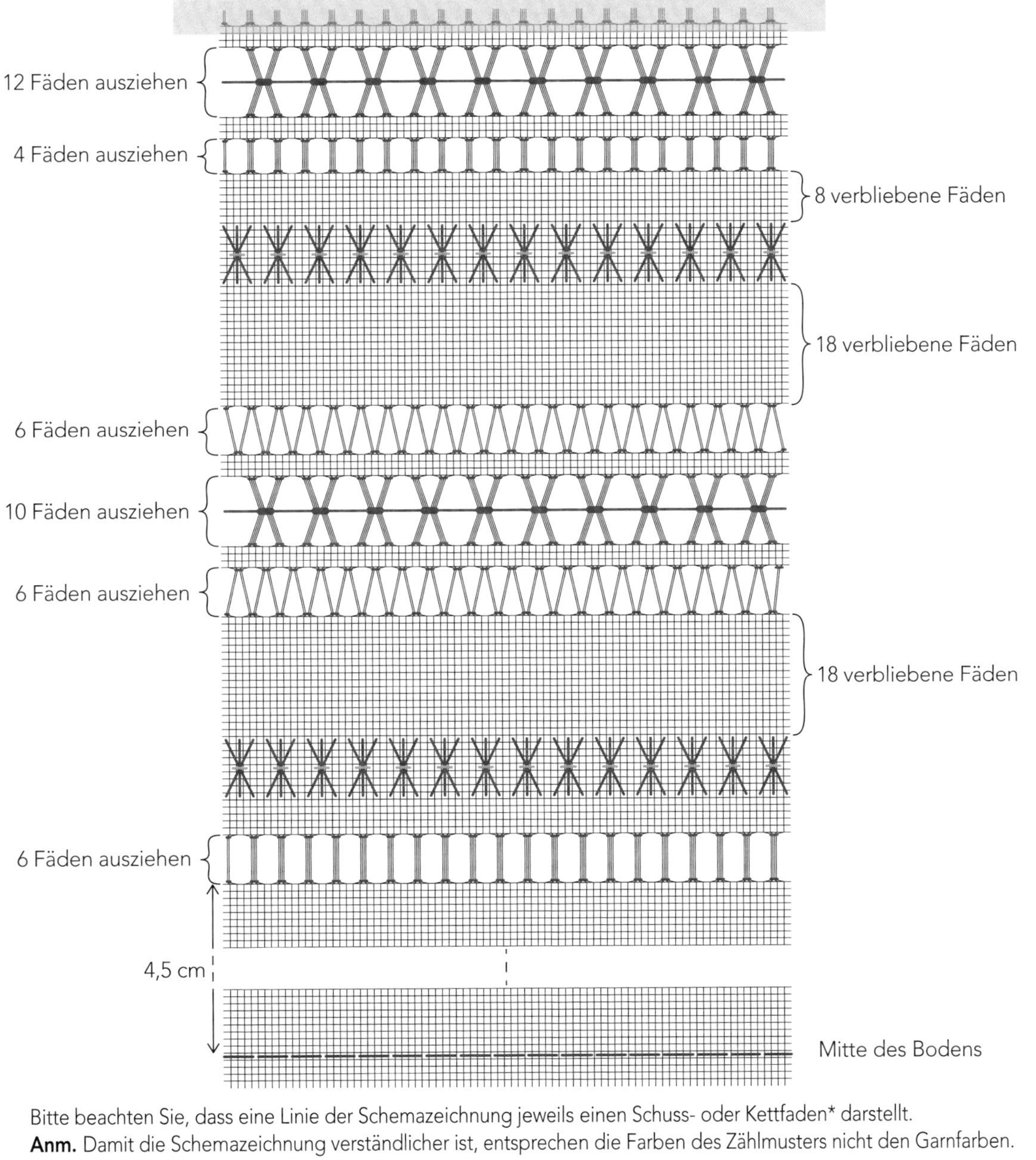


Bitte beachten Sie, dass eine Linie der Schemazeichnung jeweils einen Schuss- oder Kettfaden* darstellt.
**Anm.** Damit die Schemazeichnung verständlicher ist, entsprechen die Farben des Zählmusters nicht den Garnfarben.

# Weiße Blumen

Diese feine und raffinierte alte Technik stößt auch heute noch auf großen Anklang und erfreut uns immer wieder auf Neue! Wie sollte man sie nicht lieben?

## GRÖSSE

13,5 cm x 17 cm (bestickte Fläche)
19,5 cm x 23 cm (Bild)

## MATERIAL

- weißer Leinenstoff, 19,5 cm x 23 cm, 16 Fäden/cm Sajou
- beiges Mischgewebe aus Baumwolle/Modal*, 23 cm x 27,5 cm, mit weißen Blumen bedruckt, Zweigart ***Empf.*** 3984/7399
- Gobelinnadel Nr. 26 Bohin
- Applikationsnadel Nr. 11 Bohin
- Stickrahmen von 12 cm Durchmesser Sajou
- beiges Nähgarn
- Coton Floche Marie Suarez Nr. 120 Blanc
- weiße ägyptische Baumwolle Nr. 60 Sajou
- Baumwolle Broder Spécial DMC Nr. 25 und 30 Blanc

## STICHARTEN

Kettenstich – Rundloch mit Langettenstich – Federstich – Steppstich – Margeritenstich – Geradstichrad –leichter Kordelstich – einzelner Kästchenstich – zweistufiger Kästchenstich –Wabenstich

## STICKANLEITUNG

Den Stoff eine Stunde lang in sehr heißem Wasser einweichen, um ihn zu dekatieren*. Anschließend auswringen, liegend trocknen lassen und sehr heiß bügeln. Auf den Stickrahmen spannen. Gemäß der Schemazeichnung sticken und an den Seiten einen 3 cm breiten Rand stehen lassen.
Zuerst im Geradstich-Rad, dann den Hintergrund im zweistufigen Kästchenstich und schließlich im Margeritenstich sticken (siehe Schemazeichnung, S. 209).
Das Muster auf den unteren Teil des Stoffs übertragen und gemäß den Anweisungen auf Seite 208 sticken.
Den Kettenstich mit der Applikationsnadel und alle anderen Stiche mit der Gobelinnadel sticken.
In der folgenden Reihenfolge sticken:

1. die Konturen der Blütenblätter, Blütenmitten, Blätter und Adern
2. die Stiele
3. die innere Bereiche der Blätter und Blütenblätter
4. die Blütenmitten

## ARBEITSWEISE

Die Seiten des geblümten Stoffs 4 cm breit auf die Rückseite umschlagen, dann noch einmal 1 cm umschlagen, um den 3 cm breiten Saum zu bilden, und alle Kanten umbügeln. Die Briefecken auseinanderfalten, zusammennähen (siehe S. 64) und zurückschneiden. Die Arbeit auf die Vorderseite drehen. Den bestickten Stoff unter den Rändern mit einfassen. Die Seiten im überwendlichen Stich dezent zusammennähen (beiges Nähgarn).

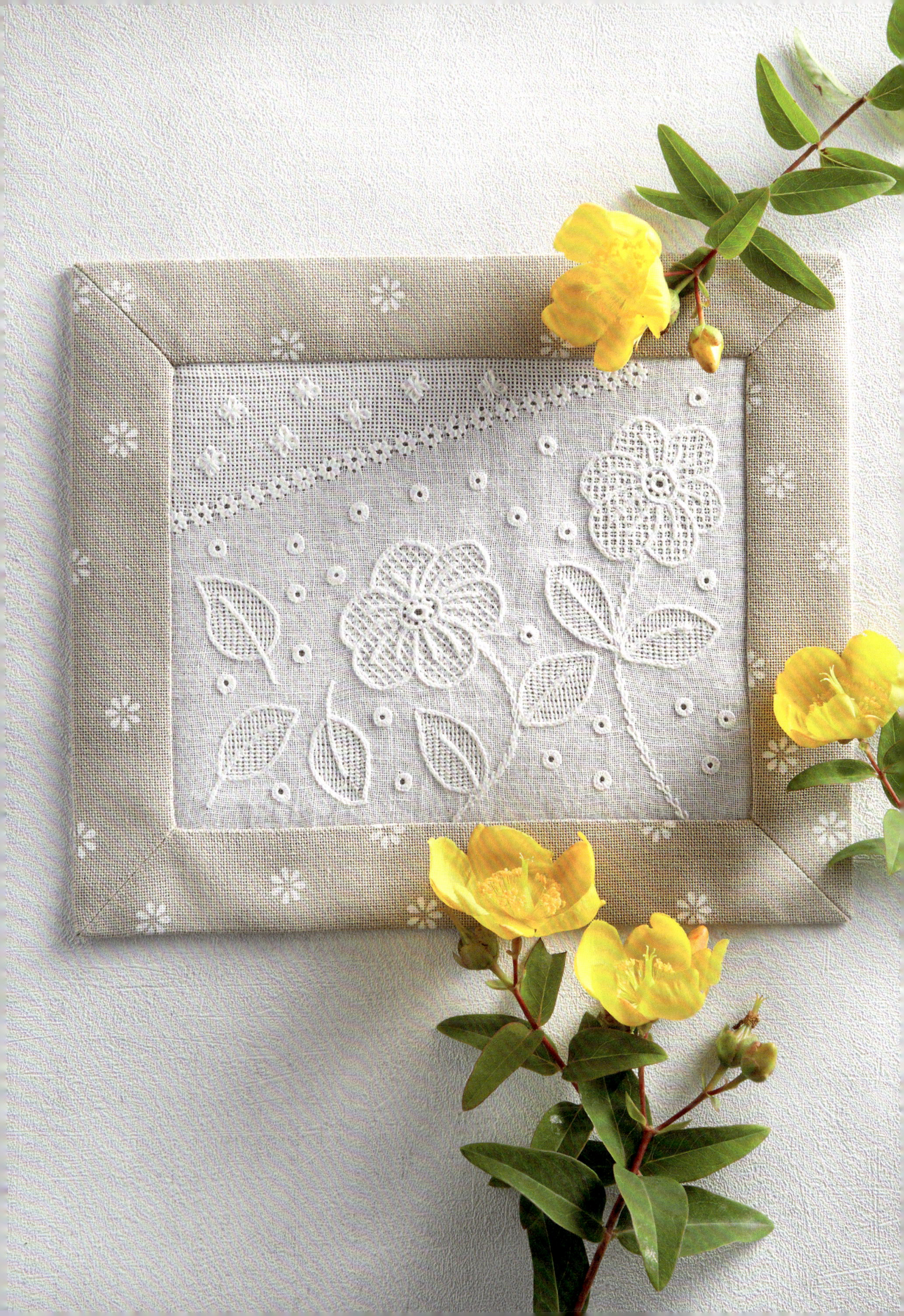

# Weiße Blumen

## MUSTER IN ORIGINALGRÖSSE

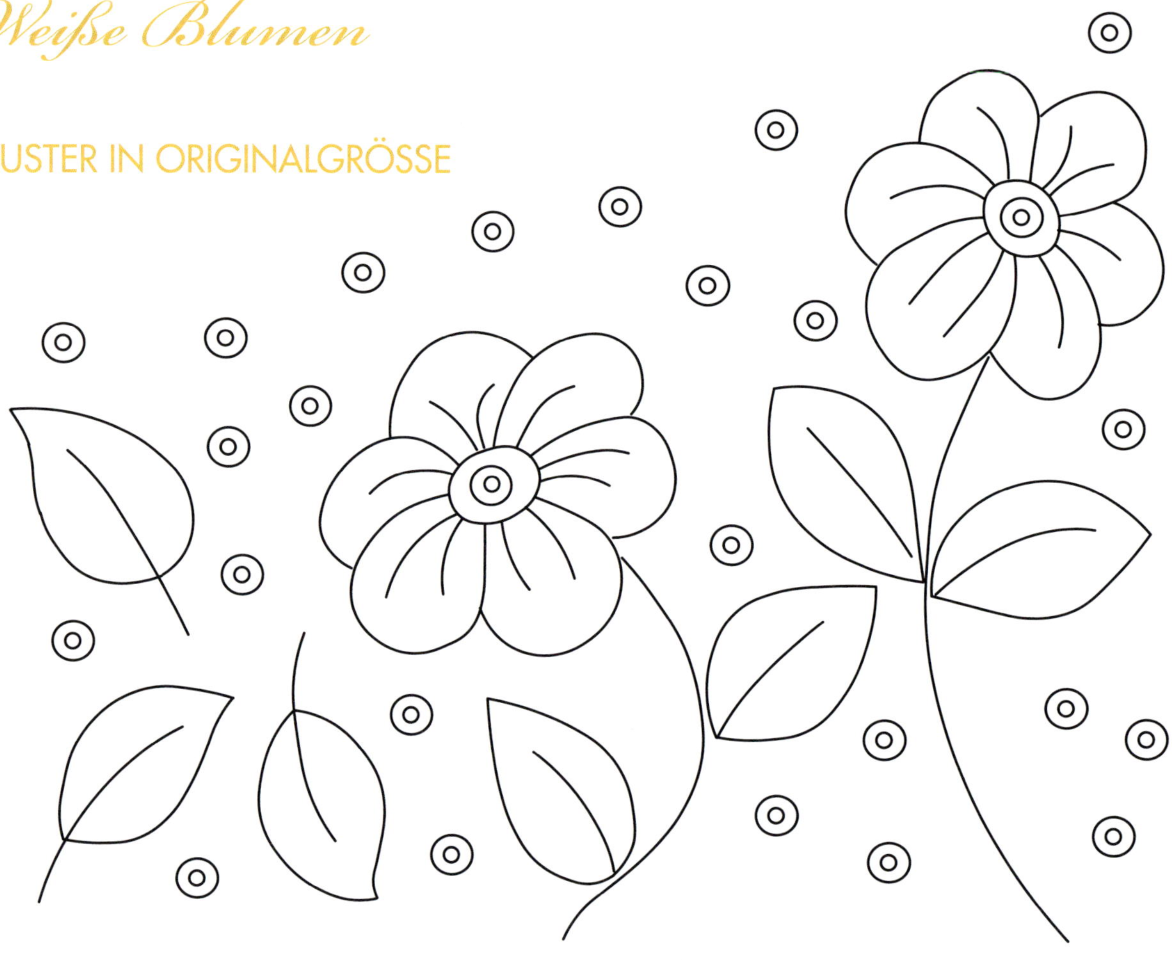

## NUMMERIERTES MUSTER

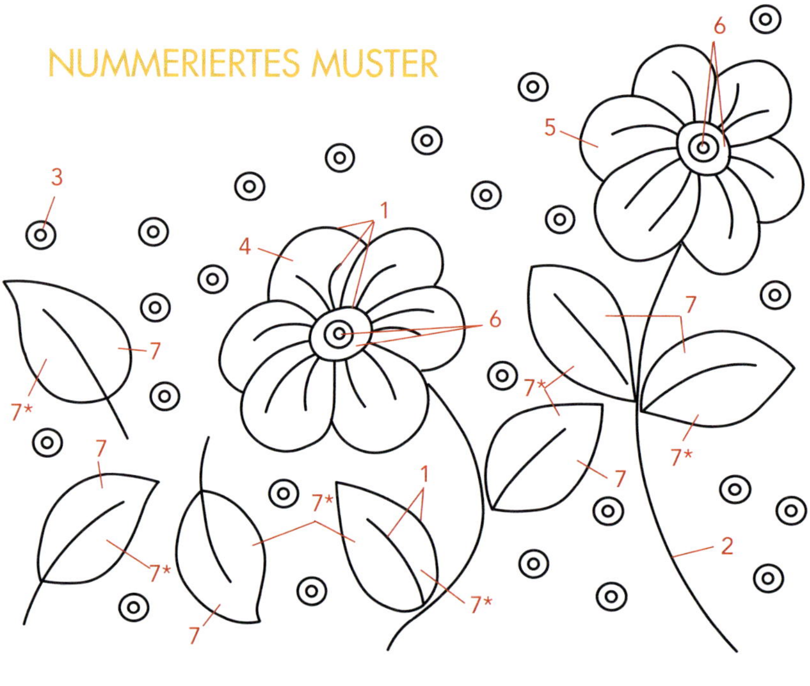


**Stickstiche**

1. Kettenstich (BS 30 Blanc)
2. Federstich (BS 25 Blanc)
3. Rundloch mit Langettenstich (BS 30 Blanc)
4. Wabenstich (ägyptische Baumwolle 60 Blanc)
5. Einzelner Kästchenstich (Coton Floche MS 120)
6. In der Mitte ein Rundloch mit Langettenstich, dann den gesamten Umriss im Steppstich sticken, dabei fest am Faden ziehen (BS 30 Blanc).
7. Leichter Kordelstich in vertikaler Richtung (ägyptische Baumwolle 60 Blanc)

**7*.** Leichter Kordelstich in horizontaler Richtung (ägyptische Baumwolle 60 Blanc)

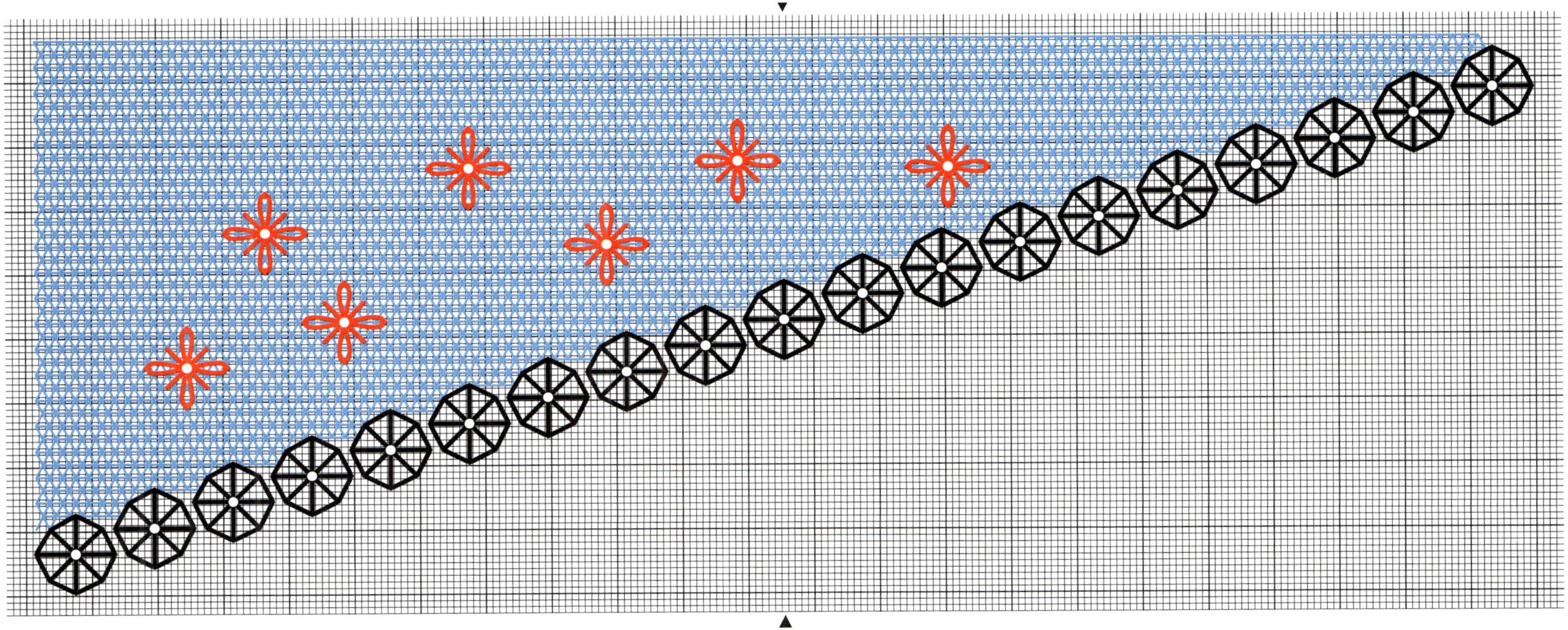

Bitte beachten Sie, dass eine Linie der Schemazeichnung jeweils einen Schuss- oder Kettfaden* darstellt.
**Anm.** Damit die Schemazeichnung verständlicher ist, entsprechen die Farben des Zählmusters nicht den Garnfarben.

**Garne**

- Baumwolle BS 25 BLANC
- Baumwolle BS 30 BLANC
- Ägyptische Baumwolle 60 BLANC

**Stiche**

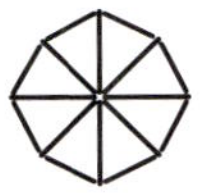

Geradstich-Rad

vier Margeriten- und vier Spannstiche

Füllung im zweistufigen Kästchenstich, in zwei Schritten über zwei Gewebefäden sticken

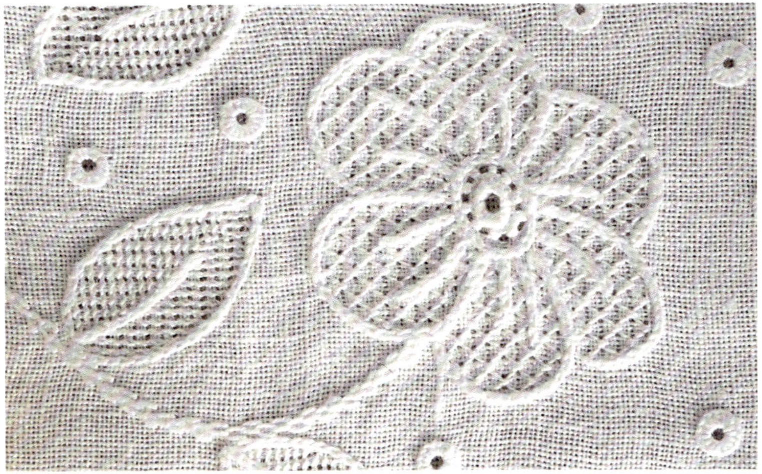

# Das Herz des Mondes

Auf diesem bezaubernden Bild finden Sie die typischen Symbole der Schwälmer Stickerei. Es macht viel Spaß, sie zu sticken.

## GRÖSSE

18 cm x 21 cm (bestickte Fläche)
22 cm x 24,5 cm (Bild)

## MATERIAL

- hellgrünes Mischgewebe aus Baumwolle/Modal, 28 cm x 35 cm, 12,6 Fäden/cm Zweigart Murano ***Empf.*** 3984/6047 **(Teil 1)**
- graues Mischgewebe aus Baumwolle/Modal, 18 cm x 21 cm, 12,6 Fäden/cm Zweigart Murano ***Empf.*** 3984/7025 **(Teil 2)**
- weißer Leinenstoff, 29 cm x 31,5 cm, 14 Fäden/cm Zweigart Edinburgh ***Empf.*** 3217/100 **(Teil 3)**
- khakifarbenes Band, 21 cm x 1 cm, mit Herzen bedruckt
- Gobelinnadel Nr. 26 Bohin
- Applikationsnadel Nr. 11 Bohin
- Crewelnadel Nr. 10 Bohin
- Stickrahmen von 12 cm Durchmesser Sajou
- weißes und dunkelgrünes Nähgarn
- Baumwolle Broder Spécial DMC Nr. 16: 3032 sowie Nr. 25: 822 und 3032
- Perlgarn DMC Nr. 8: Blanc und Nr. 12: Blanc

## STICHARTEN

Korallenstich – Kettenstich – geknoteter Hohlsaum im Kästchenstich – Vorstich – Schlingstich-Rad – Langettenstich – Plattstich – Spannstich – Sternstich (Ajourstickerei) – Fliegenstich – Schlingstichfüllung über ausgezogene Fäden – Wabenstich – leichter Kordelstich – Kreuzstich in Hin- und Rückreihen

## STICKANLEITUNG

Auf **Teil 1** gemäß dem nummerierten Muster auf Seite 213 sticken, beginnend mit dem unteren Hohlsaum 5 cm von der linken unteren Ecke entfernt.
Mit der Nadel Nr. 26 die Hohlsäume und Füllstiche der Motive sticken. Alle anderen Stiche mit der Crewelnadel sticken. Um das Band zu applizieren und den Rand zu nähen, die Applikationsnadel Nr. 11 verwenden.

## ARBEITSWEISE

Die Seiten von **Teil 3** 3,5 cm breit auf die Rückseite umschlagen, dann noch einmal 1 cm umschlagen, um einen 2,5 cm breiten Saum zu bilden, und die Kanten umbügeln. Die Briefecken auseinanderfalten, zusammennähen (siehe S. 64) und zurückschneiden. Dann die Arbeit auf die Vorderseite drehen. Den überschüssigen Stoff an den Rändern von **Teil 1** abschneiden und einen 2,5 cm breiten Rand stehen lassen. **Teil 2** auf der Rückseite der Arbeit zentrieren und unter den Rändern von **Teil 3** einfügen. Die Seiten im überwendlichen Stich dezent zusammennähen (weißes Nähgarn).

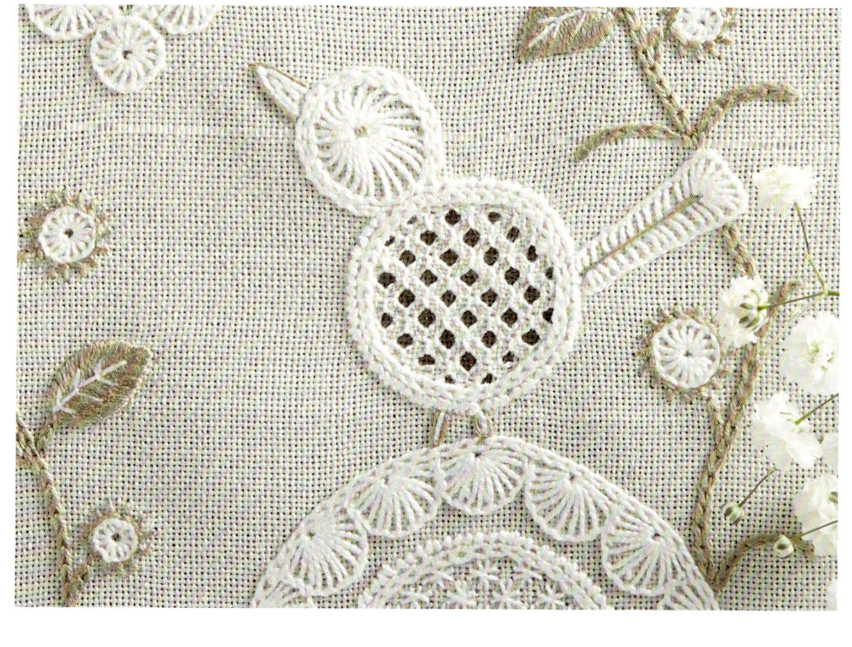

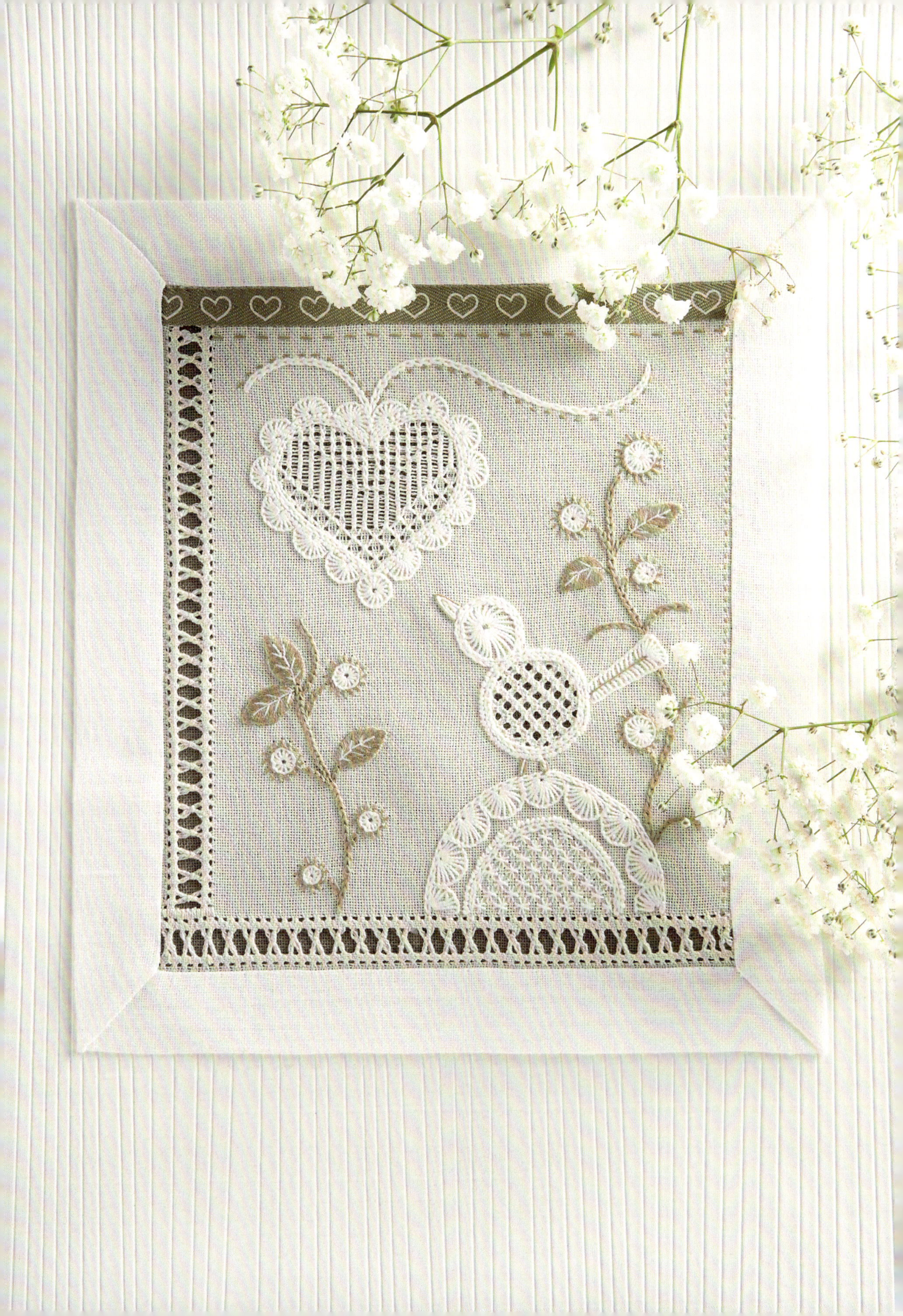

## MUSTER IN ORIGINALGRÖSSE

# NUMMERIERTES MUSTER

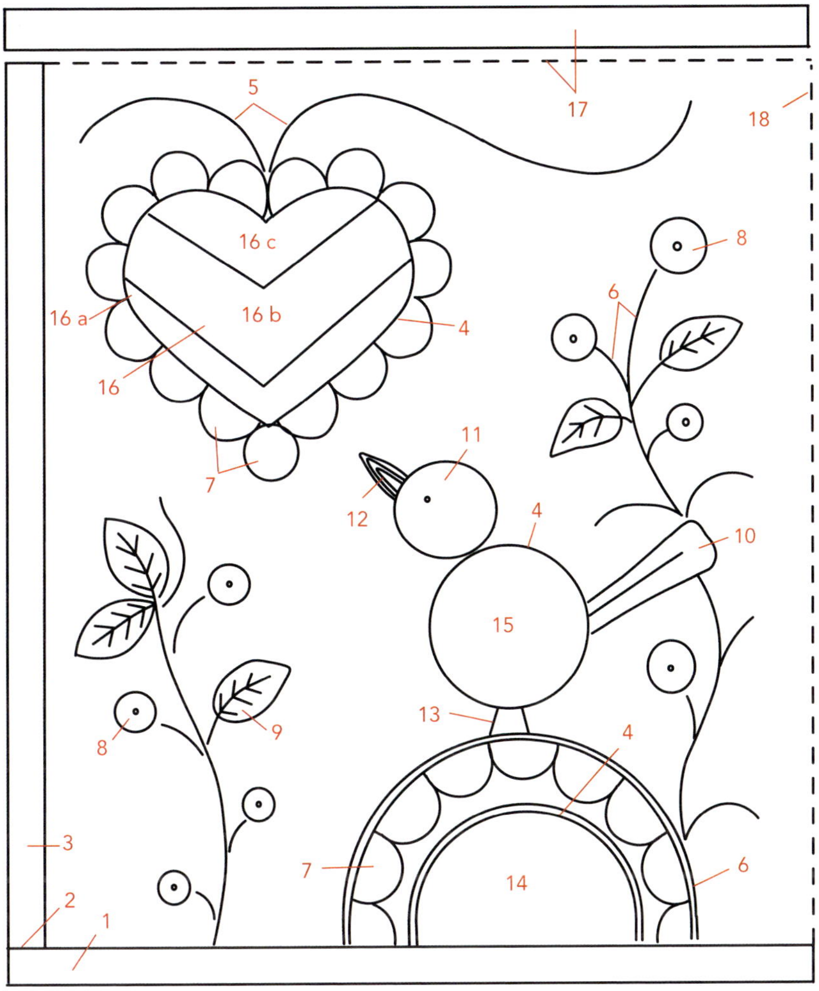


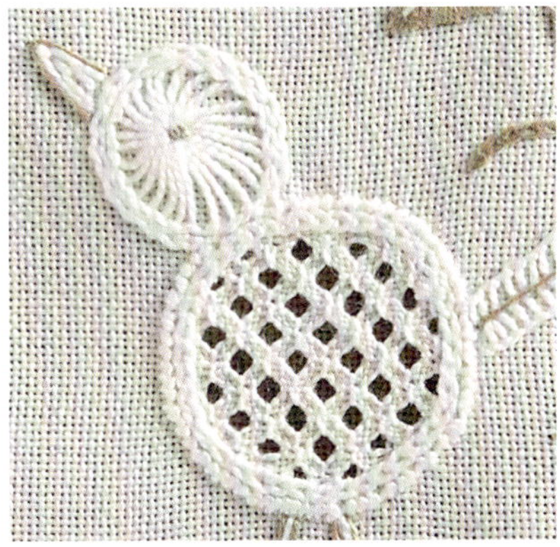

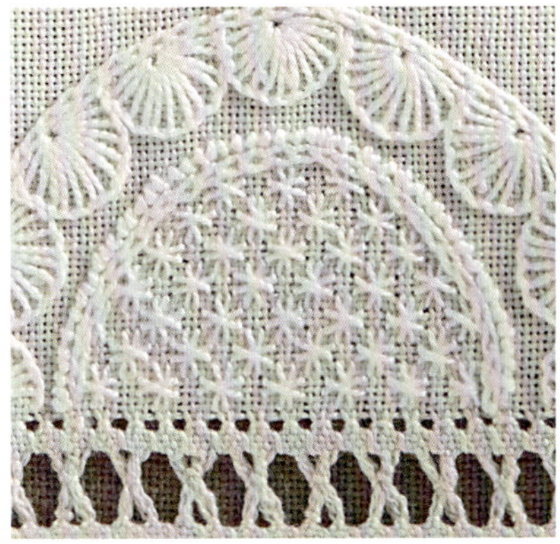

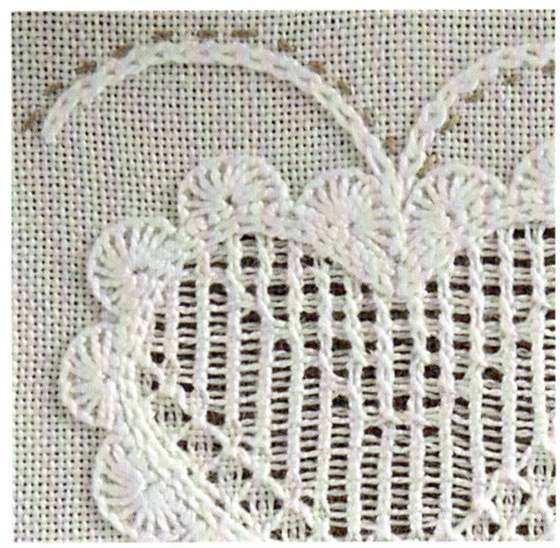

**Stickstiche**

Beim Arbeiten die Zahlenreihenfolge einhalten.

1. Geknoteten Hohlsaum im Kästchenstich sticken.
2. Den kurzen Rand im überwendlichen Stich über 4 Fäden sticken (BS 25/822).
3. Wie in Punkt 1 sticken.
4. Die Konturen der Motive im Korallenstich, dann im Kettenstich sticken (Perlgarn 8/Blanc).
5. Kettenstich (Perlgarn 8/Blanc) und einen Vorstich oben, dann unten setzen (BS 25/3032).
6. Kettenstich (BS 16/3032 und Perlgarn 8/Blanc)
7. Schlingstich-Rad und halbe Schlingstich-Räder (Perlgarn 8/Blanc)
8. Schlingstich-Rad (Perlgarn 12/Blanc) und die Kontur im Langettenstich sticken (BS 16/3032).
9. Die Blätter im schräg gearbeiteten Plattstich (BS 25/3032), dann die Adern im Fliegenstich sticken (Perlgarn 12/Blanc).
10. Den Schwanz im Langettenstich sticken (Perlgarn 16/Blanc) und in der Mitte einen Spannstich setzen (BS 25/3032).
11. Als Kopf ein dezentrales Schlingstich-Rad sticken, dann im Kettenstich umrunden (Perlgarn 8/Blanc). Einen einfachen Knötchenstich über das Auge sticken (BS 16/3032).
12. Als Schnabel drei verzahnte Fliegenstiche sticken (Perlgarn 8/Blanc und BS 16/3032).
13. Einen Spannstich sticken (Perlgarn 16/Blanc), dann im Margeritenstich umrunden (BS 25/3032).
14. Im Sternstich füllen (Perlgarn 12/ Blanc).
15. Das Motiv ausschneiden und Schlingstichfüllung sticken (Perlgarn 12/ Blanc).
16. Das Motiv ausschneiden und zwei Reihen im Wabenstich sticken, beginnend bei 16a bis zum gegenüberliegenden Rand. Den mittleren Bereich 16b im leichten Kordelstich und den oberen Bereich 16c im Kreuzstich in Hin- und Rückreihen sticken (Perlgarn 12/ Blanc).
17. Das Band oben zentrieren und an den langen Seiten im überwendlichen Stich zusammennähen (grünes Nähgarn). Dann 0,3 cm vom Band entfernt im Vorstich über vier Fäden sticken (BS 16/3032).
18. Vorstich über zwei Fäden (BS 25/3032)

# Raffinesse

**Mit den umwickelten und im Langettenstich gearbeiteten Durchbrüchen und den vielen Spitzenstichen der Hedebo-Stickerei verwandeln Sie selbst die einfachsten Stoffe in wahre Meisterwerke.**

## GRÖSSE

15 cm x 18 cm

## MATERIAL

- beiger Leinenstoff, 25 cm x 37 cm, 22 Fäden/cm Zweigart Kingston 3225/53
- kleine, feine Schere, ***Empf.*** 24316, und Pinzettenschere, ***Empf.*** 98260 oder 62615 Bohin
- Applikationsnadel Nr. 11 Bohin
- Gobelinnadel ohne Spitze Nr. 26 Bohin (optional)
- Textilklebestift ***Empf.*** 65504 Bohin
- Stickrahmen von 12 cm Durchmesser Sajou
- heller Heftfaden
- Baumwolle Broder Spécial DMC Nr. 25: 827 – 840 – 841 – 745 – 3689 – 3685 – 642 – 644 – 819

## STICHARTEN

Knopflochstich – Kreis im Knopflochstich – Mandel im Knopflochstich – Plattstich (Spitze) –Spinne – doppelter Langettensteg – doppelter Tüllstich (Spitze) – dreieckiger Picot im Plattstich – Langettensteg mit Picots im Wickelstich – gerader Langettensteg – gehöhter Plattstich – überwendlicher Stich – Kettenstich – Rundloch mit Langettenstich – Margeritenstich

## STICKANLEITUNG

Den Leinenstoff dekatieren*, dann von links sehr heiß bügeln und die Seiten versäubern. Das Muster auf die Mitte des Stoffs übertragen (siehe S. 216) und gemäß dem nummerierten Muster sowie den Anweisungen auf Seite 217 sticken. Achten Sie darauf, den überschüssigen Stoff nahe den Durchbrüchen auf der Rückseite auszuschneiden.

Die Arbeit bügeln und den unteren Bereich bündig an den überwendlichen Stichen auf die Rückseite umschlagen. Den überschüssigen Stoff abschneiden und einen 2 cm breiten Rand stehen lassen. Genauso 13,5 cm vom oberen Rand entfernt vorgehen. Den unteren Bereich im Knopflochstich sticken. Kleine Dreiecke im Knopflochstich an den Rand sticken und darauf achten, dass die breiteste Stelle der Dreiecke aus sieben Stichen besteht (644). Den überschüssigen Stoff auf der Rückseite bündig an den Stichen abschneiden.

Ebenso den oberen Rand im Knopflochstich sticken, die Stiche umschlingen und eine Reihe im Plattstich sticken. Dann 1 cm lange Stäbchen mit einem Picot im Wickelstich sticken (827) und den überschüssigen Stoff auf der Rückseite bündig an den Stichen abschneiden. Die Ränder der kurzen Seiten auf die Rückseite umschlagen und die Kanten umbügeln. Die Ränder im Knopflochstich sticken (644 unten und 827 oben), dann den überschüssigen Stoff bündig an den Stichen auf der Rückseite abschneiden (siehe nebenstehendes Foto).

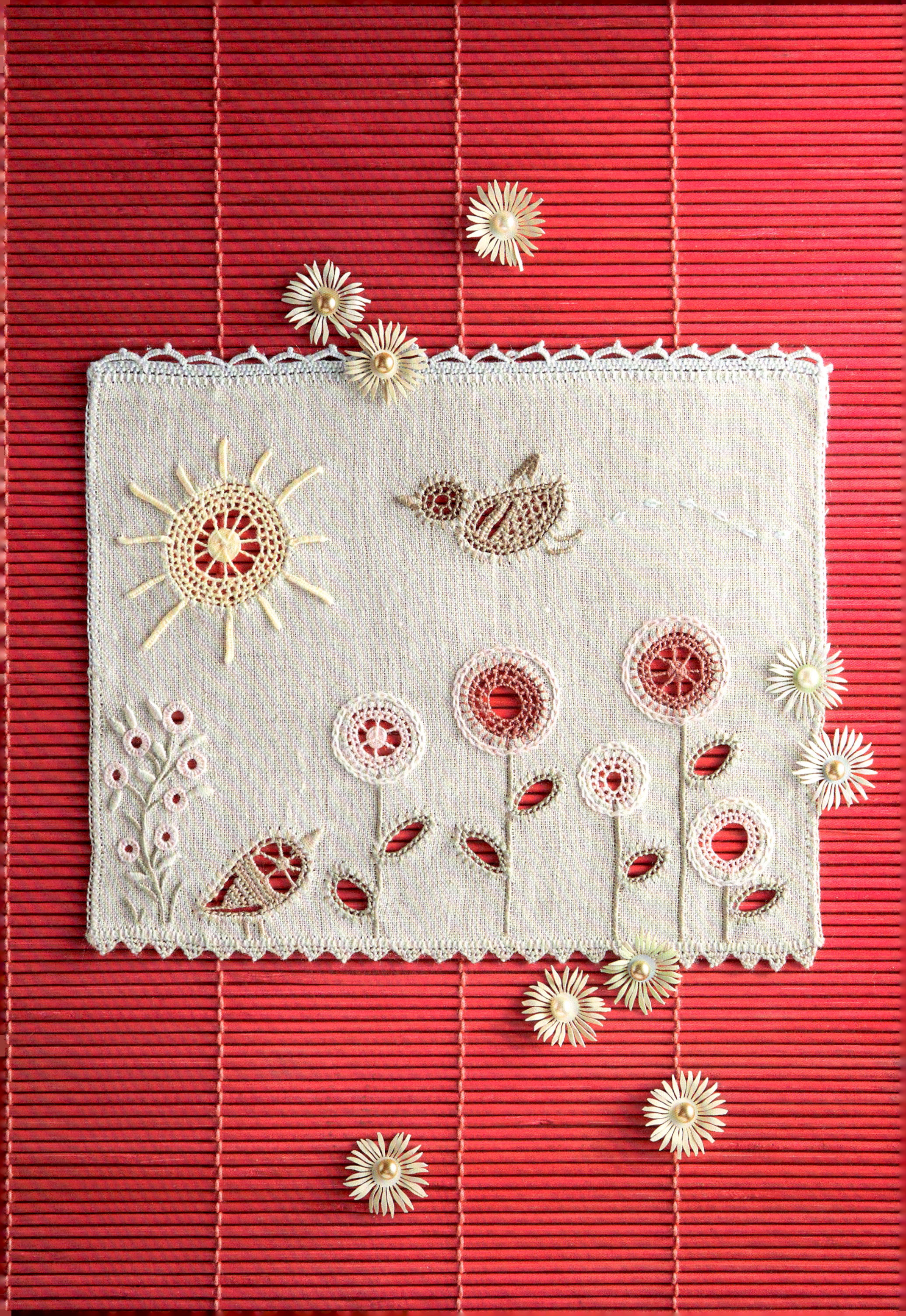

## MUSTER IN ORIGINALGRÖSSE

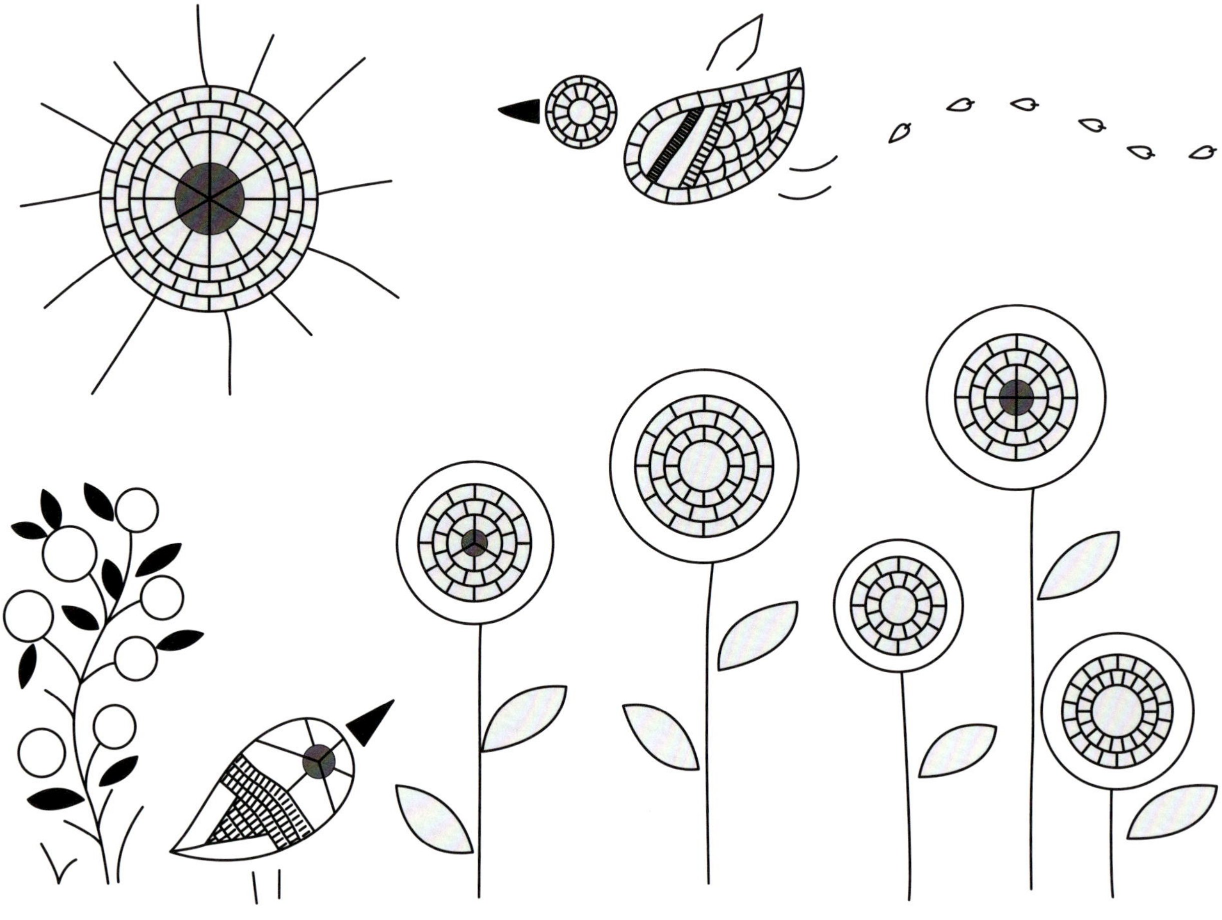

☐ Durchbrüche

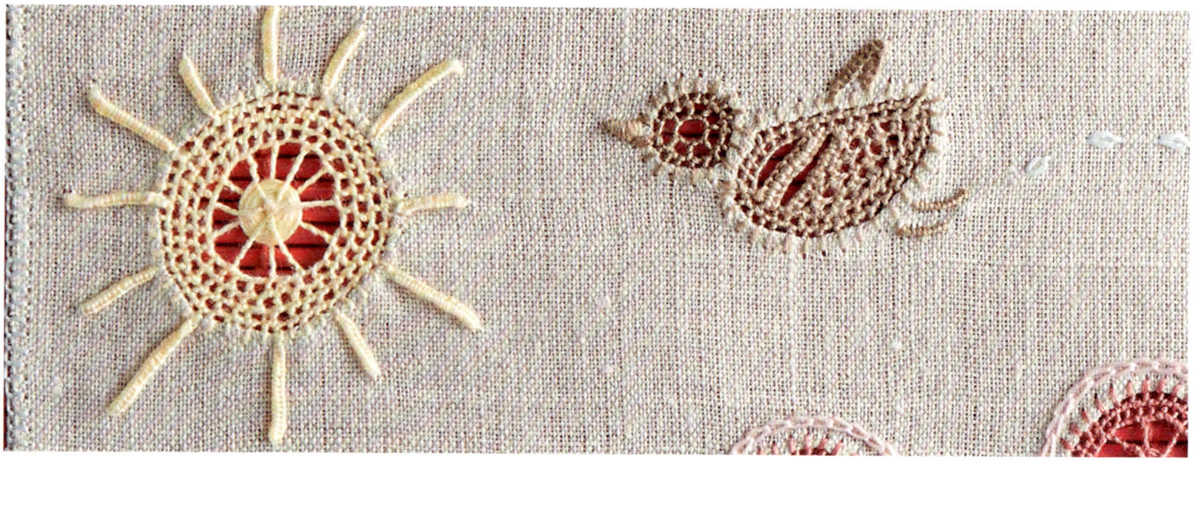

# NUMMERIERTES MUSTER

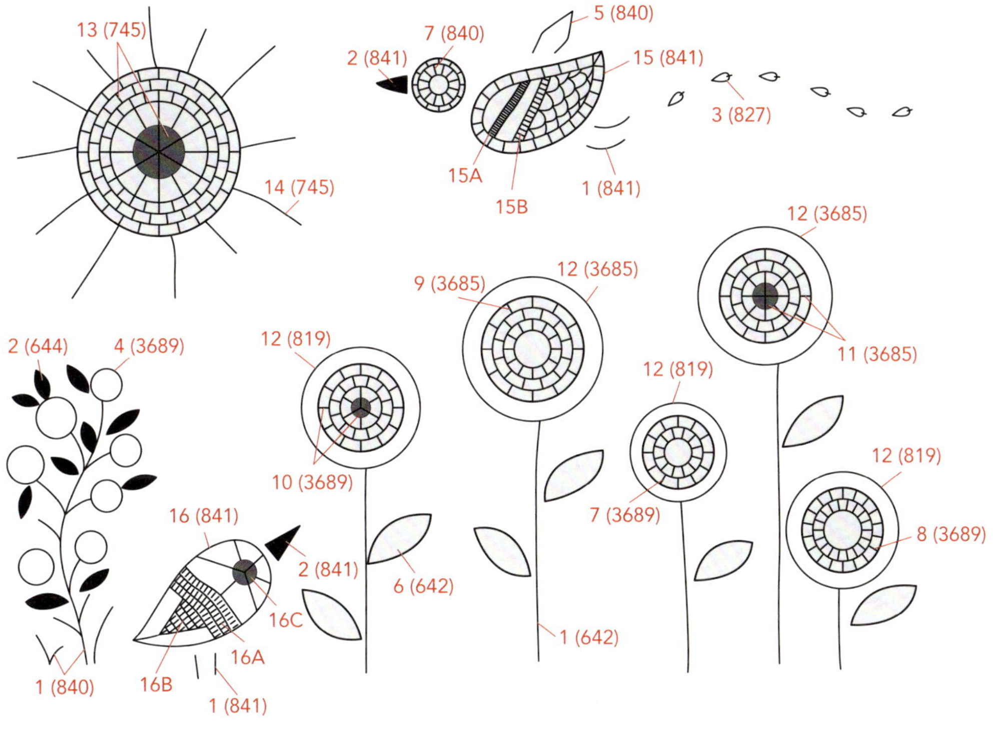


**Stickstiche**
In der Reihenfolge der Zahlen sticken.

1. Kordelstich
2. Gehöhter Plattstich
3. Margeritenstich
4. Rundloch mit Langettenstich
5. Knopflochstich
6. Blätter: eine durchbrochene ovale Form mit Knopflochstichen im Abstand von 0,2 cm sticken.
7. Durchbrochener Kreis: Knopflochstiche im Abstand von 0,2 cm sticken, die Stiche umschlingen, erneut im Knopflochstich umrunden und die Stiche umschlingen. Zum Fixieren den Faden bis zum Rand um die vorigen Stiche wickeln und auf der Rückseite unter den Stichen durchziehen.
8. Durchbrochener Kreis: wie in Punkt 7 vorgehen.
9. Durchbrochener Kreis: im Knopflochstich sticken, die Stiche umschlingen, erneut Stiche sticken und umschlingen und eine dritte identische Runde sticken. Den Faden wie in Punkt 7 fixieren.
10. Durchbrochener Kreis: im Knopflochstich sticken, die Stiche umschlingen, eine zweite Runde im Knopflochstich und eine sechsbeinige Spinne sticken.
11. Wie in Punkt 10 arbeiten, doch eine achtbeinige Spinne sticken.
12. 0,2 cm langer Kettenstich
13. Großer durchbrochener Kreis: im Knopflochstich sticken, die Stiche umschlingen und die Schritte dreimal wiederholen, doch bei der letzten Runde eine zwölfbeinige Spinne sticken. Den Faden wie in Punkt 7 fixieren.
14. Langettensteg
15. Vogelkörper: eine durchbrochene Mandelform in Knopflochstichen im Abstand von 0,2 cm sticken, dann die Stiche umschlingen. Bei 15A einen doppelten Langettensteg sticken. Bei 15B (= Körpermitte) den Faden dreimal bis zum gegenüberliegenden Rand spannen und im Plattstich sticken, dann bis zur Körperspitze im doppelten Tüllstich fortfahren und den Faden fixieren.
16. Vogelkörper: eine durchbrochene Mandelform in Knopflochstichen im Abstand von 0,2 cm sticken und die Stiche umschlingen. Bei 16A ausstechen, den Faden dreimal zur Körpermitte spannen (wie bei 15B beim vorigen Vogel), im Plattstich sticken, dann zwei weitere identische Reihen sticken. Bei 16B (= unterer Körper) ein Dreieck im Plattstich sticken. Bei 16C den Faden nahe dem Schnabel ausstechen und eine sechsbeinige Spinne sticken.

# Ein Klassiker

Wer die Hardanger Stickerei einmal ausprobiert, wird sie für immer schätzen und lieben. Nachdem Sie die Arbeit vollendet haben, können Sie sich an ihrem Anblick erfreuen.

## GRÖSSE

130 x 130 Stiche

## MATERIAL

- hellgrünes Mischgewebe aus Baumwolle/Modal, 30 cm x 30 cm, 12,6 Fäden/cm Zweigart Murano ***Empf.*** 3984/6047
- Gobelinnadel Nr. 26 Bohin
- Pinzettenschere ***Empf.*** 98260 Bohin
- Heftfaden in Kontrastfarbe
- Perlgarn DMC Nr. 8/3865, 12/3865 und 12/640

## STICHARTEN

Stopfstäbchen – halbe Stopfstäbchen (oder Faden für Faden gestopfte Stäbchen in der Mitte) – gerade Schlingstichfüllung – Rundloch im Kästchen – Spannstich – Vorstich – Langettenstich

## STICKANLEITUNG

Die Mitte des Stoffs markieren und mit dem Heftfaden einen Vorstich über die Mittellinien sticken. Mit der Gobelinnadel von der Mitte ausgehend gemäß der Schemazeichnung (siehe S. 220) sticken. Die Blöcke der Rahmen, den Spannstich (siehe S. 149), den Langettenstich der Ränder (siehe S. 163), den Vorstich (siehe S. 35) und das Rundloch im Kästchen sticken. Den Heftfaden ausziehen und die Arbeit von links bügeln. Die Fäden abschneiden und die Rahmen durchbrechen. Dann die Stopfstäbchen, die gerade Schlingstichfüllung sowie die Faden für Faden gestopften Stäbchen in der Mitte der Bündel sticken. Den überschüssigen Stoff bündig am Langettenstich abschneiden.

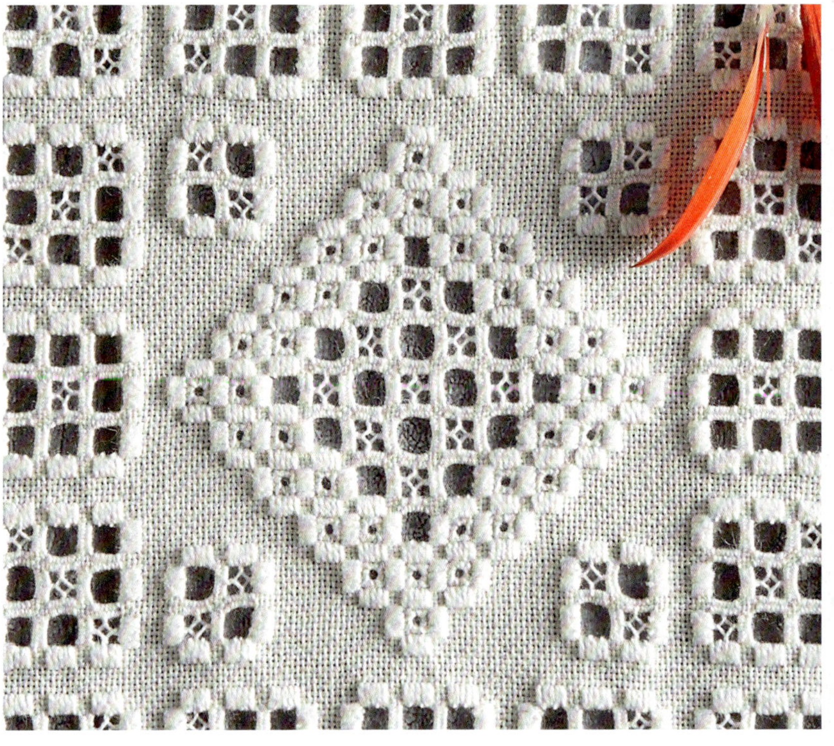

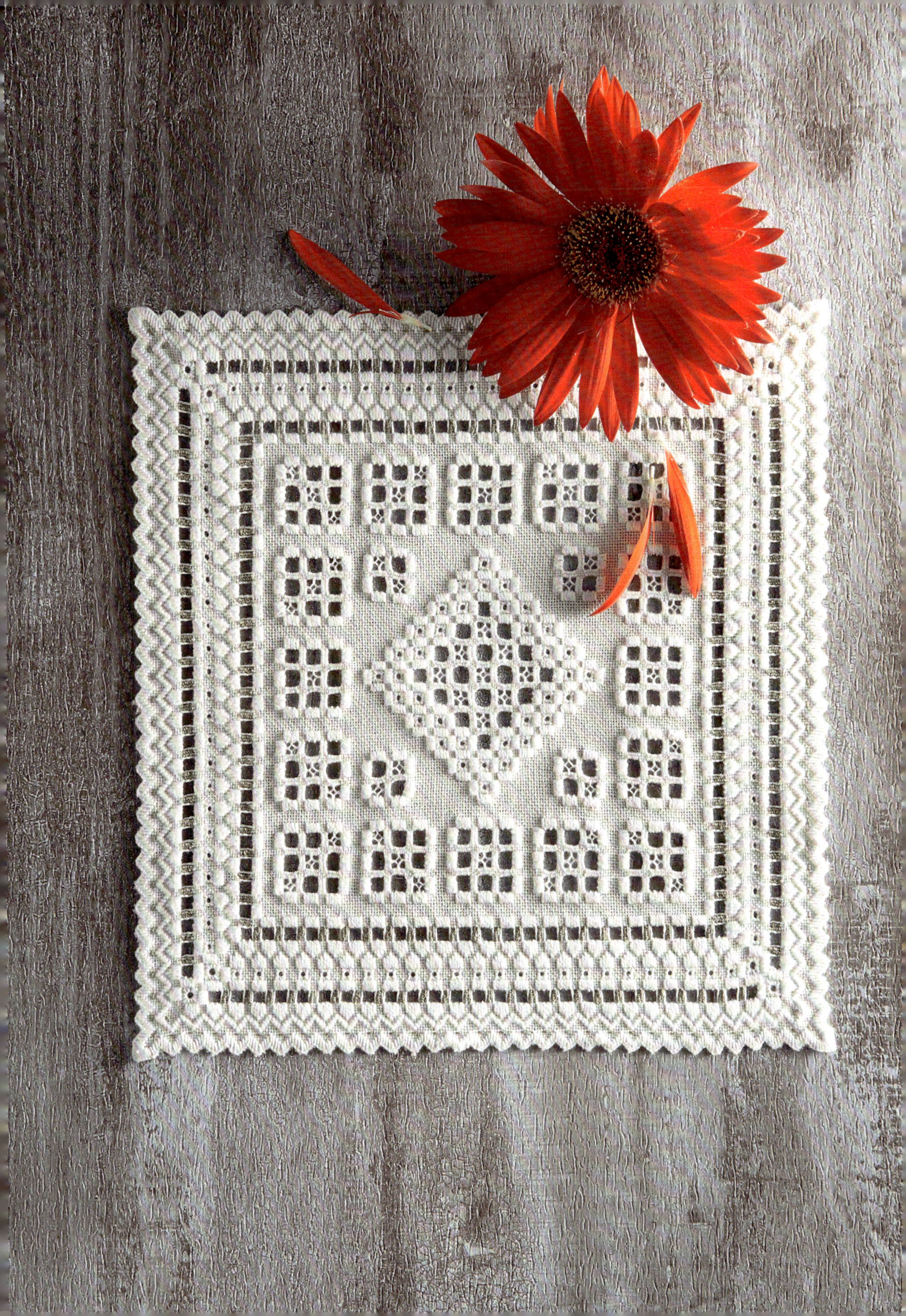

## SCHEMAZEICHNUNG

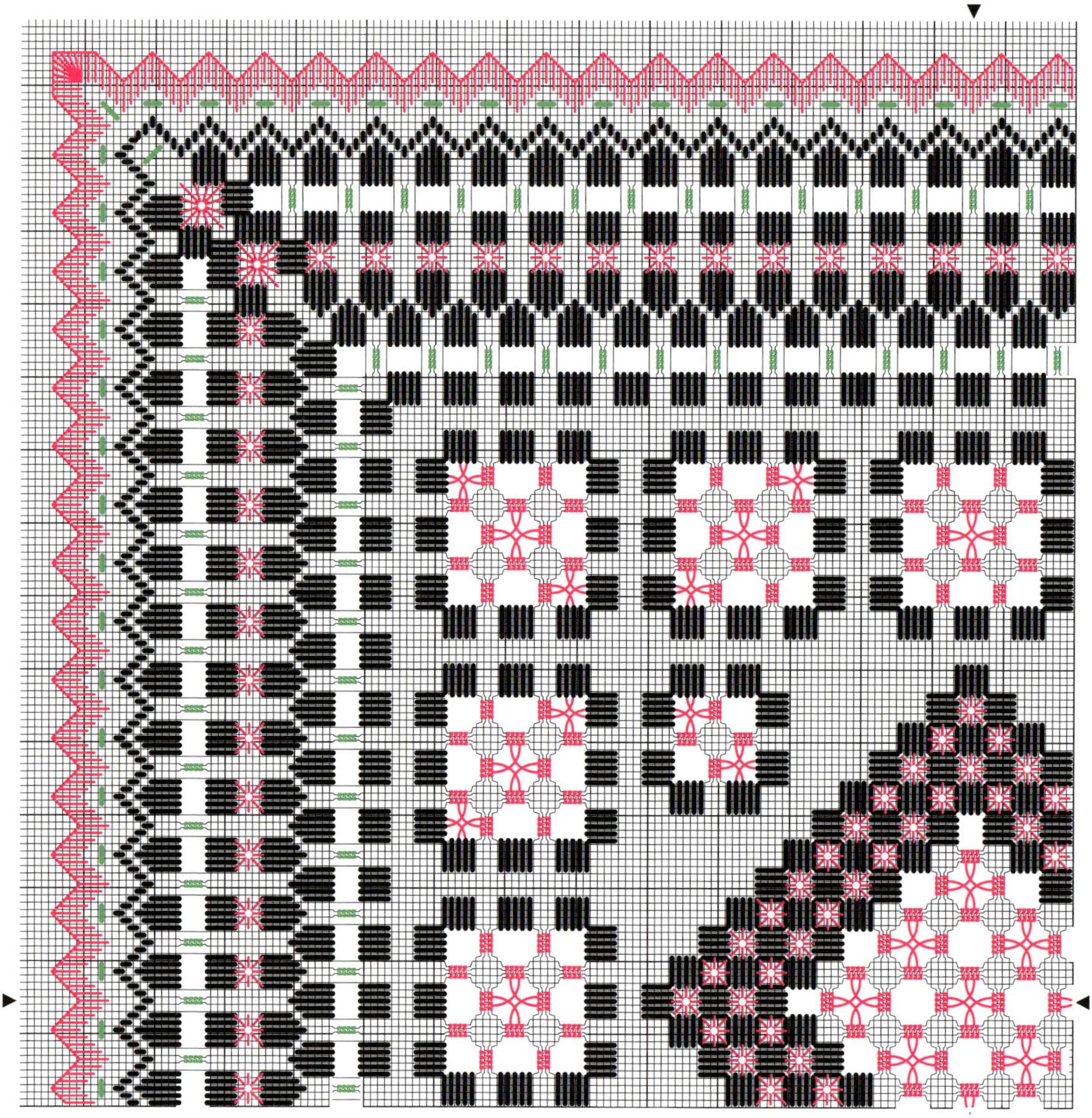

Bitte beachten Sie, dass eine Linie der Schemazeichnung jeweils einen Schuss- oder Kettfaden* darstellt.
**Anm.** Damit die Schemazeichnung verständlicher ist, entsprechen die Farben des Zählmusters nicht den Garnfarben.

**Garne**

- Perlgarn 8 Nr. 3865
- Perlgarn 8 640
- Perlgarn 12 Nr. 3865

**Stiche**

- Motiv im Spannstich
- Block im Spannstich
- Langettenstich
- Durchbruch
- Rundloch
- Gerade Schlingstichfüllung
- Stäbchen, Faden für Faden in der Mitte gestopft
- Stopfstäbchen

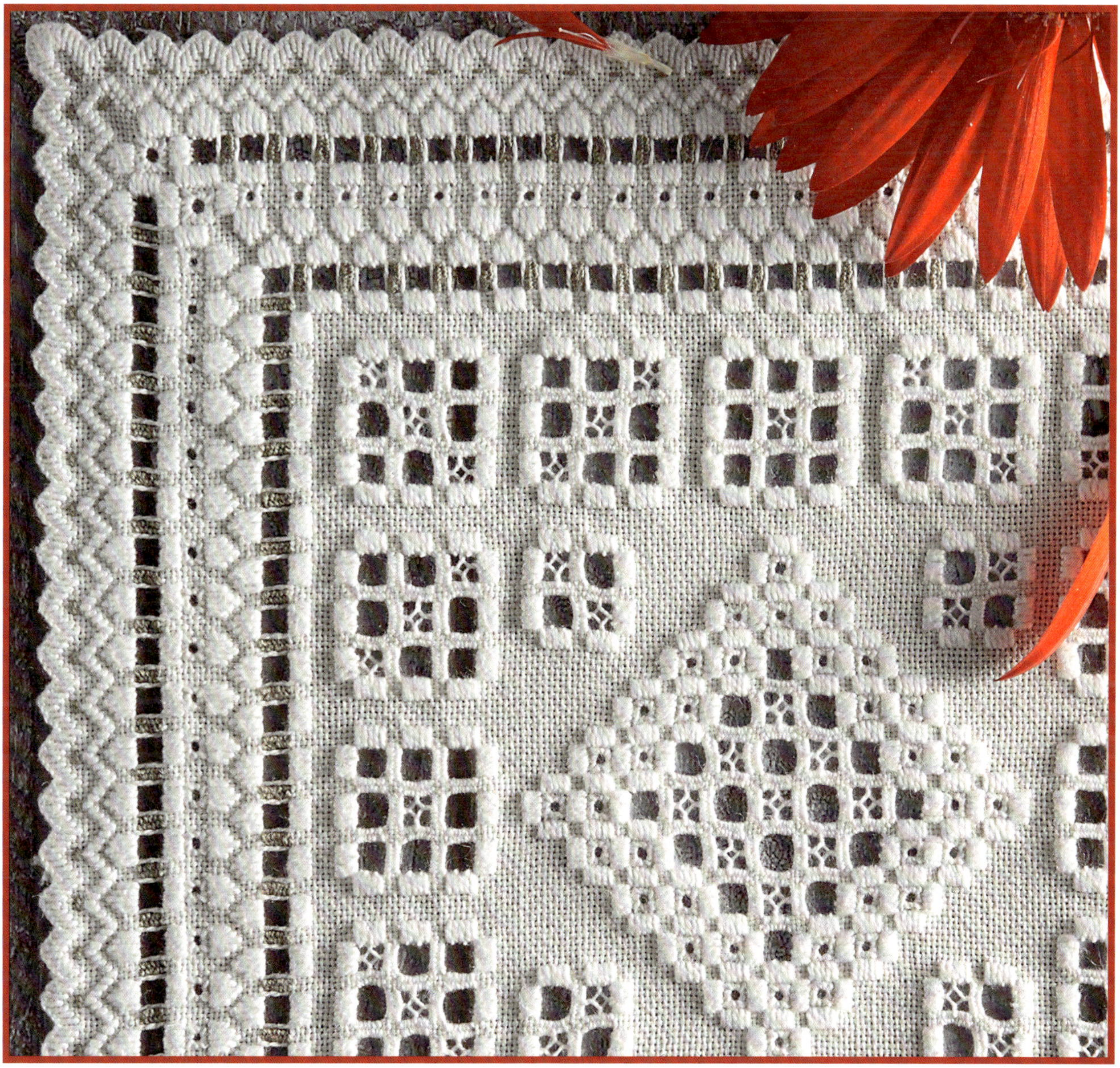

**Technik:** Richelieu- und Renaissancestickerei, siehe S. 130

# Ein Hauch von Frühling

Dieses Muster aus der Renaissancestickerei stammt aus einem alten Stickjournal und wurde nach modernem Maßstab aufgepeppt. Das Resultat kann sich sehen lassen.

## GRÖSSE

13 cm Durchmesser (bestickte Fläche)

## MATERIAL

- weißer Leinenstoff, 28 cm x 28 cm, 22 Fäden/cm Zweigart Kingston ***Empf.*** 3225/100
- dunkelbeiger Baumwollstoff, 28 cm x 28 cm
- Applikationsnadeln Nr. 11 und Nr. 12 Bohin
- Chenillenadel Nr. 24 Bohin
- Ahle ***Empf.*** 65515 Bohin oder Sajou
- Schere mit Kugelspitze Sajou
- Stickrahmen von 16 cm Durchmesser Sajou
- weißes Coton Floche Marie Suarez (MS) Nr. 60, 80 und 120

## STICHARTEN

Überwendlicher Stich – Langettenstich – Steppstich – Rundloch – Rundloch mit Langettenstich – Langettenstege

## STICKANLEITUNG

Den Stoff sehr heiß bügeln. Das Muster auf Seite 224 übertragen, auf dem Stickrahmen zentrieren und aufspannen.
Gemäß dem nummerierten Muster und den Anweisungen auf Seite 224 sticken.
Den Steppstich mit der Chenillenadel sticken.
Für das Garn MS 120 und 80 die Applikationsnadel Nr. 12 verwenden.
Für das Garn MS 60 die Applikationsnadel Nr. 11 verwenden.
Die Stickerei fertigstellen, aus dem Stickrahmen nehmen und die zu durchbrechenden Bereiche ausschneiden (Schere mit Kugelspitze). Dann die Vorderseite der Stickerei auf ein Baumwoll-Molton legen und von links sehr heiß bügeln.

## ARBEITSWEISE

Die Rückseite der Stickerei auf den beigefarbenen Stoff legen und beide Teile auf den Stickrahmen spannen und zentrieren.
Den Stoff um die Stickerei herum abschneiden und einen 5 cm breiten Rand stehen lassen. Im Vorstich 2 cm vom Rand entfernt sticken und am Faden ziehen, um ihn zu raffen. Den Faden gut vernähen.

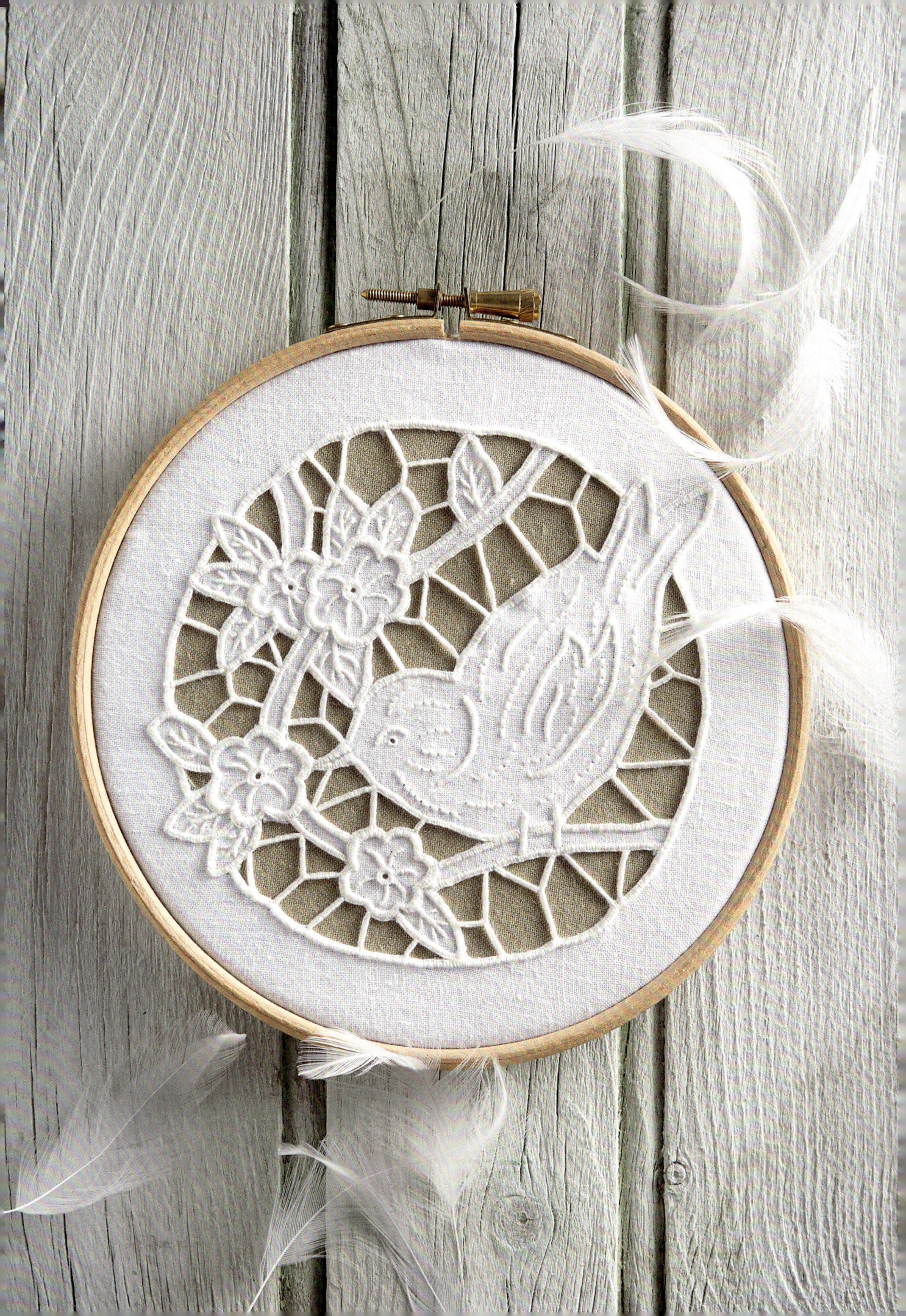

## MUSTER IN ORIGINALGRÖSSE

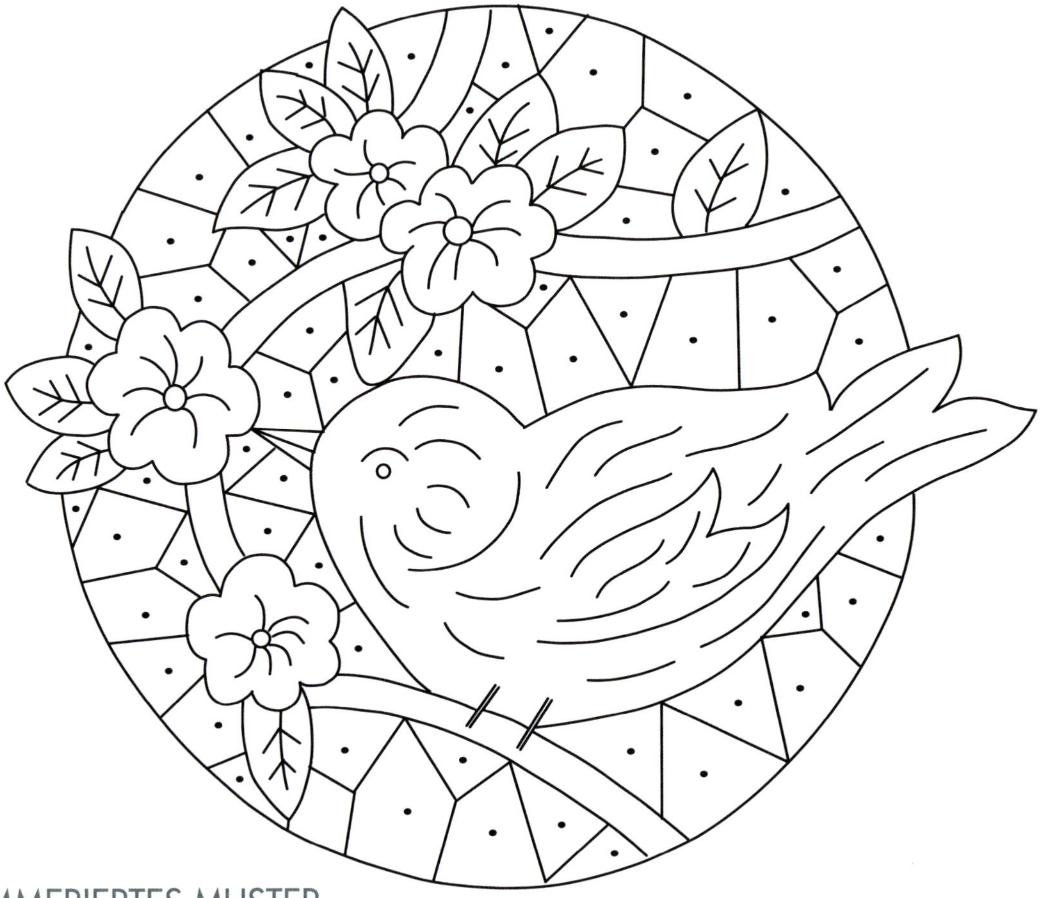

## NUMMERIERTES MUSTER

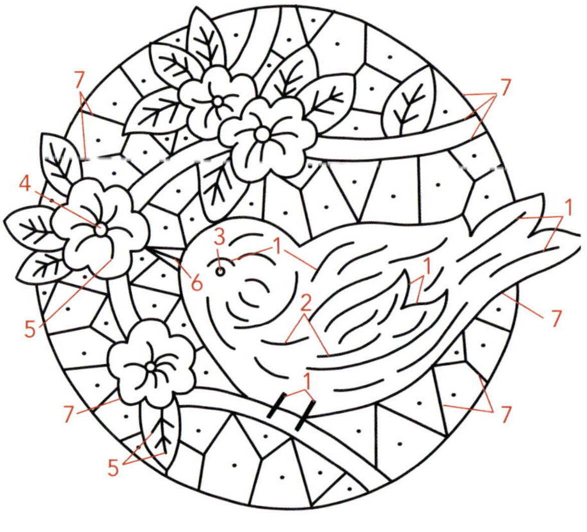


**Stickstiche**
Beim Arbeiten die Zahlenreihenfolge einhalten.

1. Grobe Linien des Körpers und der Beine: im überwendlichen Stich sticken (MS 80).
2. Feine Linien des Körpers: im Steppstich sticken (1 doppelter Faden MS 60).
3. Vogelauge: Rundloch sticken (MS 120).
4. Die Mitte der vier Blumen: Rundloch mit Langettenstich sticken (MS 120).
5. Blumenadern: im überwendlichen Stich sticken (MS 120).
6. Schnabel: im Langettenstich sticken (MS 120).
7. Die Konturen von Blättern, Blüten, Vogelkörper und Ästen sowie die einfachen Langettenstege in der Renaissancetechnik sticken (MS 80).
   Die Ränder der Blumen im Kettenstich füllen (MS 80), dann im Langettenstich sticken (MS 80).

**Anm.** Die Bereiche, die mit meinem Punkt gekennzeichnet sind, als Durchbrüche ausschneiden.

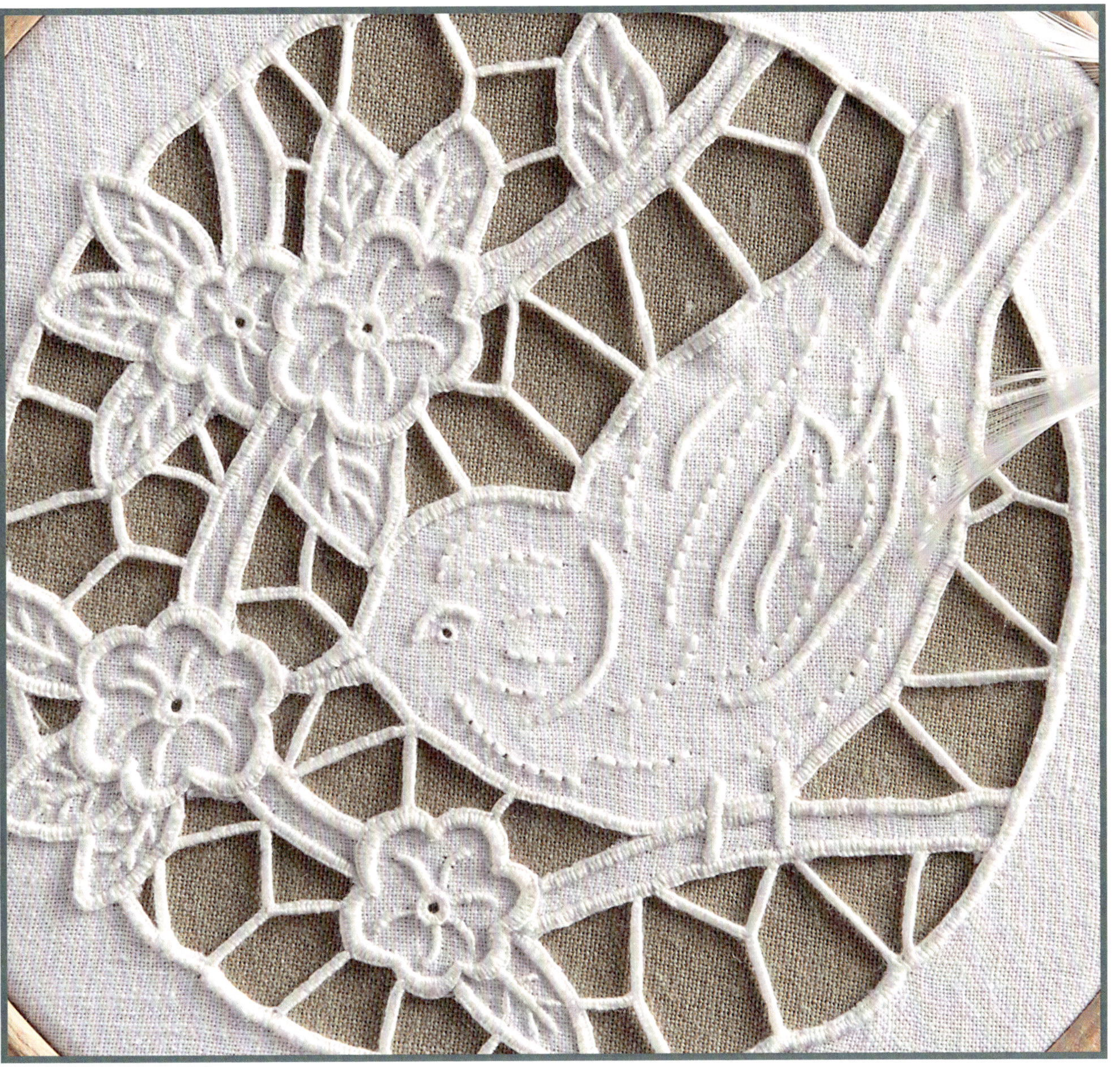

# *Ganz in Rot*

Die Rotstickerei steht für Feuer und Leidenschaft. Sie werden es lieben (fr. aimer), ganz in Rot zu sticken (fr. broder). Diese scharlachrote Farbe ist von einer faszinierenden Schönheit und wird wohl immer zu den Lieblingsfarben der Sticker*innen zählen.

## GRÖSSE

19,5 cm x 22,5 cm

## MATERIAL

- beiger Leinenstoff, 28 cm x 30 cm, 14 Fäden/cm Zweigart ***Empf.*** Edinburgh 3217/52 **(Teil 1 )**
- weißer Baumwollstoff, 1,5 cm x 2 cm
- vier verschiedene Zierborten, rot/weiß/beige, 1 cm x 28 cm
- Baumwollstoff, 19 cm x 22 cm, Farbe nach Wahl (**Teil 2,** hinterer Bildbereich)
- feine Watte, 19,5 cm x 22,5 cm
- 2 mm dicker Karton, 19,5 cm x 22,5 cm
- Textilklebestift ***Empf.*** 65502 Bohin
- vier perlmuttfarbene Knöpfe mit einem Durchmesser von 0,7 bis 1,2 cm
- stahlfarbene, 2,2 cm lange Sicherheitsnadel, ***Empf.*** 84699 Bohin
- Applikationsnadel Nr. 11 Bohin
- Crewelnadel Nr. 7 Bohin
- Baumwolle Mouliné DMC Nr. 347
- Perlgarn DMC Nr. 8: 347

## STICHARTEN

Stielstich – breiter Stielstich – zweiseitiger Stielstich – Vorstich – Spannstich – Margeritenstich – Zickzackstich – Rückstich – Steppstich – Kreuzstich – Sandstich – Hexenstich – Langettenstich

## STICKANLEITUNG

Das Muster auf Seite 228 auf **Teil 1** übertragen und zentrieren.
Gemäß dem nummerierten Muster sticken und den Anweisungen auf Seite 229 folgen. Einen Einzelfaden der Mouliné-Baumwolle verwenden (Applikationsnadel Nr. 11), sofern nicht anders angegeben.
Bei Perlgarn mit einem Faden sticken (Crewelnadel Nr. 7).

## ARBEITSWEISE

Die Borten 0,3 cm von der Stickerei entfernt an den vier Rändern aufkleben. Die Watte auf den Karton kleben, die Arbeit auf der Watte zentrieren, die Seiten auf die Rückseite umschlagen und ankleben. Dann Teil 2 auf die Rückseite der Arbeit kleben. Die kurzen Seiten auf die Rückseite umschlagen und ankleben. Genauso bei den langen Seiten vorgehen. Zum Schluss **Teil 2** auf die Rückseite der Arbeit kleben und 30 Minuten lang mit Gewicht beschweren.

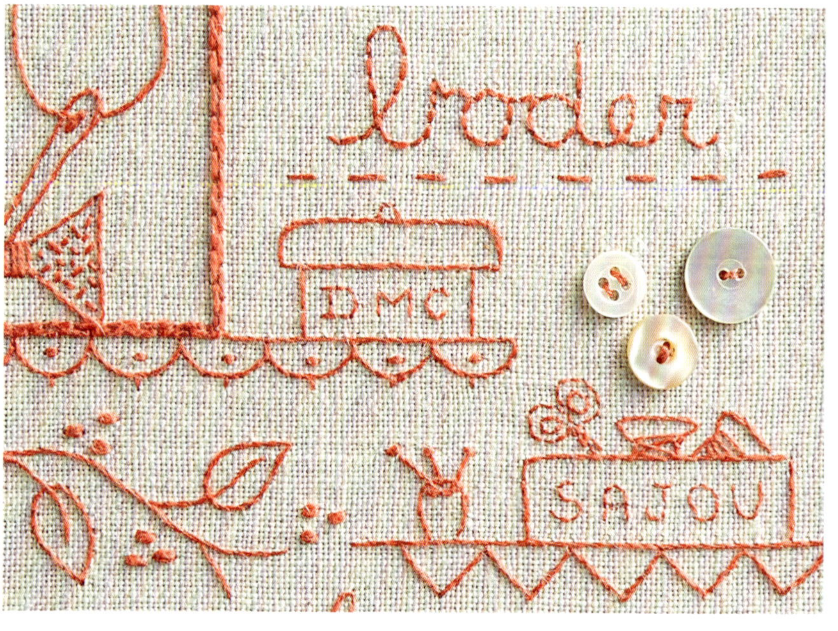

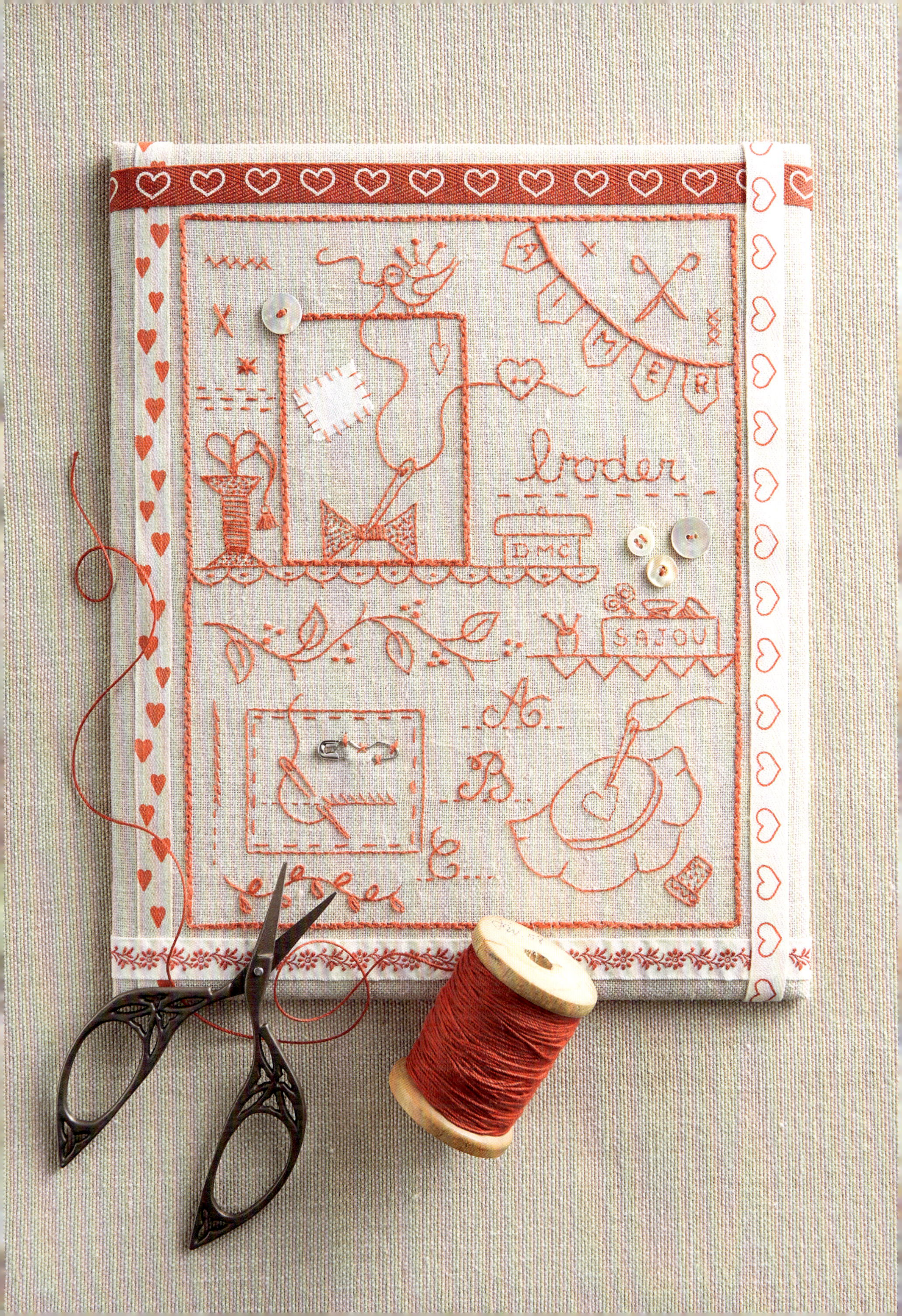
broder
DMC
SAJOU

## MUSTER IN ORIGINALGRÖSSE

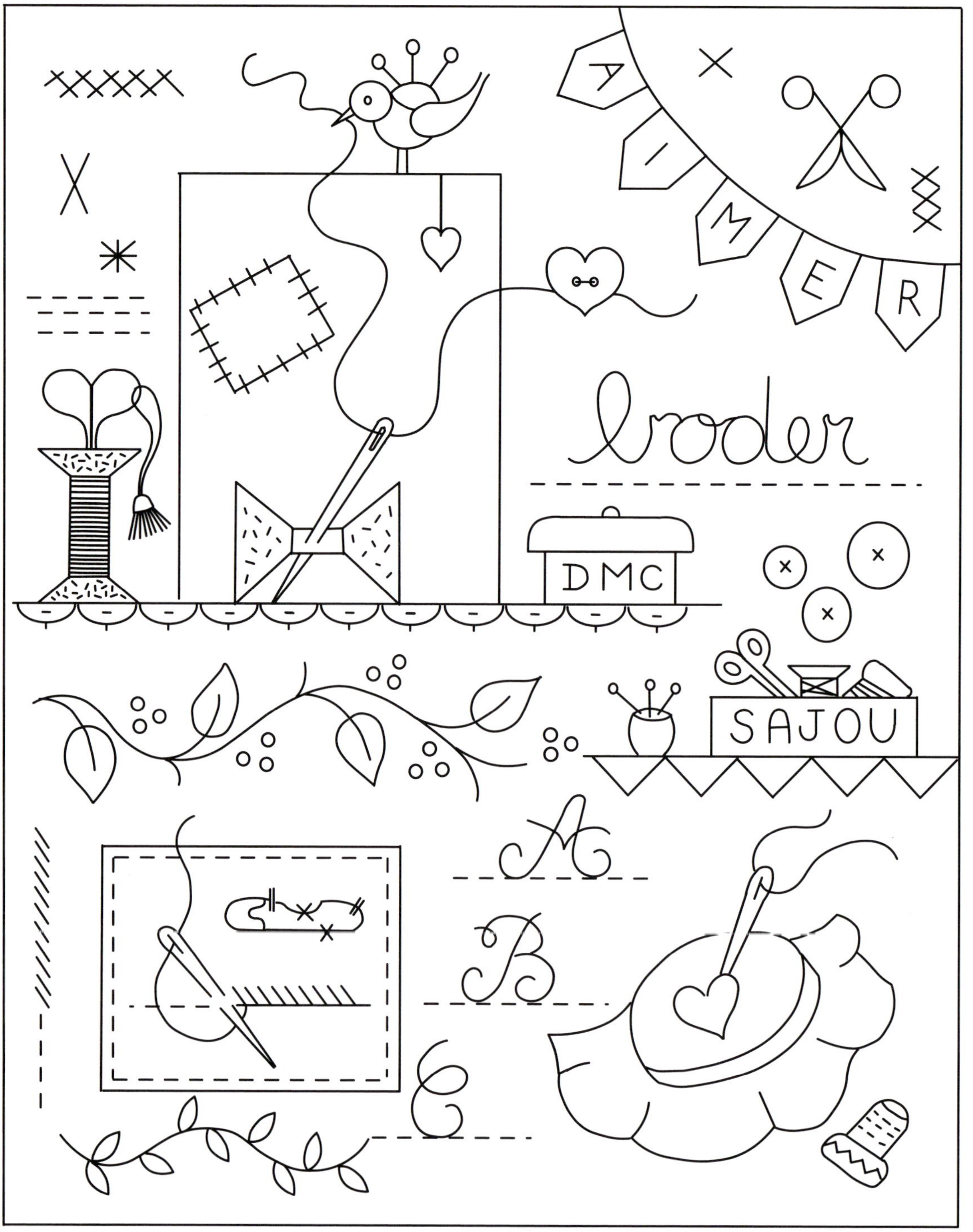

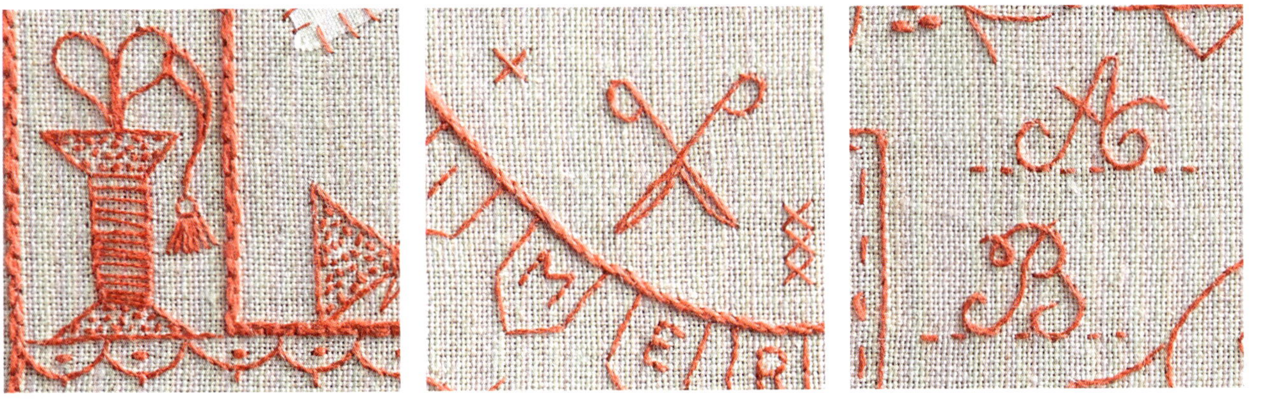

## NUMMERIERTES MUSTER

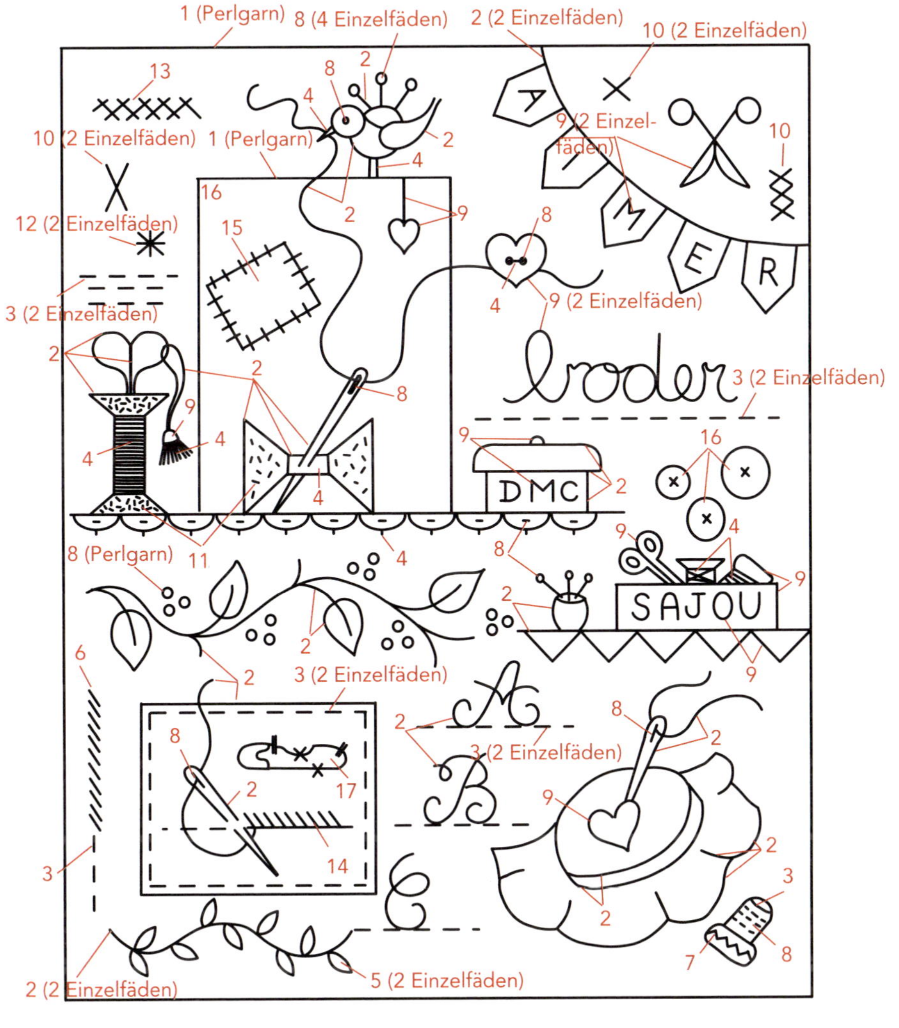


**Stickstiche**

1. Zweiseitiger Stielstich
2. Stielstich
3. Vorstich
4. Spannstich
5. Margeritenstich
6. breiter Stielstich
7. Zickzackstich
8. zwei übereinanderliegende Rückstiche
9. Steppstich
10. Kreuzstich
11. Sandstich
12. Smyrnastich
13. Hexenstich
14. Langettenstich
15. Das weiße Stoffstück applizieren, im Spannstiche über die Ränder sticken.
16. Die Knöpfe annähen.
17. Die Sicherheitsnadel im Kreuz- und Spannstich applizieren.

# *Je pense à vous* (dt. „Ich denk' an euch")

Gibt es etwas Schöneres als kleine Botschaften auf Stickereien zu versenden? Diese Blumen in bunten, kräftigen Farben sind hübsch anzusehen und – auf Stoff verewigt – genauso schön wie die in meinem Garten.

## GRÖSSE

16 cm x 16 cm

## MATERIAL

- engmaschiger, naturfarbener Leinenstoff, 28 cm x 28 cm, Zweigart Kingston ***Empf.*** 3225/53 (**Teil 1**)
- weißer Leinenstoff, 10 cm x 20 cm, 16 Fäden/cm Zweigart Newcastle ***Empf.*** 3348/100 (**Teil 2** )
- grauer Wollfilz, 16 cm x 16 cm
- perlmuttfarbener, blütenförmiger Knopf von 1 cm Durchmesser
- temporärer Klebestift Bohin ***Empf.*** 65504
- Applikationsnadel Nr. 11 Bohin
- Gobelinnadel Nr. 26 Bohin
- Stickrahmen von 15 cm Durchmesser Bohin
- kleine, spitze Schere und Stoffschere
- Baumwolle Mouliné DMC Nr. 152 – 154 – 156 – 211 – 307 – 341 – 347 – 470 – 471 – 725 – 726 – 727 – 779 – 796 – 797 – 820 – 902 – 937 – 939 – 3328 – 3347 – 3687 – 3688 – 3689 – 3747 – 3753 – 3807 – 3328 – 3803 – 3834 – 3835 – Blanc 5200

## STICHARTEN

Kreuzstich – Vorstich – Spannstich – Schattenstich – Langettenstich

## STICKANLEITUNG

Das Muster auf Seite 232 auf **Teil 1** übertragen, zentrieren und gemäß dem nummerierten Muster sowie den Anweisungen auf Seite 233 mit einem Einzelfaden Mouliné-Baumwolle sticken (Applikationsnadel). Für die Garnfarbe den Anweisungen des nummerierten Musters folgen und in Bezug auf die Farbverteilung an den Fotos orientieren.

## ARBEITSWEISE

Die Stickereien von **Teil 2** ausschneiden und ringsum einen 0,5 cm breiten Rand stehen lassen. Auf die Rückseite der drei Teile Kleber auftragen, sie auf **Teil 1** applizieren und die Ränder im Langettenstich sticken (zwei Einzelfäden 5200). Gemäß dem Muster im Vorstich über die Seiten sticken und den Knopf annähen (zwei Einzelfäden 902).

Den überschüssigen Stoff an den Rändern von **Teil 1** abschneiden und ringsum einen 1,5 cm breiten Rand stehen lassen. Auf die Rückseite umschlagen und die Kanten umbügeln. Die Rückseite der Arbeit auf den Wollfilz legen und den gesamten Umriss im Vorstich umsticken (zwei Einzelfäden 902).

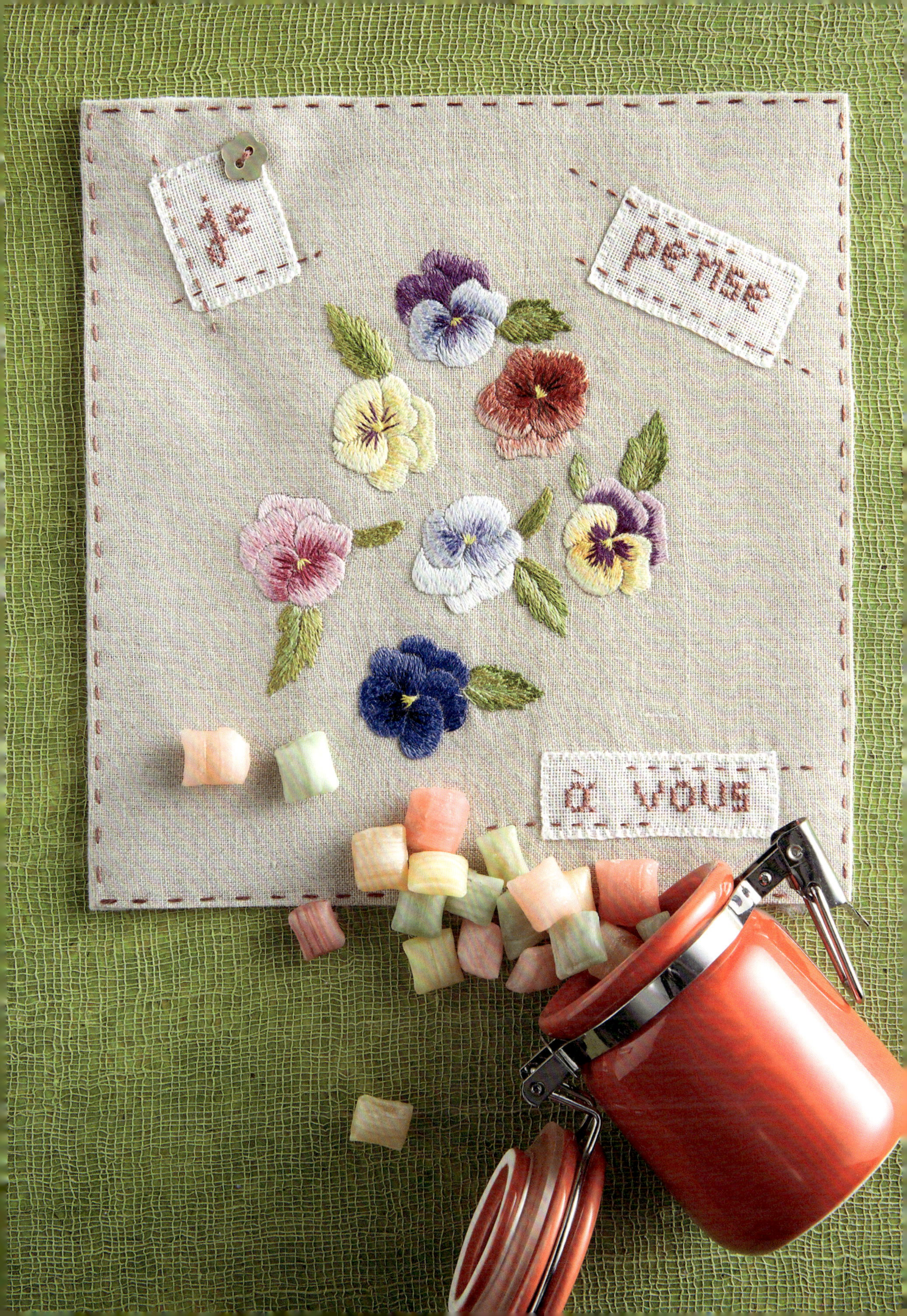
je
pense
à vous

# *Je pense à vous*

## MUSTER IN ORIGINALGRÖSSE

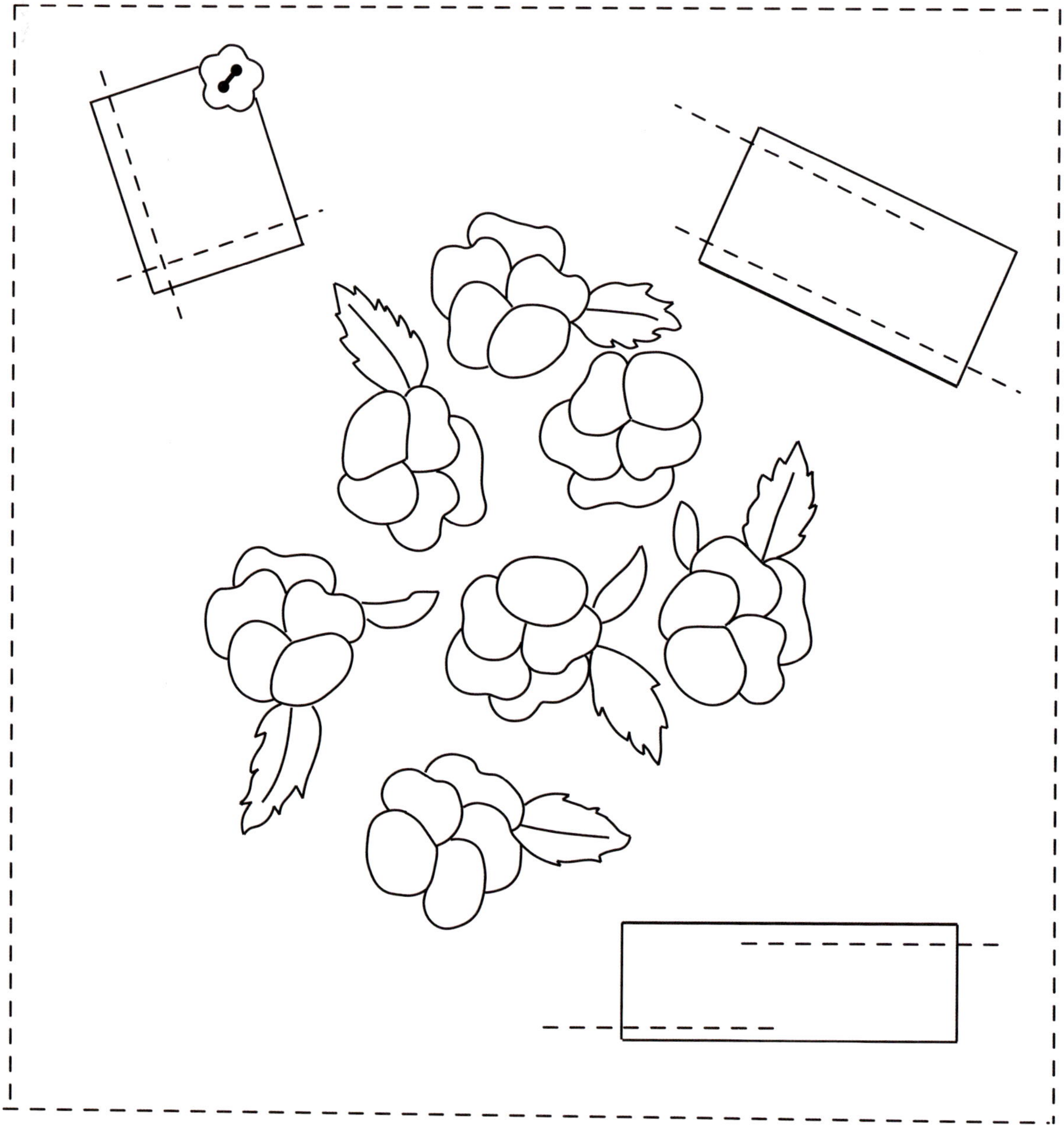

## SCHEMAZEICHNUNG

Sticken Sie die Worte *je* (dt. „ich"), *pense* (dt. „denke") und *à vous* (dt. „an euch") gemäß der nebenstehenden Schemazeichnung auf **Teil 2** oder fertigen Sie ein eigenes Zählmuster an. Lassen Sie bei jeder Stickerei ringsum einen 2 cm breiten Rand stehen (Gobelinnadel).

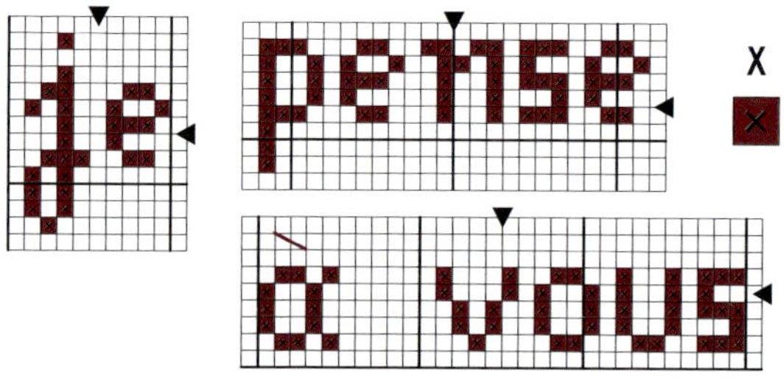

| X | PL | DMC |
|---|---|---|
| ☒ | / | 902 |

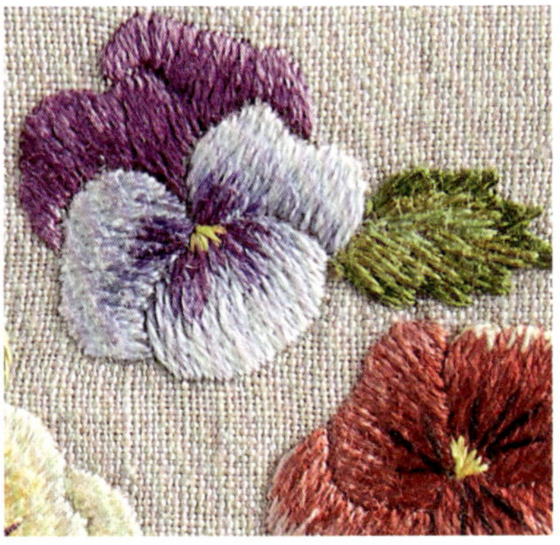

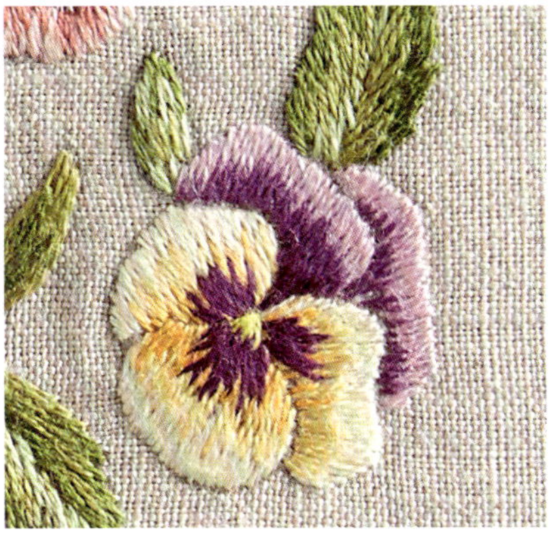

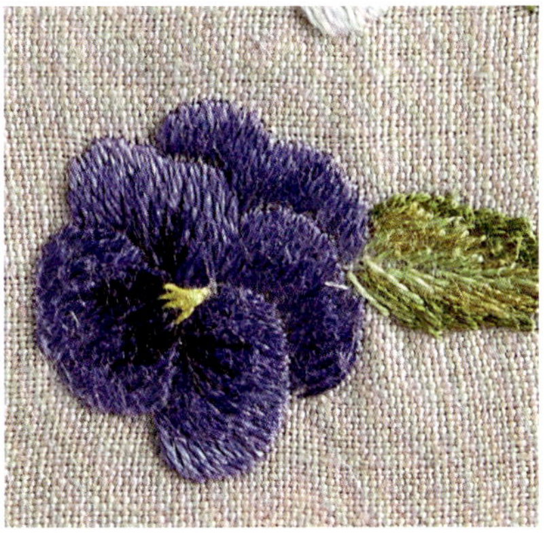

## NUMMERIERTES MUSTER

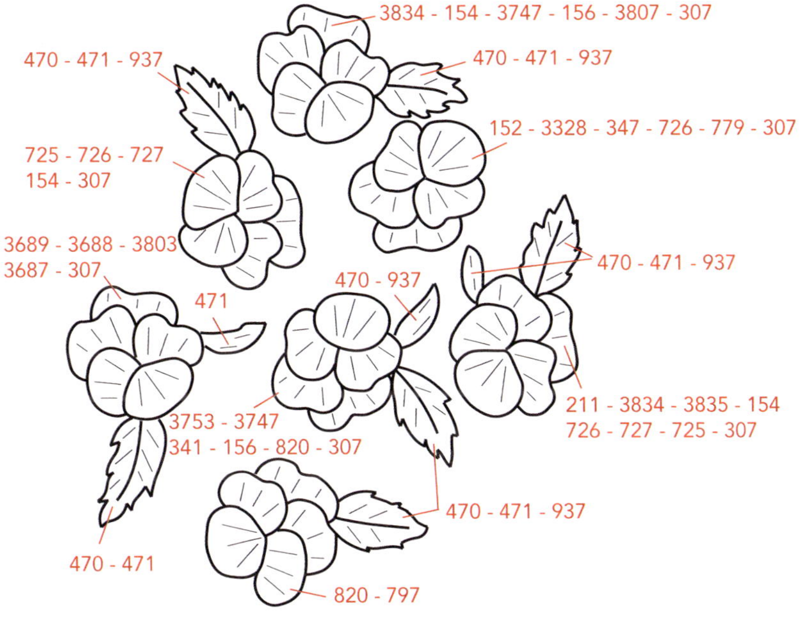


***Anm.*** *Die feinen Linien in den Blättern und Blütenblättern zeigen die Richtung der Stiche an.*

### Blumen sticken

Das große Blütenblatt in der Mitte vom langen äußeren Rand aus im versetzten Plattstich sticken, dann die beiden spiegelverkehrt gelegenen Blütenblätter in der Mitte, das Blütenblatt dahinter und schließlich den sichtbaren Teil des hinteren Blütenblatts sticken. Mit dunklem Garn unterschiedlich lange Spannstiche über die drei Blütenblätter in der Mitte sticken. Zum Schluss drei bis fünf Spannstiche über den unteren Bereich des großen Blütenblatts in der Mitte sticken (Garn 307).

### Blätter sticken

Im versetzten Plattstich schräg über die Blätter sticken (siehe S. 156).

**Technik:** Traditionelle Stickerei, Schattenstich, siehe S. 158

# Geblümtes Kissen

Mit diesem überaus einfachen Stich können Sie kleine Wunder sticken. Es ist ein großes Vergnügen, ein einfaches Stück Stoff in einen wertvollen Gegenstand zu verwandeln!

## GRÖSSE

15,5 cm x 18 cm

## MATERIAL

- weißer Leinenstoff, 35 cm x 45 cm, Zweigart Bergen ***Empf.*** 3489/100
- hellrosa Organdy*, 20 cm x 30 cm
- zweimal weiße Watte, 10 cm x 12 cm
- Duftmischung
- Applikationsnadel Nr. 11 oder 12 Bohin
- kleine, spitze Schere
- Zackenschere ***Empf.*** 25123 oder 25122 Bohin
- Stickrahmen von 12 cm Durchmesser Sajou
- Baumwolle Mouliné DMC Nr. 3350, 3713, 3363 und 3733

## STICHARTEN

Vorstich – Schattenstich – Wickelstich – Federstich – Stielstich – Steppstich – Knötchenstich

## STICKANLEITUNG

Das Muster auf die Mitte des Organdy* übertragen und gemäß dem nummerierten Muster sowie den Anweisungen auf Seite 236 mit einem Einzelfaden Mouliné-Baumwolle sticken, sofern nicht anders angegeben.

## ARBEITSWEISE

Die Stickerei von links sehr heiß bügeln. Die Ränder mit einer Zackenschere abschneiden, sodass ein Rechteck von 12 cm x 14 cm entsteht. Darauf achten, die Stickerei zu zentrieren. Zwei 15,5 cm x 18 cm große Rechtecke aus dem Leinenstoff mit einer Zackenschere ausschneiden und übereinander legen. Die Rückseite der Stickerei auf den Rechtecken zentrieren und drei Seiten 0,5 cm von den Rändern des Organdy-Teils entfernt im Vorstich zusammennähen. Die beiden mit der Duftmischung versehenen Watteteile übereinanderlegen, an der letzten offenen Seite in das Kissen einführen und wie zuvor zusammennähen.

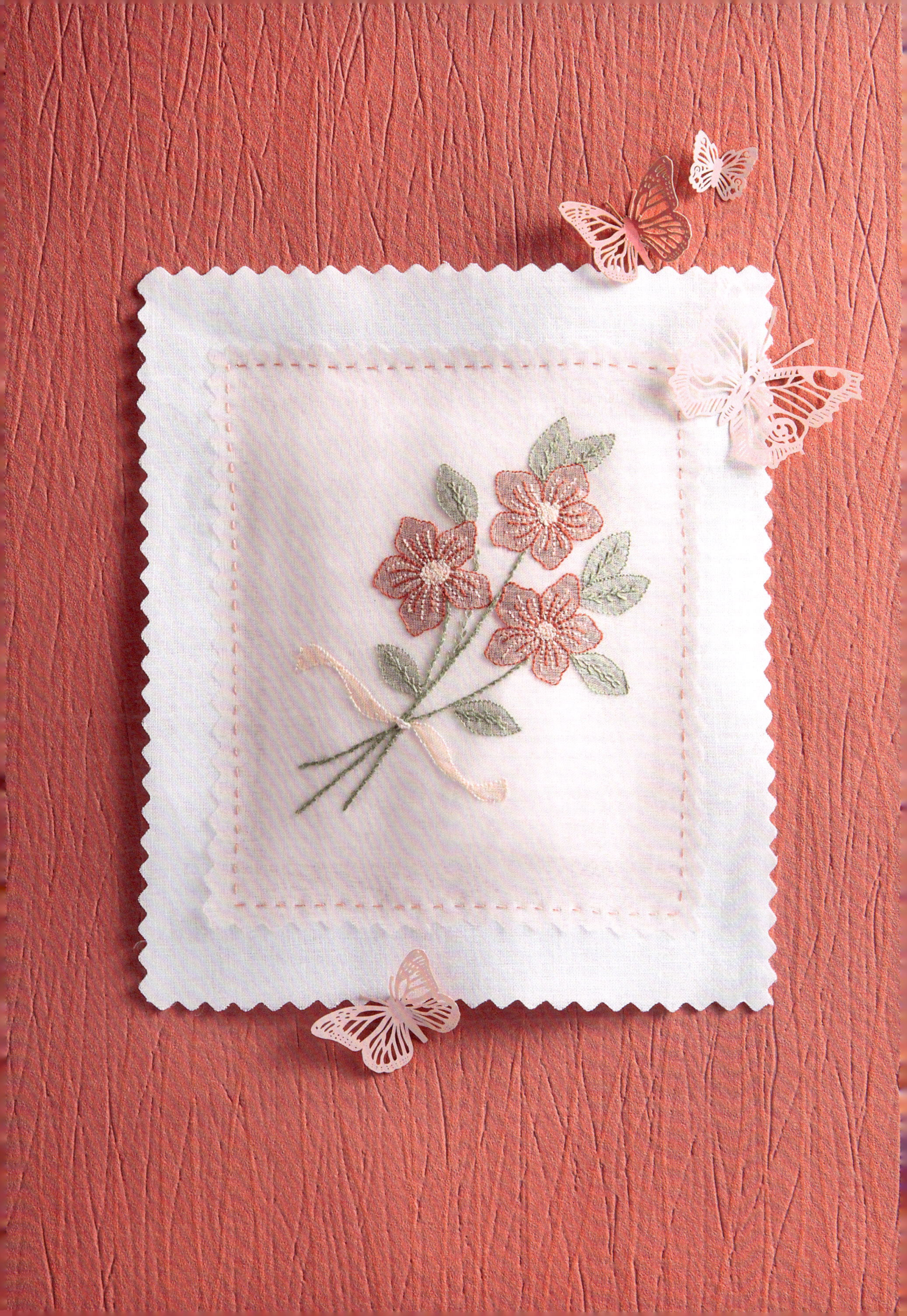

# Geblümtes Kissen

## MUSTER IN ORIGINALGRÖSSE

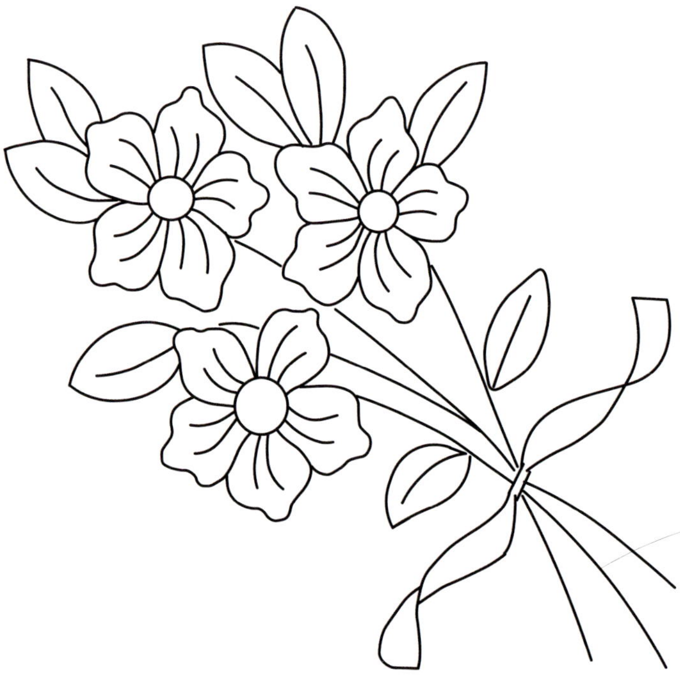

## NUMMERIERTES MUSTER

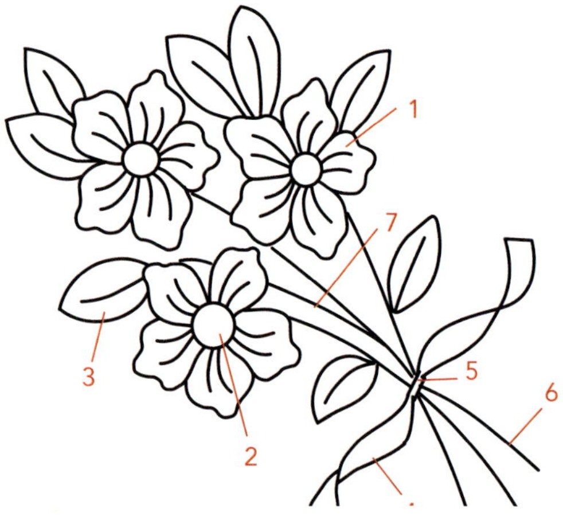


**Stickstiche**
In der Reihenfolge der Zahlen arbeiten.

1. Die Blütenblätter im Schattenstich, die Adern im Steppstich sticken und sehr kleine Stiche setzen (3350). Zwischen den vorigen Adern drei Adern im Steppstich sticken (3713).
2. Die Mitte der Blumen im einfachen Knötchenstich sticken (3713).
3. Die Blätter im Schattenstich und die Ader im Federstich sticken (3363).
4. Den Knoten im Schattenstich sticken (3713).
5. Zwei 0,5 cm lange Wickelstiche sticken (neun Wicklungen, 3713).
6. Die Stiele im Stielstich sticken (zwei Einzelfäden 3363).
7. Den Stiel im Federstich sticken (3363).

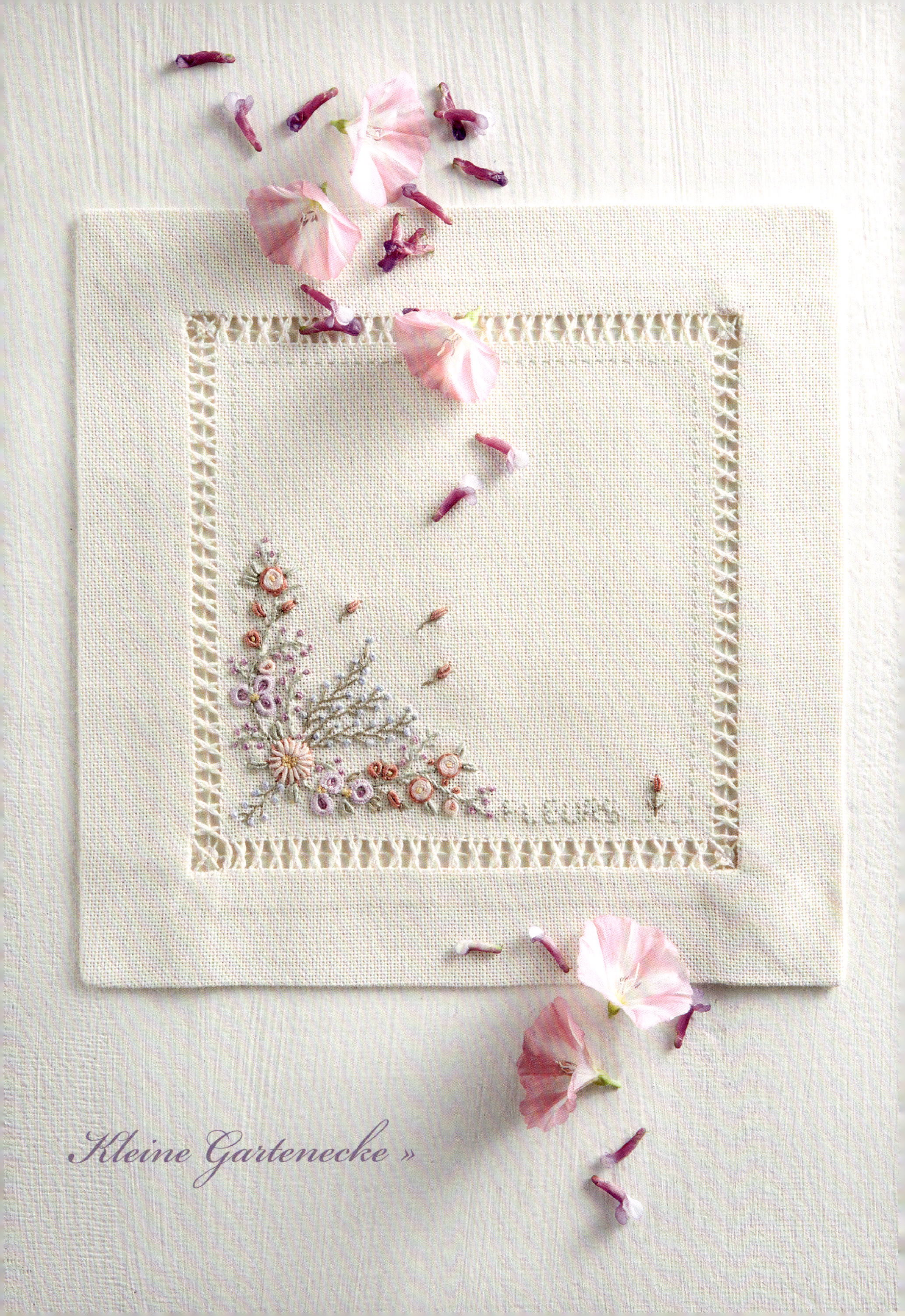

*Kleine Gartenecke »*

# Kleine Gartenecke

Freuen Sie sich darauf, wenige Stiche in vielen Farben zu sticken und dabei zuzusehen, wie Blumen (fr. fleurs) entstehen, die nie verwelken werden. Sticken ist Magie!

## GRÖSSE

22 cm x 24,5 cm

## MATERIAL

- naturfarbenes Mischgewebe aus Baumwolle/Modal, 35 cm x 35 cm, 12,6 Fäden/cm, Zweigart Lugana ***Empf.*** 3508/264
- Gobelinnadel ohne Spitze Nr. 26 und 22 Bohin
- lange Nadel Nr. 8 und 9 Bohin
- Zange für Textilkunst, ***Empf.*** 62616 Bohin
- kleine Schere mit feinen Klingen, ***Empf.*** 24316, und Pinzettenschere, ***Empf.*** 98260 Bohin
- Stoffschere, ***Empf.*** 98263 Bohin
- Minibügeleisen Clover
- naturfarbenes Nähgarn
- feine Stecknadeln
- wärmeempfindlicher Stift
- Stickrahmen von 12 cm Durchmesser Sajou
- Baumwolle Mouliné DMC Nr. 676 und 157
- Baumwolle Broder Spécial DMC Nr. 25: 225 • 223 • 211 • 209 und 642
- Baumwolle Broder Spécial DMC Nr. 16 und 30: Écru
- Perlgarn DMC Nr. 12: 524

## STICHARTEN

Vorstich – Steppstich – Stielstich – Spannstich – Fliegenstich (= einzelner Federstich) – Wickelstich – Langetten-Wickelstich – Knötchenstich – Federstich – Rundloch – geknoteter Hohlsaum

## ARBEITSWEISE DES DECKCHENS

Ein kleines, 20 cm x 20 cm großes Deckchen (siehe S. 64) mit einem 3 cm breiten Saum und Briefecken herstellen. Einen Blind- und Stäbchen-Hohlsaum sticken (neun ausgezogene Fäden), drei Gewebefäden aufnehmen, einen geknoteten Hohlsaum sticken und die Ecken mit achtbeinigen Spinnen verzieren. Siehe alle Erklärungen und Anleitungen hierzu ab Seite 67.

## STICKANLEITUNG

Das Muster auf eine Ecke des Deckchens übertragen, dann gemäß dem nummerierten Muster mit zwei Einzelfäden Mouliné-Baumwolle und einem Faden Perlgarn oder Broder Spécial sticken. Für den Wickelstich und den Langetten-Wickelstich die Gobelinnadel 26 verwenden. Die anderen Stiche mit den langen Nadeln sticken, deren Größe je nach verwendetem Garn variiert.

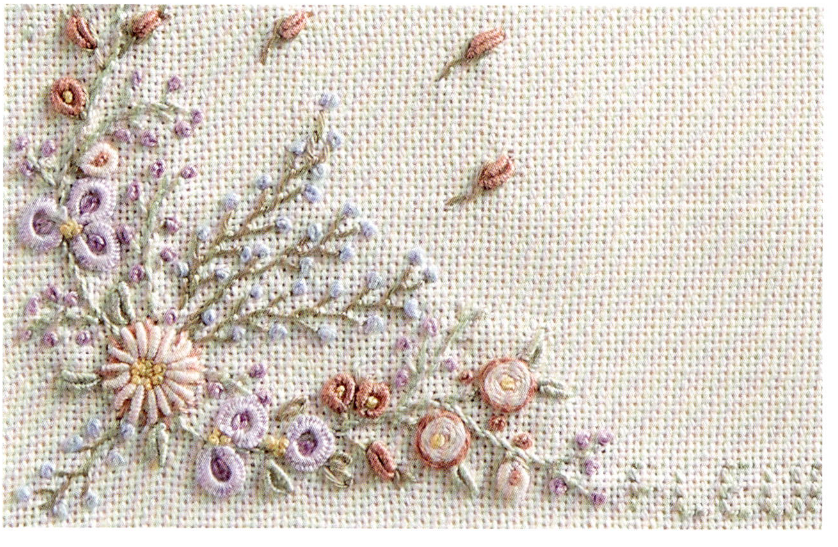

## MUSTER IN ORIGINALGRÖSSE

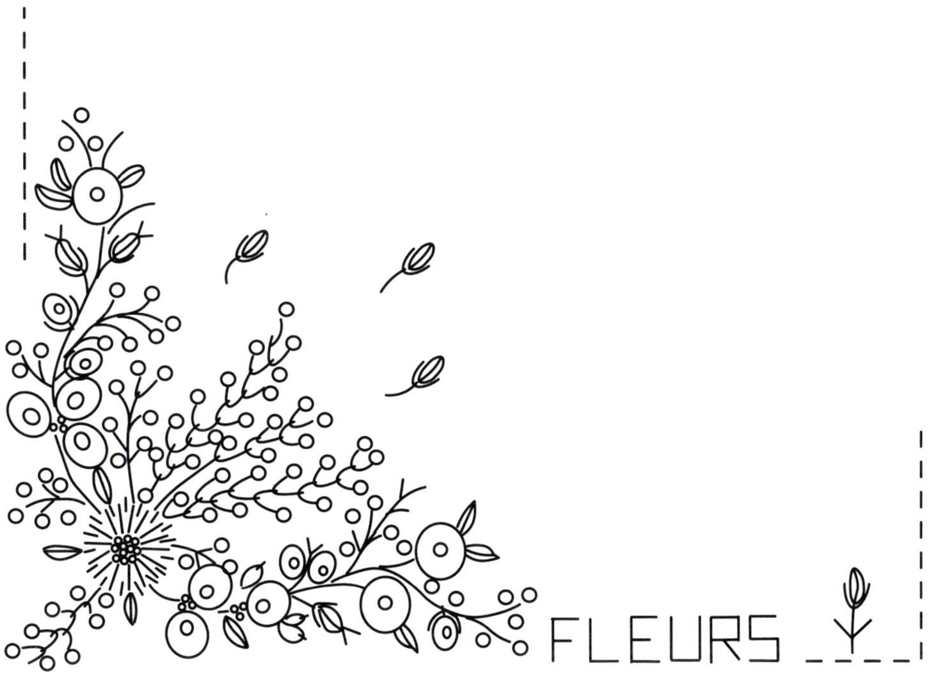


## NUMMERIERTES MUSTER

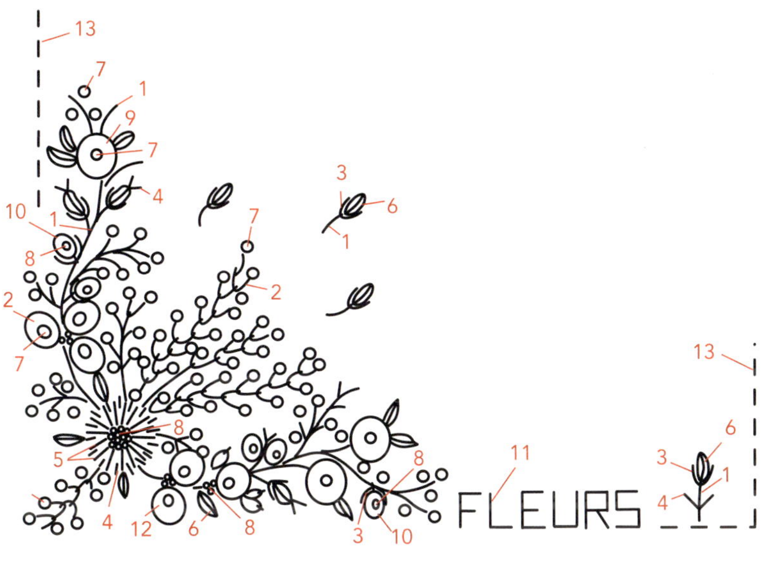


**Stickstiche**

1. Stielstich (Perlgarn)
2. Federstich
3. Fliegenstich (einzelner Federstich)
4. Spannstich
5. Wickelstich
6. Zwei gegenüberliegende Wickelstiche sticken, die an den gleichen Stellen beginnen und enden.
7. Kolonialknoten
8. Knötchenstich
9. Spinne (die beiden letzten Runden in einer anderen Farbe sticken)
10. Margeriten-Wickelstich (28 Wicklungen)
11. Steppstich über zwei Gewebefäden (Perlgarn)
12. Langetten-Wickelstich (22 Wicklungen)
13. Den gesamten Umriss sechs Fäden vom Hohlsaum am Rand entfernt im Vorstich über zwei Gewebefäden sticken (Perlgarn).

# Impressum

Verantwortlich: Claudia Hohdorf
Übersetzung: Svenja Tengs
Lektorat: Stephanie van der Linden
Korrektorat: Anna Maier
Satz: BUCHFLINK Rüdiger Wagner
Umschlaggestaltung: Regina Degenkolbe
Herstellung: Stephanie Schlemmer
Repro: LUDWIG:media
Printed in Slovakia by Neografia

Titel der französischen Originalausgabe »La broderie, c'est tout simple« © les editions de saxe 2018


Layout: Victoria Paillet
Layout Schemazeichnungen: Céline Cantat



Unser komplettes Programm finden Sie unter

www.christophorus-verlag.de

★ ★ ★ ★ ★

Sind Sie mit diesem Titel zufrieden? Dann würden wir uns über Ihre Weiterempfehlung freuen.
Erzählen Sie es im Freundeskreis, berichten Sie Ihrem Buchhändler oder bewerten Sie beim Onlinekauf.
Und wenn Sie Kritik, Korrekturen, Aktualisierungen haben, freuen wir uns über Ihre Nachricht an:
Christian Verlag, Postfach 40 02 09,
D-80702 München oder per E-Mail an
lektorat@verlagshaus.de.



Die Deutsche Nationalbibliothek verzeichnet diese Publikation in der Deutschen Nationalbibliografie; detaillierte bibliografische Daten sind im Internet über http://dnb.d-nb.de abrufbar.



ISBN 978-3-8410-6634-3

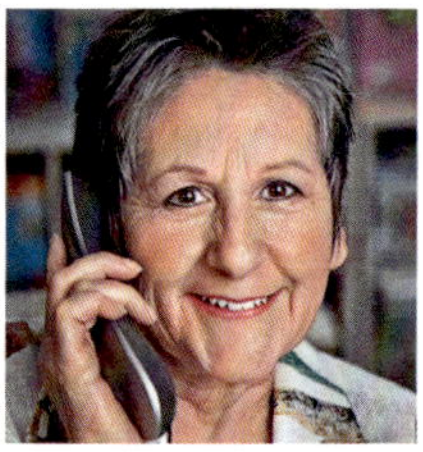

## Kreativ-Service

Sie haben Fragen zu den Büchern und Materialien? Frau Erika Noll ist für Sie da und berät Sie rund um alle Kreativthemen. Rufen Sie an! Wir interessieren uns auch für Ihre eigenen Ideen und Anregungen. Sie erreichen Frau Noll per E-Mail: **mail@kreativ-service.info** oder Tel.: **+49 (0) 5052 / 91 18 58** Montag – Donnerstag: 9 – 17 Uhr / Freitag: 9 – 13 Uhr

Besuchen Sie uns im Internet: www.christophorus-verlag.de